Toleranzdiskurse in der Frühen Neuzeit

Frühe Neuzeit

Studien und Dokumente zur deutschen Literatur
und Kultur im europäischen Kontext

Herausgegeben von
Achim Aurnhammer, Wilhelm Kühlmann,
Jan-Dirk Müller, Martin Mulsow und Friedrich Vollhardt

Band 198

Toleranzdiskurse in der Frühen Neuzeit

Herausgegeben von
Friedrich Vollhardt

unter Mitarbeit von
Oliver Bach und Michael Multhammer

DE GRUYTER

ISBN 978-3-11-057763-1
e-ISBN (PDF) 978-3-11-044446-9
e-ISBN (EPUB) 978-3-11-043619-8
ISSN 0934-5531

Library of Congress Cataloging-in-Publication Data
A CIP catalog record for this book has been applied for at the Library of Congress.

Bibliografische Information der Deutschen Nationalbibliothek
Die Deutsche Nationalbibliothek verzeichnet diese Publikation in der Deutschen Nationalbibliografie; detaillierte bibliografische Daten sind im Internet über http://dnb.dnb.de abrufbar.

© 2015 Walter de Gruyter GmbH, Berlin/Boston
Dieser Band ist text- und seitenidentisch mit der 2015 erschienenen gebundenen Ausgabe.
Satz: TIESLED Satz & Service, Köln
Druck und Bindung: CPI books GmbH, Leck

♾ Gedruckt auf säurefreiem Papier
Printed in Germany

www.degruyter.com

Inhalt

Oliver Bach / Michael Multhammer / Friedrich Vollhardt
Einleitung —— 1

Jan-Dirk Müller
Citra pietatis dispendium
Erasmus von Rotterdam und das Problem der Toleranz
vor dem konfessionellen Zeitalter —— 11

Barbara Mahlmann-Bauer
Häresie aus juristischer Sicht
De haereticis an sint persequendi im Kontext —— 43

Klaus Garber
Religionsfrieden und praktizierte Toleranz um 1600
Eine irenische Stiftungsurkunde im Zeichen des ‚vhraltten Catholischen
Christlichen Glaubens' aus dem Gymnasium Schoenaichianum zu
Beuthen an der Oder —— 87

Oliver Bach
Naturrecht im Konflikt
Theophil Lessings *De Religionum Tolerantia*
vor und fern der Ring-Parabel? —— 133

Wilhelm Kühlmann
Geschichtsrevision und Radikalismus
Zum ambivalenten Profil Gottfried Arnolds —— 161

Yves Bizeul
Pierre Bayles Kritik des Aberglaubens und Plädoyer für die Toleranz —— 177

Holger Glinka
Die Dimension der Freiheit und der Spielraum der Toleranz
Philosophie und Politik nach Spinoza —— 217

Hanspeter Marti
Martin Luther im Spiegel theologischer Vorurteilskritik —— **237**

Michael Multhammer
Johann Lorenz von Mosheims *Ketzergeschichte* oder der Sündenfall der Reformation
Ein Beitrag zur Toleranzdebatte in der Frühaufklärung —— **273**

Monika Fick
„Dem witzigen Wollüstler nehme man die Feder"
Toleranz im Konflikt zwischen Lessing und La Mettrie – vom *Freigeist* bis zu *Miß Sara Sampson* —— **293**

Gideon Stiening
Toleranz zwischen Geist und Macht
Was Lessing von Voltaire lernte —— **331**

Liliane Weissberg
Toleranzidee und Emanzipationsdebatte:
Moses Mendelssohn, Salomon Maimon, Lazarus Bendavid —— **363**

Friedrich Vollhardt
Gotthold Ephraim Lessing und die Toleranzdebatten der Frühen Neuzeit —— **381**

Personenregister —— **417**

Oliver Bach / Michael Multhammer / Friedrich Vollhardt
Einleitung

Toleranz sei einer jener Begriffe, die im Alltag nahezu selbstverständlich gebraucht werden, deren Bedeutung aber umso diffuser wird, je mehr man sich um eine Klärung bemüht – schreibt Rainer Forst, dem wir den großangelegten Versuch einer solchen Explikation verdanken.[1] Um welche Schwierigkeiten handelt es sich? Der Moralphilosoph Bernard Williams hat diese mit britischer Nüchternheit in einem Halbsatz zusammengefasst: „Toleration" sei „an impossible virtue" – sie fordert die Duldung von etwas, das man selbst ablehnt.[2] Aber indem man es toleriert, bejaht man zugleich, dass jemand das Abgelehnte vertritt und praktiziert.

Dabei ist von Religion und religiösen Überzeugungen noch gar nicht die Rede gewesen, obwohl diese – daran besteht kein Zweifel – den „Ernstfall der Toleranz"[3] und zugleich den Grund dafür bilden, dass aus einem lange vernachlässigten Begriff der politischen Ideengeschichte ein zentrales Thema der sozialpolitischen Diskussion geworden ist. Der islamische Fundamentalismus bildet mit seinen revitalisierten Formen der Präsentation religiöser Identität eine Herausforderung für unsere postsäkulare Gesellschaft, die hierauf mit konsensbildenden Maßnahmen reagiert.

Das dürfte ein Grund für die unvermindert anhaltende, bis in unsere Gegenwart reichende Wirkung eines über 200 Jahre alten Textes sein, in dem ausdrücklich von Religionen, deren Geschichte und ihren Unterschieden gesprochen wird: Lessings *Nathan der Weise*. Die poetische Form hat die Wirkung des ‚dramatischen Gedichts' kaum beeinträchtigt. Die berühmte Parabel findet nicht nur im politischen Tagesgeschäft Beachtung, sondern auch in der wissenschaftlichen Forschung, wie das Standardwerk von Rainer Forst aus dem Jahr 2003 zeigt, und im philosophischen Essay, wo das lessingsche „Programm einer Domestikation

---

[1] Rainer Forst: Toleranz im Konflikt. Geschichte, Gehalt und Gegenwart eines umstrittenen Begriffs. Frankfurt am Main 2003 (³2012).
[2] Bernard Williams: Toleration: An Impossible Virtue? In: Toleration: An Exclusive Virtue. Hg. v. David Heyd. Princeton 1996, S. 18–27.
[3] Christoph Schwöbel: Toleranz im Streit der religiösen Wahrheitsansprüche. Theologische und philosophische Perspektiven zur Begründung und Praxis der Toleranz. In: Toleranz und Identität. Geschichtsschreibung und Geschichtsbewusstsein zwischen religiösem Anspruch und historischer Erfahrung. Hg. v. Kerstin Armborst-Weihs u. Judith Becker. Göttingen 2010, S. 7–29, hier S. 15.

der Monotheismen"⁴ noch immer der Prüfung unterzogen wird. Das Werk Lessings bildet neben John Lockes *Letter concerning Toleration* (1689) und Voltaires *Traité sur la tolérance* (1763) den deutschen Beitrag zur europäischen Toleranzdiskussion.

Worin besteht die Aktualität Lessings? Vor kurzem hat Peter Sloterdijk in einem Essay unter dem Titel *Gottes Eifer. Vom Kampf der drei Monotheismen* eine Antwort zu geben versucht und dabei die Ringparabel an unsere Gegenwartsdiskurse angeschlossen:

> An diesem Gleichnis, [das] mit gutem Recht wie eine Bergpredigt der Aufklärung gefeiert [wird], fällt aus heutiger Sicht seine vollendete Postmodernität auf: Es vereinigt in sich den primären Pluralismus, [...] die praktische Suspension der Wahrheitsfrage, die zivilisierende Skepsis, die Umstellung von Gründen auf Wirkungen und den Vorrang des externen Beifalls vor den internen Ansprüchen. Noch der abgebrühteste Leser kommt nicht umhin, die Klugheit der Lessingschen Lösung zu bewundern: Indem sie das letzte Urteil bis ans Ende der Zeiten aufschiebt, hält sie die Wahrheitskandidaten dazu an, sich ihrer Erwählung nicht allzu gewiß zu sein.⁵

Am Ende dieser Lessing-Aneignung steht bei Sloterdijk die Hoffnung auf eine „Weisheitskultur",⁶ die sich von allen „monotheistischen Feldzügen" befreit und damit zugleich auch von allen ‚eifernden' Religionen. Um derart weitgehende Schlussfolgerungen ziehen zu können, muss der Denker der Postmoderne die am Eingang der Ringparabel stehende Wahrheitsfrage, welche Melchisedech und später Nathan zur Suche nach einem Gleichnis nötigt, suspendieren.

Wie könnte dagegen eine historisch adäquate Interpretation der Ring-Parabel aussehen? Und: wie steht es um deren Aktualität? Um diese Fragen zu beantworten, ist eine Annäherung aus zwei Richtungen unumgänglich: Zunächst muss man sich der ahistorischen Adaptationen oder der zu weit ausgreifenden Deutungen bewusst werden, von denen das Werk Lessings umstellt ist. In einem zweiten Schritt kann dann eine aus unserer Sicht konstruktivere, aus den zeitgenössischen Kontexten gewonnene Annäherung an Lessings Toleranzdenken erfolgen.

Mittlerweile sind viele Details aus der deutsch-jüdischen Geschichte des 18. Jahrhunderts gut erforscht, für welche die Freundschaft zwischen Lessing und Moses Mendelssohn zum tragischen Symbol geworden ist. Lessings Forderung nach Toleranz verdankt sich jedoch nicht primär dieser lebensweltlichen

---

4 Peter Sloterdijk: Gottes Eifer. Vom Kampf der drei Monotheismen. Frankfurt a. M. 2007, S. 169.
5 Ebd., S. 170 f.
6 Ebd., S. 212.

Cucina opiniorum. Der Friede mahnt die Kirchen zur Toleranz: Der Papst, Calvin und Luther sitzen gemeinsam am Tisch, während Pax sie auffordert, in Frieden miteinander zu leben – Gemälde, um 1600–1625, anonym (holländisch), © Museum Catharijneconvent, Utrecht

Erfahrung (die gleichwohl zu berücksichtigen ist). Wenn in öffentlichen Würdigungen seines Beitrags das Thema des *Nathan* auf das Zusammenleben von Menschen unterschiedlicher Religionen und Kulturen reduziert wird, dann liegt dem, vorsichtig formuliert, eine unterkomplexe Deutung des Stücks zugrunde. Lessings jahrzehntelange Auseinandersetzung mit den drei abrahamitischen Religionen war eine intellektuelle, die auf die Wahrheitsfrage (bzw. deren Ungewissheit) und nicht auf die Überwindung kultureller Differenzen oder einfache Handlungsmaximen zielte. Auf diesen Bezugsrahmen ist zu achten – er beinhaltet den theoretisch anspruchsvollen Beitrag zur Toleranzdebatte der Zeit –, ohne dass der poetische Zusammenhang des Textes und die besondere Leistung von Literatur übersehen wird, wobei selbstverständlich auch die unterschiedlichen Fiktionalitätsniveaus zu berücksichtigen sind. Diese Hintergründe sind einzubeziehen, auch im Lehrplan der Schulen, will man dem *Nathan* als ‚Musterstück der Toleranz' gerecht werden.

Zudem ist, nach der Festrede und der Schuldidaktik, noch auf eine Variante der *Nathan*-Deutungen hinzuweisen, die sich an Sloterdijks kompakt-ironische Wendung von der „Bergpredigt der Aufklärung" anschließen lässt. Denn zum Erbe der Aufklärung gehört die Vorstellung – und diese kann man auch in den *Nathan* hineinzulesen versuchen –, dass Toleranz in dem Maße zunimmt, in dem die ohnehin zur Privatsache gewordene Religion an öffentlicher Bedeutung verliert. Warum eine solche säkulare, auf religiösen Indifferentismus zielende Lösung für Lessing kein Modell lieferte, versucht der Beitrag von FRIEDRICH VOLLHARDT (S. 381–415) zu zeigen.

Worin besteht nun die aufklärerische Intention und spezifische Modernität des lessingschen Ideendramas? Bis weit in das 18. Jahrhundert hinein wird Toleranz vor allem als ein staatstheoretisches Problem behandelt und im Naturrecht verankert. Toleranz gilt als eine Pflicht des Souveräns und als ein Gebot der Staatsräson – diese aus der Pluralität der Konfessionen erwachsenen Grundsatzfragen spielen in zahlreichen Beiträgen des vorliegenden Bandes eine zentrale Rolle. Aber es zeigt sich auch, dass sich der Fokus im Laufe der Zeit verschiebt: denn bei dem jüngeren Lessing, Gotthold Ephraim, verlagert sich – anders als bei dem großväterlichen Traktat[7] oder der Luther-Apologie des Vaters[8] – die Toleranzproblematik von der staatlichen Ebene auf die gesellschaftliche,[9] ihm geht es (und im *Nathan* wird das erstmals prägnant gefasst) um etwas, dass sich dem taktischen Machtinteresse des Herrschers anzubieten scheint – und gleichwohl entzieht.

Dabei besitzt das zentrale Erzählmuster des Toleranz- wie des Intoleranzdiskurses, das Motiv der ‚Drei Ringe', eine lange, bis in das Altertum zurückreichende Überlieferungsgeschichte, die hier allerdings nur am Rande zu verfolgen ist. Wichtiger erscheinen uns Lessings Variationen und Verdichtungen von Problemstellungen, die aus den religiösen Kontroversen der Frühen Neuzeit erwachsen sind. Oft handelt es sich um Denkmodelle, auf die nur implizit angespielt wird. Diese führen nicht selten zurück in die Zeit der Reformation. Erstaunlich ist Lessings Interesse am 16. Jahrhundert, sei es die *Faust*-Sage oder die Rettung

---

[7] Siehe hierzu in diesem Band Oliver Bach, S. 133–159.
[8] Siehe hierzu in diesem Band Hanspeter Marti, S. 237–271.
[9] Vgl. Gerald Hartung: Das Ende der Toleranz? Ein Versuch über die Geschichte des Toleranzbegriffs. In: Erzählende Vernunft. Hg. v. Günter Frank, Anja Hallacker u. Sebastian Lalla. Berlin 2006, S. 353–366, hier S. 358.

Girolamo Cardanos,¹⁰ das Münz-Gleichnis Castellios oder die Rehabilitation des zum Islam konvertierten Sozinianers Adam Neuser,¹¹ um nur eine kleine Auswahl zu nennen.

Humanismus und Aufklärung – ein großes Thema, das im Falle Lessings aufzunehmen ist und das über das Sachwissen eines Lexikonartikels weit hinausgeht. Die für Lessing wichtigen Gesprächslagen und Denkhorizonte entsprechen oft nicht den bekannten Grundlageninformationen. Lessings auf Vernunft, Ethik und Natur (im Sinne von natürlicher Religion) ausgerichtete Argumentation scheint zwar eine Umstellung „der Semantik von traditional auf modern"¹² anzuzeigen, doch das bleibt äußerlich; nimmt man, wie Niklas Luhmann gezeigt hat, die tieferliegenden Denkstrukturen und Traditionszusammenhänge in den Blick, verflüssigen sich die geläufigen Epochenbilder. Das hat mit den spezifischen nationalen Ausprägungen der Toleranz-Debatte zu tun, die in Deutschland sowohl durch die Pluralisierung religiöser Bekenntnisse seit der Reformation als auch durch ein in spiritualistischen Strömungen ausgebildetes Laienbewusstsein geprägt war, das dem kirchlichen Lehramt mit dem Anspruch auf Duldung gegenübertrat. Das ist für Lessing bisher nur andeutungsweise, nicht aber in größeren Zusammenhängen beschrieben worden (s. dazu unten S. 393 ff.).

So wie Erasmus seiner Arbeit die *philosophia Christi* zugrunde legte,¹³ situiert auch Lessing seine ‚philosophia Christiana': als elitären, das heißt an die Gebildeten unter den Laien gerichteten Diskurs über das Christentum – antiassertorisch, aber doch innerhalb eines akzeptierten kanonischen Rahmens. Dieser Stil theologischer Kommunikation zielt nicht auf religiöse Entscheidung, sondern auf gesellschaftliche Wirkung, auf ein Tugendideal, das Nathan von der Bühne herab auch für den Alltag empfiehlt. Dass Lessing an der Möglichkeit der Verwirklichung dieser ethischen Aufgabe festhält, verbindet seine Vorstellung einer ‚emendatio vitae' mit der humanistischen Theologie des 16. Jahrhunderts.¹⁴ Religiöse Kontroversen konnten und sollten damit nicht entschieden werden. Die Wahrheitsfrage ließ sich für Lessing gleichwohl nicht abweisen; ein innerer Glaubenskonflikt,

---

10 Michael Multhammer: Lessings *Rettungen*. Geschichte und Genese eines Denkstils. Berlin/Boston 2013 (= Frühe Neuzeit 193), S. 170–200.
11 Siehe hierzu in diesem Band Michael Multhammer, S. 273–292.
12 Niklas Luhmann: Die Gesellschaft der Gesellschaft. Frankfurt a. M. 1997, S. 962.
13 Erasmus von Rotterdam: Ratio seu Methodus Compendio Perveniendi ad Veram Theologiam. In: Ders.: Ausgewählte Schriften. 6 Bde. Hg. v. Werner Welzig. Darmstadt ⁴2006, Bd. 3, S. 117–495.
14 Vgl. Walter Sparn: „Humanistische Theologie" als Phänomen der Epochenschwelle zur frühen Neuzeit. In: Humanismus und Theologie in der frühen Neuzeit. Hg. v. Hanns Kerner. Nürnberg 1993 (= Pirckheimer-Jahrbuch 1993), S. 207–211.

der hieraus entstehen kann, wird dann in gewisser Weise durch Toleranz externalisiert, wobei er den Weg der „kompetitiven Einheit"[15] einschlägt, der – wie Rainer Forst gezeigt hat – noch immer beschritten werden kann.

Ein Anliegen unseres Bandes ist es, die denkgeschichtlichen Voraussetzungen zu rekonstruieren, die für Lessings *Nathan*-Dichtung maßgeblich waren und seine Stellungnahme zu den zeitgenössischen Debatten motiviert haben. Damit soll ein Beitrag zur Archäologie des europäischen Toleranzdenkens in einem Bereich geliefert werden, der bislang noch wenig erforscht ist. Wie die vorliegenden Beiträge zeigen, entsprechen die für Lessing wichtigen Gesprächslagen und Denkhorizonte nicht dem, was bislang als gesichertes Wissen erschien.

*

Eröffnet wird der Band mit einem Beitrag von JAN-DIRK MÜLLER zu Erasmus von Rotterdams frühen Schriften, die noch vor der Auseinandersetzung mit Luther und seinen Anhängern entstanden sind. Das ist insofern aufschlussreich, als sich in ihnen die Positionen formieren, die Erasmus auch in seiner späteren Auseinandersetzung mit den Reformatoren vertritt. Der wichtigere Teil seines schriftstellerischen Werks lag vor dem Ausbruch und erst recht der Verfestigung der konfessionellen Spaltung, die Toleranz allererst zu einer Frage des Überlebens im christlichen Europa der Frühen Neuzeit machte.

Der Beitrag von BARBARA MAHLMANN-BAUER beschäftigt sich mit der berühmten und wohl auch von Lessing benutzten Anthologie Sebastian Castellios *De haereticis an sint persequendi* (1554). Ausgehend von einer rechtshistorischen und bibelexegetischen Analyse des darin enthaltenen Textausschnitts *Refutatio eorum que pro persecutione dici solent* von ‚Basilius Montfort' werden grundsätzliche Überlegungen zu Castellios Stellung zur Reformation ebenso unternommen wie zu den großen Reformatoren Martin Luther, Johannes Calvin und Johannes Brenz.

Der Beitrag von KLAUS GARBER führt ein in die Toleranzdebatten des 17. Jahrhunderts. Garber beleuchtet insbesondere das irenische Moment eines interkonfessionell vermittelnden Schrifttums, das den Toleranzgedanken über die Jahrhundertmitte hinaus zu dominieren scheint. Insbesondere die Irenik begreift Toleranz vermehrt *als* Frieden und lenkt damit das Augenmerk von intrapersona-

---

15 Forst: Toleranz im Konflikt (Anm. 1), S. 104 u. 401.

len auf interpersonale und damit praktische Aspekte: Religionsfriede hat sich als praktizierte Toleranz zu realisieren.

Diese Zuwendung der Toleranzdebatte von der theologischen hin zur praktischen Philosophie verstärkt sich ab der Mitte des 17. Jahrhunderts um ihre dezidierte Verlagerung ins Feld des Naturrechts: Mit einem solchen naturrechtlichen Traktat religiöser Duldung befasst sich der Aufsatz von OLIVER BACH, und zwar mit der Disputation *De religionum tolerantia* des Theophil Lessing, des Großvaters von Gotthold Ephraim. Gleichwohl erfolgt diese Zuwendung zum Naturrecht nicht durchweg als Abwendung von theologischen Argumentationsmustern, sondern zeigt sich dialektisch durch diese bedingt: Es ist u. a. der wirkmächtige Synkretismus-Streit, der sich in den 1640er-Jahren an der Irenik entsponnen und in den 1660er-Jahren schließlich an Vehemenz so zugenommen hatte, dass jedwedes theologisches Argumentieren eher konfliktverschärfend denn konfliktmildernd erschien.

WILHELM KÜHLMANN deckt eine denkgeschichtliche Antinomie im Werk des oftmals recht pauschal als radikalen Pietisten etikettierten Theologen Gottfried Arnold auf. Tritt Arnold in seiner äußerst wirkmächtigen *Kirchen- und Ketzerhistorie* einerseits dezidiert für die durch die Jahrhunderte von den Amtskirchen Verfolgten und als Ketzer gebrandmarkten Gläubigen ein, indem er sie als die wahren Vertreter des Christentums zu zeichnen versucht, so hat sein Projekt doch eine unbestreitbar intolerante Außenseite. Den Vertretern der Amtskirche will Arnold keinesfalls die Duldung zugestehen, die er für die scheinbaren Ketzer einklagt.

Pierre Bayle gehört zweifellos zu den wichtigsten Vordenkern der Toleranz in der Neuzeit und ist zeitlebens für Lessing ein Bezugs- und Reibungspunkt gewesen. YVES BIZEUL situiert Bayles Forderung nach religiöser Toleranz in einem Kontext von Rationalisierungsbestrebungen und der Zurückweisung abergläubischer Praktiken. Angelpunkt dabei ist Bayles berühmte ‚Komentenschrift', die religiöse Überzeugungen und wissenschaftlichen Skeptizismus zusammenführt.

Die Untersuchung von HOLGER GLINKA über den epistemologischen und ethischen Freiheitsbegriff Baruch de Spinozas schließt die Untersuchungen zum 17. Jahrhundert ab und durchmisst eine seiner umstrittensten politischen Theorien ebenso wie deren fundamentale Innovationsimpulse. Auf der einen Seite scheut Spinoza nicht die enge Auseinandersetzung mit den biblischen Quellen; auf der anderen Seite unterwirft seine historische Bibelkritik die Offenbarung dem Primat der *recta ratio* und generiert eine autonome Moral, mithin ein ebenso praktisches wie theoretisches Toleranzverständnis, das sich unter keine Säkularisierungsthese subsumieren lässt. Alleiniger Zweck des Staates ist die Herstellung und Gewährleistung der Möglichkeitsbedingung – nicht die Erzwingung – vollkommener Erkenntnis. Das Recht allerdings, im öffentlichen Raum die Meinung einer positiven Religion kundzutun, bemisst sich jedoch an ihrem philosophischen Erfolg; Spinoza versteht Meinung als eine Form des Wissens, von dem es einen *philosophischen* Begriff zu bilden gilt.

Der Artikel von HANSPETER MARTI leitet über in den Toleranzdiskurs des 18. Jahrhunderts und deren Voraussetzungen im Bereich der lutherischer Apologetik. Der orthodox gesinnte Theologe Johann Gottfried Lessing, der Vater Gotthold Ephraims, hatte am Ende seines Studiums und pünktlich zum 200. Jubiläum der Reformation eine umfangreiche Dissertation verteidigt, die sich um eine Rechtfertigung und Rettung Luthers bemüht. Hier werden deutlich die Grenzverläufe orthodox-lutherischer Toleranzkonzeptionen sichtbar, wobei das Hauptaugenmerk auf inneren Konflikten der Konfession liegt. Steht die Reformation für eine Rückkehr zum eigentlichen und damit ursprünglichen Christentum, so sind es bei Lessings Vater die *novatores*, also die Neuerungen ‚aufgeschlossener' Christen innerhalb des lutherischen Bekenntnisses, die es in den Schoß der Amtskirche zurückzuholen gilt. Der Beitrag zeigt einen wichtigen, oftmals aber kaum zur Kenntnis genommen Zweig orthodox-dogmatischer Praxis im Umgang mit der eigenen Lehre und dem Umgang mit Abweichlern auf.

Auch Johann Lorenz von Mosheim steht innerhalb der protestantischen Orthodoxie, versucht aber in seiner Form der Kirchengeschichtsschreibung die Voraussetzungen für eine tolerante Praxis in Religionsdingen von einer anderen Seite her zu legitimieren. MICHAEL MULTHAMMER zeichnet diese Form quellengestützter Kirchenhistoriographie anhand von Mosheims Darstellung der Verbrennung des Antitrinitariers Michel Servet und seiner konfliktreichen Beziehung zu Calvin nach. Mosheims Versuch einer Annäherung an historische Wahrheit kann dabei durchaus als vorbildlich für Lessing gelten.

MONIKA FICK eröffnet die Reihe von Beiträgen, die Gotthold Ephraim Lessing selbst und dessen Werk zum Gegenstand haben. Ihr geht es in ihrem Beitrag um Lessings Auseinandersetzung mit dem am Hofe Friedrichs II. einflussreichen Materialisten La Mettrie. Fick zeigt dabei, dass Lessing der Überzeugung ist, dass nicht vom Pluralismus der Denkungsarten ein Schaden für die Gesellschaft ausgehe, sondern von den kurzsichtigen Dogmatikern, „welche die Denkungsart aller Menschen unter das Joch der ihrigen bringen wollen" (Lessing). La Mettrie stellt für Lessing einen solchen Musterfall dar, der selbst nichts gelten lassen will, als seine eigene Überzeugung.

Der Beitrag von GIDEON STIENING untersucht anhand von Voltaires Beziehung zum Hofe Friedrich II., dass die Aufklärung das Theorie-Praxis-Problem religiöser Toleranz nicht als ein nur theoretisches verhandeln, sondern im Zusammentreffen des Königs der Philosophen mit dem Philosophenkönig auch den Versuch einer politisch-praktischen Lösung aufzeigen sollte. Dabei zeigt Stiening, dass sich das Scheitern dieses Versuchs wiederum ebenso theoretischer Aporien wie praktischer Unbedachtsamkeit der Beteiligten verdankt, wobei zugleich auf den

Einfluss hingewiesen wird, den Voltaire und sein Aufenthalt in Berlin auf Lessings *Nathan der Weise* genommen hat.

LILIANE WEISSBERG widmet sich in ihrem Artikel einem Sonderfall der Toleranzdiskussion im 18. Jahrhundert. Ihr Fokus richtet sich auf den innerjüdischen Toleranzdiskurs, vornehmlich unter Beteiligung von Moses Mendelssohn, Salomon Maimon und Lazarus Bendavid. Dabei zeigt sie, dass man sich innerhalb der jüdischen Minderheit keineswegs einig war, wie man mit seinem Glauben von der Mehrheit der christlichen Gesellschaft akzeptiert oder zumindest toleriert werden konnte und welche Strategien hierfür zu verfolgen waren.

*

Der vorliegende Band dokumentiert die Ergebnisse einer Tagung, die im Oktober 2013 am *Center for Advanced Studies der LMU München* stattgefunden hat. Die Veranstaltung bildet den Abschluss und ein Ergebnis des produktiven Forschungsjahres, das Friedrich Vollhardt als *Senior Researcher in Residence* gemeinsam mit einer Nachwuchsgruppe (Oliver Bach, Marie-Helen Geißler, Michael Multhammer) am CAS verbringen konnte. Den Mitarbeiterinnen und der Leitung des Zentrums sei an dieser Stelle noch einmal herzlich für die Gestaltung einer für die Forschungsarbeit idealen Umgebung gedankt, insbesondere Dr. Annette Meyer und Dr. Sonja Asal.

München und Siegen, im Sommer 2015

Jan-Dirk Müller
Citra pietatis dispendium

Erasmus von Rotterdam und das Problem der Toleranz vor dem konfessionellen Zeitalter

1

Will man Erasmus' von Rotterdam Position in der Geschichte der Toleranz bestimmen,[1] ist vor allem ein Blick auf seine Schriften vor der Auseinandersetzung mit Luther und seinen Anhängern aufschlussreich, denn in ihnen formieren sich die Positionen, die er auch in dieser Auseinandersetzung vertritt. Der wichtigere Teil seines schriftstellerischen Werks lag vor dem Ausbruch und erst recht der Verfestigung der konfessionellen Spaltung, die Toleranz allererst zu einer Frage des Überlebens im christlichen Europa der Frühen Neuzeit machte. Was sich damals auskristallisiert hatte, bestimmte seine Haltung weiterhin. In der Erasmus-Forschung stehen demgegenüber die Werke der 1520er- und frühen 30er-Jahre im Vordergrund.[2] Hier gibt es in der Tat erstaunliche, weit nach vorne weisende Äußerungen, allerdings daneben auch erstaunlich defensiv-unentschiedene, nicht selten widersprüchliche. Sie sind durch das Diskussionsklima der frühen Reformation bestimmt, das Erasmus auch, als sein Bruch mit Luther vollzogen war, zu lavieren zwang, um bei seinen katholischen Kritikern, im Klerus, an der Pariser Universität, am Kaiserhof davonzukommen. Vieles, was

---

1 Zur Geschichte der Toleranz und Religionsfreiheit. Hg. v. Heinrich Lutz. Darmstadt 1977 (= Wege der Forschung 256); vgl. Einleitung S. VII–XIV; Joseph Lecler: Histoire de la tolérance au siècle de la Reforme. 2 Bde. Paris 1955 (zu Erasmus I, S. 133–149); Rainer Forst: Toleranz im Konflikt. Geschichte, Gehalt und Gegenwart eines umstrittenen Begriffs. Frankfurt 2003, bes. S. 136–145; Toleranz. Philosophische Grundlagen und gesellschaftliche Praxis einer umstrittenen Tugend. Hg. v. Rainer Forst. Frankfurt/New York 2000 (= Theorie und Gesellschaft 48); vgl. insbes. die Einleitung des Herausgebers.
2 Aus der kaum mehr übersehbaren Literatur zu Erasmus und seinem Verhältnis zu Luther und der Reformation zitiere ich nur Wallace K. Ferguson: The Attitude of Erasmus toward Toleration [1930]. In: Ders.: Renaissance Studies. New York u. a. 1970. S. 75–81; Roland H. Bainton: Concerning Heretics [...]. A collection of the opinions of learned men both ancient and modern [...]. New York 1935, S. 30–42; Johan Huizinga: Erasmus. Deutsch von Werner Kaegi. Basel 1951, S. 157–169; 180–190; 198–200; Roland H. Bainton: Erasmus. Reformer zwischen den Fronten. Göttingen 1972, bes. S. 144–212; Wilhelm Ribhegge: Erasmus von Rotterdam. Darmstadt 2010, bes. S. 103–160; vgl. auch Forst: Toleranz im Konflikt (Anm. 1), S. 136–145.

als früher Durchbruch von Toleranzdenken gefeiert wird, ist taktischer Natur und manchmal nur aus dem jeweiligen Argumentationskontext zu verstehen.

Solange die Einheit des christlichen Glaubens besteht, stellt sich die Frage der Toleranz ernsthaft nicht; es gibt keinen legitimen Anspruch auf Religionsfreiheit, wie er sich als Ergebnis konfessioneller Auseinandersetzungen herausbilden wird.[3] Auch wo mittelalterliche Religionsgespräche zwischen den Vertretern verschiedener Weltreligionen deren Differenz herunterspielten und damit die nicht christlichen indirekt aufwerteten, zielten sie nicht auf die religiöse Praxis, blieben auf elitäre Zirkel beschränkt und hatten keinen institutionell-politischen Hintergrund, der mit der Forderung nach Toleranz verbunden worden wäre.[4] Was außerhalb der Christenheit lebt – Juden, Heiden –, hat keinen Anspruch auf religiöse Anerkennung; man sucht, wie in der mittelalterlichen Judenpolitik, allenfalls einen *modus vivendi*, den man sich von der unterdrückten Minderheit teuer bezahlen lässt, ohne dass diese sich auf einen wirksamen rechtlichen Schutz verlassen könnte. Ketzer werden verfolgt und, wenn nötig und so die nötigen Machtmittel vorhanden sind, verbrannt. Verfolgungen und Exekutionen im Reformationszeitalter zeigen, dass diese Konstellation fortdauert, wenn sie auch zunehmend als unerträglich erfahren wird. Entscheidend ist aber, dass der Konflikt jetzt ausschließlich auf dem Boden des Christentums ausgetragen wird, und dass jede der Parteien für sich beansprucht, im Besitz der einen Wahrheit zu sein. Indem im Augsburger Religionsfrieden die religiöse Einheit zur Basis der sich konsolidierenden frühneuzeitlichen Territorien wird und Wahrheit zum Gegenstand politischer Verhandlungen (Konkordienformel!), hat der Streit um diese Wahrheit unmittelbar politische Konsequenzen.[5] Erst die Kombination von staatlicher und kirchlicher Exekutivmacht, durch die die Wahrheit mit Zwangsmaßnahmen durchgesetzt werden soll, macht Toleranz zu einem Problem.[6]

---

3 Zum Verhältnis von Toleranz und Religionsfreiheit Hans R. Guggisberg: Wandel der Argumente für religiöse Toleranz und Glaubensfreiheit im 16. und 17. Jahrhundert [1976]. In: Zur Geschichte der Toleranz (Anm. 1), S. 455–481, hier S. 458 f.
4 Das gilt auch für die Schrift *De pace fidei* des Nikolaus von Kues (1453), die oft als ein frühes Zeugnis von Toleranzdenken bezeichnet wird; vgl. Forst: Einleitung. In: Ders.: Toleranz (Anm. 1), S. 11.
5 Die Bedeutung der konfessionellen Spaltung und der Entstehung des frühmodernen Staats für das moderne Toleranzdenken scheint Konsens; vgl. etwa Rüdiger Bubner: Die Dialektik der Toleranz. In: Toleranz. Philosophische Grundlagen (Anm. 1), S. 45–59, hier S. 45 f.
6 Dies stellen die einzelnen Beiträge des Bandes *Zur Geschichte der Toleranz* (Anm. 1) unter unterschiedlichen Aspekten dar; erst indem aus dieser Konstellation sich seit dem Ende des 16. Jahrhunderts eine pragmatisch denkende Fraktion der „politiques" herausbildet, können langfristig politische und religiöse Fragen entkoppelt werden; hierzu Reinhart Koselleck: Kritik und Krise. Ein Beitrag zur Pathogenese der bürgerlichen Welt. Freiburg/München ²1959.

Die Jahrzehnte vor der Reformation sind dagegen durch eine Schwäche der konkurrierenden kirchlichen und staatlichen Autoritäten gekennzeichnet. Das bedeutet nicht Abwesenheit religiöser Kontroversen, wohl aber Suspension wirksamer Entscheidungen. Die Auflistung der *Gravamina* der deutschen Nation wandte sich gegen eine durch die Kurie pervertierte kirchliche Ordnung.[7] Es gab erbitterte theologische Streitigkeiten – gelegentlich mit tödlichem Ausgang wie der Jetzerhandel –, es gab blutige Auseinandersetzungen mit sozial-religiösen Bewegungen – wie im Falle des Savonarola. Aber diese wurden letztlich auf lokaler Ebene entschieden. Es gab keine wirksame, sich absolut setzende Definitions- und Exekutionsmacht, die auch kleinste Abweichungen zu ahnden vermochte und der Toleranz abzuringen gewesen wäre. Die Tendenz zur „Entkirchlichung und Entdogmatisierung" innerhalb der humanistischen Intelligenz,[8] unter deren Einfluss auch Erasmus steht, konnte sich lange Zeit ungehindert ausbreiten (auch wenn sie wieder ein Phänomen der sozialen Eliten ist). Die Autorität des Papsttums war seit dem 14. Jahrhundert erschüttert, das Kräfteverhältnis zwischen Papst und Konzil noch nicht entschieden. Seit Papst Pius II. hatte die Autorität des Papsttums zwar wieder gewonnen, aber die des Konzils war damit nicht grundsätzlich in Frage gestellt. Das Konzil blieb die Instanz, die die Reformatoren gegen das verkommene Papsttum zu mobilisieren hofften.[9]

Ein instruktives Beispiel für das unentschiedene Gegeneinander von Institutionen bietet der Reuchlinstreit. Am Vorabend der Reformation gibt es eine Pluralität gegeneinander operierender Autoritäten: des Kaisers, der Reichsfürsten und lokalen Obrigkeiten, der Bischöfe, der Universitäten von Köln, Paris und Heidelberg, der humanistischen *sodalitas eruditorum*, nicht zuletzt unterschiedlicher Fraktionen an der Kurie, die jede Partei für sich zu instrumentalisieren sucht. Der Streit geht lange Zeit hin und her und wird bezeichnenderweise erst *ex cathedra* entschieden, nachdem die konfessionellen Auseinandersetzungen ausgebrochen sind.[10] Dieser Aspekt wird nicht genug beachtet, wenn man den Reuchlinstreit als

---

7 Eike Wolgast: [Art.] „Gravamina nationis Germaniae". In: Theologische Realenzyklopädie. Studienausg. Hg. v. Gerhard Müller. 36 Bde. in 3 Teilen, dazu 4 Registerbde. Berlin 1993–2006, Bd. 14 (1985), S. 131–133 (im Weiteren mit der Sigle „TRE", mit Band und Erscheinungsjahr).
8 Forst: Toleranz (Anm. 1), S. 131.
9 Jürgen Miethke: Konziliarismus. In: Das Konstanzer Konzil 1414–1418. Weltereignis des Mittelalters. Essays. Hg. v. Karl-Heinz Braun u. a. Darmstadt 2013, S. 77–81.
10 Johannes Reuchlin: Sämtliche Werke. Bd. 4,1: Schriften zum Bücherstreit. Hg. v. Widu-Wolfgang Ehlers u. a. Stuttgart-Bad Cannstadt 1999; Erika Rummel: The Case against Johannes Reuchlin. Religious and Social Controversy in Sixteenth Century. Toronto u. a. 2002; Jan-Dirk Müller: Anfänge eines Medienereignisses. Der Reuchlinstreit und der Wandel von Öffentlichkeit im Frühdruckzeitalter. In: Reuchlins Freunde und Gegner. Kommunikative Konstellationen eines

Vorgeplänkel der Reformation sieht und seine völlig anders gearteten Rahmenbedingungen außer Acht lässt. Die humanistische Intelligenz, zu denen Reuchlin und seine Freunde gehören, eine informelle Gruppe, die sich nicht auf Institutionen stützen kann und vor allem aus gelehrten Laien und pfründenbesitzendem Weltklerus besteht, sucht ihre Meinungsführerschaft bei Hof und an der Kurie durchzusetzen. Reuchlins ‚scholastische' Gegner an den Universitäten, zumal die Kölner Dominikaner, beanspruchen ihrerseits die Definitionsmacht über das, was wahr ist und geglaubt werden muss, aber sie versuchen lange vergeblich, diese Definitionsmacht kirchenpolitisch zur Geltung zu bringen, ihre Position als verbindlich zu erklären und Reuchlin verurteilen zu lassen. Das gelingt ihnen nicht einmal im Rahmen der Universitätstheologie; es gibt Gegeninstitutionen innerhalb (im Episkopat) und außerhalb der Kirche (beim Kaiser), und es gibt bis hinauf in die Kurie divergierende Meinungen. Reuchlin kann in seinen Schriften an Papst Leo X. durchaus darauf hoffen, in Rom Gehör zu finden.[11] Das ändert sich erst mit dem Auftreten Luthers, wenn es der Kurie klar wird, wie gefährlich abweichende Meinungen sein können. Jetzt entscheidet der Papst, auf den Reuchlin seine Hoffnungen gesetzt hatte, gegen ihn.

2

In den Anfängen der konfessionellen Spaltung war deren Dynamik noch nicht absehbar, denn es ging der frühen Reformation ja keineswegs um die Gründung einer neuen Kirche, sondern um die Reform der alten und des einen, allein wahren christlichen Glaubens, und dieser Anspruch blieb noch lange bestehen, als sich die Spaltung längst durchgesetzt hatte.[12] Er bedingte die Heftigkeit und

---

frühneuzeitlichen Medienereignisses. Hg. v. Wilhelm Kühlmann. Ostfildern 2010 (= Pforzheimer Reuchlinschriften 12), S. 9–28.

11 *De arte cabbalistica* (1517) ist Leo X. gewidmet. Im Epilog des Werks wendet sich Reuchlin an den Papst und sucht ihn zu einer für ihn günstigen Entscheidung des Streits zu bewegen (Johannes Reuchlin: Sämtliche Werke. Bd. 2: De arte cabbalistica libri tres. Die Kabbalistik. Hg. v. Widu Wolfgand Ehlers u. Fritz Felgentreu. Stuttgart-Bad Cannstadt 2010, S. 425–428). Reuchlin wendete sich auch brieflich an Leo (Johannes Reuchlin. Briefwechsel. Bd. 3: 1514–1517. Bearbeitet v. Matthias dall'Asta u. Gerald Dörner. Stuttgart-Bad Cannstatt 2007, S. 201–203: 13. Juni 1515).

12 Indem die konkurrierenden Konfessionen „sich immer als Repräsentanten des Ganzen empfunden haben" (Heinrich Bornkamm: Die religiöse und politische Problematik im Verhältnis der Konfessionen im Reich [1965]. In: Zur Geschichte der Toleranz [Anm. 1], S. 252–263, hier S. 254), vertreten sie einen absoluten Wahrheitsanspruch.

Citra pietatis dispendium —— 15

Erasmus von Rotterdam – Gemälde von Hans Holbein, dem Jüngeren (1523)

Unerbittlichkeit der Auseinandersetzungen zwischen den Konfessionen ebenso wie innerkonfessionelle Streitigkeiten und machte die Frage, wie man jenseits der Grenzen innerhalb und außerhalb der Konfessionen miteinander umgehen sollte, allererst zu einem Problem. Das alles war zu Beginn des 16. Jahrhunderts noch nicht absehbar.

Der alte Erasmus hat mit Unverständnis und Widerwillen auf die sich zunehmend verschärfende Diskussion reagiert. Seine von Anfang an geäußerte Kritik an innerkirchlichen Missständen, die der überwiegende Teil der Humanistenfraktion teilte, hatte der frühen Reformation Munition geliefert. Erasmus' Polemik gegen die Zustände in der Kirche war ätzend, aber sie berief sich nicht auf dogmatische Positionen, sondern erfolgte namens einer frommen Praxis. Trotzdem wurde er anfangs als natürlicher Verbündeter der Reformation betrachtet, und noch, als er sich zunehmend von Luther zu lösen begann, galt er vielen Anhängern der alten Kirche als ‚unsicherer Kantonist'. Anfangs versuchte er, Luther vor seinen Widersachern in Schutz zu nehmen, wandte sich vor allem gegen die zunehmend unerbittliche Haltung der Kurie und ihrer Vertreter beim Kaiser, musste aber, je schärfer der Wortwechsel wurde, erkennen, dass die Basis für eine Versöhnung immer mehr schwand. Seine Zurückhaltung und auch wohl seine Ängstlichkeit hinderten ihn, allzu früh und allzu offen Partei zu ergreifen, ließen ihn aber auch alle Ansinnen von Seiten Papst Hadrians VI., Herzog Georgs von Sachsen oder anderen, als Vermittler aufzutreten, zurückweisen. Seit den frühen 1520er-Jahren zeichnete sich immer deutlicher ab, dass er letztlich doch in der alten Kirche bleiben würde, was das Misstrauen gegen ihn nicht zum Verstummen brachte. Von Luther trug ihm seine Zurückhaltung wüste Beschimpfungen ein. Doch hinderte sie nicht, dass die „Erasmianer" in der alten Kirche und bis hinauf in die höchsten Kreise am Hof im Geruch ketzerischer Neigungen standen. In einer Zeit, in der sich die Parteien erst formierten, kam es darauf an, Anhänger und Gegner eindeutig zu identifizieren; alle Ansätze zum Ausgleich waren verdächtig. Das zwang auch Erasmus zu immer neuen Selbsterklärungen, Richtigstellungen und Festlegungen. Nicht mehr tolerierbar war die Offenheit der früheren Schriften vor dem Zeitalter der Konfessionalisierung, die allererst eine Toleranzdebatte anregte.

Die allgemeine vorreformatorische Kirchenkritik hat nicht die Schärfe, die auf Vernichtung des Gegners zielt. Das Ansehen der kirchlichen Autoritäten ist gering. Die kirchliche Dogmatik wird u. a. durch die Universitätstheologie vertreten, die in unterschiedliche, einander bekriegende Fraktionen zerfallen ist. Die Universitätstheologen disqualifizieren sich in den Augen der Humanistenfraktion allein schon durch ihr Gezänk und ihre barbarische Sprache, die gewöhnliche Frömmigkeit durch die Heiligenverehrung, den Reliquienkult und die die Grenze der Magie streifenden Praktiken, die Institutionen der Kirche durch ihre

Hierarchien, die sich von profanen kaum unterscheiden, ihre Machtkämpfe, die Glaubensfragen instrumentalisieren, und ihre veräußerlichten Sakramente. Wahre christliche Frömmigkeit, für die Erasmus von Anfang bis Ende eintritt, steht in Distanz zu allen dreien.

Gegenstand der Polemik waren jedoch weniger Institution und Volksfrömmigkeit als die gelehrte Theologie. Die Position der dominikanischen Theologen war in den Augen der Humanisten leere Prätention, ablesbar an ihrem barbarischen Wortgeklingel. Die Forschung hat sich meistens an dessen Kritik gehalten und weniger auf die Tendenzen zur Dogmatisierung geachtet. Die *Dunkelmännerbriefe*, mit denen die Humanistenfraktion im Reuchlinstreit Position bezieht, haben den obskuren *magistri nostri* ein satirisches Denkmal gesetzt. Aber es geht schon in ihnen um mehr als Sprachkritik, und es deutet sich schon hier die Verhärtung an, die die nächsten beiden Jahrhunderte bestimmen wird. Der erste Brief erörtert zwar hauptsächlich die alberne Frage, ob ein künftiger *magister noster* korrekter „magister nostrandus" oder „noster magistrandus" genannt werden muss, eine Frage, die der Autorität von Reuchlins Hauptgegner, dem Kölner Professor Ortwinus Gratius, vorgelegt wird, der sich zwar auch als Poet und Humanist versteht, aber von seinen Gegnern als Inbegriff scholastischer Borniertheit verspottet wird.[13] Aber der Brief weist auch – nahezu nebenbei – zurück, was sich im Anspruch der *magistri nostri* verbirgt: ein verbindliches Lehramt, das die Macht zur Exklusion und Inklusion hat.

Der Terminus *magister noster* besagt, dass einige ‚zu uns' gehören, andere wie z. B. Johannes Reuchlin, dagegen nicht, weshalb sie auszuschließen sind. ‚Zu uns' meint Zugehörigkeit zu den (dominikanischen) Theologen, deren Doktoren über wahres Christentum entscheiden. Und hier unterstellt die Satire den Dominikanern eine perfide Argumentation. Aus Demut, aber auch der Heiligkeit wegen und, um notwendige Unterscheidungen zu treffen („propter humilitatem et etiam sanctitatem et propter differentiam"), werde die Bezeichnung *magistri nostri*, so der fingierte Brief, für die (rechtgläubigen, d. h. dominikanischen) Doktoren der Theologie gebraucht. Das sind diejenigen, die „nach dem katholischen Glauben an der Stelle unsers Herrn Jesu Christi stehen, der die Quelle des Lebens ist". Christus war aber unser aller Lehrmeister („nostrorum omnium magister"). Also, so schließt der Briefschreiber messerscharf, werden die Doktoren der Theologie *magistri nostri* genannt, denn sie haben uns auf dem Weg der Wahrheit zu unterweisen, und Gott ist die Wahrheit. „Deswegen heißen sie zu recht *magistri nostri*,

---

13 Epistolæ obscurorum virorum [ad venerabilem virum Magistrum Ortvinum Gratium, o. J.]. Hg. v. Aloys Bömer. 2 Bde. in einem Bd. Einführung/Text [Heidelberg 1924]. Nachdr. Aalen 1978, Zitate Bd. II, S. 8.

weil wir alle als Christen schuldig und gehalten sind, ihre Predigt zu hören, und niemand darf ihnen widersprechen darin, dass sie unser aller Magister sind".[14] In dieser ebenso syntaktisch unübersichtlichen, gedanklich konfusen wie in der Tendenz unmissverständlichen Formulierung steckt, flüchtig als *humilitas* maskiert, nicht mehr und nicht weniger als der Anspruch der ‚scholastischen' Theologie auf ein Lehramt. Die *magistri nostri* entscheiden an der Stelle Christi. Die Kölner Dominikaner werden als gefährliche Gegner phantasiert, die den Zugang zur Wahrheit verwalten und keinen Widerspruch dulden. Auch Erasmus hat diesen Anspruch gesehen und seine *Moria* im *Lob der Torheit* spotten lassen: der Name *magister noster* müsse nach Wunsch seiner Träger mit religiöser Scheu („quasi religiose") ausgesprochen werden, so wie bei den Juden der Name Jahwe („quale est apud Iudaeos tetragrammaton"); daher dürfe man den Terminus auch nur mit Majuskeln schreiben.[15] Hier taucht am Horizont die Furcht vor einer Institution auf, die letztinstanzlich entscheidet und kein Pardon kennt. In der Mitte des zweiten Jahrzehnts des 16. Jahrhunderts ist das ein ebenso ungeheuerlicher wie lächerlicher Anspruch; ein Jahrzehnt später sieht das anders aus. Die Bestreitung eines verbindlichen Lehramts setzt Erasmus in einen fundamentalen Gegensatz zum konfessionellen Jahrhundert.

3

Laut Erasmus passt der Anspruch auf verbindliche Definition von Glaubenssätzen nicht zum Christentum. Er setzt ihm *pietas* entgegen. Das lateinische Zitat im Titel meines Vortrags gehört in diesen Zusammenhang. Es entstammt den

---

14 Die Übersetzung und Paraphrase nach [Crotus Rubeanus:] Briefe der Dunkelmänner. Vollständige Ausgabe übersetzt von Wilhelm Binder, revidiert mit Anmerkungen und einem Nachwort versehen von Peter Amelung (*Die Fundgrube*). München 1964, S. 9. Der lateinische Text ist genauer: „Sed quia doctores in sacra theologia non dicuntur doctores, sed propter humilitatem et etiam sanctitatem, et propter differentiam nominantur seu appellantur magistri nostri, quia stant in fide catholica in loco Domini nostri Iesu Christi, qui est fons vitae; sed Christus fuit nostrorum omnium magister, ergo ipsi appellantur magistri nostri, quia habent nos instruere in via veritatis, et Deus est veritas, quapropter merito vocantur magistri nostri, quia omnes nos scilicet Christiani debemus et tenemur audire praedicationem eorum, et nullus debet dicere contra eos, ex quo sunt omnium nostrum [!] magistri" ([Anm. 13] II, S. 8).
15 Erasmus von Rotterdam: Morias Enkomion sive Laus Stultitiae. Das Lob der Torheit. Deutsche Übersetzung von Alfred Hartmann. Eingeleitet und mit Anmerkungen versehen von Wendelin Schmidt-Dengler. In: Erasmus von Rotterdam. Ausgewählte Schriften in acht Bdn. Lateinisch und Deutsch. Hg. v. Werner Welzig. Bd. 2. Darmstadt 1975, S. 1–211, hier S. 142 f.

Adagia des Erasmus, und zwar gehört es zum Sprichwort „Quot homines, tot sententiae", „so viele Köpfe, so viele Meinungen".[16] Erasmus erwähnt dort zahlreiche Beispiele von Dissens und plädiert für ein friedliches Nebeneinander der Meinungen. Als Kronzeugen dafür führt er keinen geringeren als den Apostel Paulus an. Im Kontext des Textes lautet das so: „Darauf scheint auch der Apostel Paulus anzuspielen, wenn er dazu auffordert, dass wir, um Streit auszuschließen, jeden bei seiner Meinung lassen."[17] Erasmus fährt fort (in der Übersetzung Theres Payrs, S. 383): „Würde man in Theologenkreisen auf diesen Rat hören, so gäbe es heute nicht diese feindseligen Auseinandersetzungen über Probleme, die gar keine sind; denn es gibt schließlich Dinge, die man auf sich beruhen lassen kann, ohne dadurch dem Glauben Abbruch zu tun."[18]

An dieser Übersetzung scheinen mir einige Details ungenau; einmal mindert sie die Drastik des Tons; Erasmus sagt nicht „Theologenkreise", sondern „Theologenpack", und nicht „Probleme, die keine sind", sondern „quaestiuncula de nihil". *Quaestiuncula* meint nicht alberne theologische Probleme im Allgemeinen, sondern eine bestimmte Art, sie zu bearbeiten, eine Art, die die humanistische Fraktion den ‚Scholastikern' zuschrieb, der wissenschaftlichen Theologie an den Universitäten. Deren Methode bestand in der kontroversen Erörterung von *quaestiones* mit dem Ziel, eine verbindliche Lösung für dogmatische Fragen zu erzielen. Für Erasmus sind es *quaestiuncula*, lächerlich kleine Fragen. Man sieht im Hintergrund den Spott über die dominikanischen Winzlinge, die mit großem Gelärme dergleichen diskutieren. Die Lösungen solcher *quaestiuncula* sind unerheblich – so viele Köpfe, so viele Meinungen – solange die christliche Frömmigkeit („citra pietatis dispendium") davon nicht betroffen wird. Das aber ist das entscheidende Argument, das ins Zentrum der Tagung führt. Erasmus spricht nämlich gerade nicht, wie Payr übersetzt, vom „Glauben", sondern von *pietas*, von der Frömmigkeit, auf die allein es ankomme. Er bringt also die religiöse Praxis gegen die religiöse Dogmatik in Anschlag. Das ist eine entschiedene Gegenposition zu dem, was die kommenden konfessionellen Auseinandersetzungen ausmacht: Streit um religiöse Dogmen scheint Erasmus unerheblich.

---

16 Erasmus von Rotterdam: Adagiorum Chiliades (Adagia selecta). Mehrere tausend Sprichwörter und sprichwörtliche Redensarten (Auswahl). Übersetzt, eingeleitet und mit Anmerkungen versehen von Theresia Payr. In: Erasmus von Rotterdam (Anm. 15), Bd. 7 (1972), I 3 7, S. 382 f.
17 „Huc allusisse videtur et divus Paulus apostolus, cum admonet, ut ad praecludendam aemulationem sinamus unumquenque in suo sensu abundare" (Erasmus von Rotterdam: Adagiorum Chiliades [Anm. 16], S. 382.
18 „Cui consilio si theologorum vulgus auscultaret, non esset hodie tanta digladiatio de nihili quaestiunculis; sunt enim omnino quaedam, quae citra pietatis dispendium ignorari possunt" (ebd.).

Erasmus beruft sich für sein Plädoyer auf eine Stelle ausgerechnet aus dem *Römerbrief* des Paulus (*Röm* 14,5). In der Tat findet sich dort das Zitat: „unusquisque in suo sensu abundat". Im Kontext freilich wird der Beweiswert der Stelle für Erasmus' These recht fraglich.[19] Paulus nämlich mahnt die Starken und die Schwachen im Glauben zu wechselseitiger Achtung und friedlichem Umgang miteinander – in Luthers Übersetzung – „Den Schwachen im glauben nemet auff / vnd verwirret die gewissen nicht" (*Röm* 14,1).[20] Paulus wendet sich dagegen, anderen bestimmte Vorschriften, wie sie ihr Leben auszurichten haben, aufzuzwingen. Er nennt eine ganze Reihe von einander widersprechenden Meinungen, von denen er sagt, die eine sei so gut wie die andere. In diesem Zusammenhang fällt der Satz: „Ein jglicher sey in seiner meinung gewis" (*Röm* 14,5). Die Meinungen betreffen Äußerlichkeiten; sie richten sich darauf, welches Essen man essen soll, ob man überhaupt essen soll oder nicht, ob alle Tage gleich sind oder es besondere Tage gebe, an die man sich halten müsse. Paulus mahnt, man solle sich nicht zum Richter über abweichende Meinungen in Fragen dieser Art aufspielen (*Röm* 14,4). „Denn das Reich Gottes ist nicht essen vnd trincken/ sondern Gerechtigkeit vnd Friede/ vnd Freude in dem heiligen Geiste. Wer darin Cristo dienet/ der ist Gott gefellig vnd den menschen wert" (*Röm* 14,17 f.). Und: „[H]astu den Glauben/ So habe jn bey dir selbs/ fur Gott [...] Was aber nicht aus dem Glauben gehet/ das ist sünde." (*Röm* 14,22 f.)[21] Das ist in der Tat ein Gedanke, der aus Erasmus' Kritik an äußeren Riten und Frömmigkeitsübungen stammen könnte. Erasmus aber weitet ihn erheblich über das im *Römerbrief* Gemeinte aus. Paulus votiert nämlich für den Kern des christlichen Glaubens gegenüber den *Adiaphora* der Lebenspraxis, über die Christen untereinander nicht streiten sollten; ihm geht es um das Zusammenleben innerhalb der christlichen Gemeinde und um die Unterscheidung einer falschen, veräußerlichten Praxis vom Liebesgebot, um richtige oder falsche Formen der *pietas*. Eine Marginalie Luthers zu *Röm* 14,5

---

19 Biblia iuxta Vulgatam versionem, [...] recensuit [...] Robert Weber. Editionem quintam [...] präparavit Roger Gryson. Stuttgart 2007, S. 1765 f.: „nam alius iudicat diem plus inter diem, alius iudicat omnem diem, unusquisque in suo sensu abundat" (*Röm* 14,5). Der Eingang des Kapitels lautet: „Infirmum autem in fide adsumimus non in disceptationibus cogitationum" (*Röm* 14,1). Es geht dann um verschiedene äußere Vorschriften. Paulus' Fazit lautet (14,4): „tu quis es qui iudices alienum servum".
20 Das Neue Testament in der deutschen Übersetzung von Martin Luther nach dem Bibeldruck von 1545 mit sämtlichen Holzschnitten. Studienausgabe. Hg. v. Hans-Gert Roloff. Bd. 1: Text. Stuttgart 1989, S. 436–438.
21 Biblia iuxta Vulgatam (Anm. 19), S. 1766, *Röm* 14,17: „non est regnum Dei esca et potus sed iustitia et pax et gaudium in Spiritu sancto"; *Röm* 14,22 f.: „tu fidem habes penes temet ipsum habe coram Deo [...] Omne autem quod non ex fide peccatum est".

hält fest: „So sollen sie nu beide sich nach der liebe richten" (S. 436). Erasmus nimmt zwar das Plädoyer für eine praktische, sich in einem christlichen Leben bewährende Frömmigkeit auf, tut dies aber ausdrücklich in Abgrenzung zum Streit der Theologen über dogmatische Fragen. Bei Paulus ist demgegenüber ein Gegensatz zwischen Glauben und Frömmigkeit gar nicht das Thema, während für Erasmus dogmatische Kontroversen auf derselben Ebene wie der Streit über Zeremonien oder kultische Vorschriften liegen.[22]

4

Das ist ein Gedanke, der sich allenthalben bei ihm wiederfindet. Am weitesten treibt Erasmus das ironische Spiel mit der Wahrheit in seinem komischen Enkomion *Lob der Torheit* (1508/1511). *Moria* beweist ihre Ubiquität. Narrheit sind nicht nur lächerliche religiöse Bräuche, unsinnige Vorschriften und sinnentleerte Zeremonien, wie Erasmus sie seit je bekämpft hat, sondern auch Streit über Glaubensfragen. Allerdings ist das *Lob der Torheit* keine Schrift für Toleranz, wie es überhaupt schwer ist, wo *Moria* selbst spricht, den Geltungsanspruch ihrer Aussagen zu beurteilen. *Moria* scheint auf keine bestimmte Meinung festzulegen; die rhetorische Position der Titelgestalt verschiebt sich im Laufe ihrer Rede; oft überschlägt sich die Argumentation selbst in einem einzigen Satz. Überwiegt im Anfang das komische Enkomion, indem die Vertreterin eines Unwertes sich selbst feiert, so wird daraus eine Satire über die Narrheit der Welt, die sich selbst schonungslos entlarvt und nachweist, dass ihre angeblich vernünftigen Widersacher nicht weniger närrisch sind als sie. Am Ende aber steht ein Plädoyer für eine fromme Narrheit in Christo, deren Sachwalterin wieder *Moria* ist.

Die Besetzung der Sprecherinstanz hat sehr viel mit Erasmus' Toleranzdenken zu tun. Wenn zuletzt *Moria* für eine demütige Frömmigkeit eintritt, die Erasmus' Vorstellungen vom wahren Christentum sehr nahekommt, dann hat sich diese *Moria* durch ihren anfänglichen Auftritt als Instanz für Wahrheit vollständig diskreditiert. Erasmus inszeniert eine Nicht-Autorität, um ihr in den Mund zu legen, was gelten soll. Diese Argumentationsfigur kehrt bis in seine Auseinandersetzung mit Luther immer wieder: Der Sprecher wird marginalisiert oder marginalisiert sich selbst, seine Rede wird zurückgenommen, ist nicht laute

---

22 Das geht über den von Forst (Toleranz im Konflikt [Anm. 1], S. 137) notierten Gedanken zu den *Adiaphora* noch hinaus: Sie betreffen Dinge, die für den Glauben gleichgültig sind, nicht diesen selbst.

Behauptung, sondern eine Ansicht unter anderen im Meinungsstreit. Indem die Autorität des Sprechers gewissermaßen ausgestrichen wird, gilt der Inhalt dessen, was er sagt, umso nachdrücklicher:[23] Die Inszenierung der Rede zielt auf Toleranz als Haltung.

Teil 2 und 3 des *Lobs der Torheit* hängen eng mit dem zitierten *Adagium* zusammen, Teil 2 indem *Moria* die abergläubischen Exzesse der Volksfrömmigkeit ebenso wie den Ritualismus kirchlicher Vorschriften und den nutzlosen Streit kirchlicher Institutionen verspottet, Teil 3, indem sie dem die wahre *pietas* entgegensetzt. Durchgängig ist die Relativierung von Wahrheit. Sie deutet sich schon an, wenn Narrheiten nicht nur gegeißelt, sondern auch als lebensnotwendig anerkannt werden. Die Aufforderung der *Moria*, umgänglich zu sein (*euethia*) und fünf gerade sein zu lassen, weil es keinen Menschen gibt, der ganz ohne Fehler wäre,[24] erscheint als Bedingung für den sozialen Zusammenhalt, seine Stabilität und Akzeptanz: „Kurz, bis jetzt kann ohne mich keine Gesellschaft, kein Zusammenleben angenehm oder dauerhaft sein" (S. 47).[25] Wenn eine bestimmte Art von Einbildung den Menschen von Angst befreit und glücklich macht (S. 86), dann ist ein solcher Irrtum der Wahrheit, die unglücklich macht, vorzuziehen. Darf man ihn (*Moria* präzisiert: „sensus vel mentis error") überhaupt noch als Wahnsinn (*insania*) bezeichnen (S. 88)? Das ist ein ironisches Spiel, doch hat es einen ernsten Kern, indem auch in Alltagsdingen sich die Frage stellt, ob man ein glückliches Leben der unerbittlich vertretenen Wahrheit opfern dürfe.

Diese Position impliziert allerdings nicht Toleranz, sondern allenfalls Nachsicht, wenn nicht Indolenz. Es gibt im Blick der *Moria*, anders als in der späteren Toleranzdebatte, nicht unterschiedliche Positionen, die jede für sich den gleichen absoluten Geltungsanspruch erheben, aber einander ausschließen und die deshalb einen *modus vivendi* miteinander finden müssen. Es gibt nur als Wahr-

---

23 Vgl. die Einleitung von *De libero arbitrio*, wenn Erasmus sich gegen Artikel 36 von Luthers *Assertio omnium articulorum Martini Lutheri per bullam Leonis X. novissimam damnatorum* (Wittenberg 1520) wendet und sich dafür entschuldigt, dass er, wo er doch kein Fachmann sei, es wage, Einwände gegen den schon damals berühmten Theologen vorzubringen (vgl. Erasmus von Rotterdam: De libero arbitrio diatribe sive collatio. Gespräch oder Unterredung über den freien Willen. Übersetzt, eingeleitet und mit Anmerkungen versehen von Winfried Lesowski. In: Erasmus von Rotterdam [Anm. 15], Bd. 4 [1969], S. 1–195, hier S. 2).

24 „De mortalibus loquor, quorum nemo sine vitiis nascitur, optimus ille est, qui minimis urgetur" (Erasmus von Rotterdam: Morias Enkomion sive Laus Stultitiae [Anm. 15], S. 42). „Adde tantam annorum ac studiorum dissimilitudinem, tot lapsus, tot errata, tot casus vitae mortalis, quo pacto vel horam constabit inter Argos istos amicitiae iucunditas, nisi accesserit ea, quam mire Graeci euethian appellant" (ebd., S. 44).

25 „In summa usque adeo nulla societas, nulla vitae coniunctio sine me vel iucunda vel stabilis esse potest" (ebd., S. 46).

heiten geschminkte Lügen, die die *Moria* durchschaut und die sie hinzunehmen empfiehlt, weil ihr Gegenteil ebenso lügenhaft sei. Wenn alles das Gegenteil dessen ist, was es scheint, gibt es keinen Grund, irgendetwas gegenüber irgendetwas anderem zur Geltung zu bringen. Da die Torheit jeden Wahrheitsanspruch als töricht entlarvt, ist ein Streit, der mit vorgeschobenen Gründen dem Gegner die Daseinsberechtigung abspricht, Unsinn: „was ist folglich dümmer als aus welchen Gründen auch immer einen solchen Kampf aufzunehmen?"[26] Eine solche Einsicht – wobei man nicht vergessen darf, dass es *Moria* ist, die spricht – führt aber bestenfalls zu einer lachend-achselzuckenden Gleichgültigkeit.

Moria unterminiert die Position der Wahrheit nicht nur im Alltag, sondern auch in den Wissenschaften, vor allem in der spätmittelalterlichen Philosophie und Theologie (Kap. 29–35, 52 u. 53). Das Gezänk um die Wahrheit in den theologischen Fakultäten, zwischen Realisten und Nominalisten, Albertisten, Thomisten und Scotisten (S. 134) diskreditiert sich selbst. Die Torheit billigt dieser Theologie nicht den Status einer ernst zu nehmenden Auseinandersetzung über wichtige Glaubensfragen zu. Vielmehr sieht sie im theologischen Streit das pervertierte Gegenteil zum Wirken der Apostel, die die christliche Wahrheit begründeten, sie jedoch mehr durch ihr Leben und ihre Wunder („sed vita magis ac miraculis" [S. 138]) beglaubigten als durch Dogmen, geschweige Dogmen mit spitzfindigen Unterscheidungen in barbarischem Latein. Nicht auf theologisches Wissen kommt es an, sondern auf glühende christliche Frömmigkeit: „Christianae pietatis ardor" (S. 200).

Mangelnde Bildung verschärft den theologischen Streit und lenkt ihn vom wahren Christentum ab. Man hört den griechisch und lateinisch gebildeten Intellektuellen Erasmus, der sich über die ungebildeten Theologen lustig macht. Einer von ihnen fasst die Mahnung des Paulus, einen Häretiker solle man nach vergeblichen Bekehrungsversuchen meiden (*devitare*), als Aufforderung auf, ihn zu töten. Der gute Mann versteht nämlich unter dem Imperativ des Paulus: „devita" („meide ihn") eine Nominalphrase: „de vita" (also: „raus aus dem Leben", „töte ihn"). Mangel an Lateinkenntnissen führt hier stracks zu einem von allen Theologen beifällig aufgenommenen Radikalismus; Philologie dagegen korrigiert solchen Radikalismus. Hinter dieser Anekdote steht die Überzeugung, dass ein christlicher Humanismus Christi Gebot besser erfüllt als die Theologie.[27]

---

26 „Porro quid stultius, quam ob causas, nescio quas, certamen eiusmodi suscipere" (Erasmus von Rotterdam: Morias Enkomion sive Laus Stultitiae [Anm. 15], S. 50).
27 Vgl. ebd., S. 190–193; Erasmus hat die Anekdote später in einem Brief vom 19.10.1519 an Kardinal Albrecht von Mainz noch einmal aufgenommen (Forst: Toleranz im Konflikt [Anm. 1], S. 139).

Es gibt eine weitere Stelle, an der die Praxis gegen wissenschaftliche Dogmatik aufgewertet zu sein scheint. Gegenüber den ufer- und ziellosen Auseinandersetzungen in den Wissenschaften, die diese als törichtes Geschwätz entlarven, bietet *Moria* den *sensus communis* auf, der ihr selbst sehr nahestehe: „wenn auch unter diesen Wissenschaften die am meisten geschätzten die sind, die sich dem *sensus communis* [ich würde übersetzen: dem gesunden Menschenverstand], d. h. der Torheit am weitesten annähern".[28] Man könnte versucht sein, von hier aus eine Brücke zur Beschreibung eines auf Torheit, Irrtum und falschem Schein aufbauenden, doch funktionierenden und letztlich dem Gemeinwohl verpflichteten sozialen Lebens zu schlagen, aber die Fortsetzung schneidet diesen Gedanken ab, indem *Moria* als Beispiele von Disziplinen, die dem *sensus communis* näher stehen, Medizin und Juristerei nennt, die zwar anders als theologische und philosophische Spekulationen praktische Bedeutung haben, wo aber, wie *Moria* sogleich ausführt, ebenfalls die frechsten Nichtskönner den größten Erfolg haben. Der Begriff *sensus communis* deutet freilich auf mehr,[29] könnte eine praktisch relevante Klugheit meinen. Mindestens in solchen Andeutungen sind auch in der *Laus Stultitiae* die Themen des religiösen Schriftstellers erkennbar.

5

In der *Querela pacis* (1515)[30] spricht die personifizierte *Pax Christi*. Das scheint gegenüber der *Moria* eine maximale Autorität. Doch ist darauf zu achten, wofür

---

28 „Quamquam inter has ipsas disciplinas, hae potissimum in pretio sunt, quae ad sensum communem, hoc est, ad stultitiam quam proxime accedunt" (Erasmus von Rotterdam: Morias Enkomion sive Laus Stultitiae [Anm. 15], S. 74 f.).
29 Die Übersetzung hat ‚Menschenverstand' (ebd., S. 75). Die Stelle spielt mit dem Doppelsinn des Begriffs. Denkt man an Medizin und Jura, dann scheint damit ein Wissen gemeint, das Bedeutung für die gemeinsame Praxis hat, zwar kein Gemeinsinn, aber ein Denken, das sich an dem, was alle betrifft, ausrichtet. In der ursprünglichen Formulierung liegt ‚gesunder Menschenverstand' nahe, also Abstand zu überkomplizierten wissenschaftlichen Abstraktionen. Bezeichnet die *Moria* den *sensus communis* als ihr selbst verwandt, wäre auch an ein Denken und Fühlen zu denken, das ohne rationale Begründungen auskommt; vgl. zur weit darüber hinaus weisenden Geschichte des Begriffs *sensus communis* die historisch differenzierten Beiträge im *Historischen Wörterbuch der Philosophie* (hg. v. Karlfried Gründer, Bd. 9 [1995], Sp. 622–675).
30 Erasmus von Rotterdam: Querela pacis undique gentium eiectae profligataeque. Die Klage des Friedens, der von allen Völkern verstoßen und vernichtet wurde. Übersetzt, eingeleitet und mit Anmerkungen versehen von Gertraud Christian. In: Erasmus von Rotterdam. (Anm. 15), Bd. 5 (1968), S. 359–451.

diese eingesetzt wird und wofür nicht. Die *Pax Christi* geißelt nicht anders als die *Moria* dogmatische Streitigkeiten als Teil eines desaströsen Kriegs unter Christen, der auf allen Feldern des sozialen und politischen Lebens tobt. Sie dehnt die Forderung des Friedens, der nicht nur durch die politischen Mächte bedroht ist, auf Auseinandersetzungen über Glaubensfragen aus. Bei den Gelehrten habe sie vergeblich gehofft, ihre Forderungen verwirklicht zu sehen: „doch ach, hier tobt ein anderer Krieg, doch nicht weniger wahnsinnig; eine Schule streitet gegen die andere",[31] und wieder heißt es: „Der Scotist kämpft gegen den Thomisten, der Realist mit dem Nominalisten, der Aristoteliker mit dem Platoniker" (S. 375). Das fordert zur Einheit der Christen durch Hintanstellung dogmatischer Auseinandersetzungen auf, die wieder auf einer Stufe mit Gezänk über Kultvorschriften, Zeremonien, Speise- und Kleidervorschriften, Ordensregeln usw. stehen: „jedem gefällt seine eigene Sache; fremde verurteilt und hasst er".[32]

Es ist diese Ansicht, die Erasmus unfähig macht, die reformatorischen Auseinandersetzungen zu verstehen. Nach dem Auftreten Luthers, Zwinglis und Calvins und dem tridentinischen Gegenangriff wäre ein solches Konglomerat von Kritikpunkten nicht mehr möglich. Die im eigentlichen Sinne theologischen Fragen haben ein anderes Gewicht. Sie sind zwischen den Konfessionen und deren einzelnen Fraktionen höchst umstritten; keine würde sie bloß als gleichgültiges Theologengezänk betrachten. Es gibt für jede nur eine als verbindlich erachtete Lösung, und diese muss durchgesetzt werden.

In der *Vorrede an Paul Volz*, die die Wiederveröffentlichung seines *Enchiridion militis Christiani* (1501/1503) 1518 begleitet,[33] nimmt Erasmus Gedanken der Friedensschrift auf. In der Auslegung des Epheser-Briefs will er weniger als Theologe denn als Sittenlehrer sprechen, weniger scharfsinnig als fromm („sit sane parum acutus, modo sit pius" [S. 4]). Obwohl ursprünglich gerichtet an einen Militär, geht es im *Enchiridion* vornehmlich um den inneren Kampf des Menschen mit Leidenschaften und Lastern; Ziel ist die „tranquillitas Christiana" und die „vera pietas" (ebd.). Erasmus setzt sich scharf von den Entartungstendenzen der Kirche ab, ohne die Kirche selbst und ihre Institutionen in Frage zu stellen. Seine beißende Kritik des Mönchswesens schließt Erasmus schon hier, noch bevor er

---

31 „Sed proh dolor! En hic quoque bellorum aliud genus, sed tamen non minus insanum. Schola cum schola dissidet" (Erasmus von Rotterdam: Querela pacis undique gentium eiectae profligataeque [Anm. 30], S. 372 f.)
32 „[S]ua cuique placent, aliena damnat et odit quisque" (ebd., S. 376: über die Mönchsorden).
33 Erasmus von Rotterdam: Epistola ad Paulus Volzum. Brief an Paul Volz. Übersetzt, eingeleitet und mit Anmerkungen versehen von Werner Welzig. In: Erasmus von Rotterdam (Anm. 15), Bd. 1 (1968), S. 1–53.

durch den Konfessionsstreit in die Enge getrieben wird, deshalb überraschenderweise mit den Worten:

> Jemand, der mahnend an das erinnert, worauf wahre Religion beruht und wie weit entfernt eine wahrhaft christliche Frömmigkeit vom Hochmut ist, wie weit wahre Liebe von Heuchelei und wie sehr das Gift der Zunge der reinen Religion widerstreitet, verdammt also keineswegs ohne weiteres jene Institution der Mönche [...].[34]

Auch die schärfste Kritik rüttelt nicht am Glauben an die hergebrachten Institutionen.

Leicht solle der Zugang zum Glauben sein, nicht durch die Labyrinthe universitärer Disputationen führen, sondern zu christlicher Friedfertigkeit anleiten.[35] Wieder distanziert sich Erasmus vom uferlosen theologischen Gezänk über Dogmen und vom Streit über Zeremonien und äußere Regeln der Frömmigkeit, die „magnos illos religionis professores" (S. 8) entzweien, sie veranlassen, sich aufs Blut zu bekämpfen und die nie zum Ziel führen, denn, heißt es wie im *Adagium*, zu groß ist die Verschiedenheit der *ingenia* und der Umstände (S. 6). Für echte *pietas* genüge wenig an Dogmen und kaum mehr an Vorschriften:

> Was den Glauben betrifft, sollte in möglichst wenigen Artikeln behandelt werden. Was das Leben betrifft, sollte auch in wenigen Artikeln dargeboten werden, und zwar so, dass man erkennt, dass das Joch Christi sanft und leicht, nicht hart ist [...].[36]

Die Reduktion auf wenige Glaubensartikel durchzieht Erasmus' Denken wie ein roter Faden. Welche Glaubensartikel das sind, sagt er allerdings nirgends, denn letztlich kommt es darauf weniger an als auf das christliche Leben.[37] Selbst beim Kampf gegen die Türken – dem vielleicht politisch-militärisch bedrohlichsten Problem des 15. bis 17. Jahrhunderts – ist eher als auf die Waffen auf die Über-

---

34 „Non damnat igitur protinus horum institutum, qui monet quibus in rebus sita sit vera religio et quantum absit a supercilio vere Christiana pietas, quantum absit a fuco germana caritas, quam pugnet cum sincera religione linguae virulentia" (Erasmus von Rotterdam: Epistola ad Paulus Volzum [Anm. 33], S. 30).
35 „Non reddat instructos ad palaestram Sorbonicam modo reddat instructos ad tranquillitatem Christianam" (ebd., S. 4); „non inexplicabilibus disputationem labyrinthis" (ebd., S. 26).
36 „Quae pertinent ad fidem, quam paucissimis articulis absolvantur. Quae ad vitam, item paucis tradantur, et sic tradantur, ut intelligant Christi iugum blandum et commodum esse, non asperum" (Erasmus von Rotterdam: Epistola ad Paulus Volzum [Anm. 33], S. 14).
37 Zur Forderung einer Beschränkung des Glaubens auf eine kleine Zahl fundamentaler Lehren Guggisberg: Wandel (Anm. 3), S. 461.

zeugungskraft der christlichen Religion durch ein christliches Leben zu setzen (S. 32).[38]

6

Wie das erasmianische Christentum praktisch aussehen könnte, entwirft ein *Colloquium familiare*, das *Convivium religiosum* ('Das geistliche Gastmahl').[39] Es gehört bereits zur ersten Sammlung der *Colloquia*, mithin in die Anfänge des Auftretens der Reformation. In dieser Situation die Diskussion religiöser Fragen in ein Gespräch unter Freunden bei Tisch zu verlegen, auf ein mit Kapelle, Garten, Orten religiöser Sammlung, Kunst und Sinnsprüchen wohl ausgestattetes Landgut, ist allein schon eine Provokation. Sie bedeutet, die Erörterung religiöser Fragen aus dem erbitterten kirchlichen und universitären Streit von Lehrmeinungen herauszuhalten, die sich abzeichnenden kirchenrechtlichen Prozesse gegen Luther und seine Anhänger zu umgehen und die Religion aus ihrem reichspolitischen Zusammenhang zu lösen.

Convivium ist die bevorzugte Form humanistischer Diskussion: Die schwierigsten Gegenstände werden in entspannter, freundschaftlicher Atmosphäre abgehandelt. Das Urbild ist Platons *Symposion*. Der Dialog ist eine Lieblingsform der Renaissance, weil in ihm dilemmatische Themen mit offenem Schluss verhandelt werden können.[40] Zu diesem Typus gehört Erasmus' *Convivium religiosum* freilich nicht, denn es gibt keinen Streit, sondern einen breiten Konsens, zu dem jeder der Gesprächspartner etwas beiträgt. Im Kreis der Freunde kann über eine wahrhaft christliche Lebensform befunden werden. Diese wird vor dem Hintergrund schärfster Kritik der gegenwärtigen kirchlichen Zustände entworfen, einer Kritik, die reformatorischer Polemik zwar in der Schärfe nicht nachsteht, wohl aber im Ton und im Geltungsanspruch.

In einer entlasteten Atmosphäre treffen sich Freunde auf einem Landgut zu einem gemeinsamen Gastmahl, um zwischen Spaziergängen im Garten, dem

---

38 Vgl. auch die *Querela pacis* (Anm. 30), S. 442, die beklagt, dass es bei den Heiden friedlicher zugehe als bei den Christen.
39 Erasmus von Rotterdam: Convivium religiosum. In: Colloquia familiaria. Vertraute Gespräche. Übersetzt, eingeleitet und mit Anmerkungen versehen von Werner Welzig. In: Erasmus von Rotterdam (Anm. 15), Bd. 6 (1967), S. 20–123, hier S. 42 f.; vgl. die Einleitung S. VIII: das *Convivium religiosum* gehörte schon 1518 zur Sammlung.
40 Möglichkeiten des Dialogs. Struktur und Funktion einer literarischen Gattung zwischen Mittelalter und Renaissance in Italien. Hg. Klaus Hempfer. Stuttgart 2002, bes. S. IX–XV u. 1–38.

Betrachten von Kunstwerken – meist religiösen Inhalts – und dem Deuten von Inschriften sich über christliche Lehre zu unterhalten. Das gemeinsame Mahl ist Urbild gelingender Sozialität. Das Gespräch ist eingebettet in Unterhaltungen über andere Gegenstände: Pflanzen, Tiere, das Essen, die Einrichtung von Haus und Garten, doch alle Unterhaltungen führen zum Problem einer christlichen Lebensführung zurück. Als Geschenke erhalten die Gäste u. a. die *Proverbia Salomonis*, das Matthaeus-Evangelium, die Briefe des Paulus, aber auch Plutarch. Es wird eine Situation entworfen, in dem der Disput über religiöse Gegenstände Teil einer gebildeten Lebenspraxis ist, die ebenso die Sorge für den Mitmenschen (die bedürftige Nachbarin, den kranken Freund) einbezieht wie die Künste oder den Genuss eines nicht luxuriösen,[41] aber in allem wohl eingerichteten Lebens an einem wohl eingerichteten Ort.

Die ganze Veranstaltung richtet sich gegen die institutionalisierte Religion. Es ist ein Gespräch von Laien, nicht Theologen. Damit ist, wenn auch relativiert durch vorsichtigen Zweifel, ob Laien darüber überhaupt reden dürfen („nobis idiotis, nescio an fas sit, hisce de rebus confabulari" [S. 50]), eine der Ausgangsfragen der Reformation beantwortet: christliche Religion ist nicht nur Sache einer Priesterkaste. Was bescheiden klingt, erhebt einen ungeheuerlichen Anspruch: Es ist der *idiota*, der, anders als Pharisäer und Schriftgelehrte, Zugang zu Wort Gottes hat. Wenn die Gesprächsteilnehmer sich in der Auslegung der *Heiligen Schrift* üben, dann übernehmen sie ein Amt, das eigentlich dem Priester vorbehalten sein müsste. Wenn einer der Unterredner betont, er wolle ohne die Spekulationen der professionellen Interpreten („omissis variis coniecturis, quas in hunc locum congerunt interpretes" [S. 50]) sich allein auf den *sensus moralis* einer Bibelstelle (*Spr* 21,1–3) konzentrieren, dann ist die Stoßrichtung klar: Es geht nicht um immer gesuchtere Varianten des vierfachen Schriftsinnes, sondern um die ethische Bedeutung des Schriftwortes.

Allerdings wird damit nicht der Anspruch erhoben, im Sinne eines Priestertums aller Gläubigen einen eigenen Wahrheitsanspruch zu behaupten. Deshalb relativiert der Sprecher selbstkritisch seine Auslegung gegenüber den Ansichten eines echten Theologen, eines Theologen nämlich: „qui ista non intellegeret solum, verum etiam saperet" (S. 50). Die beigegebene Übersetzung lautet: ‚der diese Dinge nicht nur versteht, sondern davon durchdrungen ist' (S. 51); sie verschenkt damit die Pointe, dass hier *sapere* gegen *intellegere* ausgespielt wird, d. h. der Besitz des Wissens seinem Erwerb, dem Erkennen. ‚Nur' *intellegere* schreibt der Sprecher sich selbst zu; aber was bedeutet dann *sapere*? Ist es

---

[41] Der Gastgeber hält fest: „Totus hic locus voluptati dicatus est, sed honestae" (Erasmus von Rotterdam: Convivium religiosum [Anm. 39], S. 50).

mehr, oder scheint das nur so? Ich würde vielleicht eher übersetzen: „[...] eines echten Theologen, der für diese Dinge nicht nur seinen Intellekt braucht, nicht nur sich um ihre Erkenntnis bemüht, sondern in sicherem Wissen darüber sich befindet". Der Sprecher erkennt die *sapientia* des Theologen durchaus an, ein Wissen, das mehr impliziert als seine begrenzten Vernunftgründe, das dauerhaft und autoritätsgestützt ist. Aber entwertet es diese deshalb? Als Laie und frommer Christ insistiert er, auch wenn ihm die Freunde bescheinigen, wie ein Baccalaureus der Theologie gesprochen zu haben,[42] nicht auf der unumstößlichen Wahrheit seiner Auslegung: „Ich weiß nicht, ob sie wahr ist; mir genügt, dass ihr Sinn nicht unfromm oder häretisch ist":[43] kein allgemein verpflichtender Wahrheitsanspruch, sondern eine begründete persönliche Meinung. Autorität wird auch hier ausdrücklich zurückgenommen.[44] *Pietas*, nicht *veritas* ist das Kriterium. Wieder spielen die Gesprächspartner auf die oben zitierte Paulusstelle an als Unterstützung der These: „man strebt auf verschiedene Weisen des Lebens nach Frömmigkeit".[45] Nicht auf irgendwelche Meinungen, nicht auf die Einhaltung von Vorschriften, Bräuchen und Geboten kommt es an, sondern auf eine fromme Praxis: auf *misericordia*.

Das *Convivium religiosum* bemüht sich um die Versöhnung von christlicher und antiker Weisheit, zumal Cicero. Das impliziert nicht nur eine Frontstellung gegen ‚abergläubische' Frömmigkeitspraktiken und Zeremonien, sondern auch gegen ein veräußerlichtes Verhältnis zu den Sakramenten. Diese werden zwar ausdrücklich anerkannt (S. 86), doch kritisiert, wenn dem religiösen Brauch nur Routine, keine Gesinnung entspricht.[46]

Ein anderes *Colloquium familiare*, die *Confabulatio pia*, das mehr dem Typus Schülergespräch entspricht, das der Grundtypus der Sammlung ist, bestätigt diese Tendenz.[47] Charakteristisch ist auch hier wieder die Inversion des Autoritätsver-

---

42 „Quid ais, idiota? Si baccalaureus essem Theologiae, minime puderet istius interpretationis", sagt Timotheus, der ‚Gottesfürchtige' (ebd., S. 54).
43 „An vera sit, nescio; mihi satis est, quod sensus non sit impius, aut haereticus" (ebd., S. 54).
44 Ähnlich betont Erasmus in *De libero arbitrio* (Anm. 23), S. 192, er spreche nicht als Richter in der Sache, sondern als Diskussionsteilnehmer.
45 „Diversis vitae rationibus contenditur ad pietatem"(Erasmus von Rotterdam: Convivium religiosum [Anm. 39], S. 58). Die Beispiele, die Sophronius dafür anführt, entstammen z. T. dem Römerbrief; sie wenden sich gegen die Privilegierung bestimmter Lebensformen oder die Einhaltung bestimmter Riten.
46 „Fiunt magis ex consuetudine, quam ex animo" (ebd., S. 88).
47 Erasmus von Rotterdam: Confabulatio pia. In: Opera omnia Desiderii Erasmi Roterodami recognita et adnotatione critica instructa notisque illustrata I, 3, Amsterdam 1972, S. 171–181; vgl. die Einleitung des Auswahlbandes (Anm. 39), S. VIII f., zur Entstehung der *Colloquia*.

hältnisses. Nicht der Lehrer belehrt den Schüler, sondern der Schüler den Lehrer. Erasmus gibt dem einen der beiden Gesprächspartner seinen eigenen Namen und lässt diesen von einem jungen Mann (*puer*)[48] seinen frommen Tagesablauf schildern. Der *puer* gehört keinem Mönchsorden an, steht also außerhalb der institutionalisierten *religio*. Für Ehe, Priesteramt oder Eintritt in einen Orden will er sich erst später entscheiden, wenn er zu einem reiferen Urteil fähig ist und nicht zu befürchten steht, dass er eine unüberlegte Entscheidung bereut. Wahre *religio* definiert er als ‚reine Verehrung Gottes und Beachtung seiner Gebote' („purus cultus numinis et obseruatio praeceptorum illius"). Das expliziert er in vier Punkten; nur der erste berührt wenigstens noch den dogmatischen Kern: „dass wir richtig und fromm von Gott und der Heiligen Schrift denken" („vt recte pieque sentiamus de Deo, de scripturis diuinis"), doch solle der rechte Glaube nicht nur Gehorsam und Furcht des Herrn nach sich ziehen, sondern Liebe zu Gott; zweitens dass man niemandem schadet, so deutet er, etymologisch korrekt, *innocentia*; drittens *caritas*, viertens *patientia* (S. 172). Das ist eine überwiegend ethische Definition der Religion, zumal auch im ersten Punkt nicht von Dogmen, sondern vom richtigen und frommen Empfinden für Gott die Rede ist. Das fromme Leben des Jungen schließt einen gewöhnlichen Alltag, Teilnahme an Spielen und an der Familie, ein.

Von Toleranz ist bei all dem nicht die Rede, aber die Haltung, die beschrieben wird, läuft darauf hinaus, denn der junge Mann lässt auch gelten, was nicht zum Kern seiner Auffassung von Frömmigkeit gehört: häufige Gebete und Besuch des Gotteshauses, Heiligenverehrung, Teilnahme an den kirchlichen Festen, wenn er auch ein magisches Verständnis des Messbesuchs als Voraussetzung des Erfolgs in der Welt als abergläubisch (*superstitiosum* [S. 176]) ablehnt. Fasten verwirft er; seine Beichte richtet er nur selten an einen Priester,[49] dagegen täglich an Christus (S. 177 f.), dessen Vorschriften ihm mehr gelten als die der *proceres ecclesiae*.

Das Studium der Theologie würde ihn anziehen, „wenn mich nicht die (schlechten) Sitten einiger Theologen und ihre verdrießlichen Streitereien untereinander abstießen".[50] Sein Gesprächspartner „Erasmus" kommentiert das: viele hielten sich von der Theologie zurück, da sie fürchteten, „am katholischen Glauben irre zu werden, wenn sie sehen, dass es nichts gibt, was nicht zum Gegenstand einer problematisierenden *quaestio* wird" („ne vacillent in fide catholica, quum videant, nihil non vocari in quaestionem"). Für ein frommes Leben genügt – so

---

48 Er ist noch nicht 17 Jahre alt (Erasmus von Rotterdam: Confabulatio pia [Anm. 47], S. 177).
49 Sein Gesprächspartner „Erasmus" nutzt das für einen Ausfall gegen korrupte Beichtiger (ebd., S. 178).
50 „nisi me mores quorundam et morosae inter ipsos contentiones non offenderent" (ebd., S. 180; dort auch die folgenden Zitate).

sein Gesprächspartner – die *Heilige Schrift* und das apostolische Glaubensbekenntnis, „nec vltra scrutor": „weiter forsche ich nicht". Alles andere mögen die Theologen, wenn sie wollen, disputieren und definieren („Caetera permitto Theologis disputanda ac definienda, si velint"). Und dann der Satz, der Luther zur Weißglut gebracht haben muss: „Wenn etwas durch Tradition (Gebrauch) von der Christenheit anerkannt ist, was nicht offen der Heiligen Schrift widerspricht, dann unterwerfe ich mich ihm, damit ich bei niemandem Anstoß errege" („Si quid tamen receptum est vsu populi Christiani, quod non plane pugnet cum sacris literis, hactenus servo, ne cuiquam sim offendiculo"). Indem die Sprecherinstanz maximal depotenziert ist, kann sie zum Vorbild frommer christlicher Unterwerfung werden.

7

Das sind Worte, die vor der dogmatischen Versteinerung des Konfessionsstreits geschrieben wurden. Es ist ja gerade Luthers Anliegen, gegen einen verrotteten *usus*, in Teilen kanonisiert in der Tradition der römischen Kirche, den Wortlaut der *Heiligen Schrift* zur Geltung zu bringen. Deren Auslegung wird daher zum Gegenstand erbitterter Auseinandersetzung. Der Wechsel des Stils theologischer Auseinandersetzung ist es, der Erasmus an dem Streit mit Luther über den freien Willen besonders stört. Etwa ein Drittel von Erasmus' *De libero arbitrio diatribe* (1524)[51] wie auch des *Hyperaspistes. Diatribae adversus servum arbitrium Martini Lutheri* (1526)[52] sind nicht der Streitsache selbst, sondern der Form ihrer Behandlung durch Luther in *De servo arbitrio*[53] gewidmet. Erasmus besteht auf der *humanitas* der Diskusssion, die er auch zuvor immer wieder angemahnt hatte. Sie sieht er durch Luther ebenso bedroht wie durch dessen Gegner. Er befürchtet, wie er an Peutinger schreibt,[54] dass diese mit Luther zugleich auch die *bonae litterae*

---

51 Erasmus von Rotterdam: De libero arbitrio diatribe sive collatio (Anm. 23).
52 Erasmus von Rotterdam: Hyperaspistes diatribae adversus servum arbitrium Martini Lutheri. Liber primus. Erstes Buch der Unterredung ‚Hyperaspistes' gegen den ‚Unfreien Willen' Martin Luthers. Übersetzt, eingeleitet und mit Anmerkungen versehen von Winfried Lesowski. In: Erasmus von Rotterdam (Anm. 15), Bd. 4 (1969), S. 197–675.
53 Martin Luther: De servo arbitrio [1525], in: D. Martin Luthers Werke. Kritische Ausgabe WA 18. Weimar 1908. S. 600–787.
54 Opus epistolarum Des. Erasmi Roterodami, denuo recognitvm et auctvm per P. S. Allen, M.A. […] et H. M. Allen, Tomus IV 1519–1521. Oxford 1922, Nr. 1156, 9. November 1520. Besonders in einem Brief an Papst Hadrian VI. beklagt er, wie er mit den Lutheranern in einen Topf geworfen wird (Tomus V 1522–1524. Oxford 1924, V, Nr. 1352, 22. März 1523); zu seiner Sorge um die *bonae litterae* Huizinga: Erasmus (Anm. 2), S. 162 f.

erledigen würden. Er will sich in die Lutherischen Händel nicht mischen, denn seine Interessen lägen woanders, gälten humanistischen Studien und zugleich dem Evangelium: „Faueo bonis studiis, faueo veritati Euangelicae". Den *bonae artes* aber schade Luther ebenso wie der Sache des Christentums („Quantis odiis Lutherus et bonas litteras onerat et rem christianam").[55]

Er wirft Luther im *Hyperaspistes* seine rüde, beleidigende und noch im scheinbaren Lob hinterhältige Argumentation vor. Luther sei den *fratres* gefolgt, den Mönchen, deren Lebenswandel weit von dem Evangelium entfernt ist, das sie predigen.[56] Erstaunt stellt Erasmus fest, wie Luthers Reaktion sich von der Melanchthons unterscheidet, der in einem Brief an ihn über *De libero arbitrio* es als unbillig bezeichnet hatte, wenn nicht jeder in der Kirche seine Meinung äußern dürfe („si non liceret in Ecclesia suam cuique sententiam dicere" [S. 212]). Er, Erasmus, mache keinen Anspruch darauf, für mehr als für sich selbst zu sprechen (S. 214).[57]

Erasmus' zögernd abwägende Haltung ist Luther ganz und gar unerträglich. Deshalb ist schon seine Gegenschrift *De servo arbitrio*, ihrerseits nicht nur der Streitfrage, sondern – nach einigen vergifteten Formeln der Ehrerbietung – der Person des Erasmus gewidmet, eines konfliktscheuen, einstmals verdienten, zweifellos eloquenten, doch in theologischen Fragen ignoranten, ‚lukianisch', ‚epikurisch' denkenden Greises; es komme nicht auf Redekunst, sondern auf sachliche Kompetenz an, und da unterscheide er, Luther, sich nun einmal von Erasmus: „si sermone sum imperitus, rerum tamen scientia non sum imperitus […] sicut ego tuam fero in his rebus ignorantiam, ita tu vicissim, feras meam infantiam" (S. 602 f.). So schlägt die Auseinandersetzung in einen dogmatischen Streit um, den Erasmus nicht wollte.

Damit geht er scheinbar auf Erasmus ein, der in der Einleitung von *De libero arbitrio* seine Scheu betont hatte, gegen den inzwischen schon berühmten Theologen zur Feder zu greifen (S. 2 f.); nicht um ein Dogma wolle er mit ihm streiten, sondern nur versuchen, durch seine Einwände in einem zurückhaltenden Disput

---

55 Allen: Opus epistolarum Des (Anm. 54), T. IV, Nr. 1157, 11. November 1520 (an Jodocus Jonas) bzw. T. IV, Nr. 1186, 25. Februar 1521 (an Nicolaus Everard).
56 „Quorum mores procul absunt ab Euangelio, cujus titulo se venditant" (Erasmus von Rotterdam: De libero arbitrio diatribe sive collatio [Anm. 23], S. 206): Vgl. auch seinen Brief an Luther vom 8. Mai 1524 (Allen: Opus epistolarum Des [Anm. 54], T. V, Nr. 1445), in dem er ihm Diskussionsverweigerung vorwirft.
57 Ähnlich Erasmus von Rotterdam: De libero arbitrio diatribe sive collatio (Anm. 23), S. 2/4: „Semper solus esse volui, nihilque pejus odi quam juratos et factiosos"; vgl. Huizinga: Erasmus (Anm. 2), S. 131 f.

die Wahrheit etwas voranzubringen.[58] Erasmus spürt, dass Luther eine unbezweifelbare Autorität beansprucht, der er mit vorsichtigen Gegenvorstellungen begegnen will, wo Luther aus der skeptisch-bescheidenen Geste das Eingeständnis der Inkompetenz herausliest.

Die Ablehnung von Dogmatismus ist schon an Erasmus' Kritik am Begriff der *assertio*, der Behauptung mit dogmatischem Anspruch, ablesbar:

> Ich mag *assertiones* so wenig, daß ich leicht überall dort auf den Spuren von Skeptikern zu wandeln geneigt bin, wo das durch die unbezweifelbare Autorität der Heiligen Schrift und die Dekrete der Kirche erlaubt ist, denen ich meine Meinung immer unterwerfe, ob ich nun verstehe, was sie vorschreibt, oder nicht [...].[59]

Natürlich ist eine solche Position, die neben der Schrift die Institution der Kirche nennt, für Luther unannehmbar. Auf die Neigung zur Skepsis reagiert er besonders wütend; die Einschränkung skeptischer Zurückhaltung kann er nicht akzeptieren, denn das Christentum beruht auf unbezweifelbaren Glaubenssätzen, die von jedem Christen anerkannt werden müssen; ohne *assertiones* kein Christentum![60]

Besonders unerträglich ist deshalb Erasmus' achselzuckende Bemerkung: „sive assequor, sive non assequor", die Luther fassungslos mehrmals wiederholt (S. 604 f.): In seiner Unterwerfung unter die Autorität der Schrift und außerdem noch die Dekrete der Kirche verzichtet Erasmus ausdrücklich auf intellektuelle Nachvollziehbarkeit, auf das Verstehen dessen, was religiöses Geheimnis bleiben muss. Seine Haltung bedeutet Rückzug aus dem theologischen Meinungsstreit. Er stellt fest:

> Es gibt nämlich in der Heiligen Schrift unzugängliche Dinge, von denen Gott nicht will, daß wir tiefer in sie eindringen; und wenn wir in sie einzudringen wagen, sind wir desto mehr in Dunkelheit gehüllt, je tiefer wir eingedrungen sind [...].[61]

---

58 „tantum abest, ut nefas sit de illius aliquo dogmate ambigere (anstelle der vorgeschlagenen Übersetzung ‚zweifeln' würde ich vorschlagen: ‚uneins sein'), multo minus si quis veritatis eliciendae studio moderata disputatione cum illo congregatur" (Erasmus von Rotterdam: De libero arbitrio diatribe sive collatio [Anm. 23], S. 4).
59 „Et adeo non delector assertionibus, ut facile in scepticorum sententiam pedibus discessurus sum, ubicumque per divinarum scripturarum inviolabilem auctoritatem et ecclesiae decreta liceat, quibus meum sensum libens submitto, sive assequor, quod praescribit, sive non assequor" (ebd., S. 6).
60 Luther: De servo arbitrio (Anm. 53), S. 603: „Non est enim hoc Christiani pectoris, non delectari assertionibus, imo delectari assertionibus debet, aut Christianus non erit. Tolle assertiones, et Christianismum tulisti."
61 „Sunt enim in divinis literis adyta quaedam, in quae deus noluit nos altius penetrare, et si penetrare conemur, quo fuerimus altius ingressi, hoc magis ac magis caligamus" (Erasmus von

Diese Dinge solle man nicht diskutieren, sondern in frommer Anbetung Gott überlassen („cetera rectius deo committuntur et religiosius adorantur incognita, quam discutiuntur impervestigabilia" [S. 14]). Der Streit darüber führe nur dazu, dass wir zum großen Schaden für die Eintracht weniger lieben, je mehr wir wissen wollen („quod magno concordiae dispendio minus amamus, dum plus satis volumus sapere" [S. 14]). Erasmus' Fazit über das Freiheitsproblem lautet: Seine tiefere Erforschung führt zu nichts („hanc materiam esse talem, ut non expediat altius eam scrutari" [S. 190]).[62]

Was tritt an dessen Stelle? Erasmus fühlt sich zum Angriff auf Luther berechtigt, da dieser die ganze katholische Tradition herausfordere. Luthers *assertio* widerspricht der Lehre und den Beschlüssen von Gelehrten, Universitäten, Konzilien, Päpste, selbst des Kaisers in den vergangenen 1300 Jahren; das kann Erasmus nicht oft genug wiederholen.[63] 1300 Jahre sind Anzeichen eines Konsenses, der Erasmus zufolge Ziel christlicher Lebenslehre ist: So lange konnte Christus seine Kirche nicht im Irrtum befangen lassen. Wie kann die überwältigende Zahl von Christen aus 1300 Jahren durch einen einzigen widerlegt werden? Was Luther als ‚Tradition' der falschen, zu stürzenden Anmaßung der römischen Kirche zuschreibt, das differenziert sich für Erasmus in die unüberschaubare Zahl von Christen, die um die richtige Interpretation von Christentum sich bemühten. Woher nimmt Luther seine Autorität? Zählt eine Privatansicht von diesem oder jenem („unius aut alterius privato iudicio" [S. 24])[64] mehr als die Meinung so vieler gelehrter, heiliger, in der kirchlichen Hierarchie ausgezeichneter und ihr Leben für ihren Glauben gebender Leute („tot eruditorum, tot orthodoxorum, tot sanctorum, tot martyrum, tot veterum ac recentium theologorum, tot academiarum, tot conciliorum, tot episcoporum et summorum pontificum" [ebd.])? Luthers Angriff auf die Tradition ist ein Angriff auf einen jahrhundertealten Konsens.

Dieser ist gestützt durch die Praxis. Unter die Repräsentanten des Lehramtes mischen sich in Erasmus' Argumentation nämlich durch besondere Frömmigkeit ausgezeichnete Christen: Heilige, und Märtyrer. Sein schlagendstes Argument ist also wieder ethisch: Wenn Luther sich gegen ältere Autoritäten wendet, dann schiebt er, so Erasmus, nicht nur deren durch Gelehrsamkeit gesicherte Kompetenz in der Schriftauslegung beiseite, denn sie empfehlen sich vor allem durch

---

Rotterdam: De libero arbitrio diatribe sive collatio [Anm. 23], S. 10; vgl. S. 12).
62 Ähnlich Erasmus von Rotterdam: Hyperaspistes diatribae adversus servum arbitrium Martini Lutheri (Anm. 52), S. 252.
63 Erasmus von Rotterdam: De libero arbitrio (Anm. 23), S. 8; vgl. S. 24, 26, 34 u. 36.
64 Erasmus fragt, wie man eine Geistberufung als intersubjektiv verbindlich behaupten kann (ebd., S. 32).

ihre Frömmigkeit „quorum plerosque praeter admirabilem sacrarum litterarum peritiam vitae quoque pietas commendat" (S. 22). Wenn man mehr als auf Gelehrsamkeit auf die *pietas*, auf den heiligmäßigen Lebenswandel achtet, dann sieht man die Überlegenheit der Partei der Willensfreiheit („Quod si in hoc iudicio magis spectatur vitae sanctimonia quam eruditio, vides, quales viros habeat haec pars, quae statuit liberum arbitrium" [S. 26]), von Anfang an im Zentrum seines religiösen Denkens; der fromme Lebenswandel ist Wahrheitsargument!

Die Annahme, dass alles, was der Mensch tut, aus Zwang und Notwendigkeit geschieht, öffnet der *impietas* Tür und Tor, denn sie entlastet den einzelnen von Verantwortung und der Aufgabe, gegen sein ‚Fleisch' zu kämpfen. Erasmus nennt die These daher *inutilis*, nutzlos (S. 18).[65] Das ist nur scheinbar bloß taktisch-defensiv, sondern sagt, dass die These ihr Ziel: ein wahrhaft christliches Leben verfehlt, denn die Annahme, dass der Mensch nicht selbst seinen Willen bestimmen kann, führt dazu, dass man sich für irgendwelche Schandtaten nicht mehr verantwortlich fühlen muss. In diesem Zusammenhang kann Erasmus im *Hyperaspistes* (1526) im Rückblick auf den Streit historisch argumentieren: Das lutherische Denken hat sich selbst in den Schrecken des Bauernkrieges diskreditiert: „Wir haben die Früchte deines Geistes. Die Angelegenheit ist zu einem blutigen Gemetzel geworden und wir fürchten noch Schrecklicheres, wenn Gott es nicht gnädig abwendet" („Habemus fructum tui spiritus, res usque ad cruentam stragem progressa est, et metuimus atrociora, ni Deus propitiatus averterit" [S. 240]). Der blutige Aufruhr ist Folge falscher Lehre, und es reicht nicht, dass Luther 1525 in der ungeheuer grausamen Schrift gegen die Bauern („libello in agricolas saevissimo") die Verantwortung dafür leugnet.

8

Die Tradition ist durch Praxis gestützt und gerade nicht durch unwiderlegbare Wahrheit, über die man nichts Sicheres ausmachen kann. Es ist klar, dass das Argumentieren mit der ‚Tradition' statt ausschließlich mit der Schrift für Luther unannehmbar war. Mit seinem Plädoyer für die Tradition unterscheidet sich Erasmus provokativ von der ganzen nachreformatorischen Toleranzdebatte, angefangen von Castellio. Er sucht in der Geschichte aber nicht wie später

---

[65] Für Luther ist *inutilis* empörend (Luther: De servo arbitrio [Anm. 53], S. 609), denn ihm geht es nicht um eine pragmatische Einschätzung der Opportunität, sondern um ein Kernstück der Glaubenslehre.

Mathias Flacius Illyricus *testes veritatis*, Zeugen für die eine, jederzeit allein gültige, doch durch die mittelalterliche Kirche verschüttete Wahrheit, sondern das Konzert unterschiedlicher Stimmen, die als einzelne auch schon einmal irren konnten, aber insgesamt doch die Wahrheit ausmachen, die Jesus Christus seiner Kirche schenkte.

Schon im *Convivium religiosum* hatte einer der Gesprächspartner mit der geschichtlichen Entwicklung christlicher Frömmigkeit argumentiert. Auch die Frömmigkeit hat ihre Kindheit; sie nimmt an Alter zu und kennt einen Zustand vollkommener und lebendiger Stärke.[66] In *De libero arbitrio* geht Erasmus noch weiter: Selbst eine irrtümliche Entscheidung der Väter solle man, statt sie lautstark zu verwerfen, besser damit erklären, dass sie „pro ratione temporum" gefallen sei (S. 16). Die anthropomorphen Eigenschaften, die Gott zugelegt werden, haben nichts mit seiner Natur zu tun, sondern mit dem begrenzten menschlichen Fassungsvermögen, das sich angesichts seiner Schwäche sein Wirken schlecht und recht zurechtlegen muss: „sic loqui conveniebat infirmitati et tarditati nostrae" (S. 20).

Hieraus resultiert seine Treue zur alten Kirche. Er werde, sagt er im *Hyperaspistes*, in Glaubensdingen, wenn etwas der Schrift bloß nicht ganz offensichtlich widerspricht, es zugestehen, wenn die Kirche einmal entschieden hat (S. 250/252). Für ihn steht letztlich die Autorität der alten Kirche nicht in Frage. Deren Entscheidungen unterwirft er sich ohne Wenn und Aber. Das ist die Grenze seiner „Reduktionstheologie": „Die christlich-humanistische Toleranzbegründung des Erasmus behält somit einen, ja lebt aus einem ‚dogmatischen Kern', trotz des Ideals einer weitgehend nichtdogmatischen Religiosität".[67] Ich würde den Akzent etwas anders setzen: Indem Erasmus nie sagt, worin denn der Kernbestand an Glaubenssätzen bestehen solle,[68] entsteht eine Leerstelle, und diese Leerstelle wird mit dem, was die Kirche seit Jahrhunderten verkündet, gefüllt; auf das Urteil darüber verzichtet Erasmus ausdrücklich. Erasmus unterscheidet sich damit von

---

66 „Habet enim et pietas suam infantiam, habet aetatis accessus, habet perfectum et vegetum robur" (Erasmus von Rotterdam: Convivium religiosum [Anm. 39], S. 26).
67 Forst: Toleranz im Konflikt (Anm. 1), S. 141 f.
68 Vgl. Anm. 47; Bainton: Concerning Heretics (Anm. 2), S. 32 meint, Erasmus sei zu vorsichtig gewesen, die „essentials" eines unverzichtbaren Dogmas zu nennen, während er „does not hesitate to enumerate the nonessentials. He ridicules the Catholic scholastics, Scotus, Occam, and Holcot, and the Protestant scholastics, Oekolampadius and Luther, for wasting time on arid subtleties". Nur fragt sich, was seiner Meinung dann an dogmatischem Kern übrig bleibt. Nicht dass es sich um „nonessentials" handelt (und warum), interessiert Erasmus, sondern dass das Bemühen um ihre angebliche Erkenntnis Ergebnis eines verfehlten christlichen Lebens ist.

Denkern wie Sebastian Franck,[69] dessen Toleranzforderung auf einer radikalen Subjektivierung religiöser Heilswahrheit, auf der Skepsis gegenüber deren intersubjektiver Geltung und auf der scharfen Kritik an allen Versuchen, dogmatische Positionen durchzusetzen, beruht. Ebenso unterscheidet er sich von Castellio, der theologische Kontroversen im Blick auf die Vernunft relativiert.[70]

Seine „Reduktionstheologie" (Forst) hat zur Folge, dass er zentrale lutherische Glaubensartikel wie das Prinzip *sola fide*, das Problem der Werkgerechtigkeit, die Sakramentenlehre, die Frage des Kirchenrechts oder der kirchlichen Hierarche zu *Adiaphora* erklärt und für peripher, nicht das Opfer des Lebens wert hält.[71] Sie gehören für ihn nicht zu dem kleinen Kern der zentralen Glaubenswahrheiten, sind Gegenstand unnützer ‚scholastischer' Streitereien. Aus evangelischer Perspektive ist das weniger Toleranz als Gleichgültigkeit, wie sie schon die *Moria* gezeigt hatte. „Eine solche Position muss freilich gerade dort, wo Toleranz am stärksten gefordert ist, an der Festigkeit umfassenderer Glaubensauslegungen abprallen. Ihre reduzierte Religion ist dann nicht mehr mit den Positionen vermittelbar, die sie zu überbrücken hofft. Die humanistische Toleranz [...] bleibt in religiösen Streitfragen wirkungslos und blass."[72]

---

69 Lotte Blaschke: Der Toleranzgedanke bei Sebastian Franck. In: Geschichte der Toleranz (Anm. 1), S. 42–63. ‚Erasmianisch' ist bei Franck, „dass ihm der Inhalt der theologischen Streitfragen einfach unwesentlich erscheint" (S. 55).
70 Barbara Mahlmann-Bauer (in diesem Band, S. 43–86); Blaschke: Der Toleranzgedanke bei Sebastian Franck (Anm. 69), S. 61 f.; Guggisberg: Wandel (Anm. 3), S. 463 f.: „Während bei dem niederländischen Humanisten die biblische Offenbarung und die kirchliche Tradition stets die Basis theologischer Reflexion blieb, stellte der Savoyarde sein Konzept vom ‚liberum arbitrium' weit ausgesprochener auf das Fundament der menschlichen Vernunft".
71 So in den *Spongia adversus aspergines Hutteni* (hg. v. C. Augustijn. In: Erasmus von Rotterdam. Opera Omnia IX,1. Amsterdam/Oxford 1982, S. 117–210, hier S. 190). – Die umfangreiche Schrift setzt sich ganz überwiegend mit Huttens Anschuldigungen in seiner *Expostulatio* gegen Erasmus auseinander. Nur ein verschwindend kleiner Teil ist der theologischen Kontroverse gewidmet. Bezeichnend ist die Aufzählung von Streitpunkten, in der Erasmus zwischen zentralen Glaubensartikeln der lutherschen Theologie und sonstigen Kritikpunkten an der Kirche nicht unterscheidet; eines ist so gleichgültig wie das andere. „Non agitur de articulis fidei, sed an principatus Romane pontificis sit a Christo, an cardinalium ordo sit necessarium membrum ecclesiae, an confessio sit ab autore Christo, an episcopi possint suis constitutionibus obligare ad peccatum capitale, an ad salutem conducat liberum arbitrium, an sola fides conferat salutem, an dici possit aliquod bonum opus hominis, an missa possit aliqua ratione dici sacrificium." Das alles seien „themata conflictationum scholasticarum". Die Anhänger Luthers sind für Erasmus nichts als eine lautstarke „factio", mit der er nichts zu tun haben will: „Amo libertatem. Nulli factioni seruire nec volo nec possum" (S. 162), zumal diese sich – Hutten ist da ihr schrillster Vertreter – vor allem durch „inciuilitas" auszeichne; vgl. Lecler: Histoire (Anm. 1), S. 144.
72 Forst: Toleranz im Konflikt (Anm. 1), S. 143.

In seiner Vorrede zu den Werken des Hilarius (1523), einem Brief an Johannes Carindoletus, dehnt Erasmus sein Plädoyer, Unentscheidbares zugunsten einer christlichen Lebenspraxis unentschieden zu lassen, sogar auf die Trinitätslehre aus, und zwar nicht nur, wie die Anhänger der Reformation forderten, bis zur Entscheidung eines Konzils, sondern bis zum Ende der Zeiten, bis man, nach den Worten des Paulus in 1 *Kor* 13,12, Gott von Angesicht zu Angesicht schaut und nicht mehr nur wie in einem Spiegel.[73] Bainton hat aus dieser Vorrede Sätze zu einem Text zusammengestellt, der, isoliert betrachtet, über die bisher erörterten Positionen weit hinausgeht und Erasmus als frühen Verfechter umfassender Toleranz ausweist.[74] Im Kontext der gesamten Vorrede wird das Gewicht der einzelnen Äußerungen etwas relativiert, und es bestätigt sich eher das schon bekannte Bild der Abneigung gegen Parteidenken, der Relativierung von Einzelmeinungen, oft bedingt durch „privati affectus" (Bl. bb1ʳ), der Warnung davor, anders als die alte Kirche es tat, „in rebus diuinis" über das hinauszugehen, was in den heiligen Schriften („literis, quarum autoritas nobis sacrosancta") offenkundig ausgesprochen wird („aperte" [Bl. aa3ᵛ]; „aperte traditum" [Bl. aa6ᵛ]).

> Nobis qua fronte ueniam poscemus, qui de rebus longe semotisssimis à nostra natura, tot curiosas, ne dicam impias mouemus quaestiones: tam multa definimus, quæ citra salutis dispendium, uel ignorari poterant, uel in ambiguo relinqui? (Bl. aa3ᵛ)

> [Mit welcher Stirn wollen wir Nachsicht fordern, wenn wir über Dinge, die so unendlich weit entfernt von unserer Natur sind, vorwitzige, um nicht zu sagen gottlose Fragen wälzen, so vieles in Definitionen pressen, was man ohne Schaden für das Heil nicht wissen oder unentschieden lassen kann?]

Dort, wo man nicht wissen kann, sagt die Tradition, was zu glauben ist; da braucht es keine mühsame Disputation. Wo aber der Glaube fehlt, helfen menschliche Gründe nicht („Si credo, quod traditum est, esse tres unius naturae [die drei göttlichen Personen in der Trinität], quid opus est operosa disputatio? Si non credo, nullis humanis rationibus persuadebitur" [sic!] [Bl. aa4ʳ]). Es gilt die überlieferte Autorität der rechtgläubigen *patres* („quod nobis diuinis literis patrum orthodoxorum tradidit autoritas" [Bl. aa6ᵛ]). Erasmus geht es nicht darum, dass die Verfechter unterschiedlicher Glaubenssätze einander tolerieren, sondern dass

---

[73] Erasmus von Rotterdam: Reverendissimo in Christo Patri, ac Domino, D. Ioanni Carondileto [...] Erasmus Roterodamus d. d., in: Divi Hilarii Pictavorum Episcopi lucubrationes, Basel 1523, Bl. Aa2ʳ-bb6ʳ; hier Bl. aa4ᵛ.

[74] Bainton: Erasmus (Anm. 2), S. 174 f.; so schon Bainton: Concerning heretics (Anm. 2), S. 33 f. Baintons Kompilation wird auch von Forst: Toleranz im Konflikt (Anm. 1), S. 137 f. zitiert; vgl. Lecler: Histoire (Anm. 1), I, S. 144 f.

vorwitzige Subtilität („curiosa subtilitas"), verwegene Kühnheit („impia audacitas") und wenig frommes Reden („parum religiosum"), über Gottes Geheimnisse ohne Rücksicht auf die Grenzen der menschlichen Erkenntnis („de rebus ineffabilibus eloqui, incomprehensibilia scrutari, de longe semotis à captu nostro pronunciare" [Bl. aa3^v]) gar nicht erst stattfinden. Die vorbildliche Haltung der alten Kirche war „religio" gegenüber der frechen Waghalsigkeit („audere") der neuen (Bl. aa6^v).

Kriterium ist allein die Sicherung des Heils durch ein frommes Leben. Entscheidend ist nicht dieser oder jener Glaubenssatz über den Heiligen Geist, sondern ein Leben im Geiste (Bl. aa4^r). Oberstes Ziel sind Frieden und Eintracht, die nur zu erhalten sind, wenn so wenig wie möglich dogmatisch festgelegt ist („Ea uix constare poterit, nisi de paucissimis definiamus, et in multis liberum relinquamus suum cuique iudicium" [Bl. aa4^v]). Erasmus überantwortet hier nicht generell Glaubensartikel dem Urteil des Einzelnen, sondern nur solche, in denen die vom göttlichen Mysterium gesetzten Schranken des menschlichen Erkenntnisvermögens überschritten sind. Es war die Starrköpfigkeit der Häretiker, die immer neue Festlegungen herausforderte und damit die Religion pervertierte, sie nicht aufs Leben, sondern auf Glaubensartikel gründete und Zustimmung zu ihnen zu erzwingen suchte („ut credant, quod non credunt: ut ament, quod non ament" [Bl. aa6^r]).

Hilarius' Positionen erklären sich aus dem Abwehrkampf gegen den Arianismus und seinen zu Zwangsmitteln greifenden Dogmatismus (Bl. aa3^v), der wie jeder Dogmatismus bekämpft werden musste. Erasmus nennt die Arianer eine „factio", eine Partei, die sich abgespalten hat, aber gegen die man vorgehen muss; „ich leugne nicht, dass häretische Verstocktheit verflucht werden muss, wenn sie nicht geheilt werden kann" („Non inficior execrandam haereticam peruicaciam, si sanari non possit"), wenn man dabei auch nicht über das Ziel hinausschießen sollte (Bl. bb1^r). Auch Hilarius hat sich da verstiegen, denn er war wie alle ein fehlbarer Mensch.[75] Es ist Einsicht in diese Fehlbarkeit, die Erasmus bei den Reformatoren vermisst.

---

[75] Lange habe Hilarius sich dem dogmatischen Streit entzogen, indem er schwieg, um die öffentliche Ordnung nicht zu stören (Erasmus von Rotterdam: Reverendissimo in Christo Patri [Anm. 73], Bl. aa3^v). Dann aber ging er in seinem Eifer manchmal zu weit. Schuld ist wie in all diesen Fällen ein *privatus affectus*. Wie jeder Lehrer der Kirche, auch Tertullian, Hieronymus, Montanus und Augustinus, war Hilarius fehlbar; ein Einzelner hat nie den vollständigen Zugang zur göttlichen Wahrheit. Spätere mussten ihn deshalb in manchem korrigieren. Eingelassen sind die Sätze außerdem in längere Ausführungen zu Hilarius von Poitiers, über unzulässige Eingriffe von Herausgebern in seine Werke, über die von ihm bekannten Bücher und einzelne philologische Probleme der Bibelübersetzung. Vor allem entwirft Erasmus ein Bild seines Kampfes gegen

Gleichwohl tritt Erasmus in seinen Briefen, nicht zuletzt denen an politisch einflussreiche Persönlichkeiten, für Mäßigung und Ausgleich mit ihren Anhängern ein.[76] In Schriften an den Bischof von Wien und an Kardinal Campeggio plädiert er zwar dafür, jedem einzelnen die Gewissensentscheidung zu überlassen, doch bloß als das ‚kleinere Übel' im Vergleich zu Zwangsmaßnahmen, als vorläufige Maßnahme zur Rettung des Friedens, so lange nämlich, als es nicht gelingt, die reformatorischen Abweichler durch Zureden statt durch Sanktionen von ihrer (falschen) Meinung abzubringen.[77] Erasmus' Unterwerfung unter die Autorität der Kirche ist die direkte Folge seines Skeptizismus, denn nur sie beendet uferlose und vergebliche Streitereien.[78] Aber nur um des Friedens innerhalb der Christenheit willen, der das eigentliche Ziel ist, ist Nachsicht geboten. Solche Nachsicht gilt nicht absolut: Gegen Störer der öffentlichen Ordnung und extreme Positionen wie die der Wiedertäufer schließt er nicht einmal Zwangsmaßnahmen aus; Kriterium ist immer die Aufrechterhaltung der Ordnung.[79] Das ist nicht all zu weit von Luther entfernt, der sich aus *tollerantz* bereit erklärt, die Entscheidung einer Frage vorläufig zurückzustellen und als ‚Übergangslösung' die Predigt der abweichenden (katholischen) Positionen hinzunehmen, ohne deshalb auf Dauer den nicht verhandelbaren Wahrheitsanspruch der eigenen Position aufzugeben.[80]

9

Mit seinem Festhalten am Glauben der alten Kirche scheint Erasmus konventionell. Darin unterscheidet er sich von Positionen des 18. Jahrhunderts, wenn er in *De libero arbitrio* und vorher im *Brief an Paul Volz* den Gedanken der Adaptation der Offenbarung an das menschliche Verstehensvermögen, den Gedanken der *Erziehung des Menschengeschlechts*, ins Spiel bringt. Das geschieht nämlich in der Absicht, die Lehren der Kirche, wo sie widersinnig scheinen, aus ihrem

---

den Arianismus. So erklären sich die Sätze über den Heiligen Geist nicht aus einem Antitrinitarismus *ante datum*, sondern aus dem Umstand, dass dies ein zentraler Punkt der arianischen *factio* und ihrer Irrlehre war und dass die Arianer, vom Kaiser unterstützt, Glaubenszwang auszuüben suchten (Bl. aa3ᵛ).
76 Lecler: Histoire (Anm. 1) I, S. 135 f.
77 Ebd., S. 137 f. Ist das wirklich schon eine „tolérance civile du culte protestant" (S. 149)? Toleranz ist keine „solution provisoire", sondern auf Dauer angelegt.
78 Bainton: Concerning Heretics (Anm. 2), S. 35 f.
79 Ebd., S. 41; Lecler: Histoire (Anm.1), I S. 141 u. 144; Forst: Toleranz im Konflikt (Anm. 1), S. 141 f.
80 Bornkamm: Problematik (Anm. 10), S. 256 f.; vgl. Lutz: Einleitung, in: Geschichte der Toleranz (Anm. 1) S. IX f.

historischen Kontext zu verteidigen, nicht, wie bei Lessing, um die christliche Wahrheit insgesamt im Blick auf fortschreitende Aufklärung zu historisieren.[81] Indem er dogmatische Fragen zwar einerseits ausdrücklich ausklammert und sie im Dunkel des religiösen Mysteriums belässt, sich aber andererseits der Entscheidung der Kirche unterwirft, ist seine Position weit entfernt von der in der interkonfessionellen Diskussion entwickelten Unterscheidung zwischen „dogmatischer Intoleranz" bei gleichzeitiger „bürgerlicher Toleranz".[82] Bei Erasmus kann „bürgerliche Toleranz" nie nur „bürgerlich" sein.

Vor Ausbruch der konfessionellen Streitigkeiten entwirft Erasmus ein Christentum, das sich in praktischer Lebensführung bewährt. Das ist eine Position, die im Zeitalter der Glaubenskämpfe kaum traditionsfähig ist, jedoch nach der Erschöpfung des Streits in endlosen inter- und intrakonfessionellen Kontroversen wieder Aktualität gewinnt. Erasmus nimmt im Kern die entscheidende Operation vor: Toleranz impliziert die Entkopplung von Wahrheit und Praxis. Die Wahrheit bleibt als numinoses Mysterium entrückt; doch die ethische Praxis, die christliche *pietas* kann für sie zeugen. Das ist ein Leitmotiv seiner Schriften. Um Praxis geht es der Torheit von Anfang bis Ende, wenn sie den entleerten Frömmigkeitsübungen (Kerzen anzünden, das Kreuz schlagen, Heiligenverehrung) einen frommen Lebenswandel konfrontiert (S. 110), um Praxis geht es den Schriften der 1510er-Jahre und den *Colloquia familiaria*, praktisch motiviert ist letztlich auch das Plädoyer für die Willensfreiheit, und noch des Hilarius Kampf gegen die arianische Irrlehre wie den Kampf der katholischen Autoritäten unter Luther beurteilt er unter praktischen Gesichtspunkten.

---

81 Dies scheint mir die entscheidende Pointe bei Gotthold Ephraim Lessing: Die Erziehung des Menschengeschlechts. In: Ein Mehreres aus den Papieren des Ungenannten, die Offenbarung betreffend. In: Werke und Briefe. Bd. 8: Werke 1774–1777. Hg. v. Arno Schilson. Frankfurt am Main 1989, S. 333–346.
82 Vgl. Max Pribilla: Dogmatische Intoleranz und bürgerliche Toleranz. In: Geschichte der Toleranz (Anm. 1), S. 93–110; Ernst Wolf: Toleranz nach evangelischem Verständnis. In: Ebd., S. 135–154; zu Erasmus' Position in dieser Frage vgl. auch Guggisberg: Wandel (Anm. 3), S. 461.

(Mart. Bellius)

DE HAERE
TICIS, AN SINT PERSEQVEN-
di, & omnino quomodo sit cum eis agendum, Do-
ctorum uirorum tum ueterum, tum recen-
tiorum sententiæ.

Liber hoc tam turbulento tempore perne-
cessarius, & cùm omnibus, tum potissimum
principibus & magistratibus utilissimus, ad
discendum, quod nam sit eorum in re tam
controuersa, tam'que periculosa,
officium.

Quæ'nam hic contineantur, proxima pa-
gella monstrabit.

Is qui secundum carnem natus erat, perse-
quebatur eum qui natus erat secundum spiritum. Gal. 4.

(Magd. 1554)

Frontispiz *De haereticis an sint persequendi*

Barbara Mahlmann-Bauer
Häresie aus juristischer Sicht

De haereticis an sint persequendi im Kontext

Der Genfer Servet-Prozess im Sommer und Herbst 1553 verdeutlicht das Dilemma, in dem sich die Obrigkeiten in reformierten Gemeinwesen sahen. Taten sie nichts, riskierten sie, von Vertretern der römischen Kirche wegen der Duldung von Häretikern selbst für Ketzer gehalten zu werden. Bestraften sie ausländische Häretiker auf Genfer Gebiet nach geltendem Recht, forderte die *Constitutio Carolina* die Todesstrafe. Die reformierten Kirchenführer und die Genfer Obrigkeit entschieden sich für die Strafart, welche die Inquisition in Rom, Venedig oder Spanien für Häretiker eingeführt hatte. Die Reformatoren standen vor dem Problem, wie sie die Kirche vor Andersgläubigen und Gottesleugnern schützen sollten, welche Instanz über Leute, die sich dem offiziellen Bekenntnis verweigerten, richten durfte und wie Häresie als Delikt zu definieren und von anderen Vergehen, welche die öffentliche Ordnung gefährdeten, abzugrenzen sei.

Calvin fungierte im Servet-Prozess als Ankläger und beriet den Genfer Bürgermeister und Kleinen Rat bei der Prozessführung. Dem Flüchtling wurde in der 39 Punkte umfassenden Anklageschrift seine Aufenthalte in Straßburg und Basel vorgeworfen. Sein Buch *De trinitate erroribus* (1531) sei wegen seiner Irrlehren „un livre exsecrable" und ihr Autor ein Unruhestifter. Am 2. September 1553 konfrontierte Calvin den Häftling mit diesen 39 Glaubenspunkten, die dem Wort Gottes widersprächen. Er warf Servet vor, die reine Lehre und die ganze Religion zerstören zu wollen. Das Urteil über Servet wurde vom Genfer Rat gesprochen, bei dem damals Calvins Autorität als Kirchenführer umstritten war. Der Genfer Rat und Calvin waren sich gleichwohl über die Notwendigkeit einig, den spanischen Arzt hinzurichten, gemäß § 106 der *Constitutio Carolina* von 1532.[1] Calvin holte entsprechend dem Antrag Servets Rechtsgutachten von Kollegen in anderen eidgenössischen Städten ein und schickte ihnen erstens Servets *Restitutio Christianismi* (Vienne 1553), zweitens die für Anklage und Urteil maßgeblichen *Sententiae vel*

---

[1] Uwe Plath: Der Fall Servet und die Kontroverse um die Freiheit des Glaubens und Gewissens. Essen 2014, S. 75–88; Emidio Campis Einleitung zu Bullingers Stellungnahme zur Lehre Servets vom 2. Oktober 1553 in: Heinrich Bullinger Schriften. In Zusammenarbeit mit Hans Ulrich Bächtold, Ruth Jörg u. Peter Opitz hg. v. Emidio Campi, Detlef Roth u. Peter Stotz. 6 Bde. und ein Registerbd. Zürich 2006, Bd. 6, S. 298. Roland Bainton bezeichnete den Servet-Prozess als „cause célèbre", weil er sich über die Forderung nach protestantischer Gewissensfreiheit und Religionsausübung angesichts des Rückgriffs auf alte Verfolgungs- und Ausgrenzungspraktiken hinwegsetzte

propositiones excerptae ex libris Michaelis Serveti und drittens die *Brevis refutatio errorum et impietatum Michaelis Serveti a Ministris Ecclesiae Genevensis magnifico senatui sicut iussi fuerant oblata.*[2] Die Kirchenvorsteher der eidgenössischen Städte waren sich zwar einig, dass Servets Irrglaube gefährlich war, überließen aber die Bestimmung des Strafmaßes der Genfer Obrigkeit. Calvin vermochte sich mit der Forderung einer ‚einfachen' Hinrichtung durch das Schwert nicht durchzusetzen. Die Basler Kirchenobersten empfahlen disziplinarische Maßnahmen, nicht aber die Todesstrafe.[3]

Sebastian Castellio war ein protestantischer Humanist, den die Schriften des Erasmus, Luthers, Brenz' und Sebastian Francks dazu ermutigten, Gewissensfreiheit und Toleranz gegenüber religiösen Selbstdenkern und Außenseitern zu fordern. Seine Anthologie *De haereticis an sint persequendi* erschien im März 1554 anonym und mit falschem Druckort *Magdeburgi*, in Wirklichkeit bei Johannes Oporin in Basel.[4] Castellio verneinte unter den Pseudonymen Martin Bellius und Basilius Montfort die im Titel gestellte Frage, die durch die Hinrichtung Michel Servets vor den Toren Genfs am 27. Oktober 1553 provoziert worden war. Wer die Titelfrage bejahte, befürwortete Praktiken der Inquisition und der Ketzerverfolgung, die Kaiser Karl V. unter Berufung auf ein Häretikerdekret im *Codex Iustinianus* gegenüber Täufern angeordnet hatte[5] und die seit 1542 italienische *Evangelici*

---

wurde. Roland H. Bainton: The Travail of Religious Liberty. Richmond 1951, S. 97. – Peinliche Gerichtsordnung Karls V. von 1532. Hg. v. Gustav Radbruch. Stuttgart 1991, § 106, S. 77.

2 Heinrich Bullinger: Brief der Zürcher Geistlichen an den Rat von Genf über Servet vom 2. Oktober 1553. In: Heinrich Bullinger Schriften (Anm. 1), Bd. 6, S. 301; die genannten Schreiben, Calvins Bitte um Stellungnahme, die *Sententiae* Servets und *Brevis Refutatio* sind in den *Calvini Opera* (Bd. 8. Ed. Eduard Baum u. a. Braunschweig 1886, Sp, 802f., 501–508 u. 509–553) zu finden. Die *Restitutio Christianismi*, Servets Replik auf Calvins *Institutio religionis christiani*, liegt als Nachdruck vor (Frankfurt am Main 1966).
3 Plath: Der Fall Servet (Anm. 1), S. 86 u. 342.
4 Sebastian Castellio: De haereticis an sint persequendi. Faksimile. Hg. mit Einleitung v. Sape van der Woude. Genf 1954; Wolfgang F. Stammler (Hg.): Das Manifest der Toleranz. Sebastian Castellio: Über Ketzer und ob man sie verfolgen soll – De haereticis an sint persequendi. Aus dem Lateinischen von Werner Stingl. Essen 2013 (im Folgenden werden die lateinische Ausgabe *De haereticis* und die deutsche Übersetzung *Manifest der Toleranz* mit Kurztitel zitiert). Zur Frage der Verfasserschaft und zum ersten Verdacht Calvins und Bezas vgl. Hans R. Guggisberg: Sebastian Castellio 1515–1563. Humanist und Verteidiger der religiösen Toleranz im konfessionellen Zeitalter. Göttingen 1997, S. 107 f.
5 Cod. 1. 6. 2; Gottfried Seebaß: An sint persequendi haeretici? In: Johannes Brenz 1499–1570. Beiträge zu seinem Leben und Wirken. In: Blätter für württembergische Kirchengeschichte 70 (1970), S. 40–99, hier 45.

zur Flucht über die Alpen bewogen hatten.⁶ *De haereticis* reagiert also auf einen kritischen Schwellenzustand der protestantischen Kirchen, die sich während des Trienter Konzils in den Territorien des Reichs und in den eidgenössischen Städten als Landeskirchen organisierten.⁷

1 ‚Krise' der Reformation und Lösungen

Der Begriff ‚Krise' bezeichnet ursprünglich den entscheidenden „zustande, in dem altes und neues, krankheit und gesundheit u. ä. miteinander streiten".⁸ Der „kritische Zustand" ist der Moment im Krankheitsverlauf, in dem sich entschieden wird, ob der Patient stirbt oder überlebt.⁹ Als Metapher lässt sich der Begriff auf einen politischen Verlauf oder juristischen Prozess übertragen, in dem eine Entscheidung über Untergang oder Neubeginn ansteht.¹⁰

Drohten die protestantischen Kirchenführer in der Mitte des Jahrhunderts die mittelalterliche Praxis der Inquisition zu übernehmen, die seit 1542 in Venedig und Rom neu organisiert worden war, um ihre Gemeinden vor Spaltung und Zerfall zu schützen und nach innen und außen zu einen? Der Ketzerprozess und die Verbrennung Michel Servets dürften bei Glaubensflüchtlingen aus Italien und Frankreich traumatische Erinnerungen an Praktiken der Vertreter der römischen

---

6 Mark Taplin: The Italian Reformers and the Zurich Church, ca. 1540–1820. Aldershot 2003, Kapitel 1 und 2; Barbara Mahlmann-Bauer: Protestantische Glaubensflüchtlinge in der Schweiz (1540–1580). In: Heterodoxie in der Frühen Neuzeit. Hg. v. Hartmut Laufhütte u. Michael Titzmann. Tübingen 2006 (= Frühe Neuzeit 117), S. 119–160.
7 Reinhart Koselleck definiert den medizinischen Terminus „Krisis" als „die kritische Phase [einer Krankheit], in der die Entscheidung über den -verlauf, meist über Leben und Tod, fällt, aber noch nicht gefallen ist". In dieser Bedeutung sei die Metapher in der Politik und Sozialwissenschaft bis heute geläufig. Reinhart Koselleck: [Art.] „Krise". In: Historisches Wörterbuch der Philosophie. Hg. v. Karlfried Gründer u. a. Basel 1991–2007, Bd. 4 (1976), S. 1235–1239, hier S. 1236 (im Weiteren mit der Sigle „HWPh", der Bandnummer und dem Erscheinungsjahr). Kirsten Huxel: [Art.] „Krise". In: Religion in Geschichte und Gegenwart. Handwörterbuch für Theologie und Religionswissenschaft. 8 Bde. und ein Registerbd. Tübingen ⁴1998–2007, Bd. 4 (2001), S. 1777 (im Weiteren mit der Sigle „RGG", der hochgestellte Auflagenangabe, der Bandnummer und dem Erscheinungsjahr).
8 [Art.] „Krise". In: Jacob und Wilhelm Grimm: Deutsches Wörterbuch. München 1999, Bd. 11, Sp. 2332.
9 Ebd., Sp. 2336.
10 Reinhart Koselleck: [Art.] „Krise". In: Geschichtliche Grundbegriffe. Historisches Lexikon zur politisch-sozialen Sprache in Deutschland. Hg. v. Otto Brunner, Werner Conze u. Rainer Koselleck. Stuttgart 1992–1997, Bd. 3 (1982), S. 617–650, hier S. 619.

Kirche geweckt haben. Entsprechend kritisierte Bernardino Ochino im Dezember 1563 den Zürcher Antistes Heinrich Bullinger und die Genfer Theologen als neue Päpste.[11] Bullinger hatte Ochino 1555 die Stelle eines Seelsorgers der Locarneser Gemeinde in Zürich anvertraut, ihn aber abgesetzt, als der illegale Druck seiner *Dialogi triginta*, die Castellio ins Lateinische übersetzt hatte, 1563 in Basel und Zürich einen Skandal erregte.[12] Seit seinem Amtsantritt als Antistes der Zürcher Kirche 1531 riet Bullinger zur Intransigenz gegenüber Täufern und empfahl die enge Zusammenarbeit zwischen weltlicher und geistlicher Obrigkeit als geeignetes Modell zur Konsolidierung der Kirche nach innen und außen. Auch 1563 fürchtete er um das Erbe Zwinglis.[13]

Die Geschichte der protestantischen Kirchen gab nach Luthers Tod Anlass zur Sorge: Streit um die rechte Lehre setzte sich nach 1555 fort; nach dem Augsburger Religionsfrieden ebenso wenig wie nach dem Konkordienwerk stellte sich die von Erasmus und Melanchthon erhoffte Eintracht ein; es schien, dass die reformatorische Vision einer Universalkirche der Vergangenheit angehörte. Kirchenhistoriker werden vielleicht eher der Krisendefinition Goethes zustimmen, gemäß seinem morphologischen Verständnis von Geschichte als Dauer im Wechsel: „alle Übergänge sind Krisen".[14] Mitte des 16. Jahrhunderts stritten sich die protestantischen Kirchenführer über die Frage, wo die Grenzen religiöser Toleranz zu ziehen seien, wie weit und offen also die neue Kirche sein sollte, die sich auf ihre Anfänge unter den Aposteln zurückbesann. Rainer Forst zufolge hebt sich die Toleranz auf, wenn sie grenzenlos sein will:

> [D]ie Toleranz besteht aus einem prekären Gleichgewicht von negativen und positiven Gründen und setzt die Bereitschaft voraus, die Toleranz in dem Fall aufzuheben, in dem

---

[11] Ferdinand Meyer: Die evangelische Gemeinde in Locarno, ihre Auswanderung nach Zürich und ihre weitern Schicksale. Ein Beitrag zur Geschichte der Schweiz im 16. Jahrhundert. 2 Bde. Zürich 1836, Bd. II, bes. S. 179 u. 181.

[12] Friedrich Trechsel: Die protestantischen Antitrinitarier vor Faustus Socin. Nach Quellen und Urkunden geschichtlich dargestellt, mit einem Vorwort von Carl Ullmann. 2 Bde. Heidelberg 1839 u. 1844, Bd. 2, S. 276; Karl Benrath: Bernardino Ochino von Siena. Leipzig 1875, S. 300–312; Taplin 2003, S. 111–169.

[13] Bullinger deutete Kriege und Religionsstreitigkeiten bis zu seinem Lebensende eschatologisch. Ihm und seinem Chronisten Johann Joachim Wick präsentierten sich die außergewöhnlichen Himmelserscheinungen und Naturkatastrophen als von Gott verordnete Zeichen der Endzeit. Vgl. Barbara Bauer: Die Krise der Reformation. Johann Jacob Wicks Chronik außergewöhnlicher Natur- und Himmelserscheinungen. In: Wahrnehmungsgeschichte und Wissensdiskurs im illustrierten Flugblatt der Frühen Neuzeit (1450–1700). Hg. v. Wolfgang Harms u. Alfred Messerli. Basel 2002, S. 193–236.

[14] Ebd., S. 232.

die tolerierten Überzeugungen und Praktiken so negativ bewertet werden, dass die positiven Gründe nicht mehr ausreichend sind. [...] Es ist widersprüchlich, ‚alles' tolerieren zu wollen, denn dann müsste man zugleich eine Praxis tolerieren und auch tolerieren, dass sie nicht toleriert wird. [...] – Erstreckt sich die Toleranz auch auf die Feinde der Toleranz, so führt sie zu ihrer Selbstabschaffung.[15]

Diese Gefahr bezeichnet Forst mit Anspielung auf Karl Popper als „Paradoxie der Selbstzerstörung".[16] Wer in einem Territorium oder städtischen Gemeinwesen Verantwortung für Schutz, Sicherheit und Frieden der Untertanen oder Gläubige trug, neigte mit Blick auf Missbräuche dazu, die Grenzen des Tolerierbaren enger zu ziehen als Wissenschaftler, die nach der Wahrheit suchen, oder Personen, die wegen ihrer religiösen Überzeugungen auf der Flucht waren. Die ‚Krise' der protestantischen Kirchen trat also in dem Moment ein, als die Kirchenobersten ihre Gemeinden von außen (durch die Politik des Kaisers, die römische Kurie oder militärische Konflikte) und mehr noch von innen (durch Täufer, Schwärmer und Nikodemiten) bedroht sahen und in der Geschichte der alten Kirche nach Beispielen suchten, wie Zwiespalt zu überwinden sei. Bullinger riet 1535 zur Strafverfolgung unbelehrbarer Täufer.[17] Calvin forderte Strenge gegenüber Nikodemiten.[18] Luther schreckte in den 1540er-Jahren nicht davor zurück, Theologen, die nicht mit ihm einig waren, als Glaubensfeinde zu diffamieren. Aus Enttäuschung über die Weigerung der Zürcher, das Dogma der Realpräsenz anzuerkennen, diffamierte Luther 1544 sogar Bullinger und alle, die an der symbolischen Auffassung der Einsetzungsworte des Abendmahls festhielten, zum großen Kummer des Zürcher Antistes als „Ketzer", „Täufer", „Schwärmer und Sakramentsfeinde".[19]

Welche Lösungen aus der hier skizzierten Krise gab es? Die Sorge vor der Selbstzerstörung der jungen Partikularkirchen durch zu großzügige Aufnahme-

---

15 Rainer Forst: Toleranz im Konflikt. Geschichte, Gehalt und Gegenwart eines umstrittenen Begriffs. Frankfurt 2003, S. 37.
16 Ebd. und FN 21.
17 Heinrich Bullinger: Gutachten über die Bestrafung der Täufer 1535. Einleitung von Emidio Campi. In: Heinrich Bullinger Schriften (Anm. 1), Bd. 6, S. 181–183.
18 Jean Calvin, Ein bericht vß göttlicher gschrifft/ wie sich ein Christ/ derr in der Bäpstischen Kilchen ein ampt oder pfründ hatte/ halten sölle/ ob ers verwalten oder vffgeben sölle. [Genf] 1537; Petit tracte, monstrant que c'est que doit faire vn homme fidele congnoissant la verité de l'evangile: quand il est entre les papistes. [Genf] 1543; De vitandis superstitionibus, quae cum sincera fidei confessione pugnant. Libellus Ioannis Caluini. Eiusdem excusatio ad Pseudonicodemos. Genf 1549; dazu Eugénie Droz : Chemins de l'hérésie. Textes et documents. 4 Bde. Genf 1970–1976, Bd. 1.
19 Martin Luther: Kurze Bekenntnis vom heiligen Sakrament [1544]. In: WA 44, S. 121–167; Ernst Bizer: Studien zur Geschichte des Abendmahlsstreits. 3., unveränderte Auflage. Darmstadt 1972, S. 230; Martin Brecht: Martin Luther. Stuttgart 1986, Bd. 3, S. 322 f.

bedingungen ist durch den Augsburger Religionsfrieden im Reich 1555, für die Eidgenossenschaft durch den Zürcher Landfrieden 1531 und die *Confessio helvetica posterior* 1566 nur stillgestellt, nicht aber gelöst worden. Die Grenzen der Toleranz wurden im Augsburger Religionsfrieden juristisch definiert und politisch festgelegt: Der Landesherr durfte Untertanen, die sich seiner Konfessionspolitik verweigerten, ausweisen; Dissidenten konnten sich den äußeren Bedingungen unterwerfen, um den Frieden zu wahren. Das Regelwerk von 1555 schuf zwar ein überstaatliches Dach über den Reichsterritorien und ihren konfessionell gebundenen Landeskirchen. Juristische Normen regelten die Koexistenz der beiden Hauptkonfessionen im Reich, ohne Rücksicht auf konkurrierende Wahrheitsansprüche von Lutheranern, Katholiken und Reformierten.[20] Mit Toleranz haben der Augsburger Religionsfrieden (1555) und noch der Westfälische Frieden (1648) aber nichts zu tun. Zwar wurde die religiöse Diversität der Territorien reichsrechtlich abgesichert, dies implizierte jedoch nicht die Anerkennung divergenter religiöser Wahrheitsansprüche. Die Konfessionalisierung war, normativ betrachtet, sicher eine Konsequenz aus der Differenzierung der Kirchen und Bekenntnisse im Reich und in der Eidgenossenschaft. Die Theologen betrachteten seitdem Konventikel außerhalb der anerkannten Landeskirche als *sectae*. Nicht die Reformation, sondern die Konfessionalisierung brachte nach Heinz Schillings Ansicht in der zweiten Hälfte des 16. Jahrhunderts Europa die entscheidenden Impulse auf dem Weg zu moderner säkularer Staatlichkeit.[21] Nachdem die Idee einer Univer-

---

20 Heinz Schilling: Das lange 16. Jahrhundert. In: Als Frieden möglich war. 450 Jahre Augsburger Religionsfrieden. Ausstellungskatalog. Hg. v. Carl A. Hoffmann. Regensburg 2005, S. 19–35, hier S. 29–34; Mihály Baláz: Einleitung zu Bd. 12: Ungarländische Antitrinitarier. Baden-Baden 1990 (= Bibliotheca Dissidentium 12), S. 7–16; Mihály Baláz (Hg.): Ungarländische Antitrinitarier IV: Ferenc Dávid. Baden-Baden 2008 (= Bibliotheca Dissidentium 26), S. 9–44.
21 Ich glaube eher, der Umgang des Staates mit Andersdenkenden, die Integration von religiösen Migranten und die rechtliche Handhabe, wo die Grenzen der Toleranz zu ziehen sind – etwa die Forderung nach Zustimmung zu Grund- und Menschenrechten –, sind Faktoren, die den säkularen Staat der Neuzeit auszeichnen. Castellios theonom begründetes Toleranzkonzept, das im Folgenden vorgestellt wird, ist ein Vorläufer einer neuzeitlichen verfassungsmäßigen Grundordnung. Gerade weil die Integration religiöser Minderheiten, die vor religiös bedingter Verfolgung geflohen waren, ein Prüfstein auf dem Weg zum modernen Rechtsstaat war, ist ein Vergleich von Toleranzkonzepten in eidgenössischen Gemeinwesen, im territorial verfaßten deutschen Reich und in den Niederlanden mit Praktiken religiöser Toleranz oder ökonomischen Interessen geschuldeter religiöser Indifferenz in Siebenbürgen unter osmanischer Herrschaft oder in Polen rechtshistorisch interessant. Bei einem solchen Systemvergleich ist nach dem Verhältnis zwischen einer Toleranzkonzeption zum rechtlichen Rahmen des protestantischen oder konfessionell gemischten Gemeinwesens zu fragen. Ebenso ist nach den rechtlichen Bedingungen zu forschen, in denen Toleranzkonzepte reifen konnten. Nur im Rahmen eines solchen Systemvergleichs, der Bedingungen der Möglichkeit von Toleranz spezifiziert, wird man erklären können,

salkirche sich politisch nicht durchsetzen ließ (gleichwohl lebte sie in den Köpfen bis nach 1618 fort), es also in den Territorien und eidgenössischen Städten nur Partikularkirchen gab, sei die Reformation ‚degeneriert'. In der medizinischen Krisenmetaphorik heißt das: Der Patient Universalkirche schien tot, der Patient Reformation verkrüppelt zu sein.

Solange es Sympathisanten der Wittenberger, der Straßburger oder der Zürcher Reformation gab, welche ihre Partikularkirche an Luthers ursprünglichen Zielen der Reformation – Emanzipation von der römischen Papstkirche, Glaubensfreiheit, Leben gemäß dem Evangelien – maßen, blieb die ‚Krise' in den protestantischen Kirchen permanent. Darin – und in der Erinnerung an die Uranliegen der Reformation – sahen Reformer verschiedener Epochen eine Chance zur Erneuerung, die es nach dem Trienter Konzil in der römischen Kirche so nicht gab. In den Schriften der protestantischen Glaubensflüchtlinge und Spiritualisten des 16. Jahrhunderts manifestiert sich ein radikales Verständnis der Reformation als Absage an den Bekenntniszwang und Zustimmung zum Laienpriestertum. Die Maxime „Ecclesia semper reformanda" kann bis 1610 zurückgeführt werden, in den Worten Friedrich Balduins: „semper in Ecclesia opus esse Reformatione" bzw. „Reformationes Ecclesiarum subinde sunt necessariae", und zwar stets mit Bezug auf den Wortlaut des Evangeliums.[22] Nach modernem evangelischen Verständnis ist Häresie überhaupt, da

> im Protestantismus keine Instanz denkbar ist, die über eine Lehre das Anathema aussprechen könnte, [...] im kirchlichen Lebensvollzug nur als Heterodoxie zu begreifen; die Auseinandersetzung mit ihr ist weniger Machtkampf als vielmehr Streit um die Wahrheit –[23]

eine Wahrheit, über die nach Castellio Menschen aber keine Gewissheit erlangen können. Ein Vordenker einer solchen Sichtweise, zugleich ein differenzierter Analytiker der Bildung von Landeskirchen, Kirchenordnungen, Bekenntnissen und Regelwerken, welche die Kompetenzen zwischen weltlicher und geistlicher Obrigkeit festlegten, war eben Sebastian Castellio. In der maßgeblich von ihm

---

wieso Sebastian Castellio, David Joris oder Sebastian Franck mit ihren Toleranzkonzepten in eidgenössischen Städten und im Südwesten des Reichs allein standen, während beispielsweise Fausto Sozzini, Giorgio Biandrata, Ferenc David und andere unter obrigkeitlichem Schutz in Siebenbürgen eine Zeitlang ihre abweichenden Lehren auf regionaler Ebene praktizieren konnten.
22 Theodor Mahlmann: „Ecclesia semper reformanda". Eine historische Aufklärung. Neue Bearbeitung. In: Hermeneutica Sacra. Studien zur Auslegung der Heiligen Schrift im 16. und 17. Jahrhundert. Bengt Hägglund zum 90. Geburtstag. Hg. v. Torbjörn Johansson, Robert Kolb u. Johann Anselm Steiger. Berlin/New York 2010 (= Historia hermeneutica; Series studia 9), S. 381–442, hier 438–440.
23 Martin Schuck: [Art.] „Häresie". In: RGG[4] 3 (2000), Sp. 1446.

herausgegebenen Anthologie von Zeugnissen der alten und modernen Kirche gegen Ketzerverfolgung und -tötung *De haereticis an sint persequendi* begründete er unter den Pseudonymen Martin Bellius und Basilius Montfort die Notwendigkeit der Toleranz in Glaubensfragen und verurteilte die Verfolgung und Tötung Andersdenkender als unvereinbar mit dem Evangelium.

Castellio suchte den Ausweg aus der Krise jenseits der Konfessionalisierung in der Garantie von Glaubens- und Gewissensfreiheit unter einer religiös neutralen Regierung. Aufgabe der Regierung war aus seiner Sicht Wahrung des Friedens und Garantie der Sicherheit der Untertanen vor Gewalt und Verbrechen. Die Grenzen der Toleranz lagen dort, wo die Gedankenfreiheit in Gewalt und Agitation überging, wodurch das Gewaltmonopol der Regierung gefährdet wurde. Die Vorbehalte, die Martin Bellius und Basilius Montfort am Anfang und Ende der Anthologie *De haereticis* gegen eine Theokratie, d. h. gegen die Unterordnung der weltlichen Machthaber unter geistliche Führer, die festlegen, wie Glaubensfeinde zu bestrafen seien – ein Modell, mit dem sich Calvin gegenüber den Genfer Zweihundert durchzusetzen versuchte und das Bullinger im zweiten Buch seiner *Sermonum Decades* empfahl – nehmen Argumente Spinozas im *Tractatus politico-theologicus* vorweg: Ein Machthaber, der sich anmaßt, Untertanen zu diskriminieren, die nicht das offizielle Bekenntnis akzeptieren, schadet damit dem Gemeinwesen, denn er provoziert Heuchelei, Betrug und heimliche Rebellen, anstatt es zu schützen. Gesetze, welche den Glauben und Frömmigkeitspraktiken normierten, produzierten geradezu Märtyrer. Schismatiker sind eher diejenigen, welche die Schriften Andersdenkender verdammen und Stimmung gegen sie machen als diese selbst; jene, nicht diese, sind die eigentlichen Friedensstörer. Die Definition, die Bellius aus *Tit* 3,10–11 abstrahiert, „haereticum esse hominem pertinacem, qui rite admonitus non obtemperet", trifft – dies ist seine Pointe – genau auf den zu, der Andersdenkende als Ketzer diskriminiert.[24]

Castellios Kritik an innerchristlichem Dogmenstreit und sein Appell zur Toleranz werden zunächst in einen rechtshistorischen und staatstheoretischen Kontext eingeordnet. Der Horizont weitet sich, sobald man nicht allein auf den Servet-Prozess und das Urteil des Genfer Rats blickt, sondern die Geschichte der Täuferverfolgung seit den 1520er-Jahren betrachtet und berücksichtigt, dass Castellio in einem Netzwerk agierte, zu dem auch Spiritualisten und Täufer gehörten. Neben Castellio kommen andere Non-Konformisten im Südwesten des Reichs in

---

[24] De haereticis, S. 20 f., 138 f. u. 158; Manifest der Toleranz, S. 67, 175 u. 16; Baruch de Spinoza: Tractatus theologico-politicus. Theologisch-politischer Traktat. Hg von Günter Gawlick und Friedrich Niewöhner. Darmstadt 1979 (= Spinoza Opera Werke 1), 20. Kapitel, S. 611–613 u. 619.

den Blick, die auf ihrem individuellen Glauben beharrten oder sich einem offiziellen Bekenntnis verweigerten.[25]

2 Vorstufen und Manifestationen der ‚Krise'. Unzufriedenheit mit der Reformation im Südwesten des Reichs und in Basel

In den 1520er-Jahren stellten revoltierende Bauern, die in den *Zwölf Artikeln* von 1525 ihre politischen Forderungen mit der Bibel begründeten,[26] und Täufergemeinden die im Aufbau begriffenen protestantischen Kirchen in Zürich, Hessen, am Nieder- und am Oberrhein auf eine harte Probe. Zwingli und nach ihm Bullinger glaubten sich zu Abwehrmaßnahmen genötigt, um dem Vorwurf der römisch-katholischen Nachbarn zu entgehen, die Protestanten duldeten Ketzer und Rebellen unter sich, zumal solche, welche aus katholischen Gebieten vertrieben worden waren.[27]

Mehrere Autoren, die Luthers Kritik am römischen Papsttum anfänglich mit Sympathie verfolgten, wandten sich in den 1540er- und 50er-Jahren enttäuscht von der Reformation ab, als eine neue Kirchenordnung eingeführt, das Bekenntnis dogmatisch festgelegt und das Verhältnis der Kirchenvorsteher zur weltlichen Obrigkeit neu definiert wurde. Sie stießen sich an den dogmatisch und politisch begründeten Ausschlussbedingungen Andersdenkender, mithin an einem durch dogmatische Bekenntnisgrenzen eng definierten Kirchenbegriff. Manche kehrten zur römischen Kirche zurück, weil deren Vertreter inzwischen selbst die Reformbedürftigkeit der Kirche erkannt hatten und nach einem neuen Verständnis der *Heiligen Schrift* diesseits der patristischen und mittelalterlichen Auslegungstradition suchten. Andere aus dieser Gruppe der Unzufriedenen schlossen sich Kreisen der Spiritualisten an, welche die Lizenz zum Priestertum aller Gläubigen radikal ernst nahmen. Wieder andere fügten sich äußerlich in eine regionale reformierte Kirche ein, glaubten sich aber berechtigt dazu, bestehende Lehrpunkte bibel- und überlieferungskritisch (immer auf

---

25 Gewöhnlich wird Castellios theologisches Gedankengebäude mit dem der italienischen Evangelici oder auch niederländischer Täufer verglichen. Im Folgenden sei der Vergleich Castellios mit deutschsprachigen Dissidenten des südwestdeutschen bzw. Basler Raums zur Diskussion gestellt.
26 Thomas Kaufmann: Geschichte der Reformation. Göttingen 2009, S. 488–490.
27 Urs B. Leu/Christian Scheidegger (Hg.): Die Zürcher Täufer 1525–1700. Zürich 2007, S. 53–67 u. 85–89.

der Suche nach der ursprünglichen Wahrheit christlicher Lehre) in Zweifel zu ziehen. Sie alle diskutierten gerne und nahmen sich das Recht dazu heraus. Sie begründeten ihre Opposition zur offiziellen Kirche und zum lokalen reformierten Bekenntnis damit, dass sie den Zielen treu bleiben wollten, um die Martin Luther, Andreas Karlstadt, Philipp Melanchthon und Huldrich Zwingli ihren Kampf mit den Repräsentanten der Papstkirche begonnen hatten. Sie wünschten sich eine Kirche, in der sich alle versammelten, welche die Bibel lasen und in den Evangelien Christi Wort verehrten. Im Einklang mit Luthers Lizenz des Laienpriestertums lehnten sie es ab, den Geltungsanspruch solcher Exegeten anzuerkennen, die behaupteten, den wahren Schlüssel zur Deutung strittiger Stellen zu besitzen. Als Castellio im Frühjahr 1540 nach Straßburg zog und sich 1545 in Basel niederließ, war dort die Reformation längst eingeführt und ein protestantisches Bekenntnis festgelegt, der Verkehr mit Täufern und Spiritualisten war aber nicht verboten und die Schriften von Dissidenten konnten durch den Druck verbreitet werden.[28]

Nach 1555 hörten innerprotestantische Streitigkeiten nicht auf. Ein Dissens zwischen Luther und den Reformierten war schon in den 20er-Jahren in der Auslegung der Einsetzungsworte des Abendmahls zutage getreten. Nachdem sich mehrere Territorien 1577 auf die sogenannte Konkordienformel geeinigt hatten, in der die lutherische Interpretation festgeschrieben wurde,[29] erklärten einige protestantische Gelehrte, dass sie mit der rigorosen Abgrenzung der Lehrpunkte der Augsburger Konfession von der Lehre der Reformierten nicht einverstanden seien.

Hier seien drei Personen genannt, die aus ähnlichen Gründen wie Castellio mit Tendenzen zur Diskriminierung Andersdenkender als Folge der Reformation unzufrieden waren: Heinrich Loriti, genannt Glarean (1488–1563), Katharina Schütz-Zell (1497–1562) und Philipp Apian (1531–1589).[30] Zur Gruppe derer,

---

28 Guggisberg: Sebastian Castellio (Anm. 4), S. 27–48; Max Trier: [Art.] „Basel". In: Theologische Realenzyklopädie. Hg. von Gerhard Müller u.a. Berlin/New York 1997–2004 (im Folgenden abgekürzt als „TRE" mit arabischer Bandangabe), Bd. 5 (1980), S. 278–285, hier 279 f.; Bernard Vogler: [Art.] „Strassburg". In: TRE 32 (2001), S. 233–242, hier 235 f.
29 Ernst Koch: [Art.] „Konkordienbuch [1580]" und ders.: [Art.] „Konkordienformel". In: TRE 19 (1990), S. 472–483; Irene Dingel: Concordia controversa. Die öffentlichen Diskussionen um das lutherische Konkordienwerk am Ende des 16. Jahrhunderts. Gütersloh 1996 (= Quellen und Forschungen zur Reformationsgeschichte 63).
30 Vgl. Barbara Mahlmann-Bauer: Henrichi Glareani Concio de coena domini. Glarean as a theologian. In: Heinrich Glarean's Books. Intellectual World of a Sixteenth-Century Musical Humanist. Ed. by Iain Fenlon, Inga Mai Groote. Cambridge 2013, S. 110–138 u. 339; dies.: „Gender" – eine Kategorie bei der Analyse theologischer Streitschriften von Frauen oder: Sind die

die zur römischen Kirche zurückkehrten, gehörte der Schüler des Erasmus von Rotterdam Heinrich Loriti. Zur Gruppe derer, die mit heterodoxen Meinungsführern sympathisierten, ist die Witwe des Straßburger Reformators Matthäus Zell zu rechnen, Katharina Schütz-Zell, Tochter eines begüterten Straßburger Handwerkers. Sie unterhielt Kontakte zu Caspar Schwenckfeld und bewunderte Castellios Eintreten für Michel Servet, kannte also die deutsche Übersetzung von *De haereticis an sint persequendi*, die in Straßburg 1555 erschienen war.[31] Ein Beispiel für Protestanten, welche die Polemik zwischen Reformierten und Lutheranern verurteilten und daher die Zustimmung zum Konkordienwerk ablehnten, war der bayerische Geograf Philipp Apian. Sie alle waren enttäuscht über die Entwicklung in den protestantischen bzw. reformierten Gebieten und sträubten sich gegen den Terror des Volkswillens (so Glarean) oder die neue protestantische „Orthodoxie", die sie an die Herrschaft des Papsttums erinnerte. Dabei stimmten sie mit der Kritik des Erasmus und Luthers an Missständen in der römischen Papstkirche überein. Sie blieben aber religiöse Non-Konformisten und machten die Schritte zur Konfessionalisierung nicht mit.

Glarean und Katharina Schütz Zell waren als Augenzeugen der Reformation befremdet von den dogmatischen Streitigkeiten über das Abendmahl und die Person Christi. Glarean kehrte aus Sorge über die sozialen Unruhen und den Niedergang des Studienbetriebs Basel 1529 den Rücken und lehrte seitdem in Freiburg die Humaniora. Er begegnete 1544 der Verhärtung im Abendmahlstreit zwischen Luther und Bullinger mit Unverständnis und Spott und erinnerte in einem mit seinem Namen, aber anonymer Adresse publizierten Einblattdruck (Freiburg 1544–1546) an die reformatorische Interpretation der Einsetzungsworte Christi

---

vereinzelten Autorinnen der Reformationszeit „subalterne"? In: Streitkultur und Öffentlichkeit im konfessionellen Zeitalter. Hg. v. Henning P. Jürgens u. Thomas Weller. Göttingen 2013 (= Veröffentlichungen des Instituts für Europäische Geschichte Mainz 95), S. 179–214; dies.: Philipp Apians Berufung auf sein Gewissen. In: Die Universität Tübingen zwischen Reformation und Dreißigjährigem Krieg. Festgabe für Dieter Mertens zum 70. Geburtstag. Hg. v. Ulrich Köpf, Sönke Lorenz u. Dieter R. Bauer. Tübingen 2010, S. 299–345.

31 Von Ketzeren. Ob man auch die verfolgen oder wie man mit jnen handlen solle/ des D. Martini Lutheri vnnd Johann Brentij/ auch anderen viler der alten vnd vnserer zeyten glerten meinung vnnd bericht. Ein Büchlein in diser schwerer zeyt gantz notwendig allen menschen/ sonderlich den vorstenderen vnd Oberkeyten/ gantz nutzlich/ darauß zuo lernen/ was jr ampt seye/ in einer so zweyfelhafftiger vnnd gefarlicher sache. [...] Strassburg: Augustin Frisius 1555. Die Identifikation des Druckers und Datierung ist Ulrich Kopp (Herzog August Bibliothek Wolfenbüttel) zu verdanken; vgl. den Katalogeintrag zur deutschen Übersetzung, ebd. Katharina Schütz Zell: Ein Brieff an die gantze Burgerschafft der Statt Straßburg [...] betreffend Herr Ludwigen Rabus [...] Straßburg 1557. In: Katharina Schütz Zell: The Writings. A Critical Edition. Ed. by Elsie Anne McKee. Leiden/Boston/Köln 1999, S. 155–303, hier 209 f.

als testamentum und monumentum fidei, welches dem Streit zwischen Luther, Oekolampad, Zwingli und Karlstadt vorausging und ihn überflüssig machte.

Katharina Schütz Zell setzte sich 1557 publizistisch gegen Ludwig Rabus' Verdacht zur Wehr, sie stehe mit dem Teufel im Bunde. Nur weil sie für die Anhänger Caspar von Schwenckfelds eintrat und gegen dogmatische Festlegungen in der lutherischen Kirche protestierte, welche enge Ausschlusskriterien formulierten, war sie doch keine Ketzerin oder Teufelsbündnerin. Sie verstand nicht, wieso ausgerechnet Rabus, designierter Nachfolger ihres verstorbenen Mannes Matthäus Zell, des Münsterpfarrers und Reformators Straßburgs, auf das kaiserliche Interim mit dogmatischen Festlegungen und Abgrenzungskriterien gegenüber Heterodoxen wie Caspar Schwenckfeld reagieren konnte.

Philipp Apian bekannte sich zur *Confessio Augustana* und forderte in der Auseinandersetzung mit seinem bayerischen Landesherrn 1569 und erneut 1583 im Streit mit seinem neuen württembergischen Landesherrn Gewissensfreiheit. Es sei seine Privatsache, ob er einen Glauben vertrete, der eher mit dem der Reformierten sympathisiere. Er unterschied zwischen beruflichen Pflichten als Mathematiker und seiner religiösen Überzeugung. 1569 hatte er sich in Ingolstadt 1568 geweigert, den Eid aufs Tridentinum zu leisten. Nach seiner Berufung an die Tübinger Universität lehnte er es ebenso ab, die Konkordienformel zu unterschreiben und sich auf theologische Disputationen einzulassen. Sein Glaube sei Privatsache und habe keinen Einfluss auf seine wissenschaftliche Arbeit, erklärte er seinem württembergischen Landesherrn 1583.

Glarean, Katharina Schütz-Zell und Philipp Apian waren ebenso wie Castellio Laiengläubige mit ausgeprägten theologischen Interessen Sie sträubten sich gegen dogmatische Rechthaberei, verteidigten ihre Urteils- und Gewissensfreiheit, mussten sich aber gegen Zweifel an ihrer Rechtgläubigkeit zur Wehr setzen. Castellio verurteilte ähnlich wie Glarean, Schütz-Zell und Apian theologische Lehrstreitigkeiten als unnütz und unchristlich, weil der Bibeltext nur Anweisungen und Vorbilder zum rechten Leben, nicht aber dogmatische Lehrsätze enthalte. Er hielt niemanden für befugt, christlichen Untertanen vorschreiben zu wollen, was sie glauben sollten und welche Lehren häretisch seien. Glaubenszwang produziere nur Heuchler und provoziere Streit. 1544 hatte er sich geweigert, die Bibelauslegung Calvins anzuerkennen, der ihm die Leitung des Collège de Rive anvertraut hatte, und musste deswegen Genf verlassen. Basel wurde zu seinem Refugium; von dort kamen die ersten Proteste gegen Calvins Rolle im Servet-Prozess.[32]

---

[32] Guggisberg: Sebastian Castellio (Anm. 4), S. 29–41, 80–85 u. 89–111. Bis heute ist nicht erwiesen, ob Castellio die Anthologie alleine verfasste oder ob Curione, David Joris und Lelio Sozzini

3 Gliederung von *De haereticis an sint persequendi*

Die Anthologie gegen die Ketzertötung wird von Texten gerahmt, in denen Castellio unter dem Pseudonym Martin Bellius und Basilius Montfort auftritt und gegen die Strafverfolgung und Tötung von Ketzern mit zwei Argumenten plädiert: Man kann nie sicher sein, einen wirklichen Ketzer vor sich zu haben. Ihn zu töten, beraubt ihn der Chance, sich zu bekehren. Einen Menschen seines unorthodoxen Glaubens wegen zu töten, verstößt gegen das christliche Gebot zur Liebe und Milde. Der Mittelteil versammelt zuerst ausführliche Auszüge aus Texten von Luther, Johannes Brenz, Erasmus und Sebastian Franck, die von der Verfolgung und Tötung von Häretikern abraten und Nachsicht im Umgang mit Dissidenten empfehlen. Ihnen folgen patristische Zeugnisse, die sich immer wieder mit dem Unkraut-Gleichnis (*Mt* 13,24–30) beschäftigen, und kürzere Texte von Calvin, Otto Brunfels, Konrad Pellican und Urbanus Rhegius.[33] Die Ermahnung des Hausvaters, die Knechte sollten das Unkraut mit dem Weizen wachsen lassen (*Mt* 13,29 f.), ist die am häufigsten zitierte Bibelstelle. Die Sorge des Hausvaters, die Knechte könnten aus Übereifer den Weizen mitsamt dem Unkraut ausreißen, d. h., sie könnten unfähig sein, zwischen Weizen und Unkraut zu unterscheiden, sowie die Ermahnung, sie dürften der Ernte nicht vorgreifen, liefern die Hauptargumente, die Bellius und Montfort aufgreifen und ausarbeiten. Von den Auslegern des Matthäus-Evangeliums war Chrysostomos der erste, der im Wunsch der Knechte, das Weizenfeld vom Unkraut zu säubern, den Anlass für Kriege und Blutvergießen fürchtete.[34]

Das Unkraut-Gleichnis zieht sich in *De haereticis* wie ein roter Faden durch alle Voten für Toleranz gegenüber religiösen Dissidenten, während die Ketzerdekrete der oströmischen Kaiser umgekehrt die häufigste Grundlage zur Legitimierung der Ketzertötung darstellen.[35] Bellius' (alias Castellios) Vergleich Christi

---

daran beteiligt waren. Zur Autorfrage vgl. ebd., S. 107 f. Mirjam van Veen hält es für wahrscheinlich, dass Georg Kleinberg ein Pseudonym für David Joris sei. Vgl. De haereticis, S. 125–137 und Mirjam van Veen: Contaminated with David Joris's blasphemies. David Joris's contribution to Castellios *De haereticis an sint persequendi*. In: Bibliothèque d'Humanisme et Renaissance 69 (2007), H. 2, S. 313–326.
33 Castellio: De haereticis (Anm. 4), S. 205 (Inhaltsübersicht); ders.: Manifest der Toleranz, S. 5–7.
34 De haereticis, S. 115 f.; Manifest der Toleranz, S. 149 u. 380.
35 Aus *Mt* 30,24–30 wird in den Textauszügen von Erasmus, Otto Brunfels, Conrad Pellican, Augustinus, Chrysostomus, Georg Kleinberg, Castellios Vorrede zur *Biblia latina* und Basilius Montfort zitiert (vgl. De haereticis, S. 183–195). Die deutsche Übersetzung *Von Ketzeren* enthält zusätz-

als Richter mit einem Herrscher, der während seiner Abwesenheit die Untertanen zu frommem Lebenswandel ermahnt, damit sie stets für seine Rückkunft gewappnet seien, ähnelt dem Unkraut-Gleichnis insofern, als der Herrscher über den Streit seiner Untertanen über seine Anweisungen empört ist und ihnen vorwirft, sich eigenmächtig über sie hinwegzusetzen. Die Untertanen ignorieren seine Vorschriften, indem sie sich über die rechte Auslegung der Worte ihres Herrschers zerstreiten. Die spätantiken Ketzerdekrete illustrieren, wie Montfort demonstriert, die Gefahr, vor der auch das Unkraut-Gleichnis warnt, da sie viel zu ungenaue Kriterien zur Identifikation von Häretikern nennen und deswegen von den Kaisern des 4. und 5. Jahrhunderts klugerweise nicht verwendet wurden, um Sekten unschädlich zu machen. Jene Ketzerdekrete markieren eine Schwelle in der Geschichte des Christentums. Davor waren Christus und die Apostel selbst wegen des Evangeliums der Gewaltlosigkeit und Friedfertigkeit die Verfolgten. Erst als sich die Kaiser persönlich in die Normierung des Dogmas und Bildung einer einheitlichen Kirche einmischten, wurden aus den Verfolgten Verfolger. In dieser Rolle verkehrten sie das christliche Liebesgebot in sein Gegenteil und bekämpften unter Anführung Satans Christus, gerade indem sie ihm (wie die Knechte des Hausvaters in Jesu Gleichnis *Mt* 13,27) einen Dienst zu erweisen glaubten. Diese Wende in der Geschichte des Christentums charakterisieren Bellius und Montfort als kritische Schwelle: Seitdem werde das christliche Liebesgebot durch Glaubenszwang und Unterdrückung abgelöst.[36] Während die Apologeten der Strafverfolgung von Ketzern sich auf die ältesten Dekrete der ersten christlichen Kaiser West- und Ostroms beriefen, erklärt Basilius Montfort, wieso sie für die Gegenwart keine Geltung mehr haben dürften.

3.1 Die Exzerpte

Die vier berühmtesten zeitgenössischen Gewährsmänner Castellios, Luther, Franck sowie zeitweise auch Erasmus in Löwen und Brenz im Basler Exil, hatten unter dem Verdacht der Heterodoxie zu leiden. Bezeichnend für Castellios Haltung

---

lich noch Luthers Auslegung des Unkraut-Gleichnisses. Vgl. Manifest der Toleranz, S. 320–322; Luthers Auslegung von *Mt* 13,24–30 stammt aus seiner *Fastenpostille* von 1525. Vgl. Luther, WA 17/2, 125, Z. 1–27. Dazu Roland H. Bainton: The Parable of the Tares as the Proof Text for Religious Liberty to the End of the 16th Century. In: Church History 1 (June 1932), S. 67–98 und ders. (ed.): Concerning Heretics, Whether they are to be persecuted and how they are to be treated [...]. New York 1935 (Neudr. New York 1965), S, 43–49. Mit den altkirchlichen Ketzerdekreten setzen sich in *De haereticis* Brenz, Erasmus, Franck und Basilius Montfort auseinander.
36 De haereticis, S. 14 u. 152; Manifest der Toleranz, S. 62 u. 186; Bainton 1932.

zur Reformation in Sachsen ist seine Auswahl des zweiten Kapitels aus Martin Luthers Schrift aus dem Jahr 1523 *Von weltlicher oberkeyt wie weit man ihr Gehorsam schuldig sei*. Auf Wunsch Herzog Johanns von Sachsen nahm Luther darin erstmals Stellung zu den speziellen Kompetenzen der weltlichen und geistlichen Obrigkeit im Umgang mit Lasterhaften, Verbrechern und religiösen Abweichlern. Der zweite Teil seiner Schrift steckte die Grenzen obrigkeitlichen Handelns ab. Weltliche Gesetze beträfen Leib und Gut, sie erstreckten sich dagegen nicht auf die Seele. Die weltliche Obrigkeit habe die Pflicht, den Frieden zu wahren und die Untertanen vor Verbrechen zu schützen. Sie mische sich widerrechtlich in Belange der Kirche ein, wenn sie den Druck und die Verbreitung von Luthers Schriften verbiete. Der Obrigkeit stehe nicht zu, über die Seelen und geistliche Sachen zu richten. Ketzern könne man nicht mit Gewalt, sondern nur mit dem Wort Gottes begegnen. Das Amt der Geistlichen beschränke sich auf pastorale Ermahnungen.[37] Johannes Brenz argumentierte in seiner Schrift über das Recht der Obrigkeit, Täufer zu verfolgen, genauso wie Luther für die Gewaltenteilung zwischen weltlicher Regierung und kirchlicher Obrigkeit.[38] Zusätzlich lehnte er es ab, mosaische Vorschriften, die sich auf die Tötung falscher Propheten bezogen, zur Legitimierung der Ketzertötung in der Gegenwart zu verwenden.[39] Insbesondere bestritt er dem Kaiser das Recht, Täufer auf der Grundlage des *Codex Iustinianus* bzw. *Codex Theodosianus* hinzurichten, weil er die Rechtskraft dieser Gesetze in Frage stellte.[40] Wenn man die Täufer wegen ihres Ungehorsams gegen die weltliche Obrigkeit verurteile und sie wie Ketzer nach jenen Dekreten richte, müsste man sie auch auf die Mönche anwenden, weil ihre Orden einen Staat im Staat bildeten. Das Vertrauen, das Bellius dem Herzog von Württemberg entgegenbringt, verdankt sich dem frühen Einsatz seines Reformators Brenz für die zu Unrecht verfolgten und vom Tod bedrohten Täufer.

Erasmus von Rotterdam ist der einzige nicht protestantische Autor in der Anthologie. Castellio schloss sich in der Frage der Willensfreiheit und der göttlichen Gerechtigkeit Erasmus' Argumentation an. Auch Castellios Ansicht, dass

---

37 Martin Luther: Von der Oberkeit, wie weit man ihr Gehorsam schuldig sei, 1523, eingeleitet von Siegfried Mühlmann. In: Martin Luther: Studienausgabe. Hg. v. Hans-Ulrich Delius. Bd. 3. Berlin 1983, S. 27–30 und 52–62; Martin Brecht: Martin Luther. Bd. 2. Stuttgart 1986, S. 120 f.
38 Manifest der Toleranz, S. 92; Johannes Brenz: Ob eyn weltliche Oberkeyt ... möge die Widertouffer zum Tod richten lassen. In: Martin u. a. (Hg.): Johannes Brenz Frühschriften. Teil II. Tübingen 1974, Einleitung, S. 472–475; Seebaß: An sint persequendi haeretici? (Anm. 5), S. 45 f.
39 Manifest der Toleranz, S, 94–97; De haereticis, S. 54–58.
40 Manifest der Toleranz, S. 103–109; De haereticis, S. 57–67. Zur Kritik an der Gesetzgebung Karls V. vgl. Cornelis Augustijn: Gerard Geldenhauer und die Toleranz. In: Archiv für Reformationsgeschichte 69 (1978), S. 132–156.

die *Heilige Schrift* rätselhafte Stellen enthalte, deren Sinn mit menschlicher Vernunft nicht zu klären sei und die man daher auf sich beruhen lassen solle, findet sich in *De libero arbitrio*.[41] In der Anthologie wird die Reihe derer, welche aus dem Unkraut-Gleichnis die Mahnung zur Schonung gegenüber Abweichlern ableiten, mit Erasmus eröffnet.[42] Dieser wies in seiner *Supputatio errorum* 1527 seinem Gegner Natalis Beda (Noel Bédier, ca. 1470–1537) nach, dass er in seinem Übereifer, Erasmus der Heterodoxie zu überführen, die Ermahnung des Hausvaters an die Knechte in Jesus Unkraut-Gleichnis, welche Erasmus nur paraphrasiert hatte, für ketzerisch ausgegeben habe.[43] Er argumentiert außerdem gegen die Ketzertötung und für Toleranz mit weiteren, klassisch gewordenen Bibelzeugnissen, die Basilius Montfort in seiner Widerlegung Bullingers wieder aufgreifen wird.[44]

Aus Sebastian Francks *Chronik der römischen Ketzer* im dritten Teil seiner *Chronica* präsentierte Castellio einen längeren Auszug.[45] Franck beginnt mit der Behauptung, dass viele fromme Christen für Ketzer gehalten würden, welche von der Nachwelt als Heilige und Märtyrer verehrt würden. Francks Reserviertheit gegenüber der Meinung der „Welt", d. h. der Mächtigen und der Menge, orientiert sich ebenfalls am Rat des Hausvaters im Unkraut-Gleichnis. In der Ketzerchronik definierte Franck den Häretiker als unbequemen Tadler, der mit seiner

---

41 Barbara Bauer: Die Wahrheit wird euch frei machen – die Wahrheit geht im Streit verloren. Formen des Streitens um den wahren Glauben bei Erasmus, Luther, Melanchthon und Castellio. In: 500 Jahre Philipp Melanchthon = Pirckheimer-Jahrbuch 13 (1998), S. 73–121, hier 103–120.
42 Manifest der Toleranz, S. 110–116; De haereticis, S. 74–81.
43 Vgl. Erasmus von Rotterdam: Supputatio errorum in censuris Beddae. In: Ders.: Opera omnia. Ed. Johannes Clericus. Bd. 9. Leyden 1706, 515A–702D; dazu Allen: Desiderii Erasmi Roterdami Epistulae. Bd. 6. Ep. 1664; D. Robert Snider, Dean Simpson: Preface to the Paraphrase on Matthew. In: Collected Works of Erasmus. Bd. 45. Toronto 2008, S. ix–xvi, hier S. xiii. In ähnlicher Absicht wie Castellio stützte sich auch Gerard Geldenhouwer in seinem Brief an Karl V., der erstmals Antwerpen 1527 erschien und in deutscher Übersetzung vier Auflagen erlebt hat, auf das Unkraut-Gleichnis. Auch Geldenhouwer wendet ein, dass die Gesetzgebung der ersten christlichen römischen Kaiser gegen Gotteslästerer nicht auf die Gegenwart übertragen werden könne und zudem von Bischöfen angeregt worden sei. Cornelis Augustijn: Gerhard Geldenhouwer und die religiöse Toleranz. In: Archiv für Reformationsgeschichte 69 (1978), S. 132–156, hier 138 f.; Gerhard Geldenhauer: Eyn Sendbrieffe an Kayser Karol ... den Fünfften. Antwerpen 1528; lateinische Ausgabe in: Desiderii Erasmi Roterodami in leges caesareas et pontificias, de haereticis Annotationes, et epistolae aliquot Gerardi Noviomagi, De re evangelica, & Haereticorum poenis. Ad Carolum V. [...]. Strassburg 1609. Zu Geldenhouwers Brief vgl. Barbara Bauer (Hg.): Melanchthon und die Marburger Professoren (1527–1627). Marburg 1999, S. 232–238.
44 De haereticis, S. 139–146; 5 *Mos* 13,2–6; *Tit* 3,10 f.; *Apg* 5,1–11; Manifest der Toleranz, S. 175-181; siehe unten zu Basilius Montfort.
45 Sebastian Franck: Chronica, Zeitbuch unnd Geschichtsbibell. Strassburg 1531. ND Hildesheim/New York 1969, fol. 82^r–83^v u. 202^v; Guggisberg: Sebastian Castellio (Anm. 4), S. 145–147.

Lesart der Schrift von der offiziellen Kirche abweichen dürfe und einer Geistkirche angehöre, welche jener überlegen sei, aber von der Welt geächtet werde.[46] Francks relativierende Sicht, wonach offizielle Kirchenvertreter diejenigen, die mit ihrer Interpretation nicht konform gehen, für Ketzer halten, umgekehrt aber die Vertreter der Geistkirche die offizielle Kirche verketzern, könnte Castellio zu seiner Ketzer-Definition in der Bellius-Vorrede an Herzog Christoph von Württemberg inspiriert haben: Ketzer ist demnach immer derjenige, der mit der eigenen Meinung nicht übereinstimmt, welche für absolut wahr gesetzt wird, aber nur regional begrenzte Geltung hat.

Die neuzeitlichen Autoren der kurzen Exzerpte, die nach dem Franck-Zitat folgen, haben dies mit den vier berühmten gemeinsam, dass ihre Schriften aus den Jahren 1528 bis 1536/37 stammen, als die Anhänger Luthers in vielen Ländern unter Verfolgung zu leiden hatten. Dies trifft vor allem auf die Erstfassung der als Katechismus geplanten Glaubenslehre Calvins, die *Institutio religionis christianae*, aus dem Jahr 1536 zu, als Calvin sich an Franz I. für seine verfolgten Glaubensgenossen einsetzte. Die Passage aus der *Institutio*, die in *De haereticis* zitiert wird, findet sich in Calvins Auslegung des Glaubensbekenntnisses, genauer im Kommentar zum vierten Satz: „Ich glaube an die heilige, allumfassende Kirche, an die Gemeinschaft aller Heiligen, Vergebung der Sünden, Auferstehung des Fleisches und das ewige Leben". Calvin empfiehlt 1536, Andersgläubige „clementia ac mansuetudine" zu behandeln, da sie mit Ermahnungen und Gebeten eher als mit Gewaltanwendung in die Gemeinschaft der Rechtgläubigen zurückgeführt werden könnten, was auch für den Umgang mit Sarazenen und Juden gelte.[47]

Castellio verteidigte in seiner nicht gedruckten Antwort auf Theodor Bezas *Antibellius* und auf Calvins *Defensio orthodoxa fidei* seine Anthologie.[48] Er hält dort Beza entgegen, dass sich die zitierten Gewährsmänner in *De haereticis*, besonders Luther, Brenz, Erasmus und Calvin, unmissverständlich gegen die

---

46 Manifest der Toleranz, S. 125–128; De haereticis, S. 91–93.
47 Manifest der Toleranz, S. 65; De haereticis, S. 19. Vgl. De haereticis, S. 108; Jean Calvin: Christianae religionis institutio (1536). Hg. v. Petrus Barth. München 1926, S. 986; die zitierte Stelle auf S. 91. Bibliografische Nachweise zu allen Exzerpten in *De haereticis* liefern Bainton und Stammler/Stingl in den Kommentaren zu ihren Übersetzungen.
48 Castellios Autograf hat den Titel *De haereticis a civili magistratu non puniendis pro Martini Bellii farragine adversus libellum Theodori Bezae, libellus. Authore Basilio Montfortio*. Es liegt in Rotterdam und wurde zusammen mit der zeitgenössischen französischen Übersetzung 1971 erstmals kritisch ediert. Sébastien Castellion: De haereticis a civili magistratu non puniendis. Hg. mit einer Einleitung von Bruno Becker u. Theodor Valkhoff. Genf 1971. Dieses Autograf beweist, dass Castellio für *De haereticis* als Autor verantwortlich ist.

Bestrafung der Häretiker ausgesprochen hätten.[49] Ausdrücklich erwähnt er das Exzerpt aus Calvins Erstausgabe der *Institutio religionis christianae* von 1536 in *De haereticis*. Er fragt Beza, wieso Calvin die dort zitierte Stelle in der erweiterten Fassung gestrichen habe, und gibt gleich selbst die Antwort. Im Servet-Prozess habe Calvin die Position gewechselt:

> Wir sehen, Beza, dass Calvin seine Meinung geändert hat. In der Erstausgabe vertrat er die Sache der Verfolgten gegen die Mächtigen, da er selbst verfolgt war. Nun besitzt er selbst die Macht und vertritt die Sache der Mächtigen gegen die Verfolgten. ... Hätte er seine Meinung zugunsten der besseren geändert, würden wir ihn loben. Aber da er sie zugunsten der schlechteren änderte, halten wir an seinem ersten Urteil fest, und dies nicht etwa, weil es von Calvin stammt, sondern weil es sich auf gute, solide Gründe stützt, die immer gut bleiben, wenn sich auch der Autor gewendet hat.[50]

3.2 Die beiden Rahmentexte Castellios

Die Vorrede von Bellius an Herzog Christoph und die Erörterung von Basilius Montfort, an die sich eine Auslegung von *Gal* 4,29–30 mit Hilfe von 1 *Kor* 4,5 anschließt, nehmen Argumente der ersten vier Exzerpte auf. Beide Texte argumentieren mit dem Unkraut-Gleichnis, wonach es niemandem zusteht, dem Urteil Christi am Jüngsten Tag vorzugreifen und sich anzumaßen, Rechtgläubige von Ungläubigen und Irrgläubigen zu unterscheiden. Die Ermahnung des Paulus, nicht vor der Zeit, d. h. vor der Ankunft des Herrn ein Urteil zu sprechen, dient Montfort schließlich zur Bekräftigung der Interpretation des Unkraut-Gleichnisses.[51]

Bellius alias Castellio würdigt Herzog Christoph von Württemberg (1550–1568) als protestantischen Herrscher, der Brenz als weisen, tüchtigen Reformator einsetzte und mit ihm eine Politik des Ausgleichs zu betreiben versuchte. Ein hoffnungsvolles Zeichen dafür sei die Bereitschaft Herzog Christophs, mit Hilfe von Brenz eine konziliare Einigung in Trient zu erreichen.[52] Christoph von Würt-

---

[49] Ebd., S. 41–45; Plath: Der Fall Servet, 2014, S. 266.
[50] Ebd., S. 408; in der Ausgabe von Becker/Valkhoff (Anm. 48) auf S. 44.
[51] De haereticis, S. 173.
[52] De haereticis, S. 13–18; Manifest der Toleranz, S. 63–65. Castellios Einschätzung des württembergischen Herzogs war für die Jahre vom Passauer Vertrag bis zum Augsburger Religionsfrieden richtig. Christoph versuchte, die protestantischen Landesherren in Sachsen, Hessen und Thüringen zu einer gemeinsamen Linie zu verpflichten, wonach theologischer Streit vermieden werden sollte. Ihm schwebte vor, Streitschriften von Theologen von einem überregionalen Gremium zensieren zu lassen – ein utopischer Gedanke angesichts der Führungsposition, die Kursachsen

temberg hatte sich in Mömpelgard für das Luthertum entschieden und 1550 die Regentschaft von seinem Vater Herzog Ulrich übernommen. Eine seiner ersten Aktionen war die Initiative, die Diskussionen auf dem Trienter Konzil mit einem von Brenz 1551 ausgearbeiteten Bekenntnis für den Protestantismus in seinem Sinne zu beeinflussen. Diese Initiative lobt Castellio, obwohl er von ihrem Scheitern im Frühjahr 1552 gewusst haben muss.

Mit einem Gleichnis vergegenwärtigt Bellius im *Prooemium* dem Herzog einen kritischen Zustand im protestantischen Gemeinwesen: Der Herrscher möge sich vorstellen, er würde auf unbestimmte Zeit verreisen und seinen Untertanen befehlen, sie sollten für die Zeit seiner Rückkehr weiße Kleider bereit halten, um ihn, wann immer er käme, würdig zu empfangen. Statt sich für diesen Moment geistig in Bereitschaft zu halten, streiten sie sich in seiner Abwesenheit über die rechte Interpretation seiner Anweisungen und schrecken dabei nicht vor Gewalt zurück. Was sie tun, hat der Herr im Unkraut-Gleichnis seinen Knechten mit gutem Grund verboten (*Mt* 13,28–30). In Castellios Gleichnis streiten sich die Untertanen, weil sie die Worte ihres Herrn ignorieren und stattdessen jeder behauptet, er wisse genau, worin die rechte Lehre bestehe. Herzog Christoph wäre gewiss über den Ungehorsam und mangelnden Respekt seiner Untertanen empört und würde die Streithähne zur Rechenschaft ziehen. Genauso verhielten sich gegenwärtig die Christen, denen Christus aufgetragen habe, sich auf den Tag seines Gerichts durch eine fromme, moralisch korrekte Lebensweise vorzubereiten. Statt über den rechten Weg der Nachfolge Christi zu diskutieren, stritten sich die Theologen aber über sein Wesen, die Trinität, die Prädestination, die Willensfreiheit, die Engel und den Zustand der Seele nach dem Tod – alles Dinge, die für ihr Heil nicht relevant seien.[53]

Castellio alias Bellius veranschaulicht mit dem Gleichnis, dass moderne Theologen, die sich über Äusserlichkeiten streiten, von denen die *Heilige Schrift* schweigt, vom Schöpfergott, der von seinen Menschenkindern Gehorsam erwartet, eher wegen ihres Ungehorsams und ihrer Rechthaberei Tadel verdienen würden als Gläubige, die sich auf ihr Gewissen berufen und ein gottgefälliges

---

unter den Protestanten beanspruchte. Vgl. Matthias Langensteiner: Für Land und Luthertum. Die Politik Herzog Christophs von Württemberg (1550–1568). Köln/Weimar/Wien 2008 (= Stuttgarter historische Forschungen 7), S. 204–210 (leider ohne Bezug zu *De haereticis*); Hermann Ehmer: Württemberg. In: Territorien des Reichs. Bd. 5: Der Südwesten. Hg. v. Anton Schindling u. Walter Ziegler. Aschendorf 1993 (= Katholisches Leben und Kirchenreform im Zeitalter der Glaubensspaltung 53), S. 177–179; Manfred Rudersdorf: Hessen. In: Territorien des Reichs. Bd. 4: Mittleres Deutschland. Hg. v. Anton Schindling u. Walter Ziegler. Münster 1992 (= Katholisches Leben und Kirchenreform im Zeitalter der Glaubensspaltung 52), S. 272–276.
53 De haereticis, S. 3–5; Manifest der Toleranz, S. 56 f.

Leben im Einklang mit den biblischen Geboten zu führen suchen. Während Ketzerei ein von den ersten christlichen Kaisern und ihren Kirchenführern konstruiertes Delikt sei, das juristisch nicht zu fassen sei, seien sich Gerichte in Staaten, deren Rechtsordnung auf dem Dekalog oder vergleichbaren sakrosankten Grundgesetzen beruhen, über die Strafwürdigkeit von Kapitalverbrechen, Raub oder Ehebruch weltweit einig.

Die Intoleranz der Theologen gegenüber Andersdenkenden hat, wie Bellius feststellt, zu Kompetenzübergriffen auf das Gebiet weltlicher Gerichtsbarkeit geführt. Mit Rücksicht auf ihre Kirchenführer gingen Herrscher bisweilen strenger gegen Andersgläubige vor als gegen Untertanen, die durch eine lasterhafte Lebensweise den sozialen Zusammenhalt (in den Familien) und das soziale Zusammenleben bedrohten. Weder die mosaischen Gesetze noch die Lehren Jesu bieten jedoch nach Castellios Verständnis keine Handhabe dafür, dass die Abweichung eines Untertanen vom offiziell verlangten Bekenntnis ein strafwürdigeres Delikt sein solle als Ehebruch oder Trunksucht.

Am Beispiel des Gleichnisses von den weißen Kleidern, dem Sinnbild für eine gottesfürchtige Lebensweise, legt Castellio eine Ursache für die Praxis der Ketzerverfolgung und -hinrichtung offen: die Anmassung von Kenntnissen, die bei näherer Betrachtung nur Vorurteile sind, Machtstreben und Geltungsbedürfnis führten zu Willkür und Grausamkeit gegenüber Andersdenkenden. Theologen, die für die Ketzerverfolgung argumentierten, fehlt es nach Castellio an rechtem Urteilsvermögen über das, worauf es im Christentum wie überhaupt in jeder monotheistischen Religion ankommt, nämlich eine moralisch verantwortungsvolle, sozial verträgliche Lebensweise. Gegenwärtige Religionsstreitigkeiten beträfen nur Differenzen über Äußerlichkeiten: Riten und Zeremonien wie die Austeilung des Abendmahls und die Taufpraxis. Dabei möchte Bellius alias Castellio dem Eindruck vorbeugen, er verteidige Häretiker, so als ob er ihren grenzwertigen Ansichten zustimmte. Es geht ihm nicht um Glaubensinhalte, sondern um Kriterien, religiöse Nonkonformisten von politischen Aufrührern zu unterscheiden und um die Frage, ob Häresie als strafwürdiges Verbrechen identifiziert werden kann.[54]

Häresie kann im Unterschied zu Verbrechen wie Diebstahl, Raub, Mord, Verrat nicht definiert werden. Häretiker ist aus der Sicht des Diffamierenden immer der Andersdenkende – umgekehrt erscheint dem Diffamierten der Ketzerverfolger als Häretiker. Es gebe „unter allen Sekten [...] kaum eine [...], die nicht die andern für Ketzer hält, so dass du, wenn du in der einen Stadt oder Gegend ein

---

54 De haereticis, S. 8–20; Manifest der Toleranz, S. 65–67.

Rechtgläubiger bist, in der nächsten als Ketzer giltst".[55] Da der Häretiker immer der Andersdenkende ist, ändert sich die Einschätzung, wer häretisch sei, je nach geltendem Bekenntnis bei Überschreitung der Landesgrenze. Dieses verhalte sich zu den allen Christen gemeinsamen Glaubensgrundsätzen wie die Prägung auf einer Münze zu deren Goldgehalt. Auf diesen, nicht auf die Münzprägung sei Verlass, d. h., die Validität des Glaubens bemisst sich eher nach den Grundlehren des Christentums und den Normen rechten Lebens als nach Bekenntnisformeln.

Häresie darf daher in einem modernen Straf- und Zivilrecht nicht wie ein Straftatbestand behandelt werden, für welchen die weltliche oder geistliche Obrigkeit Körperstrafen als Strafmaß (zur Unschädlichmachung des Gegners, zur Vergeltung) bestimmen könne. Castellio kritisiert unnötige theologische Streitigkeiten über Lehrdifferenzen, welche sich mit dem an vielen Stellen dunklen, rätselhaften Wortlaut der Bibel nicht klären ließen. Aus ihnen resultiere die Neigung, Andersdenkende stärker zu diskriminieren als gewöhnliche Verbrecher oder einfach nur Lasterhafte wie Trunkenbolde oder Sittenstrolche. Käme Christus erneut zu uns, müsste er mit seinen Appellen zur Duldung und Friedfertigkeit selbst Gefahr laufen, als Ketzer verfolgt und belangt zu werden.[56]

Um die Grenzen der Toleranz unter Christen zu bestimmen, beruft sich Castellio auf alt- und neutestamentliche Schriftstellen. Demnach ist der Gottesleugner einer, der verstockt und keiner Belehrung zugänglich ist, mit seinem Irrglauben seinen lasterhaften Lebenswandel legitimiert und als falscher Prophet so wie Hananias (*Jer* 28,5–17) andere zu Ungehorsam aufstachelt. Über Verbrechen und ihre Bestrafung könnten sich Christen, Türken und Juden leicht einigen, etwa im Falle von Diebstahl und Verrat, weil Kriterien zur Beurteilung von Recht und Unrecht allen Menschen angeboren sind.[57] Die Beurteilung religiöser Ansichten ist aber viel schwieriger, weil sie nur Gesinnungen betreffen und nicht wie kriminelle Handlungen ethisch und juristisch bewertet werden können.

Castellio kommt hier der Ansicht Spinozas sehr nahe, dass Religionskriege ihren Ursprung darin haben,

> dass man über spekulative Dinge Gesetze erlässt und dass man Meinungen gleich Verbrechen für strafbar hält und verfolgt. [...] Würden nach dem Staatsgesetz nur Taten gerichtet, Worte aber straffrei gelassen, so könnten derartige Unruhen durch keinen Schein des Rechts beschönigt werden und Meinungsverschiedenheiten würden nicht in Empörungen ausarten.[58]

---

55 De haereticis, S. 19; Manifest der Toleranz, S. 65.
56 De haereticis, S. 13; Manifest der Toleranz, S. 59.
57 De haereticis, S. 23, nach *Röm* 2,15.
58 Spinoza: Tractatus theologico-politicus, Vorrede, S. 11.

Die Strafverfolgung vermeintlicher Häretiker birgt zwei Gefahren:[59] Erstens ist gar nicht sicher, ob man nicht den Falschen verdächtige und ob der Irrgläubige sich nicht im Lauf des Lebens zur Umkehr auf den Weg des Heils besinnen würde. Zweitens ignoriert der Verfolger das christliche Liebesgebot und verhält sich wie Satan, der nachts Unkrautsamen gesät hat.

Toleranz ist, wie Bellius erklärt, auch gegenüber den anderen beiden monotheistischen Religionen geboten, weil sie sich mit den Christen über die Verehrung eines höchsten Wesens einig seien, aber – ähnlich wie die Christen untereinander – aus Unkenntnis der gemeinsamen Wurzeln sich gegenseitig der Ketzerei bezichtigten. Das Verständnis für andere Religionen wächst mit dem Wissen über sie. Die Ablehnung des Islam und Judentums beruht nach Castellio also auf Unkenntnis ihrer kanonischen heiligen Texte. Es fehlt die rechte Einsicht in die ihnen gemeinsamen, allen verständlichen Glaubens- und Moralgrundsätze. Den apostolischen Rat, Andersgläubige nur mit Worten zu belehren, vereinheitlicht Bellius zu einer allgemeinen Toleranzformel:

> Die Juden oder Türken sollen die Christen nicht verdammen, die Christen hinwieder sollen die Türken oder Juden nicht verachten, sondern sie eher belehren und durch Frömmigkeit ihre Aufmerksamkeit erlangen.[60]

Castellio nimmt einen außerchristlichen Standpunkt ein, wenn er sich vorstellt, wie abschreckend die innerchristlichen Streitigkeiten auf Türken und Juden wirken mögen. Sie machen das Evangelium bei ihnen verhasst und setzen Christi Autorität herab. Den Christen, die nach dem Auftrag in *Mt* 28,8–20 Mission betrieben, soll ein Spiegel vorgehalten werden, in dem sie ihren Mangel an Glaubwürdigkeit im Vergleich mit Türken und Juden erkennen könnten.[61] Christus predigte Liebe und Vergebung; nur Satan stiftet dazu an, Ketzer unter fälschlicher Berufung auf Christus zu töten.

Die Apostrophe an Christus, dessen Leben und Lehre im Kontrast zur Praxis der gegenwärtigen christlichen Verfolger stehen, entlarvt diese in der Peroratio als Jünger Satans, da sie Andersdenkende töteten, also die Lehren des Evangeliums ins Gegenteil verkehrten. Die christlichen Ketzerverfolger machten Chris-

---

59 De haereticis, S. 12 f.; Manifest der Toleranz, S. 61.
60 „Ne damnent Iudaei aut turcae Christianos, rursumque ne contemnant Christiani Turcas aut Iudaeos sed potius doceant, & pietate alliciant" (De haereticis, S. 25; Manifest der Toleranz, S. 69). Als grammatisches Subjekt des mit „sed" beginnenden Teilsatzes ist „Christiani" naheliegend, aber „Judaei" und „Turci" sind nicht zwingend ausgeschlossen.
61 De haereticis, S. 26; Manifest der Toleranz, S. 69.

tus zu einem Moloch oder Satan, indem sie glaubten, sie müssten ihm lebendige Menschen als Opfer darbringen und Ketzer verbrennen:

> Wer wollte wohl Christ werden, wenn er sieht, dass jene, die Christi Namen bekennen, von den Christen selbst ohne jedes Erbarmen mit Feuer und Schwert zu Tode gebracht und grausamer behandelt werden als irgendwelche Räuber oder Wegelagerer? [...] Man stelle sich vor, Christus selbst wäre als Richter [bei Ketzerprozessen] zugegen und spräche das Urteil und schaffte die Fackeln herbei: Wer würde nicht Christus für den Satan halten?[62]

Basilius Montfort richtet sich in seiner *Refutatio eorum quae pro persecutione dici solent* an Heinrich Bullinger, ohne ihn zu nennen. Er setzt sich Punkt für Punkt mit Bullingers Argumenten für die Ketzerverfolgung auseinander und weist auf Mängel in der Rechtsprechung und Strafverfolgung reformierter Gemeinwesen hin. Karl V. hatte als erster in seinem Edikt vom 4. Januar 1528 die Strafverfolgung der Täufer mit Gesetzen aus dem *Codex Iustinianus* gerechtfertigt und Brenz, wie erwähnt, prompt darauf Bezug genommen.[63] Bullinger zitierte in zwei Predigten der zweiten Dekade seiner *Sermonum Decades* (1549) aus dem *Codex Theodosianus* – Grund genug für Montfort, die *Historia ecclesiastica tripartita* in Cassiodors lateinischer Übersetzung zu konsultieren, um zu prüfen, inwieweit die Praxis unter Theodosius I. (378–395) und Theodosius II. (401–450) im Umgang mit Heiden und solchen Christen, welche die Vereinbarung des Nicänums ignorierten, dem von ihnen kodifizierten Ketzergesetz entsprach. In Genf und Zürich hielt man sich nicht an Luthers 1523 vorgeschlagene Abgrenzung der Kompetenzen geistlicher und weltlicher Obrigkeit. In Genf war die Compagnie des Pasteurs der Autorität des Rats der Zweihundert nachgeordnet. In Zürich war es genau umgekehrt. Dort behielt sich der Antistes vor, dem Rat Anweisungen zu geben, wie mit Täufern zu verfahren sei, und setzte die Verfolgungspolitik Zwinglis fort. Montfort benennt staatsrechtliche Aufgaben für die Zukunft, indem er die von Bullinger verteidigte Theokratie als Staatsmodell ablehnt, weil sie nicht zur Integration verschiedener christlicher Glaubensgemeinschaften und Befriedung der für Glaubensflüchtlinge weiterhin offenen protestantisch-reformierten Stadtstaaten taugte. Montforts juristische Argumentation zeigt schlagartig die Funktion des Zitats aus Luthers Schrift *Von weltlicher oberkeyt* (1523) am Anfang der Zeugenreihe gegen Ketzertötung in *De haereticis* auf. Luther erklärte, wie die Aufgaben zwischen weltlicher und geistlicher Obrigkeit zu trennen seien und dass diese allein für die verbale Disziplinierung von Abtrünnigen und Irrgläubigen zuständig sei.

---

62 Manifest der Toleranz, S. 26 f.; Manifest der Toleranz, S. 70.
63 De haereticis, S. 181.

Liest man den *Conseil à la France désolée* (1562) als Appell Castellios an die ‚Mutter' Frankreichs, deren Kinder sich in ihrem Leib heftig stritten und sie zu zerreißen drohten, in der Nachfolge von Erasmus' *Querela pacis*, kann kein Zweifel daran bestehen, worin Castellio die rechtliche Lösung der Zukunft sah: Das Rechtssystem des Staates muss der geistlichen Jurisdiktion übergeordnet und von ihr unabhängig Gesetzesverstöße ahnden. Gibt es in einem Staat mehrere geistliche Jurisdiktionen, muss der Monarch oder eine oligarchische Regierung dafür sorgen, dass ihre Rechtsurteile verträglich mit dem Staatsrecht sind, dabei aber selbst neutral bleiben.[64] Eine derartige Neutralität der weltlichen Obrigkeit bei dogmatischen Streitigkeiten war allerdings weder in Genf noch in Zürich gesichert. Montfort lehnte es ab, mit Präzedenzfällen aus der Rechtsprechung der vorexilischen (mythischen) Israeliten – also Beispielen aus dem Pentateuch und den chronikalischen Büchern des AT – die Strafverfolgung und Verurteilung von Häretikern im modernen protestantischen Staat zu legitimieren.

4 Blicke auf die vergleichende Rechtsgeschichte. Das Interesse für die Ketzergesetze der christlichen römischen Kaiser

Alain Wijffels analysiert in einem kürzlich erschienenen Sammelband über „Law and Religion" den Prozeß der Verrechtlichung nach der Reformation und Gegenreformation:

> In the Church, a lasting differentiation of models of public governance was established in the Roman-Catholic and Protestant churches, while in secular polities – whether Roman – Catholic or Protestant – the principle of quasi-exclusive temporal sovereignty within a territory became increasingly more effective.[65]

---

64 Conseil à la France désolée. O. O. 1562. Nachdr. hg. v. Bruno Becker u. Theodor Valkhoff. Genf 1973; Hans R. Guggisberg: Castellio und der Ausbruch der Religionskriege in Frankreich. Eine Betrachtung zum *Conseil à la France désolée*. In: Archiv für Reformationsgeschichte 68 (1977), 253–267; Daniel Ménager: Le Conseil à la France désolée et la passion de la tolérance. In: Sébastien Castellion: Des Ecritures à l'Ecriture. Ed. par Marie Christine Gomez-Géraud. Paris 2013 (= Bibliothèque de la Renaissance 9), S. 392–403, hier 395.
65 Alain Wijffels: Law and Religion in Early-Modern Europe. Some Tentative Conclusions. In: Law and Reformation. The Legal Teachings of the Protestant and Catholic Reformation. Hg. v. Wim Decock u. a. Göttingen 2014 (= Refo500; Academic Studies 20), S. 266–275, hier 269.

Währenddessen wurden soziale Verhaltensweisen (von Gläubigen in und außerhalb des Kirchenraums) neuen Paradigmen disziplinärer Kontrolle unterworfen. Was Foucault in *Wahnsinn und Gesellschaft* für den rationalen, aufgeklärten Staat als „grand renfermement" bezeichnet hat, entspricht nach Wijffels einem allgemeineren Muster: Es scheint in unterschiedlichen Formen frühneuzeitlichen Regierens durch. Die rechtliche Definition von Schutzräumen, in denen der protestantische Glaube gelebt und öffentlich bekannt werden konnte, sei in den reformierten Territorien und Städten nötig geworden. In England, Frankreich und im Reich setzte sich das Modell durch, wonach der Herrscher die politische und rechtliche Suprematie über den Klerus hatte bzw. das religiöse Bekenntnis normierte. Das römische Recht und seine spätantike Kodifikation waren Instrumente, mit deren Hilfe das Verhältnis zwischen Kirche und Staat neu definiert werden konnte. Wijffels arbeitet Ähnlichkeiten und Gegensätze zwischen dem Jahrhundert nach dem Konzil von Nicäa und der Reformationszeit heraus. Während auf der Schwelle zur gregorianischen Reform Normencodices eingeführt wurden, um die Autonomie der kirchlichen Jurisdiktion und Rechtsprechung zu sichern, diente die Wiedereinführung griechisch-byzantinischer Gesetzestexte (gemeint ist der lateinische *Codex Theodosianus* und der *Codex Iustinianus*) in das westliche Rechtssystem hingegen dazu, die Suprematie weltlicher Herrscher auf dem Gebiet des Rechts über die kirchlichen Autoritäten und Gerichtshöfe sicherzustellen.[66]

Genau dies versuchte Karl V. im Jahre 1528. Castellio wünschte sich ein Drittes, eine Alternative zum kaiserlichen Ketzerdekret sowie zum theokratischen Modell, wie es Bullinger in Zürich und Calvin in Genf durchzusetzen versuchte. Die Pointe ist, dass Mitte des 16. Jahrhunderts die spätantiken Gesetzescodices in römisch-katholischen und in protestantischen Territorien dazu benutzt wurden, eine ähnliche Form der Arbeitsteilung zwischen weltlicher und geistlicher Herrschaft und die Subordination letzterer unter ersterer zu legitimieren. Tatsächlich ist die Interpretation der Rechtsnormen und Rechtspraxis unter Theodosius I. und Theodosius II. bezüglich des Umgangs mit Dissidenten zwischen Bullinger und Basilius Montfort strittig. Bullinger benutzte alttestamentliche Anweisungen, was mit falschen Propheten und Wahrsagern, Baalspriestern und anderen zu geschehen sei, die den Jahwe-Bund mit Israel in Frage stellten, zur Begründung der Ketzerverfolgung und -tötung in der Gegenwart. Dieses Recht machte Montfort ihm streitig. Auf dem Prüfstand standen dabei auch die Prinzipien der Bibelexegese, welche sich nach Castellios Ansicht nicht von der Hermeneu-

---

66 Ebd.

tik nicht kanonischer antiker und moderner Texte unterschieden und auf den Kontext einer Stelle Rücksicht forderten.

Montforts alias Castellios Interpretation gehörte allerdings die Zukunft. Das theokratische Modell, das Bullinger in der siebten und achten Predigt der zweiten Dekade seiner *Sermones* propagierte, nahm dagegen Todesurteile in Ketzerprozessen in Schutz und drohte die weltliche Regierung unter kirchliche ‚Kuratell' zu stellen. Bullinger lieferte mit seinen AT-Interpretationen Argumente zugunsten eines harten Vorgehens bei Häresieverdacht, die schon zur Legitimierung der weltlichen Bestrafung von Täufern vonnöten gewesen waren.

5 Heinrich Bullingers Theokratiemodell

Generalthema der zweiten Predigt-Dekade ist der Gesetzesbegriff: göttliches Recht, Naturrecht, Dekalog und das darauf gründende positive Gesetz einer Republik. Die erste Dekade beschäftigt sich mit dem Glauben. Die Predigten der dritten und vierten Dekade interpretieren das Evangelium. Die fünfte stellt die Kirche in den Mittelpunkt und erörtert ihr Verhältnis zur weltlichen Obrikeit.[67] Basilius Montfort widerlegt Punkt für Punkt die achte Predigt in Bullingers zweiter Dekade.[68]

Folgendes ist wichtig zu wissen, wenn man Bullingers Haltung gegenüber den Trinitätsleugnern und seine Distanzierung von Servet verstehen will: Der Inbegriff der Ketzerei war für Bullinger die Leugnung der Trinität, weswegen er sich für die

---

67 Fritz Büsser: Heinrich Bullinger. Leben, Werk und Wirkung. 2 Bde. Zürich 2004 u. 2005, Bd. 1, II, 5, S. 266 u. 273–275.
68 Sape de Woude identifizierte als Quelle für Basilius Montforts „Refutatio" Heinrich Bullinger: Sermonum decades duae. Zürich 1549, II,8 [nicht 7, wie fälschlich angegeben]: De iudicio et officio Iudicis: iudicia non esse Christianis prohibita. De vindicta et poena. An liceat magistratu caedere sontes? Quare, quando, quomodo et quid puniat? An propter religionem punire possit? Vgl. Heinrich Bullinger Werke, dritte Abteilung: Theologische Schriften. Bd. III: Sermonum Decades quinque de potissimis Christianae religionis capitibus (1552). Teilbd. 1. Bearbeitet und hg. v. Peter Opitz. Zürich 2008, S. 201–214. Wichtig für das Verständnis des bullingerschen Theokratiemodells ist auch die siebte Predigt (ebd. S. 188–200). Vgl. die deutsche Übersetzung: Heinrich Bullinger, Dekade II, Predigt 7: Die Aufgabe der Obrigkeit, welche Anordnungen sie treffen kann, ob sie für die Aufsicht über den Glauben zuständig ist, ob sie entscheidet, welcher Glaube gelten solle, und die Gesetze, die sie erlässt. Predigt 8: Die Rechtsprechung und die Aufgabe des Richters; den Christen ist es nicht verboten zu richten; die Ahndung und die Strafe; ob die Obrigkeit Schuldige mit dem Tode bestrafen darf; warum, wann, wie und was bestraft wird; ob sie jemanden um des Glaubens willen bestrafen kann. In: Heinrich Bullinger Schriften (Anm. 1), Bd. 3, S. 343–390.

Herausforderungen der Zürcher Kirche an den juristischen Problemlösungen bei der Abwehr der Arianer im Jahrhundert nach dem Nicänum orientierte. Aktuellen Anlass dazu bot dem Antistes die Auseinandersetzung mit den Täufern in Zürich. Die Täuferbewegung war in Stadt und Land aus den Kreisen um Zwingli herausgewachsen. Wegen ihrer Oppositionsstellung zur Zürcher Obrigkeit, ihrer Weigerung, politische Ämter zu bekleiden, den Eid zu leisten und geforderte Zinsabgaben zu zahlen, sowie wegen ihrer Leugnung der Rechtmäßigkeit der Kindertaufe und der Wirkung des Heiligen Geistes stellten sie für die Zürcher Obrigkeit eine Bedrohung dar. Die Ertränkung von Felix Mantz in der Limmat am 5. Januar 1527 entspricht dem für Verrat und Aufruhr gesetzten Strafmaß. Zwingli plädierte dafür, Täufer als Erreger öffentlichen Ärgernisses gemäß Mt 18,6 zu bestrafen, um die Verbreitung ihrer „Laster" zu verhindern und so Schaden von der Kirche abzuwenden.[69] Bullingers Wunsch war, die Orthodoxie seiner Kirche durch klare dogmatische Exklusion und juristische Maßnahmen zu schützen und keinen Anlass für Verfolgung und militärische Intervention zu bieten, nachdem die katholischen Orte Zürcher Protestanten wegen Ketzerei 1524–1529 hingerichtet hatten. In den 1520er- und 30er-Jahren genossen Protestanten in römisch-katholischen Territorien noch keinen rechtlichen Schutz. Dieser Umstand prädisponierte Bullinger dazu, die grellste, älteste Ketzerei der alten Kirche, über die bei Protestanten und Katholiken Einigkeit bestand – die Leugnung des Trinitätsdogmas – zu ächten und zu bestrafen. Angesichts der Zunahme der Täufer in Bern und des Umsturzversuchs in Münster 1534 riet Bullinger auch künftig zur Härte. 1531 publizierte er ein Buch gegen die Täufer. 1532 einigten sich die eidgenössischen Orte auf ein Mandat, das Maßnahmen gegen die Täufer der lokalen Obrigkeit überließ; Unbelehrbare sollten in den Gemeinen Herrschaften ertränkt werden. 1534 konzedierte Bullinger dem Staat erweiterte Kompetenzen in Kirchen- und Glaubensfragen. Auch das Gutachten von 1535, wie die Obrigkeit gegen Täufer vorgehen solle, zielte darauf, die Staatsgewalt im reformierten Gemeinwesen zu stärken und ein Bollwerk gegen unbelehrbare Täufer zu errichten. Bevor sie andere „vergifteten", sollten sie wie ein Geschwür abgeschnitten, also getötet werden.[70]

Um den Dissens zwischen Bullinger und Castellio zu verstehen, muß man sich vergegenwärtigen, auf welcher kirchenrechtlichen Grundlage Bullinger für staatliche Härte, Castellio umgekehrt für Toleranz plädierte. Strittig waren die

---

69 Alfred Schindler: [Art.] „Zürich". In: TRE 36 (2004), S. 744–754, hier 747; Leu/Scheidegger: Die Zürcher Täufer (Anm. 27), S. 28–53, bes. 49.
70 Christian Scheidegger: Täufer, Konfession und Staat zur Zeit Heinrich Bullingers. In: Leu/Scheidegger: Die Zürcher Täufer (Anm. 27), S. 85–89; Urs. B. Leu (Hg.): Bullingers Gutachten über die Bestrafung der Täufer 1535. In: Heinrich Bullinger Schriften (Anm. 1), Bd. 6, S. 181–183.

juristischen ebenso wie die bibelgestützten Gründe für eine mehr oder weniger totalitäre Interpretation der Staatsgewalt, im Zusammenhang damit auch die Bezugnahmen auf das *Alte* und *Neue Testament*.

Bullinger fasste zu Beginn seiner fünf Dekaden die Beschlüsse der vier allgemeinen Synoden oder Konzile der alten Kirche zusammen und druckte die Glaubensformeln ab, die damals verabschiedet wurden. Die Zeugnisserie wird vom Glaubensbekenntnis von Nicäa eröffnet. Ihr Abdruck erfolgt auf Grundlage der *Historia Tripartita ecclesiastica*, der Fortsetzung von Eusebius' Kirchengeschichte, die Sokrates und Sozomenos in der ersten Hälfte des 5. Jahrhunderts in Angriff nahmen und die von Cassiodor ins Lateinische übersetzt worden war.[71] Die Reihe der Glaubensbekenntnisse veranschaulicht den Prozess der dogmatischen Ausdifferenzierung nach der sogenannte Konstantinischen Wende. Bullinger übergeht die militärischen und politischen Hintergründe dieser Festlegungen seit Konstantins Sieg über Licinius und seiner Inszenierung als Schutzherr der Christen. Die Synodenbeschlüsse werden als bis zur Gegenwart fortgeltende Kodifikationen des Dogmas anerkannt; die Hintergründe, wie sie zustande kamen, werden aber ausgeblendet. Sie sind jedoch nicht ohne Belang, weil Bullinger in der siebten Predigt der zweiten Dekade ausdrücklich Konstantin und sein Modell eines christlichen Staates würdigt. Im Jahr 315 berief der Kaiser ein Konzil gegen die Irrlehren des Arius ein, „durch welches er die wahre und lautere Lehre Christi in der Kirche einführen und die falsche, häretische Lehre beseitigen wollte".[72] Bullinger folgt hier der panegyrischen Darstellung der Rolle Konstantins als Einiger und Schutzherr der Christen durch Eusebius, verschweigt aber das Zustandekommen des *Symbolum Nicaeanum* im Sommer 325 im politischen Streit zwischen Ossius als Vertreter Konstantins und Arius, dem Haupt der alexandrinischen Nicäa-Gegner.[73] Die Reihe der Glaubensbekenntnisse im Vorspann

---

71 Heinrich Bullinger: Dekaden. Vorspann zur ersten Dekade. In: Heinrich Bullinger Schriften (Anm. 1), Bd. 3, S. 40 f.; lateinischer Text in Heinrich Bullinger: Sermonum decades quinque. In: Heinrich Bullinger Schriften (Anm. 1), Bd. 1, S. 18–28; Cassiodor: Hist. 2,9,1. Zur Bedeutung der *Historia ecclesiastica tripartita* in *De haereticis* vgl. unten, 6.2.
72 Bullinger: Dekaden, II,7. In: Heinrich Bullinger Schriften (Anm. 1), Bd. 3, S. 348.
73 Hans Christof Brennecke: [Art.] „Nicäa I". In: TRE 24 (1994), S. 430–434; vgl. auch Adolf Martin Ritter: [Art.] „Glaubensbekenntnisse V.5: Nicäa als Wende". In: TRE 13 (1984), S. 411 f.: „In Nizäa selbst [...] passierte zunächst ‚nur' dies, dass man zur Überwindung der aufgebrochenen Lehrstreitigkeiten eine Glaubensformel in der Art eines deklaratorischen *Credo* aufnahm und ihr eine Reihe von präzisierenden Ausdrücken zufügte. Dabei war wohl die Absicht, diese präzisierte Formel fortan als Test für die Rechtgläubigkeit dienen zu lassen. [...] Das eine, wortwörtlich festliegende Glaubensbekenntnis für alle, auf das es jetzt allem Anschein nach hinauszulaufen begann, verdankt die Kirche der ‚Konstantinischen Wende', verkürzt gesagt: dem Staat!"

zur ersten und zweiten Dekade wird abgeschlossen durch Abdruck des „Kaiserlichen Edikts ‚Cunctos populos' über den allgemeinen Glauben" aus dem Jahr 380 unter der Herrschaft von Kaiser Theodosius I., dem letzten Kaiser, der über das weströmische und oströmische Reich regierte. Der Text wird nach Cassiodors Übersetzung der *Historia ecclesiastica tripartita* (Buch 9, Kap. 7, 2–5) präsentiert. Dekretiert wird,

> daß wir nach der apostolischen Weisung und der evangelischen Lehre an die eine Gottheit des Vaters, des Sohnes und des Heiligen Geistes in gleicher Majestät und heilige Dreieinigkeit glauben. Diejenigen, die diesem Gesetz folgen, sollen nach unserer Anordnung rechtgläubige Christen heißen, die Übrigen aber, die wir für irrwitzig und wahnsinnig halten, haben die Schande ketzerischer Lehre zu tragen. Zunächst soll sie die göttliche Vergeltung, danach aber auch die Strafe unseres Unmuts treffen, der uns kraft himmlischen Ratschlusses ergriffen hat.[74]

Bullinger macht klar, dass die reformierte Kirche von dieser im Nicänum Gestalt gewonnenen Grundlage so wenig wie die römische Kirche abweiche. Wer sich dem *Helvetischen Bekenntnis* anschloß, wolle ähnlich wie die Altgläubigen mit Dissidenten nichts zu tun haben, die den altkirchlichen *Consensus* über die Trinität leugneten.

Zwischen Castellio und Bullinger gab es wahrscheinlich keine direkten persönlichen Kontakte. Während der Arbeit an *De haereticis* wird Castellio in Bullingers Dekaden nach Richtlinien für das Zusammenwirken zwischen weltlicher und geistlicher Obrigkeit geforscht haben. Mit Bullingers Gutachten, wie mit Täufern zu verfahren sei, kann er nicht einverstanden gewesen sein. Fraglich ist, ob ihm schon das Zürcher Gutachten vom 2. Oktober 1553 bekannt war, in dem Bullinger Calvins Bitte nachkam und die Kapitalstrafe Servets rechtfertigte.[75] Bereits am 14. September 1553 hatte Bullinger Calvin während des Servet-Prozesses Mut zugesprochen:

> Denk an die Mahnung an Paulus: ‚Fürchte dich nicht, sondern rede und schweige nicht! [...] (*Apg* 18,9 f.) [...] Im Übrigen stell dir den Tanz der Feinde des Evangeliums in Frankreich

---

[74] Heinrich Bullinger Schriften (Anm. 1), Bd. 3, S. 56; Heinrich Bullinger: Sermonum decades quinque. In: Heinrich Bullinger Schriften (Anm. 1), Bd. 1, S. 28. Dieser Text steht im *Codex Theodosianus* am Anfang des 16. Buchs, welches ganz der christlichen Religion und ihrer Konsolidierung gewidmet ist, und wird am Anfang des *Codex Iustinianus* wieder abgedruckt. Vgl. Code Théodosien, livre XVI. Hg. v. Theodor Mommsen u. Jean Rouge. Einleitung v. Roland Delmaire u. François Richard. Paris 2005 (= Sources chrétiennes 497), S. 114.

[75] Emidio Campi: Einleitung zum Brief der Zürcher Geistlichen an den Rat von Genf über Servet vom 2. Okt 1553. In: Heinrich Bullinger Schriften (Anm. 1), Bd. 6, S. 301–307. Beide Gutachten wurden nicht gedruckt.

vor, die ungeheure Gefahr, der du die Flüchtlinge aussetzen würdest, deine Mitlandsleute, wenn du nachgäbest. Bleibe darum! Bleib und ertrage deine Widersacher, die Verachtung, die Gefahren und Übel, welche dir der Herr schicken kann; denn er wird dich nicht verlassen. Wir müssen durch viel Trübsal ins Reich Gottes eingehen. Der Herr hat dem Grossen Rat Genfs die günstigste Gelegenheit gegeben, sich und mit ihm die ganze Kirche von der Infektion der Häresie zu reinigen, indem er Servet in seine Hände lieferte.[76]

Calvin informierte Bullinger schon im März 1554 über die anonyme Neuerscheinung *De haereticis an sint persequendi* und ließ die Namen Castellios und Curiones als mögliche Autoren fallen. Auch Beza wollte Bullinger am 29. März 1554 überzeugen, dass Bellius mit Castellio identisch sei und der Druck aus Basel stammen müsse. Am 15. Juni 1554 doppelte er nach: Lelio Sozzini, Curione und Oporin seien vermutlich mit Castellio in einem Bunde.[77] Bullinger warnte Calvin jedoch vor leichtfertigen Verdächtigungen. Mit Castellio hat Bullinger wahrscheinlich deswegen nicht Kontakt aufgenommen.[78]

5.1 Zur Dekade II, 7. Predigt

Heinrich Bullinger beginnt seine Ausführungen über das Gesetz in der siebten Predigt der zweiten Dekade mit einer Definition: Das Gesetz sei nichts als eine Offenbarung des göttlichen Willens. Sie schreibt vor, was man tun und lassen soll. Gott ist Ursprung und Grund des Gesetzes, Quell alles Guten, Billigen, Wahren und Rechten. Alle guten Gesetze stammen daher von Gott selbst, auch wenn sie von Menschen aufgezeichnet wurden. Das Naturgesetz sei von Gott allen Menschen ins Herz gepflanzt und manifestiere sich als Stimme des Gewissens. Der Dekalog ist (ähnlich wie für Philipp Melanchthon) Grundlage aller positiven Gesetze.[79]

Auf die keineswegs klare Häresie-Kennzeichnung des Dekrets *Cunctos Populos* kommt Bullinger in *Dec.* II,7 zurück. Diese Predigt handelt von den Aufgaben des Magistrats und erörtert, was er anordnen dürfe und ob die *cura religionis* zu seinen Aufgaben gehört.[80] Die „katholische Wahrheit lehrt", dass die Sorge um die Religion dem Magistrat obliegt; es sei seine Pflicht, die Religion zu

---

76 Übersetzung nach Büsser: Heinrich Bullinger (Anm. 67), Bd. 2, S. 123; Original in Opera Calvini, Bd. 14, Nr. 1798, Sp. 621.
77 Guggisberg: Sebastian Castellio (Am. 4), S. 107–109; Uwe Plath: Der Fall Servet und die Kontroverse um die Freiheit des Glaubens und Gewissens. Essen 2014, S. 172–174 und 338.
78 Vgl. die Korrespondentendatenbank des Bullinger-Briefwechsels (www.irg.uzh.ch).
79 Büsser: Heinrich Bullinger (Anm. 67), 273 f.
80 Heinrich Bullinger Schriften (Anm. 1), Bd. 3, S. 343 f.

fördern und schützen (*provehere religionem*). Denn bei den Israeliten waren die Könige gleichzeitig Priester. Exemplarisch sei das Amt des Melchisedech. Bullinger führt als Belege die *Proverbia Salomonis* an. Wer bestreite, dass die Regierung sich um die rechte Religion der Untertanen zu kümmern habe, riskiere Anarchie, Auflösung des Volks und Vernachlässigung der Armenfürsorge – ganz allgemein ungeheure soziale Konflikte.

Bullinger stützt sein Plädoyer für eine enge Zusammenarbeit zwischen Kirche und Staat unter geistlicher Führung in erster Linie auf Stellen des *Alten Testaments*. Nicht nur die Bischöfe, sondern die Könige legten bei den Israeliten die Religion fest. Die alttestamentliche Praxis, das Gottesvolk vor falschen Propheten und Baalspriestern zu schützen, hält Bullinger aus hermeneutisch-typologischen Gründen für übertragbar, weil der Geist Christi bereits in den Propheten und Königen anzutreffen gewesen sei (1 Petr 1,11). Ein wichtiges Zeugnis sei *Jes* 49,22 f.: „Könige werden deine Wärter sein und Königinnen deine Ammen" (*Et erunt reges nutricii vel alumni tui et reginae eorum nutrices tuae*). Diese Prophezeiung habe Konstantin eingelöst, als er das Konzil von Nicäa einberief, im Bestreben, die christliche Lehre in der Kirche zu verankern, die falsche, häretische Lehre dagegen auszurotten.[81] Dies hätten Gratian, Valentinian und Theodosius im anfangs zitierten Dekret bekräftigt:

> Unser Beweisgang läuft darauf hinaus, allen zu zeigen, dass der Obrigkeit von Amts wegen die Aufsicht über die Gottesverehrung zukommt – sei es, dass sie sie wiederherstellt, wenn sie darniederliegt, oder sie bewahrt, wenn sie unversehrt geblieben ist – und dass sie dabei nach der Regel des Wortes Gottes vorgehen soll.[82]

Josua sei militärischer Befehlshaber gewesen, gleichzeitig seien die Priester ihm untertan gewesen, sodass „der Politiker und der Geistliche […] in ihm gewissermaßen in einer Person vereint" waren. „Dem Politiker wird befohlen, den Geistlichen anzuhören, und dieser wiederum soll dem Politiker in allem gehorchen, was gesetzliche Vorschriften sind".[83]

Beide, Priester und weltliche Herrscher, sind nach den Zeugnissen des Pentateuchs dem göttlichen Gesetz untertan. Wenn also die Herrscher die Religion getreu Gottes Worten verbindlich vorschreiben, tun sie ein Gott gefälliges Werk. Dies hätten die Kaiser des vierten Jahrhunderts beherzigt. Für Gratian, Valentinian und Theodosius war das Bekenntnis zum Symbolum Nicaeanum als Zeugnis

---

81 Bullinger: Sermones. Hg. v. Opitz, Bd. 3/1 (Anm. 68), Dec. II,7, 191; Heinrich Bullinger Schriften (Anm. 1), Bd. 3, S. 348; Euseb, Vita Constantini, 3,11 f.
82 Bullinger: Sermones, 3/1 (Anm. 68), S. 192; Heinrich Bullinger Schriften (Anm. 1), Bd. 3, S. 349.
83 Ebd.; Bullinger: Sermones 3/1 (Anm. 68), S. 193.

des Glaubens Petri verbindlich. Demnach erklärten sie alle für Ketzer, die etwas anderes dachten und lehrten. Folglich arbeiteten Priester und Fürsten Hand in Hand; letztere unterstützten die Priester bei der Stabilisierung des Glaubens.[84] Dabei gilt nach *Röm* 13,1–4, dass jede Obrigkeit von Gott bestimmt sei und ein göttliches Amt ausübe, folglich auch dem Gesetz und Wort Gottes gehorchen müsse. Alle Gesetze sind nach Bullinger aus dem mosaischen Gesetz ableitbar. Der Magistrat dürfe keine Neuerungen einführen. Sie alle seien schlechter als die ursprünglichen und gefährdeten die existierende Ordnung. Der Dekalog sei die Richtschnur für die Qualitätsprüfung moderner positiver Gesetze, der „leges civiles vel politiae". Bullinger warnt vor Neuerungen, die davon abwichen. Denn alle politischen Gesetze zielten auf die Erhaltung von *honestas*, *iustitia* und *pax*. Sie verbieten *obscoenitas*, *petulantia*, *levitas*, *libido et luxuria in vestibus* und halten die Ehe für heilig.[85]

5.2 Dekade II, 8. Predigt

Auch in der achten Predigt handelt Bullinger von der Rechtsprechung und dem Strafrecht. Er fragt, ob es dem Magistrat erlaubt sei, Übeltäter hinzurichten und ob er auch in Fällen eines Verstosses gegen das staatlich geforderte Bekenntnis strafen dürfe. Auffällig ist, dass Bullinger seine Empfehlungen, das Schwert als Werkzeug gottgewollter Strafe zu gebrauchen, unterschiedslos mit Stellen aus dem *Alten* und *Neuen Testament* belegt. Seine Interpretation von Jesus Ermahnung zur Nächsten- und Feindesliebe ist bemerkenswert eigenwillig. Klar seien die Aussagen in *Jer* 25,29 und *Ez* 21,15, z. B. „Dabo gladium meum in manus regis Babel". In *Mt* 5,39 heißt es: Ne resistatis malo". Petrus befahl dem übereifrigen Malchus: „Steck dein Schwert in die Scheide. Jeder, der das Schwert nimmt, kommt durch das Schwert um" (*Mt* 26,52). Das Evangelium verbiete also die Privatrache bzw. private Fehde, denn die Strafgewalt sei der weltlichen Obrigkeit zu überlassen. *Röm* 12,17–19 interpretiert Bullinger in Verbindung mit *Röm* 13,4 als Begründung für das staatliche Gewaltmonopol: „Vergeltet niemandem Böses mit Bösem. [...] habt mit allen Menschen Frieden. Rächt euch nicht selbst, meine Lieben, sondern gebt Raum dem Zorn Gottes, denn es steht geschrieben [*5 Mos* 32,35]: Die Rache ist mein, ich will vergelten, spricht der Herr". Dieser Vorbehalt göttlicher Justiz ähnelt der Aussage des Hausvaters in *Mt* 13,29–30, eine Assoziation, die Bullinger freilich nicht zulässt. Die dem ersten Zitat folgenden Verse

---

84 Heinrich Bullinger Schriften (Anm. 1), Bd. 3, S. 351; Bullinger: Sermones 3/1 (Anm. 68), S. 193.
85 Ebd., S. 199 f.; Heinrich Bullinger Schriften (Anm. 1), Bd. 3, S. 357 u. 363 f.

Röm 12,20 f. unterschlägt Bullinger allerdings: „Lass dich nicht vom Bösen überwinden, sondern überwinde das Böse mit Gutem". Stattdessen schlägt er gleich den Bogen zu *Röm* 13,4, wonach die Obrigkeit das Amt der Rache am Verbrecher übernimmt.[86]

Konzentrieren wir uns auf die Bibelargumente, die Bullinger anführt, um das Engagement der weltlichen Obrigkeit im Falle der Ketzerverfolgung zu legitimieren. Abtrünnige, Götzendiener, Blasphemiker, Häretiker und Irrlehrer, schließlich auch Religionsspötter – sie alle verstoßen gegen die Gesetze der Religion. Bullinger möchte mit Schriftstellen beweisen, dass der Magistrat befugt sei, sie zu strafen, wenn väterliche Ermahnungen zur Umkehr nichts fruchten, notfalls mit dem Tode.

„Die Heilige Schrift trägt der Obrigkeit [...] auf, die falschen Propheten nicht zu schonen, vielmehr befiehlt sie, diejenigen, die sich gegen Gott und die göttlichen Gesetze und Richter auflehnen, ohne Gnaden und Erbarmen zu töten".[87] Diese These begründet Bullinger mit einer Reihe von Schriftstellen, zu denen Castellio in seiner Replik Stellung nimmt:

- *Ex* 22,20: Wer andern Göttern opfert und nicht dem Herrn allein, soll ausgelöscht werden.
- *Lev* 24,10–16: Wer Gott lästert, darf durch Steinigung gerichtet werden.
- *Num* 15,32–36: Wer den Sabbat entweiht, wird getötet.
- *Ex* 32,27 f.: Die Abtrünnigen, die das goldene Kalb fabrizierten und anbeteten, fielen durch das Schwert des Rächers.
- 1 *Kön* 18,40: Elias ließ in jenem berühmten Opfer am Karmel (das durch Gottesurteil entschieden wurde) Hunderte von Pseudopropheten (Baalsanhängern) töten.

Auch aus dem zweiten Buch der Könige nennt Bullinger mehrere Beispiele dafür, dass Priester Götzendiener hinrichten ließen. Dann folgen Belegstellen aus dem *Neuen Testament*:

- *Tit* 3,10: „Einen ketzerischen Menschen meide, wenn er einmal und noch einmal ermahnt ist, und wisse, dass ein solcher ganz verkehrt ist" („Haereticum hominem post unam aut alteram admonitionem").
- *Apg* 5,1–11: Der Apostel Petrus wies Ananias und Saphyra wegen ihres Betrugs der Christengemeinde zurecht und deutete das Vergehen als Lüge gegenüber

---

[86] Ebd., S. 373 f.; Bullinger: Sermones 3/1 (Anm. 68), S. 205.
[87] Heinrich Bullinger Schriften (Anm. 1), Bd. 3, S. 378 f.; Bullinger: Sermones 3/1 (Anm. 68), S. 208.

dem Heiligen Geist. Petrus deckte ihr Vergehen auf, ihre Weigerung, den Erlös ihres Ackers voll und ganz der Gütergemeinschaft zur Verfügung zu stellen. Ananias fiel tot zu Boden, als er die Anklage des Petrus hörte.

– *Apg* 13,6–12: Der Zauberer und falsche Prophet Elymas versuchte, den römischen Statthalter Sergius Paulus davon abzuhalten, sich von Barnabas und Saulus im Christentum unterrichten zu lassen. Saulus, der nach seiner Bekehrung Paulus hieß, strafte den Zauberer mit Blindheit. Angesichts dieses Strafwunders bekehrte sich der Statthalter zum Christentum.

Es kommt nach Bullingers Meinung nicht darauf an, wie ein Übeltäter getötet werde: „Occidere est occidere, quocunque fiat modo aut instrumento". So wie Gott die Apostel als Werkzeuge seines Urteilsspruchs benutzt hatte, verwirklicht er durch den Magistrat seinen Willen, denn „ultio est dei" (*Röm* 12,19). Er überträgt das Racheschwert also der rechtmäßig eingesetzten Obrigkeit.

Lukas lässt es jedoch im ersten Beispiel offen, wer für Ananias' plötzlichen Tod verantwortlich war. Von einer göttlichen Befugnis, dass Petrus ihn eigenmächtig töten durfte, ist nicht die Rede. Ananias' Delikt ist die betrügerische Zurückhaltung eines gemeinschaftlich beanspruchten Eigentums. Nur Petrus unterstellt Ananias, er habe dadurch den Heiligen Geist und Gott belogen. Im zweiten Beispiel Bullingers war Paulus nur ermächtigt, die vorübergehende Blendung des Zauberers herbeizuführen, weil dieser die Bekehrung des Statthalters verhindern wollte (*Apg* 13,11). Bullinger schließt ohne Grund aus dem Handeln der Apostel als Werkzeuge göttlichen Wollens, dass auch die Obrigkeit von Gott dazu befugt sei, Menschen zu töten, ohne das Anstoß erregende Vergehen zu analysieren und als Häresie zu identifizieren.

Bullinger verweist auf zahlreiche Gesetze der christlichen Herrscher betreffend die Rechtgläubigkeit, welche die Bestrafung von Götzendienern, Apostaten, Häretikern und Gottlosen anordneten. Er zitiert aus dem *Corpus Iuris Iustiniani*:[88] Konstantin habe seinem Prätorianerpräfekten Taurus befohlen, die Tempel zu schließen und den Zugang zu ihnen zu verbieten, um diejenigen, die Götzenopfer verrichten wollten, daran zu hindern. Wer sich nicht daran halte, dürfe mit dem Schwert getötet werden. Ähnliches sei im *Codex Theodosianus* überliefert. Dazu komme, dass es unbestritten sei, dass Ehebrecher, Mörder, Aufrührer, Betrüger ebenso wie Gotteslästerer rechtmäßig und gemäß den religiösen Normen bestraft würden. Dabei müsse der Magistrat sich aber die Übeltäter genau anschauen, ob sie Anführer sind, die in ihrem Irrtum beharren, Heuchler oder irregeführte Mitläufer und das Strafmaß dementsprechend bestimmen. Gotteslästerern und

---

[88] Cod. 1.11.1; vgl. Heinrich Bullinger Schriften (Anm. 1), Bd. 3, S. 380.

Umstürzlern des Staates und der Kirche gebühre die härteste Strafe, der Tod. Einfache Verführte, die in der Kirche und im Gemeinwesen keinen Schaden stifteten, könnten mit Gefängnis oder Bussen gestraft werden. Reumütigen sei nach dem Beispiel Konstantins mit Gnade zu begegnen. Die Predigt schließt mit der Widerlegung möglicher Einwände gegen Todes- und Körperstrafen, die sich auf *Tit* 3,10 stützten und mit Augustinus' Rat argumentierten, man solle niemandem den eigenen Glauben aufzwingen.[89]

Bullinger weiß allerdings, dass die Manichäer und Donatisten dafür hielten, niemand dürfe des Glaubens wegen gezwungen oder getötet werden, dieser sei dem Belieben eines Jeden überlassen. Dies spielt auf die berühmte Stelle im Brief des Augustinus gegen den Donatistenbischof Petilantius an. „Es sei fern von unserem Gewissen, daß wir irgendjemanden zu unserem Glauben zwingen".[90] Bullinger vertritt dagegen (ähnlich wie schon in seinem Gutachten von 1535) die Auffassung, dass der Magistrat Irrende zu ihrem Heil zwingen dürfe, in Analogie zur Pädagogik des sorgenden Vaters, nach *Spr* 13,24, um Schaden vom Gemeinwesen abzuwenden. Es sei der Obrigkeit daher nicht verwehrt, mit Sanftmut zu belehren und auf heilbringende Weise abzuschrecken.

Bullinger weist dabei die Kirchenobersten auf ihre Pflicht hin, der weltlichen Obrigkeit die Ketzerführer als gemeingefährliche Unruhestifter anzuzeigen und sie zur Härte zu ermahnen. Zwangsmaßnahmen seien – gleichsam aus väterlicher Fürsorge – gegenwärtig prophylaktisch geboten, weil die Gegner (die Bullinger bei den Papisten sieht) ebenfalls Gewalt und List anwendeten, um Leute zur römischen Kirche zurückzuführen. Analysiert man Bullingers Argumente aus dem Jahr 1549 zugunsten eines intransigenten Vorgehens der Obrigkeit gegen Ketzer, ist es nicht verwunderlich, dass er im Falle Servets nicht zur Schonung riet, sondern ihn als staatsgefährdend betrachtete.

6 Basilius Montforts Widerlegung

Wer alle, die anderer Meinung sind, als Ketzer diffamiert und töten will und dafür in der Bibel nach Argumenten sucht, handelt nach Montforts Ansicht nicht aus christlichem Antrieb, sondern nur, um die eigene Macht mit weltlichen Waffen zu verteidigen. Also sind es die Ketzerverfolger, die selbst Unfrieden säen, obwohl sie doch vorgeben, gegen die Unruhestifter mit Härte vorgehen zu wollen. Heutige

---

89 Ebd., S. 383–390.
90 Augustinus: Liber II contra Petiliani literas, cap. 83.

Ketzerverfolger erinnerten an die Pharisäer, die Christus der Verstöße gegen das jüdische Gesetz überführen wollten. Montfort ruft Christus als Richter an: Da er selbst Verfolgung erlitten habe, möge er die Opfer von Verfolgung verteidigen und die Verfolger belehren. Er ruft zum Kampf mit dem Wort Christi auf. Dass Bullinger der intendierte Gegner ist, erhellt aus der Reihe der von diesem angeführten Bibelstellen, deren Aussagekraft Montfort bestreitet. Er berücksichtigt deren Kontext und zielt mit seiner Widerlegung auf die Desavouierung der Ketzerverfolger als solche, die am ehesten ihrem eigenen Verständnis von Ketzerei entsprechen.

6.1 Biblische Argumente für und gegen die Ketzertötung

2 *Mos* 22,19 (Bestrafung von Götzendienern, die falschen Göttern opferten): Diese Stelle sei nicht auf die Gegenwart übertragbar, weil es in der christlichen Gesellschaft keine Götzenanbeter gebe, es sei denn, man verstehe „Opfer" allegorisch und spirituell, wie wenn man von einem Schlemmer redet, der seinem Bauch ein Opfer bringe. Dann sei aber auch die im *Alten Testament* angekündigte Strafe nur im übertragenen Sinn zu deuten und lediglich Sinnbild der ewigen Strafe.[91]

5 *Mos* 13,1–6 (Bestrafung von falschen Propheten, deren Prophezeiung eintrifft und die deswegen Anhänger zu sich locken): Mose hatte eine genaue Vorstellung, was unter einem falschen Propheten zu verstehen sei. Im *Deuteronomium* ist mit „falschen Propheten" eine Zielgruppe von Wahrsagern gemeint, die es in der Gegenwart nicht gebe, weil heute niemand zur Verehrung fremder Götter aufrufe. Es fehlt an juristischen Kriterien, „falsche Propheten" zu identifizieren. Denn die Vielfalt der Meinung sei groß und Dissidenten, welche Bibelstellen anders verstehen als die Hüter eines kirchlichen Dogmas, sind keine falschen Propheten. Diejenigen, die eine Bibelstelle oder einen Glaubensartikel starrsinnig verteidigen, seien meistens theologische Lehrer. Auf sie träfe eher der Verdacht zu, sie seien Ketzer. Im Streit über Meinungen zu einer Schriftstelle oder einem Dogma würden andere als Lehrer eher ihren Dissens aus Angst, Anstoß zu erregen, um des Friedens willen verheimlichen. Wollte man die beiden Bibelstellen auf heutige Verhältnisse übertragen, müsste man angesichts der Vielzahl von Sekten, die sich alle um die rechte Auslegung der *Heiligen Schrift* streiten, alle bis auf einen kleinen Kreis Rechtgläubiger töten.[92]

---

[91] De haereticis, S. 139 f.; Manifest der Toleranz, S. 175 f.
[92] De haereticis, S. 140 f.; Manifest der Toleranz, S. 176 f.

3 *Mos* 24,16 (wer Gottes Namen lästert, soll gesteinigt werden): Der Tatbestand der Gotteslästerung sei juristisch nicht objektivierbar, es gebe kein Delikt dieser Art. Im weitesten Sinn seien diejenigen, welche sich um die zehn Gebote nicht scheren, sich aber offiziell zu Christus bekennen, Gotteslästerer, weil sie Gott durch Missachtung der moralischen Normen beleidigten. Aber Lasterhafte seien nicht mit dem Schwert zu bestrafen. Zudem gebe es außer dem Ankläger selbst keine glaubwürdigen Zeugen für die Überführung eines Gotteslästerers als Straftäter.

4 *Mos* 15,32–36 (Entweihung des Sabbats) und 2 *Mos* 32,27 f. (Bestrafung derer, die das goldene Kalb fabrizierten). Versteht man „Sabbat" wörtlich, müssten alle Nicht-Juden gesteinigt werden. Deutet man „Sabbat" im übertragenen Sinne, so wäre auch die Strafe eine geistliche, nicht eine leibliche. Analog wäre auch einer, der im übertragenen Sinn einen Götzen anbetet, nicht körperlich zu strafen.[93]

1 *Kön* 18,40 (die wunderbare Annahme der Elia-Opfer und Verdammung der Baalsopfer):[94] Elia tötete die Baalspropheten nach dem wunderbaren Gottesurteil, durch welches das Opfer der Baalspriester mit Feuer vernichtet wurde. Wer mit diesem Exemplum die Tötung der Ketzer begründe, berufe sich jedoch nicht auf jene andere Tat des Elias, da er vom Himmel Feuer herabrief, welches die Krieger verzehrte (2 *Kön* 1,912). Christus bezog sich auf des Elias Gericht in *Lk* 9,51–56, als die Jünger ihn fragten, ob sie Feuer über die Samariter regnen lassen sollten, da diese sich weigerten, den verklärten Christus bei sich aufzunehmen, weil sein Antlitz nach Jerusalem gerichtet war. Christus habe dies den Jüngern aber verwehrt mit den Worten: „des Menschen Sohn ist nicht gekommen, das Leben zu vernichten, sondern es zu erhalten". Zur Zeit des Elias waren Baalspriester leicht zu erkennen. Heute bete aber niemand offen einen Abgott an. Niemand könne sich wie Elia auf ein Gottesurteil verlassen, das die Götzendiener vernichte, sondern Lasterhafte und Aufsässige dürften nur mit dem geistlichen Schwert und mit dem Feuer der Liebe ermahnt werden.

Wer mit dem mosaischen Gesetz argumentiert, überträgt nach Montfort fälschlich Vorstellungen der Israeliten von ihrem Land und ihrem Bundesgott auf die Christenheit und betrachtet das Reich Christi wie ein diesseitiges Reich, das mit Waffengewalt zu schützen sei. Montfort tadelt Bullingers einseitige Auswahl biblischer Belege zugunsten der Tötung von Feinden des Gottesvolks, obwohl die Bücher Moses auch Empfehlungen und Beispiele für Milde enthielten. Dies gelte erst recht für die Stellen aus dem *Neuen Testament*. Wieso setzten sich die Befürworter der Ketzerverfolgung nicht mit Ermahnungen zum Dulden, Leiden

---

[93] De haereticis, S. 143; Manifest der Toleranz, S. 178.
[94] De haereticis, S. 144 f.; Manifest der Toleranz, S. 179 f.

und Aushalten auseinander, die für das Evangelium typisch sind, also z. B. mit *Mt* 10,15 und 5,11 oder *Joh* 16,20?[95]

Apg 5,1–11 und 13,8–11:[96] Es sei unklar, ob Petrus für den Tod des Ananias verantwortlich sei und nicht vielmehr Gott. Während der Betrüger und Lügner durch ein mutmaßliches Gottesgericht gestraft wurde, töteten die modernen Ketzerverfolger gerade solche, die ihren Glauben offen bekennten, anstatt zu lügen und zu heucheln. Anders als Petrus seien sie jedoch nicht vom Heiligen Geist erfüllt. Das Vergehen des Ananias hatte mit Häresie nichts zu tun. Paulus habe den Zauberer Elymas nur zeitweilig geblendet, ihm aber nicht die Augen ausgerissen. Damit habe er dem Magistrat gezeigt, dass es allein den Geistlichen obliege, diesen falschen Propheten zu bestrafen; der Magistrat sei hier nicht zuständig gewesen. Die Blendung des Elymas sei Ausdruck des göttlichen Willens gewesen, kein juristischer Präzedenzfall im Umgang mit Gotteslästerern. Wollte man alle, die Gott lästern, als Häretiker bestrafen, müsste man mit gleicher Strenge gegen alle vorgehen, die Gott nur mit Worten bekennen, sich aber nicht an seine Gebote halten.[97]

> Von den törichten Streitfragen [...] und dem Hader und den Streitigkeiten über das Gesetz halte dich fern; denn sie sind unnütz und nichtig. 10. Einen ketzerischen Menschen weise, nachdem du ihn ein- oder zweimal zurecht gewiesen hast, gänzlich ab, 11. Weil du weißt, dass ein solcher abgewichen ist und sündigt, wobei er von sich selber verurteilt ist [...].
> *Tit* 3,9–11[98]

Castellio wirft Bullinger vor, die Worte des Apostels zu verdrehen, so als wäre der dafür, alle Juden zu töten und als würde er auch den Statthalter Sergius Paulus dazu auffordern. Castellio interpretiert den Grundsatz Bullingers, wonach sich Magistrat und Kirche bei Strafaktionen gegenseitig unterstützen müssen, zugunsten des Plädoyers für strikte Kompetenzteilung und Milde bei geistlichen Vergehen um. Die weltliche Obrigkeit müsse in geistlichen Belangen der geistlichen wie einem Vater gehorchen und umgekehrt. Befiehlt die Obrigkeit Unrechtes, dann dürfe man sich ihr widersetzen, gemäß *Apg* 5,29.[99]

Wer im Evangelium Belege für die Tötung Andersdenkender sucht, versteht die christliche Botschaft nicht. Neues Leben werde allein durch das Wort

---

95 De haereticis, S. 146; Manifest der Toleranz, S. 181.
96 De haereticis, S. 146–152; Manifest der Toleranz, S. 182-186.
97 De haereticis, S. 157; Manifest der Toleranz, S. 190.
98 Diese Stelle zitierten außer Bellius auch Erasmus in der *Supputatio* und Geldenhouwer im Brief an Karl V. (vgl. Anm. 44).
99 De haereticis, S. 157; Manifest der Toleranz, S. 192.

gebracht, dieses heilt und erweckt zu neuem Leben. Montfort ermahnt die Ketzerverfolger, sie sollten Irrgläubige nur mit Worten strafen und der weltlichen Obrigkeit das Schwert überlassen, um Verbrecher zu strafen. Als Beispiel führt Montfort *Joh* 18,10–11 an.[100] Petrus hieb dem Hohenpriesterknecht Malchus ein Ohr ab, als Jesus sich vor den Hohenpriestern verantworten musste. Jesus aber verwies Petrus diesen Übereifer mit den Worten: „Soll ich den Kelch, den mir der Vater gegeben hat, nicht trinken?"

Im Meinungsstreit um das rechte Verständnis der *Heiligen Schrift* findet man keinen Grundsatz, wonach religiöse Dissidenten gerichtet werden dürfen. Alle argumentierten gleichermaßen mit der *Heiligen Schrift*, weil ihre Autorität bei Christen unbestritten ist. Leute, welche aus der Lektüre der Schrift andere Schlüsse ziehen oder den im 4. Jahrhundert festgelegten Lehrsätzen über die Trinität und die Kindertaufe kritisch gegenüberstehen, seien gar nicht mit Glaubensfeinden der Israeliten und der ersten Apostel Christi zu vergleichen. Daher seien die biblischen Kennzeichnungen von Irrlehren und Häretikern auf sie nicht anwendbar. Wer mit der *Heiligen Schrift* argumentiert, muss den Kontext berücksichtigen und darauf achten, in welcher Rolle ein Apostel spricht und an wen er sich wendet, an geistliche Führer oder Inhaber politischer Ämter.

Castellio lehnt Bullingers Strategie ab, eine im *Alten Testament* bezeugte Strafpraxis auf die Gegenwart zu übertragen Die *Heilige Schrift* enthalte keine Präzedenzfälle, aus denen zu schließen wäre, wie Verstöße gegen ein offiziell anerkanntes Bekenntnis im modernen Gemeinwesen zu ahnden wären. Sie hat also keine Gesetzeskraft.[101] Er rügt die voreilige Gleichsetzung von Andersdenkenden mit Aufrührern, denn dabei würde man jenen schon unterstellen, sie wollten Aufruhr stiften. Niemand darf auf Verdacht, seine Gesinnung könnte ihn zu einer Straftat veranlassen, gerichtet werden. Sonst müssten die Richter alle, die bloß erklärten, ihren Bruder zu hassen, zum Tode verurteilen, aus Sorge, dass dieser ermordet werden könnte.[102]

Alle argumentieren mit der *Heiligen Schrift*, weil ihre Autorität bei Christen unbestritten ist, Sektierer genauso wie Rechtgläubige. Spiritualisten, welche aus der Lektüre der Schrift eigenwillige Schlüsse ziehen oder dem Trinitätsdogma des 4. Jahrhunderts kritisch gegenüberstehen, seien keineswegs mit Glaubensfeinden der Israeliten und der Anhänger Christi zu vergleichen.

Augustinus habe in der Frage, ob man andere zum rechten Glauben zwingen dürfe, seine anfänglich tolerante Ansicht geändert. Castellio empfiehlt, nur mit

---

100 De haereticis, S. 148; Manifest der Toleranz, S. 183.
101 De haereticis, S. 149; Manifest der Toleranz, S. 184.
102 De haereticis, S. 152; Manifest der Toleranz, S. 186.

Worten und Argumenten zu kämpfen. Das aufgezwungene Bekenntnis gilt nur solange, bis Zwang und Gewalt aufhörten.[103] Die Arianer wurden von einem Kaiser verfolgt, der nächste Kaiser schützte sie jedoch, und fortan durften sie ihre Gegner verfolgen. Dieses Aktionsmuster, Bekehrungen mit Zwang durchzuführen, habe Mohammed erfolgreich übernommen. Christen aus Zwang sind aber falsche Christen, wie in Castellios Gegenwart an englischen Predigern zu sehen sei, die ihren missionarischen Eifer je nach dem, woher der Wind weht, einsetzten und sich dadurch unglaubwürdig machten. „Compelle intrare" sei nur so zu verstehen, als ob man einen Dissidenten mit Worten ermahne (*Lk* 14,23).

Die Obrigkeit soll die Guten durch Anwendung von Gewalt beschützen, aber nicht gewaltsam Leute zum rechten Glauben zwingen. Auch Christus habe keinen Zwang ausgeübt. Dieser Zwang könne auch nicht mit dem Beispiel der Bekehrung des Paulus begründet werden, der mit Blindheit geschlagen worden sei, denn damals habe eine höhere Macht gewaltet, welche sich die moderne Obrigkeit nicht anmaßen dürfe. Denn wir leben in einer Zeit ohne Wunder, ohne göttliches Eingreifen.[104] Hier nimmt Castellio die Deutung der Deisten vorweg. Im Gegensatz dazu war Bullinger von furchtsamer Erwartung des Jüngsten Gerichts erfüllt und sah am Himmel und in der irdischen Natur furchterregende Zeichen, welche auf Gottes Strafgericht wegen der Unbußfertigkeit der Menschen vorauswiesen.[105]

6.2 Die Häretiker-Gesetzgebung und die vielfältige Wirklichkeit

Während Bullinger sich auf die Dekrete Konstantins und der nachfolgenden Kaiser bezieht, prüft Castellio auf der Grundlage der *Historia ecclesiastica tripartita*, wie die beiden oströmischen Kaiser Theodosius I. und Theodosius II. und die weströmischen Cäsaren nach 380 mit der Vielzahl der Sekten (Arianer, Novatianer und Nestorianer) umgingen, welche die nicänische Glaubensformel ablehnten. Er empfiehlt den Kirchenführern der Gegenwart, sich eher an der toleranten Sektenpolitik der Kaiser ein Beispiel zu nehmen, statt sich auf ihre Ketzerdekrete zu berufen.

Karl V. hatte mit diesen das harte Vorgehen gegen Protestanten begründet. In der Anthologie ist Johannes Brenz der erste, der die Geltung der kaiserlichen Gesetze des 5. Jahrhunderts in Frage stellte, indem er aus der *Historia ecclesiastica tripartita* schöpfte, die dort belegte Milde der Kaiser betonte und behauptete,

---

103 De haereticis, S. 159; Manifest der Toleranz, S. 194.
104 De haereticis, S. 164; Manifest der Toleranz, S. 197.
105 Bauer: Die Krise der Reformation (Anm. 13).

dass angeblich blutdürstige Bischöfe die mit der Regelung kirchlicher Angelegenheiten noch unerfahrenen Kaiser gegen Sektierer aufgehetzt hätten.[106] Alle, die in *De haereticis* aus den Gesetzescodices oder aus der *Historia ecclesiastica tripartita* zitieren, benutzen diese Zeugnisse aus der Regierungszeit von Theodosius I. und Theodosius II. als Spiegel, der ihnen die similitudines temporum vor Augen führt. Zwischen 380 und 450 präsentierten sich der letzte Kaiser Ost- und Westroms und seine Nachfolger erstmals als Schutzherren ihrer Kirche, die im Innern und von aussen von Sekten bzw. heidnischen Nachbarn bedroht erschien. Vor einer analogen Aufgabe sahen sich die protestantischen Kirchen in Württemberg und in den eidgenössischen Städten, als sie sich gegen die kaiserliche Politik zu behaupten versuchten.

Die *Historia ecclesiastica tripartita* ist eine Kompilation aus den Kirchengeschichten von Sokrates Scholastikos (nach 380–nach 439), Salamanas Hermeios Sozomenos (ca. 400–450) und Bischof Theodoret von Kyrrhos (ca. 393–466), welche Cassiodor (ca. 485– nach 580) veranstaltete. Die Sammlung besteht aus Kapiteln, die mit den Namen der drei Autoren überschrieben sind und die Jahre von 306 bis 439 umfassen. Die lateinische Übersetzung, aus welcher Castellio zitiert, fertigte Epiphanias Scholasticus im Auftrag Cassiodors an. Von Cassiodor stammt allein die Vorrede zur Kompilation.[107] Die Zitate in *De haereticis* legen die Vermutung nahe, dass Castellio den Text der von Beatus Rhenanus herausgegebenen *Autores historiae ecclesiasticae* in der Ausgabe Basel 1539 oder 1544 benutzt hat.[108] Sokrates schrieb die Fortsetzung von Eusebios' Kirchengeschichte bis zur eigenen Gegenwart. Jedes der sieben Bücher des Sokrates ist der Regierungszeit eines Kaisers des oströmischen Reichs gewidmet. Sokrates' Sympathie mit den

---

106 De haereticis, S. 67 f.; Manifest der Toleranz, S. 106 f. u. 363 f.
107 Josef Rist: [Art.] „Sokrates". In: Der neue Pauly 11. Hg. von Hubert Cancik u.a. Stuttgart/Weimar 2001,, S. 687 f.; Christoph Markschies: [Art.] „Sozomenos". In: Ebd., S. 773; R. Helm: [Art.] „Cassiodor". In: Reallexikon für Antike und Christentum 2 (1954), S. 915–926, hier 925 f.; Siegmar Döpp: [Art.] „Cassiodor". In: Lexikon für Theologie und Kirche 2 (^{3}1994), Sp. 970 f.; Ake Fried: [Art.] „Cassiodor". In: TRE 7 (1981), S. 657–663; Sven Lundström: Zur Historia tripartita des Cassiodor. Lund 1952; Dieter Fillinger: Die Kirchengeschichtsschreibung des Sokrates Scholastikos. Fribourg 1995; Martin Wallraff: Der Kirchenhistoriker Sokrates. Untersuchungen zur Geschichtsdarstellung, Methode und Person. Göttingen 1997 (= Forschungen zur Kirchen- und Dogmengeschichte 68). Die Unparteilichkeit des Sokrates gegenüber den zeitgenössischen Sekten und die Dichte seiner Beschreibungen kaiserlicher Politik zeichnen Sokrates' Darstellung aus. Vgl. Hartmut Leppin: Von Constantin dem Großen zu Theodosius II. Das christliche Kaisertum bei den Kirchenhistorikern Socrates. Sozomenus und Theodoret. Göttingen 1996 (= Hypomnemata 110); Balbina Bäbler/Heinz-Günther Nesselrath (Hg.): Die Welt des Sokrates von Konstantinopel. München/Leipzig 2001.
108 Den philologischen Nachweis verdanke ich Kilian Schindler (Fribourg).

Novatianern ist in den von Montfort ausgewählten Exzerpten zu erkennen. Sozomenos stützt sich wiederum auf Sokrates. Mit Zitaten aus beiden Autoren veranschaulicht Montfort die liberale Kirchenpolitik unter Theodosius I., Honorius und Theodosius II., die Frieden und Versöhnung für höhere Güter achteten als die Reinheit des Dogmas auf der Grundlage des Nicänums.

„Kirche" im Titel der drei griechischsprachigen Eusebius-Fortsetzer und in der lateinischen Kompilation Cassiodors ist in einem weiten Sinne zu verstehen, eher im Sinne einer ecclesia universalis, die Castellio, Erasmus, Franck und dem jungen Brenz zur Integration reformatorischer Gedanken besser geeignet erschien als eine Glaubensgemeinschaft mit engen Ausschlussbedingungen. Die *Historia ecclesiastica tripartita* spricht von ‚sectae' innerhalb der Christenheit in Ost- und Westrom. In ihrer Geschichte der Kirche präsentierten Eusebius und seine Fortsetzer eine kämpferische Kirche, die unter Leitung ehrgeiziger Bischöfe auf dem Weg zur Einheit war und noch nicht als Reichskirche begriffen wurde.

> Im Zentrum stehen die einzelnen, die für und wider den Glauben streiten. Hauptakteure sind dabei selbstverständlich die Bischöfe [...], auch im säkularen Leben stehende Laien erweisen sich als fähig, für die Kirche einzustehen. Unter den Laien wiederum hat der Kaiser eine herausragende Bedeutung, da seine Machtmittel die Bedingungen, unter denen sich das Christentum entfaltet, wesentlich bestimmen.[109]

Es fehlten noch systematische Erörterungen über das „Verhältnis zwischen kaiserlichem Handeln und kirchlicher Entwicklung". Ziel der Darstellung war eine Würdigung kaiserlicher Kirchenpolitik, die sich an den Vereinbarungen von Nicäa ausrichtete, um den apostolischen Glauben zu stärken.[110] Es bestand aber bei den drei Autoren kein Konsens darüber, wodurch sich eine gute Religionspolitik auszeichnete, wie also der Kaiser mit den Bischöfen oder unabhängig von ihnen die Geschicke der Kirche lenken, sie einen und den Frieden sichern sollte. Sokrates und Sozomenos lobten beispielsweise Valentinians I. Sektenpolitik als tolerant und maßvoll, während Theodoret ihn als Vorkämpfer der Orthodoxie charakterisierte.[111] Auch das Urteil über Theodosius I. ist erstaunlich heterogen. Sokrates würdigt seine liberale Haltung. Sozomenos referiert zwar die harschen Ketzergesetze des Kaisers, betont aber, wie milde sie umgesetzt worden seien und dass dieselbe Toleranz auch gegenüber den Heiden praktiziert worden sei.[112] Laut Sokrates waren harte Maßnahmen gegen Häretiker untypisch für die Orthodoxie

---

109 Leppin: Von Constantin (Anm. 107), S. 37.
110 Ebd., S. 39.
111 Ebd., S. 170.
112 Ebd., S. 171.

der Kaiser gewesen, denn rigorose Verfolgungspolitik vergrößerte die Zahl ihrer Feinde, während eine großzügige Politik zum Wachstum der Kirche beitrug. Auch in Sozomenos' Darstellung war die erstrebte Eintracht der Kirche ein hohes Gut, weswegen die kaiserliche Milde gegenüber Sektierern gelobt wurde. Durch die Streitsucht der Bischöfe sei eher Unruhe unter den Gläubigen ausgelöst worden, urteilte Sokrates. Er fand für die Versöhnungsbereitschaft und Duldsamkeit der Kaiser vor dem Hintergrund der jüngsten Konzile lobende Worte. Gemäß Sokrates war es aus Sicht der Kaiser wichtiger, Bedrohungen der kirchlichen Eintracht und Einheit abzuwehren als ein klar definiertes Dogma vor Missverständnissen und Irrtümern zu schützen.[113]

Castellio wählte zur Widerlegung Bullingers Passagen aus Sokrates' und Sozomenos' Darstellungen aus, die demonstrieren sollten, dass die Ketzerdekrete nicht zur Anwendung gekommen seien. Theodosius habe das Dogma festgesetzt, die Sekten aus Konstantinopel vertrieben, aber ihnen ihre Bürgerrechte nicht genommen. Nur Eunomios habe er verfolgt, um seinen Einfluss auf die Gläubigen zu stoppen, ansonsten habe er den verschiedenen Sekten ihre gewohnten Kulte gelassen. Sie durften ausserhalb der *civitas* Gotteshäuser errichten. Einzig den Novatianern sei es erlaubt gewesen, im christlichen Gemeinwesen Kirchen zu unterhalten.[114] Es sei ein Gebot der Klugheit gewesen, bei Fragen, zu denen sich Evangelisten und Paulus nicht äussterten, den christlichen Gemeinden keine Vorschriften zu machen. So hätten es die Novatianer den Gemeinden erlaubt, den Ostertermin auf verschiedene Weise festzulegen und Ostern zu feiern, weil schon die Apostel darüber uneinig gewesen seien, woran die Einheit des Glaubens jedoch nicht zerbrochen sei.[115] Ein Bischof namens Theodosius begann in Phrygien mit Verfolgungen der Makedonianer. Die örtlichen Richter genügten ihm nicht, und er forderte Verstärkung durch Präfekten aus Konstantinopel. Darauf wurde er von den Gläubigen (*a suis*) vertrieben und durch Bischof Agapitus, der das Dogma der Konsubstantialität vertrat, abgelöst.[116] „Dies sind antike Beispiele für Billigkeit und Milde, die wir nachahmen sollen", schließt Montfort.[117]

---

113 Ebd. S. 227.
114 De haereticis, S. 154. Nachweise der Zitate aus der *Historia ecclesiastica tripartita* und aus dem griechischen Original des *Röm* und *Sozomenos* bringen Bainton in seiner kommentierten Übersetzung *Concerning Heretics* sowie Stammler/Stingl in der deutschen Ausgabe von *De haereticis*.
115 Ebd., S. 154 f.; Socrates: Historia ecclesiastica, Buch 5, cap. 21; vgl. Migne: Patrologia graeca Vol. 67, Sp. 625.
116 Ebd., S. 156; Socrates: Historia Ecclesiastica, Buch 7, cap. 2; PG 67, Sp. 741–744.
117 De haereticis, S. 156: „haec sunt antiquorum exempla aequitatis & clementiae, quae nobis imitari licet."

Die rhetorisch effektvolle Gegenüberstellung zweier Typen von Geistlichen (*pastores*) am Ende von Montforts „Refutatio" lässt keinen Zweifel daran, zu welcher Klasse Castellio unter seinem Pseudonym Bullinger und Calvin rechnete: nicht zu denen, die „mites, humani, clementes, lenti, patientes" seien, sondern zu denen, auf die sich Tyrannen in Vergangenheit und Gegenwart beriefen, die ähnlich unduldsam vorgingen wie die Pharisäer und Schriftgelehrten, die Christus aus der Synagoge ausschließen wollten. Es seien diejenigen, die „crucifige" schrien und mit Feuer und Schwert gegen ihre Opfer vorgingen.[118]

---

118 Ebd., S. 166 f.

Klaus Garber
Religionsfrieden und praktizierte Toleranz um 1600

Eine irenische Stiftungsurkunde im Zeichen des ‚vhraltten Catholischen Christlichen Glaubens' aus dem Gymnasium Schoenaichianum zu Beuthen an der Oder

1 Grenzregionen

Grenzregionen führen ein eigenes Leben in der Literatur- und Kulturgeschichte. Ihnen eignen besondere Chancen und zugleich drohen ihnen besondere Gefahren. Angeregt zum Austausch über die politischen Demarkationslinien hinweg, gelingen in ihnen gedankliche und künstlerische Gestaltungen, denen in ihren besten Zeugnissen ein ideeller Transfer eingeschrieben ist. Das Benachbarte ist nicht ein bedrohliches Fremdes, sondern ein bereicherndes Eigenes. In der Symbiose verlieren Eigenes und Fremdes ihre binäre Substanz. Sie durchdringen sich wechselseitig und das in aller Regel mit einer merklichen Vertiefung des Gehalts im Gefolge.

Es reicht, die Prädikationen umzukehren, um das Gefährliche bei gleicher Ausgangslage zu gewahren. Führt das Benachbarte als Fremdes zu einer forcierten Statuierung des Eigenen, liegen die alsbald sich einstellenden argumentativen Muster auf der Hand. Charakteristisch für diese Wendung der Dinge ist ihre Prädisposition für eine schier unerschöpfliche Nachgeschichte. Einmal in die Welt gesetzt, verliert sich die unheilschwangere Zeugung nicht wieder, sondern lädt ein zum Fortspinnen. Deren Wesen aber ist es, radikalere Parolen in ihrem Schoße zu bergen. Das Gift zeitigt Langzeitwirkung.

Es bedarf keines Wortes, welcher der beiden Seiten die Präferenz hat. Doch gehört es zu den nicht zu vertagenden Aufgaben der Kulturgeschichte – oder wenn man denn will, einer Kulturgemeinschaft – ein waches Auge und Ohr auch für die Missbildungen zu bewahren, sind sie es doch, die sich in den politischen Raum zu verlängern pflegen, mit allen bekannten Folgen. Geht es um die Nominierung von aktuellen Forschungsfeldern, so würden wir Arbeiten zur antinomischen Physiognomie von Grenzregionen – zukünftig intensiver als bislang – gerne darunter wissen.[1]

---

[1] Vgl. beispielsweise: Grenzregionen. Ein europäischer Vergleich vom 18. bis zum 20. Jahrhundert. Hg. v. Christophe Duhamelle, Andreas Kossert u. Bernhard Struck. Frankfurt am Main 2007;

1.1 Sonderfall Schlesien

Grenzregionen nehmen sich naturgemäß von Land zu Land verschieden aus. Für eine Region in der Mitte Europas kommt ihnen herausgehobene Bedeutung zu. Entsprechend sollte Vorsicht walten, besonders wichtige Landstriche dingfest zu machen. Dagegen sprechen schon die unaufhörlichen Verschiebungen auf der Zeitachse. Hier geht es um die Frühe Neuzeit und genauer um die Achsenzeit um 1600 mit weiten Amplituden zwischen 1550 und 1650. Ist sie erfüllt von religiösen und konfessionellen Ausdifferenzierungen nie gesehenen Ausmaßes, so rücken jene Regionen in den Vordergrund, die ein breites Spektrum auf engem Raum aufzuweisen haben. Unter diesem Gesichtspunkt kommt Ostmitteleuropa aus hier nicht zu erörternden Gründen eine Sonderstellung zu. Am Beispiel Schlesiens lässt sie sich exemplarisch dartun. Und das selbstverständlich im Wissen um die nochmals singuläre Stellung gerade dieser politischen und geistigen Landschaft im Ensemble der mittelosteuropäischen Anrainer.

Schlesien ist als klassische Brückenlandschaft tituliert worden. Der Blick richtete sich dabei vor allem auf den Austausch zwischen Ost und West. Schlesien blieb das empfangende Land angesichts der Anregungen, die seine geistige Elite im Südwesten am Oberrhein und sodann vor allem in den Niederlanden empfing. Ein noch lebhafterer Verkehr tat sich indes im mittelosteuropäischen Raum selbst auf. Schlesien war – wie Mähren und wie die Lausitz – böhmisches Nebenland. Die Oberherrschaft lag beim Kaiser. Allein die Tatsache, dass unter den katholischen Habsburgern in Schlesien eine mächtige evangelische Bewegung sich auszubreiten vermochte geleitete zu einer Konstellation, die in dieser Ausprägung einmalig auch im Osten dasteht. Doch sie gibt nur die Folie ab für viel weiter reichende und überaus komplexe Figurationen.

Die Evangelisierung Schlesiens vollzieht sich im Zeichen Melanchthons. Die Übergänge von dem Anwalt des Humanismus in Glaubensdingen zum reformierten Bekenntnis bleiben fließend. Eindeutige Attributionen gelingen nur ausnahmsweise. Die nicht streng fixierten und in diesem Sinne offenen, wiederholt den politischen Gegebenheiten geschuldeten Artikulationen in Glaubensdingen prägen das Bild. Darüber hinaus kommen in Schlesien sogleich mit dem Eindrin-

---

Grenzen und Grenzüberschreitungen. Bilanz und Perspektiven der Frühneuzeitforschung. Hg. v. Christine Roll, Frank Pohle u. Matthias Myrczek. Köln/Weimar/Wien 2010 (= Frühneuzeit-Impulse 1); Mitteleuropäische Grenzräume. Hg. v. Hendrik Thoß. Berlin 2006 (= Chemnitzer Europastudien 3). Mit Blick speziell auf Südosteuropa: Historische Regionen und ethnisches Gruppenbewusstsein in Ostmittel- und Südosteuropa. Grenzregionen – Kolonisationsräume – Identitätsbildung. Im Auftrag der Kommission für Geschichte und Kultur der Deutschen in Südosteuropa. Hg. v. Josef Wolf. München 2010 (= Danubiana Carpathica 3/4).

gen reformatorischen Gedankenguts Weiterbildungen zum Tragen, wie sie sich beispielsweise mit dem Namen Kaspar Schwenckfelds (1490–1561) verbinden. Affinitäten zu mystisch-spiritualistischen Ausformungen bleiben prägend. Und gleichfalls nicht zu unterschätzen sind die Einflüsse der Brüderbewegungen in Böhmen und Mähren nicht anders als in Polen. Ein ständiges Geben und Nehmen fand statt.[2]

1.2 Religiöse Brückenlandschaft

Schlesien ist eine Herzlandschaft aller denkbaren religiösen Ausdrucksformen. Der intellektuelle Verkehr und vermittelt über ihn der religiöse ist ein schier unerschöpflicher. Keine der zumeist im Humanismus wurzelnden Figuren, die an ihm nicht teilgehabt und ihm eine besondere Note verliehen hätte. In beide Richtungen erstreckt er sich gleich intensiv. Über Böhmen und Mähren öffnet sich der Zugang zu Ungarn und namentlichen zur Zips und Siebenbürgen mit ihren ungezählten interkonfessionellen Bildungen, die die jüngste Forschung eindrucksvoll

---

[2] Aus der reichen Literatur sei hier zur näheren Information verwiesen auf: Historische Schlesienforschung. Methoden, Themen und Perspektiven zwischen traditioneller Landesgeschichtsschreibung und moderner Kulturwissenschaft. Hg. v. Joachim Bahlcke. Köln/Weimar/Wien 2005 (= Neue Forschungen zur Schlesischen Geschichte 11). Des Weiteren sei verwiesen auf die drei einschlägigen historischen Darstellungen zur Geschichte Schlesiens: Geschichte Schlesiens. Bd. I: Von der Urzeit bis zum Jahre 1526. Hg. v. Ludwig Petry, Josef Joachim Menzel u. Winfried Irgang. 5., durchgesehene Auflage Sigmaringen 1988; Bd. II: Die Habsburgerzeit 1526–1740. Hg. v. Ludwig Petry u. Josef Joachim Menzel. 2., durchgesehene Auflage Sigmaringen 1988; Bd. III: Preußisch-Schlesien 1740–1945. Österreichisch-Schlesien 1740–1918/45. Hg. v. Josef Joachim Menzel. Stuttgart 1999. In der zehnbändigen Reihe *Deutsche Geschichte im Osten Europas* wurde der Schlesien betreffende Band betreut von Norbert Conrads (Berlin 1994). Ein weiterer von Joachim Bahlcke initiierter und verantworteter Band trägt den Titel *Schlesien und die Schlesier* (durchgesehene und aktualisierte Neuauflage. München 2000). Lesenswert in vielerlei Passagen aufgrund der gediegenen quellenkundlichen Fundierung bleibt auch die ältere Arbeit von dem langjährigen Direktor des Breslauer Staatsarchivs Colmar Grünhagen: Geschichte Schlesiens. Bd. I–II. Gotha: Perthes 1884–1886. Zur religiösen Verfassung Schlesiens vgl. aus der wiederum reichen Literatur etwa das Quellenbuch zur Geschichte der Evangelischen Kirche in Schlesien. Hg. v. Gustav Adolf Benrath u. a. München 1992 (= Schriften des Bundesinstituts für ostdeutsche Kultur und Geschichte 1). Dazu die entsprechende Darstellung: Ulrich Hutter-Wolandt: Die evangelische Kirche Schlesiens im Wandel der Zeiten. Studien und Quellen zur Geschichte einer Territorialkirche. Dortmund 1991 (= Veröffentlichungen der Forschungsstelle Ostmitteleuropa an der Universität Dortmund. Reihe B 43). Vgl. auch die Beiträge unter dem Titel: Religiöser Schmelztiegel im Zeitalter der Konfessionalisierung. In: Kulturgeschichte Schlesiens in der Frühen Neuzeit. Bd. I–II. Hg. v. Klaus Garber. Tübingen 2005 (= Frühe Neuzeit 111), Bd. I, S. 111–283.

dokumentiert hat. Gelegentliche Berührungen mit den synkretistischen Landschaften rund um die Adria sind gleichfalls einschlägig, insgesamt jedoch noch zu wenig untersucht.[3]

Auf der anderen Seite tut sich der Raum in die Weiten des Nordostens auf. Es gibt keine Region, die einen engeren intellektuellen und religiösen Nexus besessen hätte als Schlesien und das benachbarte Großpolen. Verliefen im Frühhumanismus die Kontakte vor allem über Kleinpolen mit Krakau im Zentrum, so werden sie im Zeitalter des Späthumanismus wo nicht abgelöst so doch ergänzt durch die zu den großpolnischen Zentren mit Lissa und Fraustadt, Rakov und Posen und wie die Namen sonst lauten mögen Es sind klassische Quartiere der Brüderbewegungen mit merklichem sozinanischen Einschlag, die ihre Faszination für die schlesische Elite bewahren. In diesen gleichfalls bislang zu wenig aufgeklärten interreligiösen Austausch sind nicht zuletzt die großen Magnatengeschlechter mit klangvollen Namen involviert, denen vor allem die Behauptung reformierter Glaubensvorstellungen im nordöstlichen Raum Europas zu danken ist.[4]

Ungemein vielgestaltig ist auch das geistig-religiöse Leben im Preußen Königlich Polnischen Anteils. Hier sind insbesondere mit den drei herausragenden Gymnasien in Elbing, Thorn und Danzig Kristallisationspunkte für die Verarbeitung der im Zuge der Reformation freigesetzten Bewegung vorhanden, die ihrerseits nach einer synoptischen Betrachtung verlangen. Die Attraktion für die aus dem nahen Schlesien herüberblickenden Geister war erheblich. Während in

---

[3] Vgl. aus der jüngeren Literatur im Blick auf Böhmen: Joachim Bahlcke: Das Herzogtum Schlesien im politischen System der Böhmischen Krone. In: Zeitschrift für Ostmitteleuropa-Forschung 44 (1995), S. 27–55; ders. mit Blick auf Ungarn: Calvinism and estate liberation movements in Bohemia and Hungary (1570–1620). In: The Reformation in Eastern and Central Europe. Edited by Karin Maag. Aldershot: Scolar Press 1997, S. 72–91. Zum Kontext die gleichfalls wichtige Arbeit Joachim Bahlckes: Die böhmische Brüder-Unität und der reformierte Typus der Reformation im östlichen Europa. In: Comenius-Jahrbuch 16/17 (2008/09), S. 11–23. Vgl. auch die drei Beiträge von Andreas Rüther: Kulturgeschichte Schlesiens in der Frühen Neuzeit – Eine historische Grundlegung (S. 3–47), Karen Lambrecht: Die Funktion der bischöflichen Zentren Breslau und Ölmütz im Zeitalter des Humanismus (S. 49–68) und Joachim Bahlcke: Religion, Politik und Späthumanismus. Zum Wandel der schlesisch-böhmischen Beziehungen im konfessionellen Zeitalter (S. 69–92), zusammengeführt unter dem Titel: Historische Perspektiven einer europäischen Kulturlandschaft. In: Kulturgeschichte Schlesiens in der Frühen Neuzeit (Anm. 2), Bd. I, S. 3–92.

[4] Vgl. Theodor Wotschke: Geschichte der Reformation in Polen. Leipzig 1911; ders.: Die Reformation im Lande Posen. Lissa 1913; ders.: Das Evangelium unter dem Kreuz im Lande Posen. Posen 1917. Vgl. auch die in diesem Zusammenhang erhellende Einleitung in: Die Synoden der Kirche Augsburgischer Konfession in Großpolen im 16., 17. und 18. Jahrhundert. Hg. v. Gottfried Smend. Posen 1930 (= Jahrbuch des Theologischen Seminars der Unierten Evangelischen Kirche in Polen 2), insbes. S. 11 ff.

Ostpreußen langfristig das Luthertum sich durchsetzte, blieben im königlichen Polen die ihre geistig-religiöse Identität umkreisenden Regionen geprägt von Mischbildungen verschiedensten Typs, die eine Anziehungskraft eigener Art bewahrten. Womit zugleich gesagt ist, dass auch der Verkehr zwischen Schlesien und den baltischen Landen Livland und Estland und über sie hinaus zu den protestantischen Ländern rings um die Ostsee insgesamt nicht gleich prägend blieb wie der zu den königlich-polnischen Landstrichen.[5]

Und als dann Brandenburg in Gestalt seines Fürstenhauses zum reformierten Bekenntnis überging, in der Viadrina zu Frankfurt an der Oder reformierte Gelehrte Einzug hielten, war ein weiterer Fixpunkt für die schlesische Intelligenz markiert, dazu angetan, Wittenberg und Leipzig in ihrer bis *dato* dominanten Stellung abzulösen. Ja, mehr noch, fortan vermochte die Oderstadt zumindest in gewissem Umfang den Verlust zu kompensieren, den der Untergang Heidelbergs mit sich brachte. Keine Universitätsstadt hatte sich größerer Beliebtheit unter den Schlesiern erfreut als die kurpfälzische Metropole. Ihre Zerschlagung durch die Truppen Spinolas blieb ein traumatisch besetztes Geschehen. Ein mehr als ein halbes Jahrhundert währendes intellektuelles Projekt, wurzelnd in reformierten

---

5 Vgl. zu diesem besonders wichtigen Kapitel gerade auch unter dem Aspekt religiöser Toleranz: Michael G. Müller: Zweite Reformation und städtische Autonomie im Königlichen Preußen. Danzig, Elbing und Thorn in der Epoche der Konfessionalisierung (1557–1660). Berlin 1997; ders.: Protestant confessionalisation in the towns of Royal Prussia and the practice of religious toleration in Poland-Lithuania. In: Tolerance and Intolerance in the European Reformation. Ed. by Ole Peter Grell, Bob Scribner. Cambridge 1996, S. 262–281; ders.: Late Reformation and Protestant confessionalization in the major towns of Royal Prussia. In: The Reformation in Eastern and Central Europe (Anm. 3), S. 192–210; ders.: Unionsstaat und Region in der Konfessionalisierung. Polen-Litauen und die großen Städte des Königlichen Preußen. In: Konfessionalisierung in Ostmitteleuropa. Wirkungen des religiösen Wandels im 16. und 17. Jahrhundert in Staat, Gesellschaft und Kultur. Hg. v. Joachim Bahlcke u. Arno Strohmeyer. Stuttgart 1999 (= Forschungen zur Geschichte und Kultur des östlichen Mitteleuropa 7), S. 123–137. Anregungs- und perspektivenreich auch: Gottfried Schramm: Danzig, Elbing und Thorn als Beispiele städtischer Reformation (1517–1588). In: Historia Integra. Festschrift für Erich Hassinger zum 70. Geburtstag. Hg. v. Hans Fenske, Wolfgang Reinhard u. Ernst Schulin. Berlin 1977, S. 125–154. Vgl. auch Maria Bogucka: Religiöse Koexistenz – Ausdruck von Toleranz oder von politischer Berechnung? Der Fall Danzig im 16. und 17. Jahrhundert. In: Konfessionelle Pluralität als Herausforderung. Koexistenz und Konflikt in Spätmittelalter und Früher Neuzeit. Festschrift Winfried Eberhard. Hg. v. Joachim Bahlcke, Karen Lambrecht u. Hans-Christian Maner. Leipzig 2006, S. 521–532. Schließlich sei verwiesen auf den Sammelband: Kulturgeschichte Preußen königlich polnischen Anteils in der Frühen Neuzeit. Hg. v. Sabine Beckmann u. Klaus Garber. Tübingen 2005 (= Frühe Neuzeit 103). Hierin vier aufeinander abgestimmte Beiträge von Janusz Mallek, Jerzy Axer, Johann Anselm Steiger und Siegfried Wollgast zum übergeordneten Rahmenthema *Konfessionelle und religiöse Optionen* (ebd. S. 211–297).

Überzeugungen, war vernichtet. Umorientierung auf der ganzen Linie war vonnöten. Der Südosten wie der Nordosten Mittelosteuropas gewannen auch und gerade für Schlesien nochmals merklich an Gewicht.[6]

1.3 Bildungsgeschichtliche Applikationen

Die Ausziehung der Koordinaten war unumgänglich, um das Kräftefeld zu umreißen, aus dem heraus auch eine Schöpfung wie die im Folgenden zur Rede stehende ihre Physiognomie und seine Leuchtkraft erfährt. Zu gedenken ist im Blick auf ein hier zu interpretierendes Schriftstück irenischen Charakters einer Person und einer Institution auf der Wende vom 16. zum 17. Jahrhundert, die beide nicht aufhörten, die Zeitgenossen und die Nachfahren im Zeitalter der Aufklärung zu faszinieren, bevor sich ihrer beider Spur ungeachtet einer imposanten Leistung noch zu Beginn des 19. Jahrhunderts im Dunkel der Geschichte verlor. Zu den vielen und ebenfalls noch einer Würdigung harrenden Verdiensten der in den 60er-Jahren einsetzenden sozialhistorisch orientierten kulturwissenschaftlichen Forschung ist auch die Wiederentdeckung einer im Unscheinbaren verharrenden Bildungseinrichtung auf schlesischem Boden zu rechnen. Freilich bedurfte es einlässlicher quellenkundlicher Explorationen, um die Ausstrahlung zu gewahren, die sie bis in die Tage der Aufklärung hinein bewahrte.[7]

Die erste Hälfte des 16. Jahrhunderts ist die Hochzeit universitärer Gründungen. Maßgeblichen Anteil daran hat die Reformation. Weniger bekannt ist, dass sie zugleich verantwortlich ist für das Scheitern so manch eines diesbezüglichen Projekts. Auch Schlesien hält Belege dafür bereit. Von zwei Zentren gingen frühzeitig Vorstöße aus. Breslau, die mächtige Handelsstadt mit glänzender intellek-

---

6 Es sei an dieser Stelle nur verwiesen auf die beiden einander ergänzenden Arbeiten von: Gottfried Kliesch: Der Einfluß der Universität Frankfurt (Oder) auf die schlesische Bildungsgeschichte dargestellt an den Breslauer Immatrikulierten von 1506–1648. Würzburg 1961 (Quellen und Darstellungen zur schlesischen Geschichte, 5); Otto Bardong: Die Breslauer an der Universität Frankfurt/Oder. Ein Beitrag zur schlesischen Bildungsgeschichte 1648–1811. Würzburg 1970 (= Quellen und Darstellungen zur schlesischen Geschichte 14). Zu dem Austausch mit dem Westen die einschlägigen Beiträge zumeist mit reicher Literatur in dem Sammelband jüngsten Datums: Schlesien und der deutsche Südwesten um 1600. Späthumanismus – reformierte Konfessionalisierung – politische Formierung. Hg. v. Joachim Bahlcke u. Albrecht Ernst. Heidelberg 2012 (=Pforzheimer Gespräche zur Sozial-, Wirtschafts- und Stadtgeschichte 5). Dazu die wichtige Arbeit von Ludwig Petry: Mittelrhein und Schlesien als Brückenlandschaften der deutschen Geschichte. In: Geschichtliche Landeskunde und Universalgeschichte. Festgabe für Hermann Aubin zum 23. Dezember 1950. Hamburg 1950, S. 205–216.
7 Vgl. dazu unten den Abschnitt III: *Wege in die Aufklärung.*

tueller Infrastruktur, war prädestiniert dazu, eine Hochschule in ihren Mauern zu unterhalten. Der aus der Mitte des ratsfähigen Bürgertums heraus unternommene Versuch scheiterte. Die Gründe sind vielfältig. Insbesondere die akademische Hochburg Krakau widersetzte sich, doch Widerstand ging auch von Prag aus. Eine Approbation durch Kaiser und Papst war unter diesen Umständen nicht zu erlangen. Die Gymnasien vor Ort, weit über Stadt und Land hinaus bekannt, sorgten für Ersatz, zogen sie doch namhafte Gelehrte an und boten ihnen einen renommierten Wirkungsraum.[8]

Fast zeitgleich wurde das Fürstentum tätig. Die Initiative konnte mit Aussicht auf Erfolg nur von den Piastenherzögen ausgehen. Ein herausragender Kopf unter ihnen war der Herzog Friedrich II. von Liegnitz und Brieg. Unter seiner Regentschaft vollzog sich der Einzug der Reformation. Er sollte wie anderwärts begleitet sein von der Installation einer akademischen Hochburg. Die Residenzstadt Liegnitz war als Ort der Ansiedlung ausersehen. Tatsächlich gelangen eine Gründung und die Berufung einzelner namhafter Gelehrter. Doch alsbald stagnierte das Unternehmen und musste rasch wieder aufgegeben werden.[9]

Neuerlich ist eine Reihe von Gründen in Anschlag zu bringen. Nun aber schlug die religiöse Komponente voll durch. Liegnitz war Heimstatt und Wirkungsfeld Kaspar Schwenckfelds. Die Scheidung von Luther zeichnete sich frühzeitig ab. Nicht nur die Theologenschaft wurde in die Friktionen hineingezogen. Die Welle schwappte über auf die Gelehrten. Verdächtigungen kursierten, von

---

8 Vgl. Heinrich Wuttke: Die Versuche der Gründung einer Universität in Schlesien. In: Schlesische Provinzialblätter 62 (1840), S. 412–424, S. 501–514; 63 (1841), S. 3–9; Ernst Theodor Gaupp: Die Stiftungsurkunde des Königs Wladislaus von Böhmen und Ungarn, vom 20. Juli 1505, für die in Breslau zu gründende Universität, aus dem Original mitgetheilt, und mit Einleitung und Anmerkungen versehen. In: Zeitschrift des Vereins für Geschichte und Alterthum Schlesiens 1 (1856), S. 229–244; Gustav Koffmane: Eine schlesische Universität in der Reformationszeit. In: Correspondenzblatt des Vereins für Geschichte der evangelischen Kirche Schlesiens 2 (1883), S. 34–38; Hermann Hoffmann: Zur Vorgeschichte der Breslauer Universität. In: Zeitschrift des Vereins für Geschichte Schlesiens 68 (1934), S. 108–117; Jan Harasimowicz: „Pro felici orthodoxe christiane religionis nostre incremento, pro gloria et exaltatione regni ac corone nostre boemie". Der Gründungsversuch einer jagiellonischen Universität in Breslau im Jahr 1505. In: Konfessionelle Pluralität als Herausforderung. Koexistenz und Konflikt in Spätmittelalter und Früher Neuzeit. Festschrift Winfried Eberhard. Hg. v. Joachim Bahlcke, Karen Lambrecht u. Hans-Christian Maner. Leipzig 2006, S. 85–94. Vgl. auch die große Abhandlung von Gustav Bauch: Schlesien und die Universität Krakau im XV. und XVI. Jahrhundert. In: Zeitschrift des Vereins für Geschichte Schlesiens 41 (1907) S. 99–180. Dazu das Kapitel *Versuch der Gründung einer städtischen Universität in Breslau* in Gustav Bauch (Hg.): Geschichte des Breslauer Schulwesens vor der Reformation. Breslau 1909 (= Codex Diplomaticus Silesiae 25), S. 241–281.
9 Vgl. Gerhard Eberlein: Die erste evangelische Universität. In: Evangelisches Kirchenblatt für Schlesien 4 (1901) Nr. 36/37/38, S. 281-82, 289–90 u. 297–298.

der Kanzel ertönten Weck- und Warnrufe, die Obrigkeit war wie allerorten sonst gefragt, bemühte sich um Ausgleich und musste am Ende doch ihr Scheitern einräumen. Im Strudel der Querelen versank das akademische Projekt. Und wieder war es dem Gymnasium vorbehalten, Ersatz im Herzogtum zu stellen. Der Name Goldbergs und sodann derjenige Briegs stehen dafür ein.[10]

1.4 Konfessionalismus und seine Überwindung

Fast ein ganzes Jahrhundert währte es, bis ein neuer Anlauf unternommen wurde. Nicht explizit eine Universität schwebte dem Gründer vor. Dazu waren die Zeiten nicht angetan. Ein entsprechender Vorstoß wäre von vornherein zum Scheitern verurteilt gewesen. Denn nun waren die konfessionellen Bastionen ausgebaut und das hieß, dass das Trennende allenthalben sichtbar war und die Oberhand behielt. Der Zerfall der einen Christenheit war irreversibel.

Das Bemerkenswerte der von Gewalt begleiteten Diversifikation bestand für den Beobachter darin, dass sich die heftigsten Kämpfe innerhalb der jungen evangelischen Bewegung selbst zutrugen. Die Bereitschaft der zum Luthertum sich bekennenden Pfarrerschaft, den inzwischen auf dem Felde erschienenen reformierten Konkurrenten zu brandmarken, war schier unbegrenzt. Und dabei handelte es sich doch um einen Gegner, der im Reich so wenig wie in den böhmischen Ländern offizielle Anerkennung erlangt hatte. Von den reformierten Enklaven unter fürstlichem Schutz ausgenommen musste er verdeckt agieren.[11]

---

10 Zu Goldberg vgl. Gustav Bauch: Valentin Trozendorf und die Goldberger Schule. Berlin 1921 (= Monumenta Germaniae Paedagogica 57). Zu Brieg vgl. die Darstellung von Karl Friedrich Schönwälder, Johannes Julius Guttmann: Geschichte des Königlichen Gymnasiums zu Brieg. Zur Dreihundertjährigen Jubelfeier. Breslau 1869. Als jüngere Darstellung: Franz Nieländer: Das Brieger Gymnasium. Brieg 1931. Ergiebig weiterhin auch: Johann Gottfried Weinschenk: Historische Nachricht von der Stiftung und den Schicksalen des Königlichen Gymnasii Illustris zu Brieg wie auch von dessen Rectoribus und Professoribus, bey dem Andenken der vor zweyhundert Jahren geschehenen Grundlegung desselben. Brieg 1764.
11 Das Angedeutete in einzigartiger Prägnanz entwickelt in der bleibenden großen Monografie von J[ohann] F[ranz] A[lbert] Gillet: Crato von Crafftheim und seine Freunde. Ein Beitrag zur Kirchengeschichte. Nach handschriftlichen Quellen. Erster [und] Zweyter Teil. Frankfurt am Main 1860. Aus der unübersehbaren neueren Literatur seien hier nur zwei Publikationen hervorgehoben: Thomas Kaufmann: Geschichte der Reformation. Frankfurt am Main/Leipzig 2009; Irene Dingel: Concordia controversa. Die öffentlichen Diskussionen um das lutherische Konkordienwerk am Ende des 16. Jahrhunderts. Gütersloh 1996 (= Quellen und Forschungen zur Reformationsgeschichte 63).

Sollte bei dieser Ausgangslage etwas Durchschlagendes für die gelehrten Studien geschehen, so mussten sie den konfessionellen Querelen entzogen und das hieß von ihnen abgeschirmt werden. Wir stehen nicht mehr am Beginn eines religiösen Aufbruchs, begleitet von unerschöpflichen Hoffnungen auf eine Wiedergeburt verschütteter Quellen christlichen Lebens und Denkens. Wir stehen am Ende eines Weges. Die Kämpfe sind nicht ausgekämpft. Aber die Weitsichtigen haben sich allenthalben von ihnen abgewandt. Desillusionierung im Blick auf die konfessionellen Friktionen hat Platz gegriffen. Damit nicht aber Verzicht auf Frömmigkeit und Leben aus dem Glauben. Die Fundamente sind neu zu errichten. Glauben und Denken erheischen Versöhnung.

Eine unerschöpfliche Fülle metaphysischer Gestaltungen gibt den Jahren um 1600 das intellektuelle und theologische Gepräge. Nie wieder in der Frühen Neuzeit ist eine derart produktive Gärung zu gewahren. Eine Krise setzte ungeahnte Kräfte frei. Niemand wusste darum *in actu* und doch ist es im Nachhinein evident. Im Kairos der Achsenzeit um die Jahrzehnte vor und nach 1600 wurden geistige Positionen umkreist, die hinüberweisen in das Zeitalter der Aufklärung. Diese ratifizierte Entwicklungen und verlieh Stimme jenen Gedanken, mittels derer bereits ein erstes Fazit aus der Tragödie der Konfessionalisierung gezogen worden war. An dieser Stelle kommt der Name des Gymnasium Schoenaichianum zu Beuthen an der Oder und mit ihm derjenige seines Gründers ins Spiel.[12]

1.5 Fürstliche Befriedungspolitik

Die Initiative für gymnasiale und universitäre Schöpfungen liegt in der Frühen Neuzeit im Reich und in den Habsburger Landen mehrheitlich bei den Fürsten und nicht bei den städtischen Regimentern. Unter den vielen Aspekten fürstlichen Handelns verdient einer besondere Aufmerksamkeit. Wie auf allen anderen Ebenen frühneuzeitlicher gouvernementaler Praxis nehmen die Fürsten in ihren Territorien auch *in academicis* ihr *ius reformandi* wahr. Sie sehen sich spätestens seit der Mitte des 16. Jahrhunderts mit den Verwerfungen innerhalb der evangelischen Bewegung konfrontiert. Diese bedrohen den eben erst sich konstituieren-

---

[12] Auch hier nur der eine Verweis auf das unerschöpfliche Werk von Will Erich Peuckert: Die Rosenkreutzer. Zur Geschichte einer Reformation. Jena 1928. Nachkriegsneuauflage des Werkes unter dem Titel: Das Rosenkreuz. Mit einer Einleitung herausgegeben von Rolf Christian Zimmermann. 2., neugefasste Auflage. Berlin 1973 (Pansophie. Dritter Teil). Einschlägig für Schlesien auch die Schlusskapitel in Peuckerts zweitem Hauptwerk: Pansophie. Ein Versuch zur Geschichte der weißen und schwarzen Magie. Stuttgart ²1936.

den Prozess der Formierung staatlicher Strukturen und nötigen daher zu Eingriff und Reglementierung. Mehr als einer der dem Luthertum verpflichteten Fürsten sieht sich aufgerufen zum Wächtertum und zur Wahrnehmung des Schiedsgerichts. Das setzte intensive Befassung mit den theologischen Belangen und qualifizierte Berater voraus, wenn anders nicht schlichter Dezisionismus das letzte Wort behalten sollte.

Schon lange verdienten jene fürstlichen Gestalten eine einlässliche Würdigung, die sich auf dem Felde konfessioneller Befriedung im Umkreis des Protestantismus bleibende Verdienste erwarben. Als von Tragik gezeichnete Figur steht uns der Gründer des Herzogtums Preußen vor Augen. Über Jahrzehnte war er redlich bemüht um Schlichtung der nicht endenden theologischen Kämpfe, wie sie unter dem Stichwort des ‚Osiandrismus' in die Geschichte eingingen. Am Ende musste auch ein Herzog Albrecht sein Scheitern eingestehen und schied in tiefer Sorge um die gedeihliche Fortentwicklung seines Lebenswerkes dahin. Die junge reformatorische Bewegung, die an der Wiege seines Fürstentums gestanden hatte, hatte sich verkehrt in eine Quelle seiner Zerrüttung. Die Symbiose von Staat und Religion, wie sie ein Fazit der lutherischen Umwälzung markierte, war umgeschlagen in ein verhängnisvolles Gegeneinander. Schon im 16. Jahrhundert liegen die Keime für eine Trennung der weltlichen und geistlichen Gewalt und die Erfahrung der destruktiven Kräfte auf Seiten der Religion hatte maßgeblichen Anteil daran.[13]

Auch Schlesien hat diese ehrfurchtgebietenden fürstlichen Gestalten besessen, die ihr Bestes gaben im Dienste der Versöhnung der Entzweiten und ihrer Integration in ein Gemeinwesen, das in seinen fortschrittlichen Ausprägungen sein Lebensrecht nicht zuletzt der Garantie einer friedlichen Koexistenz verschiedener Bekenntnisse verdankte. In der Achsenzeit um 1600, um die es hier geht, stehen uns zwei Personen in Schlesien vor Augen, in denen ein frühaufgeklärtes staatliches und religiöses Ethos leibhafte Gestalt gewann. Wir sprechen von dem Fürsten Joachim Friedrich von Liegnitz und Brieg und sodann von Georg von Schoenaich, dem Fürsten der Herrschaft Beuthen-Carolath, die überhaupt erst dank seiner Initiative Gestalt annahm. Dem letzteren und speziell der Stif-

---

13 Es darf verwiesen werden auf die einschlägigen Kapitel in dem Band: Kulturgeschichte Ostpreußens in der Frühen Neuzeit. Hg. v. Klaus Garber, Manfred Komorowsky u. Axel E. Walter. Tübingen 2001 (= Frühe Neuzeit 56). Hierin u. a. eine große Abhandlung von Thomas Kaufmann: Theologische Auseinandersetzungen an der Universität Königsberg im 16. und 17. Jahrhundert, S. 243–318. Die einschlägige Literatur zuletzt zusammengeführt in zwei Arbeiten zur Stadt Königsberg: Klaus Garber: Das alte Königsberg. Erinnerungsbuch einer untergegangenen Stadt. Köln/Weimar/Wien 2008; Axel E. Walter: Königsberg. In: Handbuch kultureller Zentren der Frühen Neuzeit. Hg. v. Wolfgang Adam u. Siegrid Westphal. Berlin/Boston 2012, S. 1153–1210.

tungsurkunde für seine gymnasiale Schöpfung soll unsere kleine Betrachtung gelten. Doch wird Gelegenheit bestehen, auch einen Seitenblick auf seinen Geistesverwandten zu werfen, der – mit ähnlichen Problemen konfrontiert – zu überraschend ähnlichen Antworten gelangte.

1.6 Georg von Schoenaich, der Majoratsstifter

Georg von Schoenaich wurde 1557 als Sohn des Johannes von Schoenaich und seiner Gemahlin Anna von Berge in Tschelln in der Oberlausitz geboren. Er war damit wesentlich jünger als der 1519 in Breslau geborene Crato von Crafftheim und der 1525 geborene Niklas II. Rhediger, fast gleichaltrig jedoch mit dem 1555 geborenen Niklas III. Rhediger, um ein knappes Jahrzehnt jünger als der 1546 geborene Jakob Monau, um ein solches älter als der 1565 geborene Tobias Scultetus, um 14 Jahre geschieden von Caspar Cunrad und um eine Generation von einer Persönlichkeit wie Nikolaus Henel von Hennenfeld.[14]

Im Übergang zur zweiten Hälfte des 16. Jahrhunderts geboren zu sein und die entscheidenden Jahrzehnte bis zur Katastrophe im Jahr 1620 miterlebt zu haben war gleichbedeutend mit dem Glück, teilzuhaben an der Formierung des Späthumanismus und damit der intellektuell reichsten Bewegung, die je auf schlesischem Boden Wurzeln fasste. Der Reigen bedeutender Gestalten schien unerschöpflich und die Netze der Kommunikation waren so dichtgeknüpft, dass im Land selbst und mit den verwandten Regionen der intensivste gelehrte und poetische Verkehr herrschte. Die Kulturwissenschaft verfügt bislang nicht über die Instrumentarien, um dieses Reichtums Herr zu werden. Es fehlt an quellenkundlichen Dokumentationen. Und es ist nicht absehbar, sollten sie denn einmal vorliegen, wie ihnen darstellend angemessen begegnet zu werden vermöchte. Einzelne Inseln in einem offenbar unerschöpflichen Meer sind sichtbar, kaum mehr. Ein Mittel der Wahl bleibt die Biografie. Und sei es nur in der Form des verknappten Kurzporträts.

---

14 Zu Georg von Schoenaich vgl. Christian David Klopsch: Geschichte des Geschlechts von Schönaich. Erstes bis viertes Heft. Glogau 1847–1856. Das Porträt Georgs im dritten Heft (1853), S. 11–124. Des Weiteren Günther Grundmann: Die Lebensbilder der Herren von Schoenaich auf Schloß Carolath. In: Jahrbuch der Schlesischen Friedrich-Wilhelms-Universität zu Breslau 6 (1961), S. 229–330, S. 255–264. Vgl. von Grundmann auch das Porträt Georg von Schoenaichs in: Schlesier des 16. bis 19. Jahrhunderts. Hg. v. Friedrich Andreae, Erich Graber u. Max Hippe. Sigmaringen: Thorbecke ²1985 (= Schlesische Lebensbilder 4), S. 68–74. Es handelt sich um einen fotomechanischen Neudr., ausgestattet zusätzlich mit einem *Vorwort zur Neuauflage*.

Der Erzieher Georg von Schoenaichs war zunächst Adam Müller, der später als Richter in Muskau wirkte. Dann übernahm Fabian von Schoenaich die Obhut, ein Vetter des verstorbenen Vaters. Er schickte Georg auf das Freystädter Gymnasium, wo dieser u. a. von dem bedeutenden Gelehrten Johannes Ferinarius unterrichtet wurde, der später eine Professur für Historie und Poesie in Marburg bekleidete. 1575 wechselte er zum Jurastudium nach Wittenberg und hörte hier u. a. bei Beust, Wesenberg und Teubner. Zurückgekehrt zu Fabian, übernahm er die Verwaltung der riesigen Besitzungen. Entscheidende Erfahrungen verdankte er seinen Reisen, die ihn nach Meißen und Breslau, vor allem jedoch nach Prag und Wien führten. Hier oblag ihm die Wahrnehmung der Rechtsgeschäfte seines Onkels und derart rüstete er sich zugleich für die fast übermenschlichen Aufgaben, die ihn alsbald erwarteten. Schon 1585 hatte sein Vorgänger Fabian von Schoenaich sein Testament verfasst. Neben seiner Gemahlin Elisabeth von Landskron wurden die beiden Söhne seines Cousins, Johannes und Georg, zu Haupterben eingesetzt, und das unter merklicher Bevorzugung Georgs. Johannes wurde die Herrschaft Parchwitz zugesprochen.[15]

1591 starb Fabian. Georg ehelichte die Witwe Fabians vier Jahre später in Parchwitz und widmete sich der Arrondierung und rechtlichen Sicherung des überkommenen Erbes. Reichlich vorhandene Mittel erlaubten ihm, Kaiser Rudolf II. mit attraktiven Offerten entgegenzukommen. Es gelang ihm, einen großen Teil der Güter in den definitiven Besitz der Familie zu bringen, darunter Carolath, Beuthen und Milkau. Nur Parchwitz konnte dem Haus nicht erhalten werden. Georg ging sogleich daran, das befestigte Eigentum zu akkulturieren. Auf eine denkwürdige Weise begriff er diese Tat als eine Verpflichtung gegenüber seinen Untertanen und als eine Dankesgabe gegenüber Gott.

> Denn obwohl der Höchste, mit seiner väterlichen Hülfe fast lange aufgezogen, und mich von meiner Jugend an bis in mein 38. Jahr viel Armuth, Drangsal, Noth und Unglück, auch Mühe und Arbeit erdulden und versuchen lassen, so hat er doch hernachmals sehr plötzlichen und gleichsam wie auf einmal, mit großen Haufen seinen zeitlichen Segen über mich kommen lassen und von derselben Zeit an zu meiner Wirthschaft, Nahrung und vielansehnlichem Werk und Anrichtungen dermaßen seinen Gedieg und Segen gegeben, daß solch wenige Zeit

---

15 Zu Fabian von Schoenaich, einer Schlüsselgestalt der Familie, vgl. Klopsch: Geschichte des Geschlechts von Schönaich, erstes Heft (Anm. 14), S. 57 ff.; zweites Heft (Anm. 14), S. 82 ff.; Grundmann: Die Lebensbilder der Herren von Schoenaich (Anm. 14), S. 241–255. Vgl. auch den Eintrag von Konrad Wutke in: Allgemeine Deutsche Biographie. Hg. von der Bayerischen Akademie der Wissenschaften. Berlin 1875–1912 (ND: 1967–1971; im Weiteren mit der Sigle: „ADB" und Bandangabe), Bd. 32 (1891), S. 249–253.

über mein Vermögen sich fast vermehrt und so groß worden, daß ich frei bekennen muß, er habe mehr gegeben, als ich jemals hätte wünschen, bitten und begehren dürfen.[16]

Georg fühlte sich durchdrungen von dem Wissen, Glied eines Geschlechts zu sein, dessen Vergangenheit und dessen Zukunft gleichermaßen verpflichteten. Er war ein überzeugter Verfechter des Fideikommisswesens und machte es nun selbst zur Leitschnur seines Handelns. Aus den Herrschaften Carolath und Beuthen sowie den zugekauften Gütern Mellendorf und Amtitz wurden ein Haupt- und zwei Neben-Majorate gebildet. Auch diesen Akt begriff er als einen der göttlicher Fürsorge geschuldeten. Schon 1601 hatte er einen ersten Entwurf gefertigt, an dem kontinuierlich weitergearbeitet wurde. Im Februar 1610 lag die Stiftungsurkunde schließlich vor. Im Archiv zu Carolath lag sie auf Pergament beschrieben und in grünes Sammet eingefasst sowie mit getriebenem Messingbeschlag versehen. An ihr hing in eine Messingkapsel verschlossen das schoenaichsche Siegel. Darin waren die Worte eingraviert:

> Dies Sigel niemand disputier
> Noch etwaa daran annulier
> Wer folt, den segn' der höchste Gott
> Wer's bricht, sey verflucht bis in den Todt.[17]

Wenig später wurde er zum kaiserlichen Hofrat befördert. Er erhielt den Freiherrentitel und wurde in die Schlesische Kammer berufen. Ende des Jahres 1611 erfolgten die Wahl zum Kanzler und die Ernennung zum wirklichen Geheimen Rat. Ungeachtet der zahllosen daraus resultierenden Verpflichtungen blieb der Fürst den auf das Innere seines Besitzes gerichteten Aufgaben treu. Auf drei war sein Auge in besonderer Weise gerichtet. Er widmete sich dem Armenwesen durch Gründung eines Hospitals, wandte sich dem Kirchwesen zu und krönte sein Werk durch die Schaffung zunächst eines Pädagogiums und sodann eines Gymnasiums. Aus welchem Geist heraus dies geschah ließ er selbst verlauten. Ein Dokument selten eindringlicher gläubiger Verfasstheit trat da in die Welt, dessen Ethos dazu angetan war, die Zeiten zu überdauern. Es soll uns beschäftigen.

Georg blieb es erspart, die Katastrophe zu erleben, die die verlorene Schlacht am Weißen Berge im November des Jahres 1620 bezeichnete. Der soeben auf den böhmischen Königsthron gelangte reformierte Pfälzer Kurfürst Friedrich V. vermochte sich auf ihm nicht zu halten. Die Hoffnungen der Anhänger des reformier-

---

16 Zit. n. Klopsch: Geschichte des Geschlechts von Schönaich (Anm. 14), H. III, S. 20; Grundmann: Die Lebensbilder (Anm. 14), S. 260.
17 Zit. n. Grundmann: Die Lebensbilder (Anm. 14), S. 263 f.

ten Bekenntnisses, eben erst nach dem Einzug des jungen Königs in Schlesien machtvoll befördert, zerstoben sogleich. Anders als die Piastenherzöge hatten sich die Freiherren von Beuthen-Carolath militärisch nicht an dem Feldzug Friedrichs beteiligt. Ihre konfessionelle Orientierung war selbstverständlich bekannt. Eine Leidenszeit begann auch auf ihren Besitzungen. Davon ist hier nicht mehr zu sprechen. 1619 starb Georg. Er überlebte in seinem Werk, der Schaffung des Gymnasiums, das den Namen seines Geschlechts trug, *Gymnasium Schoenaichianum*.

1.7 Ein Blick auf das Gymnasium Schoenaichianum

Georg fand selbstverständlich in Beuthen eine Schule vor. Er ließ es sich sogleich angelegen sein, sie kontinuierlich weiter zu entwickeln. Am Schluss stand eine Anstalt da, die keine Parallele kannte, weder in Schlesien noch anderwärts. Auf zwei Säulen gedachte er seine Herrschaft zu begründen, eine aus neuem Geist gezeugte Kirche und eine mit neuartigen Eckprofessuren ausgestattete Bildungsanstalt. Die Projekte waren verschiedener Natur und wiesen doch überraschende Konvergenzen auf. Der Fürst hatte die religiöse Entwicklung in Schlesien und speziell in seiner Herrschaft genau verfolgt. Er war fest entschlossen, aus dem Wahrgenommenen nachhaltige Konsequenzen zu ziehen. Kirche wie Schule mussten ermächtigt und ertüchtigt werden dazu, den Prozess religiöser Befriedung zu befördern. Das war ein Gebot staatlichen Überlebens. Aber es entsprang auch einem Gefühl herrscherlicher Verpflichtung auf dem Gebiet der Religion.[18]

---

18 Die quellenkundliche und wissenschaftliche Literatur zum Gymnasium Schoenaichianum findet man zusammengestellt und verarbeitet in zwei Büchern des Verfassers, so daß die Literaturhinweise sich auf das unumgängliche beschränken können. Vgl. Klaus Garber: Daphnis. Ein unbekanntes Epithalamium und eine wiederaufgefundene Ekloge von Martin Opitz in einem Sammelband des schlesischen Gymnasium Schönaichianum zu Beuthen in der litauischen Universitätsbibliothek Vilnius. In: Ders.: Martin Opitz – Paul Fleming – Simon Dach. Drei Dichter des 17. Jahrhunderts in Bibliotheken Mittel- und Osteuropas. Köln/Weimar/Wien 2013 (= Aus Bibliotheken und Archiven Mittel- und Osteuropas 4), S. 1–102; hierin auch das zweite Kapitel: *Das Gymnasium Schönaichianum zu Beuthen an der Oder und ein zeitgenössischer Sammelband aus seinem Umkreis* (S. 15–36). Hinzunehmen der quellenkundliche Anhang zu der Abhandlung: Verzeichnis bio-bibliographischer handschriftlicher und gedruckter Hilfsmittel zur schlesischen Personenkunde der Frühen Neuzeit unter besonderer Berücksichtigung des Späthumanismus, S. 97–157. Des Weiteren ders.: Adel, Frömmigkeit und Kultur in Schlesien. Das späthumanistische Gymnasium Schoenaichianum in Beuthen an der Oder und sein Gründer inmitten des entfesselten Konfessionalismus am Vorabend des Dreißigjährigen Krieges. Wien/Köln/Weimar 2015 [i. D.]. Die grundlegende ältere Darstellung stammt wiederum von Christian David Klopsch: Geschichte

Zu Ende des Jahres 1614 war die Konstitutionsphase des Gymnasiums abgeschlossen. Es war aus dem bestehenden *Paedagogium* herausgewachsen, das weiter seines Amtes waltete. Zwei Jahre später lag die Stiftungsurkunde vor, an der der Freiherr ein gutes Jahrzehnt gearbeitet hatte. Zu ihr sogleich. Ungewöhnliche personelle und sachliche Maßnahmen prägten das Bild. Wie im Kirchwesen drang der Stifter auch im Schulwesen darauf, dass konfessionelle Prädispositionen und Orientierungen außen vor blieben. Sie sollten die gymnasiale Gründung nicht gefährden. Wie in der gleichzeitigen Reform der Kirchen ist aber auch auf dem gymnasialen Sektor unverkennbar, dass reformierte Optionen deutlich ausgeprägt sind und vor allem brüderlichen und sozinianischen Überzeugungen ein Lebensrecht eingeräumt wird. Die Nähe zu Lissa und der wiederholte Wechsel von Amtsträgern zwischen den beiden Städten unterstreichen die hier obwaltenden Affinitäten. Das religiöse Profil des Gymnasiums, durch Vielfalt und Buntheit ausgezeichnet, besaß keine Parallele im Land. Ein fürstlicher Wille hatte sich durchgesetzt.[19]

---

des berühmten Schönaichischen Gymnasiums zu Beuthen an der Oder, aus den Urkunden des Fürstlich=Carolatischen Archivs und den besten darüber vorhandenen Schriften gesammelt von C. D. Klopsch, Rector des evangelischen Gymnasiums zu Groß=Glogau. Groß-Glogau 1818 (Exemplar BU Wrocław: Schlesisch-Lausitzisches Kabinett, 41799.I). Vgl. auch Klopsch: Geschichte des Geschlechts von Schönaich (Anm. 14), drittes Heft, S. 39–46.

[19] Wir nutzen die Gelegenheit, um auf drei sehr ergiebige ältere Darstellungen hinzuweisen. Vgl. Johann Christian Kundmann: Academiae Et Scholae Germaniae, praecipuè Dvcatvs Silesiae, Cvm Bibliothecis, In Nvmmis. Oder: Die Hohen und Niedern Schulen Teutschlandes, insonderheit Des Hertzogthums Schlesiens, Mit ihren Bücher=Vorräthen, in Müntzen. Wie auch andere ehemals und jetzo woleingerichtete Schulen dieses Hertzogthums. Denen ein Anhang alter rarer goldener Müntzen, so bey Grundgrabung des Hospital=Gebäudes zu Jauer Anno 1726 gefunden worden, beygefüget: Dem Druck nebst nöthigen Kupffern überlassen von D. Johann Christian Kundmann, Medico Vratislv. Der Kayserlichen Reichs=Academ. Nat. Curios. Mitgliede. Breslau 1741, S. 507–522; Siegismund Justus Ehrhardts, Pastors der Pfarr=Kirche zu Beschine, der Patriotisch=Schlesischen Sozietät ordentlichen, und der Lateinischen Gesellschaft zu Jena Ehren=Mitglieds, Presbyterologie des Evangelischen Schlesiens, Zweiten Theils zweiter Haupt=Abschnitt, welcher die Protestantische Kirchen= und Prediger=Geschichte des Fürstenthums Carolat=Beuthen in sich fasset. Liegnitz 1782; Daniel Heinrich Hering: Geschichte des ehemaligen berühmten Gymnasiums zu Beuthen an der Oder. Erste bis fünfte Nachlese. Progr. Königl. Friedrich Schule Breslau 1784–1788; ders.: Beuthnische Sachen. Ein Anhang zur Geschichte des beuthnischen Gymnasiums. Progr. Königl. Friedrich Schule Breslau 1789. Zum Sozianismus und Arianismus im Kontext des Gymnasium Schönaichinum vgl. Siegfried Wollgast: Zum Schönaichianum in Beuthen an der Oder. In: Jahrbuch der Schlesischen Friedrich-Wilhelms-Universität zu Breslau 35 (1994), S. 63–103; ders.: Johann Johnston (1603–1675). Ein Arzt zwischen Schottland, Polen und Schlesien. In: Würzburger medizinhistorische Mitteilungen 2 (2001), S. 474–518.

Nämliches gilt prinzipiell für den Lehrkörper. Neun Professuren hatte Georg in seiner Stiftungsurkunde nominiert. Sieben davon galten eingeführten Disziplinen. Freilich rückten sie durch die beiden neu geschaffenen Stellen ebenfalls in ein verändertes Licht. Das galt hinsichtlich der Professur für Theologie auf der einen Seite, hinsichtlich der für Ethik auf der anderen Seite. Hinzutraten Jurisprudenz, Medizin, Rhetorik und Poetik, Historie, Physik sowie schließlich Mathematik. Das Fach der Logik als hinzukommende zehnte Disziplin wurde durch den Paedagogiarchen wahrgenommen.[20]

1.8 Zwei extraordinäre Professuren für Frömmigkeit und Sitten

Der Skopus der gymnasialen Ausformung bestand in jenen beiden Professuren, denen man den Charakter von Eckprofessuren zusprechen darf. Der Freiherr begründete sie beide in seiner Stiftungsurkunde am ausführlichsten. Und er bemühte sich persönlich um herausragende Vertreter, die in der Lage waren, den Professuren ohne Vorbild Profil zu verleihen. Dass dies gelang, wird ihm, wird der Anstalt und wird den Personen zu bleibendem Ruhm gereichen. Das Gymnasium, so knapp die Zeit seines Wirkens bemessen blieb, hatte Anstöße vermittelt, die sich nicht wieder verlieren konnten. Und das weniger im Blick auf die Schulgeschichte im engeren Sinn als die Bewusstseinsgeschichte, die einen innovativen Schub erfahren hatte.

Auf der einen Seite ging es um ein Komplementärfach zur Theologie. Es sollte der Frömmigkeit, der *pietas*, gewidmet sein. Hier waren diejenigen Elemente der christlichen Überlieferung herauszuarbeiten, die allgemeinen, die Konfessionen übergreifenden Charakter beanspruchen durften. Sie sollten beitragen dazu, die aufgerissenen Gräben zu überwinden und die Befriedung unter den Konfessionen zu befördern. Dass damit zugleich dem klassischen Fach der Theologie ein implizites Urteil gesprochen wurde, liegt auf der Hand. In ihrem Schoß waren jene Spaltpilze gezeugt worden, die verheerende Konsequenzen gezeitigt hatten.

---

[20] Vgl. Ehrhardt: Presbyterologie des Evangelischen Schlesiens II/2 (Anm. 19), S. 581–588; Hering: Geschichte des ehemahligen berühmten Gymnasiums (Anm. 19), zwote Nachlese, S. 6–14, dritte Nachlese, S.10–14, vierte Nachlese, S. 7–14; fünfte Nachlese, S. 4–14; Klopsch: Geschichte des berühmten Schönaichischen Gymnasiums (Anm. 18), S. 43–62, 70 f., 101–103 u. 112 f.; Klopsch: Geschichte des Geschlechts von Schönaich (Anm. 14), drittes Heft, S. 39–45; Wilhelm Barth: Die Familie von Schönaich und die Reformation. Privatdruck 1891, S. 39; Wollgast: Zum Schönaichianum (Anm. 19), S. 74 f., sowie die unten Anm. 26 zitierte Arbeit von Robert Seidel, S. 244–246. Die Biografien des gesamten Lehrkörpers findet man aufgeführt bei Klopsch, S. 201–330.

Das Alleinvertretungsrecht des Faches wurde nicht länger hingenommen. Eine neue unverbrauchte Professur sollte neues frommes Leben erwecken helfen.[21]

Und auch die zweite Professur ohne Vorbild war mit hohen Ansprüchen versehen. Ihre Aufgabe war es, die Regulierung des gesellschaftlichen Verkehrs zu optimieren. Auch ihrer Einrichtung lag der Wunsch zugrunde, zur Befriedung der Menschen untereinander beizutragen. Dazu mussten Formen des Umgangs entwickelt werden, die geeignet waren, den Respekt, um nicht zu sagen: die Ehrfurcht voreinander zu befördern. Die herkömmlichen Verhaltenslehren, oftmals auf den Hof und die oberen Stände zugeschnitten, leisteten das nicht. Aber auch die hergebrachte Morallehre war nicht dazu angetan, fehlte ihr doch der explizite und auf Einsicht gegründete gesellschaftliche Bezug. Der sich eben herausformende frühabsolutistische Staats- und Gesellschaftskörper verlangte nach einer Erziehung, die die intendierte Homogenität der Untertanenschaft – bei voller Wahrung der sozialen Staffelung – in ein pädagogisches Konzept überführte, das den Anforderungen der Gegenwart genügte. Einer Professur für Sitten, für *mores*, war diese Aufgabe zugeschrieben.[22]

1.9 Zwei Repräsentanten der neuen Fächer

Der Stifter hatte das Glück, zwei herausragende Persönlichkeiten zu verpflichten, die den Anstoß mit Leidenschaft und Sachkenntnis aufnahmen. Sie waren überdies rege publizistisch tätig und beförderten derart die Attraktivität ihrer Stellen wie der Anstalt insgesamt nachhaltig. Man sprach für eine Weile weit über Beuthen, ja wohl auch über Schlesien hinaus von dem Gymnasium an der Oder. Selbst die berühmte Schöpfung Trozendorfs in Goldberg trat darüber für eine Weile in den Hintergrund. Man musste ins Brandenburgische und Sächsische blicken, um vergleichbare illustre gymnasiale Anstalten zu gewahren. Und insofern, als dem Gymnasium Schoenaichianum durchaus universitätsähnliche Züge eigneten, dauerte es bis in die Zeit der Aufklärung, bevor wiederum neuartige Professuren kreiert wurden.

---

21 Vgl. Hering: Geschichte des ehemahligen berühmten Gymnasiums (Anm. 19), dritte Nachlese, S. 11; Klopsch: Geschichte des berühmten Schönaichischen Gymnasiums (Anm. 18), S. 59 f., sowie unten den Abschnitt 2.
22 Vgl. Hering: Geschichte des ehemaligen berühmten Gymnasiums (Anm. 19), erste Nachlese, S. 10–14, dritte Nachlese, S. 11–13; Klopsch: Geschichte des berühmten Schönaichischen Gymnasiums (Anm. 18), S. 47–55. Des Weiteren die unten Anm. 26 zitierte Arbeit von Robert Seidel, hier insbesondere S. 265–270, S. 283–296.

Die Professur für Frömmigkeit konnte bezeichnenderweise nicht sogleich zufriedenstellend besetzt werden. Die Anforderungen waren zu ungewöhnlich. Dann kam mit Georg Vechner der Mann der Wahl.[23] Er war gebürtiger Freistädter, hatte in Frankfurt studiert und sich dann zunächst als Erzieher zweier Söhne des Kurpfälzischen Rats von Solms verdingt. In Heidelberg war er in engen Kontakt mit Abraham Scultetus getreten. Im März 1616 erfolgte der Ruf nach Beuthen. Er war an die Bedingung geknüpft, die Promotion nachzuholen. Sie erfolgte ein Jahr später bei Pelargus in Frankfurt. Vechner nahm zunächst die Professur für Theologie wahr. Dann wechselte er 1619 auf die für Frömmigkeit. Dass er dafür der geeignete Mann war, hatte er durch eine eindrucksvolle Schrift mit dem schönen Titel *Singulare Gymnasii Schoenaichiani Charisma* bewiesen.[24]

Doch eine ungestörte Zeit war ihm nicht vergönnt. Gezielt wurde aus der Kollegenschaft der Vorwurf des Arianismus gestreut. Er wechselte herüber nach Lissa. Dort erhielt er einen Ruf nach Frankfurt. Er nahm ihn aber nicht an, weil er sich weiterhin Beuthen verpflichtet fühlte. Später, 1639, wurde er per Ordination in Lissa in die Unität der reformierten und der böhmischen Brüder in Polen aufgenommen und wohnte in dieser Eigenschaft dem berühmten Thorner Kolloquium im Jahre 1645 bei. Am Brieger Hof beendete er seine Karriere. Den Reformierten wie den Brüdern gleichermaßen verbunden, lebte er einen konfessionsneutralen

---

23 Zu Vechner vgl. Klopsch: Geschichte des berühmten Schönaichischen Gymnasiums (Anm. 18), S. 57 f., S. 113–132, S. 311–322 (mit Schriftenverzeichnis). Vgl. auch Siegismund Justus Ehrhardt: Presbyterologie des Evangelischen Schlesiens. Zweiten Theils Erster Haupt=Abschnitt, welcher die Protestantische Kirchen= und Prediger=Geschichte der Stadt und des Fürstenthums Brieg in sich fasset. Liegnitz 1782, S. 64–66; ders.: Presbyterologie II/2 (Anm. 19), S. 583. Vgl. auch Hering: Zweite Nachlese (Anm. 19), S. 7 f.; vierte Nachlese (Anm. 19), S. 9 f.; fünfte Nachlese (Anm. 19), S. 6 f. u. 15. Sodann Kurze biografische Nachrichten der vornehmsten schlesischen Gelehrten. Grottkau 1788. S. 141.

24 Vgl. Georg Vechner: Singulare Gymnasii Schönaichiani Charisma: H.E. Professio Pietatis Pro Fundatoris μακαρίτου Intentione Dilucidè à Professionibus caeteris Theologicis distincta. (BU Wrocław 313065 (= 8 B 8402); 421844 (= R 100/7); 426418 (= R 244/25); 443370). Der Programmschrift für die neue Professur ist im Exemplar R 244/25 ein Typus *Dissertationis De Pietatis Professione* beigebunden. Außerdem existiert von Vechner ein Einblattdruck *Pietatis Professionem, In Illustri Schonaichiano [!] Gymnasio, exorsurus* (datiert 12. September 1619 zu Beuthen), der dem Exemplar der ehemaligen Stadtbibliothek Breslau (313065 = 8 B 8402) beigebunden ist. Das *Indicium Professionis Theologicae*, Beuthen 1617 (BU Wrocław 353245; 421845 (= R 100/8); 426416 (= R 244/24a) fehlt bei Klopsch. In das Exemplar R 244 ist unter Position 24b eine *Recensio Praelectionum Exercitiorumque* für das Wintersemester 1619 beigebunden. Eine bei Klopsch erwähnte, aber auch ihm nicht vorliegende *Laudatissima Gymnasii Bethaniensis Institutio Vechners*, dürfte identisch sein mit dem erstgenannten Titel aus der Feder Vechners. Eine Interpretation bei Garber: Adel, Frömmigkeit, Kultur (Anm. 18). Hier das Kapitel *Innenansicht des Glaubens: Georg Vechners ‚Singulare Gymnasii Schönaichiani Charisma'*.

christlichen Glauben genau in dem Sinn, den sich Georg mit der Schaffung der Professur für Frömmigkeit erhofft hatte.[25]

Anders stand es um den Inhaber der Professur für Sittenlehre, Caspar Dornau. Er kam als berühmter Mann nach Beuthen. Er hatte in Jena studiert, gelangte in Begleitung des venezianischen Patriziers Gregorius Jordanus an diverse Höfe des In- und Auslandes, hatte in Prag Erzieherdienste in Adelskreisen wahrgenommen und schließlich als Hofmeister in der berühmten Familie der von Smirziz gewirkt. Mit dem ältesten Sohn des Siegismund von Smirziz, Jaroslaus, ging er auf Kavaliersreise, erwarb in Basel die medizinische Doktorwürde, kam nach Heidelberg, besuchte Frankreich, England und die Niederlande und kehrte sodann nach Böhmen zurück.[26]

Man bot ihm das Rektorat in Görlitz an, das er glanzvoll vertrat. Eine lebhafte publizistische Tätigkeit hatte eingesetzt, die ihm eine Reihe von Rufen verschaffte. Prag und Frankfurt umwarben ihn u. a., er entschied sich für Beuthen. Dort begründete er die neue Disziplin für Sittenlehre und legte in einer grandiosen Antrittsrede leitende Prinzipien seines auf neuplatonischem Gedankengut gegründeten Faches vor.[27] So trug auch er zur Entkonfessionalisierung bei. Ein

---

25 Vgl. dazu die einschlägigen Passagen bei Klopsch: Geschichte der berühmten Schönaichischen Gymnasiums (Anm. 18), S. 187–197, S. 316 f. Vgl. auch Wollgast: Zum Schönaichianum (Anm. 19), S. 97 f.; ders.: Johann Johnston (Anm. 19), S. 477–479, S. 498.
26 Grundlegend Robert Seidel: Späthumanismus in Schlesien. Caspar Dornau (1577–1631). Leben und Werk. Tübingen 1994 (= Frühe Neuzeit 20). Hier einschlägig das achte Kapitel, betitelt Beuthen. Das Gymnasium Schönaichianum, Mustereinrichtung eines irenisch geprägten Schulgründers. Georg von Schönaich, Dornau und die Beuthener Lehrerschaft. Dornaus Wirken in Beuthen im Überblick (1616–1620), S. 230–264, sowie das neunte Kapitel: Der Gelehrte in seiner Zeit. Verhaltenslehre und Epochenanalyse. Die drei großen programmatischen Reden Dornaus aus den Beuthener Jahren (‚Charidemus', ‚Parallela morum seculi', ‚Felicitas seculi'). Akkommodation und Fortschrittsoptimismus als Losungen der Zeit, S. 265–306. Vgl. von Seidel auch den Dornau-Eintrag in: Frühe Neuzeit in Deutschland 1520–1620. Literaturwissenschaftliches Verfasserlexikon. Bd. II: Clajus, Johannes – Gigas, Johannes. Hg. v. Wilhelm Kühlmann u. a. Berlin/Boston 2012, Sp. 171–179. Hier die einschlägige Literatur. Vgl. in diesem Zusammenhang auch Jörg-Ulrich Fechner: Der Lehr- und Lektüreplan des Schönaichianums in Beuthen als bildungsgeschichtliche Voraussetzung der Literatur. In: Stadt – Schule – Universität – Buchwesen und die deutsche Literatur im 17. Jahrhundert. Hg. v. Albrecht Schöne. München 1976, S. 324–334.
27 Vgl. Caspar Dornau: Charidemus, hoc est, De Morum Pulchritudine, Necessitate, Utilitate, ad civilem conservationem, Oratio Avspicalis, Habita in Illustri Panegyre gymnasii Schönaichianii ad Oderam. Primitiae Chalcographicae. Beuthen 1617 (BU Wrocław 5 244 (42) = 426439). Vgl. dazu Wilhelm Kühlmann: Gelehrtenrepublik und Fürstenstaat. Entwicklung und Kritik des deutschen Späthumanismus in der Literatur des Barockzeitalters. Tübingen 1982 (= Studien und Texte zur Sozialgeschichte der Literatur 3), S. 140–151; Seidel: Caspar Dornau (Anm. 26), S. 271–283; Garber: Adel, Religion, Kultur (Anm. 18). Hier die Kapitel: Die Moderne hält Einzug in Beuthen: Noch

geläutertes Christentum ging in den Kanon der Verhaltenslehre ein, der durch und durch zugeschnitten war auf die Belange des über den konfessionellen Konflikten sich erhebenden frühabsolutistischen Staates. Ein Mann dieses Kalibers war auf Dauer nicht zu halten. 1620, ein Jahr nach Georgs Tod, verließ er Beuthen und wechselte herüber nach Brieg. Er war, so drückt der Historiker der Schule und der Familie von Schoenaich sich aus, „der größte Gelehrte, den das beuthnische Gymnasium besessen hat".[28]

2 Eine Stiftungsurkunde

Eben hatte der künftige Freiherr zu Beginn des neuen Jahrhunderts die Angelegenheiten seiner Herrschaft – vielfach noch als diplomatischer Emissär seines Vorgängers Fabian von Schoenaich – zufriedenstellend ordnen können, da begann sogleich die Arbeit an seinem Stiftungswerk. Dessen Konzeption wurde die Jahre über in schriftlichen Dokumenten festgehalten. Wir wissen nicht, was im Einzelnen sich im schoenaichschen Familienarchiv zu Carolath befunden hat. Dort wurde eine Jahrhunderte währende Geschichte des Geschlechts in allen denkbaren Aspekten offensichtlich minutiös festgehalten und als ein geschlossener Komplex bewahrt. Der Verlust dieses herausragenden Familienarchivs gehört hinein in den Untergang der Adelskultur, wie er die Landschaften des Ostens in besonderer Weise betraf. Nur vereinzelte herausragende Dokumente konnten gerettet werden.[29]

Dazu gehört die Stiftungsurkunde für das Paedagogium und das Gymnasium aus dem Jahre 1616. Von ihr existierte eine Reihe von Abschriften. In Carolath lag die einzig beurkundete Abschrift in Gestalt von 38 beidseitig beschriebenen Pergamentblättern. Sie gehört zu den wenigen Schriftstücken des Hauses, die einen Herausgeber gefunden haben, ohne dass diese verdienstvolle Tat über einen längeren Zeitraum eine irgend geartete Beachtung gefunden hätte. Es

---

einmal ein Blick in Dornaus ‚Charidemus' – Widmungsstrategie – Anrufung der Grazien – Gabe der Göttin Charis: Schönheit – Situative Philosophie der Sitten.
28 Klopsch: Geschichte des berühmten Schönaichischen Gymnasiums (Anm. 18), S. 220 f.
29 Vgl. Die Inventare der nichtstaatlichen Archive Schlesiens. I. Die Kreise Grünberg und Freystadt. Namens des Vereins für Geschichte Schlesiens herausgegeben von Konrad Wutke. Breslau 1908 (= Codex Diplomaticus Silesiae 24). Hier zum Schloss- und Familienarchiv in Carolath S. 105–129. Vgl. auch Grundmann: Die Lebensbilder (Anm. 14), S. 329 f. Ders.: Schloß Carolath und die Fürstliche Familie. In: Ders.: Erlebter Jahre Widerschein. Von schönen Häusern, guten Freunden und alten Familien in Schlesien. München 1972, S. 92–118. Hier der Abschnitt *Das Archiv im zweiten Schloßhof* (S. 101–104).

bedurfte einer literaturwissenschaftlichen Intervention im Kontext der Opitz-Forschung, um die Aufmerksamkeit auf das hochbedeutende Dokument zu lenken.[30]

Wir haben ihm soeben eine eingehendere Betrachtung gewidmet.[31] An dieser Stelle ist zu akzentuieren, was ihm als Antwort auf die konfessionelle Krise zu entnehmen ist. Es werden Gedanken formuliert, die einen tiefen Einblick in die mentale Situation um 1600 erlauben. Und sie stammen von einem Fürsten, der ohne fremden Beistand sich an die Formulierung wagte und derart dem über einen langen Zeitraum heranwachsenden programmatischen Papier seine Authentizität sicherte.

2.1 Religiöse Fundamentierung

Autarkie hatte der Freiherr seiner schulischen Schöpfung gewährleisten wollen. Sie erstreckte sich auf alle Bereiche von der täglichen Verpflegung und der Unter-

---

30 Vgl. Konrad Kolbe: Stiftungsurkunde der Schule und des Gymnasiums zu Beuthen an der Oder aus dem Jahre 1616. In: Mitteilungen der Gesellschaft für deutsche Erziehungs- und Schulgeschichte 3 (1893), H. 4, S. 209–268; online unter http://goobiweb.bbf.dipf.de/viewer/image/ZDB1010996363_0003/244. Hier im Vorspann eine knappe Beschreibung der beurkundeten Abschrift. Nach diesem Neudruck wird im Folgenden zitiert. Vgl. auch Klopsch: Geschichte des berühmten Schönaichischen Gymnasiums (Anm. 18), S. II, S. 64–78. Wir haben in der Universitätsbibliothek Warschau vor langer Zeit eine Abschrift der Stiftungsurkunde aufgetan. Die Handschrift trägt die Signatur der verwahrenden Institution der Nachkriegszeit, der BU Wrocław: Akc. 1948 KN 1052. Sie hat sich davor vermutlich in der Staats- und Universitätsbibliotek Breslau befunden. Darauf deutet die erhaltene Signatur: Schles. Gesch. IV. Qu 245. Trifft unsere Vermutung zu, so ist Provenienz aus der reichhaltigen Bibliothek der *Gesellschaft für Schlesische Altertumskunde* wahrscheinlich, die im 19. Jahrhundert an die Staats- und Universitätsbibliothek kam. Ein Stempel auf dem Titelblatt ist leider unleserlich. Der Titel der Handschrift: *Vollständige Stiftúng únd Einrichtung des berühmten Schoenaichischen Gymnasiums únd Hospitals in Beúthen*. Auf dem Titelblatt befindet sich auch ein Verweis auf die Herkunft: „aus der Sammlung D.***". Diese offensichtlich textidentische Abschrift umfaßt 99 Blatt und einen Annex, ist also von anderer Hand geschrieben. Der große Erforscher des schlesischen Adels Sinapius scheint sie in der Hand gehabt zu haben. Vgl. Kundmann: Academiae Et Scholae (Anm. 19), fol. π4ᵛ. Auch Hering hat eine Abschrift in der Hand gehabt. Vgl. Hering: Geschichte des ehemaligen berühmten Gymnasiums (Anm. 19), dritte Nachlese, S. 1–16. Schon früher war die Schulordnung für das Paedagogium erschienen. Vgl. Ordnung des Gymnasiums zu Beuthen, 1614. In: Die evangelischen Schulordnungen des siebenzehnten Jahrhunderts. Hg. v. Reinhold Vormbaum. Gütersloh 1863 (= Evangelische Schulordnungen 2), S. 109–135. Der Verfasser ist Adam Liebig. Der Titel der Ordnung: *Legum et Annuarum Operarum. Illustris Scholae Schönaichianae, Qvae est Bethaniae ad Viadrum, Nova Recensio* (Liegnitz 1614).
31 Vgl. oben Anm. 18.

bringung der Schüler bis hin zu den Lehrstoffen, die einen eigenen, das Gymnasium prägenden Stil begründen sollten. Am deutlichsten kam dies in dem sensibelsten gesellschaftlichen Bereich zum Ausdruck, dem religiösen. Die Ursache für den radikalen Eingriff auch hier war die Verfassung, in der die Kirche und genauer die Theologie sich befand. Sie nötigte zum Handeln. Mit einer Entschiedenheit ergriff der Freiherr das Wort, wie sie nur einem freien Geist zu Gebote stand.

In der Schule, ob im Paedagogium oder im Gymnasium, sollte jene Eintracht herrschen, die in der Kirche und insonderheit unter der Theologenschaft nur allzu häufig nicht anzutreffen war.

> In deme nun oberzehelte Personen alle mitt nottdürftigem vntterhalt inn dieser Stifftung versehen, So sollen sie auch alle, alt vnnd Jung, Lehrer vnnd Lerner sich Gott vnnd dem gemeinen Nuzen gänzlich ergeben, vnnd vor allen Dingen auss allen kräfften dahin gefliessen sein, sinnen vnnd trachten, Wie Gottes ehre vnndt erkänttnüss, neben dem Vhralten wahren Catholischen Christlichen Glauben, in dieser Schule, *Gymnasio* vnndt Herrschafft, befördertt, rein erhalten, gelehret, gelehrnet, geübt, vnndt auff die Nachkomen brachtt vnndt gepflanzett werden möge.[32]

Noch einmal erfolgte eine schulische Gründung aus christlichem Geist. Der rechte Umgang mit Gott und mit der christlichen Überlieferung blieb das Fundament, auf das der schulische Unterricht gegründet wurde und wie er Konsequenzen zeitigte für den gemeinen, den öffentlichen Nutzen. Nur wenn an dieser empfindlichsten Stelle, da die Leidenschaften aufgepeitscht waren und eine allgemeine Verunsicherung eingetreten war, eine konsensuelle Verständigung erfolgte, durfte die Hoffnung gehegt werden, dass der religiöse Frieden auch politische und gesellschaftliche Konsequenzen mit sich bringen würde.

Das eine war von dem anderen nicht zu trennen. Angesetzt werden aber musste im Bereich des Glaubens. Und so war es folgerichtig, zugleich aber auch ein unerhörtes Ereignis, dass der Fürst sich selbst an die Formulierung eines Glaubensbekenntnisses machte und dieses seiner Stiftungsurkunde integrierte. Ein zentraler Begriff war bereits gefallen. Er bildete nun den Ausgangspunkt für eine Erklärung, die singulär in der Herrschafts- wie der Glaubensgeschichte der Frühen Neuzeit dastehen dürfte.

---

32 Kolbe: Stiftungsurkunde der Schule und des Gymnasiums zu Beuthen (Anm. 30), S. 239.

2.2 Ein Glaubensbekenntnis aus fürstlichem Mund

„Ich erachtte aber", so hebt der Freiherr an, „vnnd glaube festiglich, dass der Vhraltte wahre Catholische Christliche glaube in deme vornemblich beruhe vnnd stehe".[33] Und dann folgen vier Bestimmungen, die eben das Bekenntnis unter diesem Titel umreißen. Wir wenden uns ihnen zunächst zu, bevor wir auf den Oberbegriff, unter dem sie stehen, zurückkommen.

Ein erster Artikel gilt der Bestimmung Gottes und der Natur Christi sowie den Zeugnissen, auf denen diese Bestimmung beruht. Hier geht es nicht um die näheren theologischen Distinktionen. Festgehalten wird an der Trinität und der zweifachen Natur Christi. Dementsprechend lautet der einleitende Passus des hier zur Formulierung gelangenden Bekenntnisses,

> dass ein einiger wahrer Gott sey, in dreyen vnderschiedlichen Personen, Gott Vatter, Sohn vnnd Heiliger Geist, vnnd dass Christus wahrer Gott vnnd Mensch in zwein vnzertrenneten vnnd vnuermengten Naturen, eine Person sey, vor vns gestorben, wieder auferstanden, sieze zur Rechtten dess Vatters, vnndt vertrette vnss, vnnd werde von dannen komben zu richtten die lebendigen vnndt die Todten.[34]

Das Aufsehenerregende verbirgt sich nicht im Wortlaut des Bekenntnisses. Es ist vielmehr zu suchen in dem Rekurs auf diejenigen Dokumente, welche eben die Basis für dieses Zeugnis des Glaubens abgeben. Gott in seiner Dreieinigkeit ist derjenige,

> wie Er sich in seinem Wortt, altten vnnd Newen Testament, geoffenbahret, vnnd vnss hieruon vntterricht vnnd anleittung geben, die drey Haubt *Symbola*, *Apostolicúm*, *Nicenúm* vnndt *Athanasianúm*, vnndt die Vier Haubt *Concilia*, alss *Nicenúm*, *Constantinopolitanúm Primúm*, *Ephesinúm* vnnd *Chalcedonense*.[35]

Kein neueres Bekenntnisschrifttum wird aufgeführt, weder reformatorisches noch nachreformatorisches. Alles Einschlägige und Verbindliche über Gott, Christus und den Heiligen Geist sowie die Beschaffenheit der Trinität ist in den biblischen Schriften sowie in den einschlägigen Symbolen und Konzilien der alten Kirche niedergelegt. Es ist nichts Wesentliches in der neueren Zeit hinzugekommen, das unerlässlich wäre, um eine angemessene Vorstellung von den drei heiligen Namen zu gewinnen. Verstehen sich die Reformatoren als Wiederbringer eines unentstellten vormittelalterlichen Glaubens, so radikalisiert der

---

33 Ebd.
34 Ebd.
35 Ebd., S. 239 f.

Freiherr diese Position, indem er Ernst macht mit dieser Rede und bei den beiden Testamenten und den frühchristlichen Auslegungen als den fundamentalen die christliche Botschaft tragenden Zeugnissen verharrt. Weiteres ist nicht vonnöten. Es wird sogleich zu zeigen sein, was sich hinter dieser kühnen eigenmächtigen Setzung verbirgt.

2.3 Sünde und Sakrament

Zwei weitere Artikel gelten der Lehre von der Vergebung der Sünden und den Sakramenten. Mit beiden wird durch und durch vermintes Gelände betreten. Nichts davon ist in den wenigen Sätzen zu spüren, die der Freiherr vorträgt. So als könne es keinen Dissens in diesen beiden wichtigen Fragen geben, stellt er mit an Schlichtheit nicht zu überbietender Würde fest, was alleine zählt.

Der „Sündliche mensch", so der Artikel zwei in den Worten des Freiherrn, werde „gerechtt vnnd selig [...], erlange vergebung der Sünden, die Gnade Gottess vnnd dass ewige Leben, auss Gnaden, einig vnnd allein durch dass tewre verdienst, leiden vnnd sterben, *Jesu Christi*, in wahrem Glauben ergrieffen".[36] Der Akt der Begnadung erfolgt ohne menschliches Zutun, entspringt dem freien Willen Gottes und bleibt gebunden an den Opfertod Christi. Kein Wort an dieser Stelle über die Mitwirkung des Menschen. Der Verfasser hat die Erlösung an kein weiteres Theologoumenon binden wollen. Zu konstatieren bleibt, dass die *sola fide*-Formel vermieden ist. Die Tat Gottes, geknüpft an Person und Wirken Christi, wird ‚in wahrem Glauben ergrieffen'. Derart ist die Formulierung, die so lebhafte Kontroversen auslöste, umgangen. Vor allem aber ist zu betonen, dass der Artikel zwei in einen Kontext eingebunden ist. Im Lichte des Artikels vier erfährt er eine Wendung, die dem Bedürfnis und gläubigen Empfinden der Menschen entgegenkam.

Noch knapper ist der dritte Artikel über die Sakramente gehalten. Der Streit über ihr rechtes Verständnis wollte kein Ende nehmen. Wiederum wird mit keinem Wort darauf eingegangen. Für den rechten Glauben, der hier in Beuthen reformuliert wird, reicht eine einzige Feststellung aus. Ihr ist Genüge getan „Wan einer sich helt vnndt gebraucht der heiligen Tauffe vnnd dess Hochwürdigen Abendtmalss des Leibes vnnd Blutts Christi, alss heiliger Sacramentten, wie Sie von Christo selbst eingesezt gehalten vnnd verordnet worden".[37]

---

36 Ebd., S. 240.
37 Ebd.

Wort und Tat Christi sind allein maßgeblich und verbindlich. Es bedarf keines menschlichen Zusatzes und insbesondere keiner weiteren theologischen Explikation. Im Blick auf die Taufe genügt die Feststellung, dass sie zur geistlichen Ausstattung eines jeden Christen gehört. Ihre Existenz ist ein ebenso unbezweifeltes glaubensbedingendes Faktum wie die Trinität in Artikel eins. Kein Wort auch hier über die nähere Natur des Abendmahls. Brotbrechen und Weingenuss werden so praktiziert wie von Christus im Beisein seiner Jünger geschehen. Damit ist implizit klargestellt, dass es sich um ein Gedächtnismahl handelt, nicht mehr und nicht weniger. Die Kämpfe um das rechte Verständnis gerade dieses Sakraments sind überflüssig, ja nichtig. Theologische *simplicitas* um 1600 als Antwort auf ein Jahrhundert der Kontroverstheologie.

2.4 Frommes Leben im Zentrum

Der entscheidende Passus verbirgt sich im vierten und letzten Artikel, auch er schlicht und unauffällig gehalten, gleichwohl ein neues Licht auf die drei Vorgänger werfend. Denn nun wird klargestellt, was Vernünftler und Klügler im Namen eines missverstandenen Luther immer wieder wähnten in Zweifel ziehen zu müssen. Gute Werke sind ein essenzieller Bestandteil christlichen Lebens. Christsein ohne ein auf den Namen Christi getauftes Handeln ist undenkbar. Kein Wort von Werkgerechtigkeit oder wie die umkämpften Losungen sonst lauten mögen, ist zu vernehmen. Schlichtes tätiges Christentum wird apostrophiert und damit all jenen der unverrückbare Bescheid zuteil, die hinter diese Selbstverständlichkeit ein Fragezeichen zu setzen sich getrauten. Von der in Beuthen gelehrten *pietas* führt ein direkter Weg hinein in den Pietismus. Der Freiherr weiß sich an der Seite all jener, die frommes Leben, *imitatio Christi*, in den Mittelpunkt ihres Nachdenkens über die Bestimmung des Menschen gestellt hatten. Zum rechten Verständnis des christlichen Glaubens gehört:

> Wan Einer glaubt, dass das Christliche Gebett zu Gott, vnndt gutte wergke alss früchte dess Glaubenss nottwendig sein zum Christenthumb, sich auch in wahrer Buss vnnd bekerung dess herzens von allen Kräften denselben ergiebt, vnnd sich derer befleisset, vnnd zwar der Jenigen, so Gott in den Zehen Gebotten aussgesezet, vnnd darzu wir von Christo vnnd den heiligen Aposteln im Newen *Testament* angewiesen werden, Nach welchen auch Christus am Jüngsten Tage richtten wiel die lebendigen vnndt die Todten.[38]

---

38 Ebd.

Noch einmal ist deutlich, dass der Rekurs auf die zehn Gebote, die Worte Jesu und der Apostel hinreichen, um eine praktische Theologie zu begründen. In ihnen ist alles Wissenswerte den rechten Glauben betreffend gesagt. Früchte des Glaubens gehören zum Christentum, sind ihm ‚notwendig'. An dieser Feststellung zu rütteln, führt hinweg vom Christentum. Die Begegnung mit Christus geleitet zu einer Umkehr, zu einer ‚Bekehrung des Herzens'. Wie entschieden hatten die besten Kräfte, angefangen bei einem Kaspar Schwenckfeld, auf einer Heiligung des Lebens bestanden. Ein Jahrhundert später fanden sie auch im frommen Denken an der Oder in Beuthen ihre Bestätigung und Bekräftigung. Der Freiherr durfte sich unter den Edlen der vergangenen Jahrzehnte aufgehoben wissen, ohne dass ein entsprechendes Wort vonnöten gewesen wäre.

2.5 Kritik an der Theologenschaft – Diagnose zur Lage der Christenheit

Mit diesen vier Punkten ist es genug. Der Duktus des Glaubensbekenntnisses ist vor einem Hintergrund zu sehen, der nun ausführlich zur Sprache kommt. Er ist geprägt von Bitterkeit. Auch der hier Sprechende weiß, was dem Christentum widerfahren ist im Gefolge der Reformation. Was auf Kanzeln und Lehrstühlen sich abgespielt hatte, war geeignet, das Kostbarste, das unter die Menschen gekommen war, zu diskreditieren und zu beschädigen. Nur am Ende eines Jahrhunderts des Zwistes war jene Eindringlichkeit der christlichen Botschaft in einem Akt der Kontraktion auf vier Kernpunkte möglich, die gerade in ihrer Schlichtheit einen einladenden Gestus bargen. Ein Neuanfang im Namen des Uranfänglichen war vonnöten, wenn anders ein Prozess der Heilung stattfinden sollte. Denn wie nun lautete die Quintessenz?

> Inn diesen vier Articuln, erachtte vnnd glaube Ich, dass einig vnndt allein der Christen seligkeitt stehe, vnnd dass welcher Mensch darinnen recht vntterrichtet, sich deroselben helltt, vnnd im Leben übet, gewiss seelig werde, ob Er gleich von vielen anderen Bey- vnnd neben Puncten, fragen vnnd strittigkeiten, keinen oder wenigen Bericht vnndt wissenschafft habe, noch denselben beypflichte vnnd sich damit Beschwere. Den Christus am Jüngsten Gericht einen nicht richten wirdt, nach deme, Wie gelehrt vnndt hochuerstendig Er gewesen, wie zierlich, wol vnnd *fundamentaliter* Er von striettigen Fragen vnndt Puncten *discúriren* vnnd reden können; wasser *profession* vnndt *confession* Er gewesen, sondern wie er gelebet, vnnd seinen glauben vnndt Christenthumb mitt gutten wercken erwiesen. Darumb besser, es werde einer auf Christi nachfolge, denn auf wissenschafft vieler striettigen fragen gewiesen vnndt verpflichtett.[39]

---

39 Ebd.

Im nachfolgenden Kommentar zu den vier Glaubensartikeln wird der Freiherr deutlich. Hatte er jene bewusst von jedweder Polemik freigehalten, so bricht sie sich nun umso drastischer Bahn. Und das nicht nur an dieser Stelle und auch nicht nur aus seinem Munde. Um 1600 ist der theologische Disput an einem Endpunkt angelangt. Er befindet sich in einer fundamentalen Krise. Die Besten haben sich degoutiert von ihm abgewandt. Die Rückkehr zu religiöser *simplicitas*, zu einbekannter Einfalt, ist allenthalben zu vernehmen. Der Laie macht der Gelehrtenschaft von Profession den Prozess. Was da unter den Theologen verhandelt ward und wird ist nicht nur nicht notwendig für den Glauben, nein, es ist ihm abträglich und schädlich. Verlagert wurde und wird die rechte Balance vom Wissen um und vom Glauben an wenige unumstößliche Elementaria auf den Buchstaben und die auf ihn gegründeten Lehrgebäude.

Das in der Theologie kontrovers Verhandelte ist nicht glaubensnotwendig. Nicht im Wissen, sondern im vertrauenden Glauben ist die Wurzel christlichen Lebensverständnisses zu suchen. Wissen um diffizile Distinktionen zählt nicht vor Gott. Der Gläubige geht als schlichter Christ in die Ewigkeit ein. Der um Formeln, rechte Lehre, auf den Buchstaben Pochende hat ihm nichts voraus. Im Gegenteil. Er hat sich an dem Kern des christlichen Glaubens versündigt, indem er ihn an die Kunst der Auslegung freigab und damit menschlichem Wähnen und Wollen überantwortete.

Kein wacher Zeitgenosse, der nicht ein Ohr gehabt hätte für das, was da an Schmähungen und Verunglimpfungen im Blick auf den Nächsten als den Andersdenkenden verlautete. Die Antichrist-Attributionen gehörten zum täglichen Geschäft. Das Heiligste war erniedrigt und in den Schmutz gezogen worden. Sollte Läuterung stattfinden, so in der dezidierten Verabschiedung des Kampfes um Buchstaben. Nochmals: Keine Namen werden aufgerufen. Und doch ist der Freiherr Teilhaber einer Gemeinschaft der Stillen und Frommen, die sich über die Zeiten und Räume hinweg im Namen der christlichen Botschaft erkennen und als einander zugehörig wissen. Ein Johann Arndt wird ihnen zur nämlichen Zeit in seinen *Vier Büchern Vom Wahren Christentum* eine Stimme verleihen; ein Gottfried Arnold ein Jahrhundert später in seiner *Unpartheyischen Kirchen- und Ketzerhistorie* ein Denkmal setzen. Auch ein Georg von Schoenaich gehört dieser frommen Schar an.

2.6 Seitenblick auf einen Geistesverwandten – Herzog Joachim Friedrichs *Fürstliches Mandat in Religionssachen* aus dem Jahre 1601

Wir blicken für einen Moment herüber nach Brieg. Dort hatte Herzog Georg II. mit eiserner Hand dafür gesorgt, dass der lutherische Glaube verbindlich blieb.[40] Abweichungen wurden streng geahndet. Das berühmte herzogliche Gymnasium, 1564 gegründet, sah manchen Geist in seinen Reihen, der sich dem nicht fügte.[41] Und auch der Hofkirche war Dissens nicht fremd.[42] Dann trat der Sohn Joachim Friedrich die Nachfolge in der Regentschaft an.[43] Er war fest entschlossen, den Querelen ein Ende zu bereiten. Und das nicht auf dem Wege einer Verordnung des rechten Bekenntnisses, sondern umgekehrt auf dem des Verbots von Streit und gegenseitiger Verteufelung. Zu Beginn des neuen Jahrhunderts lag ein von ihm ausgefertigtes Mandat vor. Wir werfen einen Blick hinein.[44]

---

40 Zu Georg II. vgl. die Einträge von Julius Krebs in der ADB VIII (1878), S. 689–693, sowie von Ludwig Petry in der NDB VI (1964), S. 209. Außerdem findet sich ein Porträt von Gerda Eichbaum in: Schlesische Lebensbildern IV (1931), S. 59–68 (mit reicher Literatur). Hinzuzunehmen ist die ausführliche Darstellung zur Regentschaft Georgs II. bei K. F. Schönwälder: Die Piasten zum Briege oder Geschichte der Stadt und des Fürstenthums Brieg. Erstes [bis] drittes Bändchen [!]. Brieg 1855–1856, zweites Bändchen, S. 100–229. Vgl. ebd. speziell das Kapitel *Lehrstreitigkeiten, Krypto=Calvinismus*, S. 139–154.
41 Vgl. die in Anm. 10 aufgeführte Literatur.
42 Vgl. das äußerst gehaltreiche Kapitel *Von dem Auffwachs und Abnehmen der Reformirten Religion im Hertzogthum Ober= und Nieder=Schlesien* bei Friedrich Lucae: Friedrich Lucae: Schlesiens curieuse Denckwürdigkeiten/ oder vollkommene Chronica Von Ober= und Nieder=Schlesien/ welche in Sieben Haupt=Theilen vorstellet Alle Fürstenthümer und Herrschafften/ mit ihren Ober=Regenten/ Landes=Fürsten/ Hofhaltungen/ Stamm=Registern/ Verwandtschafften/ Herren= und Adelichen Geschlechtern/ Titeln/ Wappen/ Beschaffenheiten/ Grentzen/ Religionen/ Schulen/ Fruchtbarkeiten/ Ströhmen/ Bergen/ Sitten/ Manieren/ Gewerben/ und Maximen der alten und heutigen Jnwohner: Sowohl auch Deren Verfassungen/ Regierungs=Arten/ Staats= und Justiz-Wesen/ Reichthümer/ Regalien/ Kriegs= und Friedens-Händel/ Veränderungen/ Privilegien/ Verträge/ Bündnisse/ Edicta, und dergleichen/ etc. Frankfurt am Main 1689, S. 486–545. Vgl. auch das Kapitel: Reformations= und Kirchen=Geschichte des Fürstenthums Brieg. In: Ehrhardt: Presbyterologie des Evangelischen Schlesiens II/1 (Anm. 23), S. 6–48.
43 Zu Joachim Friedrich vgl. das große Kapitel bei Schönwälder: Die Piasten zum Briege (Anm. 40), zweites Bändchen, S. 229–304. Hier im vorliegenden Zusammenhang insbesondere der Abschnitt *Die protestantische Kirche* (S. 261–295).
44 Vgl. DEs Weyland Hochwürdigen Durchlauchtigen/ Hochgebornen Fürsten vnd Herrn/ Herrn Joachim Fridrichs/ Hertzogen in Schlesien/ zur Liegnitz und Brieg/ vnd des Primat vnd ErzStiffts zue Magdeburg ThumbProbsten Christmilder angedenckens Fürstlichs Mandat in Religionssachen Vom 19 Decembris 1601 ausgefertigt vnd auffs Newe auff der Durchlauchten Hochgebornen Fürsten vnd Herrn/ Herrn Johann Christians/ vnd Herrn Georg Rudolffs/ Gebrüdern/ Hertzogen

Noch bevor der Herzog mit seinem Text anhebt, ist klargestellt, in welchem Geist dies geschieht. Der Apostel hat das erste Wort. Ein Zitat aus dem ersten Korintherbrief, zwei Zitate aus dem Brief an die Galather und ein letztes an die Römer stehen der fürstlichen Verlautbarung voran. Streit und Zank wird durchgehend in ihnen geächtet. Niemand ist ermächtigt, seinen Bruder zu richten oder ihm ein anderwärtiges Ärgernis zu geben. Vor dem ‚Richtstuel Christi' wird ein jeder sich zu verantworten haben, auch und gerade derjenige, welcher Zwietracht gesät hat. Während der Erdentage aber „wird nun ein jeglicher für sich selbst Gott rechenschafft geben. Darumb lasset vns nicht mehr einer der andern richten/ Sondern das Richtet viel mehr/ das niemand seinem Bruder einen anstoß oder ergernüß darstelle".[45]

Im Fürstentum ist eine Handvoll Schriften verbindlich; sie bildet einen Schutzwall wider „des strits in Religions Sachen/ welcher sich zwischen der Römischen Kirchen/ vnd Augspurgischen Confessions vorwandten/ erreget".[46] Jedermann im Fürstentum und insbesondere den Schul- und Kirchendienern ist bekannt, wie „vnsere wolbegründete Religion" bis „auff dies stunde" verfasst ist, wie sie nämlich

> vermöge/ vnd Jnhalt Göttlichen worts/ in den Prophetischen vnd Apostolischen schrifften/ den approbirten Symbolis, Augspurgischen Confession, vnd deroselben Apologia, auch andern Orthodoxis, scriptis Lutheri & Philippi Melanchtonis, vnd insonderheit dem Corpore doctrinae Melanchthonis vorfasset/ allemal einfaltig/ lauter vnd rein/ vnvorendert/ vnd vnuorfelscht/ gelehrt worden sey/ vnd noch gelehret werde/ von welcher einfeltigen/ vnd doch vberflüssig klaren Richtschnur/ vnsere geliebte Vorfahren/ vnd wier/ vns keinen sausenden Wind/ nach eingeführete Newerung haben abführen/ vnd Jrre machen lassen/ Sondern seind Wir/ vnd alle die Jenigen/ so wahren berichts/ zuerlangung jhrer Seelen heil vnd Seligkeit/ bedörffendt gewesen/ hier durch mit bestendiger befriedung jhrer gewissen/ auff den rechten weg der Seligkeit ohne einige fürwitzige glossen/ vnd Menschen getict/ so viel von nöthen/ recht geleitet/ vnd geführet worden.[47]

Der Kanon der verbindlichen Schriften ist ersichtlich ein weiterer als in der Stiftungsurkunde. Die neueren einschlägigen reformatorischen Textkorpora sind hinzugetreten. Das maßgebliche Organon bleibt Melanchthons *Corpus doctrinae*.

---

in Schlesien zur Liegnitz und Briegk etc. gnedigen verordnung/ der Liegnitzschen vnd Briegischen Priesterschafft vom 19 Martij zur Liegnitz/ vnd 28. Maij dieses lauffenden 1614. Jahres zum Briegk/ sich darnach endtlich zue verhalten publiciret vnd in Druck gegeben. [Kolophon:] Gedruckt in der Fürstlichen Stadt Brieg/ durch Casparum Siegfried. Anno 1614. Der Text selbst ist auf den 19. Dezember 1601 datiert.
45 Ebd., fol. A1^v.
46 Ebd., fol. A2^r.
47 Ebd., fol. A2^r s.

Der Grund liegt auf der Hand. Es ist das offenste theologische Doktrinale aus dem Umkreis der Reformation, meidet wo immer möglich die kontroversen Themen und sucht Formulierungen, über die Brückenschläge möglich sind. Insbesondere die Übergänge zum reformierten Bekenntnis bleiben gleitend. Eben diese Vorgabe ist in Schlesien entscheidend, ob in Brieg oder in Beuthen oder anderwärts unter den evangelischen Ständen. Überhaupt darf man der Aufzählung der einschlägigen Lehrschriften nicht zu viel Gewicht beimessen. Es geht dem Autor um etwas anderes.

Das Korpus der christlichen Symbole ist abgeschlossen. Neues braucht und darf nicht hinzukommen. Schon die *Concordia variata* ist verpönt.[48] Alles für den Glauben relevante ist gesagt. Und das unterschiedslos in den alten und den neueren Glaubensschriften. Eine Hierarchisierung findet nicht statt. Alle Texte liegen auf einer Linie. Das ist die Sichtweise um 1600, die der Herzog mit dem Freiherrn teilt. Was nach Melanchthon im lutherischen Lager durchgesetzt wurde ist irrelevant. Es hat zum Buchstabenkrieg geführt und damit vom Herz des Glaubens weggeführt. Und es hat zu Schmähungen und Verdächtigungen gegenüber vermeintlich Andersgläubigen Anlass gegeben, mit denen das oberste Gebot der Brüderlichkeit missachtet wurde. Konkreter noch als in der Stiftungsurkunde, jedoch ganz aus dem Geist Georgs heraus gesprochen, werden die Missstände beim Namen genannt. Im Fürstentum hat man ihnen Einhalt gebieten können. Andernorts sieht es zur großen Sorge des Herzogs anders aus:

> Wann vns aber mit schmertzen vorkombt/ das anderer Ort/ vnter dem schein/ Augspurgischen Confession, fürwitzige müssige Geistlichen/ jhre newe getichte/ den Leuten heimlich vnd offentlich auffdringen/ auch mit jhren ertichteten glossen/ vnd vormeinten newen Lehr formulen, diejenigen/ so jhnen zu jhrer Seelsorge nicht vertrawet/ dennoch mit gewalt/ entweder in den Himmel/ dessen sie wegen jhres wanckelmüttigen/ vnd vnbestendigen klügelns/ vnd grübelns/ noch wol selbst vngewiß sein/ zwingen wollen/ Oder da sie mit jhnen/ in allen jhren ohne grund der schrifft ertichteten glossen nicht einstimmen können noch wollen/ für Caluinisch/ Schwermerisch/ vnd Sectirisch/ zu höchster vngebühr/ ausschreyen/ vorleumbden/ vnd verfolgen/ vnd aber vnsere Kirchen vnd Schulen/ von dergleichen friedhessigen/ so viel weniger belestigt/ auch von allem verdacht jrriger Lehre/ so viel mehr entlediget/ vnd befreyet sein möchten.[49]

Entsprechend ergeht der Befehl, nur die erwähnten Schriften und insonderheit das Werk Melanchthons zugrundezulegen, und

---

48 Siehe unten die Formulierung der ‚newgemachten formula concordiae'.
49 Ebd., fol. A3^v.

> keine new glaubens bekentnüß/ Sie heissen gleich wie wie wollen/ einführen/ nach die durch vnsern Herrn Vatern seligen vorabschiedete strittige punct/ von newen erwecken/ Oder vnter dem schein/ wiederlegung jrriger Lehre/ durch privat affecten, vnd gezencke aus welchen der gemeine Man nichts gebessert/ sondern jrre gemacht/ vnd geergert wird/ auf die Cantzel vnd in die Schulen bringen.[50]

Man wäre versucht, dem Autor ideologiekritische Talente zuzuschreiben. Der Hang zur Buchstabenseziererei erscheint unversehens als ein Ausfluss nicht gefestigten Glaubens. Unentwegt praktiziert, um Glaubensrichtigkeit zu erzwingen, verkehrt sich das vermeintlich gottwohlgefällige Tun in Kaschierung von Unsicherheit und Vertrauenslosigkeit. Im Schoße dieser schwankenden Selbstgewissheit entspringt das Verlangen nach Geißelung eben jener Gläubigen wie der Calvinisten, der Schwärmer und der ‚Sektierer', deren offensives Bekennen unter den einen, deren selbstgenügsames seliges Einssein im Glauben bei den anderen Ausdruck unbezweifelter Gewissheit ist.

Fast verräterisch hat sich in die Ermahnung eine Wendung eingeschlichen, die prägnanter als viele Worte indiziert, welchen Geistes dieser Autor ist. Alles Glaubensnotwendige ist in ‚oberzehlten vnfehlbarem Wort Gottes' gesagt. Es steht im *Alten* und *Neuen Testament* und darauf beruhen die näheren Bestimmungen in den Lehrschriften der alten und neuen Zeit. Sie alle werden nur deshalb in gleichem Wortlaut noch einmal aufgeführt, weil sie kongruent sind mit dem Wort Gottes, ihm nichts hinzufügen, was in ihm nicht bereits vorhanden wäre. Im Grunde, so wird erkennbar, reicht die Bibel hin, um eine verbindliche, das Leben tragende Richtschnur zu besitzen. Wie bei Georg macht sich eine Distanzierung gegenüber dem theologischen Geschäft bemerkbar. Es bleibt von der Gefahr bedroht, sekundäres Gut in Umlauf zu bringen, dazu angetan, Zwist auszulösen – die Ursünde, wie nun am Ende des konfessionellen Jahrhunderts evident.

Die Kirche ist eine einige, brüderliche, allein auf den Geist Christi gegründete. So war es Praxis im Herzogtum, so soll es bleiben und die Widersacher haben keine Chance. Allen Pfarrern ist aufgetragen,

> die einmahl erkandte vnd bekandte Warheit/ ohne alle new herfür gesuchte Glossen/ vnd Menschentandt/ schlecht vnd gerecht lehren/ Oder die Jenigen/ welche zu zanck vnd hader lust hetten/ aus deroselben Fürstenthumb sich weg begeben/ vnnd desselbten friede/ vnd einigkeit/ vnturbiret lassen solten.[51]

Schon der Vater hat der „new gemachten formula concordiae" eine Absage erteilt.

---

50 Ebd., fol. A3^v s.
51 Ebd., fol. A2^v s.

> Jnmassen auch wir vns beim eingang vnser Fürstlichen Regierung/ vnd auffnehmung der huldigung/ kegen vnser gehorsamen Landschafft/ vnd Vnterthanen/ vnd sie gleichfals kegen vns/ das wir Ruhiglich vnnd friedlich dabey vorbleiben/ vnd vns einige ernewerung/ so dieser vnser/ durch Göttlichen Segen/ von anfang hero/ erhaltenen wahren Religion, zuwider/ mit was nahmen vnd schein/ die genadt werden möchten/ daran nicht beirren lassen wolten/ außdrücklich erkleret.[52]

Die ‚wahre Religion' bedarf keines weiteren Zusatzes. Sie ist die eine, unverrückbare, von Beginn an bezeugte und ihre Auslegung nur in dem Maße statthaft, wie sie der Entfaltung der einen Wahrheit dient. Dann und nur dann ist zugleich ein friedlicher Umgang der Gläubigen miteinander sichergestellt. Gelten- und Gewährenlassen, als Ausfluss eines seiner selbst gewissen Glaubens, gehört zu den obersten Maximen. Sie führen allemal, wie sich zeigt, auch eine staatstragende Konnotation mit sich. Eine befriedete christliche Gemeinde gereicht dem Land zur Auszeichnung. Weise Regentschaft manifestiert sich darin. Indem der Regent aus der Mitte des christlichen Glaubens heraus ein Verbot des theologischen Disputs ergehen lässt, dient er der Sache des Glaubens und seiner Regentschaft zugleich. Und dies, ohne dass der Glaube darüber funktionalisiert würde.

In den geistlich avancierten Fürstentümern, für die Schlesien um 1600 eindrucksvolle Beispiele stellt, erwächst das geistliche Friedensgebot unmittelbar aus der Erfahrung der Konfessionalisierung, und die einträchtig praktizierte Religiosität, wie sie in Kirche und Schule eingeübt werden soll, führt den willkommenen Nebeneffekt mit sich, dass sie um die Untertanenschaft ein gemeinsames, ein gemeinschaftstiftendes geistliches Band schlingt.

2.7 Praktizierte Toleranz

Wir kommen sogleich und nun abschließend auf das explizite Glaubensbekenntnis Georgs von Schoenaich noch einmal zurück. Wie aber sieht es mit dem Umgang der Lehrer und Schüler untereinander aus? Welche Anweisungen hat Georg hinterlassen? Wie hielt er selbst es mit dem Gebot der Toleranz? Seine Antwort lässt an Deutlichkeit nichts zu wünschen übrig.

Alle jene, die sich zu den vier Artikeln bekennen und ihnen Gehorsam leisten, sollen der Beneficien teilhaftig werden, die der Freiherr für das Gymnasium ausgesetzt hat. Aber auch für die Zukunft sind die Glaubensartikel formuliert. Die Zeit soll ihnen nichts anhaben. Alle zur Stiftung und zur Korporation Gehörige mögen jetzt und inskünftig allen Fleiß darauf wenden, ihnen in der Praxis und

---

52 Ebd., fol. A3[r].

im wechselseitigen Umgang miteinander Geltung zu verleihen. Dazu gehört der ständige Austausch untereinander. Die Hoffnung des Freiherrn geht dahin, dass die Gemeinschaft der Lehrenden und Lernenden „vber iezo gemelte vier Articul, auch in allen andern Religions-Puncten, Fragen vnndt *Ceremonien* mit einander, so viel möglich, gleicher vnnd nit wiederwertiger mainung sein mögen".[53]

Wenn aber doch? Erst dann ist die Nagelprobe gegeben. Nochmals: Die Antwort Georgs ist eindeutig.:

> Wolte vnnd könnte es aber v̈ber zuuersicht nit sein, vnnd einer vnndt der andere hette in fragen vnnd Puncten, so vorgemeltten vier Artickeln nit zuwiederlauffen noch dass *Fundament* deroselben aufheben vnndtt *labefactiren*, seine sonderliche Maynung, sonderlich in den iezigen Religionsstrietigkeiten der Augspurgischen *Confessions* Verwandten, so sol Er darbey gelassen werden, Allein dass Er die andern darbey vnndt darüber nit verunruhe, verachte oder verdamme, sondern mit denselben freundtlich, friedtlich vnnd ruhig, in lieb vnndt einigkeitt lebe, vnndt sich dess gehorsambs, nach dieser stiefftung aussazes vnnd ordnung vorhalte.[54]

In der Schule, diesem Laboratorium menschlichen Zusammenlebens unter bekanntermaßen postkonfessionellen Versuchsbedingungen, existieren klar umrissene religiöse Freiräume. Sie ist nicht abzuschirmen gegenüber den ‚iezigen Religionstriettigkeitten', die symptomatischer Weise unter den ‚Augspurgischen Confessions Verwandten' verortet werden. Was immer dort an kontroversen Themen verhandelt wird und Anhänger findet, mag dahingehen. Es wird geduldet, nicht inkriminiert und schon gar nicht verfolgt. Aber es wird als ein Nachgeordnetes und Sekundäres gegenüber den vier Basisartikeln behandelt.

Und es unterliegt dem übergeordneten Friedensgebot. Die Aushandlung religiöser Differenzen findet ihre Grenze, wo das harmonische Zusammenleben der schulischen Gemeinschaft bedroht ist. Und insofern die Schule als Vorschule für den Umgang im Gemeinwesen betrachtet werden darf, gilt Entsprechendes analog für die politische Korporation. Gradmesser und Richtschnur bleibt die aus christlichem Geist gelebte Praxis. Sie steht nicht zur Disposition, ist sie doch Quintessenz der vier Fundamentalartikel.

---

53 Kolbe: Stiftungsurkunde der Schule und des Gymnasiums zu Beuthen (Anm. 30), S. 241.
54 Ebd.

2.8 Katholizität in der alten Kirche

Damit sind wir gerüstet, zu dem Zentralbegriff zurückzukehren, den der Freiherr über sein Glaubensbekenntnis gestellt hatte. Er reaktiviert einen Terminus, der auch bei den Evangelischen, voran bei den Reformatoren selbst, in Umlauf geblieben war, seine Würde jedoch in den frühen Tagen der Christenheit erlangt hatte. Die christliche Botschaft ist eine universale. Sie kennt weder nationale noch rassische, weder geografische noch soziologische und schon gar nicht biologische Grenzen. Dieser Universalismus verlangt nach einem Begriff.[55]

Schon in der antiken Philosophie eines Aristoteles war er in Umlauf und diente zur Bezeichnung der Universalien gegenüber den Individuen. Zu Beginn des zweiten nachchristlichen Jahrhunderts dringt er mit Ignatius von Antiochien in die Theologie ein, und das gebunden an und zugeordnet der Kirche, der *ecclesia*. Die wahre Kirche als eine urbildliche Wirklichkeit vor jedweder empirischen Erscheinung ist eine katholische. Die katholische Kirche in diesem Sinn ist eine transzendente Wirklichkeit. „Katholisch bedeutet bei Ignatius von der christologischen Begründung her also Ganzheit und Fülle".[56]

Damit ist der Theologie ein Begriff gewonnen, der alsbald in der Patristik eine bedeutende Entfaltung erfahren sollte. Und schon in diesem Kontext gelangt eine komplementäre Vorstellung zur Ausprägung. Katholizität im angedeuteten Sinn impliziert Rechtgläubigkeit in Abgrenzung von häretischen und schismatischen Vorstellungen und Gruppenbildungen. „Die Gottesfurcht umgreift alle Menschen in Kirche *und* Reich und eint sie in der Catholica, die alle Schranken der Bildung und des sozialen Ranges transzendiert".[57]

Augustin reiht sich ein in die lebhafte Diskussion. Katholizität vermag nun an das Pfingstwunder geknüpft zu werden. Und das im Kontext von Augustins Kirchenbegriff.

> Sein doppelter Kirchenbegriff erlaubt ihm anders als noch Ignatius, neben der unsichtbaren auch der empirischen Kirche primäre Katholizität zuzusprechen. Allerdings rückt das Attribut in ein ideales Licht, wenn er die geographische Katholizität der Kirche schon in ihren ersten Anfängen zuspricht, weil am Pfingsttage der Heilige Geist und das Sprachwunder die Bestimmung der Kirche für die ganze Welt zeigte.[58]

---

[55] Vgl. zum folgenden den gehaltreichen Artikel *Katholizität* von Peter Steinacker mit der einschlägigen Literatur in TRE 18 (1989), S. 72–80.
[56] Ebd., S. 73.
[57] Ebd., S. 74.
[58] Ebd.

2.9 Übergang zu den Reformatoren

Von erheblichem Interesse ist es nun, dass auch die Reformatoren an dem Begriff festhalten. Für Luther ist die Gemeinschaft der Heiligen die ‚sancta Catholica Christiana'. „‚Ich glaub, daß da sei auf Erden, soweit die Welt ist, nit mehr denn eine heilige Gemeine Christliche Kirche'", eben die ‚Ecclesia Catholica Christiana'.[59] Nochmals in den Worten Luthers:

> [D]aher heißt es eine heilige catholica oder christliche Kirche, daß da ist einerlei reine und lautere Lehre des Evangelii und äußerlich Bekenntnis derselben an allen Orten der Welt und zu jeder Zeit, unangesehen, was sonst an Ungleichheit und Unterschieden des äußerlich leiblichen Lebens oder äußerlicher Ordnungen, Sitten und Zeremonien sind.[60]

Weil das Papsttum die Vielheit der Kirchen nicht mehr zulässt, verliert die katholische Kirche den Ehrentitel der Katholizität, degeneriert zu einer *ecclesia romana*.[61]

Auch für Melanchthon ist die Kirche katholisch. Stärker als Luther bemüht er sich bezeichnenderweise darum, „die Kontinuität der reformatorischen Kirchen und ihrer Lehre mit der Alten Kirche darzulegen".[62] Die *Confessio Augustana* rezipiert die alten Symbole und nutzt ihren Lehrgehalt zugleich zur Abgrenzung von häretischen Bewegungen. Der Rückgriff auf die alten Bekenntnisschriften dient in anderer Weise als bei Luther dazu, die Rechtgläubigkeit der evangelischen Kirche darzutun. „‚Die Kirchen, die unser Bekenntnis angenommen haben, sind wahrhaftig Glieder der katholischen Kirche, da ja die Lehre unserer Kirche mit derjenigen der Alten Kirche übereinstimmt'".[63] Derart wird der katholischen Kirche als einer konfessionellen der Begriff entwunden und dem evangelischen Bekenntnis vindiziert. Er ist voll hineingeraten in die konfessionelle Auseinandersetzung.

Bei Calvin schließlich hat eine deutliche Rückkehr zur unsichtbaren Kirche statt.

> Die Prädestination ist die theologische Grundlage der Katholizität. Denn sie bedingt die Kontinuität der Erwählung durch allen [!] Zeiten und Räume. Die heilige katholische Kirche ‚ist die Gesamtheit der Erwählten, der Engel wie der Menschen; und zwar der Toten wie der Lebenden, in welchen Ländern sie auch immer leben, bzw. unter welchen Völkern sie auch

---

59 Ebd., S. 76.
60 Ebd., S. 77.
61 Ebd., S. 76.
62 Ebd., S. 77.
63 Ebd.

immer verstreut sind'. Gegenüber den geographischen, kulturellen, kosmologischen, raumzeitlichen Aspekten tritt derjenige der rechten Lehre zurück.[64]

Georg steht also auch in dieser Hinsicht in einer festen Tradition. Umso wichtiger, das Neue dingfest zu machen, das mit seinen Worten in die Welt tritt.

2.10 Funktion des ‚Vhralten wahren Catholischen Christlichen Glaubens'

„Ich erachtte aber, vnnd glaube festiglich, dass der Vhraltte wahre Catholische Christliche glaube in deme vornemblich beruhe vnnd stehe", so hatte er die folgenden vier Artikel eingeleitet.[65] Und das mit Bedacht. Hier äußerte sich nicht ein Lutheraner oder ein Reformierter oder ein der Brüderunität Zugehöriger und schon gar nicht ein Katholik. Es äußerte sich ein Christ. Und dies vor jedweder konfessionellen Besonderung. Um diese Ausgangslage zu bekräftigen, tritt der Begriff des ‚Catholischen' in seine angestammten Rechte ein. Nun aber stehen wir im Übergang vom 16. zum 17. Jahrhundert. Das nötigt zu einer neuen Bestimmung von Inhalt und Umfang des Begriffs. Und das im Kontext der vorgelegten vier theologischen Artikel des Freiherrn.

Der christliche Glaube wird als wahrer und katholischer zugleich als ‚uhralter' qualifiziert. Es geht also gerade nicht darum, vermittelt über Katholizität ein bestimmtes Bekenntnis zu stützen und womöglich sogar einem neuartigen einen legitimatorischen Grund zu verleihen. Das was Georg vorzutragen hat, ist immer schon in Geltung gewesen. Es ist in der Bibel artikuliert, von den Kirchenvätern und Konzilen fixiert, seither durch die Jahrhunderte auf die Gegenwart gekommen und wird für alle erdenkliche Zeit bis hin zum jüngsten Tag in Kraft bleiben.

Novität ist in theologischen Belangen gefährlich und deshalb verpönt. Es bedarf keiner Zusätze und Supplemente und schon gar nicht kritischer Scheidungen im Blick auf die vorhandene Überlieferung. Ein restaurativer Gestus hält um 1600 Einzug in das theologische Denken. Dieser hat nichts gemein mit einer Rückkehr in den Schoß der katholischen Kirche. Katholizität gewinnt als Begriff seine konfessionsneutrale Würde zurück, indem er dem Prinzip der Universalität gehorcht. Die Applizierbarkeit auf ein bestimmtes Bekenntnis ist folglich ausgeschlossen.

---

64 Ebd.
65 Kolbe: Stiftungsurkunde der Schule und des Gymnasiums zu Beuthen (Anm. 30), S. 239.

Zugleich ist sichergestellt, dass nur solche theologischen Aussagen substanziellen Wert besitzen, die allgemeine Verbindlichkeit beanspruchen dürfen. Durchaus also können reformatorische Anliegen in das neu zu formulierende Glaubensbekenntnis Eingang finden. Dies jedoch nur in dem Maße und dem Umfang, wie sie in Übereinstimmung sich befinden mit biblischen, urchristlichen und patristischen Vorgaben. Einer jeden zusätzlichen Einführung einer Doktrin, die diesem Kriterium nicht genügt, wird ein Riegel vorgeschoben.

Der betonte Konservativismus geht einher mit einem rigorosen Reduktionalismus. Wenige theologische Distinktionen reichen hin, um alles Entscheidende über den christlichen Glauben zum Ausdruck zu bringen. Ein antitheologischer Affekt in dem Sinne ist in Aktion, dass dem argumentativen und auf Distinktionen bedachten religiösen Räsonieren das Bekenntnis zur theologischen *simplicitas* entgegengehalten wird. Reinigung *in theologicis* hat statt, wie sie ein Jahrhundert später ein Pierre Bayle zu seinem lexikalisch unterfütterten Projekt machen wird.

Die Signaturen der Zeit sind diesem Umgang mit der Überlieferung eingeschrieben. Die Konfessionalisierung ging einher mit Zerwürfnissen und Erschütterungen nie da gewesenen Ausmaßes. Der Rückzug aus der Kontroverstheologie in Gestalt einer Absage an die Einführung neuer Lehrgegenstände hat gleichermaßen theologische und politische Wurzeln. Das Christentum in seiner Integrität ist gefährdet. Und so auf andere Weise die öffentliche Gewalt. Die Besinnung auf die christlichen Elementaria und Essentialia ist ein Gebot, um Vertrauen zurückzugewinnen und zu werben für den unzerstörbaren Kern der christlichen Botschaft. Sie aber bleibt eben ein Faktor im Blick auch auf das Gemeinwesen, das von der Einigkeit profitiert, in der Spaltung indes nur Schaden nehmen kann. Das Überschwappen der theologischen Debatten rüttelt an den Grundfesten des staatlichen Zusammenlebens. Der Freiherr hat um diese Zusammenhänge gewusst.

> Aller newen fragen, *opinionen* vnnd mainungen, in *religions*sachen, vnnd wegen unserer seligkeitt, Sie sindt wie sie wollen, sol man sich bey dieser Kirchen, Schulen vnndt *Gymnasio*, so viel möglich, Christlich vnnd veranttlich, genzlichen enthalten, vnnd daruon weder vor dem gemeinen Man, noch der studirenden Jugendt offendlich zu *disputiren*, zu predigen, zu reden vnnd gespräche zu halten, gar nicht verstattet vnndt zugelassen sein.
> Dan die erfahrung bezeugts, wass die Zeit hero newe fragen vnndt artt zu reden bey vielen Christlichen Gemeinen vnndt Kirchen vor zerrüttligkeitt, vnheyl vnnd verderb verursachet vnndt angerichtet, darumben sich deroselben genzlichen zu enthalten.
> So ist wahr vnndt gewiss, das alles diss, was zu vnserer Seelen heyl vndt seeligkeit von nötten, von Christo vnnd seinen heiligen Aposteln im Newen Testament zur genüge balt anfangs vorgeschrieben, aussgesetzt, vnnd gelehret worden sey, vnnd dass diess wass darüber vnnd darzu von einer vnnd der andern Zeit von Menschen, auch auss gutter

mainung erdacht vnndt von newem in die Christenheit eingeführt, nit nöttig sey zur seligkeit, dass auch ein Christ ohne desselbten wissenschafft vnndt bey pflichtung gar wol selig werden Khönne.[66]

2.11 Späthumanistischer Kontext

Um 1600, so viel dürfte deutlich geworden sein, werden Resümees gezogen. Angehörige der christlichen Kirchen, Repräsentanten des christlichen Glaubens, zu seiner Auslegung und zu seiner Verkündigung bestellt, haben über die Bekenntnisse hinweg immer wieder ein Gesicht gezeigt, das Erschrecken auslöste. Die blutigen Religionskämpfe zumal in Frankreich und auf dem Boden der Niederlande waren präsent, diejenigen auf deutschem und mitteleuropäischem Boden kündigten sich an und wurden hellsichtig in Prognostiken vielfältigster Natur medial lanciert. Man wusste, inmitten einer Krise zu stehen. Das Unerhörte aber dürfte darin zu suchen sein, dass sie sich jenseits der Schlachtfelder auf andere Weise in den Köpfen wiederholte. Ausgeburten einer Verteufelung inmitten der Christenheit wurden gezeugt, die blankes Entsetzen hervorrufen mussten. Die Welt wankte. Und die hellwache humanistische Intelligenz war Zeuge, wie der christliche Kosmos zerbarst.

Das vorgelegte Zeugnis Georgs lehrt, dass ein Ausweg aus der Krise allein über eine Besinnung auf die christlichen Grundfesten denkbar schien. Die Attraktion, die vom christlichen Zeugnis ausgeht, ist ungebrochen, es hat seinen verlockenden Charakter bewahrt. Alle Menschen sind eingeladen, sich der christlichen Botschaft anzuvertrauen. Jenseits ihrer ist nichts zu vernehmen, das sich zusätzlich oder gar alternativ anzubieten vermöchte. Ein tiefgläubiger Regent weiß seiner Gläubigkeit allein ein christliches Gewand zu verleihen. Alles andere liegt jenseits der Vorstellungskraft. Ein über Jahrhunderte lebendiges Bekennen soll in der Gegenwart erneuert und für alle erdenkliche Zukunft bewahrt werden. Der christliche Horizont ist in jüngster Zeit durch zu bekämpfende Auswüchse verdunkelt. Er wird seine strahlende Leuchtkraft in dem Maße zurückgewinnen, wie eine Besinnung auf den uralten katholischen Glauben statthat. Das christliche Weltbild bleibt ein geschlossenes und unangreifbares.

An dieser Stelle ist es angezeigt, den Blick herüberzulenken zu anderweitigen Gruppierungen, so zu denen der Humanisten. Denn daselbst nehmen sich die Dinge zur nämlichen Zeit auf der einen Seite durchaus ähnlich, auf der anderen jedoch entschieden anders aus. Die große Arbeit, die den Späthumanis-

---

66 Ebd., S. 241 f.

mus im Kontext der Krise um 1600 entfaltete, steht aus.⁶⁷ Und es ist fraglich, ob sie in absehbaren Fristen zustande kommen wird. Zu viele Arbeiten im Bereich der Grundlagenforschung wären zu absolvieren. Es mangelt an der leichten Verfügbarkeit fundamentaler und vielfach nur handschriftlich überlieferter Texte. Doch wichtige Fragen können nicht auf Dauer vertagt werden. Die Literaturwissenschaft ist in der glücklichen Lage, über ein qualifiziertes Textmaterial zu verfügen. Wir beschränken uns auf einen einzigen Hinweis, und das in vergleichender Absicht.

2.12 Ein Blick in einen Text aus der Zeit der konfessionellen Bürgerkriege

Die Zeit ist geringfügig vorangeschritten. Doch zwischen dem Text Georgs aus dem Jahre 1616 und dem opitzschen *Trostgedichte in Widerwertigkeit des Krieges* aus der Wende des Jahres 1620/21 liegt die gravierende Zäsur, bezeichnet durch den Untergang des Winterkönigs in Böhmen nach der verlorenen Schlacht am

---

67 Zum Späthumanismus in Schlesien vgl. die reichhaltigen Angaben bei Adam Pantke: Dissertatio Historica De Nobilitate Wratislaviensium Erudita. Leipzig o. J. (Exemplar Schlesisch-Lausitzisches Kabinett der BU Wrocław Yv 21). Aus der Literatur seien die wichtigen Arbeiten von Fleischer angeführt: Vgl. Manfred P. Fleischer: Späthumanismus in Schlesien. Ausgewählte Aufsätze. München 1984 (Silesia 32). Vgl. auch die von Fleischer verantwortete Dokumentation zum schlesischen Späthumanismus in: Quellenbuch zur Geschichte der Evangelischen Kirche in Schlesien. Hg. v. Gustav Adolf Benrath u. a. München 1992 (= Schriften des Bundesinstituts für ostdeutsche Kultur und Geschichte 1), S. 57–100. Sodann die weit über die Person Dornaus hinaus wichtige Biografie von Robert Seidel, die in Anm. 26 aufgeführt wurde. Des Weiteren; Joachim Bahlcke: Späthumanismus und Landespatriotismus. Zum Leben und Werk des Herrndorfer Juristen Joachim vom Berge (1526–1602). In: Acta historica et musicologica Universitatis Silesianae Opaviensis 5 (2000), S. 214–232; Klaus Garber: Späthumanistische Verheißungen im Spannungsfeld von Latinität und nationalem Aufbruch. In: Germania latina – Latinitas teutonica. Politik, Wissenschaft, humanistische Kultur vom späteren Mittelalter bis in unsere Zeit. Hg. v. Eckard Keßler u. Heinrich C. Kuhn. Bd. I–II. München 2003 (= Humanistische Bibliothek, Reihe I: Abhandlungen 54), S. 107–142; ders.: Schlesiens Bildungslandschaft zwischen Barock und Aufklärung im Kontext des Späthumanismus. In: Śląska Republika Uczonych. Schlesische Gelehrtenrepublik. Slezská Vědecká Obec. Hg. v. Marek Hałub u. Anna Mańko-Matysiak. Bd. 1. Warschau 2004, S. 288–301. Zuletzt: Schlesien und der deutsche Südwesten um 1600 (Anm. 6). Hierin explizit zum Späthumanismus: Klaus Garber: Schlesisch-pfälzischer Brückenschlag um 1600 im Zeichen von Späthumanismus und Konfessionalismus, S. 13–39; Axel E. Walter: Kurpfälzisch-schlesische Kulturtransferprozesse im Zeitalter des Späthumanismus – am Beispiel der Beziehungen von Martin Opitz und seinem schlesischen Freundeskreis zu Georg Michael Lingelsheim, S. 41–84.

Weißen Berge bei Prag im November des Jahres 1620. Opitz hatte den Aufbruch des Pfälzer Kurfürsten Friedrichs V. lebhaft begrüßt und wie so viele Zunftgenossen publizistisch unterstützt. Nun war er selbst auf der Flucht nach der Einnahme Heidelbergs durch die spanischen Truppen. Über die Niederlande gelangte er in den hohen Norden nach Jütland. Dort fand er Zeit, Rückschau zu halten und das Zeitgeschehen quasiepisch in einem Lehrgedicht zu verarbeiten. Es entstand seine größte deutschsprachige Dichtung. Sie ist ein singulär dastehendes zeitgeschichtliches Organon hohen Ranges. Ein einziger Aspekt aus dem kaum erschöpflichen Werk sei im Blick auf die Stiftungsurkunde Georgs akzentuiert.[68]

Das Werk ist – in Analogie zu Vergils *Georgica* – in vier Bücher abgeteilt. Mit einer Klage über den Zustand Deutschlands am Beginn des Dreißigjährigen Krieges hebt der Dichter an. Er zeigt sich in der Lage, nachdem bislang lyrische Texte überwogen, seine Feder großer politischer Dichtung zu leihen, und das in der eben erst gereinigten und klassizistisch umgepolten Muttersprache. Die Zeitklage hat ihr Analogon im dritten Buch. In ihm werden der Kampf der Hugenotten in Frankreich und der der Niederländer um Glaubensfreiheit und Selbstbehauptung thematisiert. Die Stoßrichtung ist eindeutig und liegt auf der Linie der Pfälzer Publizistik. Der Aggressor ist auf der katholischen Seite zu suchen. Er knebelt die reformierten Glaubensgenossen und sucht ihnen das eigene Bekenntnis aufzuzwingen – die analoge Situation, wie sie Opitz und seinen späthumanistischen Freunden aus Schlesien nur allzu vertraut war.

Textuell auf der Gegenseite stehen die ausführlichen paränetischen Passagen, wie sie vor allem das zweite und vierte Buch bestimmen. Trost ist zu spenden

---

[68] Zurückgeriffen wird auf eine Interpretation, die vorgelegt wurde in: Klaus Garber: Martin Opitz. In: Deutsche Dichter des 17. Jahrhunderts. Ihr Leben und Werk. Hg. v. Harald Steinhagen u. Benno von Wiese. Berlin 1984, S. 116–184. Hier (mit reichhaltigen Zitaten) S. 145–163 u. 182–184 (Anmerkungen). In der Zwischenzeit hinzugetreten: Barbara Becker-Cantarino: Daniel Heinsius' ‚De contemptu mortis' und Opitz' ‚Trostgedichte'. In: Opitz und seine Welt. Festschrift für George Schulz-Behrend zum 12. Februar 1988. Hg. v. ders. u. Jörg-Ulrich Fechner. Amsterdam/Atlanta (GA) 1990 (= Chloe 10), S. 37–56; Jörg-Ulrich Fechner: Martin Opitz' ‚Trostgedichte' in der Nachfolge von Petrarcas ‚De remediis utriusque fortunae'? Eine methodische Überlegung. In: Opitz und seine Welt, S. 157–172; Jean Charus: Les [!] ‚Trost-Gedichte' d'Opitz. In: Le texte et l'idée 10 (1995), S. 45–61; Andreas Solbach: Rhetorik des Trostes: Opitz' ‚Trostgedichte in Widerwertigkeit deß Krieges' (1621/33). In: Martin Opitz (1597–1639). Nachahmungspoetik und Lebenswelt. Hg. v. Thomas Borgstedt u. Walter Schmitz. Tübingen 2002 (= Frühe Neuzeit 63), S. 222–235; Klaus Garber: Konfessioneller Fundamentalismus und späthumanistischer Nationalismus. Die europäischen Bürgerkriege in der poetischen Transformation um 1600: Opitzens ‚Trost-Getichte in Widerwärtigkeit des Krieges'. In: Konfessioneller Fundamentalismus. Religion als politischer Faktor im europäischen Mächtesystem um 1600. Hg. v. Heinz Schilling unter Mitarbeit von Elisabeth Müller-Luckner. München 2007 (= Schriften des Historischen Kollegs 70), S. 23–46.

in dem Unheil. Die antiken Autoren, die biblischen Texte und die zeitgenössischen zumal neostoizistischen Theoretiker sind zur Stelle, um ein dichtes argumentatives Geflecht zu binden. Und dann gibt es die eingestreuten explizit religionsphilosophischen Betrachtungen, um die es alleine hier in Auswahl gehen kann. Eine erstaunliche Nähe zu dem Text Georgs wird erkennbar. Zugleich aber geht der Dichter entschieden über ihn hinaus – das Privileg des Späthumanisten, der eine offene Sprache verlauten lassen darf, freilich um den Preis des Verzichts einer Publikation seiner kühnen polito-poetischen Digressionen.

Schon dem ersten Buch ist eine über Georg hinausführende Erkenntnis eingeschrieben. Bestialisch hat der Krieg gewütet, tyrannisch der Feind sich aufgeführt, der eben auf der spanischen Seite steht, auch wenn dies nur indirekt verlautet. Es sind Christen auf beiden Seiten, die da aufeinanderstoßen, sich niedermetzeln und Frauen, Kinder, Alte mit in den Tod reißen.

> Was darff ich aber sagen/
> Was die für Hertzenleid/ so nachgelebt/ ertragen?
> Ihr Heyden reicht nicht zu mit ewrer Grawsamkeit;
> Was jhr noch nicht gethan das thut die Christenheit
> Wo solcher Mensch auch kan den Christen-Namen haben.[69]

Ein nicht christlicher Menschenschlag wird aufgerufen. Er wäre und er ist nicht fähig zu den Schandtaten, die da von Christenhand verübt werden. Bislang war in dem hier zur Rede stehenden Text nur von den nicht endenden theologischen Zwistigkeiten die Rede, die dem christlichen Glauben Schaden zufügten. Nun kommt der politische Aspekt hinzu. Die Christenheit befindet sich auf dem Schlachtfeld, christliche Nationen treten gegeneinander an und Christen verschiedener Konfessionen lassen ihr Blut im Bürgerkrieg. Der Humanist mit dem Blick von außen benennt den Preis. Wo im Namen Christi möglich war, was der Dichter an Gräuel- und Marterszenen aufzubieten hat, sind der Glaube und sind die Glaubensträger bis ins Mark hinein versehrt. Menschen ohne christlichen Glauben, Heiden, sind nicht fähig zu dem, was Christen sich antun und angetan haben. Nicht nur ist die Christenheit gespalten, sie ist als ganze diskreditiert. Die Heidenschaft hebt sich vorteilhaft von ihr ab. Dieses Fazit wird um 1600 kompromisslos und unzweideutig gezogen.

Was also bleibt von der christlichen Botschaft? Ein Doppeltes zeichnet sich ab. Glauben und Glaubenszwang schließen sich aus. Ein jedes im Namen Christi verlautende Bekennen besitzt ein Lebens- und Daseinsrecht. Freiheit im poli-

---

[69] Martin Opitz: Trostgedichte in Widerwertigkeit deß Krieges. In: Martin Opitz: Gesammelte Werke. Kritische Ausgabe. Hg. v. George Schulz-Behrend. Bd. I: Die Werke von 1614 bis 1621.

tischen und Freiheit im religiösen Raum gehören zusammen. Ausübung von Gewissenszwang ist ein Merkmal der Tyrannei und als solche zu ächten. Der Gott, von dem in dem Opitzschen Text die Rede ist, ist auf Seiten der Geknechteten, der Geschändeten, der um ihres Glaubens wegen Verfolgten. Ein im Namen von Religion angezettelter Krieg ist ein Unding. Sanktionen können nicht ausbleiben. Und die werden auch von dem Humanisten immer noch in eine eschatologische Perspektive gerückt. Aus dem reichhaltigen textuellen Angebot sei ein Passus herausgegriffen:

> Wer hier der Christen Schar durch Schwerdt vnd Fewer jagt/
> Wird künfftig durch den Wurm der nimmer stirbt genagt.
> So sol die Welt auch sehn daß keine Noth vnd Leiden/
> Daß keine Tyranney GOtt vnd sein Volck kan scheiden/
> Vnd daß ein solcher Mensch/ der die Gewissen zwingt/
> Vergeblich vnd vmbsonst die Müh vnd Zeit verbringt;
> [...]
> Wir müssen lassen sehn gantz richtig/ klar vnd frey
> Daß die Religion kein Räubermantel sey/
> Kein falscher Vmbhang nicht. Was macht doch jhr Tyrannen?
> Was hilfft/ was nutzet euch das Martern/ das Verbannen/
> Schwerdt/ Fewer/ Galgen/ Radt? gezwungen Werck zerbricht:
> Gewalt macht keinen fromm/ macht keinen Christen nicht.
> Es ist ja nichts so frey/ nichts also vngedrungen
> Als wol der Gottesdienst: so bald er wird erzwungen/
> So ist er nur ein Schein/ ein holer falscher Thon.
> Gut von sich selber thun das heist Religion/
> Das ist GOtt angenehm. Laßt Ketzer Ketzer bleiben/
> Vnd gleubet jhr für euch: Begehrt sie nicht zu treiben.
> Geheissen willig seyn ist plötzlich vmbgewandt/
> Trew die aus Furchte kömpt hat mißlichen Bestand.
> Ein Mensch kan seinen Sinn wol für den andern schliessen;
> Der Glauben liget tieff. GOtt kennet die Gewissen [...].[70]

So führt die Anklage weiter zum Umkreisen wahrer Religiosität. Sie ist unverfügbar, jedem Menschen freigestellt, allein im Gewissen verankert. Der Religionszwang zieht die Privatisierung der Religion nach sich, wie sie sich in diesen Dezennien erstmals artikuliert. Eine jede authentische religiöse Praxis, selbst erwählt und selbst ergriffen, ist zu respektieren. Eine Verlagerung des Glaubens in das Innere hat statt. Dieses ist keinem Menschen zugänglich, unterliegt folg-

---

Stuttgart 1968 (= Bibliothek des Literarischen Vereins in Stuttgart 295), S. 187–266. Das vorgelegte Zitat aus dem ersten Buch, V. 165–169, S. 197.
70 Ebd., Buch I, V. 443–448 u. 459–474, S. 205 f.

lich auch keiner Reglementierung. Um 1600 wird die Verinnerlichung wie die Individuierung des Glaubens als Antwort auf die Konfessionalisierung geboren, wie sie in der Mystik ihren tiefgründigsten Ausdruck finden sollte.

Das Wunder des Opitzschen Textes aber wird man vielleicht auch darin zu suchen haben, dass er teilhat an einer Gemeindebildung neuen Stils, wie die Zeit sie eben auch kennt. Wahlverwandte, befreit von Bekenntniszwang und von Unterjochung der Gewissen, treffen zusammen in einem gereinigten, einem verjüngten Glauben. Er steht nicht nur im Zeichen der Achtung, der Tolerierung eines jeden Gläubigen zur rechten wie zur linken, sondern er birgt in sich auch ein irenisches Versprechen. Friedfertigkeit ist das Signum dieser Schar. Sie mag so klein und unscheinbar sein, wie immer denkbar. Mit sich führt sie die ihr vom Dichter verliehene Hoffnung, die Menschen in ihren Bann zu ziehen. Auf eine denkwürdige Weise ist dem religiösen Denken im dichterischen Gewand eine futurische Perspektive eigen. Dem gereinigten christlichen Glauben entspringt eine menschheitliche Vision. Noch ist sie ins Jenseits verlegt. Und doch bedarf es nur einer leisen Drehung und wir stehen um 1600 an der Schwelle zur Aufklärung.

> Wie nun diß grosse Leyden
> Nicht auß zu sprechen ist/ so seynd die HimmelsFrewden/
> So allen Seligen noch werden zuerkand/
> Auch vber Englische Gedancken vnd Verstand.
> Was vmb vnd vnb wird seyn wird alles Frieden heissen;
> Da wird sich keiner nicht vmb Land vnd Leute reissen/
> Da wird kein Ketzer seyn/ kein Kampff/ kein Zanck vnd Streitt/
> Kein Mord/ kein Städte-brand/ kein Weh vnd Hertzeleid.
> Dahin/ dahin gedenckt in diesen schweren Kriegen/
> In dieser bösen Zeit/ in diesen letzten Zügen
> Der nunmehr-krancken Welt; Dahin/ dahin gedenckt
> So läßt die Todesfurcht euch frey vnd vngekränckt.[71]

3 Wege in die Aufklärung

Bleibt also die Frage, welche Wege von einem Bekenntnis wie dem schoenaichischen durch das 17. Jahrhundert hindurch und über dieses hinaus in das Zeitalter der Aufklärung führen. Nicht von direkten Verbindungen kann die Rede sein. Gerade die Frühaufklärung in Deutschland konstituiert sich, von Ausnahmen abgesehen,

---

71 Ebd., Buch IV, V. 409–420, S. 262.

über Anregungen aus anderen Ländern und Regionen. Erst im Zeitalter Hamanns und Herders treten gerade auch schlesische Autoren prominent hervor. Es geht um strukturelle, zum Vergleich herausfordernde partielle Gemeinsamkeiten. Vorstöße in ein Terrain erfolgen in der frühen Zeit, die in der späteren Parallelen haben, dann jedoch rasch radikalisiert werden und über den einstigen Horizont hinausreichen. Von Belang sind ohnehin nur Autoren und Texte, in denen eine Auseinandersetzung mit der christlichen Botschaft erfolgt. Hier interessieren die systematischen Kongruenzen. Und das aus der Optik der Zeit um 1600. Der ebenso verheißungsvolle wie bislang ununtersuchte Zweiklang zwischen Späthumanismus und Frühaufklärung, von uns nur eben angedeutet, bleibt außen vor. Das schoenaichsche Textangebot bildet die Grundlage für die kleine Schlussbetrachtung.

Wir waren Zeugen einer leidenschaftlichen und zuweilen an das Verzweifelte grenzenden Rettung christlicher Traditionsbestände. Sie mussten einer Krise der Überlieferung abgerungen werden, wie es sie in dieser Ausprägung vor dem 16. Jahrhundert nicht gegeben hatte. Das 16. Jahrhundert ist das Krisenjahrhundert *par excellence* in der neueren Geschichte Europas, darin nur übertroffen von dem 20. War es dort der Zusammenbruch der christlichen Welt, so hier derjenige jedweder politischen Ordnung in Gestalt einer fundamentalen Zivilisationskrise. Dass in diesem Zusammenhang die aufgeklärten Philosopheme insbesondere in ihrer geschichtsphilosophischen Ausformung auf den Prüfstand kamen, ist bekannt und hier nur *en passant* um der argumentativen Homologie willen erwähnt. Singulär erhebt sich die Epoche der Aufklärung zwischen zwei Saecula, erfüllt von Signaturen der Erschütterung und des Unheils, direkt aber umgeben von zwei andersgearteten, in denen sich auf eine denkwürdige Weise Züge der Konsolidierung mit solchen der Unterminierung überlieferter europäischer Geistigkeit kreuzen.

Der Versuch der Rettung, so wurde angedeutet, erfolgt über einen Reduktionalismus, einhergehend mit einem Abbau des theologischen Apparats. Nur eine christliche Grundsubstanz vermag zu überdauern. Sie wird aus der Bibel und einer kleinen Zahl als solcher deklarierter Bekenntnisschriften herausgesponnen. Der Rekurs auf letztere, sofern überhaupt aktenkundig, erfolgt kommentarlos. Fast mag der Eindruck sich einstellen, dass sie erwähnt werden, um nicht neuen Streit zu entfachen. Das, was an christlicher Glaubenssubstanz verlautet, ist biblisches Gemeingut. In den Bekenntnisschriften wird systematisiert und expliziert, was in den beiden Testamenten angelegt ist. Ihnen kommt die Würde figural ergiebiger und als solcher singulär dastehender Logien zu.

Diese theologische Verdichtung aber wird bewusst vollzogen. Der Ausdifferenzierung in Bekenntnisse, wie sie das 16. Jahrhundert kennzeichnet, wird die Kontraktion der biblischen Kernaussagen entgegengestellt. Es kann nur ein einziges Bekenntnis geben, gegründet auf das biblische Wort. Unter dem Zentralbegriff der ‚Katholizität' ist diese Einheit bedeutet. Weder die Diversifikation der christlichen Überlieferung in die drei Hauptbekenntnisse noch und schon gar nicht die Wucherung diverser Lehrmeinungen innerhalb der einzelnen Bekenntnisse ist hinzunehmen.

Entsprechende Manöver zergehen im Lichte einer auf die Elementaria zurückgestutzten Theologie. Diese wird nicht zufällig in dem schoenaichischen Text terminologisch abgelöst durch den Begriff der *pietas*. Frömmigkeit wurzelt in wenigen biblischen Theologoumena und ist als solche der bekenntnisförmigen Ausdifferenzierung enthoben. Das ist die implizite ökumenische Positionierung der christlichen Denker um 1600, wie sie in der Aufklärung auf andere Weise wieder aufgegriffen und sodann über den christlichen Überlieferungsbestand auf alle monotheistischen Religionen ausgedehnt werden wird.

Die Anhänger der einen wahren, nämlich ungeteilten christlichen Religion erkennen sich über die Fronten hinweg. Die Schar der Gläubigen ist eine einzige, auf den Namen Christi hörende. Ist auf dieser Ebene jedweder Konflikt prinzipiell obsolet, so formiert er sich unabweislich in der Zurückweisung der Spalter und Ausgrenzer. Die Markierung der Trennungslinien ist vonnöten, folgt sie doch aus der theologischen Unierung, der alleine noch die Rettung des Glaubens überantwortet bleibt.

Unierung aber mündet in Praxis. Hier liegt die Nähe zum Pietismus und zur Aufklärung auf der Hand. Kriterium wahren Glaubens ist – entgegen aller Einsprüche der Flaccianer – ein frommes christliches Leben. Im Angesicht gottwohlgefälligen Wandels erledigen sich alle theologischen Streitfragen. Bekennende Gläubigkeit kennt nur einen Maßstab, nämlich Bewährung im hic et nunc. Auf dieser Ebene wird über Richtigkeit und Triftigkeit bekannten Glaubens entschieden.

Die Ethisierung des Christentums, Kernthema im 18. Jahrhundert, ist um 1600 antizipiert. Sie umfasst alle Christen, die nur in der Nachfolge Christi diesen ihren Namen zu Recht tragen. Als solche sind sie untereinander verbunden, Friedfertigkeit und insoweit den Vorschein einer anderen, einer ‚zweiten Welt', wie Jean Paul sagen wird, lebend. Die Grenzziehung gegenüber den Friedlosen ist nicht gewollt, sie soll ein Ende finden; solange aber sie existiert, ruft sie notwendig die Distanzierung hervor.

Noch nicht in den Blick tritt in dem schoenaichischen Text die Existenz der nicht christlichen Religionen. Ihre Eingemeindung in das religionsphilosophische Denken wird das Verdienst der Aufklärung sein. Die Wege dahin aber, wie sie etwa bei Lessing sich abzeichnen, sind gebahnt in einer Zeit, die man sehr wohl als Präfiguration der Aufklärung begreifen mag. In Georg von Schoenaichs Berufung auf die eine wahre uralte katholische christliche Religion zeichnen sich auch die Umrisse eines zukünftigen Bildes ab, erfüllt von der Aura religiöser Befriedung.

Theophil Lessing (1647–1735) – Gemälde von Christoph Gottlob Glymann (Öl/Holz)

Oliver Bach
Naturrecht im Konflikt

Theophil Lessings *De Religionum Tolerantia* vor und fern der Ring-Parabel?

Als am 16. März 1669 der gerade 21-jährige Student des Rechts Theophil Lessing an der Universität Leipzig eine Disputation über die Toleranz der Religionen antritt, ist schon deren interdisziplinärer Ort bemerkenswert. Denn nicht nur nimmt sich ein Student der juristischen Fakultät eines theologischen Themas an, sondern das Titelkupfer der späteren Drucklegung kündet darüber hinaus von einer politischen Disputation in philosophischer Anordnung. Damit unternimmt Theophil Lessing in mehrfacher Hinsicht Bemerkenswertes.

Die ideengeschichtliche Forschung fokussiert mit allem Recht Gotthold Ephraim Lessing und dessen reifes Toleranzdenken in *Nathan der Weise*; die Dissertation des Großvaters wird dabei zwar häufig erwähnt, allerdings selbst kaum eingehender untersucht.[1] Das Urteil über die Bedeutung des Großvaters wird im Hinblick auf sein Wirken auf den Enkel gefällt und fällt für die *Rettungen* zurecht positiver aus als für den *Nathan*: Gotthold Ephraim knüpft in seinen *Rettungen* vor allem an die Vorstellung eines allen positiven Religionen vorgängigen Naturrechts an, wie er sie der Dissertation seines Großvaters entnehmen kann.[2] Die Toleranzkonzeption des *Nathan* besitzt ihr entscheidendes Moment vielmehr in der Fiktion „Der echte Ring / Vermutlich ging verloren";[3] sie führt hin zur Idee von Toleranz im Sinne eines friedlichen Wettstreits.[4] Die religiöse Duldung, wie sie in *De Religionum Tolerantia* postuliert wird, ist demgegenüber eher im Sinne einer bloßen Koexistenz- oder gar einer bloßen Erlaubniskonzeption konzipiert.[5]

---

1 Vgl. einzig Günter Gawlick: Zum ideengeschichtlichen Kontext der Schrift. In: Theophil Lessing: De Religionum Tolerantia. Über die Duldung der Religionen. Hg. u. eingeleitet von Günter Gawlick und Wolfgang Milde. Göttingen 1991 (= Kleine Schriften zur Aufklärung 2), S. 65–79; Michael Multhammer: Lessings *Rettungen*. Geschichte und Gegense eines Denkstils. Berlin/New York 2013 (= Frühe Neuzeit 183), S. 77–79.
2 Vgl. Multhammer: Lessings *Rettungen* (Anm. 1), S. 79.
3 Gotthold Ephraim Lessing: Nathan der Weise. Studienausgabe. Hg. v. Kai Bremer u. Valerie Hantzsche. Stuttgart 2013, S. 90, III.7, V. 2015 f. Vgl. den Beitrag von Friedrich Vollhardt im vorliegenden Band.
4 Vgl. Rainer Forst: Toleranz im Konflikt. Geschichte, Gehalt und Gegenwart eines umstrittenen Begriffs. Frankfurt am Main 2004, S. 104 u. 406.
5 Vgl. ebd., S. 42–48.

Dem wird der vorliegende Beitrag nicht widersprechen. Es soll mitunter sogar aufgezeigt werden, dass Theophils Toleranzkonzeption seiner politischen Motivation und naturrechtlichen Ausrichtung zum Trotz theologisch voraussetzungsvoll ist; sie trägt in der Tat noch vieles von dem „zähneknirschenden" Charakter mit sich, den die Erlaubniskonzeption auszeichnet.[6] Gleichwohl ist der eigene Kontext von Theophils *De Tolerantia Religionum* zu berücksichtigen, um das Unternehmen des jungen Studenten angemessen würdigen zu können. Daher soll im Folgenden ein exemplarischer Einblick geboten werden in die zwischen 1645 und 1670 vermehrt im östlichen Raum des Reiches sowie in Polen stattfindende Synkretismus-Debatte (1) und ein knappes Resümee der frühneuzeitlichen Natur- und Völkerrechtslehren bis 1669 gezogen werden (2), bevor Theophil Lessings Toleranzschrift einer neuen Prüfung (3) und Bewertung unterzogen wird (4).

1 Die Synkretismus-Debatte 1645–1669: Zu den diskurspolitischen Bedingungen von *De Religionum Tolerantia*

In seiner großangelegten und verdienstvollen Parforceritt durch die Ideengeschichte der Toleranz spart Rainer Forst einen Spezialdiskurs des 17. Jahrhunderts aus: den Synkretismus bzw. die Polemik gegen diesen. Mit Blick auf sein Vorhaben enthält sich Forst mit guten Gründen, hierauf ebenfalls einzugehen. Zu diffus stellt sich die Gemengelage von Synkretismus-Vorwürfen und ihrer Abwehr dar, als dass sie sich in eine positive Entwicklungsgeschichte der Toleranzkonzeptionen elegant integrieren ließen. In der Tat nämlich stellt sich die Problematik des Synkretismus anhand des historischen Materials selbst vermehrt als Negativgeschichte dar: Vorwürfe des Synkretismus werden zwischen den 1640er- und den 70er-Jahren mehrfach erhoben; im Anschluss werden sie abgewehrt, der angebliche Synkretismus vom jeweils Beschuldigten bestritten. Ein positives Bekenntnis zum Synkretismus findet sich indessen kaum.

Als ein prominentes Beispiel dieser Gemengelage kann das *Irenicum Sive De differentijs Religionum conciliandis, Succinta Commentatio* von 1645 des Danzi-

---

[6] So treffend Winfried Müller: Konfessioneller Pluralismus und Toleranz in der Ober- und Niederlausitz. In: Die Nieder- und Oberlausitz – Konturen einer Integrationslandschaft. Bd. 2: Frühe Neuzeit. Hg. v. Heinz-Dieter Heimann, Klaus Neitmann u. Uwe Tresp. Berlin 2014 (= Studien zur brandenburgischen und vergleichenden Landesgeschichte 15), S. 38–45, hier S. 43.

ger akademischen Gymnasialprofessors Heinrich Nicolais (1605–1661)[7] gelten. In Danzig als Sohn des Stadtsekretärs Heinrich Nicolai geboren, schloss er bereits 1621 das Gymnasium ab, um anschließend u. a. in Jena bei Johann Gerhard zu studieren. 1626 wurde er in Marburg zum Magister promoviert. Seine anschließende *peregrinatio academica* beendete Nicolai in Rostock, wo er bis 1631 blieb, als er den Ruf auf die Professur für Logik und Metaphysik an das akademische Gymnasium[8] Danzig erhielt. Dort geriet Nicolai alsbald in den Streit zwischen Irenikern um Georg Calixt und Zeloten um Abraham Calov.[9] Den Theologen in Danzig erschien der junge Professor schon früh als nicht ausreichend orthodox. Erst im Umfeld des von Władysław IV. Wasa iniziierten Thorner Religionsgesprächs 1645 jedoch trat Nicolai erstmals mit einer eigenen Stellungnahme in Erscheinung,[10] dem im selben Jahre bei Rhetius in Danzig gedruckten *Irenicum*.

Der vordringliche Zweck von Nicolais Schrift ist unverkennbar, einem Religionsgespräch wie demjenigen zu Thorn einen Kommunikations- und Handlungsleitfaden an die Hand zu geben. Folglich stünde zu erwarten, dass Nicolai *formal* argumentierte.[11] Ebenso unverkennbar ist jedoch, dass Nicolais Kommunikationsratschläge *inhaltlich* voraussetzungsvoll sind. Auch die Irenik Nicolais setzt nämlich nicht auf die radikale Relativierung beliebiger theologischer Lehrmeinungen:

> QVi differentias ac diversitates in negotio aliquo ad concordiam redigere velit, eum ad differentiarum *originem, occasiones, causas, modos, formales rationes, attributa, circumstantias, ac similia* attendere oportet, & ut ista omnia vel removeantur, vel moderatiùs ponantur.[12]

Die Streitpunkte sollten nicht indifferent gesetzt werden, sondern sie sollten *als Irrtümer* nach ihren historischen Ursprüngen und ihren systematischen Gründen bzw. deren Stichhaltigkeit erklärt und soweit *dogmatisch* möglich geklärt werden. Entweder nämlich können Hindernisse der religiösen Verständigung aus den

---

7 Vgl. Hans-Joachim Müller: Irenik als Kommunikationsreform. Das Colloquium Charitativum von Thorn 1645. Göttingen 2004 (= Veröffentlichungen des Max-Planck-Instituts für Geschichte 208), S. 495; August Bertling gibt noch 1665 als Todesjahr an: [Art.] „Nicolai, Heinrich". In: ADB 23, S. 591–592, hier S. 591.
8 Theodor Hirsch: Geschichte des academischen Gymnasiums in Danzig, in ihren Hauptzügen dargestellt. Danzig 1837, S. 18, hegt die Vermutung, dass die Anstalt diese Bezeichnung erst seit Mitte des 17. Jahrhunderts trug.
9 Vgl. Wolfgang Leidhold: [Art.] „Synkretismus". In: HWPh 10 (1998), Sp. 799–801, hier S. 799.
10 Vgl. Bertling: [Art.] „Nicolai, Heinrich" (Anm. 7), S. 591.
11 Müller: Irenik als Kommunikationsreform (Anm. 7), S. 499.
12 Vgl. z. B. Heinrich Nicolai: Irenicum Sive De differentijs Religionum conciliandis, Succinta Commentatio. Danzig 1645, S. 2. Hervorh. im Orig.

Gegenständen selbst entspringen oder aus der subjektiven Auffassung der Menschen, der Art und Weise, in der sie vorgetragen werden, oder aus kontingenten Umständen wie den Affekten:

> Impedimenta conciliandi *vel ex parte materiarum* & objectorum, *vel hominum* & subjectorum dissentientium, *vel modorum*, quibus proponitur, *vel accidentium* & *affectionum quarundam* rebus adjectarum aut commistarum, vel in alijs consistent. *Objectorum*, cum res ipsæ simpliciter sunt irreconciliabiles. Vt Deum Spiritum esse, & membris Corporeis præditum esse. Vel cum principia, ex quibus procedi debet, prorsùs contraria aut disparata sunt. Vt cum ex Scripturâ & Alcorano Mahometico proceditur, quæ conciliari non possunt.[13]

Die Hindernisse *ex parte subjectorum* wie auch diejenigen *ex parte modorum* gründen vermehrt in äußerlichen Kommunikationsproblemen und können daher durch die Kraft des Argumentes beseitigt werden. Bestimmte sachliche Vermittlungshindernisse jedoch sind unaufhebbar. Mehr noch: Die Vermittelbarkeit derjenigen Kommunikationsstörungen, die als rein äußerlich begriffen werden, ruht gerade auf der Annahme auf, dass eine inhaltlich allemal einheitliche Basis vorhanden ist, die die Beurteilung jener Äußerlichkeiten als solche allererst erlaubt. Diese Basis aber muss – gerade deshalb – unverhandelbar sein. Zu dieser Basis zählt Nicolai etwa die Trinität (dass „Gott der Geist sei und mit menschlichen Gliedern ausgestattet wurde"); eine *conciliatio* mit dem Koran der Mohammedaner ist daher ausgeschlossen.[14]

Diese inhaltlichen Voraussetzungen prägen die irenische Kommunikationsstrategie, die Nicolai im folgenden „Abriss eines frommen und fruchtbringenden Gesprächs" skizziert.[15] Sie bedingen den Erfolg der Vorbereitung des Kolloquiums:[16] Jede Konfliktpartei muss (und kann) sich zunächst selbst über ihre Prinzipien einigen, d. h. ohne dass Widersprüche, unnötige Windungen, Verdrehungen oder Nichtigkeiten übrig bleiben:

> Primò omnium ergò in fructuoso Colloquio *procuretur, Vt utrinq[ue]* in certis, iustis, & fundamentalibus principijs consentiatur, eaq[ue] firma, & certa, & liquida, citra ullam ambigu-

---

13 Ebd., S. 2 f.
14 Ebenso fundamental und unverhandelbar seien die Auffassungen, dass Jesus Christus „der Sohn Gottes sei, wie es die Christen glauben, und dass er ein Zauberer, Betrüger und Aufrührer sei, wie es die Juden glauben" (Ebd., S. 4: „*Impedimenta Obiectorum vel in Obiectis totis sunt, Vt Christum Dei filium esse, quod Christiani, & Magum, impostorem, ac seditiosum fuisse, quod Judæi de eo sentiunt*"; Hervorh. im Orig.).
15 Ebd., S. 18: „Delineatio Pij & fructuosi in Theologicis Colloquij."
16 Insofern ist der Misserfolg des Thorner Religionsgesprächs in Anschluss an Nicolai eben nicht allein an formalen Bedingungen festzumachen: Müller: Irenik als Kommunikationsreform (Anm. 7), S. 504–506.

> itatem, inuolutionem, detorsionem, aut cavillationem, constituantur, *recipiantur, & teneantur, ac ex illis controversa, dubia, consectaria, & similia deducantur.* [...] Non multa hæc fortè erunt: Et Quæ talia non sunt, pars una alteri *pro principijs non obtrudat, sed inter dubia ac deliberanda seponat, donec clarè euictum fuerit,* verè & ab vtraq[ue] parte recipiendi principij naturam aliquid *obtinere posse et debere.*[17]

Das eigentliche Kriterium der Religionsvermittlung ist nicht etwa bloß mehrheitlicher Konsens und das eigentliche Mittel des erfolgreichen Religionsgesprächs ist nicht etwa bloße Kommunikationsform: Das Problem kann und muss vielmehr sachlich gelöst werden, insofern es sich hauptsächlich um Scheinprobleme handelt. Denn solche Prinzipien, die sowohl sicher sind *als auch* kontroverse Schlussfolgerungen zulassen, gibt es in Nicolais Augen „vielleicht nicht viele". Nicolais theologische Philosophie bzw. sein Verhältnis zu ihr erweist sich hier durchaus als widersprüchlich: Aus diesen Worten spricht tatsächlich bereits die Zuversicht eines philosophischen Metaphysikers, der auf die Konsistenz eines Systems setzt. Denn schließlich darf keine der religiösen Konfliktparteien der jeweils anderen Sätze als Prinzipien aufdrängen, solange nicht restlos nachgewiesen wurde, dass diese das Wesen eines Prinzips („principij natura") innehaben. Allererst dies würde alle Seiten dazu verpflichten, ein Prinzip *als solches* anzuerkennen („recipiendi").

Es ist diese philosophische Tendenz zur Grundlagenreflexion, die Nicolai in der Tat nur wenig plausibel als Vertreter des Synkretismus ausweisen. Nicolai enthält sich nicht allein aus Klugheitserwägungen, sondern aus systematischen Gründen der Erwähnung des Reizwortes *Synkretismus*.[18] Dennoch erhob Christophorus Pambius den Vorwurf, Nicolai habe in Thorn den Synkretismus vertreten und sogar „zu ihm gedrängt, *indem* Spezialfragen zurückgebunden werden sollten".[19] Die Bezeichnung Nicolais als Synkretist wirkt jahrhundertelang bis in die Handbuchliteratur hinein.[20]

Die allgemein religionswissenschaftliche Problematik der Verwendung des Synkretismus-Begriffes hat Ulrich Berner nachgezeichnet.[21] *Synkretismus* lässt sich von *Synthese* unterscheiden, insofern für letztere „[d]ie neuen Elemente [...] nicht ableitbar, sondern nur noch annäherungsweise nach ihrer Verwandtschaft

---

17 Nicolai: Irenicum (Anm. 12), S. 18; Hervorh. im Orig.
18 Müller: Irenik als Kommunikationsreform (Anm. 7), S. 500.
19 „M. Nicolai: Urgendum omnino Syncretismum, quaestiones speciales restrinduendas"; zit. n. ebd., S. 501.
20 Vgl. Bertling: [Art.] „Nicolai, Heinrich" (Anm. 7), S. 591.
21 Ulrich Berner: Untersuchungen zur Verwendung des Synkretismus-Begriffes. Wiesbaden 1982 (= Göttinger Orientforschungen; Reihe Grundlagen und Ergebnisse 2); vgl. vor allem S. 71 f. u. 96–109.

mit Elementen der vorgegebenen Systeme zu bestimmen" sind.[22] Gleichfalls deutliche Unterschiede bestehen zur Religionsmischung bzw. Mischreligion: „In der Mischreligion stehen heterogene Elemente nebeneinander. Der Synkretismus harmonisiert, weil er Bestandteile aus verschiedenen Religionen unter einem Prinzip der Auswahl zusammenfaßt".[23] In Berners eigener Differenzierung von Synkretismus-Begriffen[24] fällt die grundsätzliche Betrachtung von *Synkretismus* als Prozesskategorie auf: „‚Synkretismus (auf System-Ebene)' bezeichnet die Prozesse",[25] „‚Synkretismus (auf Element-Ebene)' bezeichnet: solche Verbindungen verschiedener Elemente, in denen die Grenze zwischen den Elementen aufgehoben wird".[26]

Diese unter diachroner Perspektive nur konsequente Begriffsauffassung ist zu ergänzen um die synchrone Betrachtung eines Einzelfalls wie desjenigen Heinrich Nicolais, d. h. um die mit dem *Irenicum* verbundene Absicht des historischen Akteurs Nicolai selbst: Jenes ‚Prinzip der Auswahl' ist nach Nicolais Anspruch nämlich weder ein von den Konfliktparteien originär konsentiertes noch ein irgendwie willkürlich menschengemachtes Prinzip. Es muss dem Wesen eines Prinzips genügen („principij naturam obtinere"), d. h. systematischen und damit transhistorischen Charakter haben. Nicolais Irenik beansprucht damit nicht, den Prozess einer Homogenisierung anzustoßen, wo bislang irreduzible Heterogenität geherrscht hätte. Im Gegenteil soll der fehlgegangene Prozess einer Heterogenisierung angehalten und rückgängig gemacht werden durch den *Regress* auf eine fundamentalsystematische Homogenität, die ohnehin statthat. Es soll nicht vermischt, kein Synkretismus betrieben, sondern Einheit aufgezeigt werden.

Nicolai stößt bei seinem vordergründig systematischen Vorhaben natürlich an Grenzen, und zwar nicht erst unter sozialgeschichtlicher Perspektive an Gegenspielern wie Pambius und Calov; Nicolais systematisches Vorhaben scheitert *als* systematisches unübersehbar an seinem eigenen Vollzug. Nicolai zählt zu diesen Prinzipien nicht allein philosophisch-metaphysische Grundsätze wie etwa den Satz vom Widerspruch, sondern auch Dogmen wie die Dreifaltigkeit, die weder selbsterklärend sind (wie das Widerspruchsverbot) noch aus einem abermals vorausliegenden Prinzip logisch deduziert werden können. Dieser Selbst-

---

22 Ebd., S. 97.
23 Ebd., S. 72; Günter Lanczskowski: Begegnung und Wandel der Religionen. Düsseldorf, Köln 1971, S. 107.
24 Berner: Untersuchungen zur Verwendung des Synkretismus-Begriffes (Anm. 21), S. 96–109.
25 Ebd., S. 96.
26 Ebd., S. 101.

widerspruch zwischen dem systematischen Anspruch an Prinzipien und dem nicht systematischen Charakter derjenigen Prinzipien, die Nicolai selbst anführt, bleibt bei ihm unaufgelöst.[27] Die daraus sich ergebenden Folgen haben mit Toleranz sichtlich wenig zu schaffen.[28] Nicolai war es nicht darum zu tun, etwas zu erdulden, was *als* andersartig und heterodox verbleibt, sondern darum, vordergründige Differenzen als eben nur scheinbare zu entlarven. Was als andersartig übrig bleibt, ist mithin als heterodox nicht zu dulden. Nicolai schließt mit der Prinzipienlehre seiner Irenik solche zeitgenössischen Nonkonformisten wie etwa die Antitrinitarier und Socinianer kategorisch von der Toleranzfrage aus.

Dennoch zieht Nicolai sich den Vorwurf des Synkretismus zu. Wenn sein Gegner Christophorus Pambius diesen Vorwurf nun gerade mit Blick auf das nicht historische, sondern systematische Anliegen Nicolais erhebt, „Spezialfragen zurückzubinden" (nämlich auf ein allgemeines Prinzip), so erweist sich der zeitgenössische Synkretismus-Begriff als wenig geschärft[29] und vielmehr als polemisches Gespenst mit diskurs- oder gar existenzschädigender Wirkabsicht.[30]

---

27 Der Unterschied zwischen logisch notwendiger und göttlich gesetzter Irreduzibilität, mithin die Differenz zwischen philosophischer und theologischer Prinzipialität ist auch bei einem Philosophen des mittleren 17. Jahrhunderts noch nicht herausgearbeitet. Die Philosophie hat sich von der Theologie noch nicht hinreichend abgegrenzt, so sehr auch „der Eindruck ihrer Neuartigkeit das Bewußtsein ihrer Abhängigkeit von der Tradition leicht zu verdecken vermag" (Wolfgang Röd: Die Philosophie der Neuzeit I. Von Francis Bacon bis Spinoza. 2., verbesserte und ergänzte Auflage. München 1999, S. 11). – Vgl. dagegen die These, die Erkenntnis der Trinität setze notwendig im Vollzug des Satzes vom Widerspruch ein: Wilhelm Schmidt-Biggemann: Geschichte wissen. Eine Philosophie der Kontingenz im Anschluss an Schelling. Stuttgart-Bad Cannstatt 2014 (= problemata 156), S. 13 f.

28 Rainer Forst hat in der Rekonstruktion der Toleranzdebatten herausgearbeitet, dass solche vermehrt auf eine Reduktionsstrategie setzenden Vermittlungsversuche gerade noch nicht dahingehend konzeptualisiert waren, dass das Andere als Anderes in seinem Anderssein akzeptiert und toleriert würde. Forst: Toleranz im Konflikt (Anm. 4), S. 104 f.

29 Vgl. schon René Pillorget, dem ebenso die Bezeichnungen *Synkretisten*, *Unionisten* und *Irenisten* nicht mehr als Angehörige einer intellektuellen Elite zu beschreiben scheinen, gegen die seitens der Polemiker mithilfe ebendieser Termini eine breites Ressentiment erzeugt wird: René Pillorget: Le problème du syncrétisme, débat majeur au sein du protestantisme allemand du XVIIe siècle. In: L'Information historique 32 (1970), S. 210–215, hier S. 214: „Mais il convient de préciser, cependant, que si la tendance *unioniste* ou *syncrétiste* ou *iréniste* ne comprend jamais que des membres de l'élite intellectuelle, les polémistes décidés à défendre le particularisme luthérien trouvent, au contraire – et très facilement –, une audience à la fois étendue et ardente dans la masse des fidèles."

30 Es spricht für eine bemerkenswerte Offenheit der Stadt Danzig, dass die unterschiedlichen Kontroversen hier ausgetragen werden konnten, ohne dass die Streitigkeiten zunächst über die sachliche Diskussion wesentlich hinausgingen: Es ist etwa nicht so, dass Nicolai sein *Irenicum* nicht gegen Calovs Einflussnahmen in Danzig hätte publizieren können, seine Anstellung ver-

Dieses polemische Gespenst nun spukte insbesondere in den Jahren seit dem Thorner Religionsgespräch und weit über das Jahr von Theophil Lessings Leipziger Disputation 1669 hinaus.[31] Polemischen Charakter nahm das Wortfeld *syncretismus/Synkretismus, syncretisticus/ synkretistisch* eben in den innerprotestantischen theologischen Kontroversen seit Thorn an: *Synkretismus* meinte nun nicht mehr wie bei Plutarch und den Humanisten des 16. Jahrhunderts den Zusammenschluss zerstrittener Gruppen unter prudenziellen Erwägungen,[32] sondern die „Hochschädliche Religions-Vermischung".[33] Führt man eine entsprechende Recherche in den einschlägigen Verbundkatalogen durch, zeigt sich zudem, dass die Synkretismus-Debatte ihren geografischen Schwerpunkt im östlichen Raum des Reiches bzw. den angrenzenden Gebieten hatte.[34] Schließlich bildete sich auch ein Bewusstsein dafür heraus, dass die als synkretistisch verfemten Tendenzen durchaus nicht beliebig Lehrmeinungen zu harmonisieren suchten, sondern ebenso wie Nicolai das gemeinsame Fundament suchten; woraufhin die Synkretismus-Polemik auch diese Argumentationsstrategie anzugreifen suchte und die „Widerlegung des erdichteten und eingebildeten Fundamental-Consens" versprach.[35] Begriffs- und diskursbildend wirkte dabei vor allem Abraham Calov selbst, in dessen *Criticus Sacer* es ihm ebenso wenig darum zu tun war, anhand

---

loren oder gar der Stadt verwiesen worden wäre. Die konfessionelle Kontrolle seitens der Lutheraner nahm allerdings 1647 merklich zu (Hans Joachim Müller: Konfession, Kommunikation und Öffentlichkeiten. Der Streit um die Irenik in Danzig 1645–1647. In: Interkonfessionalität – Transkonfessionalität – binnenkonfessionelle Pluralität. Neue Forschungen zur Konfessionalisierungsthese. Hg. v. Kaspar von Greyerz u. a. Heidelberg 2003 [= Schriften des Vereins für Reformationsgeschichte 201], S. 151–178, hier S. 168). 1651 nahm Nicolai den Ruf auf ein gymnasiales Extraordinariat in Elbing an. Ders.: Irenik als Kommunikationsreform (Anm. 7), S. 502. Die Vermutung Bertlings, dass Nicolai Ruhe vor den Gegnern in Danzig haben wollte (Bertling: [Art.] „Nicolai, Heinrich" (Anm. 7), S. 591.), scheint wenig überzeugend, schließlich hat er seine Auseinandersetzung mit Calov auch von Elbing aus bis zu seinem Tod weitergeführt (Müller: Irenik als Kommunikationsreform [Anm. 7], 502).
31 Vgl. ausführlich schon Paul Tschackert: Synkretistische Streitigkeiten. In: Realencyclopädie für protestantische Theologie und Kirche. Bd. 19. Leipzig 1907, S. 243–262, hier S. 244–258.
32 Leidhold: [Art.] Synkretismus (Anm. 9), Sp. 799.
33 Johann Christoph Selden: Wohlgemeinte Entdeckung des Syncretistischen Abgotts und Gre-Fels oder der Hochschädlichen Religions-Vermischung/ So im verwichenen 1661. Jahr zween Rinthelische und zween Marpurgische Theologi in die H. Stätte der Evangelischen Kirchen zu setzen/ sich unterstanden [...]. Altenburg 1664.
34 Vor allen Dingen im VD17, dem *Verzeichnis der im deutschen Sprachraum erschienenen Drucke des 17. Jahrhunderts*. Eine namhafte Ausnahme stellte Johann Conrad Dannenhauer dar mit seinem 1648 in Straßburg gedruckten *Mysterium Syncretismi Detecti, Prosripti, et Symphonismo Compensati*.
35 Selden: Wohlgemeinte Entdeckung des Syncretistischen Abgotts (Anm. 33), Titelkupfer.

der Fundamente des Glaubens Gemeinsamkeiten mit Katholiken und Calvinisten herauszuarbeiten; vielmehr konnten ihm die fundamentalen Glaubensartikel nur die unüberwindbaren Widersprüche von Papisten und Reformierten aufweisen. Dem *Criticus Sacer* beigefügt war „eine Erörterung über die Verständigungen sowie die Erwägung des Friedens und des Synkretismus mit den Calvinisten". Zusammen bilden diese Schriften Calovs einen über 900 Seiten starken Band, den er bereits 1646 veröffentlichte, und zwar: in Leipzig.[36]

Während Calov seine Schriften gegen den Synkretismus fortan vor allem an seiner neuen Wirkungsstätte Wittenberg veröffentlichen wird, ist Leipzig neben Jena einer der vornehmlichen Druckorte für anti-synkretistische Schriften, und dies besonders in der zweiten Hälfte der 1660er-Jahre.[37]

---

[36] Abraham Calov: Criticus Sacer, vel Commentarii Apodictico-Elenchtici super Augustanam Confessionem Ecclesiarum Evangelicarum novissimi temporis Symbolum verè Augustum Προθυρον, In quo invariata pariter & variata Confessio ita edifferitur, ut plurimis Pontificiorum & Calvianorum contrariis scriptis ex ipso fundamento satisfiat: nec non de Scriptura Sacra [...] Subjuncta διηγησις De Conciliis, præviaq; consideratione Pacis, & Syncretismi cum Calvianis [...]. Leipzig 1646.

[37] Johann Hülsemann: Disputatio Theologica De Fundamento Fidei Et Articulis Fundamentalibus, Opposita Syncretistarum quorundam conatibus. Leipzig 1654; Christian Eichsfeld: Orthodoxia Casualis Sive Orthodoxa Responsa Ad difficiliores, praecipuos, singulares, ac non ubivis obvios Conscientiae, Fidei, Vitaeq[ue] Christianae Casus: Item, ad palmarias Synergistarum, Syncretistarum, nec non Novatorum Modernorum hypotheses, & errores [...]. Leipzig 1655; Johann Maukisch: Syncretistisches Glaubens-Hincken/ Welches Herr D. Christian Dreier [et]c. In 2. deutschen Predigten vom H. Abendmal hat sehen lassen : darinnen Er zum öfftern von der Version Lutheri, so doch auff die Grund-Sprache sich gründet/ auff solche Versiones, so mit dem Grund-Text nicht übereinkommen/ fället/ dieselbe für dem gemeinen Mann/ als wärens Schrifft-Worte/ fürbringt/ und bald auff Papistische/ bald auff Calvinische Seite mit grossem Aergerniß wancket. Leipzig 1664; Friedrich Rappolt: Syncretismus Triumfatus [...]. Leipzig 1666; Abraham Calov: Syntagmatis Antisyncretistici Loci, Et Controversiae: Ad Elenchon Errorum Qui hactenus a Pontificiis, Calvinianis, Socinianis, Arminianis, & Novatoribus, aliisque tois synkretizusin ... nati sunt, Disputatorio Collegio Privato Exhibentur a D. Abraham Calovio, Una cum remissionibus ad scripta, quibus Errores isti ab Eodem producti, confutatiq[ue] sunt, & imprimis ad Syncretismum Calixtinum, & Harmoniam Calixtino-Haereticam. Leipzig 1668; Johann Adam Schertzer: Johannes Adamus Scherzerus. D. & Prof. Publ. Alumnis Electoralibus Saxonicis in Acad. Lips. Theses Anti-Syncretisticas : Singulis diebus Sabbathi ab hora VI. matutina in Lampade ventilandas, iuxta ductum Syntagmatis anti-Syncretistici Locorum Magnifici Dn. Calovii, exhibet, eosdemque, ut frequenter huic exercitio intersint, peramanter invitat. Leipzig 1668; Johann Ulrich Mayer: Novatianismus, Cui inspersus Basilidianorum, Montanistarum, Apostolicorum, Meletianorum, Messalianorum, Donatistarum, Pontificiorum, Calvinianorum, Socinianorum, Weigelianorum, Aliorumve In Quibusdam Capitibus, Cum Eo Syncretismus. Leipzig 1668; Caspar Loescher: Obicem Calvinianorum Syncretismo positum in Art. De Christo. Leipzig 1668; Hieronymus Kromayer: Loci Anti-Syncretistici sive Sententiae diversarum Religionum Conciliatriculae

Diese Stimmung findet Theophil Lessing vor, als er sich 1667 an der Universität Leipzig immatrikuliert;[38] unter diesen Bedingungen tritt der junge legum studiosus 1669 seine Disputation ausgerechnet über die Toleranz der Religionen an. Es sind deutlich erschwerte Bedingungen und der Präses Valentin Friderici hätte Lessing sichtlich keinen Gefallen getan, wenn er sie als theologische Disputation abgehalten hätte. Es wäre ihm auch gar nicht möglich gewesen: Denn ähnlich dem zweiten Toleranzedikt in der Mark Brandenburg[39] war auch den sächsischen Theologen der Befehl erteilt worden, den Synkretismusstreit einstweilen nicht mehr in Schriften fortzuführen.[40] Das Beispiel Nicolais sollte jedoch deutlich gemacht haben, dass auch unabhängig vom herzoglichen Schweigebefehl ein innertheologisches Argumentieren für Toleranz sich schon deshalb gegen einen selbst richten konnte, schlicht weil es theologisch war; das Eis, was damit beschritten wurde, war deutlich zu dünn. Lessing war sich dieser Bedingungen sichtlich bewusst, denn in der Bestimmung seiner Fragestellung stellt er sich ausdrücklich gegen den Synkretismus:

> Die Frage ist nicht, ob die Obrigkeit den Synkretismus einführen kann, d. h. jene fluchwürdige Religionsmengerei. Wenigstens wenn man die Natur des Synkretismus ins Auge faßt, der heute beinah überall angestrebt wird, so wird seine Unmöglichkeit von den Theologen bis auf den heutigen Tag in Wort und Schrift gelehrt und verteidigt.[41]

---

visae, Secundum Seriem Locorum Theol. digestae & examinatae Stabilimentum, Fidei coninentes in controversiis Syncretisticis. Leipzig 1668; ders.: Loci Anti-Syncretistici sive Sententiae diversarum Religionum Conciliatriculae visae, Secundum Seriem Locorum Theol. digestae & examinatae Stabilimentum, Fidei coninentes in controversiis Syncretisticis. Leipzig 1669; Caspar Loescher: Casp. Loescheri. S. Th. Lic. Sup. Et. Consistor. Sondersh. Obex. Calvinianorum. Syncretismo. Positus : in quo ex immotis Fundamentis demonstratur, Neminem Calvinistarum nec certum esse, se possidere Articulum Fidei neq[ue] adeo iudicare posse de Convenientia Articulorum Fundamentalium inter Nos & Adversarios [...]. Leipzig 1669.
38 Georg Erler (Hg.): Die iüngere Matrikel der Universität Leipzig. 1559–1809. 2. Bd. Leipzig 1909, S. 258.
39 Vgl. Günter Scheel: Hermann Conring als historisch-politischer Ratgeber der Herzöge von Braunschweig und Lüneburg. In: Hermann Conring (1606–1681). Beiträge zu Leben und Werk. Hg. v. Michael Stolleis. Berlin 1983 (= Historische Forschungen 23), S. 271–302, hier S. 286
40 Tschackert: Synkretistische Streitigkeiten (Anm. 31), S. 258.
41 Lessing: De Religionum Tolerantia (Anm. 1), S. 56; Originaltext, [ebd. S. 41] Caput II, Th. 4: „Non qværitur I) an Magistratus introducere possit Syncretismum, h.e. execrandam istam religionum confusionem. Certè sie ad naturam Syncretismi respiciatur, qvi hodiè tantumnon ubivis tentatur, eundem esse impossibilem Theologi hactenus scribunt, dicunt & contradisputant."

2 Das frühneuzeitliche Natur- und Völkerrecht und seine transkonfessionelle Anlage

Nun ist die Disputation weder von Friderici institutionell theologisch gerahmt noch ist sie von Lessing inhaltlich theologisch konzipiert. Lessings Disputation ist überhaupt erst die zweite, die Friderici abhält, und dabei die erste im Feld der praktischen Philosophie.[42] Insofern wird das Thema Toleranz als politisches und rechtliches Problem behandelt. Diese Strategie erweist sich nach dem Vorangegangenen als umsichtig und klug, denn weder Präses noch Referent machen sich einer theologischen Thesenbildung anheischig, mit der sie sich dem Risiko aussetzten, als Synkretisten verdiziert zu werden. Darüber hinaus erweist sich die politische und rechtliche Fokussierung durchaus als innovativ. Denn hier wartete die zeitgenössische Episteme mit einem vielversprechenden Mittel zur Lösung ebenso interpersoneller wie interkonfessioneller Konflikte auf: Die Rede ist vom frühneuzeitlichen Natur- und Völkerrecht.

Das *ius naturae et gentium* eignete sich besonders seit dem Ende des Mittelalters für eine überkonfessionelle Lösung interkonfessioneller Konflikte, obwohl es sich kaum explizit zur Toleranzfrage verhält. Theophil Lessings Dissertation ist insofern in der Tat innovativ, weil sie ein Potential ausnutzt, das die Naturrechtsdenker selbst bislang eher schlummern ließen. Gleichwohl *ist* dieses Potenzial, Antworten zur Toleranzdebatte an die Hand zu geben, in den neuen Entwürfen des Natur- und Völkerrechts wesentlich angelegt; *wesentlich*, weil das Natur- und Völkerrecht seit der Entdeckung Amerikas einem konfessionellen Pluralisierungsdruck begegnen musste, der die normativen Begründungstheorien von Grund auf zu überdenken zwang. Neben der Reformation führte vor allem die Neue Welt „zu einer neuen Qualität und Dramatik des Auseinanderdriftens behaupteter Einheit".[43]

Diese konnte das traditionelle Naturrecht insofern konfessionell-religiös erschüttern, als sich das ius naturale des Mittelalters im Dekalog noch vermehrt offenbarungstheologisch versichert hatte. Das Problem, vor das sich die Rechtsdenker seit der Entdeckung Amerikas gestellt sahen, bestand nunmehr darin, dass die Indios über das gesetzliche Wissen des Dekalogs nicht verfügen konn-

---

[42] Vgl. Hanspeter Marti: Philosophische Dissertationen deutscher Universitäten 1660–1750. Eine Auswahlbibliographie unter Mitarbeit von Karin Marti. München u. a. 1982, S. 191 f.
[43] Norbert Brieskorn: Systematisieren und Öffnen von Rechtspositionen in Francisco Suárez: De legibus ad Deo legislatore (1612) und Johannes Azor: Institutiones morales (1602). In: SFB 573: Mitteilungen 4-1 (2008), S. 35–42, hier S. 35.

ten.⁴⁴ Ein Rekurs auf die zehn Gebote, die den traditionellen Feindbildern des Christentums, den Juden und Sarazenen, allemal bekannt waren, war im Falle der Conquista nicht mehr möglich. Die Zeitgenossen waren durchaus nicht starrköpfig genug, um zu verkennen, dass jenes „Auseinanderdriften behaupteter Einheit" seine plausiblen Gründe hatte: Die Autorität der Schriftoffenbarung konnte schon ihrer eigenen Idee nach nicht (mehr) diejenige Ubiquität für sich in Anspruch nehmen, derer eine echte Universaljurisprudenz bedarf. Diesem Auseinanderdriften sollte mit ebenso plausiblen Argumenten begegnet werden. Diese mussten allerdings anders geartet sein. Sie behielten zwar ihr theonomes Fundament; ihre Geltung und Intelligibilität musste gleichwohl entkonfessionalisiert werden:⁴⁵ „Denn wenn die natürliche Ordnung von Gottes freier Setzung abhing [...], konnte von daher der feste Boden praktischer Orientierung nicht brüchig werden?"⁴⁶

Hand in Hand ging dieses neue Natur- und Völkerrecht natürlich mit der Missionstheorie. Neuscholastiker von Francisco de Vitoria über Bartolomé de Las Casas und José de Acosta bis Luis de Molina vertraten die Position thomistischer Anthropologie, dass der Glaube nur durch *persuasio*, unmöglich aber durch Zwang zustandekommen kann.⁴⁷ Solange die Missionare von einem solchen Zwang abstehen, genießen sie ihrerseits ein Recht zu predigen und zu missionieren, ein *ius praedicandi*.⁴⁸ Die religiöse Wahrhaftigkeitsfrage wird vom Naturrecht indessen nicht relativiert: Die Forderung nach einem Gewaltverzicht gegenüber den Anhängern eines falschen Glaubens resultiert nicht aus einer Verunsicherung der persönlichen Glaubensgewissheit, sondern aus dem universalen Recht,

---

44 Vgl. Ernst-Wolfgang Böckenförde: Geschichte der Rechts- und Staatsphilosophie. Antike und Mittelalter. 2., überarbeitete und erweiterte Auflage. Tübingen 2006, S. 342.
45 Vgl. Martin van Gelderen: Hugo Grotius und die Indianer. Kulturhistorische Einordnung Amerikas und seiner Bewohner in das Weltbild der Frühen Neuzeit. In: Aufbruch in neue Welten und neue Zeiten. Die großen maritimen Expansionsbewegungen der Antike und Frühen Neuzeit im Vergleich. Hg. v. Raimund Schulz. München 2003 (= Beihefte zur Historischen Zeitschrift NF 34), S. 51–78; Gideon Stiening: Nach göttlichen oder menschlichen Gesetzen? Zum Verhältnis von Theologie und Philosophie in ‚De Indis'. In: Francisco de Vitorias ‚De Indis' in interdisziplinärer Disziplin. Hg. v. Norbert Brieskorn u. Gideon Stiening. Stuttgart-Bad Cannstatt 2011 (= PPR II,3), S. 123–151, hier S. 126–133.
46 Böckenförde: Geschichte der Rechts- und Staatsphilosophie (Anm. 44), S. 340.
47 Vgl. Michael Sievernich: Toleranz und Kommunikation. Das Recht auf Mission bei Francisco de Vitoria. In: Die Ordnung der Praxis. Neue Studien zur Spanischen Spätscholastik. Hg. v. Frank Grunert u. Kurt Seelmann. Tübingen 2001 (= Frühe Neuzeit 68), S. 184.
48 Vgl. Oliver Bach: At nobis contrarium videtur verum. Das Recht auf freie Einreise als grundlegendes Völkerrecht bei Francisco de Vitoria in der Kritik Luis de Molinas. In: Francisco de Vitorias (Anm. 45), S. 191–217, hier S. 192–195.

das jeder Mensch seiner Geschöpflichkeit wegen genießt. Auch die Überzeugung, dass Häresie durchaus Strafe verdient, schwindet in der naturrechtlichen Missionskritik nicht dahin; sie wird aufrechterhalten, wobei dem menschlichen Gewaltverbot eine rein göttliche Strafbefugnis über Ungläubige korrespondiert. In dieser Weise argumentiert z. B. José de Acosta für einen friedlichen Umgang mit den Indios:

> Propter Infidelitatem etiam pertinacem non licere barbaros debellare [...] Quaeritur, An <!> iusti belli causa in barbaros sit infidelitas ipsa, quod Euangelium repudient. Sed breuiter & absolutè, iusta causa non est infidelitas, quae solum Deū habet iudicem, & vltorem.[49]

Die Verurteilung eines auch hartnäckigen Unglaubens („pertinax") obliegt allein Gott als Richter. Die Verurteilung und gar kriegerische Vollstreckung eines Urteils wider den Unglauben steht dem Menschen nicht zu.[50] Diese vordergründig entschärfte Missionstheorie bleibt nicht bei all ihren Vertretern politisch folgenlos: Francisco de Vitoria vertrat den Standpunkt, dass ein mehrheitlich missionierter Indiostamm seinen König absetzen kann, wenn dieser hartnäckiger Weise Heide bleiben wolle.[51] Diese Ambivalenz bleibt erhalten und wird sogar allererst generiert: Zum Glauben kann nicht politisch gezwungen werden; zur Politik kann allerdings sehr wohl religiös-theologisch gezwungen werden. Dieser gleichermaßen semipermeable Säkularisierungsschub zeichnet auch Martin Luthers konfessionspolitische Haltung aus: Zum allein seligmachenden Glauben kann zwar unmöglich gezwungen werden, jedoch dürfen und müssen sich die *renati* einer politisch institutionalisierten Vorrangstellung vergewissern. Der Gewissensfreiheit korrespondiert nämlich keineswegs auch eine Kultfreiheit;[52] insofern wird der Katholik nicht zwangsmissioniert, aber durchaus zwangsexiliert.

Allemal gemein ist den Naturrechtsentwürfen der Frühen Neuzeit der Anspruch, dass der Mensch als solcher bestimmte Rechte genießt und bestimmten Pflichten unterworfen ist, die von seinem Glauben begründungstheoretisch unberührt bleiben. Die Menschen lassen sich konfessionsübergreifend auf einen bestimmten friedlichen Umgang miteinander verpflichten.

---

49 Iosephus Acosta: De procuranda Indorum salute Libri sex. Köln 1588, S. 191 f.
50 Vgl. Bach: At nobis contrarium videtur verum (Anm. 48), S. 194.
51 Francisco de Vitoria: De Indis/Über die Indianer. In: Ders., Vorlesungen (Relectiones). Völkerrecht, Politik, Kirche. Hg. v. Ulrich Horst, Heinz-Gerhard Justenhoven u. Joachim Stüben. 2. Bd. Stuttgart/Berlin/Köln 1997 (= Theologie und Frieden 8), S. 370–541, hier S. 478–481.
52 Vgl. Forst: Toleranz im Konflikt (Anm. 4), S. 160–162.

3 Argumentation und Anleihen von *De Religionum Tolerantia*

Theophil Lessing befasst sich mit der Frage, „ob die Obrigkeit verschiedene Religionen dulden könne".[53] Die philosophische Ordnung, nach der Lessing laut Titelkupfer verfährt, schlägt sich in der Gliederung der Disputation nieder und es ist nicht zu übersehen, dass es dem Großvater um größtmögliche Vollständigkeit zu tun ist: Den Begriffsbestimmungen im ersten Kapitel folgen eine Feststellung der Streitfrage im zweiten und der Beweis der eigenen These im dritten Kapitel, woraufhin im vierten Kapitel prominente Einwände widerlegt werden, um die Argumentation abzurunden.

Im genannten ersten Kapitel, der *praecognitio terminorum*, vollzieht Lessing die aussagen- und prädikatorenlogische Analyse seiner Fragestellung. Lessing gesteht offen ein, dass sowohl das Subjekt dieser Frage – die Obrigkeit – als auch ihr Prädikat – „kann verschiedene Religionen dulden" – Gegenstand theologischer Reflexion sein können. Um möglichen Vorwürfen unzulässiger Übergriffigkeit vorzuschützen, nimmt Lessing explizit Stellung zu der eigentümlichen Interdisziplinarität seiner Fragestellung:

> Da nämlich an der Subjekts- ebenso wie an der Prädikatsstelle der Frage Begriffe stehen, die in der Theologie vorkommen, könnte jemand das gewählte Thema für die Theologie in Anspruch nehmen [...] Es liegt uns fern, diejenigen, die so verfahren, tadeln zu wollen. Der Theologe besitzt ein eigenes Recht dazu, sich mit dieser wie mit vielen anderen Fragen zu befassen, die in gewisser Hinsicht auch zur Philosophie gehören. Deshalb geschieht aber auch unsererseits durchaus kein Übergriff, da das gewählte Thema keine *rein* theologische Frage ist, [...] sondern eine Grenzfrage, die mit gleichem Recht zur Theologie wie zur Philosophie gezogen werden kann.[54]

---

[53] Lessing: De Religionum Tolerantia (Anm. 1), S. 49; Originaltext [ebd. S. 37] Προαύλιον: „An Magistratus tolerare posit diversas Religiones."
[54] Ebd., S. 50/[S. 38], Caput I, Th. 2–4: „Qvando qvidem tàm subjecti qvàm prædicati loco termini, in Theologia occurrentes extant; fieri inde potest, ut non-nemo præsens thema ad SS. Theologiam pertinere edicat [...]. Absit à nobis, ut facientes, id reprehendere audeamus! Agit *jure suo* Theologus de qvæstione hâc, sicuti de pluribus aliis, qvas ad Philosophiam suo qvoqve modo spectare non ignoramus. Ex eô vero μετάβασις haud-qvaquam committitur, cum problema præsens non sit qvæstio *purè* theologica [...], sed *mixta*, qvæ tàm ad Theologiam qvàm Philosophiam rectè referatur" (erste Hervorh. d. Verf.: Der Übersetzung Gawlicks und Mildes wird hier nicht durchweg gefolgt! Übrige Hervorh. im Orig.).

Das Subjekt der Fragestellung, die Obrigkeit, fällt schließlich „zweifellos in das Gebiet der praktischen Philosophie".[55] Dass sie genauer gesagt in den Bereich der *politischen* Philosophie fällt, macht Lessing anhand der Unterscheidung häuslicher und bürgerlicher Obrigkeit deutlich. Hierfür beruft er sich auf Jakob Thomasius, den Vater des berühmten Christian Thomasius:[56] Der Aufruf dieser Autorität ist ein nicht bloß argumentativ, sondern auch rhetorisch durchaus geschickter Handgriff des jungen Lessing, schließlich gilt der Name des älteren Thomasius etwas in Leipzig und er soll im Wintersemester ebenjenes Jahres 1669 Rektor der Universität werden.[57]

Minutiös klärt Lessing auch das Prädikat seiner Fragestellung, betrachtet dessen Komponenten und untersucht daher den Begriff der *Duldung* genauso wie den der *Religion*. Im Begriff der Religion sieht Lessing sich diejenige Bedeutungsvielfalt niederschlagen, die sich eben auch in der Streitsache ausdrückt: Religion wird zur Bezeichnung des Aberglaubens wie auch der falschen Glaubensauffassungen verwendet – und das meint Heiden, Muslime und Juden genauso wie die Reformierten, Sozinianer, Arminianer, Wiedertäufer, Weigelianer und natürlich die Katholiken.[58] Theophil Lessing äußert sich hier keineswegs bloß deskriptiv. Zu Grunde liegt dieser normativen Verwendung von *Religion* nämlich ausdrücklich eine „eigentliche Verwendung" des Begriffes, nämlich „die *rechte* Art und Weise, Gott zu verehren".[59] Diese Vorstellung der einen rechten Religion bildet die starke theologische Grundlage, auf der die Toleranzdebatte bei Großvater Lessing geführt wird. Sie lässt bereits absehen, worin der entscheidende Unterschied zwischen Theophil und Gotthold Ephraim Lessing besteht: Für den Großvater ist die Frage, welche Religion die wahre ist – nämlich keine andere als die lutherische –, je schon entschieden. Das Konzept eines „positiven Wettstreits um Toleranz",[60] eines Wettstreits, für den die Frage nach der Echtheit des Rings gerade noch nicht entschieden ist, trennt den Enkel vom Großvater.

Vor allem aber mit Blick auf den Begriff der *Duldung* vollzieht Lessing die für das Folgende entscheidende Differenzierung. Duldung kann erstens *expectatio* bedeuten:[61] Damit ist ein Abwarten gemeint, das nicht mit dem Aufschub

---

55 Ebd., Th. 5: „Atqve ad hanc qvidem ideòq, qvod Subjectum ejus ad Philosophiam practicam pertinere non nesciamus."
56 Ebd., S. 51/[S. 38], Caput I, Th. 10.
57 Vgl. Erler (Hg.): Die iüngere Matrikel der Universität Leipzig. 1559–1809 (Anm. 38), S. LIV.
58 Lessing: De Religionum Tolerantia (Anm. 1), S. 54 f./[S. 40], Caput I, Th. 23–27.
59 Ebd., S. 55/[S. 41], Caput I, Th. 29: „*Propriè* notat rationem veram DEUM colendi" (Hervorh. im Orig.).
60 Forst: Toleranz im Konflikt (Anm. 4), S. 406.
61 Lessing: De Religionum Tolerantia (Anm. 1), S. 52/[S. 39], Caput I, Th. 18.

im Sinne von Gotthold Ephraims ‚Wettstreit' zu verwechseln ist. Es ist nicht dasjenige Abwarten, in dessen Rahmen „von euch jeder um die Wette [strebe], / die Kraft des Steins in seinem Ring' an Tag / zu legen".[62] Die Wahrheitsfrage ist für Großvater Lessing schon ausgemacht. Seine *expectatio* kann daher nur ein *einseitiges* Abwarten bedeuten, insofern die Überzeugungen des Andersgläubigen sich als mehr oder minder gegen die *vera religio* stehend erst erweisen müssen und – so ist zu vermuten – insofern sich eine eventuelle Hartnäckigkeit dieses Unglaubens erst beweisen muss.

Duldung kann zweitens *constantia* meinen, das „ruhige Hinnehmen" des Umstands, dass Andere offensichtlich falschen Lehrmeinungen anhängen.[63] Zum Dritten kann Duldung *approbatio* bedeuten, eine inhaltliche Zustimmung, die einer rechtlichen Billigung ihrer heterodoxen Inhalte gleichkommt.[64] Dulden kann ferner viertens das Ertragen von Übeln, *patientia malorum*, bedeuten; hingenommen wird in diesem Falle nicht allein der falsche Glaube des Anderen, sondern auch gewisse Konsequenzen desselben, unter denen der Rechtgläubige unter Umständen zu leiden hat.

Diese begriffliche Unterscheidung ist nicht in allen ihren Facetten von Belang. Vor allem wird Theophil Lessings Antwort auf denjenigen Unterschied abstellen, der zwischen Abwarten, Hinnehmen und Ertragen auf der einen Seite und einem Billigen auf der anderen Seite besteht: Enthalten sich jene nämlich einer inhaltlichen Akzeptanz der heterodoxen Überzeugungen, insofern diese nur als praktisch (mehr oder minder) ungefährlich erachtet werden, ohne dass die sachliche Differenz behoben würde, so findet gerade dies bei der *approbatio* statt: Die fremde Überzeugung wird als solche gebilligt, d. h. ihr wird entweder inhaltlich zugestimmt oder ihr wird doch zumindest zugetraut, möglicher Weise richtig zu sein – der eigenen Überzeugung wird im Umkehrschluss zugetraut, der Möglichkeit nach falsch zu sein.

Diese Differenzierung des Begriffs *Toleranz* hat schon im zweiten Kapitel, bei der Bestimmung der Streitfrage, ihre Folgen. Hier findet sich die oben bereits zitierte Zurückweisung des Synkretismus durch Lessing: Um eine politisch motivierte „Religionsmengerei" kann es für den Großvater bei der Toleranzfrage nicht gehen.[65] Die Obrigkeit hat sich einer bestimmten Toleranzpraxis zu enthalten, und zwar nicht aus politischen, prudenziellen Gesichtspunkten, sondern aus theologischen. Daher lehnt Lessing ebenso das gegenteilige Extrem ab, die Frage

---

[62] Lessing: Nathan der Weise (Anm. 3), S. 90, III,7, v. 2043–2045.
[63] Lessing: De Religionum Tolerantia (Anm. 1), S. 52 f./[S. 39], Caput I, Th. 18.
[64] Ebd., S. 53/[S. 39], Caput I, Th. 18.
[65] Ebd., S. 56/[S. 41] Caput II, Th. 4.

nämlich, ob Obrigkeit sich der Religionsfrage gegenüber vollends indifferent verhalten dürfe. Dies widerspräche ihrem von Gott aufgetragenen Amt nur ebenso wie der Synkretismus: Denn die Obrigkeit hat beide Gesetzestafeln zu beschützen – die Kulttafel nur genauso wie die Sozialtafel.[66] Mission kommt der Obrigkeit allerdings genauso wenig zu, denn

> [d]ie Frage ist nicht, ob die Obrigkeit die Untertanen belehren, auf den rechten Weg zurücklenken und, wenn sie darniederliegen, aufrichten soll. Denn daß dies die Aufgabe der berufenen Priester ist, muß jeder wissen, der die Ämter zu unterscheiden weiß.[67]

Ganz offensichtlich veranschlagt Theophil hier nicht allein die Unterscheidung der weltlichen und geistlichen Ämter, sondern vor allen Dingen die Unterscheidung von Gesetz und Evangelium, wie er sie von Luther und Melanchthon übernehmen kann: Denn so lehrt der Wittenberger Reformator,

> das gleichwol das Evangelium vergebung der sünden vnd gnade allen anbeut. Wer nu zu dem HErrn Christo bekeret wird, der hat vergebung der sünden, vnd wird selig [...] Wo aber nicht bekerung ist, da bleibet Gesetz, Gottes zorn, straffe leiblich vnd ewig.[68]

In diesem Sinne kommt der weltlichen Obrigkeit die Schutzpflicht aller zehn Gebote zu, mithin darf sie einen Frevel wider Gott im Sinne der ersten drei Gebote nicht dulden. Darüber hinaus kommt ihr jedoch nicht die Verkündung des Evangeliums zu, insbesondere nicht zwangsbewehrt: Dies würde den Unterschied von Gesetz und Evangelium einebnen, der Überzeugung von der Unzwingbarkeit des Glaubens widersprechen und die so praktizierte Gesetzesreligion würde der Heilsbotschaft nicht gerecht. Von daher kommen dem Magistrat ebensowenig Konversion und gar Religionsstiftung zu.[69]

---

66 Ebd., S. 56/[S. 41] Caput II, Th. 4.
67 Ebd., S. 56/[S. 42] Caput II, Th. 6: „Non qværitur Num <!> Magistratus debeat docere, subditos in viam revocare, jacentes erigere, hoc enim vocatorum sacerdotum esse officium, ignorare non potest is, qvi officia discernere novit."
68 Philipp Melanchthon: Heubtartikel Christlicher Lere, im latin genandt, Loci Theologici, Etwa von Doctor Justo Jona in Deudtsche sprach gebracht, jetzund aber im M.D.LV jar, Von Philippo Melanthon widerumb durchsehen. In: Corpus Reformatorum. Begr. u. hg. v. Karl Gottlieb Brettschneider. Bd. 22. Halle/Saale u. a. 1855, Sp. 45–636, Sp. 216; vgl. Martin Luther: In epistolam Pauli ad Galatas commentarius (1519). In: D. Martin Luthers Werke. Kritische Gesamtausgabe. Bd. 2. Weimar 1884, S. 443–618, hier S. 466: „Euangelium et lex proprie in hoc differunt, quod lex praedicat facienda et omittenda [...] Euangelium autem remissa peccata et omnia impleta factaque."
69 Lessing: De Religionum Tolerantia (Anm. 1), S. 56/[S. 42], Caput II, Th. 7.

Auch Plurikonfessionalität steht nicht im Fokus von Lessings Fragestellung. Dies betont er mit allem Nachdruck: „Ganz und gar nicht! Denn es können nicht mehrere Religionen gleichzeitig wahr sein".[70] Dass mehrere Religionen unmöglich gleichzeitig wahr *sein* können, wird die Ring-Parabel im *Nathan* zwar nicht kategorisch bestreiten; dennoch wird der Enkel im Unterschied zum Großvater sehen, dass es sehr wohl gleichzeitig unentscheidbar sein kann, welcher der wahre Ring, welche die wahre Religion ist.[71]

Dem Großvater hingegen geht es auch nicht um Religions*freiheit*. Denn diese werde nicht nur von der theologischen, sondern auch von der politischen Literatur zurückgewiesen, insofern Konflikte zwischen den Bürgern befürchtet werden, die schon der politischen Stabilität halber nicht wünschenswert sind:[72] Unterschiedslos können Religionen also nicht geduldet werden.

Als Fragestellung bleibt dem jungen Großvater Lessing nach all den vorangegangenen Negativbestimmung allein übrig:

> Soll die Obrigkeit die Untertanen, die einer anderen Religion angehören als sie selbst, durch Drangsalierung, Vertreibung, Krieg, Schwert und Hinrichtung entweder ausrotten und vernichten oder zu ihrer eigenen Religion herüberziehen? Oder soll sie vielmehr um des öffentlichen Friedens willen sie dulden, zumal wenn das die Reichskonstitutionen vorsehen oder wenn Gefahr und Unglück droht? Letzteres bejahe ich.[73]

Ohne Zweifel verdient der im dritten Kapitel erfolgende Beweis dieser Behauptung besonderes Interesse. Es darf allerdings nicht übersehen werden, wie viel dieser Antwort bereits vorweggenommen wurde: Sowohl die begriffliche Differenzierung des Duldungsbegriffs als auch die Einschränkung der Streitfrage sind für Theophil Lessings Antwort in hohem Maße voraussetzungsvoll: Indem die Toleranzfrage etwa nicht als Frage nach der Religionsfreiheit gestellt wird, ist ihre Antwort insofern vorgezeichnet, als Duldung weniger die Duldung des anderen Glaubens, sondern vielmehr bloß die Duldung Andersgläubiger meinen kann. Es sind vom Großvater Lessing relevante Vorentscheidungen getroffen worden, wenn er mit dem eigentlichen Beweis allererst ansetzen möchte.

---

70 Ebd., S. 57/[S. 42], Cap. II, Th. 8: „Minime vero, cum plures simul verae esse neqveant religiones." Der Übersetzung Gawlicks und Mildes wird an dieser Stelle nicht durchweg gefolgt.
71 Vgl. den Beitrag von Friedrich Vollhardt im vorliegenden Band.
72 Lessing: De Religionum Tolerantia (Anm. 1), S. 57 f./[S. 42], Caput II, Th. 9–11.
73 Ebd., S. 58/[S. 42], Caput II, Th. 12: „Sed hoc qværitur, an Magistratus dissentientes à se in religion subditos suppliciis, exilio, bellis, ferro, & cœdibus vel exscindere, delere, vel ad suam religionem redigere debeat? an verò pacis public causâ eos tolerare, volentibus præsertim publicis Regni Constitutionibus, aut impendentibus periculis ac malis? Aff[irmo]."

Diesen Beweis tritt Lessing zunächst in aller Kürze mit einem Syllogismus an: Erstens ist alles, was zum Völkerrecht gehört, zu dulden (Obersatz); zweitens gehören „die Religionen zum Völkerrecht" (Untersatz); daraus folgt ihm drittens der Schluss: „Also müssen die Religionen geduldet werden".[74]

Bei der Erläuterung der Prämissen – und damit beim erst befriedigenden Beweis – beschränkt sich Lessings Anführung naturrechtlicher Autoritäten auf den Digestentitel *De Iustitia et Iure* und Hugo Grotius. Den Digestentitel spricht Lessing an, indem er sich auf Pomponius beruft: „Pomponius rechnet die religiöse Haltung gegenüber Gott zum Völkerrecht".[75] Damit ist allerdings nicht mehr gewonnen als ‚nur' die Erkenntnis, dass die Religion eine Rechtsangelegenheit des *ius gentium* ist: Die Lex des Pomponius besagt lediglich, dass zum Völkerrecht „ebenso wie die Verehrung gegenüber Gott gehört, dass wir den Eltern und dem Vaterland gehorchen".[76] Es ist noch nichts dahingehend ausgesagt, ob die Religion daher *entweder* in den Bereich des *ius publicum* gehört, mithin eine öffentliche Angelegenheit ist, die mit aller obrigkeitlicher Macht durchzusetzen ist, wie es Lessing eben nicht beabsichtigt; *oder* ob die Religion in den Bereich des *ius privatum* gehört,[77] ob also gerade ihre Privatheit und Unberührbarkeit zu schützen ist.

Ähnlich verhält es sich beim losen Verweis auf Grotius: „Mehrere Zeugnisse finden sich bei Hugo Grotius *De Jure Belli ac Pacis*, im zweiten Buch, zwanzigstes Kapitel, Paragraph 46.3".[78] Laut dieser Grotiusstelle ist es ungerecht, denjenigen mit Krieg zu begegnen, der die christliche Religion nicht annehmen will.[79] Sie

---

74 Ebd., S. 58/[S. 43], Caput III, Th. 2.
75 Ebd., S. 58 f./[S. 43], Caput III, Th. 3: „Major est extra dubium. Minor stabilitur. *Pomponius L. de just. & jure*, erga DEUM religionem juri adscribit gentium" (Hervorh. im Orig.).
76 Dig. 1. 1. 2: „Veluti erga deum religio: ut parentibus et patriae pareamus" (Paul Krüger/Theodor Mommsen (Hg.): Corpus Iuris Civilis. Bd. 1. Berlin 1908, S. 1a).
77 Zur historischen Unterscheidung von ius publicum und ius privatum vgl. Frank Grunert: Die Unterscheidung zwischen delictum publicum und delictum privatum in der Spanischen Spätscholastik. In: Herrschaftliches Strafen seit dem Hochmittelalter. Formen und Entwicklungsstufen. Hg. v. Hans Schlosser, Rolf Sprandel, Dietmar Willoweit. Köln/Weimar/Wien 2002 (= Konflikt, Verbrechen und Sanktion in der Gesellschaft Alteuropas; Symposien und Synthesen 5), S. 421–438.
78 Lessing: De Religionum Tolerantia (Anm. 1), S. 59/[S. 43], Caput III, Th. 3: „Videantur plura testimonia apud *Hug. Grotium de J.B. & P. Lib. II. cap. XX. § XLVI.3*". An dieser Stelle wird nicht der Übersetzung Gawlicks und Mildes gefolgt (Hervorh. im Orig.).
79 Hugo Grotius: De Jure Belli ac Pacis libri tres. In quibus jus naturae & gentium: item juris publici praecipua explicantur. Editio secunda emendatior, & multis locis auctior. Amsterdam 1631, Lib. II, Cap. XX, § 48.

ist Teil des umfangreichen Kapitels *De Poenis*,[80] in dem Grotius eine exhaustive Theorie der Strafe vorzulegen sucht. Dabei rekonstruiert er in Auseinandersetzung mit den Begriffen der verteilenden und erfüllenden Gerechtigkeit diejenigen Bedingungen, die sein Urteil über die Unzulässigkeit eines Glaubenszwangs allererst erlauben: Es ist nämlich von entscheidender Bedeutung, „dass bei der Strafe zunächst und an sich die erfüllende Gerechtigkeit ausgeübt wird. Denn derjenige, der bestraft, muss, um berechtigter Maßen zu strafen, das Recht zu strafen innehaben".[81]

Hier zeichnet sich spätestens ab, inwiefern Lessing das heikle Thema seiner Disputation sicher über das dünne Eis einer antisynkretistisch vergifteten Atmosphäre in Leipzig führen kann: Mit dieser Berufung auf Grotius enthält sich Lessing der innertheologischen Erörterung der Toleranz – obgleich die Art seiner Fragestellung wie gezeigt theologisch voraussetzungsvoll ist – und erörtert die Toleranzfrage als reine Befugnisfrage. Die Befugnis zu strafen entspringt bei Grotius wiederum der Schadensfrage: „Dieses Recht entspringt dem Vergehen des Schädigers".[82] Grotius argumentiert an dieser Stelle kontraktualistisch: Gleich einem Vertragspartner unterwirft sich der Schädiger immer schon selbst der Strafe demjenigen gegenüber, für den die Tat nicht ohne Strafe bleiben kann.[83] Voraussetzung ist allein, dass der Schädigende dem Geschädigten die Unversehrtheit des in Rede stehenden Gegenstandes schuldet. Gerade dies ist für Grotius und in der Folge für Großvater Lessing im Falle des rechten Glaubens nicht ohne Weiteres gesagt. Gerade dies aber ist entscheidend: Insofern nämlich dem einen Vertragspartner, nämlich dem Staat, gar kein Schaden durch einen falschen Glauben einiger Untertanen droht, entsteht dem Vertragsgedanken gemäß überhaupt keine Reziprozität, die ihn befugte, diesen falschen Glauben als einen Schaden an sich zu bestrafen. In Grotius' Augen scheint ein solcher Schaden gar nicht von einer Religion *als* Religion ausgehen zu können, denn in dem von Lessing unmittelbar zitierten Paragrafen zählt Grotius allein solche biblischen Zeugnisse und kirchliche Gesetzgebungen auf, die von der Unzwingbarkeit des Glaubens handeln.[84]

Schaden kann für die Polis nur politisch entstehen: Geht also politischer Schaden von einer Religion aus, so agiert sie gar nicht religiös, sondern poli-

---

[80] Ebd., Lib. II, Cap. XX, S. 285–327.
[81] Ebd., Lib. II, Cap. XX, § 2, S. 288: „Verum tamen est in pœnis primo ac per se exerceri expletricem justitiam, quia scilicet qui punit, ut recte puniat, jus habere debet ad puniendum."
[82] Ebd.: „[Q]uod jus ex delicto nascentis nascitur."
[83] Ebd.
[84] Ebd., Lib. II, Cap. XX, § 48, S. 324 f.

tisch; die abwehrende, strafende Reaktion ist insofern keine religiöse Intoleranz, weil sie gar keine religiöse Gegenhandlung darstellt. Glaube als solcher kann sichtlich nurmehr dort von politisch-rechtlicher Relevanz sein, wo die Gemeinschaft konstitutiv auf ihn angewiesen ist. Von weitaus größerer Bedeutung für Lessing ist daher bereits Grotius' vorausgehender Paragraf 45: Laut diesem sind die Kenntnisse über Gott zum Großteil allgemein bekannt, wie sie in den ersten drei Geboten des Dekalogs angezeigt sind.[85] Damit wird erstens der besonders von Melanchthons Innationslehre gestärkte Universalcharakter der zehn Gebote geteilt.[86] Zweitens aber stellt Grotius – und in seiner Berufung auf diesen auch Lessing – damit immer auch den Gebotscharakter einer angemessenen natürlichen Kenntnis und Verehrung Gottes her.

So wird nicht nur eine naturrechtliche Handhabe gegen überbordende Intoleranz geliefert, sondern auch eine gegen Häresie: Schließlich besitzen alle Menschen eigentlich eine qua Innation angemessene Kenntnis der Kulttafel – ein ‚Hinausreden' auf mangelnde Promulgation des *ius divinum* und *ius naturale* ist damit nicht möglich. Grotius, der besonders für seinen ausdrücklichen Anspruch in den *Prolegomena* berühmt geworden ist, dass das Naturrecht auch Geltung besäße, wenn es Gott nicht gäbe,[87] lässt anders, als es mit Blick darauf zu vermuten stünde, keinen Zweifel daran, dass Gott eine bestimmte Verehrung geschuldet wird. So sagt er z. B. in besagtem Paragraf 45 zum dritten Gebot:

> Wenn einer in anderen Riten sündigt, ist die Strafe dem Willen des obrigkeitlichen Urteils anheimgestellt; wenn aber gegen diesen Ritus der Sabbatruhe gesündigt wird, handelt es sich um ein Kapitalverbrechen: denn die Verletzung der Sabbatruhe impliziert eine Leugnung dessen, dass die Welt von Gott geschaffen wurde. Die Welt ist aber von Gott geschaffen, und zeigt daher seine Weisheit, Ewigkeit und Macht an. Aus diesen theoretischen Kenntnissen (*notiones contemplativae*) von Gott folgen jedoch praktische Kenntnisse (*notiones activae*), ihn zu ehren, zu lieben, ihn anzubeten und seinem Willen gemäß zu handeln.[88]

---

85 Ebd., Lib. II, Cap. XX, § 45, S. 320 f.
86 Vgl. Merio Scattola: ‚Notitia naturalis de Deo et de morum gubernatione': die Naturrechtslehre Philipp Melanchthons und ihre Wirkung im 16. Jahrhundert. In: Melanchthon und die Marburger Professoren (1527–1627). Ausstellungskatalog. Hg. v. Barbara Bauer. Marburg 1999, Bd. 2, S. 865–882.
87 Grotius: De Jure Belli ac Pacis (Anm. 79), Prolegomena f. 3: „Et hæc quidem quæ jam diximus, locum aliquem haberent etiamsi daremus […] non esse Deum, aut non curari ab eo negotia humana."
88 Ebd., Lib. II, Cap. XX, § 45, S. 321: „Nam si quis in alios ritus peccasset pœna legis erat arbitraria, ut de cibis vetitis; si in hunc pœna capitis: quia sabbati violation ex instituto continebat abnegationem mundi à Deo create. Mundus autem à Deo creates & bonitatem ejus & sapientiam & æternitatem & potentiam tacite indicat. Ex his autem notionibus contemplativis sequuntur activæ, ut Deum honorandum, amandum, colendum eique obtemperandum."

So sehr also Grotius' einleitende vernunftrechtliche Ambition Karriere machte, so wenig ist u. a. hier zu übersehen, wie wenig sein Naturrecht daher schon profan sein möchte. Das Naturrecht ist auf diejenige Verpflichtungsinstanz angewiesen, die ihm allererst zwangsbewehrt Geltung verleiht. Die Anerkennung dieser göttlichen Instanz ist oberstes Prinzip und daher selbst Gebot dieses Naturrechts.

Dies gilt auch für Theophil Lessing und gilt *a fortiori* umso mehr für solche Naturrechtslehren der Zeit, die von der ohnehin nur *hypothetischen* Abstraktion vom *Deus legislator* entschieden Abstand nehmen: Dies trifft auch im Falle der Grotius-Kommentatoren zu. Als die umfangreichste minutiöse Auseinandersetzung mit *De jure belli ac pacis* darf der Kommentar des Straßburger Polyhistors und Staatsdenkers Johann Heinrich Boecler von 1663/64 gelten. Dieser feierte Grotius' Natur- und Völkerrechtslehre sogar und verteidigte sie gegen die Indizierung durch den Vatikan.[89] Was jedoch den Anspruch anbelangt, die Vernunft könne das Naturrecht unter Absehung von der Gottesinstanz erkennen, so kritisiert Boecler höflich eine ‚unvorsichtige Formulierung' des Grotius'.[90] Die *recta ratio* kann sehr wohl die Prinzipien des *ius naturae* erkennen, sie kann sie jedoch nicht selbst generieren. Die rechte Vernunft kann sehr wohl begrifflich bestimmen, *was* ein Gesetz ist, nämlich ein mit Verpflichtungskraft ausgestatteter, weil zwangsbewehrter Befehl. Sie kann jedoch nicht selbst gewährleisten, dass es ein Gesetz ist, d. h. sie kann selbst nicht die Verpflichtungskraft ausüben, derer ein Gesetz bedarf.

Die frühneuzeitliche Rechtsphilosophie wird die angemessene Geltung des Naturrechts mehr vom Befehlsakt der Gottesinstanz als von seiner wollbaren Rationalität abhängig machen,[91] solange ihr die Einsicht fehlt, dass dieser Befehlsakt den Naturrechtsnormen nur akzidentiell zukommt und sie gerade deshalb ihre

---

[89] Johann Heinrich Boecler: In Hugonis Grotii Ius Belli et Pacis, Ad Illustrissimum Baronem Boineburgium Commentatio. Straßburg 1663, Leservorrede, fol. 1ᵛ: „[S]i eodem rigore agendum esset cum plerisque libris aliis, in immensum augeretur index librorum prohibitorum."
[90] Ebd., In Prolegomena, S. 7: „Ceterum in ratione iuris naturalis assignanda per *dictamen rectæ rationis*, non satis caute locutus est *Grotius*, cum dicit, *illa locum habitura, etiamsi daretur, quod sine summo scelere dari nequit, non esse Deum, aut non curari ab illo negotia humana.* Certum enim est iuris rationem non dari, nisi per imperium & obligationem: adeoq; iuris naturalis rationem, sine imperio & indicatione supremi Numinis, in dictamine rectæ rationis, & per illud, nullam esse. sicut grauiter & erudite ostendit *Seldenus*."
[91] Vgl. Oliver Bach: Obligatio. Instanzen und Fundamente von Verbindlichkeit: Melanchthon – Pufendorf – Hobbes – Rousseau. In: Das Band der Gesellschaft. Verbindlichkeitsdiskurse im 18. Jahrhundert. Hg. v. Simon Bunke, Katerina Mihaylova u. Daniela Ringkamp. Tübingen 2015, S. 21–37.

Universalität einbüßen: Erst Christian Thomasius wird die *leges naturales* von diesem unwesentlichen Kriterium befreien.[92]

So sehr Lessing daher in der Folge politisch, d. h. mit dem genuinen Interesse der Polis an der bestmöglichen Lösung des Toleranzproblems argumentiert, so sehr ist die Bestimmung dessen, was politisch notwendiger Weise von Interesse ist, doch einer rechtstheologischen Begründungstheorie anhängig.

Lessings Überzeugung, dass die Folgen der religiösen Unterdrückung weitaus schlimmer, der Nutzen der Duldung im Umkehrschluss weitaus größer sei,[93] gilt daher nur bedingt. Zwar stützt er diese Überzeugung auch durch den Erfahrungssatz, dass der Dreißigjährige Krieg allemal den Nachteil des Religionskonflikts gegenüber der Duldung erwiesen habe.[94] Dieses sichtlich ebenso an Grotius geschulte, vermehrt säkulare Interesse am Frieden[95] hat seinen eigentlichen Ver-

---

[92] Ders.: Natur als juridisches Argument an der Schwelle zur Aufklärung. Zu den theonomen, rationalistischen und voluntaristischen Systemstellen des Denkens vom Naturzustand bei Samuel Pufendorf und Christian Thomasius". In: Natur. Hg. v. Martin Mulsow u. Friedrich Vollhardt. Hamburg 2014 (= Jahrbuch Aufklärung 25), S. 23–50, hier S. 41–44; auch für Thomasius' Lehrer Samuel Pufendorf gilt die Anerkennung der Gottesinstanz als Erfolgsbedingung der natürlichen Gesetze, denn sie „wirkt sie soviel, dass die Menschen ihre Schuldigkeiten desto genauer und fleißiger beobachten": Samuel Pufendorf: Gesammelte Werke. Bd. 4: De jure naturae et gentium. Hg. v. Frank Böhling. Berlin 1998, II. IV. § 3, S. 165: „[H]abet tamen quaevis seria persuasio de Numine, ejusque providentia sub quocunque conceptu particulari, aut modo cultus hanc efficaciam, ut homines reddat officii observantiores."; vgl. Matthias J. Fritsch: Religiöse Toleranz im Zeitalter der Aufklärung. Naturrechtliche Begründung – konfessionelle Differenzen. Hamburg 2004 (= Studien zum achtzehnten Jahrhundert 28), S. 44; vgl. Simone Zurbuchen: Naturrecht und natürliche Religion. Zur Geschichte des Toleranzproblems von Samuel Pufendorf bis Jean-Jacques Rousseau. Würzburg 1991 (= Epistemata. Reihe Philosophie 82), S. 22–24.
[93] Lessing: De Religionum Tolerantia (Anm. 1), S. 59/[S. 43], Caput III, Th. 4.
[94] Ebd., S. 60/[S. 44], Caput III, Th. 11: „Als Beispiel möchte ich die Feuersbrunst anführen, die Deutschland, unser teures Vaterland, in der Vergangenheit ergriffen und jämmerlich verheert hat. [...] Es scheint, als sollten noch mehr Länder in Flammen aufgehen, wenn gewisse Obrigkeiten ihre ebenso versteckten wie offensichtlichen Bestrebungen nicht aufgeben wollen, womit sie abweichende Religionen zu unterdrücken suchen." / „Exempli loco offero incendium istud, qvo charissima Patria nostra Germania fuit antehac correpta & miserabiliter concremata. [...] Arsuræ videntur plures, si Magistratus qvidam, tam occultos qvam manifestos conatus prosecuti fuerint, qvibus dissentientes religiones opprimere qværunt."
[95] Vgl. Christoph Bultmann: ‚Improbissimae Calumniae' und ‚Pflichtschuldige Pastoralverhetzung der Obrigkeit'. Toleranz und ihre Gegner bei Grotius und Lessing. In: Aufgeklärtes Christentum. Beiträge zur Kirchen- und Theologiegeschichte des 18. Jahrhunderts. Hg. v. Albrecht Beutel u. a. Leipzig 2010 (= Arbeiten zur Kirchen- und Theologiegeschichte 31), S. 213–231, hier S. 219: „Aus einer theologisch wie politisch begründeten Haltung der Toleranz heraus werden die positionellen Theologen also auf einen weiten Spielraum möglicher Lehrdifferenzen verwiesen. Solche Lehrdifferenzen [...] sind nicht heilsrelevant, aber friedensgefährdend."

nunftgrund – das sollte die kleine ‚Werkschau' durch die Theophil Lessing berührenden Naturrechtslehren deutlich gemacht haben – wiederum in der rechtstheologisch untermauerten politischen Gemeinwohlfähigkeit aller Menschen, die durch die prinzipielle Kenntnis der Fundamente des Naturrechts plausibilisiert werden soll. So heißt es entsprechend auch bei Theophil Lessing:

> So sehr sich die Religionsparteien in einem Staate auch unterscheiden, so haben sie doch wenigstens in den Dingen, die das gemeinsame Wohl betreffen, ein gemeinsames Band der Eintracht, durch das sie zusammengehalten und so befähigt werden, große Gefahren für den Staat mit vereinten Kräften abzuwehren.[96]

Ebenso wie Gott das Fundament dieses Naturrechts gestiftet hat, habe er – so das vierte und letzte Kapitel – im *Alten Testament* allerdings diejenigen Religionen angezeigt, die „absolut nicht zu dulden" sind.[97] Lessing bezieht sich dabei vor allem auf *Dtn* 13 und 18, demgemäß solche Propheten hinzurichten sind, die zum Glaubensabfall auffordern.[98] Entsprechend unterscheidet Lessing aber zwischen solchen, die in dieser Weise zum Glaubensabfall anstacheln und damit Unruhe stiften, den sogenannten *turbones*, und solchen, die einer Irrlehre anhängen, ohne dadurch aber das öffentliche Gemeinwohl zu gefährden, den bloßen *errones*. Es ist nicht ganz eindeutig, ob und inwiefern Lessing hier der traditionellen Unterscheidung solcher Völkerrechtslehrer wie den genannten Francisco de Vitoria oder José de Acosta folgt: der Unterscheidung zwischen solchen Ungläubigen, denen die christliche Lehre bislang noch nicht zur Kenntnis gebracht wurde, und solchen, welche die christliche Lehre bereits kennen, sie aber „starrköpfig" nicht annehmen wollen (*infidelis pertinax*), und wiederum solchen, die bereits christlich getauft sind, aber vom rechten Glauben wieder abfallen – die eigentlichen *haeretici* also im Vergleich zu den bloßen *ethnici* oder *pagani*: Ebendiese Distinktion konnte Lessing allemal genau demjenigen Kapitel des *Tractatus de Regimine Seculari et Ecclesiastico* von Dietrich Reinkingk (1659) entnehmen, das er hier anführt.[99] Während bei Reinkingk jedoch selbst der hartnäckige *haereticus* nicht notwendiger Weise politisch Unruhe stiftet und insofern nicht wegen seiner

---

96 Lessing: De Religionum Tolerantia (Anm. 1), S. 59/[S. 43], Caput III, Th. 7: „Utut [!] aliqvâ in Republicâ sint dissentientes in religione: in iis tamen, qvæ ad commune Reipubl. salutem spectant, commune habent qvasi qvoddam concordiæ vinculum, qvô inter se continentur atqve sic magna pericula Reip. Imminentia, conjunctis manibus averruncare qveunt."
97 Ebd., S. 61/[S. 45], Caput IV, Th. 5: „Qvascunq; Religiones DEUS *absolute* non toleravit in V.T. illæ nec hodie sunt tolerandæ" (Hervorh. im Orig.).
98 Ebd., 61/[S. 44 f.], Caput IV, Th. 4.
99 Dietrich [Theodorus] Reinkingk: Tractatus de Regimine Seculari et Ecclesiastico. Frankfurt am Main 1659, S. 1090: „Ut hæreticus sit Christum professus [...] Ideoque omnes Hæretici jactant

Häresie als solcher bestraft werden darf,[100] ist mit dem *turbo* bei Lessing ein immer schon politisch motivierter Ungläubiger gemeint. Inwiefern hier gewisse falsche Glaubensrichtungen für Lessing als notwendige, aber nicht hinreichende Bedingung politischen Aufruhrs gelten – oder sogar allein notwendig *und* hinreichend Unruhe stiften, insofern ihrer Theologie ein politisch destruktives Moment wesentlich eignet –, bleibt allerdings ebenso unklar.

Jedenfalls korrespondiert mit Lessings Auffassung vom politisch schädlichen Glauben die Überzeugung, dass der Staat selbst nicht schädliche Glauben billigen darf. Dies stellt allerdings nicht den bloßen Umkehrschluss dar, insofern der Staat sich durch die Straflosigkeit derer, die ihm schaden wollen, selbst schadete. Das Argument funktioniert anders, nämlich durch die fundamentale politische Theologie, die Lessings Denken auszeichnet: Lessing greift hier zum Schluss seine Unterscheidung von Duldung und Billigung aus der Feststellung der Streitfrage nochmals auf: „Gott straft diejenigen, die Verkehrtes billigen, nicht diejenigen, die es dulden."[101] Der Magistrat hat also von einer über bloße Toleranz hinausgehende Billigung falscher Glaubensüberzeugungen abzustehen, nicht weil *sie* bzw. ihre Anhänger ihm notwendiger Weise schadeten, sondern weil sich der Staat selbst den Zorn Gottes zuziehen würde. Hier zeigt sich, dass nicht allein etwa die Häresien politisch (und damit je schon untheologisch) agierten, sondern dass auch der wahre Glaube und die wahre Religion ein eminent politisches Moment dort besitzen, wo Gott selbst gegen Verstöße gegen die ersten drei Gebote wirksam einschreitet. Insofern ist es ein gleichermaßen politisches und theologisches Interesse des Staates, falsche Glauben nur zu erlauben: Von einer Respekts- oder gar Wertschätzungskonzeption der Toleranz[102] indes kann beim Großvater Lessing nicht die Rede sein.

Scripturas & commune nobiscum principium disputandi sumunt: Qui verò nunquam in Ecclesiæ gremio fuit, nec Christi nomen professus est, non Hæreticus, sed paganus dicitur."
100 Reinkingk unterteilt nämlich abermals den ruhigen, den aufrührerischen und den blasphemischen Häretiker: Ebd., S.1093: „Placet mihi distinctio Reverendi Dn. D. Mentzeri *in Exeges. Augustan. Confess. Artic. 16* quæ est communiter approbata. Inter hæreticum quietum & seditiosum ac blasphemum. Ille propter solam hæresin quam privatim fovet capitali pœna puniri non potest."
101 Lessing: De Religionum Tolerantia (Anm. 1), S. 64/[S. 46], Caput IV, Th. 13: „In *approbantes* DEUS animadvertit, non in *tolerantes*" (Hervorh. im Orig.).
102 Vgl. Forst: Toleranz im Konflikt (Anm. 4), S. 42–48.

4 Großvater und Enkel Lessing

Daher ist für einen positiven Wettstreit der Religionen, wie ihn Theophils Enkel in seinem *Nathan der Weise* konzipieren wird, beim Großvater kein Platz. Obwohl auch der Enkel die theonome Basis teilt und damit anders als Pierre Bayle für die Atheisten in seinem vernunftreligiös begründeten Toleranzdenken keinen Raum finden kann,[103] ist er mit der Haltung, dass die Frage religiöser Wahrheit selbst nicht schon entschieden sei, denkbar weit vom Großvater entfernt, der seine Disputation von Beginn an als Auseinandersetzung mit der Toleranz nicht lutherischer Konfessionen begreift. Das Naturrecht, aus dem Theophil Lessing sein eng umgrenztes Toleranzgebot bezieht, ist eben noch wesentlich christliches Naturrecht und lebt von der Bedingung der *vis obligativa* des christlichen Gottes, welche die natürlichen Gesetze zu dem machen, was sie sind: nämlich verpflichtende Vorschriften (*praecepta*) und nicht etwa bloße Ratschläge (*consilia*).[104] Wenn aber das Naturrecht selbst von dieser Bedingung einer starken Theonomie lebt, dann ist auch klar, dass es das Problem, das es zu lösen versucht, auch ein Stück weit perpetuieren muss. Das Naturrecht selbst rekurriert auf bestimmte theologische Voraussetzungen, die selbst Teil des interkonfessionellen Streits sein können, und das Naturrecht steht damit nur genauso wie die Toleranz, die es zu generieren versucht, im Konflikt.

Dies darf jedoch nicht übersehen lassen, dass dies auch für die Werkgenese von *De Religionum Tolerantia* gilt. Wie alle Toleranzkonzeptionen erwächst auch diejenige von Theophil Lessing aus den historischen Bedingungen, in denen er sich wiederfindet.[105] Die aufgeheizte Synkretismus-Debatte, die in seinem unmittelbaren Umfeld zeitgleich stattfand, machte eine Suspension der religiösen Wahrheitsfrage als argumentatives Moment für Toleranz nahezu unmöglich. Theophil Lessings Volte, sich einem eigenhändigen Theologisieren durch die Verlagerung auf das Juridische einerseits zu entziehen, andererseits die Wahrheit der eigenen Konfession unangetastet zu lassen, ist unter diesen Umständen tatsächlich, wenn zwar nicht mutig, so doch umsichtig und innovativ. Wenn es darum geht,

---

103 Ebd., S. 408 f. Zu Pierre Bayle vgl. den Beitrag von Yves Bizeul im vorliegenden Band.
104 Vgl. Bach: Natur als juridisches Argument an der Schwelle zur Aufklärung (Anm. 92), S. 43.
105 In ebendiesem Sinne formuliert Rainer Forst den Titel seiner umfassenden historischen Untersuchungen in systematischer Absicht: Forst: Toleranz im Konflikt (Anm. 4), S. 13: „Toleranz im Konflikt' heißt folglich auch, [...] dass die Forderung nach Toleranz nicht jenseits der Auseinandersetzungen in einer Gesellschaft angesiedelt ist, sondern in ihnen entsteht, so dass ihre konkrete Gestalt stets situationsgebunden ist. Die Toleranz steht selbst im Konlikt, sie ist *Partei*, auch wenn ihrer Struktur nach ihre normativen Grundlagen möglichst unparteilich sein sollten, um eine wechselseitige Toleranz zu ermöglichen."

das Naturrecht und damit eine Vorstellung natürlicher Religiosität zu bemühen, ohne eine Glaubensüberzeugung zu negieren, kann Gotthold Ephraim in der Tat von seinem Großvater lernen. Dass dieses Ausbleiben einer Negation indessen allen monotheistischen Religionen zuzugestehen ist: Diese Generalisierungsleistung gegenüber dem Großvater wird erst der Enkel vollziehen.

Gottfried Arnold (1666–1714) – Kupferstich von Georg Paul Busch (1710)

Wilhelm Kühlmann
Geschichtsrevision und Radikalismus
Zum ambivalenten Profil Gottfried Arnolds

Es erscheint mir waghalsig, bei einer Tagung über Toleranz die diesbezügliche Wirkung der Geschichtsschreibung und Geschichtsreflexion ins Spiel zu bringen. Denn oft genug führt die von Trauer umsäumte, oft aporetische Erkundung vergangener Faktizitäten nur zu einer Toleranz im Sinne von anthropologischer Resignation und Skepsis, wenn nicht zu einer zynischen Rekapitulation vor der Wiederkehr des ewig Gleichen. Im Lichte von Erfahrungen des 19. bis 21. Jahrhunderts rücken idealistische Denkfiguren des projektiven Fortschritts eines von Toleranz geprägten humanen Miteinanders sehr leicht in das fahle Licht wohlmeinender Illusionen: Herders Wege zur Humanität, Hegels Hoffnung auf Fortschritt im Bewusstsein von Freiheit ebenso wie schon die Nathan-Utopie Lessings, in dessen Schauspiel sich zum Schluss eine wundersam geeinigte Menschen-Familie präsentiert. Gottfried Arnold hat die Vergangenheit in multiple, ja konkurrierende Gedächtniskulturen aufgelöste, kurrente dogmatisierte Geschichtsbilder verflüssigt und revidiert: Insofern gehorchte seine Aufarbeitung des individuellen Leidens an und in der erfahrenen Geschichte offenkundig einem operativen Impetus. Doch stellt sich die Frage, ob und inwieweit sich seine Geschichtsrevision dem Zukunftsentwurf einer ‚toleranten' Gesellschaft öffnete und ob sich die Spannungen zwischen total verschiedenen Geschichtsbildern und damit auch Handlungsdirektiven durch ‚Toleranz' oder den heute vielberufenen ‚Dialog' nicht nur ertragen bzw. lebenspraktisch ignorieren, sondern auch vermindern lassen.

Gottfried Arnold (1666–1714), den man provisorisch zu den radikalen Pietisten zählt, hat sehr deutlich das Erbe des spiritualistischen Flügels der Reformation angetreten.[1] Manche Texte Arnolds lesen sich wie ein durch radikale Sympathisan-

---

1 Zusammenfassend zu Arnold der Artikel von Hanspeter Marti in: Killy Literaturlexikon. Autoren und Werke des deutschsprachigen Kulturraumes. 2., vollständig überarbeitete Auflage. Hg. v. Wilhelm Kühlmann in Verbindung mit Achim Aurnhammer u. a. Bd. 1–12 u. 13 (Register). Berlin/New York 2008–2012, Bd. 1 (2008), S. 220–222 (im Weiteren mit der Sigle: „KLL"); den Stand der Forschung repräsentieren die Sammelbände von Hanspeter Marti: Gottfried Arnold. Radikaler Pietist und Gelehrter. Hg. v. Antje Missfeld. Köln u. a. 2011; Gottfried Arnold (1666–1714). Mit einer Bibliographie der Arnold-Literatur ab 1714. Hg. v. Dietrich Blaufuß u. Friedrich Niewöhner. Wiesbaden 1995 (= Wolfenbütteler Forschungen 61). Den weiteren Kontext erhellt hervorragend Hans Schneider: Der radikale Pietismus im 17. Jahrhundert. In: Der Pietismus vom siebzehnten zum frühen achtzehnten Jahrhundert. In Zusammenarbeit mit Johannes van den Berg u. a. hg. v.

ten Johann Arndts (verkörpert etwa durch Melchior Breler),[2] vermitteltes Echo des großen Sebastian Franck,[3] dessen historische Urteile beispielsweise über die Wiedertäufer er fast wörtlich aufnahm und dessen zentrale, letzthin Paulinische Antithese von *Littera* und *Spiritus* er in sinnreiche Verse mit ‚quietistischer' Färbung transformierte:[4]

> Buchstabe-Geist.
>
> So soll den Dinten und Papier
> Euch Gottes Wort ins Hertze schreiben?
> Wie weit geht gleichwol die Begier?
> Soll nun der Schall euch nur eintreiben
> Die volle Lebens-Krafft /
> So Gottes Geist selbst schafft /
> Wie lange wollt ihr Kinder seyn /
> Und nicht zum Wesen gehen ein?
>
> Ihr spielt als wie mit Puppen-Zeug /
> Schwächt selber eure Stärcke /
> Bleibt immer kindisch / zart und weich;
> Meynt ihr / daß man nicht mercke /
> Euch graue vor dem Licht /
> Das auß GOtt hell anbricht?
> Ich rath / schließt nicht die Augen zu /
> Sonst kommt ihr nicht zu voller Ruh.

Martin Brecht. Göttingen 1993 (= Geschichte des Pietismus 1), S. 391–437, zu Arnold S. 410–416. In dem Standardwerk von Rainer Forst: Toleranz im Konflikt. Geschichte, Gehalt und Gegenwart eines umstrittenen Begriffs. Frankfurt am Main 2003, wird Arnold nur in einer Fußnote erwähnt (S. 349).
2 Zu Breler (1589–1627), den Freund Johann Arndts und Leibarzt in Diensten Herzog August d. J. von Braunschweig-Lüneburg, für Arnold einer der „Zeugen der Wahrheit" (KKH II, S. 904), siehe den Artikel von Joachim Telle in KLL 2 (2008), S. 172.
3 Auch Marti betont in seinem Artikel die Bedeutung Francks für Arnold (Anm. 1), S. 81 u. ö. (siehe Register). Zusammenfassend zu Franck zuletzt Wilhelm Kühlmann: Sebastian Franck (1499–1542). Geistfrömmigkeit und Protest. In: Jahrbuch für badische Kirchen- und Religionsgeschichte 6 (2012), 73–90.
4 Aus G[ottfried] Arnold: Göttliche Liebesfunken [...]. Frankfurt am Main 1698, Nr. CXVII, zit. n. Gottfried Arnold. In: Auswahl hg. v. Erich Seeberg. München 1934, S. 278. Überblicke über Arnolds Lyrik bieten Traugott Stählin: Gottfried Arnolds geistliche Dichtung. Glaube und Mystik. Göttingen 1966 (= Veröffentlichungen der Evangelischen Gesellschaft für Liturgieforschung 15) und Hans-Georg Kemper: Deutsche Lyrik der frühen Neuzeit. Bd 5/I: Aufklärung und Pietismus. Tübingen 1991, S. 117–141.

Wie könnt ihr andre Seelen noch
Mit diesen Dingen plagen?
Den legt ihr auff das harte Joch /
Im Schreiben / Lesen / Sagen /
Daß ja an dem Geschrey
Und Schall kein Ende sey.
Ach! wenn doch in der stillen Still
Geschähe willig Gottes Will!

Arnolds monumentale Geschichtswerke, darunter die kompendiöse *Unpartheyische Kirchen- und Ketzerhistorie* (zuerst 1699/1700), im Folgenden abgekürzt „KKH",[5] verabschiedeten nicht in philosophischen Tagträumen, sondern in akribischer historiografischer, heute eher unbequemer Aktenarbeit und Quellenkompilation das Zeitalter und die Bewertungsperspektivik der religiösen Orthodoxie. Indem Arnold dogmatisierte Weltbilder des konfessionalistischen Staatskirchentums auf den Kopf stellte, rückte er zugleich geschichtliche, auch zeitgeschichtliche Abläufe im Konnex von Machtanspruch, Machtmissbrauch, Verfolgung und Leidenserfahrung ins Zentrum seiner Darstellung, ohne aber, jenseits der individuellen Frömmigkeit und moralischen Bewährung, einen immanenten „Gesamtsinn von Geschichte" zu postulieren.[6] Mit Thomasius und Pufendorf wandte er sich gegen die These, dass die geforderte Freiheit des Christen staatsgefährdend sei, und ließ dabei, Positionen der personalen Christologie unter dem Eindruck einer teils platonisierenden, teils brautmystischen, wohl auch von Jacob Böhme inspirierten Sophien-Mystik aufgebend,[7] auch Gesichtspunkte

---

5 Ich benutze hier die dritte (erweiterte) Ausgabe der KKH: 3 Bde. Schaffhausen 1742.
6 So mit Recht Andreas Urs Sommer: Fragmentarisierte (Heils-)Geschichte? Bemerkungen zu Gottfried Arnold. In: Interdisziplinäre Pietismusforschungen. Hg. v. Udo Sträter in Verbindung mit Hartmut Lehmann, Thomas Müller-Bahlcke u. Johannes Wallmann. Halle/Tübingen 2005 (= Hallesche Forschungen, B. 17/1), S. 135–144. Zur weiteren Differenzierung der historischen und theologischen Optik in Arnolds KKH, auch zu seiner Affinität zum Kirchenverständnis der Aufklärer sowie zur Individualisierung und Ethisierung der Frömmigkeit (so schon bei Franck) verweise ich nur auf die instruktiven Beiträge von Friedrich Wilhelm Kantzenbach: Gottfried Arnolds Weg zur Kirchen- und Ketzerhistorie. In: Jahrbuch der hessischen kirchengeschichtlichen Vereinigung 26 (1975), S. 207–241, sowie, in Auseinandersetzung mit Kantzenbach, Irmfried Martin: War Gottfried Arnold ein „Redlicher Historicus"? Das historisch-theologische Problem der UKKH im Licht des einst um sie geführten Kampfes. In: Ebd. 29 (1978), S. 37–53, mit dem bemerkenswerten Fazit (S. 52): „Und deshalb hat die Orthodoxie auch ihm [Arnold] widerstanden und ihn nicht nur historisch, sondern auch theologisch ad absurdum geführt; hier kam er mit seiner Mystifizierung nicht an. Das gereicht der lutherischen Orthodoxie seiner Zeit auch heute noch zur Ehre."
7 Vgl. Gottfried Arnold: Das Geheimnis der göttlichen Sophia. Faksimile-Neudruck der Ausgabe von Leipzig 1700 mit einer Einführung von Walter Nigg. Stuttgart-Bad Cannstatt 1963; dazu Ernst

einer natürlichen Religion gelten, in deren Licht aller äußerer Gottesdienst gleichgültig sei, auch dies noch ganz im Geiste eines Sebastian Franck. Im Schatten einer dergestalt als ebenso verheerend wie notwendig empfundenen historischen Bilanz rief Arnolds Werk gegenüber dem Chor scharfsichtiger orthodoxer Kritiker, unter ihnen Ernst Salomo Cyprian (1673–1745) in Gotha,[8] auch mancherlei zustimmende Reaktionen wie bei Christian Thomasius hervor, der zumindest zeitweise die KKH „nach der heiligen Schrift für das beste und nützlichst Buch/ das man in hoc scribendi genere gehabt hat", hielt.[9] Eine gewisse Berühmtheit erlangte die Stellungnahme des alten Goethe im achten Buch von *Dichtung und Wahrheit*:[10]

> Dieser Mann [Gottfried Arnold] ist nicht bloß ein reflektierender Historiker, sondern zugleich fromm und einfühlsam. Seine Gesinnungen stimmten sehr zu den meinigen, und was mich an seinem Werk besonders ergetzte war, daß ich von manchen Ketzern, die man mir bisher als toll und gottlos vorgestellt hatte, einen vorteilhaftern Begriff erhielt. Der Geist des Widerspruchs und die Lust zum Paradoxen steckt in uns allen. Ich studierte fleißig die verschiedenen Meinungen, und da ich oft genug hatte sagen hören, jeder Mensch habe am Ende doch seine eigene Religion, so kam mir nichts natürlicher vor, als daß ich mir auch meine eigene bilden könne, und dieses tat ich mit vieler Behaglichkeit.

Goethes Weg hin zu einer synkretistischen, in diesem Fall hermetistisch tingierten, von Toleranz geprägten Privatreligion ist Arnold freilich nicht gegangen.

Benz: Gottfried Arnolds „Geheimnis der Göttlichen Sophia" und seine Stellung in der christlichen Sophienlehre. In: Jahrbuch der hessischen kirchengeschichtlichen Vereinigung 18 (1967), S. 51–82; zur Rolle Böhmes siehe Lothar Vogel: Beobachtungen zur Böhme-Rezeption in Gottfried Arnolds Sophienschrift. In: Der radikale Pietismus. Perspektiven der Forschung. Hg. v. Wolfgang Breul, Marcus Meier u. Lothar Vogel. Göttingen 2010 (= Arbeiten zur Geschichte des Pietismus 55), S. 271–292; Lucinda Martin: Jakob Böhmes „göttliche Sophia" und Emanzipationsansätze bei pietistischen Autorinnen. In: Offenbarung und Episteme. Zur europäischen Wirkung Jakob Böhmes im 17. und 18. Jahrhundert. Hg. v. Wilhelm Kühlmann u. Friedrich Vollhardt. Berlin/Boston 2012 (= Frühe Neuzeit 173), S. 241–257, zu Arnold S. 243–246.
8 Die Angriffe gegen Arnold sind samt Verteidigungsschriften vor allem greifbar im dritten Band der Schaffhauser Ausgabe der KKH; dazu Martin: War Gottfried Arnold ein „Redlicher Historicus"? (Anm. 6).
9 Dazu Wilhelm Kühlmann: Frühaufklärung und chiliastischer Spiritualismus. Friedrich Brecklings Briefe an Christian Thomasius. In: Christian Thomasius (1655–1728). Neue Forschungen im Kontext der Frühaufklärung. Hg. v. Friedrich Vollhardt. Tübingen 1997 (= Frühe Neuzeit 37), S. 180–234, spez. 199–201.
10 Johann Wolfgang Goethe: Dichtung und Wahrheit. Hg. v. Klaus-Detlef Müller. Frankfurt am Main 2007 (= Sämtliche Werke 4), S. 382. Dazu im weiteren Umblick Hans Schneider: „Mit Kirchengeschichte, was hab' ich zu schaffen?" Goethes Begegnung mit Gottfried Arnolds Kirchen- und Ketzerhistorie. In: Goethe und der Pietismus. Hg. v. Hans-Georg Kemper und Hans Schneider. Halle/Tübingen 2001 (= Hallesche Forschungen 6), S. 79–110.

Sein Weg als subjektiv überzeugter ‚Protestant' führte zurück in die Frühzeit der Reformation, als ein Luther wie auch ein Sebastian Franck die anonyme *Theologia teutsch* wie auch die Schriften eines Tauler zu schätzen wussten.[11] Diese Bewertungshaltung bildete die Basis für Arnolds zweites, ebenfalls polyhistorisch ausgeweitetes und bio-bibliografisch ungeheuer verdichtetes Kompendium, seine *Historie und beschreibung* [sic!] *der Mystischen Theologie / oder geheimen Gottes Gelehrtheit wie auch derer alten und neuen Mysticorum* (Frankfurt am Main 1703), gefolgt von einer *Verthädigung der Mystischen Theologie*[12] wider einen ungenannten orthodoxen protestantischen Widersacher. Einiges spricht dafür, dass für Arnold im Dunstkreis dieser Gegner auch der Greifswalder Theologe Ehregott Daniel Colberg (1659–1698) mit seiner dickleibigen, ebenfalls historisch retrospektiven Streitschrift gegen das „Platonisch-hermetische Christentum" (zuerst Frankfurt am Main 1690/91) anzusiedeln war.[13] Arnolds Werke zur Geschichte der Mystik versuchen gegen die „Welt-Säue" (S. 66) die Kontinuität einer „inwendigen", affektiv gegründeten (S. 63, S. 36 u. 22 ff.) Gottesbeziehung zu konstruieren, die vom frühen Christentum (etwa bei Dionysius Areopagita) über die mittelalterliche Mystik (Tauler u. a.) und die sogenannte *Devotio moderna* (darunter Thomas von Kempen) bis in die eigene Epoche reicht. Das führt zu scharfen Abgrenzungen, denn nach Arnold ist eine „Vereinigung oder Vermengung der Schul- und Mystischen Theologie" nicht möglich (S. 32). Arnolds derart kompromisslose Geschichte der „Mystischen Theologie" verhält sich komplementär zur KKH und stellt das formale Analogon zu älteren Konstruktionen einer theologischen Legitimationsgenealogie dar, wie sie einst im Umkreis der Magdeburger Zenturiatoren namentlich in Flacius Illyricus' *Catalogus testium veritatis* (Basel 1556, erweitert 1562) versucht wurde und wie sie, im Zeichen des antiorthodoxen Feldzuges, Arnold vor allem in der aktenmäßigen Sammlung von *Testes veritatis* zur Verfügung stand, die ihm Friedrich Breckling (1629–1711), der in die Niederlande vertriebene Pfarrer und radikale kirchenkritische Dissident, gewiss einer der wichtigsten Textlieferanten und Gewährsmänner Arnolds, zusandte und die teilweise in der KKH abgedruckt und in der dritten Schaffhauser Auflage durch

---

11 Zur Differenzierung siehe Günter Mühlpfort: Der frühe Luther als Autorität der Radikalen. Zum Luther-Erbe des „linken Flügels". In: Weltwirkung der Reformation. Hg. v. Max Steinmetz u. Gerhard Brendler. Bd 1. Berlin (Ost) 1969, S. 205–225.
12 Benutzt hier, im Folgenden nur mit Angabe der Seitenzahlen, der Faksimile-Neudruck der Ausgabe Frankfurt 1703. Stuttgart-Bad Cannstatt 1969 (= Gottfried Arnold. Hauptschriften in Einzelausgaben 2).
13 Dazu Friedrich Vollhardt: „Pythagoreische Lehrsätze". Schwärmerkritik und Konsensdenken bei Daniel Colberg, Heinrich Wilhelm Clemm und Friedrich Christoph Oetinger. In: Offenbarung und Episteme (Anm. 7), S. 363–383; zu Colberg auch Joachim Telle in KLL 2 (2008), S. 461.

weitere Texte Brecklings ergänzt wurde.[14] Kaum ein anderer Theologe im Sympathisantenkreis Arnolds hat so hingebungsvoll Lebensdaten und Lebensläufe, Denkschriften, Manifeste, Klagen und Anklagen der älteren und jüngeren Dissidenten, von denen er viele persönlich kannte, gesammelt wie Breckling. Dies geht auch aus der kumulativen Fülle von Personen (künftiger Forschung weiter aufgegeben) hervor, die Breckling in seiner von Johann Anselm Steiger herausgegebenen und dicht kommentierten Autobiografie anführte.[15]

Es war gewiß auch in Brecklings Sinn, dass sich Arnold nicht scheute, in der mystischen Theologie (so in der *Verthädigung*, Überschrift von § 8–11) programmatisch „nichts andres als die Christliche Religion in ihrem Glantz und Krafft" zu propagieren. Hier umreißt er, auch in der Nachfolge von Johann Arndts *Praxis pietatis* und wider die orthodoxen „Zäncker, Disputirer und Wortstreiter" (S. 86), das Verhalten und die Gesinnung der ihm vorschwebenden und willkommenen „Protestirenden" (S. 85):

> Die [...] sind friedfertig / und legen sich auf das gründliche und wesentliche Werck des Christenthums / ohne daß sie sich viel bekümmern um Streit=Schrifften oder *disputiren* / daran auch die besten ein Greuel haben. Diese lassen ihren Nechsten in seinem Thun, in seiner Meynung / und in Gottes Gericht. Vor sich aber bemühen sie sich ihm zu gefallen / durch Übung der Liebe gegen ihn, gegen alle / und anderer christlicher Tugenden.

Auch in seinem von Jakob Böhme inspirierten brautmystischen Traktat (samt beigegebener geistlicher Lieddichtung) *Das Geheimnis der göttlichen Sophia oder Weißheit* (Leipzig 1700), entfaltete Arnold für die „gläubig-liebende Seele" eine weiblich konnotierte Variante des Liebesgebots und eine Alternative zum dogmatischen Rationalismus und Konfessionalismus. Insofern scheinen derartige Vorstöße in ihrem zeithistorischen Gestus koordinierbar mit eher säkularen Appellen und modernen Imperativen zur Toleranz, auch mit dem später von Lessing bemühten Johanneischen Liebesgebot, wäre da (im obigen Zitat) nicht der Hinweis auf „Gottes Gericht", worauf zurückzukommen ist.

Vorab aber muss festgehalten werden, dass Arnold in seiner Mystikgeschichte von einer einseitigen Perspektive abrückt, als sei die Kirchengeschichte seit Konstantin nur eine Bewegung des Verfalls, zugleich auch in gerade spektakulärer

---

14 Dazu Kühlmann: Frühaufklärung und chiliastischer Spiritualismus (Anm. 9), S. 183–185.
15 Friedrich Breckling: Autobiographie. Ein frühneuzeitliches Ego-Dokument im Spannungsfeld von Spiritualismus, radikalem Pietismus und Theosophie. Hg. und kommentiert von Johann Anselm Steiger. Tübingen 2005 (= Frühe Neuzeit 109); zu Brecklings Denken wichtig der bisher ungenügend erschlossene Briefwechsel, in Teilen lesbar bei Kühlmann: Frühaufklärung und chiliastischer Spiritualismus (Anm. 9). Zu Leben, Werk und Forschung im Überblick Dietrich Blaufuß in KLL 2 (2008), S. 161 f.

Aufmerksamkeit den Beitrag der neueren katholischen Literatur (vor allem der Romania) zu der hier gemeinten mystischen Frömmigkeit würdigt und so die tiefen konfessionellen Gräben zuschüttet, ja transkonfessionelle literarische Netzwerke und transhistorische Gesinnungsgemeinschaften der wahren Frömmigkeit aufscheinen lässt.[16] Dies gilt zum Beispiel für das Porträt der Theresa von Avila („Theresa von Jesu", S. 473–476) und den folgenden Abschnitt über Juan de la Cruz (Johannes a Cruce, S. 476–479). Arnold rühmt mit großer Sympathie ausgerechnet die geistliche Lyrik der *Noche oscura del alma*, deren unerhörte Fügungen ohne Nennung des Autors einst der in Moskau verbrannte Quirinus Kuhlmann (1651–1689) in seinem 62. Kühlpsalm[17] aus dem Lateinischen in beispielloser psycho-physischer Sensibilität nachgestaltete. Wir haben es zu tun mit einsamen Höhepunkten deutscher Dichtung. Es genügt, eine exemplarische Strophe zu zitieren (lateinische Vorlage und Kuhlmanns Fassung):[18]

> O cauterium suave!
> O delicatam plagam!
> O manum blandam! O attactum delicatum
> Aeternam qui vitam sapit
> Et omne debitum excoluit
> Occidendo mortem in vitam transmutasti.

> O liblichzartes Brennen!
> O sanffte hand! O überzarter grif!
> Er schmekkt ein ewigs kennen,
> Löst alle schuld, die mir nachlif!
> Du tödtst den Tod, durchlebst ihn ewigtif!

---

16 Rühmend zur katholischen Kontinuität, zu der neben Franz von Sales selbst Bellarmin (der Gottseibeiuns der älteren protestantischen Orthodoxie) genannt wird; dort auch eine längere Autorenreihe, Kap. XII der „Mystischen Theologie" (Anm. 12), S. 286–317 („Von dem Zustand der mystischen Theologie von Anno 1550. biß 1700"), spez. 290–292.
17 Dazu meisterhaft und umfassend, auch im genauen Textvergleich und mit der älteren Literatur, Sibylle Rusterholz: Klarlichte Dunkelheiten. Quirinus Kuhlmanns 62. Kühlpsalm. In: Deutsche Barocklyrik. Gedichtinterpretationen von Spee bis Haller. Hg. v. Martin Bircher. Bern/München 1973, S. 225–264; zu Kuhlmanns Chiliasmus im Überblick siehe Wilhelm Schmidt-Biggemann: Erlösung durch Philologie: Der poetische Messianismus Quirinus Kuhlmanns. In: Ders.: Apokalypse und Philologie. Wissensgeschichten und Weltentwürfe der Frühen Neuzeit. Hg. v. Anja Hallacker u. Boris Bayer. Göttingen 2007 (= Berliner Mittelalter- und Frühneuzeitforschung 2), S. 187–225.
18 Zit. n. Rusterholz: Klarlichte Dunkelheiten (Anm. 17), S. 234; hier auch der spanische Text.

So wird von Arnold immer wieder, gleichsam durch katholische Blutzufuhr, eine neue Frontlinie zwischen den wahren ‚Gottesfreunden' und den Zumutungen und Parteiungen der gelehrten Staatskirchen gezogen, wenn er beispielsweise bewundernd über Juan de la Cruz resümiert (S. 478 f.):

> Endlich aber beschreibet er in der Liebes=Flamme auff eine gantz ungemeine durchdringende Weise / die Göttliche Vereinigung mit ihren Wundern. Ingleichen die unterschiedenen Zustände und Abwechselungen der geheimen Umfassung und Liebes=Proben zwischen Gott und der Seele / wenn sie zur Göttlichen Einheit erhoben ist / und gleichwohl noch allerhand Göttliche Führungen erfahren muß. Und in diesen allen hat der Autor an Weißheit und Tieffe des Ausdrucks wenige / oder fast niemand seines gleichen / wie ein jeder / der den Geist der Prüfung vom Vater empfangen hat / bekennen wird.

In dem Spanier Miguel de Molinos (1628–1696), der von der römischen Inquisition belangt wurde, aber in Deutschland durch Übersetzungen im Umkreis der Pietisten beachtliche Resonanz fand, entdeckte er einen Repräsentanten der quietistischen Mystik,[19] und es verwundert nicht, dass Arnold, wie Hanspeter Marti gezeigt hat,[20] trotz aller Aversionen gegen die Jesuiten in der KKH zu seinen prominenten Autoritäten auch den in Würzburg, Mainz und Köln wirkenden Jesuiten Maximilian Sandaeus (1578–1656) mit seinen mystikhistorischen Kompendien zählte. Auch schon Johannes Scheffler alias Angelus Silesius (1624–1677), dessen *Cherubinischen Wandersmann* Arnold parallel zur KKH mit einer Vorrede herausgab (Frankfurt am Main 1701), schöpfte aus Sandaeus. Wenn Arnold am Ende seiner Mystikgeschichte nach dem weitläufigen bibliografischen Register (S. 486–513) und nach dem Verzeichnis weiblicher Autoren („erleuchteter Frauens Personen", S. 514–516) noch „einige merckwürdige Geistliche Lebens= Beschreibungen" anfügt (S. 517 f.), nehmen dabei die Katholiken und vor allem die Jesuiten (unter ihnen Ignatius von Loyola) zahlenmäßig den ersten Rang ein.

Arnolds KKH entsprach den politisch dekretierten Schweigegeboten wider die öffentliche Streittheologie in manchen deutschen Territorien (zum Beispiel in Brandenburg und der Kurpfalz) und konnte so zwar parallel zu Thomasius, aber ohne naturrechtliche Rückbindung, als eine historiografische und intellektuelle Untermauerung der anstehenden Dissoziation von Lehre, Kirche, Frömmigkeit und politischer Regimentsführung gelten. In dem Kapitel *Von denen Atheisten, wie auch denen so genanten Naturalisten, Deisten und Latitudinariis in diesem seculo* (KKH II, Kap. 16, S. 207–222) wird die Perspektive bis hin zur *religio pruden-*

---

19 Marti: Gottfried Arnold (Anm. 1), bes. S. 130–143.
20 Ebd., besonders in dem Kapitel *Jesuiten im Blickfeld des radikalen Pietisten Gottfried Arnold*, S. 105–129, spez. S. 121–125; zu recht zahlreichen jesuitischen Werken (darunter Sandaeus) in Arnolds Bibliothek siehe ebd. S. 111.

tum und zu Hobbes und Spinoza ausgeweitet, doch argumentativ dominiert, jenseits aller potenziellen geschichtsphilosophischen Theorieansprüche, weiterhin die hergebrachte argumentative Interdependenz von Ketzertum und klerikaler Ketzermacherei, zuletzt illustriert mit einem ins Deutsche übersetzten flammenden Zitat aus Johann Valentin Andreaes früher, radikaler, anonym gedruckter, dialogisch konzipierten Prosasatire *Menippus* (Straßburg 1617), einem bedeutsamen Rezeptionszeugnis der Rosenkreuzerepoche, in dem die gelehrte Schultheologie zu einem Hort des Atheismus degeneriert erscheint (S. 222):

> „Wer solte glauben, daß mitten in der kirche, da ein schauplatz aller tugenden, eine behausung der wissenschafften, ein garten der zierlichkeit seyn soll, gleichwohl der *atheismus* regieret, oder doch verborgen ist. Indem die gewohnheit bey uns das regiment hat, der hochmuth alles treibet, nichts als geschwätz gelehret wird, lauter list und tücken den *atheismum* hegen, und der üble nachklang davon ihn selbst *recommendirt*. Denn bey uns pflegt ein heuchler zu beten, ein betrüger alles einzurichten, ein narre zu unterweisen, ein mörder liebe vorzugeben, ein affe sich zu schmücken. Da schmeichelt man sich mit der bibel, da wütet und tobet man mit dem *Justiniano*, man ist ersoffen im *Aristotele*, man setzet einen unmenschen zum gesetzgeber, und einen *Diogenem* zum baumeister. Auf den predigstühlen geht es laulich zu, die gerichtstätte sind voll blut, die *catheder* voll speyens, die häuser voll rauchs und dampffs, und alles voll betrügerey. Alle sünden, schanden und laster gehen bey uns frey im schwange, und werden noch dazu aufs theuerste bezahlt etc." Woraus dieser *Theologus* schliessen will, daß aus der bösen lehre und leben nichts anders als der *atheismus* bey dem grösten ruhm der *orthodoxie* folgen müsse.

Nicht aus Vernunftgründen, nicht im Rekurs auf die aufklärerische ‚Weltweisheit' und auch nicht wie bei Lessing im Rahmen einer humanen Geschichtsphilosophie, vielmehr nur ex negativo, aus der Evidenz der Verleumdungen und Verfolgungen lässt sich bei Arnold mittelbar ein Praxisprinzip von Toleranz im Sinne einer freien christlichen Verkündigung ableiten, und dies auch nur scheinbar. Denn nicht zu übersehen ist, dass Arnold in mehreren Werken und auch in Predigten, außerdem in seinem von Dietrich Blaufuß herausgegeben autobiografischen *Offenherzigen Bekäntniß* (1698)[21] eine harte, klare, eigentlich manichäistische Trennung zieht zwischen den präsumtiven Repräsentanten von Macht, Heuchelei, Lüsten und Lastern einerseits und den wahren Christen andererseits, die sich durch Erfahrungen der Wiedergeburt und durch radikale spirituelle „Umkehr" auszeichnen. Immer wieder dringen, wie schon im obigen Zitat vom „Gericht Gottes" angedeutet, eschatologische und chiliastische Denkfiguren vor, die auf

---

21 Ebd., S. 191–261.

eine Wiederkehr des Paradieses im Leben der frommen Christen vorverweisen,[22] also nicht erst auf die Epiphanie des richtenden Christus vertrauen, Denkfiguren, die mit Brecklings Hoffnungen auf die Restitution adamischer Zustände korrespondiert, wie sie auch von anderen Dissidenten, unter ihnen Böhmisten wie Kuhlmann und rabiate Paracelsisten,[23] geteilt wurden. In seinem oben erwähnten „Bekäntniß" beschwört Arnold keine quietistische Seelenruhe, sondern den „züchtigenden Geist Jesu Christi in uns" (Auszüge S. 222 f. u. 256 f.):

> 22. Ich wünsche von Hertzen/ daß ein jeder/ der es nöthig hat/ die erschröckliche Tieffen des Verderbens ohne Vorurtheil und Partheylichkeit einsehen möchte; es sollte niemand mir verargen/ was ich nun aus innerster Bewegung und Kummer meines Gemüths bekennen muß. Denn gewißlich mag einer Seelen wol kein grösserer Jammer-Spiegel vor Augen geleget werden/ als wenn sie die gemeinen hohen Schulen betrachtet/ und zwar von dem Geist JEsu Christi begleitet und geführet. Es hat mir wol ehemals allzuhart geurtheilet scheinen wollen/ wenn einige einen solchen schweren Fluch über denen vom Pabst und der Antichristischen Clerisey erfundenen und auff uns fortgepflantzten Universitäten liegend erkannt gehabt/ daß von ihnen nimmermehr etwas wahrhafftig-heilsames und gründlich-Göttliches zu hoffen stehe. Alleine was soll ich nun sagen/ da mich GOtt dieses unbeschreibliche tieff-eingewurtzelte und durch so viel alte Gesetze/ Gebräuche/ Vorurtheile und Meinungen befestigte Elend selbst noch gegenwärtig sehen und nach dem Sinn Christi prüfen lassen? Ich erkenne mich fast schuldig/ davon nur etwas zu bezeugen/ und muß dieses vor eine Frucht dieser meiner Führung rechnen/ daß dieser unselige Brunn/ woraus das Verderben durch alle Lande und Stände der Christenheit/ durch soviel unreine Röhren geleitet wird/ mir ist entdecket worden. Ach! daß es auch andern also bekant und gewiß werden möchte!
> 66. Wird aber der züchtigende Geist JEsu Christi in uns allen mächtig/ und durch den harten eigenen Willen nicht gehindert werden: so werden wir bald Christum anderst lernen; Man wird so nöthig finden umzukehren; und zu werden wie das niedrige Kindlein JEsu in tiefster Abgeschiedenheit und Einfalt. Das Hochherfahren des Ruhmredigen Pharisäischen Geistes/ das Spiegeln der listigen Schlange in ihrer eigenen gleissenden Gestalt und in denen Gaben/ ja alle Macht des Widerchrists in uns muß sodann vernichtet werden.

Ob man dies wie Hanspeter Marti in Prolongierung von Johann Valentin Andreaes Christenstaat als Form des utopischen Denkens begreifen kann, erscheint mir nicht ganz unproblematisch. Denn der irenische Impetus der mystischen Frömmigkeit

---

22 Siehe ebd., bes. S. 77–91.
23 Dazu im Überblick Wilhelm Kühlmann: Das häretische Potential des Paracelsismus, gesehen im Licht seiner Gegner. In: Heterodoxie in der Frühen Neuzeit. Hg. v. Hartmut Laufhütte u. Michael Titzmann. Tübingen 2006 (= Frühe Neuzeit 117), S. 217–242, sowie beruhend auf *Corpus Paracelsisticum* (ed. Kühlmann/Telle [2013]); ders: Endzeit, Restauratio und Elias Artista. Signaturen des paracelsistischen Dissidentimus. In: Religiöser Nonkonformismus und frühneuzeitliche Gelehrtenkultur. Berlin/Boston 2014 (= Quellen und Darstellungen zur Geschichte des Antitrinitarismus 2), S. 199–222.

treibt hier wie auch anderwärts im 17. Jahrhundert (anders als in der mittelalterlichen Dominikanermystik) nämlich dialektisch eine durchaus aggressive Selbstermächtigung aus sich heraus, die in Briefen Brecklings an Thomasius zu verfolgen ist: Aus dem wiedergeborenen Christen, der sich in der „Stille" der Vernichtigung des empirischen Ichs ganz dem Willen Gottes öffnet, wird gerade deshalb eine prophetische Stimme, die sich als universale Kritik des Weltwesens, als Entlarvung des „mysterium impietatis" der „babylonischen Hur" und somit als Ankündigung des göttlichen Strafwillens verstehen und erhöhen darf.[24] Von den orthodoxen Gegnern wurde diese Form der auch im ‚barocken' Quietimus anklingenden ‚Selbstvergottung' sehr wohl kritisch vermerkt (Verthädigung, S. 80), wenn auch von Arnold abgewehrt. Gleichwohl stellt sich die Frage nach der Dialektik von mystischer Innigkeit und religiöser Militanz, und mit dieser Frage möchte ich mich einer der bis auf die Jakobinerlyrik des späten 18. Jahrhunderts gewiss radikalsten deutschen Lieddichtungen zuwenden, erschienen unter dem Titel „Babels Grablied. Herem. 51.v.9", zu singen nach der „Melod[ie] Nur frisch hinein / es kann so tieff etc".[25] Arnold sah offenbar kein Problem darin, diese Dichtung eines militanten mystischen Fundamentalismus ausgerechnet im ersten Teil seiner Lyriksammlung *Göttliche Liebesfunken aus dem grossen Feuer der Liebe Gottes in Christo Jesu entsprungen* [26](Frankfurt am Main, 1698) abzudrucken:[27]

Babels Grab-Lied. Herem. 51. v. 9.
Melod. Nur frisch hinein / es kan so tieff etc.

1. Der Wächter Rath / den Gott bestellet hat / Spricht die Sententz schon über Babels-wunden / Es sey kein Artzt noch Kraut vor sie gefunden / So gar verzweiffelt sey der Schad / den Babel hat.
2. Ein jeder will / den Schmertz zwar machen still / Wie viel Quacksalber wollen Ritter werden An diesem Krebs? Und sehn nicht die Beschwerden / daß Babel selbst GOtt niemals halten still Und folgen will.
3. Sie inficirt den Artzt / der sie berührt / Und läßt an ihm zum Trinckgeld Plagen kleben / der sie doch will erhalten bey dem Leben / Und flickt an ihr. So / daß man deutlich spürt / Wer sie berührt.
4. Es zieh ihr an die Larve / wer noch kan / Such seine Kunst mit Schwätzen zu beweisen / die Zorn-Fluth wird den Heuchel-Schmuck abreissen. Das Feuer kommt und zündt die Stoppeln an. So bleibt nichts dran.

---

24 Kühlmann: Frühaufklärung und chiliastischer Spiritualismus (Anm. 9), bes. S. 197 f.
25 Das Lied auf dessen Melodie hier angespielt wird, stammt von dem ostpreußischen Dichter Michael Kongehl (1644–1710).
26 Dazu Stählin: Gottfried Arnolds geistliche Dichtung (Anm. 4), S. 89–91; kurz auch Schneider: Der radikale Pietismus im 17. Jahrhundert (Anm. 1), S. 412.
27 Zit. n. Arnold, ed. Seeberg (Anm. 1), S. 176–178.

5. Sehr ihr noch nicht / daß ihr gar nichts außricht / Ihr / die ihr sie so gerne woltet heilen? Wollt ihr in dem Pest-Hause noch verweilen? Seht / daß euch ja der Patiente nicht den Halß noch bricht.

6. Man siht den Greul / der Boßheit starcke Seul. O pfuy wie stinckt die Hure hier auff Erden! Wie soll sie nicht ein Abscheu Engeln werden? Wenn sie entdeckt von so gar langer Weil der Boßheit Greul.

7. So lasst sie gehen / und ihrem Richter stehn! O reisset Band und Pflaster ihr vom Leibe / damit sie bloß und nackend stehen bleibe! Die Schande muß der gantze Himmel sehn. Drum laßt sie gehn!

8. Des Bechers Grimm schweigt ihre Zauber-Stimm: Der Könge Muth fängt sie schon an zu hassen. Man wird ihr nichts als Schand und Blösse lassen. Es zeigt ihr schon von fern die Engels-Stimm des Bechers Grimm.

9. Der Tod sitzt ihr schon auff der Zungen schier / Ihr Aas soll bald in Abgrund seyn begraben / da mögen sich die Buhler an ihr laben. Die fürchten schon / es falle ihre Zier / Und merckens schier.

10. Drüm stürmt ihr Nest / Darinn sie stoltz gewest / Zerschmettert ihre Kinder an den Steinen! Die Schlangenbrut soll ja niemand beweinen. Gebt ihrem Bau / dem Frevel-Sitz / den Rest / Und stürmt ihr Nest.

11. Seht / welcher Christ erst auff der Mauren ist / Soll zur Belohnung Schwerdt und Feuer haben / Bey diesem Sieg ertheilt man solche Gaben. Doch bey GOtt kriegt ein solcher Helden-Christ / Was ewig ist.

12. Auff / auff! Es rufft auß jener Sternen-Lufft / Und bläßt schon Lerm der Wächter auff der Mauren der Sion-Stadt. Es müsse keinen dauren Ehr / Gut und Blut! Hört wie euch in der Lufft der Wächter rufft.

13. Laufft an / und streit in Helden-Tapfferkeit! Soldaten müssen nicht so feige kämpffen; Wer will dann sonst der Hure Herrschafft dämpffen / Wann auch nicht Hirten-Knaben sind bereit Zur Tapfferkeit?

14. Zwar mit dem Maul Ist annoch keiner faul; Es weiß ein jeder was davon zu sagen. Wer kan nicht über das Verderben klagen? Doch wenn es weiter geht / als an das Maul / So ist man faul.

15. Drum dämpffet nicht den Geist / wenn er außbricht In euch und andern / Babels Grund zu stöhren; Ihr sonderlich / die ihr wollt viel bekehren / Seht / daß nur erst in euch gantz Babel bricht / Und heuchelt nicht.

16. Nennt fein das Kind Mit Namen / wie ihrs findt / Und schmieret nicht ein Pflaster auf den Schaden / das euch selbst zum Gerichte möcht gerathen. Geht auß! schreyt an das höllische Gesind / Wo ihr es findt!

17. Bey Heuchel-Tand Wird Zion nicht bekandt / Wenn niemand will den Fuchs ins Fell recht beissen. Wollt ihr der Hur noch Reverentz beweisen / Die balde soll mit Feur seyn verbrannt? O Heuchel-Stand!

18. Indeß Geduld! GOtt find schon Babels Schuld / Thriumph! Es ist der Sturm Sion gelungen! Drum sey GOtt schon im Vorrath Lob gesungen! Ein richtig Hertz bleibt doch in Gottes Huld / Darum Geduld!

Das aus 18 Strophen bestehende frei-jambische Versgebilde lässt sich in Sprechhandlungen und Sprechphasen gliedern, die sich von der prophetischen Verkündigung der Heillosigkeit des unchristlichen Sündenbabels zu jeweils fast atemlos gesteigerten Vernichtungsappellen steigern. Ich gebe eine erste paraphrasierende Gliederung in Stichworten:

1. Strophen 1–4: Das Urteil, die „Sententz", eines „Wächter Raths" (Str. 1), in dem die aussichtslose, allen Therapieversuchen der Ärzte trotzende und „verzweiffelte" Lage Babels dekretiert wird.
2. Strophen 5–9: Erster Appell zur Einsicht an ein kollektiv gedachtes „Ihr", d. h. an die, welche den „Patienten" dennoch zu „heilen" versuchen und in Gefahr schweben, sich anzustecken und in dem „Pest-Hause" (Str. 5) umzukommen.
3. Strophen 10–13: Zweiter Appell als Aufruf zum heroischen und siegesgewissen, mit „Feuer und Schwert" (Str. 11) belohnten Sturmangriff auf den mauerbewehrten „Frevel-Sitz" (Str. 10) und die „Herrschaft der Hure" (Str. 13) mit dem (quasi muslimischen) Versprechen des ewigen Lebens für den „Helden-Christen" (Str. 11).
4. Strophen 14–17: Dritter Appell: Verbale Auseinandersetzungen genügen nicht; Aufruf zur schonungslosen Verkündigung des „ausbrechenden Geistes" wider „Babels Grund in euch und anderen" (Str. 15) und zur Entlarvung des „höllischen Gesindes" (Str. 16); anklagende Klage über die „Heuchler", die durch ihr Schweigen verhindern, dass „Zion bekandt wird" (Str. 17).
5. 18. Strophe/Coda: Vierter Appell im Aufruf zur „Geduld" in paradoxer Kongruenz zum exklamatorischen „Triumph" und Gotteslob in der Vorwegnahme des endgültigen Sieges von „Sion".

Mit dem Titelhinweis auf die biblische Jeremias-Prophezeiung legitimiert Arnold sein Babel-Lied im intertextuellen Horizont der paraphrasierenden Bibeldichtung, dies bei näherem Hinsehen aber so, dass insgesamt die Kapitel 50 und 51 der Vernichtungsvision der „Rache des Herrn" (Jes 51,6), wie sie (Deutero-) Jesaja überliefert, zwar immer wieder punktuell und zitathaft mitklingen (etwa in der zunächst rätselhaften Becher-Metaphorik nach Jes 51,7), im Ganzen aber der biblische Praetext (gewiß auch mitgedacht die Strafrede über die „Hure Babylon", Off 14–18) in seinem Adressatenbezug deutlich umgeformt wird und sich zu einer pathetischen Vergegenwärtigung des bevorstehenden siegreichen Endkampfs der „Helden-Christen" (Str. 11) zwischen Babel und „Sion" (Str. 18) transformiert. Der Theologe und Historiker Arnold kann hier stellenweise die Stimme des rächenden Gottes annehmen, zumindest aber in jene Prophetenrolle schlüpfen, die, wie gesagt, von Breckling als Konsequenz der mystischen Purifikation angesehen wurde. Nur an einer Stelle wird hier die seit dem frühen Luther gern strapazierte Babel-Allegorie psychologisch so gedeutet, dass sich der Kampf des „Geistes" gegen das „höllische Gesinde" nicht nur in der Konfrontation mit äußeren Mächten und Instanzen vollzieht, sondern auch dem babylonischen Unheil in der eigenen Seele gilt (Str. 15; darauf auch anspielend der Schluss von Str. 18). Dem entspricht der ausschlaggebende Makel des der Vernichtung preisgegebenen Babels, nämlich die Weigerung, „Gott still zu halten" (Str. 2). Mit dem alt-mystischen Schlüsselbegriff der „Stille" werden Arnolds Gegenpositionen zum aktuellen ‚babylonischen' Christentum gekennzeichnet und damit jene innerlichen Qualifikationen einer Glaubenserfahrung berufen, wie sie Arnold über die älteren Mystiker zurück sogar bis auf eine Homilie des „Heiligen" Makarios zurückverfolgte (um 400 n. Chr.).[28] Arnolds oben zitierter Wunsch „Ach! wenn doch in der stillen Still / Geschähe willig Gottes Will!" scheint in einem Strudel aus Zorn und Hoffnungslosigkeit zu versinken.

Jeremias hatte teils in eigener Rede geschrieben, teils im Wechsel zur Droh- und Vernichtungsrede Gottes, eines „Gottes der Vergeltung" (*Jer* 51,56), differenziert durch „so spricht der Herr". Der Sprecher von Arnolds Versen appelliert in enthusiastischer Sicherheit und unbezweifelter eigener Befugnis, setzt allerdings zu Beginn das Urteil eines „Wächter-Raths" (Str. 1) voraus, der in *Jer* 51.12 einen losen Rückhalt hat, dessen historische Semiotik aber eher nach Genf als nach Wittenberg verweist. Die aus älteren Liedtexten bekannten „Wächter auf der Zinne" (Pseudo-Taulers Adventslied) mutieren hier zu Wächtern auf den Mauern der „Sion-Stadt" (Str. 12), die man sich allegorisch als ein irdisches Jerusalem der Zukunft, jedenfalls als geistliche Macht jener in militanter (philadelphischer?) Solidarität vereinigten wahren Christen vorzustellen hat, die in biblischen Archetypen wie den „Hirten-Knaben" von Str. 13 ein bekanntes Vorbild finden. Dass hier außerdem Töne durchaus weltlicher Kampflieder in der Beschwörung von „Ehr, Gut und Blut" (Str. 12) verwoben werden, ist offensichtlich.

Die im Titel gemeinte Kurzpassage aus *Jer* 51.9 wird im ersten Abschnitt des Lieds zum Bilddiskurs einer Körper-Arzt-Metaphorik ausgebaut, wie sie in der politischen Literatur des 17. Jahrhunderts fest verankert war,[29] sich aber auch mit der Paulinischen Vorstellung der Kirche als Körper Christi überblenden ließ. Schon hier wird die in den folgenden Aufrufen gegenüber Jeremias entscheidende Umwendung des Textes markiert. Die Gottesstimme bei Jeremias hatte die gläubigen Juden dazu aufgefordert, aus dem bedrohten Babylon zu fliehen, Arnold aber wendet sich an jene „Ärzte", Zauberer und „Heuchler", die sich immer noch wider alle Gewissheiten um die Therapie des unheilbaren kranken Körpers bemühen, die noch zögern, den „ausbrechenden Geist" sprechen zu lassen (Str. 15), und das „Kind nicht beim

---

[28] Arnold: Verthädigung (Anm. 12), S. 35–37.
[29] Dazu ausführlich Wilhelm Kühlmann: Gelehrtenrepublik und Fürstenstaat. Entwicklung und Kritik des deutschen Späthumanismus in der Literatur des Barockzeitalters. Tübingen 1982 (= Studien und Texte zur Sozialgeschichte der Literatur 3), S. 68–78.

Namen nennen wollen" (Str. 16). Es geht um jene durch „Trinkgelder" (Str. 3) bestochenen „Quacksalber" und „Schwätzer" (Str. 2 u. 3), die sich an der geforderten Entlarvung und Vernichtung der Heuchelchristen nicht beteiligen, deshalb nur mit Pflastern hantieren (Str. 16) und so von ‚Ansteckung' im „Pest-Haus" der äußerlichen Kirche und Gesellschaft bedroht sind (Str. 5). Ganz offensichtlich zieht dieses Gedicht einen Grenzstrich nicht nur zur akademischen Theologie, sondern auch zu Fraktionen der pietistischen Bewegung, die reformerisch weiterhin auf das Wort, auf das betriebsame „Maul" (Str. 14), vertrauen und als deren Repräsentanten man sich wohl Gestalten wie Philipp Jakob Spener (1635–1705) und auch August Hermann Francke (1636–1727) zu denken hat. Anders zum Beispiel als Speners subtil chiliastische „Hoffnung auf bessere Zeiten"[30] speist sich Arnolds Babel-Lied bedenkenlos aus dem aggressiven Fundus der alttestamentarischen Gottesrede. Aus der Wasserflut, die nach Jeremias (51,42) Babylon vernichten wird, assoziiert Arnold die drohende „Zorn-Fluth", und aus der Vision der Heimsuchung durch Glut und Dürre (Jer 51,43) wird das bevorstehende, quasi apokalyptische Feuer extrapoliert, das die Stoppeln verbrennt (Str. 4). Die Verschanzung Babylons, die Jeremias andeutet (51,53), erscheint als sturmreife Festung, als ein „Nest" (Str. 10), dessen Erstürmung von dem barbarisch-hochgetriebenen Ruf begleitet wird: „Zerschmettert ihre Kinder an den Steinen" (Str. 10).

Von dem genuin antipapistischen Babel-Diskurs Luthers hatte sich Arnold längst gelöst. Er kannte zweifellos ähnliche Passagen der innerprotestantischen Dissidenten wie Böhme und Kuhlmann, aber auch Angelus Silesius, die aber alle an Arnolds verbalen Furor nicht heranreichen. Aus nächster persönlicher Nähe muss zum diskursiven Hintergrund des Liedes wohl auch, bisher meines Wissens unbeachtet, ein bewegender Programmtext des geistigen Weggefährten Friedrich Breckling herangezogen werden, der in der von mir benützten Schaffhauser Redaktion der KKH abgedruckt war (Bd. II, Th. IV, Nr. XXXV, S. 943–947): „Ausgang aus Babel, und eingang zu Gott, durch Christum im geist", eine sprachmächtige Apologie der inneren mystischen Umkehr und irenischen Kreuzesnachfolge, die dem frommen Leser aber auch eine Tabulatur der Versuchungen und Mächte des babylonischen Antichristen darbot (Auszug, S. 946 f.):[31]

> Wir müssen die wahrheit und gerechtigkeit, und allen die darüber nothleidende, wider alle lügen, ungerechtigkeit, verführung und verfolgung der Pharisäer und tyrannen biß in

---

30 Dazu Brecht in: Geschichte des Pietismus (Anm. 1), S. 299–301.
31 Zur Babel-Topik in Werken Brecklings weitere Hinweise bei John Bruckner: Die radikale Kritik an der Obrigkeit im Vorpietismus: Friedrich Breckling. In: Europäische Hofkultur im 16. und 17. Jahrhundert. Hg. v. Blake Lee Spahr u. a. Bd./Tl. II. Hamburg 1981 (= Wolfenbütteler Arbeiten zur Barockforschung 9), S. 217–221.

den tod getreu beystehen, so wird der HERR wieder für uns streiten, der über alles mächtig ist und herrschet. Wir müssen freywillig erwählen dem allerhöchsten, reichsten, mächtigsten, weisesten, besten und ewig-herrschenden GOTT, Vater, König, Tröster, Hirten, Haupt, Artzte, Lehrer, Priester, Mittler, *Advocat*, Freunde, Meister, Kriegsmann, Schutz-HErr, Erlöser, Durchbrecher und Vergelter über alle menschen und creaturen in allen dingen und nöthen zu glauben, gehorchen, dienen, folgen, leben und sterben, weil er es um uns verdienet, und uns darbey versorgen und beschützen kan. Alles, was sich in eigenheit, eigenleben, sinn, willen, würcken, meynen, meynung, weg, zweck, weißheit, meisterschafft, hochheit, scheinheiligkeit, werck, gerechtigkeit und Gottesdienst, mit dem anti-christ und allen Babel-*Secten* wider Christum und seinen creutz-weg, wort, diener, kirchen und Gottesdienst bißher in der welt erhoben, und uns mit in ihre ketzereyen und *sectiri*schen weg zur anbetung ihrer thierischen Babel-bilder verführen und beschliessen will, das müssen wir mit gantzem ernst fliehen, meyden und davon ausgehen, als solten wir auch drüber von Babel in ihren feurigen ofen geworffen werden: so ist GOtt mächtig uns zu retten, und wo ers nicht thun will, so ist es uns besser, daß wir hier durchs feuer geläutert werden, als daß wir mit der welt ins ewige feuer gehen müssen. Gehet aus von Babel, mein volck, spricht GOtt vom himmel, daß ihr nicht theilhafftig werdet ihrer sünden, auf daß ihr nicht empfahet etwas von ihren plagen: sollen wir solches glauben und thun auf GOttes befehl, oder nach eigen gutdüncken unterlassen? Ein jeder bedencke hier was Babel vor eine behausung aller unreinen und *sectiri*schen geistern, teuffel und feindseliger raub-vögel ist? wo solche heut zu finden? woraus sie hervor gewachsen, nemlich aus der alten geburt und eigen scheinheiligen hochrühmenden falsch-geistlichen, mit worten prahlenden, und von jederman gerühmten liebe, demuth, geistlichkeit, werckheiligkeit, Gottesdienst, frömmigkeit und scheintugenden der Pharisäer, heuchler und Babelbauer.

Arnolds Lied begnügte sich nicht mit der von Jeremias und Breckling angemahnten Secession der Frommen. Es offenbart, gewiß auch aus der Empörung und Verzweiflung des Historikers heraus, eine aller modernen Toleranzpredigt sehr ferne Agressivität, die den Kampf des Mystikers mit seinem inneren Babel auch auf die Empirie der erlittenen Gegenwart projizierte, auf all jene, die sich der von Gott gewollten Kampfgemeinschaft der Frommen und Wiedergeborenen verweigerten. Wohlmeinende Weltverbesserung, die mit sich im Reinen ist, neigt bis in unsere Tage gern zu einem puristischen Radikalismus und säkularen Fideismus, der bei Arnold allerdings dadurch auch eine Station der Duldsamkeit signierte, dass er im Sinne einer ‚mystischen Oekumene' dem akademisch-dogmatischen Konfessionalismus und seinen staatlichen Organen aus dem kritischen Rückblick für die Zukunft tatsächlich „Babels Grab-Lied" sang.

Yves Bizeul
Pierre Bayles Kritik des Aberglaubens und Plädoyer für die Toleranz

1 Von Kometen und philosophischer Dekonstruktion

Im November und Dezember 1680 erschien am europäischen Himmel zweimal ein „grausam großgeschwänzer Comet" (Kirch). Der sich weit ausdehnende Komet mit dem „schönsten Schweif, den man sehen kann" (Madame de Sévigné), wurde zuerst von Gottfried Kirch am 14. November 1680 entdeckt.[1] Die Frage, ob es sich dabei um einen oder zwei unterschiedliche Himmelskörper handelte, wurde in der damaligen wissenschaftlichen *community* kontrovers diskutiert. John Flamsteed, der erste königliche Hofastronom des *Royal Observatory* in Greenwich, ging davon aus, es sei der gleiche Komet, der sich wie ein Planet um die Sonne drehen würde. Isaac Newton bezweifelte diese Aussage zunächst. Er änderte seine Meinung später, verschwieg allerdings, dass Flamsteed ihn in dieser Sache beeinflusst und somit bei der Entdeckung seiner eigenen Gravitationstheorie unterstützt hatte.[2]

Der Komet von 1680 wurde indes nicht nur Gegenstand wissenschaftlicher Diskurse. Viele sahen in ihm ein Vorzeichen und eine Vorwarnung Gottes. Zwar waren damals die Ängste in der Bevölkerung weniger stark ausgeprägt als beim Erscheinen eines Kometen im Jahr 1654,[3] die Katastrophen aber, die sich nach der Sichtung leuchtender Himmelskörper 1664 und 1665 ereignet hatten, waren noch im Kollektivgedächtnis präsent. Wenige Monate später war es in London

---

[1] Vgl. Friedrich W. Stumm: Zu den Anfängen der französischen Aufklärung. Pierre Bayles Kometenschrift von 1683. Marburg 2010, S. 25.
[2] Vgl. J. A. Ruffner: The Snare of Simplicity. The Newton-Flamsteed Correspondance revisited. In: Archive for History of Exact Sciences 67 (2013), H. 4, S. 415–455; ders.: Newton's Propositions on Comets. Steps in Transition, 1681–84. In: Archive for the History of Exact Science 54 (2000), H. 4, S. 259–277; ders.: Isaac Newton's Historia Cometarum and the Quest for Elliptical Orbits. In: Journal for the History of Astronomy 41 (2010), H. 4, S. 425–451.
[3] Vgl. A. Prat: Introduction. In: Pierre Bayle: Pensées diverses sur la comète. 2 Bde. Hg. v. A. Prat. Paris 1984 (Neuauflage v. Pierre Rétat), hier Bd. 1, S. V–VIII. Das gilt vor allem für Frankreich, wo die gebildeten Schichten damals deutlich anfälliger für abergläubische Vorstellungen als im restlichen Europa waren. Vgl. James Howard Robinson: The Great Comet of 1680. A Study in the History of Rationalism. Northfield (MI) 1916, S. 77 ff.

Pierre Bayle (1647–1706) – Illustration aus *Dictionaire historique et critique* (Ausgabe 1734)

zu einem gewaltigen Stadtbrand gekommen, der zahlreiche Menschen obdachlos gemacht hatte. Ein Jahr danach hatte in Europa die letzte große Pestepidemie gewütet. Sogar unter den Mitgliedern der Londoner *Royal Society* gab es einige, die den Kometen von 1680 als Vorboten zukünftiger Plagen sahen, so John Evelyn, der am 12. Dezember 1680 in sein Tagebuch notierte, das Erscheinen des leuchtenden Himmelskörpers sei freilich auf natürliche Gesetze zurückzuführen, dennoch könne er zugleich auch ein Warnzeichen Gottes sein, wie schon ähnliche Vorfälle in der Vergangenheit zeigten.[4] Auch Politiker waren beunruhigt. Madame de Sévigné schrieb in einem Brief vom 2. Januar 1681 an ihren Vetter, den Grafen von Bussy-Rabutin: „Alle bedeutenden Persönlichkeiten sind in Unruhe und glauben, dass der auf ihr Verderben sinnende Himmel ihnen durch diesen Kometen Warnungen zugehen lasse."[5]

Als der Komet 1680 erschien, lehrte Pierre Bayle Philosophie an der reformierten Akademie in Sedan.[6] Sedan, bis 1642 Hauptstadt eines selbständigen Fürstentums, das von calvinistischen Fürsten regiert wurde, war 1642 an Frankreich angegliedert worden. Die Enklave genoss dennoch eine relative Autonomie. Sedans protestantische Bildungsanstalt war 1602 durch Henri de La Tour d'Auverne gegründet worden. Sie verfügte über kein eigenes Gebäude; der Unterricht fand im Rathaus statt.[7] Einer Anmerkung Pierre Bayles folgend, versichert sein Biograf Pierre Des Maizeaux, dass dieser als Dozent der Philosophie, der sich intensiv mit religiösen Fragen beschäftigte, Anfang 1681 mit dringenden Fragen

---

4 „This evening, looking out of my chamber window toward the west, I saw a meteor of an obscure bright color, very much in shape like the blade of a sword, the rest of the sky very serene and clear. What this may portend, God only knows; but such another phenomenon I remember to have seen in 1640, about the trial of the great Earl of Strafford, preceding our bloody Rebellion, I pray God avert his judgments! We have had of late several comets, which though I believe appear from natural causes, and of themselves operate not, yet I cannot despise them. They may be warnings from God, as they commonly are forerunners of his animadversions. After many days and nights of snow, cloudy and dark weather, the comet was very much wasted". The Dairy of John Evelyn. Hg. v. William Bray. Bd. 2. New York/London 1901, S. 157.
5 „Tous les grands personnages sont alarmez, & croyent que le Ciel bien occupé de leur perte, en donne des avertissemens par cette Comete". Zit. n. Bayle in: Continuation des Pensées Diverses sur la comète (im Weiteren mit der Sigle: „CPD"), § IV; Œuvres Diverses. La Haye [eigtl. Trévoux] 1737 (im Weiteren mit der Sigle: „OD"), Bd. III, 267. Deutsche Übersetzung in: Camille Flammarion: Apokalypse. New York 2012, S. 144.
6 Zum Leben und zur Lehrtätigkeit von Pierre Bayle in Sedan siehe u. a. Hubert Bost: Pierre Bayle. Paris 2006, S. 115–154.
7 Seit 1579 befand sich in Sedan eine evangelische Bildungsanstalt, das ‚collège protestant'. Siehe hierzu: Pierre Daniel Bourchenin: Etudes sur les académies protestantes en France au XVIe et XVIIe siècle. Paris 1882, S. 112–125.

„mehrerer neugieriger Personen" nach dem Sinn des Erscheinens des Kometen konfrontiert worden war.[8] Ob dies tatsächlich der Anlass für die Verfassung der sogenannten Kometenschrift vom 11. Januar 1681 war, die ursprünglich in der Zeitschrift *Le Mercure galant* veröffentlicht werden sollte, ist in der Literatur zum Thema umstritten.[9] Die Schrift bestand aus elf fiktiven Briefen, die sich allerdings als zu umfangreich für einen Zeitschriftenaufsatz erwiesen. Zudem konnten sie die Zensur des Pariser *Lieutenant de Police de la Reinie* nicht passieren. Bayle zog daraufhin sein Anliegen zurück. Kurz danach musste er Sedan verlassen, da die protestantische Hochschule auf königliche Anordnung geschlossen worden war und die dortigen Protestanten fürchten mussten, der königlichen Verfolgung ausgesetzt zu werden. Er ging ins Exil nach Rotterdam und lehrte bis 1693 an der dortigen *Ecole Illustre*. Im Refuge veröffentlichte er 1682 anonym – angeblich bei P. Marteau in Köln (eine falsche Adresse, bei der damals zahlreiche Pamphlete und pornografische Schriften veröffentlicht wurden), in Wahrheit jedoch bei Reinier Leers in Rotterdam – eine erweiterte Fassung der Kometenschrift unter dem Titel *Lettre à M.L.A.D.C. Docteur de Sorbonne: Où il est prouvé par plusieurs raisons tirées de la philosophie, & de la théologie, que les comètes ne sont point le présage d'aucun malheur. Avec plusieurs réflexions morales & politiques, & plusieurs observations historiques; & la réfutation de quelques erreurs populaires*. 1683 wurde sie unter dem Kurztitel *Pensées diverses écrites à un Docteur de Sorbonne, à l'occasion de la comète qui parut au mois de décembre 1680* neu aufgelegt.[10] Zwei weitere Auflagen folgten 1699 resp. 1704 mit einem Vorwort von Pierre Bayle. Spätere Schriften Bayles, die *Addition aux Pensées diverses sur les comètes* von 1694 – eine Antwort auf gravierende Anschuldigungen seines früheren Mentors in Sedan, des reformierten Pastors Pierre Jurieu – und die *Continuation des Pensées diverses écrites à un Docteur de Sorbonne* von 1704, beinhalten Variationen zum gleichen Thema.

Bei den *Pensées diverses sur la comète* (PDC) handelt es sich um eine fiktive Korrespondenz. Sie haben sowohl Züge einer *quaestio disputata* als auch eines platonischen Dialogs. Der Autor ist angeblich ein Katholik, der Fragen und Einwände eines erfundenen Kontrahenten, eines „Doktors der Sorbonne", beant-

---

8 Vgl. Pierre Des Maizeaux: Vie de M. Bayle. In: Pierre Bayle: Dictionaire historique et critique. 2 Bde. Roterdam 1697 (im Weiteren mit der Sigle: „DHC"), Bd. I, S. XXVI; Pierre Bayle: PDC, Préface de la troisième et quatrième édition. In: OD III, 7.
9 Vgl. Bost: Pierre Bayle (Anm. 6), S. 182.
10 William R. Carlson weist auf die Ähnlichkeit des Wortlauts des Titels von Bayles Komentenschrift mit den ‚Pensées' von Blaise Pascal hin. William R. Carlson: ‚Pensées' and ‚Pensées diverses'. The Art of Persuasion in Pascal and Bayle. In: French Forum 4, 2 (1979), S. 137–146, hier S. 137 f.

wortet. Als Gelehrter sollte der „Doktor der Sorbonne" theoretisch der reinen Vernunft verpflichtet sein. Seine Argumente sind jedoch selten stichhaltig, da er sich beim brieflichen Austausch vor allem als Dogmatiker erweist und in seinen Ausführungen dem Aberglauben einen breiten Raum einräumt.

In Bayles Schrift geht es ungeachtet des Titels nicht vordergründig um Kometen, sondern um die religiöse Toleranz.[11] Der Verfasser zeigt sich dort als intolerant gegenüber jeglicher Art von Idolatrie und Aberglauben. Heutzutage würde man ihm womöglich aus diesem Grund eine mangelnde „*political correctness*" vorwerfen. Hinter dieser kritischen Haltung steht jedoch ein dezidiertes Eintreten für die Toleranz, zumal der französische Philosoph von Rotterdam im Aberglauben den Hauptgrund für religiöse Verfolgungen und intoleranten Dogmatismus sieht. Er tritt in der Schrift nicht nur für eine tolerante Haltung gegenüber Andersgläubigen ein, sondern auch und vor allem gegenüber Atheisten, was zu dieser Zeit weitgehend ein Novum war. Bayles tolerante Haltung gilt allerdings nicht allen Atheisten in gleicher Weise, wie im Folgenden noch zu zeigen sein wird.

In der Schrift findet sich eine eigenartige Mischung von orthodoxem Calvinismus, Skeptizismus und rationaler Philosophie, wobei der Autor Wert darauf legt, als Philosoph und nicht als Theologe aufzutreten. Als Philosoph fühlt er sich dazu verpflichtet, der Vernunft freien Lauf zu gewähren. Damit setzt er aber einen Dekonstruktionsprozess in Gang, der letztendlich auch die Fundamente der Vernunft selbst zerstören muss. Die Probleme, die aus einer solchen radikalen Dekonstruktion entstehen, sind Bayle wohlbekannt. Er beschreibt in seinen Schriften die Vernunft mit den Metaphern der ätzenden Substanz, die alles durchdringt und verwüstet, bzw. der Penelope, die ihr eigenes Werk nachts zerstört.[12] Ludwig Feuerbach hat nach den Worten Rainer Forsts nicht von ungefähr Pierre Bayle den „dialektischen Guerillahäuptling aller antidogmatischen Polemiker und gleichzeitig einen geistigen Flagellanten" genannt.[13]

---

11 Zum Aufbau und zur Gliederung der Kometenschrift siehe Stumm: Zu den Anfängen der französischen Aufklärung (Anm. 1), S. 31–53.
12 Vgl. DHC I, [Art.] „Acosta" (G), 69; RQP, Teil II, § CXXXVII, OD, 778.
13 Rainer Forst: Glauben ohne Zwang. Europa gedenkt Pierre Bayles, eines der größten Geister der Aufklärung. Was wir in den Zeiten neuer Glaubenskämpfe noch heute von ihm lernen können. In: Die Zeit 52 (2006), S. 20; Ludwig Andreas Feuerbach: Pierre Bayle. Ein Beitrag zur Geschichte der Philosophie und Menschheit. In: Ludwig Feuerbach's sämtliche Werke. Bd. VI. Leipzig 1848, S. 158 u. 170–202.

2 Bayles Rationalismus

Bayle bemüht sich zunächst, zu beweisen, dass Kometen aus eigener physikalischer Kraft unmöglich Unglücksfälle auf der Erde verursachen können. Papst Sixtus V. war in der Bulle *Contra astrologos* von 1585 von der Annahme ausgegangen, dass Planeten die weltliche Atmosphäre und die Körpersäfte der Einzelnen unmittelbar beeinflussen würden.[14] Angeregt von der Philosophie René Descartes' und der *novatores* um den berühmten französischen Philosophen, Mathematiker und Naturwissenschaftler trennt Bayle das wissenschaftliche Verfahren der Ursache-Wirkung-Analyse scharf von Scheinkorrelationen.[15] Er benutzt ein Bild, um seine Sichtweise zu illustrieren: Eine Frau, die in der Pariser rue Saint-Honoré jedes Mal, wenn sie aus dem Fenster schaut, Kutschen fahren sieht, könnte leicht den falschen Schluss ziehen, sie sei die Ursache der vorbeifahrenden Pferdewägen bzw. ein Signal für ihr Erscheinen, dabei ist jedoch die Wahrscheinlichkeit, dass in einer viel befahrenen Pariser Straße ununterbrochen Kutschen fahren, extrem hoch.[16] Um derartige falsche Paralogismen auszuschließen, verlangt Bayle nach für den gesunden Menschenverstand einleuchtenden Faktoren, deren Korrelationen mit abhängigen Variablen einen Prozess „verständlich" machen. Er bestreitet nicht, dass sich Unglücksfälle nach dem Erscheinen eines Kometen ereignen. Dies sei jedoch der Tatsache geschuldet, dass in der Welt tagtäglich mehr unglückliche als glückliche Ereignisse geschehen. Außerdem würden sich die Menschen öfter an das Böse als an das Gute erinnern.[17] Bayle lehnt das, was er den weitverbreiteten Sophismus „*post hoc, ergo propter hoc*" nennt, im Namen des wissenschaftlichen Kausalprinzips ab.[18] Ein solcher Sophismus begünstige nur sich selbsterfüllende Prophezeiungen. Auch hier rekurriert Bayle zur Veranschaulichung seines Gedankens auf die Geschichte eines Menschen, der von Ast-

---

14 Vgl. Barbara Mahlmann-Bauer: Astrologiekritik und reformierte Theologie in Heidelberg. In: Macht des Glaubens. 450 Jahre Heidelberger Katechismus. Hg. v. Karla Apperloo u. Herman J. Seldernvis. Den Haag 2013, S. 147–162, hier S. 151.
15 Neben Descartes zitiert Bayle in seinem Œuvre auch zahlreiche seiner Schüler, darunter Jacques Rohault, Antoine Le Grand und Claude Gadroys. Er fühlte sich mit der „Sekte" des Cartesianismus eng verbunden und unterrichtete in Sedan und Rotterdam Descartes' Lehre. Ob er wirklich Descartes' Methode in der Geschichtswissenschaft anwenden wollte, wie Elisabeth Labrousse (Pierre Bayle. Hétérodoxie et rigorisme. Paris 1996 [= Archives internationales d'histoire des idées 6], S. 147) behauptet, ist hingegen in der Forschungsliteratur umstritten. Bayle plädierte vielmehr – von Descartes beeinflusst – für die historische Kritik.
16 PDC, § V, OD III, 11.
17 PDC, § LXXXIII, OD III, 55.
18 PDC, § XXIII, OD III, 22.

rologen erfuhr, er würde bald sterben. Daraufhin versank er in eine tiefe Depression. Kurz danach war er tot.[19]

Bayle bemüht aber auch die Physik seiner Zeit, um den Glauben an eine unmittelbare Wirkung von Kometen auf der Erde zu widerlegen. In Anlehnung an Descartes behauptet er, die Körper würden stets dazu tendieren, sich von einem Mittelpunkt zu entfernen.[20] Eventuelle Emanationen aus dem Kometen (Atome, Partikel) könnten die Erde also gar nicht erreichen, sondern würden vielmehr von ihr abgestoßen werden. Er vertritt außerdem die Auffassung, die Emanationen würden durch den von Descartes beschriebenen „großen Wirbelwind der Sonne" in zahlreiche kleine Partikel im Weltall zerstreut.[21] Das Besagte gelte auch für die „reinen Akzidenzien" (*purs accidents*), die nicht aus reiner Materie bestehen. Eine eventuelle Wirkung der *purs accidents* sei mit der Tatsache, dass die Schicksalsschläge nicht gleich geschehen, sondern erst dann, wenn der Komet schon lange verschwunden ist, ohnehin nicht zu vereinbaren.[22] Wären Kometen Erklärungsvariablen für Ereignisse auf der Erde, würden sie zudem nicht nur unglückliche Ereignisse, sondern auch glückliche bewirken. Bayle beruft sich dabei auf die zu seiner Zeit weitverbreitete Klimatheorie und behauptet, ein Komet sei theoretisch sowohl in der Lage, die Körpersäfte zu erwärmen (und dadurch möglicherweise einen Krieg anzuzetteln) als auch abzukühlen (und dadurch menschliche Leidenschaften zu beruhigen).[23]

Um seine These zu belegen, nimmt er aber auch Bezug auf Belege aus der Geschichte. Nach der Kometen-Erscheinung von 1665 hätten in Europa mehr glückliche als unglückliche Ereignisse stattgefunden. Bayle erwähnt in diesem Zusammenhang das Friedensabkommen von 1669 zwischen Venezianern und Türken sowie den Friedensvertrag von 1668 zwischen Spaniern und Portugiesen. Selbst den „Devolutionskrieg" zwischen den damaligen Großmächten Frankreich und Spanien deutet er als Segen für beide Kriegsparteien. Erst dadurch konnte es in Frankreich zum Ende des andauernden Streits zwischen Jesuiten und Jansenisten kommen.[24] Er weist zwar auf den großen Londoner Brand, das Erdbeben von Ragusa 1667 sowie den Ausbruch des Ätna 1669 hin, all diese Ereignisse waren

---

19 PDC, § CI, OD III, 70.
20 PDC, § XIII u. § XIV, OD III, 15.
21 Ebd. Zum Wirbelwind der Sonne siehe René Descartes: Les Principes de la philosophie. In: Œuvres de Descartes. Hg. v. Victor Cousin. Bd. 3. Paris 1824, ab S. 180. Eine Definition des Wirbelwinds findet sich im Artikel 46 dieser Schrift, S. 212. Siehe hierzu auch Elodie Cassan: Les tourbillons de Descartes. Hypothèse et vérité. In: Alliage 65, 10 (2009), S. 23–35.
22 PDC, § XV, OD III, 16.
23 PDC, § XVI, OD III, 16 f.
24 PDC, § XXXV–XLII, OD III, 27–31.

seiner Auffassung nach jedoch Katastrophen kleineren Ausmaßes, die keine Konsequenzen für die größte Zahl der Menschen zeitigten.[25] Es gebe zudem immer aufs Neue solche Katastrophen mit noch viel größeren Schäden.[26]

Nachdem Bayle sich mit Hilfe der Physik- und der Geschichtswissenschaft bemüht hat, zu beweisen, dass ein Komet durch seine physikalischen „Emanationen" Ereignisse auf der Erde nicht unmittelbar beeinflussen kann, will er die Annahme widerlegen, der Komet sei ein Vorzeichen und eine Vorwarnung Gottes.[27] Zu diesem Zweck beruft er sich nicht mehr auf Descartes, sondern auf Nicolas de Malebranches *Traité de la Nature et de la Grâce*.[28] Er geht davon aus, dass Gott die Welt in erster Linie durch allgemeine und einfache Gesetze in Bewegung setzt – mit allen damit verknüpften unbeabsichtigten Folgen. Zu den zahlreichen Nebenwirkungen der allgemeinen natürlichen Gesetze gehören auch Seuchen wie die Pest und Naturkatastrophen.[29] Sie seien aber nicht unmittelbar von Gott gewollt. Bayle glaubt an einen gütigen Gott, der das Übel in der Welt nicht verursacht. Wie Malebranche ist auch er davon überzeugt, dass Gott nur extrem selten durch unmittelbares Eingreifen das Zeitgeschehen beeinflusst.[30] Zwar vollziehe er ab und zu mal Wunder aus Liebe zu den Menschen, solche Mirakel seien jedoch die absolute Ausnahme. Erst aufgrund zwingender Gründe oder auf der Grundlage der unfehlbaren Autorität des Wortes Gottes könne man

---

25 PDC, § XLIII, OD III, 31 f.
26 Ebd.
27 Diese Sichtweise war von der Antike bis zur Frühen Neuzeit äußerst verbreitet. Siehe hierzu: Eric Jorink: Comets in Context: Some Thoughts on Bayles „Pensées Diverses". In: Pierre Bayle (1647–1706). „Le philosophe de Rotterdam". Philosophy, Religion and Reception. Selected Papers of the Tercentenary Conference Held at Rotterdam, 7–8 December 2006. Hg. v. Wiep van Bunge u. Hans Bots. Leiden 2008 (= Brill's studies in intellectual history 167), S. 51–67, hier S. 54–59. Jorink vertritt die Meinung, die langsame Durchsetzung einer kritischen Haltung gegenüber der Deutung der Kometen als Vorzeichen von Katastrophen im Laufe des 17. Jahrhunderts sei nicht in erster Linie das Ergebnis einer neuen Kosmologie, sondern die Folge von Fortschritten in der kritischen Interpretation der Bibel. Er erwähnt die Widerlegung der alten Kometendeutung durch eine Utrechter Professorengruppe, den „College des Savants", um den Philologen Johannes Graevius, den Autor der auch von Bayle rezipierten *Oratio de cometis, contra vulgi opinionem cometas esse malorum nuncios* von 1665. Die Attacken des „College des Savants" galten vor allem dem Buch des protestantischen Theologen Gisbertus Voetius' *Exercitatio de prognosticis cometarum* von 1604. Vgl. ebd. S. 57–65.
28 Nicolas de Malebranche: Traité de la Nature et de la Grâce. In: Œuvres complètes de Malebranche. Hg. v. André Robinet. Bd. V. Paris 1958.
29 PDC, § CCXXXIV, OD III, 141.
30 Vgl. Malebranche, Traité de la Nature et de la Grâce (Anm. 28), S. 63, 116 u. 160.

hinter ungewöhnlichen Ereignissen echte Wunder erkennen.[31] Bayle betont im Sinne der Tradition, dass eine gute Theologie weder die Wesen noch die Wunder unnötigerweise vermehren sollte (*entia non sunt sine necessitate multiplicanda*).[32] Bayle und Malebranche haben so beide einen Beitrag zur Entzauberung der Welt geleistet.[33]

Da die Zweitursachen (*causae secundae*) von allgemeinen natürlichen Gesetzen abhängig seien, müsste Gott die natürlichen Gesetze teilweise außer Kraft setzen, wollte er Katastrophen bei jedem Erscheinen eines Kometen verursachen. Dies sei aber nicht mit seiner Weisheit und seiner Güte vereinbar. Auch durch die (laut Bayle falsche) Annahme, die Himmelskörper seien nur Zeichen zukünftiger Katastrophen und nicht deren unmittelbaren Ursache, ließe sich eine solche Aporie nicht aufheben, denn dann müssten die Menschen vor jedem Neuerscheinen des Kometen kräftig gesündigt haben, um aus guten Gründen bestraft zu werden. Dies sei jedoch mehr als unwahrscheinlich. Gott wäre also in diesem Fall gezwungen, die Kometen auf wundervolle Weise zu unterschiedlichen Zeitpunkten zu erschaffen.[34] Beispiele aus der Vergangenheit zeigten aber, dass die Völker, die nach dem Erscheinen eines Kometen von Unglücken verschont blieben, keinesfalls moralischer waren als andere.[35] Letztere hätten also nicht aufgrund ihrer besonderen Tugendhaftigkeit den Zorn Gottes abwenden können, vielmehr bestrafe Gott aufgrund seiner „souveränen Freiheit" die Völker, wann und wie er

---

31 PDC, § CCXVIII, OD III, 135. Gott vollzieht allerdings laut Bayle zahlreiche sogenannte sprechende Wunder durch die Missionare.
32 PDC, § CCXXIII, OD III, 137.
33 Bayle betrachtete die Realität in Anlehnung an Descartes nicht mehr normativ als Vollkommenheit wie in der Antike und im Mittelalter, sondern nur noch als real existierende Welt. Vgl. Chiara Bottici: A Philosophy of Political Myth. Cambridge 2007, S. 64. Allerdings bezweifelt Bayle in seinen weiteren Schriften den reinen Mechanismus Malebranches. Auch Engel und weitere übersinnliche Wesen würden den Lauf der Naturgesetze mit beeinflussen. Dadurch ändert Bayle – ohne dies jedoch zuzugeben – die Lehre Malebranches, der übrigens keine hohe Meinung von dem französischen Rotterdamer Philosophen hatte. Siehe hierzu: Labrousse, Pierre Bayle (Anm. 15), S. 248–256. Später revidierte Bayle seine Meinung ganz und, beeinflusst vom Jansenisten Antoine Arnauld, betrachtete jetzt die Ansichten Malebranches als Leugnung göttlicher Freiheit und Omnipotenz. Vgl. Réponse aux questions d'un Provincial (im Folgenden zitiert als „RQP"), Teil II, § CLI, OD III, 812. Siehe hierzu Thomas M. Lennon: Reading Bayle. Toronto 1999, S. 165 f. Leibniz wird ihm diese Wende vorwerfen und Malbranche wird aufgrund Bayles Kritik ganz auf die Idee der Omnipotenz Gottes verzichten. Für Bayle kommt dies jedoch einer Reaktivierung des antiken „fatum" gleich. Siehe hierzu: Gianni Paganini: Bayle et les théologies philosophiques de son temps. In: Van Bunge/Bots, Pierre Bayle (Anm. 27), S. 103–120.
34 PDC, § CCXVI, OD III, 134.
35 PDC, § LXXVI, OD III, 49 f.

will. Es könne in dieser Hinsicht keine (Natur-)Zwänge geben.[36] Für Bayle ist die Ökonomie der Gnade Gottes grundsätzlich von der Ökonomie des Tausches und des Marktes, die auch die magischen Kulthandlungen bestimmt, zu unterscheiden.

Die Himmelskörper sind für Bayle keine Zeichen des göttlichen Zorns, sondern einfache Gegenstände, die reinen physikalischen Gesetzen gehorchen. Zwar dürfen seiner Ansicht nach Dichter in Kometen Boten des Schicksals bzw. der göttlichen Vorsehung sehen – sie genießen ja eine unbegrenzte künstlerische Freiheit –,[37] die Historiker indes sollten solch gewagte Deutungen lieber ganz vermeiden. Meist würden sie mit der Erzählung von wundersamen Ereignissen nur versuchen, ihre Narrationen spannender zu gestalten. Zu diesem Zweck mischten sie gerne Dichtung und historische Fakten. Sie sollten sich aber lieber einer seriösen Quellenarbeit widmen und seien für naturwissenschaftliche, philosophische oder gar theologische Überlegungen nicht zuständig.[38]

3 Bayles Kritik an Idolatrie und Aberglauben

Bayles Hauptargument gegen die Annahme, Kometen seien Vorwarnungen Gottes, lautet: Würde sich Gott der Himmelskörper als Vorzeichen bedienen, würde er die Heiden und Götzenanbeter dazu bringen, sich mit noch mehr Inbrunst als bisher der Idolatrie zu widmen, da sie nach jeder Erscheinung eines Kometen versuchten, ihre jeweiligen Gottheiten durch Opfergaben zu besänftigen. Gott könne aber unmöglich die Idolatrie fördern, da er sie verabscheue.[39] Ein Grund dafür sei, dass die Idolatrie die Unzucht begünstige. Das ist seiner Meinung nach selbst in katholischen Ländern der Fall. Dort bestrafe man die Häretiker viel konsequenter als jene, die sich unmoralisch verhielten.[40] Man verfolge dogmatische Irrtümer eher als unsittliche Lehren.[41] Die Hugenotten würden wegen ihres Glaubens grausam verfolgt, die Kurtisanen in Rom trotz ihres unmoralischen Lebens hingegen in Ruhe gelassen.[42] Der Herzog von Guise, ein eifriger Katholik, ist in Bayles Augen ein Paradebeispiel eines religiösen Fanatikers, der zugleich äußerst unsittlich

---

36 PDC, § LXXVI, OD III, 50.
37 PDC, § IV, OD III, 10.
38 PDC, § V, OD III, 10 ff.
39 PDC, § LX, OD III, 41.
40 PDC, § CXCIX, OD III, 126 f.
41 PDC, § CXCIX, OD III, 127.
42 Ebd.

gelebt habe.⁴³ Nicht von ungefähr würden sich die Muslime über das verlogene Verhalten der Christen lustig machen. In den Bordellen Europas würde ein Teil der Frauen für die Rettung aller anderen geopfert.⁴⁴

Mit der Idolatrie und ihrer Prämisse, dem Aberglauben, verbindet Bayle nicht nur Unzucht, sondern auch und vor allem den Dogmatismus, den religiösen Fanatismus und eine von Grund aus intolerante Haltung.⁴⁵ Seine leidenschaftliche Verurteilung des Aberglaubens bringt ihn sogar dazu, die gewaltsame Eroberung der Neuen Welt durch die Spanier zu rechtfertigen, da die Konquistadoren einen wichtigen Beitrag zur Abschaffung der dortigen Idolatrie geleistet hätten.⁴⁶ Außerdem bezeichnet er die Inder, Chinesen und Japaner als „abscheuliche Götzenanbeter".⁴⁷ Im Gegensatz zu der These Jan Assmanns von einer engen Verbindung von Monotheismus und Gewalt bzw. Intoleranz⁴⁸ ist für Bayle nicht der Monotheismus mit seiner Unterscheidung von „wahr" und „unwahr" die Quelle der Intoleranz, sondern der Aberglaube, der eine rationale und ausgewogene Sichtweise verhindere. Allerdings relativiert Bayle später diese Position. In der *Anmerkung AA* des Artikels *Junon* (DHC II, 898) sieht er in der Glaubensvielfalt einen Vorteil. Sie könne zu gegenseitiger Achtung einen Beitrag leisten. Er lobt jedoch an der gleichen Stelle Augustinus dafür, dass er die Absurdität des heidnischen Polytheismus zum Ausdruck gebracht habe. Im *Commentaire philo-*

---

43 PDC, § CLV, OD III, 100.
44 PDC, § CLXV, OD III, 105.
45 Eine dezidierte Kritik des Aber- und Volksglaubens ist auch bei dem durch die Inquisition hingerichteten italienischen Libertin Giulio Cesare Vanini zu finden, über den Bayle mehrere wohlwollende Seiten schrieb. Ob dies – gepaart mit seiner eigenen positiven Einstellung gegenüber den Epikureern – reicht, um Bayle selbst zu den Libertins zu zählen, wie Marcella Leopizzi es tut, ist jedoch mehr als fraglich. Vgl. Marcella Leopizzi: Les Sources documentaires du courant libertin français: Giulio Cesare Vanini. Paris 2004, S. 685–724. Bayle hat eine solche Zuordnung mehrmals abgelehnt. Er beteuerte, dass er nicht nur die sexuelle, sondern auch die gelehrsame Libertinage ablehnte. Siehe hierzu u. a.: John Marshall: John Locke, Toleration and Early Enlightenment Culture. Cambridge 2006, S. 714. Stumm erinnert zudem an Immanuel Kants Auffassung, wonach die Befreiung vom Aberglauben ein Kennzeichen der Aufklärung sei. Vgl. Stumm, Zu den Anfängen der französischen Aufklärung (Anm. 1), S. 58; Immanuel Kant: Kritik der Urteilskraft. In: AA V, 294. Die Ablehnung des Aberglaubens macht Bayle noch lange nicht zu einem Libertin, sondern vielmehr zu einem Frühaufklärer.
46 PDC, § LXXIII, OD III, 48.
47 Ebd.
48 Vgl. u. a. Jan Assmann: Monotheismus und die Sprache der Gewalt. Wien 2006; ders.: Moses der Ägypter. Entzifferung einer Gedächtnisspur. Frankfurt am Main 2000. Siehe hierzu: Sebastian Neumeister: Pierre Bayle und der Mythos. Postmoderne Lektüre eines protestantischen Querdenkers. In: Frühaufklärung. Hg. v. dems. München 1994 (= Romanistisches Kolloquium 6), S. 127–148, hier S. 132.

sophique von 1686 behauptet er, dass in der Menschheitsgeschichte die passive Duldung fremder Religionen keinesfalls die Ausnahme war. Er stellt fest, und Voltaire wird später in seinem *Traité sur la tolérance* von 1763 ähnlich argumentieren, dass die alten Griechen und Römer sich meist als sehr duldsam gegenüber anderen Religionsgemeinschaften erwiesen haben. Man finde, schreibt er, in der ganzen antiken Literatur nur eine einzige Stelle (bei Juvenal), in der von einem religiös motivierten Konflikt zwischen zwei ägyptischen Städten berichtet wird.[49]

Laut Bayle neigen nicht nur die Heiden, sondern, wie schon angedeutet, auch die Christen zum Aberglauben. Das gilt in erster Linie für die Katholiken.[50] Der französische Polyhistor von Rotterdam ist überzeugt, dass die grausame Verfolgung seiner Glaubensbrüder in Frankreich weitgehend die Folge des Aberglaubens von Katholiken und Papisten sei. Bayle – bzw. der angebliche katholische Autor der Kometenschrift – erwähnt aber auch manche Protestanten, die zwar den Aberglauben bei den Katholiken scharf kritisierten, selbst aber an angebliche „göttliche" Vorzeichnen geglaubt hätten.[51] So hätten die Lutheraner Caspar Peucer, Melanchthons Schwiegersohn, Joannes Wolfius und der holländische Calvinist Edo Neuhusius in ihren Schriften viele Beispiele von heil- bzw. unheilbringenden Vorzeichen aufgeführt.[52]

---

49 Bayle hierzu: „Le Paganisme étoit divisé en une infinité de Sectes, & rendoit à ses Dieux des cultes fort diférents les uns des autres, & les Dieux même principaux d'un païs n'étoient pas ceux d'un autre pais; cependant je ne me souviens point d'avoir lû qu'il y ait jamais eu de guerre de Religion parmi les Païens, si ce n'est contre des gens qui pilloient le Temple de Delphes, par exemple: Mais de guerre faite à dessein de contraindre un peuple à quitter sa Religion pour en prendre une autre, je n'en vois point de mention chez les Auteurs. Il n'y a que Juvénal qui parle de deux Villes d'Egypte qui se haïssoient mortellement, à cause que chacune soûtenoit qu'il n'y avoit que ses Dieux qui fussent des Dieux. Par tout ailleurs grand calme, & grande tranquilité; & pourquoi? Parce que les uns toléroient les rites des autres." In: Commentaire Philosophique (im Weiteren mit der Sigle: „CP"), Préface, OD II, 363 f.
50 PDC, § XCIII, OD III, 61 f. Bayle macht oft auf die aberglaübische Dimension der römisch-katholischen Dogmen und Praktiken aufmerksam: Vgl. Walter Rex: Essays on Pierre Bayle and Religious Controversy. Den Haag 1965 (= Archives internationales d'histoire des idées 8); Ruth Whelan: The Anatomy of Superstition. A Study of the Historical Theory and Practice of Pierre Bayle. Oxford 1989, S. 123. Bayle bestreitet, dass er in den *Pensées diverses* die römisch-katholische Kirche mit der Idolatrie in Verbindung gesetzt hätte. Allerdings mokiert er sich über seine Kritiker, vor allem über Jurieu, die selbst diese Verknüpfung vehement propagiert hätten und Bayle dies jetzt vorwürfen. Vgl. PDC, § LXXV, OD III, 295.
51 PDC, § XCIII, OD III, 62.
52 Ebd. – Vgl. Caspar Peucer: Commentarius de praecipuis divinationum generibus. Wittenberg 1572; Joannes Wolfius: Lectiones memorabiles et reconditae. 2 Bde. Frankfurt am Main 1671; Edonis Neuhusi: Fatidica sacra. Sive de divina futurorum praenunciatione. Amsterdam 1635.

Bayle sieht im Aberglauben vor allem ein Herrschaftsinstrument.[53] Der Mensch tendiere aus Leichtgläubigkeit und Bequemlichkeit dazu, Autoritäten aller Art zu gehorchen. Diese zögen daraus Profit, um ihre Macht zu stabilisieren. So habe Alexander der Große immer wieder durch Täuschungen seine Soldaten motiviert.[54] Die Ermordung Cäsars sei durch Dichter wie Horaz, Virgil oder Ovid mit wundersamen Veränderungen bei den Himmelskörpern in Verbindung gesetzt worden, um dessen Nachfolger Augustus zu schmeicheln. Augustus wiederum habe zu Herrschaftszwecken die phantastische Geschichte verbreiten lassen, die Seele Cäsars sei zu einem Kometen geworden. Er soll sogar zu Ehren dieses Kometen einen Tempel haben bauen lassen. Andere hätten in dem Kometen ein Zeichen für die baldige Bestrafung der Mörder Cäsars gesehen. Die Republikaner hingegen hätten denselben Himmelskörper als ein Zeichen des Zorns der Götter angesichts der Verfolgung der Anhänger der Freiheit gedeutet.[55] Es ging dabei also um einen erbitterten Kampf um die Deutungsmacht. Bayle lobt den Jesuiten Louis Maimbourg – den er kurz darauf für dessen 1682 erschienene Geschichte des Calvinismus scharf attackieren wird –,[56] da Maimbourg sich über die angeblichen Wunder lustig mache, die laut Historikern während der Schlachten von Karl V. stattgefunden haben sollen. Bayle spottet vor allem über die Behauptung, die Sonne hätte während einer Schlacht Karl V. länger gestrahlt als sonst üblich, um dessen Sieg zu ermöglichen. Allein die gemächlichen Deutschen und Spanier, so Bayle ironisch, hätten mehr Zeit als gewöhnlich gebraucht, um zu siegen, nicht jedoch die flotten Franzosen.[57]

Sogar Gottesdiener hätten aus Machtkalkül zur Verbreitung des Aberglaubens beigetragen. Die Auguren der Antike hätten immer neue wundersame Zeichen erfunden, um ihre Macht zu untermauern.[58] In manchen Staaten sei die Autorität der Gottesdiener eng mit der Macht der Herrscher verzahnt gewesen, so im alten Rom, wo der Kaiser zugleich auch *Pontifex maximus* gewesen sei, bzw. im Osma-

---

53 Später, in der *Réponse à une question d'un provincial* von 1737, wird Bayle behaupten, dass nicht nur Atheisten, sondern auch große Denker, die an der Existenz Gottes nicht zweifelten, behauptet hätten, die Religion sei eine Kunst, die durch Politiker erfunden worden sei, um die Völker unter dem Joch der Gehorsamkeit zu halten. RQP, Teil III, § XVII, OD III, 945. Dieser Gedanke wurde damals vor allem von den Libertins vertreten. Die von Bayle ausgewählten Beispiele zeigen jedoch, dass unter Religion hier vor allem der Aberglaube zu vestehen ist.
54 PDC, § LXXXI, OD III, 52.
55 PDC, § LXXXII, OD III, 53 f.
56 Critique Générale de l'Historie du Calvinisme de M. Maimbourg (im Weiteren mit der Sigle: „CGHCM"). In:, OD II, 1–160.
57 PDC, § XCVI, OD III, 64 f.
58 PDC, § CIX, OD III, 73 f.

nischen Reich, in dem der Kalif auch das Oberhaupt des Islam und des Staats sei. Bei anderen Völkern seien die Geistlichen auch Richter gewesen, so unter den Kelten.[59] Die Philosophen, die wie Protagoras oder Anaxagoras versuchten, die natürlichen Phänomene mit Hilfe natürlicher Ursachen zu erklären, seien verfolgt worden, da sie auf diese Weise die Macht der Kleriker bedrohten. Sokrates sei in Athen zum Tode verurteilt worden, weil er die Glaubwürdigkeit der Religion in Frage stellte.[60] Da die Religion ein wichtigstes Band der Gesellschaft darstelle, habe die Politik stets darauf geachtet, dass die Menschen religiös im Sinne der antiken Zivilreligion blieben.[61]

Als Frühaufklärer versteht Bayle seine Hauptaufgabe darin, den Aberglauben zu bekämpfen und weitverbreitete falsche Meinungen bzw. Vorurteile zu entlarven.[62] Der Mensch neige dazu, Lehrsätze aus der Tradition und Behauptungen einfach zu übernehmen, ohne sie auf ihren Wahrheitsgehalt zu überprüfen, denn dies erfordere eine große Anstrengung. Die meisten Meinungen seien aber einfach falsch.[63] Sogar Gelehrte können laut Bayle unwahre Ansichten vertreten. So habe Jean Bodin trotz seiner überragenden Intelligenz behauptet, Revolutionen würden in aller Regel im Monat September stattfinden. Um seine These zu belegen, habe Bodin die Geschichte selektiv durchsucht. Dabei würde man, so Bayle, ähnliche Ereignisse auch in anderen Monaten finden.[64] In Anlehnung an Blaise Pascal stellt Bayle fest, man sollte dem Unerklärlichen nicht zu viel Raum auf Kosten der Rechte der Vernunft gewähren.[65] Ein einziger Zeuge sei viel glaubwürdiger als zehn Menschen, die aufgrund von Hörensagen etwas behaupten würden.[66] Bayle liefert uns an dieser Stelle drei Kriterien der Wahrheit: Eine Annahme ist nur dann für wahr zu halten, wenn sie in den Augen vieler als glaubwürdig erscheint, wenn sie durch genaue Beobachtung der Fakten bestä-

---

59 PDC, § CXI, OD III, 74.
60 PDC, § CXII, OD III, 74 f.
61 PDC, § CVIII, OD III, 73.
62 Allerdings stellt Rainer Godel fest, dass Bayle keine Vorurteilstheorie entworfen hat, und dass bei ihm der Begriff ‚préjugé' unterschiedliche Bedeutungen hat. In der von Johann Christoph Gottsched betreuten deutschen Übersetzung von Bayles *Dictionnaire* wurden verschiedene französische Wörter einfach mit „Vorurteil" übersetzt und so der falsche Eindruck vermittelt, Bayle hätte in seinem Werk in erster Linie die Vorurteile kritisieren wollen. Vgl. Rainer Godel: Vorurteil – Anthropologie – Literatur. Der Vorurteilsdiskurs als Modus der Selbstaufklärung im 18. Jahrhundert. Tübingen 2007 (= Hallesche Beiträge zur europäischen Aufklärung 33), S. 14.
63 PDC, § VII, OD III, 12.
64 PDC, § XXV, OD III, 23.
65 PDC, § VIII, OD III, 12.
66 PDC, § XLVII, OD III, 35.

tigt wird und wenn sie sich mit Hilfe einer weisen Reflexion als richtig erweist.[67] Hier werden empirische und normative Kriterien eng miteinander vermischt. Man sollte bei der Wahrheitssuche nach Bayle nicht einfach die Stimmen der Einzelnen zusammenzählen, sondern sie auch gewichten. Die Meinung einer großen Zahl von abergläubischen Menschen sei keinesfalls vertrauenswürdig. Wir sollten uns lieber auf die zuverlässigen Aussagen von wenigen Philosophen verlassen. Damit ist bei Bayle – wie übrigens auch bei Platon – eine Kritik der Demokratie verbunden. Auf der Grundlage des Prinzips „vox populi, vox Dei" würden sich die sonderbarsten Wünsche durchsetzen.[68] Bayle stellt fest, dass auch Montaigne nicht an eine unter den Menschen verbreitete Vernünftigkeit glaubte.[69]

4 Die Zurückweisung der „astrologia iudiciara"

Bayle sieht in der seit der Renaissance in Europa äußerst erfolgreichen Astrologie eine besonders virulente und weitverbreitete Form von Aberglauben. Er steht mit seiner ablehnenden Haltung zur Astrologie fest in der calvinistischen Tradition. Während Isidor von Sevilla zwischen einer wissenschaftlichen Sternkunde (*astrologia naturalis*) und einer unzulässigen abergläubischen Astrologie (*astrologia*

---

67 Ebd.
68 PDC, § XLVIII, OD III, 36.
69 PDC, § XLIX, OD III, 36. Bayle zitiert zustimmend folgende Aussage Montaignes: „Je ravassois presentement, comme je faicts souvant, sur ce, combien l'humaine raison est un instrument libre et vague. Je vois ordinairement que les hommes, aux faicts qu'on leur propose, s'amusent plus volontiers à en cercher la raison qu'à en cercher la verité : ils laissent là les choses, et s'amusent à traiter les causes. Plaisants causeurs. La cognoissance des causes appartient seulement à celuy qui a la conduite des choses, non à nous qui n'en avons que la souffrance, et qui en avons l'usage parfaictement plein, selon nostre nature, sans en penetrer l'origine et l'essence. Ny le vin n'en est plus plaisant à celuy qui en sçait les facultez premieres. Au contraire : et le corps et l'ame interrompent et alterent le droit qu'ils ont de l'usage du monde, y meslant l'opinion de science. Le determiner et le sçavoir, comme le donner, appartient à la regence et à la maistrise ; à l'inferiorité, subjection et apprentissage appartient le jouyr, l'accepter. Revenons à nostre costume. Ils passent par dessus les effects, mais ils en examinent curieusement les consequences. Ils commencent ordinairement ainsi : Comment est-ce que cela se faict ? – Mais se fait il ? faudroit il dire. Nostre discours est capable d'estoffer cent autres mondes et d'en trouver les principes et la contexture. Il ne luy faut ny matiere ny baze ; laissez le courre : il bastit aussi bien sur le vuide que sur le plain, et de l'inanité que de matiere, dare pondus idonea fumo. Je trouve quasi par tout qu'il faudroit dire : Il n'en est rien ; et employerois souvant cette responce ; mais je n'ose, car ils crient que c'est une deffaicte produicte de foiblesse d'esprit et d'ignorance." (Michel de Montaigne: Essais. Bd. 3. Verdun 1595, S. 454).

superstitiosa) unterschied,[70] Albertus Magnus in der Astrologie einen Weg zu Gott sah[71] und Philipp Melanchthon – nach seinem Studium der Astrologie in Tübingen bei Johannes Stöffler – die Sterndeutung als legitimen Weg zur Ergründung des Willen Gottes in den Lehrplan der Wittenberger Universität aufnehmen ließ,[72] nahm Calvin in einem Traktat von 1549 gegen die „iudiziale bzw. weissagende" Astrologie (*astrologia iudiciaria*) Stellung. In dieser Schrift kritisiert er auch die Prognosen, die aus Sonnenfinsternissen und Kometenerscheinungen erstellt werden. Dabei argumentiert er als Theologe und beruft sich auf seine eigene Prädestinations- und Gnadenlehre sowie auf die Allmacht Gottes.[73] Als Theodor Beza, der Nachfolger Calvins in Genf, im November 1572 eine Supernova, die sogenannte *nova stella*, am Himmel sah, bat er den Theologen Caspar Olevianus, französische Sterndeuter nach dem Sinn dieser Erscheinung zu befragen. Wahrscheinlich residierten damals in Genf aber keine Astrologen mehr, die das hätten tun können.[74]

Barbara Mahlmann-Bauer hat gezeigt, dass die Kritik der *astrologia iudiciaria* und der astrologischen Kometendeutung auch in den Schriften der calvinistischen Heidelberger Professoren der zweiten Hälfte des 16. Jahrhunderts einen festen Platz hatte.[75] Sie erwähnt u. a. neben Theologen wie Girolamo Zanchius, der unmittelbar an Calvins Kritik der Astrologie anknüpft, auch Naturwissenschaftler und Mediziner, darunter den Mathematikprofessor Hermann Witekind, der die Astronomie von der Astrologie scharf abgrenzte, den Professor für Griechisch Wilhelm Xylander und der Medizinprofessor Thomas Erastus, der im Sammelband *De cometis dissertationes novae* von 1580 auch die astrologische Kometendeutung scharf kritisierte. Offensichtlich besteht im calvinistischen Milieu eine enge Verbindung zwischen der rationalen Dekonstruktion der Astrologie sowie der klaren Ablehnung des Aberglaubens und dem Gedanken der Toleranz. Diese These lässt sich zwar nicht mit Hinweis auf Calvin selbst belegen, ist jedoch, berücksichtigt man die Heidelberger Professoren und Bayle, wahrscheinlich: Witekind nahm gegen die Hexenverfolgung Stellung und Erastus pflegte Kontakte zu den Antitrinitariern.

---

70 Kocku von Stuckrad: Geschichte der Astrologie: von den Anfängen bis zur Gegenwart. München 2007, S. 188.
71 Ebd., S. 200 f.
72 Ebd., S. 248.
73 Jean Calvin: Advertissement contre l'astrologie qu'on appelle judiciaire : et autres curiosités qui règnent aujourd'hui au monde. Hg. v. Olivier Millet. Paris 1985.
74 Vgl. Michael Weichenhan: „Ergo perit coelum ..." Die Supernova des Jahres 1572 und die Überwindung der aristotelischen Kosmologie. Stuttgart 2004 (= Boethius 49), S. 498.
75 Vgl. Mahlmann-Bauer, Astrologiekritik und reformierte Theologie in Heidelberg (Anm. 14).

Da Bayle in philosophischen und nicht in theologischen Kategorien denkt, benutzt er in seinem Feldzug gegen die Astrologie andere Argumente als Calvin, Ursinus oder Zanchius. Calvins Schrift gegen die Astrologie wird in der Kometenschrift kein einziges Mal angesprochen, dafür die Polemik gegen die Astrologie des Humanisten Giovanni pico della Mirandola, der sich laut Bayle nicht so viel Mühe hätte geben sollen, die Astrologie zu widerlegen, denn „der Feind" sei dafür zu unbedeutend. Ironisch behauptet er, die Astrologen hätten wahrscheinlich den Tod des Grafen abgewartet, um sein frühes Ableben im Alter von nur 32 Jahren vorherzusagen.[76] Die Anziehungskraft der Astrologie lässt sich nach Bayle dadurch erklären, dass der Mensch sich allzu gern verführen lasse und unbedingt in die Zukunft schauen will, die ihm Sorge bereite.[77] Schon Plotin und Origenes hätten den Himmel als ein offenes Buch betrachtet, in das Gott die gesamte Weltgeschichte geschrieben hätte.[78] Hier kritisiert Bayle das, was Karl Popper später das Elend des Historizismus nennen wird, also eine deterministische, geschichtsmetaphysische Vision der Geschichte.[79]

Bayle bedauert die Tatsache, dass Astrologen weltweit und zu allen Zeiten ihr Unwesen getrieben hätten. Zahlreiche christliche Herrscher hätten Rat bei ihnen gesucht. Dadurch hätten sie bewiesen, dass sie nicht klüger gewesen seien als die abergläubischen Perser, die Tavernier in seinen Reiseberichten erwähne.[80] Nach einer weitverbreiteten Meinung sei Frankreich angeblich die Nation, die am stärksten gegen den Aberglauben gefeit sei. In diesem Land sei der Königshof jedoch stets für Astrologen offen gewesen.[81] Dabei könne jemand, der die Psychologie der Fürsten, die sozialen Gesetze (*principes*) sowie die Regierungssysteme gut kennt,

---

76 PDC, § XVII, OD III, 19.
77 PDC, § LXXX, OD III, 51.
78 Ebd. Galileo Galilei hat die Metapher des Buches übernommen und verändert. Das Buch der Welt ist bei ihm in mathematischer Sprache geschrieben und lässt sich nur durch Naturwissenschaftler erkunden. Er schreibt: „La filosofia è scritta in questo grandissimo libro che continuamente ci sta aperto innanzi a gli occhi (io dico l'universo), ma non si può intendere se prima non s'impara a intender la lingua, e conoscer i caratteri, ne' quali è scritto. Egli è scritto in lingua matematica, e i caratteri son triangoli, cerchi, ed altre figure geometriche, senza i quali mezi è impossibile a intenderne umanamente parola; senza questi è un aggirarsi vanamente per un oscuro laberinto" (Galileo Galilei: Il Saggiatore [1623]. In: Le Opere de Galileo Galilei. Hg. v. Antonio Segni. Bd. VI. Florenz 1965, S. 232).
79 Vgl. Karl Popper: Das Elend des Historizismus. Tübingen [6]2003. Siehe hierzu auch Lennon: Reading Bayle (Anm. 33), S. 176.
80 PDC, § XIX, OD III, 20.
81 PDC, § XXI, OD III, 21 f.

die Zukunft besser vorhersehen als jeder Astrologe.[82] So habe Cicero den Umsturz der römischen Republik kommen sehen.[83] Der französische Jurist, Humanist und Dichter Etienne Pasquier habe in Frankreich aufgrund seines hervorragenden Wissens der Staatsangelegenheiten die Katastrophe des Bürgerkriegs nach der Ermordung des Herzogs von Guise 1588 vorausgesagt. Pasquier selbst habe allerdings behauptet, ein Vorzeichen des kommenden Unheils in der Tatsache entdeckt zu haben, dass ein Priester während der Messe zur Eröffnung der Sitzung des Parlaments von Paris 1587 die Vollziehung des Ritus des Friedenskusses vergessen habe.[84]

5 Gedanken zum Atheismus

Bayle ist fest davon überzeugt, dass der Aberglaube und nicht der Atheismus das größere Übel für die Gesellschaft darstellt. Die Götzenanbeter würden keinesfalls Gott indirekt ehren, wie oft angenommen wird, sondern vielmehr seinen Platz usurpieren und ein falsches Bild von ihm verbreiten.[85] In einem Brief an Des Maizeaux vom 3. April 1705 stellt er fest, dass er schon als junger Mann durch die Lektüre der Dialoge von Orasius Tubero (François de La Mothe Le Vayer) recht früh mit der These Francis Bacons konfrontiert wurde, wonach die Idolatrie schlimmer sei als der Atheismus.[86] Dieser Sichtweise, die auch Plutarch vertrat,[87] habe er sich dann angeschlossen. Bayle versichert, dass seine Sichtweise mit der Tradition übereinstimmt. Sowohl die Kirchenväter als auch Thomas von Aquin hätten die Idolatrie als größte aller Sünden betrachtet.[88] Sie bestehe darin, die Kreatur anstelle des wahren Schöpfers zu ehren. Ein Mann würde aber lieber mit einer Frau verheiratet sein, die sich nicht für fremde Männer interessiere, als mit einer Frau, die einen anderen Mann begehre. In der Bibel werde deshalb die

---

[82] PDC, § CCXXXIX, OD III, 144. Bayle scheint hier die Prognose-Möglichkeiten der Sozialwissenschaften zu überschätzen.
[83] PDC, § CCXL, OD III, 144 f.
[84] PDC, § CCXLI, OD III, 145.
[85] PDC, § CIII, OD III, 71.
[86] Brief an Des Maizeaux vom 3. April 1705, OD IV, 856.
[87] Pierre Bayle benutzt die französische Übersetzung von Plutarchs *De superstitione* durch Tanaquil Le Fèvre (Saumur 1666). Zit. n. Martin Pott: Aufklärung und Aberglaube. Die deutsche Frühaufklärung im Spiegel ihrer Aberglaubenskritik. Tübingen 1993 (= Studien zur deutschen Literatur 119), S. 34.
[88] PDC, § CXVI, OD III, 76.

Idolatrie mit dem Ehebruch gegenüber einem eifersüchtigen Gott gleichgestellt.[89] Auch wenn Götzenanbeter ähnliche Verbrechen wie Atheisten begehen, sei ihre Schuld stets größer. Denn der, der in Kenntnis der Existenz einer göttlichen Vorsehung sündige, sei schuldiger als der, der diese nicht kenne. Das gelte vor allem für einen Epikureer wie Horaz, der sich vom Atheisten zum Götzenanbeter zurückentwickelt hatte.[90] Jemand, der die Autorität eines Königs nicht anerkenne, beleidige ihn weniger als der, der anstelle des Königs einen anderen, viel weniger wertvollen Menschen auf den Thron setze.[91] Die Heiden seien nicht schuldig, weil sie in den Kometen kein Zeichen für die Existenz des wahren Gotts entdecken, sie seien deshalb schuldig, weil sie die Weisheit Gottes in der Ordnung der Natur nicht erkennen würden.[92]

Die Götzenanbeter seien ohnehin die wahren Atheisten, zumal sie sich Gott als endlich, unvollkommen oder nicht allmächtig vorstellen.[93] Sie hätten eine Vorahnung des Willens Gottes, würden sich aber weigern, alle Konsequenzen daraus zu ziehen.[94] Viele hätten sogar gegen die Gebote ihrer eigenen Religion bzw. gegen die Anweisungen ihres Gewissens verstoßen und hätten sich dadurch noch schuldiger gemacht.[95] Götzenanbeter würden leichter als Atheisten gegen den gesunden Menschenverstand verstoßen, zumal sie an absurde, unlogische Lehren glaubten. Unter ihnen herrschten Verblendung, Wahnvorstellungen und Widersprüche.[96]

Bayle glaubt auch nicht, dass Götzenanbeter einfacher als Atheisten zu bekehren seien.[97] Das gelte nur im Fall von Atheisten, die dogmatisch an ihrer Position festhalten wollen. Die anderen könnten schon aus eigenen Interessen konvertieren. Die Konversion zum Christentum sei ohnehin nicht aufgrund der Unbeweisbarkeit von Glaubenssätzen schwierig, sondern wegen der hohen moralischen Anforderungen, die mit dem wahren Glauben verbunden sind. Der Mensch glaube leicht an allerlei Dogmen und Glaubenssätze, auch wenn er sie nicht verstehe. Schwierig sei es für ihn, seine Leidenschaften in den Griff zu bekommen und sich moralisch zu verhalten.[98] Es sei sogar anzunehmen, dass

---

89 PDC, § CXIII, OD III, 75.
90 PDC, § CXCVI, OD III, 124.
91 PDC, § CXXXII, OD III, 84–86.
92 PDC, § CCXXVII, OD III, 139.
93 PDC, § CXVII, OD III, 76.
94 PDC, § CXVIII, OD III, 77.
95 Ebd.
96 PDC, § CXXIV, OD III, 79.
97 PDC, § CXIX, OD III, 77 f.
98 PDC, § CLXXXIV, OD III, 118 f.

Atheisten die wahre Religion leichter als die Götzenanbeter erkennen würden, da diese durch zahlreiche Vorurteile und durch ihren falschen Glauben verblendet seien.[99] Die Gründe, warum manche Atheisten nicht zumindest pro forma in einem Land zur dort vorherrschenden Religion konvertierten, seien unterschiedlicher Natur: Möglicherweise seien sie ambitionslos, oder sie könnten leicht nur den Anschein des Religiösseins bewahren. Sie könnten aber auch zu stolz sein, anständig bleiben wollen und den Reichtum verachten, ihre Verwandten und Freunde nicht kränken wollen, oder sie befürchteten, man würde ihnen vorwerfen, die Religion aus Eigeninteresse gewechselt zu haben.[100] Laut Bayle kann Gott unmöglich, wie von einigen behauptet, die Menschen zur Idolatrie verführen, um sie mit allen Mitteln daran zu hindern, Atheisten zu werden,[101] denn Gott versuche niemals eine Schandtat mit Hilfe einer weiteren aufzuheben. Er tue niemals das Böse um des Guten willen.[102] Jesus bzw. die Heiligen hätten niemals eine Krankheit durch eine andere geheilt.[103] Hegels Vorstellung einer „List der Vernunft" hätte Bayle abgelehnt.

Er teilt auch nicht die zu seiner Zeit weitverbreitete Auffassung, Atheisten seien unfähig, sich moralisch zu verhalten und würden daher das soziale Band gefährden.[104] Er ist im Gegenteil von der Möglichkeit des „tugendhaften Atheisten" überzeugt.[105] Um diese Annahme zu belegen, stellt er zunächst fest, dass sich in der Vergangenheit zahlreiche Atheisten keinesfalls unmoralisch verhalten hätten. Das gelte sowohl für antike Philosophen (Diagoras von Melos, Theodoros

---

99 PDC, § CXC, OD III, 122.
100 PDC, § CXCI, OD III, 122.
101 PDC, § CII, OD III, 70.
102 PDC, § CIII, OD III, 70.
103 PDC, § CIII, OD III, 70 f.
104 In seinem Toleranzbrief von 1689 lehnt John Locke eine tolerante Haltung gegenüber den Atheisten aufgrund ihrer angeblichen Immoralität ab. Da der Atheist an keine strafende göttliche Gerechtigkeit glaube, hätten für ihn Versprechen, Verträge und Eide, also alles, was eine Gesellschaft zusammenhalte, keine Geltung. Vgl. John Locke: Epistola de tolerantia ad clarissimum virum T.A.R.P.T.O.L.A. [i.e. theologiae apud Remonstrantes professorem, tyrannorum osorem, Limborch Amstelodamensem]. Gouda 1689.
105 Vgl. Michael Czelinski-Uesbeck: Der tugendhafte Atheist: Studien zur Vorgeschichte der Spinoza-Renaissance in Deutschland. Würzburg 2007, S. 100–115. Schon in der anonym veröffentlichten Schrift *Theophrastus redivivus* von 1659 wurde auf die Kompatibilität des Atheismus mit der Befolgung moralischer Prinzipien und von den Gesetzen hingewiesen. Vgl. Nicole Gengoux: Dans quelle mesure l'athéisme est-il inacceptable pour l'auteur du „Theophrastus redivivus" et pour Spinoza ? In: Les Dossiers du Grihl, Les dossiers de Jean-Pierre Cavaillé, Libertinage, athéisme, irréligion. Essais et bibliographie; online unter http://dossiersgrihl.revues.org/5454#quotation [Stand: 30.06.2015].

von Kyrene, Euhemeros, die von den französischen Libertins des 17. Jahrhunderts geschätzte Epikureer) als auch für spätere Atheisten, so Vanini, der 1619 aufgrund seiner Überzeugungen in Toulouse verbrannt wurde.[106] Bayle betont, dass Spinoza, den er für einen „systematischen Atheisten" hielt und dessen Lehre er scharf kritisierte,[107] wie ein Mönch gelebt habe.[108] Alle Menschen hätten ohnehin über die Natur Gottes und seine Gebote verkehrte Vorstellungen.[109] Ein unmoralisches Handeln hinge aber nicht von falschen Ideen bezüglich der Natur Gottes ab.[110] Tatsache ist laut Bayle, dass Atheisten und Deisten leichter ein sittliches Leben führen können als manche Christen, denn sie seien stolz auf ihren Intellekt und folgten aus diesem Grund seltener ihren Leidenschaften.[111] Umgekehrt seien zahlreiche Soldaten, die schwere Verbrechen begehen, zutiefst religiös. Dennoch – oder gerade aus diesem Grund – verfolgten sie hasserfüllt Anhänger anderer religiöser „Sekten".[112] Bayle denkt hier höchstwahrscheinlich an die damals in Frankreich auf der Tagesordnung stehenden grauenvollen „Dragonaden". Soldaten wurden in protestantischen Haushalten einquartiert und durften sich regellos verhalten, bis die gesamte Familie endlich zum Katholizismus konvertierte.

Theoretisch sollte die Offenbarung Christi dem Morden, der Gewaltausübung und dem Krieg Einhalt gebieten. Der wahre Mut echter Christen bestehe darin, Verfolgungen und schwere Krankheiten stoisch über sich ergehen zu lassen. Die christliche Religion verlange, dass man einem Affront nicht mit Gewalt, sondern mit Liebe begegne.[113] Dennoch führten die Christen – mit Ausnahme der Türken – die meisten Kriege weltweit, so Bayle. Doch selbst die Türken seien den Christen im Krieg unterlegen. Die christlichen Armeen seien zudem nicht weniger grausam als die anderen, und dies, obwohl man in Europa seine Feinde seit ewiger Zeit nicht mehr verspeise.[114] Vor allem die Kreuzritter hätten ganze Landstriche

---

106 PDC, § CLXXIV, OD III, 110 ff. Eine Kritik an Bayles Interpretation von Spinozas Werk findet sich in: Labrousse, Pierre Bayle (Anm. 15), S. 198–204.
107 DHC IV, [Art.] „Spinoza", 253.
108 PDC, § CLXXXI, OD III, 117.
109 PDC, § CC, OD III, 127.
110 PDC, § CXLIV, OD III, 93.
111 PDC, § CXXXIX, OD III, 89.
112 PDC, § CXXXIX, OD III, 89 f.
113 PDC, § CXLI, OD III, 90. Würden sich laut Bayle alle Christen an die Gebote Gottes halten, wären sie nicht in der Lage, eine wehrhafte Gesellschaft zu gründen. Sie würden von fremden Völkern weggefegt werden. CPD, § CXXIV, OD III, 360. Ähnliches wird später Rousseau behaupten. Vgl. Jean-Jacques Rousseau: Vom Gesellschaftsvertrag. In: Jean-Jacques Rousseau: Sozialphilosophische und Politische Schriften. Übers. u. hg. v. Eckhart Koch. München 1981, S. 386 ff.
114 PDC, § CXLI, OD III, 91.

verwüstet.[115] Die Christen hätten außerdem die meisten Kriegswaffen erfunden.[116] Das beweist nach Bayle, dass der Nationalcharakter (*génie de chaque nation*) das Handeln der Einzelnen mehr bestimmt als die religiösen Überzeugungen.[117]

Die Wirklichkeit lehre uns, dass Atheisten sich nicht seltener als Christen moralisch verhalten. Bayle fragt nach dem Grund hierfür und nach den Grundlagen der Moral der Atheisten. Sie lägen nicht bei einer höheren Instanz, zumal die Atheisten an die Existenz einer solchen Instanz nicht glaubten. Bayle vertritt vor Bernard de Mandeville die Auffassung,[118] dass das sittliche Verhalten der Einzelnen auch und möglicherweise vor allem aus der Selbst- bzw. der Eigenliebe entsteht. Jean Lafond hat darauf hingewiesen, dass im 17. Jahrhundert die Unterscheidung zwischen der „guten" Selbstliebe und der „schlechten" Eigenliebe sowohl bei Moralisten wie François de La Rochefoucauld als auch bei Jansenisten und Calvinisten noch relativ unscharf gezeichnet war. In einer grundlegend mehrdeutig gewordenen Welt können auch das Selbstinteresse, die Selbstsucht, die Ichbezogenheit und die Überlebensstrategien etwas Positives bewirken.[119] Für Bayle steht fest, dass es sich auch für Atheisten lohnen würde, den Prinzipien der Moral zu folgen. Auch sie wollten für ihre guten Taten gelobt werden, auch sie hofften in schwierigen Zeiten auf die Unterstützung von Freunden und Beschützern. Selbst in einer Gesellschaft von Atheisten würde es Bestrafungen und Belohnungen, Ruhm und Schande, Veranlagung und Erziehung geben.[120] Außerdem sehnten auch sie sich nach sozialer Anerkennung. Sie seien nicht moralisch, weil sie

---

115 PDC, § CXL, OD III, 90.
116 PDC, § CXLI, OD III, 91.
117 PDC, § CLXXVI, OD III, 113.
118 De Mandeville wurde in Rotterdam geboren und war womöglich ein Schüler Bayles. Die Kometenschrift des Philosophen von Rotterdam wird in *The Fable of the Bees* explizit erwähnt. Vgl. Bernard de Mandeville: From the Fable of the Bees: Or, Private Vices, Public Benefits. London 1714; E. D. James: Faith, Sincerity and Morality: Mandeville and Bayle. In: Mandeville Studies. New Explorations in the Art and Thought of Dr. Bernard Mandeville (1670–1733). Hg. v. Irwin Primer. Den Haag 1975, S. 43–65; Maria Emanuela Scribano: La presenza di Bayle nell'opera di Bernard de Mandeville. In: Gionale critico della filosofia italiana 60 (1981), S. 186–220; Antony McKenna: Spinoza et les „athées vertueux" dans un manuscrit clandestin du XVIIIe siècle. Spinoza au XVIIIe siècle. Hg. v. Olivier Bloch. Paris 1990, S. 85–92, hier S. 88. Die Überzeugung, die Moral beruhe auf Eigenliebe, ist schon in der Schrift *Theophrastus redivivus* zu finden.
119 Vgl. Jean Lafond: Mandeville et La Rochefoucauld, ou des avatars de l'augustinisme. In: Gestaltung – Umgestaltung: Beiträge zur Geschichte der romanischen Literaturen. Festschrift zum sechzigsten Geburtstag von Margot Kruse. Hg. v. Bernhard König u. Margot Kruse. Tübingen 1990, S. 137–150, hier S. 146 f. Lafond spricht in diesem Aufsatz auch den Einfluss von Pierre Bayle auf Mandeville an.
120 PDC, § CLXXII, OD III, 109 f.

hofften, nach dem Tod weiterzuleben, sondern weil sie den Ruhm ihres Namens verewigen wollten.[121] Es sei nicht erstaunlicher, dass sich ein Atheist moralisch verhalte, als dass ein Christ allerlei Verbrechen begehe.[122]

Handle der Mensch, folge er nicht allgemeinen Geboten, sondern seinem Temperament, seinen Vorlieben, Gewohnheiten, Begierden, Leidenschaften und Empfindlichkeiten. Der Mensch tue in erster Linie das, was ihm von Nutzen ist. Wollte er ernsthaft nach den Prinzipien der christlichen Moral handeln, sollte er seine Hauptleidenschaften zu Ehren Gottes opfern. Dies geschehe aber kaum. Die Unkeuschheit sei für die meisten Menschen nicht deswegen anziehender als der Mord, weil sie weniger schlimm sei, sondern weil sie mehr Gelüste hervorrufe.[123] Dies kann als Frühfassung der Libido-Theorie begriffen werden. Noch anziehender seien aber das Lügen und das Lästern. Selbst die Kleriker würden oft und gern über andere Menschen herziehen und sich rächen.[124] Der Mensch träume davon, reich zu sein, um anerkannt und bewundert zu werden, sich abzusichern und jede Art von Vergnügung zu genießen.[125]

Bayle entwirft eine Handlungstheorie, die eine gewisse Nähe zu modernen philosophischen Abhandlungen zur Bedeutung der sozialen Anerkennung und zu den aktuellen Theorien des rationalen Handelns aufweist. Kurzfristige Entscheidungen, die von der Situation, in der der Mensch sich gerade befindet, abhängen, bedingen weitgehend sein Handeln. Nicht selten verstoßen diese Entscheidungen gegen langfristigere Interessen und gegen die Grundprinzipien der Moral. Für Bayle braucht die Gesellschaft keine Religion, um zu bestehen, sondern vor allem Gesetze.[126] In dieser Hinsicht erweist er sich sowohl als Schüler von Aristoteles[127] als auch als Vordenker des modernen Liberalismus. Weder Götzenanbeter noch Atheisten – noch sogar die meisten Christen – hätten Gesellschaften gründen können, wenn sie ihre Leidenschaften nicht durch menschliche Gesetze in Schach gehalten hätten.[128] Jean-Michel Gros sieht in Bayles Abhandlungen zu den „tugendhaften Atheisten" die Grundlage für ein Neudenken des theologisch politischen Problems. Sind Atheisten in der Lage, mora-

---

121 PDC, § CLXXIII, OD III, 110.
122 PDC, § CLXXIV, OD III, 110.
123 PDC, § CLXVII, OD III, 106 f. u. PDC, § CLXIX, OD III, 107.
124 PDC, § CLXX u. § CLXXI, OD III, 108 f.
125 PDC, § CLXXI, OD III, 109.
126 PDC, § CXXXI, OD III, 84.
127 Aristoteles: Nikomachische Ethik, X 10, 1180 a 25–28.
128 PDC, § CXXXI, OD III, 84.

lisch zu handeln, so braucht die Gesellschaft kein religiöses Substrat mehr. Eine laizistische Trennung von Staat und Kirche ist erst dann möglich.[129]

Nicht alle Atheisten sind indes nach dem französischen Philosophen von Rotterdam gleich in der Lage, moralisch zu handeln. Bayle trennt zwischen denen, die erst am Ende eines langen Denkprozesses angefangen haben zu zweifeln – sie sind dem Typus des „positiven Atheismus" zuzuordnen – und denen, die aufgrund ihres Geburtsorts bzw. ihrer Erziehung Atheisten sind, die sogenannten negativen Atheisten. Diese verfolgten kein Ziel und könnten sehr wohl nach den Prinzipien der Ethik leben.[130] Erstere, die sogenannten spekulativen Atheisten, die nach Bayle zur „Aristokratie des Atheismus" gehören,[131] lassen sich wiederum in zwei weitere Kategorien unterteilen: die Atheisten, die sich ihrer Sache nicht sicher sind, und die, die sich bewusst für den Atheismus entschieden haben. Die, die sich nicht sicher sind, entsprechen der Figur des „skeptischen Atheisten". Ein solcher Atheist könne sich weder für Gott noch gegen ihn entscheiden. Er stehe zwischen zwei gegensätzlichen Optionen wie ein Stück Metall zwischen zwei gleichstarken Magneten und privilegiere die Epoche, das Zurückhalten des Urteils.[132] Bayle gehört mit dem französischen Gassendisten und Theologen David Derodon zu den wenigen Denkern seiner Zeit, die auf die Existenz des „skeptischen Atheismus" hingewiesen haben.[133] Zu den „skeptischen Atheisten" gehören meist Gelehrte, die den Wert der Vernunft schätzen und der Körperlust abgeschworen haben.[134] Dieser Typus von Atheismus ist mit dem Pyrrhonismus eng verwandt. Wie La Mothe Le Vayer betrachtet auch Bayle den Pyrrhonismus als eine Denkschule, die dem Christentum nahesteht.[135] Im Artikel *Pyrrho* des *Dictionnaire* stellt Bayle fest, dass sich die Lehre der radikalen Skeptiker als nützlich erwiesen habe, „um den Menschen durch das Gefühl seiner Unwissenheit zu nötigen, Hilfe

---

129 Vgl. Jean-Michel Gros: La tolérance et le problème théologico-politique. In: Pierre Bayle dans la République des lettres. Philosophie, religion, critique. Hg. v. Antony McKenna u. Gianni Paganini. Paris 2004 (= Vie des Huguenots 34), S. 411–439.
130 PDC, § CLXXVII, OD III, 114.
131 RQP, Teil III, § XIII, OD III, 932. Gianni Paganini: Pierre Bayle et le statut de l'athéisme sceptique. In: Kriterion: Revista de Filosofia, 50, 120 (2009), S. 391–406, hier S. 394 f.
132 RQP, Teil III, § XIII, OD III, 932 f.
133 Vgl. Paganini, Pierre Bayle et le statut de l'athéisme sceptique (Anm. 131), S. 399; ders.: Avant „La promenade du sceptique": Pyrrhonisme et clandestinité de Bayle à Diderot. In: Scepticisme, Clandestinité et Libre Pensée/Scepticism, Clandestinity and Free-Thinking. Hg. v. Gianni Paganini, Miguel Benítez u. James Dybikowski. Paris 2002 (= Libre pensée et littérature clandestine 9), S. 17–46.
134 PDC, § CLXXVII, OD III, 113.
135 DHC III, [Art.] „Pyrrhon", 733; François de La Mothe Le Vayer: De la vertu des payens. Teil II. In: Œuvres de François de La Mothe Le Vayer. Bd. V. Dresden 1757, S. 303.

von oben zu erflehen und sich der Autorität des Glaubens zu unterwerfen".[136] Christentum und Dogmatismus würden sich ohnehin in Wahrheit gegenseitig ausschließen. Doch ist nach Bayle der Typus des „skeptischen Atheisten" nicht in der Antike, sondern erst in der Frühen Neuzeit entstanden. Laut Elisabeth Labrousse hat sich Bayle selbst eine Zeitlang dieser Position angenähert.[137] Ob der „skeptische Atheist" nach dem französischen Philosophen von Rotterdam allerdings ein Übermensch im nietzscheanischen Sinn oder nicht vielmehr ein Mensch mit defizitären Fähigkeiten ist, lässt sich schwer sagen. Bayle betont, dass jeder unterschiedliche Begabungen bezüglich der Entdeckung der Wahrheit habe. Nur wenn die betrachteten Gegenstände in einem geeigneten Bezug zu den Fähigkeiten des Einzelnen stünden, könnten sie richtig wahrgenommen werden. Manche hätten schlechte Augen und könnten aus diesem Grund nur große Gegenstände sehen, andere hingegen eine schärfere Sicht.[138] Gott allein wisse, wer die allgemeingültigen Wahrheiten absichtlich nicht sehen wolle. Sogar große Denker könnten mitunter nur mangelhafte Fähigkeiten haben, religiöse Wahrheiten zu erkennen. So hätte Cicero gern an die Unsterblichkeit der Seele geglaubt, er konnte es aber nicht. Seneca philosophierte oft und mit Wohlwollen über das gleiche Thema, ohne wirklich daran glauben zu können.[139]

Die meisten sogenannten affirmativen, orthodoxen bzw. dogmatischen Atheisten – so Straton von Lampsakos, Diagoras von Melos und Theodoros von Kyrene – würden versuchen, den für das Ausleben ihrer Leidenschaften hinderlichen Gedanken der Hölle zu verdrängen[140] bzw. sich selbst mit aller Kraft von der Wahrheit ihrer Sichtweise zu überzeugen. Entweder schafften sie es – eine Eventualität, die im Gegensatz zu Bayle der holländische Theologe Gisbertus Voetius in seiner Schrift von 1639 *De atheismo* für unmöglich hielt – oder sie schafften es nicht und würden zu den bösesten aller Menschen. Sie würden aber nicht böse, weil sie Atheisten seien, sondern umgekehrt, sie würden zu Atheisten, weil sie böse seien. Derjenige, der mit aller Kraft versuche, Atheist zu werden, begehe jede Art von Verbrechen, um sein Ziel zu erreichen.

---

136 DHC III, [Art.] „Pyrrhon", 733.
137 Bayle stellt fest, dass Atheisten manchmal bessere Argumente als Christen vorzuweisen haben. In der *Continuation des pensées diverses* ist ein Hinweis auf ein Argument vom Atheisten Straton zu finden, das bisher von niemandem widerlegt werden konnte. Vgl. CPD, § CXI, OD III, 342. In einem Brief an Des Maizeaux vom 3. Juli 1705 weist Bayle auf diese Schwierigkeit hin, die er in der Schrift nur gestreift habe, um seinen eigenen Gegnern nicht noch mehr Angriffsfläche zu bieten. Vgl. OD IV, 859.
138 PDC, § CLXXXVII, OD III, 120.
139 Ebd.
140 PDC, § CLXXVII, OD III, 114.

6 Bayles Plädoyer für religiöse Toleranz

In Bayles Kometenschrift werden mehrere unterschiedliche Aspekte angesprochen, die zunächst mit der Toleranzidee keine Verbindung zu haben scheinen. Sie mündet aber in ein leidenschaftliches Plädoyer für die religiöse Toleranz. Bayle beschäftigt sich intensiv mit dem Aberglauben bzw. dem religiösen Fanatismus, denn er ist davon überzeugt, dass sie die Quelle der Intoleranz darstellten und viel gefährlicher seien als der Atheismus. Es sei besser, an nichts zu glauben, als – wie die französischen Missionare und Magistrate – unschuldige Menschen zu verfolgen und dabei einen Eifer voller Gottlosigkeit an den Tag zu legen.[141] Der Atheist sei der Auffassung, Gott erlasse keine Gesetze, der Götzenanbeter glaube hingegen, Gott würde absurde bzw. verbrecherische Gesetze verordnen oder er dürfe mit Hilfe von Spitzfindigkeiten die Gebote Gottes brechen.[142]

Bayles Engagement gegen die religiöse Intoleranz war auch das Ergebnis persönlicher Erfahrungen. Schon vor dem Widerruf des Edikts von Nantes 1685 waren die französischen Hugenotten diskriminierenden Maßnahmen ausgesetzt. Die Kometenschrift war eine erste Reaktion darauf. Nach 1685 wurden in Frankreich die Hugenotten systematisch verfolgt. Bayles ältester Bruder Jacques, der wie der Vater calvinistischer Pastor war, fiel der Hetze zum Opfer. Durch den Bruder sollte Bayle selbst getroffen werden. Dieser reagierte 1686 mit einem virulenten Pamphlet *Ce que c'est que la France toute catholique sous le regne de Louis le Grand*, in dem er die königliche Religionspolitik auf das Schärfste kritisierte. In seinem *Commentaire philosophique* von 1686 lehnt Bayle die buchstabengetreue Interpretation der Schriftstelle im Lukas-Evangelium (XIV) ab, in der Jesus zum Schluss des Gleichnisses vom Festmahl sagt: „Nötige sie [die eingeladenen Gäste], herein zu kommen." Sie wurde von den Katholiken als Freibrief für die Verfolgung Andersdenkender gedeutet. Schon Augustinus hatte das „*compelle intrare*" als Rechtfertigung der Verfolgung der „Häretiker" – damals waren es die Donatisten – verstanden. Seine Interpretation galt im 17. Jahrhundert für viele Katholiken als Beweis für die Zulässigkeit der Zwangsbekehrung Andersgläubiger. Nach Bayle verstößt hier aber die buchstabengetreue Deutung der Worte Christi gegen die klarsten und deutlichsten Ideen des natürlichen Lichtes und könne deshalb nur fehlerhaft sein.[143] Da die Religion zuallererst eine innere geistliche Zuwendung des Menschen zum höchsten Wesen sei, die nicht durch die Anwendung äußerer Druckmittel erzwungen werden dürfe, könne der freie Wille nur durch die Kraft der inneren Überzeugung zum

---

141 PDC, § CXCVII, OD III, 125.
142 PDC, § CXCVII, OD III, 125 f.
143 CP, Teil I, § II, OD II, 371 f.

Glauben bewegt werden. Es folgt daraus, dass die genannte Schriftstelle keine Legitimation der religiösen Verfolgungen liefern kann. Außerdem, fügt Bayle hinzu, sei die buchstäbliche Interpretation dieses einen Wortes Christi mit dem Geist des Evangeliums und mit den Prinzipien der rechten Vernunft, die gerade im Evangelium verdeutlicht wurden, nicht zu vereinbaren. Das Gleichnis dürfe deshalb nur als Metapher verstanden werden.[144]

Bayle vertrat eine moderne, positive Sicht der Toleranz.[145] Er teilte die Überzeugung Thomas von Aquins hinsichtlich der Klarheit der metaphysischen Wahrheiten nicht und weigerte sich, die Ketzer und Häretiker als listig zu betrachten. Kein Mensch habe die göttliche Fähigkeit, in die Herzen der Menschen zu schauen. Bayle war wie Castellion davon überzeugt, dass der Mensch in den letzten Glaubensfragen prinzipiell ein fehlbares Lebewesen sei. Keiner könne in diesem Bereich den endgültigen Beweis erbringen, dass seine Glaubensmeinungen wirklich die richtigen seien und dass der andere irre.[146] Man sollte aus diesem Grund stets seinem Gewissen folgen.

Die Ausführungen Bayles zur Toleranz im *Commentaire philosophique* zeugen zudem von einem hoch entwickelten Sinn für das, was heute „Multiperspektivität" genannt werden würde.[147] Damit ist die Fähigkeit gemeint, sich in die Lage eines

---

144 CP, Teil I, § III, OD II, 372 f.
145 Jean-Michel Gros erwähnt verschiedene, sich zum Teil widersprechende Erklärungsansätze für die zentrale Stelle der Toleranz bei Pierre Bayle. Nach Elisabeth Labrousse ist Bayles dezidiertes Eintreten für die Toleranz auf seine Überzeugung zurückzuführen, man solle stets dem *dictamen* seines Gewissens folgen. Die Orthopraxis stehe bei ihm vor der Orthodoxie. Nach Gianni Paganini kommt Bayles leidenschaftliches Plädoyer für die Toleranz aus der christlichen und humanistischen Friedenslehre von Erasmus von Rotterdam und aus dessen Ablehnung der abstrakten Theologie. Für Frédéric Brahami hingegen ist Bayles Toleranz das Ergebnis seines Skeptizismus, der der skeptischen Haltung eines Michel Eyquem de Montaigne entsprechen würde. Jean-Michel Gros selbst ist der Auffassung, dass die Toleranz bei Bayle nicht aus religiösen Überzeugungen entsteht, sondern aus einer auf der Vernunft basierenden Moral. Vgl. Gros, La tolérance et le problème théologico-politique (Anm. 129), S. 412–415. Wichtiger waren wahrscheinlich Bayles existenzielle Erfahrungen unmittelbar vor und nach der Aufhebung des Edikts von Nantes 1685.
146 Bayle lehnt Jurieus qualitative Unterscheidung zwischen Wahrheiten „de droit" und Wahrheiten „de fait" ab. Bei ersteren handelt es sich laut Jurieu um autoritative Wahrheiten, die – wie die Gesetze der Geometrie – zwangsläufig richtig sind, bei den anderen nur um kontingente Wahrheiten (so die Größe eines bestimmten Dreiecks). Autoritative Wahrheiten verpflichten nach Jurieu alle, in unserem Fall auch die Atheisten und Heiden. Für Bayle führt diese Unterscheidung in die Irre. Er meint, dass man sich auch in theologischen Angelegenheiten mit gutem Gewissen irren kann, zumal kein Dogma sich einwandfrei beweisen lässt. Zu dieser Kontroverse zwischen Bayle und Jurieu siehe Lennon: Reading Bayle (Anm. 33), S. 88–106.
147 Schon Nikolaus Cusanus hatte einen sogenannten Perspektivismus gelehrt.

anderen zu versetzen, um aus dessen Perspektive eine Situation neu zu betrachten und neu zu beurteilen. Vielleicht erklärt sich die besondere Fähigkeit Bayles, multiperspektivistisch zu denken, dadurch, dass er als junger Mann kurzzeitig zum Katholizismus übergetreten war und so die Gelegenheit hatte, die religiösen Grundüberzeugungen aus zwei unterschiedlichen Blickwinkeln zu sehen. Um seine Argumentation zu untermauern, bezieht sich Bayle auf die Relativität der Urteilskraft. Wenn Personen ein Bild betrachten, würden sie es tausendfach unterschiedlich sehen. Derjenige, der es perspektivisch anschaue und ein Kunstkenner sei, finde es wundervoll. Andere, die es aus einem anderen Blickwinkel betrachten würden und die weder Geschmack noch Begabung hätten, würden es hingegen verwerfen. Einige fänden den Kanariensekt (*vin de Canarie*) so angenehm, dass sie meinten, jede Zunge würde diesen Genuss erkennen. Aber wie viele Menschen gebe es, die ihnen gleichwertig seien, nur Wasser tränken und die diesen Wein nicht in den Mund nehmen könnten, ohne ihn sehr schlecht zu finden. Also sei es ein Zeichen für eine vollkommene Unkenntnis der Welt – und vor allem der Menschen –, wenn wir den Geschmack des anderen auf der Grundlage unseres eigenen beurteilten.[148] Genauso, wie es sich über Geschmack streiten lässt, ist es unmöglich, die unterschiedlichen religiösen Standpunkte unter einen einzigen gemeinsamen Hut zu bringen. Jeder wird weiter aus seiner Perspektive die Wahrheit für sich beanspruchen – was nicht besagt, dass es keine unergründliche Wahrheit gibt.[149]

---

[148] CP, Teil II, § I, OD II, 396. Jean-Michel Gros verweist auf eine ähnliche Stelle in Kants *Kritik der Urteilskraft*, wo es heißt (AA V, 212): „In Ansehung des Angenehmen bescheidet sich ein jeder: daß sein Urtheil, welches er auf ein Privatgefühl gründet, und wodurch er von einem Gegenstande sagt, daß er ihm gefalle, sich auch bloß auf seine Person einschränke. Daher ist er es gern zufrieden, daß, wenn er sagt: der Canariensect ist angenehm, ihm ein anderer den Ausdruck verbessere und ihn erinnere, er solle sagen: er ist mir angenehm; und so nicht allein im Geschmack der Zunge, des Gaumens und des Schlundes, sondern auch in dem, was für Augen und Ohren jedem angenehm sein mag." Pierre Bayle. De la tolérance. Commentaire philosophique. Hg. v. Jean-Michel Gros. Paris 1992, S. 190, Fn. 1.

[149] Friedrich II. wird später am 22. Juni 1740 an den Rand eines Immediatberichts in diesem Sinne notieren, in seinem Staat muss „ein jeder nach seiner Façon selig werden", vorausgesetzt die öffentliche Ordnung wird dadurch nicht gestört. Vgl. Brigitte Meier: Die königliche Toleranzpolitik in der Wahrnehmung der brandenburgischen Untertanen. In: Friedrich der Große und die Mark Brandenburg. Herrschaftspraxis in der Provinz. Hg. v. Frank Göse. Berlin 2012 (= Studien zur brandenburgischen und vergleichenden Landesgeschichte 7), S. 48–68, hier S. 51. Friedrich II. wurde von Kind auf von hugenottischen Bezugspersonen und Vertrauten umringt. Vgl. Silke Kamp: Le Royaume des cieux – Friedrich II. und die Hugenotten in Brandenburg. In: Ebd., S. 69–83.

7 Schlussfolgerungen

Aus Bayles Werk lässt sich entnehmen, dass die Durchsetzung der Toleranzidee in der Frühen Neuzeit durch mindestens sechs Faktoren begünstigt wurde: den Triumphzug des Rationalismus, die damit verbundene Entzauberung der Welt, die gesellschaftliche Ausdifferenzierung, die traumatische Erfahrung der Religionskriege sowie der religiösen Verfolgungen, den Vorrang der Orthopraxis vor der Orthodoxie und den steigenden Einfluss des vom Humanismus geprägten liberalen Flügels des Protestantismus.[150]

Bayles intolerante Haltung gegenüber dem Aberglauben und der Idolatrie soll die Toleranz gegenüber Andersgläubigen und Atheisten erst möglich machen. Toleranz bedeutet bei ihm jedoch nicht Relativismus. Der Atheismus kann nach Bayle keine echte Alternative zum Glauben sein. Er bewirke einen Zustand der Verlassenheit, der Ängste, und dies auch, wenn er nicht die höchste Stufe der Verlassenheit bildet, der vielmehr im Paganismus zu finden sei.[151] Bayle zitiert La Mothe Le Vayers Behauptung, der Skeptizismus würde den Einzelnen das ewige Leben kosten,[152] ohne sie in Zweifel zu ziehen.[153] Noch kurz vor seinem Tod hat er sich als einen christlichen Philosophen bezeichnet.[154] Die Gefahr einer Verbreitung des Pyrrhonismus lässt sich seiner Meinung nach nur durch das sogenannte positive Trio (E. D. James) verringern: die Gnade Gottes, die damals noch weitverbrei-

---

150 Die Idee der Religionsduldung wurde in den Niederlanden vor allem durch die arminianischen Remonstranten vertreten. Es ist auffällig, dass die großen Vordenker der Toleranz Kontakte zu den Remonstranten gepflegt haben: Grotius stand deren Bewegung sehr nahe und verteidigte in seinem Werk *Defensio fidei catholicae de satisfactione Christi* (1617) die Arminianer gegen den Vorwurf der Häresie. Spinoza nahm für die republikanisch-ständische ‚Regentenpartei' des Ratspensionärs Hollands Jan de Witt, die bei den Remonstranten Rückhalt suchte, Stellung und bekämpfte die monarchische ‚Oranierpartei', die zusammen mit den streng orthodoxen calvinistischen Contraremonstranten eine Politik der religiösen Intoleranz verfolgte. Locke führte lange Gespräche mit dem Remonstranten Philipp von Limborch. Es ist nach Fox-Bourne sogar anzunehmen, dass er seine *Epistola de Tolerantia* zuerst auf lateinisch erscheinen ließ, um mit dieser Schrift den Arminianern in ihrem Kampf gegen ihre calvinistischen orthodoxen Feinde beizustehen. Bayle übersetzte 1685 einen in Latein verfassten offenen Brief seines holländischen Freundes und Beschützers, des Remonstranten Adriaan van Paets, ins Französische.
151 PDC, § CXCII, OD III, 123.
152 Vgl. La Mothe Le Vayer, De la vertu des payens (Anm. 135), S. 300.
153 DHC III, [Art.] „Pyrrhon" (C.), 734.
154 Auf einem kurzen Zettel, adressiert an André Terson, schrieb der französische Rotterdamer Philosoph einige Stunden vor seinem Tod, also zu einer Zeit, als er nichts mehr von seinen Kritikern zu befürchten hatte: „Ich fühle, dass ich nur noch wenig Zeit zum Leben habe. Ich sterbe als christlicher Philosoph, überzeugt und durchdrungen von der Güte und der Barmherzigkeit Gottes, und ich wünsche Ihnen ein ungetrübtes Glück." Vgl. Bost: Pierre Bayle (Anm. 6), S. 510–515.

tete christliche Erziehung und die Neigung der meisten Menschen, Entscheidungen zu treffen.[155] Solche Aussagen weisen darauf hin, dass Bayle kaum als Atheist betrachtet werden kann.[156] Zwar haben seine Gegner – darunter in erster Linie Jurieu und die *rationaux* (Isaac Jaquelot, Jean le Clerc usw.) – schon zu seinen Lebzeiten behauptet, er hätte seine wahre Gesinnung aus Angst vor möglichen Konsequenzen versteckt gehalten,[157] hinter den „exoterischen" Texten würde eine „esoterische" Botschaft stehen, um Begriffe von Leo Strauss zu benutzen,[158] bzw. er hätte mit seinen Schriften – gewollt oder ungewollt – dem Atheismus Vorschub geleistet. Thomas M. Lennon stellt jedoch fest, dass Bayle ein schwer fassbarer Autor ist. In der Fachliteratur wurde er jeweils mit guten Argumenten als Positivist, Atheist, Deist, Skeptiker, Fideist, Sozinianer, liberaler Calvinist, konservativer Calvinist, Libertin, Christ mit einem Hang zum Judentum oder sogar als geheimer Jude, Manichäer oder Existentialist gedeutet.[159]

---

[155] Vgl. E. D. James: Scepticism and Fideism in Bayle's „Dictionnaire". In: French Studies 16 (1962), S. 307–323, hier S. 316.
[156] Nicola Stricker zeigt in ihrer Dissertation überzeugend, dass Bayle weit davon entfernt ist, ein versteckter Atheist gewesen zu sein, sondern eher als versteckter Theologe zu betrachten ist; vgl. Nicola Stricker: Die maskierte Theologie von Pierre Bayle. Berlin/New York 2003 (= Arbeiten zur Kirchengeschichte 84).
[157] Vgl. u. a. Pierre Jurieu: Le Philosophe de Roterdam accusé, atteint et convaincu. Amsterdam 1706. Heute stellt man eine Renaissance dieser Deutung in der piemontesischen Schule um Gianluca Mori fest. Vgl. Gianluca Mori: Bayle philosophe. Paris 1999 (= Vie des Huguenots 9); McKenna/Paganini, Pierre Bayle dans la République des lettres (Anm. 129).
[158] Vgl. Leo Strauss: Exoteric Teaching. In: Interpretation 14 (1981), H. 1, S. 51–59.
[159] Lennon: Reading Bayle (Anm. 33), S. 15. In seiner Rezension zum Sammelband von van Bunge/Bots: Pierre Bayle (Anm. 27) stellt Markus Völkel fest, dass Antony McKenna „zunächst die jüngere Forschungsgeschichte mit dem Gründungspaar Elisabeth Labrousse (1914–2000) und Richard H. Popkin (1923–2005) nach[zeichnet], um dann das Grundsatzproblem einer nachhaltigen Interpretation der bayleschen philosophischen Position zu streifen, indem er nochmals den ‚Calvinisten' von Labrousse, den ‚Fideisten' von Popkin, den Vertreter der ‚doppelten Wahrheit' von Paganini und den ‚stratonistischen Materialisten' von Gianluca Mori in Erinnerung ruft. McKenna selbst entschließt sich zu einer ‚Historisierung' der verschiedenen, zunächst inkompatibel erscheinenden Positionsnahmen von Bayle, besonders nach seiner Ankunft in Rotterdam 1681. Er gelangt zu einem im Kern ‚rationalistischen Bayle', der die Angriffe seines Kontrahenten Jurieu dazu benutzt, sich hinter dessen Position der Unterwerfung der Vernunft unter die Mysterien des Glaubens zu verschanzen. Lesen dürfen wir das analog dem großartigen Adagium von Erasmus: ‚Polypi mentem obtine!' (‚Mach es wie der Polyp, der die Farbe der Steine annimmt, an die er heranschwimmt!')". Ob damit das letzte Wort bei der Kontroverse gefallen ist, ist jedoch mehr als fraglich. Vgl. Völkels Rezension in: Francia-Recensio 2010/1 Frühe Neuzeit – Revolution – Empire (1500–1815), online unter www.perspectivia.net/content/publikationen/francia/francia-recensio/2010-1/FN/van-bunge_voelkel [Stand: 30.06.2015].

Bayle ist ein komplexer Denker und Protestant,[160] der kein in sich geschlossenes Denksystem entworfen hat. Er wusste nur zu gut, dass der Mensch in seinem Inneren hin- und hergerissen ist: Er wolle weder eine Fremdbestimmung durch Religion und Politik noch eine völlige Willkür, weder ganz Sklave noch völlig frei sein. Er strebe eine bequeme Religion an, aber keine Religion, die das Sündigen erlaube.[161] Die menschliche Seele sei nicht wie der Körper einer stabilen Ordnung unterworfen. Sie sei vielmehr infolge des Missbrauchs der Freiheit durch den Menschen in Verwirrung geraten.[162] Die Philosophie erfordere einen gesunden Menschenverstand. In den Angelegenheiten, in denen es keine eindeutig besseren Gründe für die eine oder für eine andere Antwort gibt, sollte man nicht denen, die sich ihrer Sache angeblich sicher sind, folgen, sondern denen, die sich des Urteils enthalten. Die Menschen seien aber eher bereit, sich durch eine einzige Wahrsagung, die sich per Zufall ereignet hat, in die Irre führen zu lassen, als ihre Meinung zu revidieren aufgrund der Feststellung, dass 20 Wahrsagungen sich als unwahr erwiesen hätten.[163] Bayle bestreitet nicht die Möglichkeit eines sicheren Wissens, vor allem im Bereich der Naturwissenschaften, er will aber das unsichere Wissen der Metaphysik aus der Philosophie heraushalten, um – wie später Kant – „zum Glauben Platz zu bekommen".[164] Er weist auf die engen Grenzen der menschlichen Vernunft hin, vertritt aber zugleich das, was Todd Ryan einen „vernünftigen Fideismus" genannt hat, der die Anwendung der Vernunft im Bereich des Glaubens nicht

---

160 Vgl. Hubert Bost: Pierre Bayle, un „protestant compliqué". In: Bunge: Pierre Bayle (Anm. 6), S. 83–101. In ihrer Einleitung der deutschen Auswahlausgabe von Bayles *Historisches und kritisches Wörterbuch* sehen auch Günter Gawlick und Lothar Kreimendahl in Bayle „einen dialogisch denkenden und schreibenden Philosophen [...], der die Dialogpartner, d. h. die von ihm behandelten Philosophen, jeweils für sich selbst sprechen läßt, ohne die Zusammenführung der jeweils eingenommenen Perspektiven zu einem höheren, einheitlichen Standpunkt auch nur zu beabsichtigen. Bayle steuere diese Dialoge nicht eigentlich, sondern lasse ihrer in der Sache begründeten Eigendynamik freien Lauf mit dem Ergebnis, daß es keine definitiven Sieger oder Verlierer in den Auseinandersetzungen gebe". Günter Gawlick, Lothar Kreimendahl: Einleitung. In: Pierre Bayle: Historisches und kritisches Wörterbuch. Eine Auswahl. Übersetzt und hg. v. Günter Gawlick u. Lothar Kreimendahl. Hamburg 2003, S. IX–LVI, hier S. XXVIII f. Zugleich stellen sie fest, dass man Bayle als „Atheisten, Deisten, Fideisten oder Skeptiker, als Calvinisten, Sozinianer oder Manichäer, als rationalistischen Theologen, Materialisten, als Aufklärer oder Apologeten religiöser Toleranz" verstanden hätte (ebd., S. XXIX).
161 PDC, § CLXXXIX, OD III, 122.
162 PDC, § CLX, OD III, 103.
163 PDC, § LXXXIII, OD III, 55.
164 Immanuel Kant: Kritik der reinen Vernunft. In: AA III 19. Ähnliches ist auch bei Pascal zu finden, wie Bayle selbst feststellt. Bayle begrüßt, dass Pascal sein Leben lang die Rechte des Glaubens und die der Vernunft klar unterschieden hat. Vgl. DCH III, [Art.] „Pascal", 604.

vollständig ausschließt aber stark einschränkt.[165] Dabei verfolgt er drei Ziele: Er möchte, wie später Karl Barth, Gott als den ganz Anderen wahr- und ernst nehmen, auf die Unmöglichkeit einer für die Vernunft befriedigenden Lösung des Problems des Bösen und des Übels in der Welt hinweisen und ein dezidiertes Plädoyer für die Toleranz – auch im Falle eines „irrenden Gewissens" – halten.

Wie nach ihm Kant legt Bayle mehr Wert auf die Ethik als auf die Dogmatik und ersetzt die alte Teleologie durch die Deontologie.[166] Als „Philosoph des Verdachts" weist er aber auch auf das Heuchlerische hinter der scheinbaren moralischen Tugendhaftigkeit hin. Er teilt mit Montaigne und La Rochefoucauld ein eher pessimistisches Menschenbild, das bei ihm durch die augustinisch-calvinistische Tradition noch ausgeprägter ausfällt als bei den beiden.[167] Er geht von der Annahme aus, dass es im Herzen eines jeden Menschen einen Hang zum Bösen gibt, der in Schach gehalten werden muss.[168] Meist glaube man an die frohe Botschaft des Evangeliums und verhalte sich dennoch unsittlich. Zwar sei einzig die wahre Religion in der Lage, die Menschen wirklich tugendhaft zu machen, doch nicht alle Christen würden es schaffen, dauerhaft nach den Geboten der Moral zu leben. Um tugendhaft zu sein, brauche man stets die Gnade Gottes.[169] Die zeitliche Entfernung zum Urchristentum, die damit verbundene Verschlechterung der Sitten und der Kampf zwischen den verschiedenen religiösen Sekten hätten zu einer Vermehrung (selbst-)zerstörerischer Leidenschaften geführt.[170] Indem Bayle behauptet, dass wir alles immer nur im Blick auf uns selbst und auf unser Eigeninteresse bewerten – die Erkenntnis ist immer auch interessengeleitet, würde man heute sagen –, geht er noch einen Schritt weiter: Was uns nützt, erscheine uns gerecht, wenn sich aber die gleiche Sache gegen uns stelle, fänden wir sie ungerecht. Daher komme es, dass wir das gleiche Benehmen unterschiedlich beurteilen, je nachdem, ob es das unserer Feinde oder das unserer Freunde sei.[171] Eine ähnliche multiperspektivistische Sicht und kritische Haltung ist später auch im Werk Lessings zu finden.

---

165 Zit. n. Bost: Pierre Bayle, un „protestant compliqué" (Anm. 160), S. 98, Fn 35.
166 Vgl. Gros: La tolérance et le problème théologico-politique (Anm. 129), S. 419.
167 Vgl. Labrousse: Pierre Bayle (Anm. 15), S. 124; Stricker: Die maskierte Theologie von Pierre Bayle (Anm. 156), S. 205.
168 PDC, § CLVI, OD III, 101.
169 PDC, § CLVII, OD III, 101 f.
170 PDC, § CLX, OD III, 103.
171 „Ce qui nous est utile nous paroît juste; mais si la même chose nous es contraire, nous la trouvons injuste. De-là vient que nous jugeons si diversement de la même conduite quand elle est tenuë par nos ennemis et par nos amis." (CGHCM, OD II, 176 f.)

Exkurs: Die Rezeption Bayles im Deutschland der Frühen Neuzeit

Bayles Kometenschrift wurde von Johann Christoph Gottsched ins Deutsche übersetzt und ist 1741 unter dem Titel *Herrn Peter Baylens, weyland Prof. der Philosophie zu Rotterdam, verschiedenen Gedanken bey Gelegenheit des Cometen, der im Christmonate 1680 erschienen: an einen Doctor der Sorbonne gerichtet* in Hamburg bei Felginer und Bohn erschienen.[172] Die in diesem Buch vorhandenen kritischen Ansichten haben auch in Deutschland den Weg für die Aufklärung geebnet.[173] Ein moderater Skeptizismus teils baylescher Provenienz fand dort im 18. Jahrhundert eine breite Resonanz.[174] Bekanntlich hat Gottsched auch Bayles *Dictionnaire Historique et Critique* ins Deutsche übertragen,[175] ein Werk, das Wilhelm Dilthey die „Rüstkammer der philosophischen Skepsis und der historischen Kritik für die französische Aufklärung" genannt hat.[176] Um den deutschen Leser vor dem „Gift" und den „anstößigen Passagen" des Wörterbuchs zu schützen, fügte Gottsched, ein Verfechter der leibniz-wolffschen Naturphilosophie bzw. Shaftesburys Deismus, der deutschen Übersetzung des berühmten *Dictionnaire* zahlreiche Anmerkungen hinzu. Sie sollten Bayles Skepsis gegenüber einer Erkenntnis Gottes mit Hilfe der Vernunft, seine eher positive Einschätzung des Manichäismus und seine Kritik der Theodizee abschwächen.[177] Allerdings verteidigte derselbe Gottsched Bayle in einer Rezension des doppelbändigen Werks von Philippe-Louis Joly *Remarques critiques sur le dictionnaire de Bayle* (1748) gegen den Vorwurf des Atheismus und würdigte sein dezidiertes Eintreten gegen den

---

172 Pierre Bayle: Verschiedenen Gedanken bey Gelegenheit des Cometen, Hamburg 1741.
173 Vgl. Pott: Aufklärung und Aberglaube (Anm. 87).
174 Vgl. Francesco Tomasoni: Bayle en Allemagne : de Kant à Feuerbach. In: McKenna/Paganini: Pierre Bayle dans la république des lettres (Anm. 129), S. 485–502, hier S. 488.
175 Gemeinsam mit Paul Gottfried von Königslöw, dem Urheber des Projektes und Hauptübersetzer des Dictionnaire, Johann Joachim Schwabe, Johan Christian Müller, Hero Anton Ibekken, Chistian Fürchtegott Gellert, Carl Christian Gärtner, B. Th. Breitkopf und seiner eigenen Frau. Vgl. Erich Lichtenstein: Gottscheds Ausgabe von Bayles Dictionnaire. Ein Beitrag zur Geschichte der Aufklärung. Heidelberg 1915, S. 20–29.
176 Wilhelm Dilthey: Grundriß der allgemeinen Geschichte der Philosophie. Hg. und ergänzt von Hans-Georg Gadamer. Frankfurt am Main 1949, S. 178.
177 Vgl. Marie-Hélène Quéval: L'édition critique du Dictionnaire historique et critique de Pierre Bayle (1741–1744) par Johann Christoph Gottsched. In: Van Bunge/Bots: Pierre Bayle (Anm. 27), S. 153–174; Rüdiger Otto: Gottscheds Leibniz. In: Pluralität der Perspektiven und Einheit der Wahrheit im Werk von G. W. Leibniz. Hg. v. Friedrich Beiderbeck u. Stephan Waldhoff. Berlin 2011, S. 191–263, hier S. 248.

Aberglauben und die Intoleranz.[178] In der Vorrede des Herausgebers nennt Gottsched Bayle einen „Kenner und scharfen Richter philosophischer Wahrheiten". Er habe die „Beurtheilungskraft eines Weltweisen, der die geheimen Treibfedern des menschlichen Herzens kannte".[179]

Noch vor dem Erscheinen der deutschen Übersetzungen waren Bayles Schriften von deutschen Theologen, Philosophen, Historikern und Juristen wahrgenommen worden,[180] und dies, obwohl Bayle selbst sich kaum für die wissenschaftliche Produktion deutscher Gelehrter interessierte. Zwar unterhielt er mit mehreren von ihnen Korrespondenz, so mit Dethlef Kühler, Friedrich von Dohna, Georg Gravius, Sebastian Korthold, Gottfried Wilhelm Leibniz und Ezechiel Spanheim, und obschon einige seiner Artikel aus seinem Wörterbuch deutschen Persönlichkeiten gewidmet sind, betrachtete er die deutschen Gelehrten in erster Linie als gute Kompilatoren.[181] Neben der Kometenschrift und dem *Dictionnaire* wurden auch die ab dem Frühjahr 1684 von Bayle herausgegebenen *Nouvelles de la République des Lettres* (NRL) von deutschen Gelehrten gelesen.[182] Die NRL fanden in der Zeitschrift *Leipziger Monatsgespräche* eine deutsche Entsprechung. Sowohl orthodoxe Lutheraner wie Ludwig von Seckendorf als auch Pietisten wie Nikolaus Ludwig Graf von Zinzendorf[183] und Philosophen wie Christian Thomasius interessierten sich für Bayles Gedanken. Der als Begründer der deutschen Aufklärung geltende Thomasius wurde von Zeitgenossen sogar „*le Bayle de l'Allemagne*" genannt.[184] Beide, Bayle und Thomasius, waren Verfechter der wissenschaftlichen

---

178 Ebd.
179 Pierre Bayle: Herrn Peter Baylens, weyland Professors der Philosophie und Historie zur Rotterdam, Historisches und critisches Wörterbuch in Leipzig 1741–1744. 4 Teile. Leipzig 1741–1744, *Vorrede des Herausgebers*, S. 2 f.
180 Vgl. Gerhard Sauder: Bayle-Rezeption in der deutschen Aufklärung. Mit einem Anhang: In Deutschland verlegte französische Bayle-Ausgaben und deutsche Übersetzungen Baylescher Werke. In: Deutsche Vierteljahresschrift für Literaturwissenschaft und Geistesgeschichte, Sonderheft (1975), S. 83–104, hier S. 87.
181 Vgl. Herbert Jaumann: Frühe Aufklärung als historische Kritik: Pierre Bayle und Christian Thomasius. In: Neumeister (Hg.): Frühaufklärung (Anm. 48), S. 149–170, hier S. 163.
182 Vgl. Sauder: Bayle-Rezeption in der deutschen Aufklärung (Anm. 180), S. 89.
183 Vgl. Erich Beyreuther: Die Paradoxie des Glaubens. Zinzendorfs Verhältnis zu Pierre Bayle und zur Aufklärung. In: Ders.: Studien zur Theologie Zinzendorfs. Gesammelte Aufsätze. Neukirchen 1962. S. 201–234.
184 Vgl. Sandra Pott: ,Le Bayle de l'Allemagne'. Christian Thomasius und der europäische Refuge. Konfessionstoleranz in der wechselseitigen Rezeption für ein kritisches Bewahren von Tradition(en). In: Thomasius im literarischen Feld. Neue Beiträge zur Erforschung seines Werkes. Hg. v. Manfred Beetz u. Herbert Jaumann. Tübingen 2003 (= Hallesche Beiträge zur Europäischen Aufklärung 20), S. 131–158.

historischen Kritik,[185] sie traten für die Unabhängigkeit des Geistes ein, waren eklektizistische Denker und haben, so Martin Gierl, „die Vernunft zur obersten Maxime" erklärt und gleichzeitig die „Besserungsfähigkeit der Menschen" bezweifelt.[186] Allerdings blieben die Kenntnisse Thomasius' von Bayles Werk eher oberflächlich.[187]

Erst nach dem Tod des französischen Rotterdamer Polyhistors häuften sich in Deutschland die kritischen und polemischen Rezensionen zu Bayles Werk. Der Theologe Valentin Ernst Löscher wurde zu einem der Hauptgegner der Thesen Bayles.[188] In erster Linie waren Bayles Behauptung einer prinzipiellen Kompatibilität des Atheismus mit dem Erhalt des Staats, seine Annahme der Unmöglichkeit jeglicher Theodizee und sein angeblicher Manichäismus bzw. Skeptizismus Gegenstand der Kritik. Bayle blieb hingegen in Leipziger Kreisen, so in den Gelehrtenfamilien Thomasius und Mencke, ein wichtiger Inspirator.[189] Leibniz' Gespräche mit Prinzessin Sophie Charlotte von Hannover über Bayles Wörterbuch waren der Anlass für die Verfassung seiner *Théodicée*.[190]

Später hat Bayle auch einen bedeutenden Einfluss auf Friedrich II. und auf die deutschen Aufklärer der zweiten Hälfte des 18. Jahrhunderts ausgeübt, vor allem auf Johann Gottfried von Herder, Johann Joachim Winckelmann, Moses Mendelssohn und Gotthold Ephraim Lessing.[191] Friedrich II. war nicht nur ein Bewunderer Voltaires, sondern auch Bayles. Er gab eine zweibändige Auswahlausgabe von Bayles *Dictionnaire* heraus und ließ sich teilweise in seiner Haltung zur Herrschaft und zur Toleranz durch Bayles Gedanken inspirieren.[192] Herder besaß in seiner Weimarer Bibliothek alle wichtige Schriften Bayles und lobte ihn

---

185 Vgl. Jaumann, Frühe Aufklärung als historische Kritik (Anm. 181), S. 169.
186 Vgl. Martin Gierl: Pietismus und Aufklärung. Theologische Polemik und die Kommunikationsreform der Wissenschaft am Ende des 17. Jahrhunderts. Göttingen 1997 (= Veröffentlichungen des Max-Planck-Instituts für Geschichte 129), S. 419 ff.
187 Vgl. Sauder: Bayle-Rezeption in der deutschen Aufklärung (Anm. 181), S. 90 f.
188 Vgl. ebd., S. 92.
189 Vgl. ebd., S. 94.
190 Vgl. ebd., S. 95.
191 Zur Wirkungsgeschichte Bayles auf das Frankreich des 18. Jahrhunderts siehe Pierre Rétat: Le Dictionnaire de Bayle et la lutte philosophique au XVIIIe siècle. Paris 1971.
192 Stefan Lorenz: Friedrich der Große und der Bellerophon der Philosophie. Bemerkungen zum „roi philosophe" und Pierre Bayle. In: Friedrich II. und die europäische Aufklärung. Hg. v. Martin Fontius. Berlin 1999 (= Forschungen zur brandenburgischen und preussischen Geschichte; Beiheft NF 4), S. 73–85; Eckart Birnstiel: Frédéric II et le ‚Dictionnaire' de Bayle. In: Pierre Bayle, citoyen du monde. De l'enfant du Carla à l'auteur du ‚Dictionnaire'. Actes du colloque du Carla-Bayle (13–15 septembre 1996). Hg. v. Hubert Bost u. Philippe de Robert. Paris 1999 (= Vie des Huguenots 4), S. 143–157.

als „Dialektiker". Zugleich wünschte er sich, man würde Bayles Schriften von allen Kontroversen reinigen, die er zu seiner Zeit legitimerweise geführt habe, die aber mittlerweile überholt wären. Er lobte Bayle für seinen Beitrag „[z]ur Duldung verschiedener Religionsmeinungen". „[D]urch sie öffnet er", so Herder, „nämlich das große Panorama der Welt, eine Wiese, auf welcher vielerlei Blumen blühen."[193] Winckelmann behauptete seinerseits, er habe während seines Studiums zweimal Bayles Lexikon durchgelesen und einen dicken Band kurzer Abschnitte daraus abgeschrieben. 1755 habe er ein neues Exzerpt aus den ursprünglichen Exzerpten angefertigt und Bayles Briefe konsultiert. Daraus sollen nicht weniger als 700 Manuskriptseiten entstanden sein. Winckelmann begrüßte Bayle als einen Autor, der den Dogmatismus klar anprangert hatte. Gerade im Namen dieses Dogmatismus hatten die Hallenser Theologen 1723 den berühmten Philosophen Christian Wolff aufgrund seines angeblichen Atheismus von der Universität vertrieben, zu einer Zeit also, als Winckelmann dort Theologie studierte.[194]

Auch Lessing hat sich recht früh intensiv mit dem Werk Bayles auseinandergesetzt.[195] Obwohl sein Vater, ein lutherischer Pastor, 1717 eine lateinische Widerlegung der Ansichten Bayles in Form einer Dissertation veröffentlicht hatte, ließ sich der junge Lessing von Bayles Wissen und vor allem Stil inspirieren. Der Pastor Samuel Gottlieb Lange stellte bedauernd fest, seine ganze Gelehrsamkeit schiene allein aus Bayles Lektüren zu stammen. Lessing sah im französischen Philosophen von Rotterdam einen neuen Hannibal, „der unter den Gelehrten Schrecken einzujagen pflegt".[196] Vor allem in den 1750er-Jahren war Lessings Werk von Bayles kritischem

---

193 Johann Gottfried von Herder: Adrastea, Kap. 9. In: Herder Werke in zehn Bdn. Bd. 10. Hg. v. Günter Arnold u. a. Frankfurt am Main 2000, S. 79.
194 Vgl. Heinrich Segelken: Winckelmann 1717–1768. Ein Lebensbericht zum 200. Gedenktage seiner Geburt. Stendal 1917, S. 26–28; Markus Käfer: Winckelmann – Pierre Bayle: „das Neuere mit dem Alten verbinden". In: Die Freiheit und die Künste. Hg. v. Volker Riedel. Stendal 2001 (= Schriften der Winckelmann-Gesellschaft 20), S. 147–162, hier S. 152.
195 Vgl. Erich Beyreuther: Die Bedeutung Pierre Bayles für Lessing und dessen Fragment über die Herrnhuter. In: Der Pietismus in Gestalten und Wirkungen. Martin Schmidt zum 65. Geburtstag. Hg. v. Heinrich Bornkamm, Friedrich Heyer u. Alfred Schindler. Bielefeld 1975 (= Arbeiten zur Geschichte des Pietismus 14), S. 84–97. Beyreuther beruft sich hier auf Paul Rillas Werk *Lessing und sein Zeitalter* (München 1973). Rilla betont in erster Linie Bayles Einfluss auf die „Richtung und Methode der Lessingschen Schriftstellerei" (S. 60). Er schreibt: „Der junge Lessing wurde nicht müde, in den vier ungeheuren Folianten des Bayleschen Lexikons, das kein anderes Ordnungsprinzip als das des Alphabets hatte, dem Nutzen nachzugehen, der für die Gesellschaft darin liegt, daß das Joch einer verfaulten Denkungsart abgeschüttelt und an die Stelle des geheiligten Herkommens die vernünftige Kenntnis und Erfahrung gesetzt wird" (S. 62).
196 Gotthold Ephraim Lessing: Zeitungsartikel und Rezensionen. In: Lessings Werke. 25 Bde. Hg. v. Julius Petersen u. Waldemar von Olshausen. Berlin o. J., hier Bd. 9, 288.

Geist geprägt.[197] Wie Bayle ursprünglich mit seinem *Dictionnaire* die Irrtümer des Enzyklopädisten Louis Moréri korrigieren wollte, wollte Lessing die „unverantwortlichen Fehler" im damals berühmten jöcherischen Gelehrtenlexikon in einem eigenen Werk beheben, ein Projekt, das er nach einer Vereinbarung mit Christian Gottlieb Jöcher jedoch nicht weiter verfolgte.[198] Hugh Barr Nisbet betont drei Aspekte in Lessings Werk, die auf Bayles Einfluss zurückzuführen seien: den Skeptizismus gegenüber der Möglichkeit rationaler Deutungen christlicher Doktrinen, den Hang zur Polemik und die „Rettung" von negativen Figuren aus der Vergangenheit, die man vor allem in Lessings Wittenberger Schriften findet.[199] Er sieht auch zahlreiche Gemeinsamkeiten zwischen den beiden Denkern:

> There is the same erudition and delight in apparently insignificant facts. There is the same preoccupation with the classics, and Lessing's studies of Plautus (1750) and Sophocles (1760) were intended to fill gaps in the *Dictionnaire*. The thought of both writers is occasional in Character [...], and such unity as their writings possess is one of personality, of characteristic responses, rather than clearly formulated ideology [...]. For Bayle, in his ceaseless criticism of received doctrines, his defence [sic!] of the persecuted and pleas for universal tolerance, and Lessing, the seeker after truth who refuses to compromise with any dogma, are kindred spirits, and both are morally impressive characters. Among the main characteristics they have in common that of style must come high on the list. More than once, Lessing speaks with admiration of Bayle's style [...], which he at first attempted to imitate directly [...]. Another activity in which both thinkers excel is in drawing distinctions between related, but often confused, conceptual areas [...]. For the two are first and foremost analytical intellects; and just as Bayle draws sharp distinctions between religion and ethics, reason and faith, and theory and practice, so also does Lessing differentiate between hitherto confused areas, such as poetry and the visual arts, and, like Bayle, reason and revelation, religion and ethics.[200]

Allerdings wurde Lessing auch von Leibniz, den er bewunderte, beeinflusst und versuchte immer wieder wie dieser, scheinbar gegensätzliche Positionen zusammenzubringen.[201] Er bedauerte, dass Bayle aufgrund seines flotten Duktus hundert

---

197 Vgl. Hugh Barr Nisbet: Gotthold Ephraim Lessing: His Life, Works, and Thought. Oxford 2013, S. 124.
198 Vgl. Gotthold Ephraim Lessing: Critik über das Jöcherische Gelehrtenlexicon. In: Werke und Briefe in zwölf Bdn. Bd. 2. Werke 1751–1753. Hg. v. Jürgen Stenzel. Frankfurt am Main 1998, S. 1041–1059; Hans von Müller: Lessings unterdrückte Schrift gegen Jöcher. Die Geschichte eines Problems von 1753 bis 1915. Berlin 1916.
199 Vgl. Nisbet, Gotthold Ephraim Lessing (Anm. 197), S. 124.
200 Hugh Barr Nisbet: Lessing and Pierre Bayle. In: Tradition and Creation: Essay in Honour of Elizabeth Mary Wilkinson. Hg. v. C. P. Magill, Brian A. Rowley u. Christopher J. Smith. Leeds 1978, S. 13–29, hier S. 17 f.
201 Ebd., S. 19.

Leser finden würde, Leibniz' *Théodicée* jedoch nur einen.[202] Seiner Meinung nach gehöre Bayle zu den Autoren, welche die „unselige Geschicklichkeit" besitzen, „dem Falschen alle Reize der Wahrheit zu geben, die schwächsten Gründe durch witzige Einfälle aufzustützen, und sich so auszudrücken, daß man sie ohne Kopfbrechen verstehen kann".[203]

Nichtsdestotrotz lässt sich in der Ring-Parabel in *Nathan der Weise* ein ähnlicher Vorrang der Orthopraxis vor der Orthodoxie wie bei Bayle finden. Nisbet erinnert an die „Empfehlung des Richters, dass nicht die Glaubensbekenntnisse der drei [die monotheistischen Religionen repräsentierenden] streitenden Söhne, sondern ihr moralisches Verhalten über ihre Ansprüche entscheiden sollten".[204] Bayles berühmte Kritik am unmoralischen Verhalten König Davids in der Bibel wurde von Lessing zunächst beanstandet. Später hat er aber selbst ein Fragment aus H. S. Reimarus' *Apologie oder Schutzschrift für die Verehrer Gottes* herausgeben, in dem die Bibel als Katalog von Verbrechen, Widersprüchen und Absurditäten dargestellt wird. Daraus entstand ein Streit mit dem Hamburger Hauptpastor Johann Melchior Goeze.[205] Wie Bayle hat auch Lessing auf die Rechte der *„conscience errante"* (des irrenden Bewusstseins) hingewiesen. In einer Polemik von 1778 schreibt er in voller Übereinstimmung mit Bayle:

> Ein Mann, der Unwahrheit, unter entgegengesetzter Überzeugung, in guter Absicht [...] durchzusetzen sucht, ist unendlich mehr werth, als ein Mann, der die beste edelste Wahrheit, aus Vorurtheil, mit Verschreyung seiner Gegner, auf alltägliche Weise vertheidiget.[206]

Auch Johann Wolfgang von Goethe, Karl Wilhelm Friedrich von Schlegel und die Frühromantiker haben sich mit Bayle intensiv auseinandergesetzt. Goethe erinnerte sich, dass er sich in ein großes Labyrinth verlor, als er Bayles *Dictionnaire* las. Er hatte das Werk in der Bibliothek seines Vaters entdeckt.[207] Schlegel lobte Bayle dafür, dass er angeblich zugleich Mystiker und Skeptiker war und – zusam-

---

202 Lessing: Frühe kritische Schriften. In: G III, 153.
203 Ebd.
204 Vgl. Nisbet: Zu den Anfängen der Toleranz in Europa. Lessing und der deutsche Pluralismus. In: Ohne Wort keine Vernunft – keine Welt. Bestimmt Sprache Denken? Schriftsteller und Wissenschaftler im Wortwechsel mit Johann Georg Hamann. Hg. v. Susanne Schulte. Münster u. a. 2011, S. 279–294, hier S. 290.
205 Vgl. Nisbet: Lessing and Pierre Bayle (Anm. 200), S. 20 f.
206 Ebd., S. 27.
207 Johann Wolfgang von Goethe: Aus meinem Leben. Dichtung und Wahrheit. In: Ders.: Werke, Kommentare und Register. Bd. 9: Autobiographische Schriften I. München 1981, S. 239.

men mit Pierre Daniel Huet – Teile seiner Pantheismus-Kritik vorweggenommen hatte.[208] Auch Jean Paul gehörte zu den treuesten Lesern Bayles.[209]

Bayles Werk wurde ebenfalls von Philosophen des ausgehenden 18. und des angehenden 19. Jahrhunderts sorgfältig rezipiert. Friedrich Heinrich Jacobi zitierte wiederholt in seinen Kladden Bayles *Dictionnaire*.[210] Zwar sah Immanuel Kant im französischen Polyhistor den Vertreter einer widersprüchlichen Position – Bayle würde den Glauben und die „Vernunftwahrheiten" so sehr entgegensetzen, dass etwas, was der Vernunft nach als falsch erscheint, dennoch wahr sein kann –,[211] nichtsdestotrotz gibt es eine große Nähe zwischen den Gedanken Bayles und denen Kants. So hat Jean Delvolvé festgestellt, dass die Überlegungen Bayles über die Pflichtethik teilweise Kants Theorie des kategorischen Imperativs vorwegnahmen.[212] Wie Kant hat auch Bayle einen scharfen Blick für Antinomien, d. h. für Paare kontradiktorischer Urteile, von denen jedes sich als gültig beweisen lässt. In seinem Wörterbuchartikel über die Manichäer stellt er fest, dass sowohl Gott allgütig sowie allmächtig als auch der Mensch, sein Geschöpf, boshaft und dem Schmerz wie auch dem Verdruss unterworfen ist. Beides ist nach Bayle eindeutig richtig, will aber nicht zueinander passen. Die Manichäer hätten versucht, das Problem zu lösen, indem sie im ursprünglichen Schöpfer zwei Wesen, ein gutes und ein böses, voraussetzten. Sie lägen damit nach Bayle zwar *a priori* – d. h. nach der Logik der Metaphysik – falsch, denn Gott könne nur eine Einheit bilden. Ihre Argumente *a posteriori* – d. h. von einem ethischen Gesichtspunkt – seien jedoch nicht von der Hand zu weisen. Der französische Philosoph von Rotterdam versuchte nicht einmal, die Antinomie aufzulösen. Er wies wie Augustin auf die Begrenztheit der menschlichen Vernunft

---

208 Vgl. Dorit Messlin: Antike und Moderne. Friedrich Schlegels Poetik, Philosophie und Lebenskunst. Berlin/New York 2011, S. 186 ff.
209 Jean Paul exzerpierte mehrere Artikel aus Pierre Bayles *Dictionnaire* und stellte fest, dass er, wenn er „scharfsinnig reden wolle", Lessing oder Bayle lesen müsse. Vgl. Götz Müller: Jean Paul im Kontext: gesammelte Aufsätze. Würzburg 1996, S. 50; Gustav Lohmann: Jean Paul: Entwicklung zum Dichter. Würzburg 1999, S. 111.
210 Vgl. Nicole Schumacher: Friedrich Heinrich Jacobi und Blaise Pascal. Einfluss, Wirkung, Weiterführung. Würzburg 2003 (= Epistemata; Reihe Literaturwissenschaft 458), S. 283, Fn. 81.
211 Vgl. Immanuel Kant: Reflexionen zur Logik. In: AA XVI, 450 f.
212 Vgl. Jean Delvolvé: Religion, critique et philosophie positive chez Pierre Bayle. Paris 1906, S. 109 f. Siehe auch Rudolf Christoph Eucken: Bayle und Kant. In: Beiträge zur Einführung in die Geschichte der Philosophie. Leipzig ²1906, S. 82–111.

hin.²¹³ Während Bayle im 19. Jahrhundert in Frankreich in den Schatten Voltaires geriet,²¹⁴ haben ihn in Deutschland sowohl Ludwig Feuerbach als auch Karl Marx vor allem als skeptischen Zerstörer der Metaphysik gefeiert.²¹⁵

---

213 Bayle bezeichnet im Artikel *Pauliciens* seines *Dictionnaire* die Antwort Laktanz' auf die Aporie Epikurs „Deus aut vult tollere mala, et non potest; aut potest, et non vult" als „pitoiable" (erbärmlich). DHC III, [Art.] „Pauliciens" (E), 625. Im Artikel *Marcionites* behauptet er: „[...] la Révélation est l'unique magazin des Argumens qu'il faut opposer à ces gens-là ; ce n'est que par cette voie que nous pouvons réfuter l'éternité prétendue d'un mauvais Principe". DCH III, [Art.] „Marcionites" (F), 319.
214 Vgl. Patrick Cabanel: La faute à Voltaire et le nécessaire révisionisme historique: la question de l'oubli de Bayle au XIXᵉ siècle. In: Bost: Pierre Bayle, citoyen du monde (Anm. 160), S. 105–125.
215 Vgl. Feuerbach: Pierre Bayle (Anm. 13); Friedrich Engels/Karl Marx: Die heilige Familie, oder Kritik der kritischen Kritik. In: Karl Marx – Friedrich Engels – Werke. Bd. 2. Ost-Berlin 1972, S. 3–223, hier S. 132.

Holger Glinka
Die Dimension der Freiheit und der Spielraum der Toleranz

Philosophie und Politik nach Spinoza

Vorbemerkungen

Die Interpretation kaum eines philosophischen Werkes ist so eng mit seiner sowohl unmittelbaren als auch postumen Wirkungsgeschichte verknüpft wie dasjenige Baruch de Spinozas (1632–1677). Dies erstaunt umso mehr, als Spinoza zu Lebzeiten lediglich zwei Werke veröffentlicht: zum einen 1663 eine Untersuchung zu Descartes' *Principia Philosophiae*[1] (es bleibt das einzige Werk, zu dem er sich vor der Öffentlichkeit als Autor bekennt), und zum anderen den gemeinsam mit seinem Amsterdamer Verleger 1670 anonym und mit fingierten Angaben zu Drucker und Druckort[2] erschienenen *Tractatus theologico-politicus*.[3] Dieses Werk plädiert für die Freiheit des Philosophierens („libertas philosophandi") und sucht das trügerische Selbstverständnis von Theologen und Politikern zu entlarven. So gilt sein Autor *spätestens* mit dieser Publikation endgültig als Atheist.[4]

---

[1] Renati Des Cartes Principiorum Philosophiæ Pars I, et II, More Geometrico demonstratae per Benedictum de Spinoza Amstelodamensem. Accesserunt Ejusdem Cogitata Metaphysica, In quibus difficiliores, quæ tam in parte Metaphysices generali, quàm speciali occurrunt, quæstiones breviter explicantur. Amsteladami, Apud Johannæ Riewers [...] 1663.

[2] Nicht „Hamburg Apud Henricum Künrath", sondern in Wahrheit bei Spinozas Freund und Verleger Jan Rieuwertsz sen. (1617–1685) in Amsterdam. Eine zweite fiktive Adresse für Rieuwertsz lautet Hans Jürgen van der Weyl, Bremen. Den Druck der Schrift besorgt der gleichfalls ungenannte Christoffel Cunrad (Conrad, ca. 1615–1684).

[3] Im Folgenden zit. n. Baruch de Spinoza: Tractatus theologico-politicus. Theologisch-politischer Traktat. Herausgegeben von Günter Gawlick und Friedrich Niewöhner. In: Ders.: Opera. Lateinisch und deutsch. Erster Band. Darmstadt 1979 (im Weiteren mit der Sigle: „TTP").

[4] Zu seinem mutmaßlichen Atheismus äußert sich Spinoza zu der Zeit der Abfassung des *Tractatus theologico-politicus* in einem Brief an Heinrich Heinrich alias Henry Oldenb(o)urg (um 1618–1677), einem späteren Sekretär der *Royal Society* in London: „Ich verfasse eben eine Abhandlung über meine Auffassung von der Schrift. Dazu bestimmen mich: 1. die Vorurteile der Theologen; diese Vorurteile hindern ja, wie ich weiß, am meisten die Menschen, ihren Geist der Philosophie zuzuwenden; darum widme ich mich der Aufgabe, sie aufzudecken und sie aus dem Sinne der Klügeren zu entfernen; 2. die Meinung, die das Volk von mir hat, das mich unaufhörlich des Atheismus beschuldigt; ich sehe mich gezwungen, diese Meinung womöglich von mir abzuwehren; 3. die Freiheit, zu philosophieren und zu sagen, was man denkt; diese Freiheit möchte ich

Über Spinozas tatsächlich vertretene Philosophie – an seinem metaphysischen Grundwerk *Ethica* arbeitet er im Geheimen und diskutiert es ausschließlich unter Vertrauten – kursieren längst widersprüchliche Gerüchte aller Art; und Spinoza zur Person bereitet zusätzliche ‚Ärgernisse'. Drei Beispiele seien genannt:

A. Dass Religiosität und Moralität nicht zwangsläufig eine Allianz eingehen, erstaunt zunächst den in Hamburg gebürtigen Daniel Langermann.[5] Dieser berichtet zudem, Spinoza behandle sämtliche positiven Religionen gleichrangig. Das ist ein frühes Zeugnis eines auch in der Folgezeit gegen Spinoza erhobenen Vorwurfs.

B. Ähnlich verwundert berichtet der Mathematiker und Astronom Johann Christoph Sturm (1635–1703), den Spinoza um 1660 zu einem Besuch empfängt, – zunächst korrekt –, dass Spinoza „sich niemals zur christlichen Religion bekannte oder sich taufen ließ, sondern diese wie auch die jüdische und die mohammedanische Religion und jedwede andere gleich achtete"; sodann heißt es jedoch, Spinoza pflegte „dem Koran, dem Talmud und den Heiligen Büchern in seiner Bibliothek böswillig einen gemeinsamen Platz zuzuweisen [...]".[6] Dieser Bericht über die Gleichbehandlung der Heiligen Bücher von Juden und Mohammedanern dürfte die Quelle für die später verbreitete Legende sein, Spinoza habe alle diese Bücher in einem Exemplar zusammengebunden in seiner Bibliothek beherbergt.

C. In der Folgezeit gibt insbesondere Pierre Bayle (1647–1706) im Spinoza-Artikel seines *Dictionnaire historique et critique* (1697 ff.) eine mögliche Divergenz von religiöser Überzeugung und sittlich untadeliger Lebensführung zu bedenken: „Dieses ist seltsam; allein im Grunde darf man sich nicht mehr darüber verwundern, als wenn man Leute sieht, welche sehr gottlos leben,

---

auf alle Weise verteidigen, da sie hier bei dem allzugroßen Ansehen und der Frechheit der Prediger auf alle mögliche Weise unterdrückt wird" (Baruch de Spinoza: Briefwechsel. Übersetzung und Anmerkungen von Carl Gebhardt. Dritte Auflage. Herausgegeben, mit Einleitung, Anhang und erweiterter Bibliographie von Manfred Walther. In: Ders.: Sämtliche Werke. Bd. 6. Spinoza: 30[1]. Brief. An Heinrich Oldenburg. September–Oktober 1665. Hamburg 1986, S. 141 f. Siehe auch TTP, Praefatio III).

5 Baruch de Spinoza: Lebensbeschreibungen und Dokumente. Vermehrte Neuausgabe. Mit Erläuterungen herausgegeben von Manfred Walther. Übersetzung der Lebensbeschreibungen von Carl Gebhardt. In: Baruch de Spinoza. Sämtliche Werke. Bd. 7. Hamburg 1998. Dokument 57 (im Weiteren mit der Sigle: „LD"). Langermanns Bericht ist auf den 10. September 1661 datiert; seine Lebensdaten sind der Quelle nicht zu entnehmen. Siehe auch Wiep van Bunge u. a. (Hg.): The Continuum Companion to Spinoza. London 2011, S. 14.

6 LD Dok. 58.

ob sie gleich von dem Evangelio völlig überzeuget sind".[7] Dieses fragwürdige Missverhältnis erörtert Bayle bereits in seinen *Penseés diverses sur la comète* (1682), in denen er sein missbilligendes Urteil über Spinoza noch zu steigern weiß:

> Spinoza war der größte Atheist, der man jemals gesehen hat. Er hatte sich von gewissen philosophischen Grundsätzen auf eine so närrische Art einnehmen lassen, daß er, um denselben desto besser nachzusinnen, sich in die Einsamkeit begab, allem demjenigen absagte, was man Vergnügungen und Eitelkeiten der Welt nennt, und sich nur mit diesen versteckten Betrachtungen beschäftigte.[8]

Um dem methodologischen Anforderungsprofil des gestellten Themas gerecht zu werden, ist es vonnöten, Spinozas exoterische Lehre – der Aufgabe entsprechend: den *Tractatus theologico-politicus* – von ihrem esoterischen Anteil – hier: der *Ethica* – zu unterscheiden. Mit Blick auf Spinozas Freiheitslehre, die in beiden der genannten Schriften entwickelt ist, bezeichnet besagte Diskrepanz von Exoterik (zu Lebzeiten Veröffentlichtes bzw. Mitgeteiltes, nicht zuletzt auch Briefe) und Esoterik (im Geheimen Konzipiertes, später *B. D. Spinoza Opera Posthuma*[9]) also keinesfalls

---

7 Pierre Bayle: Spinoza. In: Herrn Peter Baylens, weiland Professors der Philosophie und Historie zu Rotterdam, Historisches und Critisches Wörterbuch, nach der neuesten Auflage von 1740 ins Deutsche übersetzt; Mit des berühmten Freyherrn von Leibnitz, und Herrn Maturin Veissiere la Croze, auch verschiedenen andern Anmerkungen, sonderlich bey anstößigen Stellen wie auch einigen Zugaben versehen, von Johann Christoph Gottscheden. Vierter und letzter Teil. O bis Z. Mit einem vollständigen Register über alle vier Theile. Mit Röm. Kaiserl. auch Königl. und Chursächs. allergnädigster Freyheit. Leipzig, 1744. Verlegts Bernhard Christoph Breitkopf. S. 260–279, hier: S. 261.
8 Pierre Bayle: Verschiedene einem Doktor der Sorbonne mitgeteilte Gedanken über den Kometen, der im Monat Dezember 1680 erschienen ist. Aus dem Franz. von Gottsched 1741 herausgegebene Übersetzung von Johann Christoph Faber. Einleitung von Rolf Geissler. Leipzig 1975, S. 390. Die erste Ausgabe der *Pensées diverses sur la comète* erscheint am 1. März 1682 in Köln, die zweite im September 1683 in Rotterdam, der Geburtsstadt Bayles.
9 Die *Opera Posthuma*, deren Manuskripte bereits im Juli 1677 Rieuwertsz sen., dem sie Spinoza zu Lebzeiten vermacht, vorliegen, versammeln folgende Schriften Spinozas: die *Ethica*, den Fragment gebliebenen *Tractatus Politicus*, die Bruchstücke des *Tractatus de intellectus emendatione*, eine Auswahl der *Epistolae* (aus deren einstmaliger Sammlung – wohl auf Verschulden Georg Hermann Schullers [1651–1697] – viele verlorengehen und aus denen die Namen noch lebender Absender und Empfänger sorgfältig entfernt werden) und im Anhang schließlich (mit neuer Paginierung) das unvollendete *Compendium grammaticae linguae Hebraeae*. Rieuwertsz' Name bleibt in der Ausgabe ungenannt; als zweiter Herausgeber fungiert der Gewürzhändler und Mennonit Jarig Jelles (ca. 1620–1683), der bereits die Druckkosten für Spinozas Descartes-Buch übernimmt. Spinozas Schriften sogleich nach dessen Tod (kostspielig) in Druck zu geben, bedeutet für alle Beteiligten ein hohes persönliches und nicht zuletzt auch verlegerisches Risi-

ein interdependentes Ausschlussverhältnis. So vermag eine solche Perspektive auf Spinozas Denken manche Interpretationen vor folgenschweren Reduzierungen zu bewahren. Im Besonderen gilt dies für die Frage nach der Realität der Idee der Toleranz in Spinozas Werk. Wer also z. B. behauptet, Spinoza sei keinesfalls ein Fürsprecher von Toleranz in Religionsangelegenheiten, weil ihn streng genommen nur der philosophische Ausdruck der Wahrheit – also einzig das in seiner *Ethica* Verhandelte – bzw. die damit einhergehende besondere Gemeinschaft von Philosophen tatsächlich interessiere, der bewegt sich auf dünnem Eis.

1 Die Dimension der Freiheit

Die folgenden Ausführungen sind von der Überzeugung getragen, dass Spinozas Denken insbesondere vor dem Hintergrund des Mittleren Bannstrahls (*Cherem* oder auch *Herem*) vom 27. Juli 1656 sowie der anschließenden Exkommunikation des Angeklagten zu interpretieren ist. Damit ist auch gesagt, dass sich Spinozas Lehre bereits in früher Zeit quasi als Widerpart, oder besser: *in Folge* einer radikalen Abwendung vom jüdischen Recht, d. h. in Gestalt einer Emanzipation von talmudistischen Kodifikationsformen herausbildet. Spinozas Philosophie verdankt sich wesentlich dieser Konfrontation mit dem Recht seiner Väter. Wenn jedenfalls, so findet noch Karl Jaspers (1883–1969), von einem Juden in der Diaspora die Rede ist, müsse zuerst Spinoza genannt werden: „Sein Schicksal hat Spinoza nicht gewollt, aber als unumgänglich begriffen: es bedeutete die Lösung aus jeder Gemeinschaft des Glaubens, der Herkunft, des Volkes, der eigenen Familie. Von den Juden ausgestoßen, wurde er nicht Christ."[10] Und wirklich: Spinoza, im Übrigen zeitlebens ledig, verlässt seine religiöse Gemeinschaft, in die er hineingeboren ist, ohne sich je wieder einer anderen anzuschließen. In der niederländischen Republik hat er niemals wirklich Fuß gefasst (wenngleich er sich auch in für ihn bedrohlicher Lage selbst als „Republikaner" zu erkennen gibt[11]), ihr

---

ko. Veröffentlicht unter den Verfasser-Initialen „B. d. S." werden die *Opera Posthuma* bereits am 25. Juni 1678, nur ein Jahr nach ihrem Erscheinen, erstmalig verboten (durch die Staaten von Holland und Westfriesland: siehe LD Dok. 82; sodann 1690 durch den Vatikan; siehe ebd.).

10 Karl Jaspers: Spinoza. München 1978, S. 8.

11 Johannes Colerus: Kurze, aber wahrhaftige Lebensbeschreibung von Benedictus de Spinoza aus authentischen Stücken und mündlichem Zeugnis noch lebender Personen zusammengestellt / Von Johannes Colerus, deutschem Prediger der lutherischem Gemeinde in 's Gravenhage. In: LD, S. 73–124, hier S. 92. Der in Deutschland gebürtige orthodoxe Lutheraner Johannes Colerus (1647–1707) ist ein früher Biograf Spinozas.

Grenzgebiet – mit Ausnahme eines Abstechers 1673 in das benachbarte Utrecht ins Hauptquartier der französischen Truppen – aber auch nirgends verlassen (anders als beispielsweise der reisefreudige Descartes). Spinozas gesellschaftliche Inklusion ist eher als abstrakt-politischer Zustand denn als konkrete Lebenserfahrung zu werten. In einer Zeit, die es niemandem ermöglicht, eine geistig-personale Identität außerhalb bereits existierender religiöser Vorgaben auszubilden, kann Spinoza als Individuum par excellence begriffen werden[12] – und darüber hinaus (worauf neben Bayle auch Colerus hinweist) kann Spinoza auch als lebendiger Gegenbeweis verstanden werden für die in damaliger Zeit als Allgemeingut geltende Überzeugung, aus vermeintlich religions- bzw. glaubensferner Theorie resultiere zwangsläufig eine verderbte Lebensführung.[13]

Die Aufschließung von Motiven Spinozanischen Denkens gelingt also besser, wenn entscheidende biografische Ereignisse seines Erzeugers vergegenwärtigt werden. So ist z. B. der Entschluss des jungen Spinoza, die lateinische Sprache – also die europäische Gelehrtensprache – zu erlernen, viel sagend, versteht Spinozas jüdischer Umkreis dies doch so, dass der einstmalige hoffnungsvolle Sprössling[14] sich die Sprache des Christentums, d. h. Ungläubiger, aneigne.

---

12 „Nec ad imperii securitatem refert, quo animo homines inducantur ad res recte administrandum, modo res recte administrentur; animi enim libertas, seu fortitudo, privata virtus est, at imperii virtus securitas". / „Die Sicherheit des Staates wird nicht davon berührt, welche Gesinnung die Menschen zur richtigen Verwaltung anhält, sofern nur die Verwaltung richtig ist. Denn *Geistesfreiheit oder Geisteskraft sind Privattugenden, Sicherheit ist die Tugend des Staates*" (Benedicti de Spinoza opera quotquot reperta sunt. Recognoverunt J. van Vloten et J[an] P[ieter] N[icolaas] Land. Editio altera. Tomus primus. Hagae comitum MDCCCVC. Caput I, §. VI [im Weiteren mit der Sigle: „TP"]; die deutsche Übersetzung folgt: Baruch de Spinoza: Abhandlung vom Staate. In: Ders.: Sämtliche Werke. Bd. 5. Übersetzung, Anmerkungen und Register von Carl Gebhardt. Einleitung von Klaus Hammacher. Hamburg 1977. Einleitung, § 6 [Hervorh. im Orig. gesperrt]).
13 Christian Kortholt (1633–1694) zieht sogar in Zweifel, ob das dem Vernehmen nach friedliche Dahinscheiden Spinozas „zu einem Atheisten passen könne" (Christian Kortholt: Über die drei Betrüger. Hamburg 1700. Vorwort von Sebastian Kortholt. In: LD S. 55–60, hier S. 57).
14 Den Quellen ist einerseits zu entnehmen, dass bis ca. 1651, also noch sechs Jahre vor dem Eklat (LD Dok. 42), Spinoza dazu bestimmt sei, zum Rabbiner der portugiesischen Synagoge der Stadt, der *Esnoga*, ausgebildet zu werden. Tatsache ist aber auch: „Der Talmud selbst fehlte in Spinozas Bibliothek, was [Jan Pieter Nicolaas] Land [1834–1897] zufolge ein zusätzlicher Hinweis dafür ist, dass Spinoza nie zum Rabbiner ausgebildet wurde". Siehe Henri Krop: Spinozas Bibliothek. In: Spinoza im Kontext. Voraussetzungen, Werk und Wirken eines radikalen Denkers. Katalog zur Ausstellung im Interdisziplinären Zentrum für die Erforschung der Europäischen Aufklärung. Hg. v. Cis van Heertum u. Frank Grunert. Halle (Saale), 17. September bis 10. Dezember 2010. Halle a. d. Saale 2010, S. 52.

Tatsächlich ermöglicht Spinoza die Unterweisung im Lateinischen[15] nicht nur, Studien jenseits des Kanons der hebräischen Literatur zu betreiben, sondern v. a. auch Anschluss zu finden an aktuelle wissenschaftliche Diskussionen seines näheren und ferneren Umfelds; Spinozas Korrespondenz bietet eindrucksvolle Beispiele. Später übersetzt Spinoza seinen Gemeinde-Vornamen Baruch „nach der Sitte der Zeit", wie es heißt, ins Lateinische: Benedictus. Dies ist damals gewiss nicht ungewöhnlich; doch im Unterschied zu vielen Zeitgenossen legt Spinoza seinen Namen ja nicht ab. Insofern kann solche Treue zu sich selbst in der Variation seiner drei Vornamen: Bento (de Espinosa: in der Familie), Baruch (de Spinoza: in der Gemeinde) und Benedictus (de Spinoza: als Philosoph[16]) durchaus als ‚nominalistische Summe' seiner intellektuellen Biografie gelten.

Zusätzliche Beispiele könnten illustrieren: Der historische Spinoza steht zwischen Toleranz und Intoleranz: Passiv erleidet er intolerante Invektiven, aktiv plädiert er für Denk- und Redefreiheit oder – mit einem anderen Wort – für *Gewissensfreiheit*. Zbigniew Stanislaus Martin Graf von Dunin-Borkowski (1864–1934), dem wir vier Bände zum historischen Spinoza verdanken, konstatiert zu Recht:

> Beides, Idee und Bewegung [der Toleranz], von unserem heutigen Wissen und mehr noch von unserem ‚Konstruieren' aus gesehen, sind von einem ungeheuer verwickelten Bau, an dem nicht bloß Religion, Philosophie und Kunst, Kultur und Zivilisation, Staatswohl und Staatsräson, politische, völkische, soziale Schichtungen, kirchliche Schutz- und Regierungsmaßnahmen arbeiteten, sondern auch eine Menge schwer nachzuprüfender, selbst unbewußter seelischer Individual- und Massenvorgänge.[17]

Spinoza versucht diese Tendenzen seiner Gegenwart zu verstehen und im Konkreten zu analysieren. Wenn sich für Spinoza also die Forderung nach Toleranz um die Gewährung sowohl von Gedanken- als auch Redefreiheit dreht, dann sieht er erst mit der vollständigen Einlösung dieser Forderung die Freiheit zu begründendem Urteilsvermögen gegeben. Dies wiederum stellt die Voraussetzung dar für die „libertas philosophandi", wie sie mit Spinozas *Ethica* realiter zum Ausdruck kommt. Sicherlich hätte sich Spinoza gewünscht, dass die Ausarbeitung dieses Werkes „vor den Augen des Publikums", wie Ernst Bloch (1885–1977) einmal kri-

---

[15] Die Biografie Spinozas von Jean-Maximilien Lucas. In: LD, S. 19–54, hier S. 28 f.
[16] Diese Namensversion ist auch Teil der Subscriptio des Spinoza-Bildnisses im Inneren der *Opera Posthuma*.
[17] Stanislaus von Dunin-Borkowski: Aus den Tagen Spinozas. Geschehnisse, Gestalten, Gedankenwelt. Zweiter Teil. Das neue Leben. In: Ders.: Spinoza. Bd. III. Münster i. W. 1935, S. 404.

tisch gegen Friedrich Wilhelm Joseph Schelling (1775–1854) einwendet,[18] hätte geschehen können.

Spinoza – so lesen wir bei Jacob Freudenthal (1839–1907), dem ersten modernen Spinoza-Biografen – sei „der erste, der die Idee der Denkfreiheit nach ihrer religiösen, politischen und philosophischen Seite mit gleicher Kraft entwickelt und begründet hat".[19] Auch wenn die Forderung nach Toleranz in Sachen religiöser Praxis gewiss auch schon in der Zeit vor Spinoza von tonangebenden Gelehrten und Politikern erhoben wird, ist sein Denken für eine Rekonstruktion der *Problemgeschichte des Begriffs der Toleranz* unverzichtbar, weil Spinoza zu den ersten gehört, die einer *staatsrechtlich* verbürgten Idee von Religionsfreiheit den Weg zu ebnen suchen. Deutlich sieht Spinoza die politische Dimension des Faktums divergierender Religionsgestalten, ja er partizipiert selbst gewinnbringend an dieser Differenz, denken wir nur einmal an seine Verbindungen zu den Kollegianten (auch bekannt als Arminianer[20]

---

18 Ernst Bloch: Neuzeitliche Philosophie II: Deutscher Idealismus. Die Philosophie des 19. Jahrhunderts. In: Ders.: Leipziger Vorlesungen zur Geschichte der Philosophie. Bd. 4. Frankfurt am Main 1985, S. 189.
19 Jacob Freudenthal: Spinoza. Sein Leben und seine Lehre. Erster Band. Das Leben Spinozas. Stuttgart 1904, S. 161.
20 Der Ahnherr dieser niederländischen Religionsgemeinschaft ist Jacobus Arminius (1560–1609). Die Gruppe richtet sich gegen eine orthodoxe Auslegung der calvinistischen Prädestinationslehre sowie eine entsprechend ausgerichtete Staatskirche. Das Amsterdam zur Zeit Spinozas ist weitgehend fromm-calvinistisch. Die Titulierung „Kollegianten" rührt her von Versammlungen oder Kollegien, in denen über den Sinn der *Heiligen Schrift* nachgedacht wird. „Keine andere christliche Sekte jener Zeit gestattete eine so freie Auffassung der christlichen Glaubenslehren [...]. Sie hielten sich an keine dogmatische Formel gebunden, mochten nun Päpste oder Prädikanten, Konzilien oder Synoden sie aufgestellt haben. Nur das frei gedeutete Wort der heiligen Schrift sollte ihr Leitstern und nur der Glaube an Christus, den Erlöser der Welt, das sie alle vereinigende Band sein. Diese Ablösung von dogmatischer Gebundenheit erlaubte ihnen, alle in ihre Gemeinschaft aufzunehmen, die sich zu Christus bekannten, sie mochten Lutheraner oder Calvinisten, Remonstranten oder Antiremonstranten oder Quäker sein. Selbst Katholiken und Sozinianer waren ihnen willkommen" (Freudenthal: Spinoza [Anm. 19], S. 67). Von den Sozinianern allerdings trennt Spinoza ein breiter Graben (ebd., S. 171). Über die damaligen Zusammenkünfte der Amsterdamer Kollegianten erteilt nähere Auskünfte K[oenraad] O[ege] Meinsma: Spinoza und sein Kreis. Historisch-kritische Studien über holländische Freigeister. Deutsch von Lina Schneider. Vorher: Spinoza gegen Kant und die Sache der geistigen Wahrheit von Constantin Brunner. Berlin 1909, S. 188–215. Mit dem Jahr 1662 sehen sich sämtliche dieser christlichen Splittergruppierungen „als Diener des Teufels" indes argen Verfolgungen ausgesetzt. Ab 1664 werden mennonitische, kollegiantische und remonstrantische Versammlungen verboten und – wo nötig – gewaltsam aufgelöst. Siehe auch Paul Zumthor: Das Alltagsleben in Holland zur Zeit Rembrandts. Aus dem Franz. übersetzt v. Kerstin Henning. Leipzig 1992, S. 105–107.

oder Remonstranten[21]), einer mennonitischen[22] Vereinigung, die nicht zuletzt auch wegen ihres Interesses an der zeitgenössischen Philosophie für Spinoza attraktiv sein dürfte. Wenn die Toleranz-Frage in Spinozas *Ethica de facto* keine Rolle spielt, hängt dies damit zusammen, dass ihr Autor dieses Problem in dieser Schrift nicht mehr zu erörtern hat, weil er bereits an anderer Stelle eine Lösung präsentiert: nämlich – wie noch zu sehen sein wird – in seinem *Tractatus theologico-politicus*. Aus demselben Grund steht in der *Ethica*, auf Spinozas rein philosophischem Standpunkt also, das Problem der Religion nicht dezidiert zur Verhandlung.[23]

Spinoza unterbricht die Ausarbeitung seiner *Ethica* für die Abfassung des *Tractatus theologico-politicus*, der wiederum auf Erwiderungen basiert, die er der Amsterdamer Synagoge anlässlich seiner Exkommunikation macht. In der Folgezeit verwünscht der gebannte Philosoph nicht etwa die Religion als solche, sondern sucht ungeachtet jedweder konkreter Realisierung von Religion vielmehr deren *Begriff* zu analysieren.[24] Zweifelsohne können seine Schriften als

---

21 Das Haupt der Arminianer in Holland ist der Cartesianer Philipp van Limborch (1633–1712), ein späterer Gegner des *Tractatus theologico-politicus*.

22 Der Name leitet sich ab aus der dem Theologen Menno Simons (1496–1561) folgenden Anhängerschaft einer aus schweizerischen, niederländischen und nordwestdeutschen Täufergruppen entstandenen Reformationsbewegung calvinistischer Prägung. Zur genaueren Charakterisierung dieser christlichen Sekte, der angeblich auch Rembrandt Harmenszoon van Rijn (1606–1669) (dem möglicherweise Spinoza in den Zusammenkünften unwissentlich begegnet) angehört haben soll, siehe Freudenthal: Spinoza I (Anm. 19), S. 65 f.

23 Siehe zu diesem Thema die vorzügliche Arbeit: Alexander Samely: Spinozas Theorie der Religion. Würzburg 1993 (= Schriftenreihe der Spinoza-Gesellschaft 2).

24 Gerade in diesem Punkt kann Georg Wilhelm Friedrich Hegel (1770–1831), dessen früher Beitrag zur Spinoza-Edition von Heinrich Eberhard Gottlob Paulus (1761–1851; siehe Benedicti de Spinoza Opera qvae svpersvnt omnia. Itervm edenda cvravit, praefationes, vitam avctoris, nec non notitias, qvae ad historiam scriptorvm pertinent. Addidit Henr. Eberh. Gottlob Pavlvs Ph. ac Th. D. hvivs Prof. ord. Ienensis. Volvmen privs [Volvmen posterivs 1803]. Cvm imagine avctoris. Ienae in Bibliopolio Academico 1802) in einem kritischen Textvergleich einer Druckwiedergabe von Randbemerkungen (*Adnotationes*) Spinozas zum *Tractatus theologico-politicus*, deren Wortlaut längere Zeit lediglich in der französischen Übersetzung eines französischen Spinoza-Anhängers gestreut worden ist (*Remarques curieuses*), besteht (vgl. Georg Wilhelm Friedrich Hegel: Schriften und Entwürfe [1799–1808]. Unter Mitarbeit von Theodor Ebert herausgegeben von Manfred Baum und Kurt Rainer Meist. Verfasser des Anhangs: Kurt Rainer Meist. In: Ders.: Gesammelte Werke. In Verbindung mit der Deutschen Forschungsgemeinschaft herausgegeben von der Nordrhein-Westfälischen Akademie der Wissenschaften. Bd. 5. Hamburg 1998, S. 513–516; 720–729), als Verbündeter Spinozas verstanden werden: „Zum Begriff der Religion gehört wesentlich der *Kultus*, und der *Begriff* Gottes auf jeder Stufe, die Bestimmtheit, die er auf derselben hat, ist notwendig auch Bestimmtheit dieses Verhaltens zu Gott. Daher ist der Theologie *Heilsordnung* – als die innere Geschichte, Stufenfolge der Handlungen des *Geistes und Gemüts*,

Streit- bzw. Schutzschriften eines Ausgestoßenen gelten; aber darüber hinaus kann Spinoza durchaus auch zu den ersten modernen Religionshistorikern, ja Religionswissenschaftlern gerechnet werden. Es ist davon auszugehen, dass in Spinozas Zeit Verteidiger und Gegner toleranter Bestrebungen oftmals noch aneinander vorbei gesprochen haben. Spinozas Gegenwart ist als eine Zeit schwankender Grundlagen vorzustellen, in der allererst ein tragfähiges Gerüst für solche Ideen wie Toleranz bereitet werden muss. Spinoza denkt und schreibt in einer Gegenwart, der eine umgreifende Perspektive, eine über den philosophisch-religiösen bzw. politischen Gegensätzen stehende Einheit und Ganzheit noch mangelt. Ausdruck seines Bestrebens, eine solche Perspektive einzunehmen, ist die Realisierung eines Systems der Philosophie – welches damals gleichwohl auf Ablehnung stößt.

In freiheitsphilosophischer Perspektive befördert Spinoza das Autonomie-Konzept, verfasst er doch den *Tractatus theologico-politicus* mit dem Vorsatz, der Philosophie ein gegenüber der Theologie autonomes Reservat zu sichern. In Wahrheit aber ist Spinozas Anspruch umfassender: Denn der *Tractatus theologico-politicus* dokumentiert v. a. auch die Suche nach einem natürlichen, und d. h. für Spinoza stets: nach einem wissenschaftlich gangbaren Weg, die menschliche Einbildungskraft („imaginatio") zu regulieren. Verfolgt wird dabei der *nähere* Zweck der Einebnung der zerstörerischen Elemente solcher Einbildungskraft und der *weitere* Zweck der Beförderung eines für die Gesellschaft Nutzen bringenden Verhaltens. Dabei sieht Spinozas Vorschlag keinesfalls vor, das – wie Leo Strauss (1899–1973) es nennt – „imaginativ-affektive Leben"[25] des weitgehend dem Aberglauben anhängenden gemeinen Volkes *vernünftig* zu heißen, lehre doch die Erfahrung das genaue Gegenteil. Spinoza sucht vielmehr – quasi in Anlehnung an seine Affekten-Lehre der *Ethica* – nach einer Technik, die Wirkungen besagter „imaginatio" in quasi-rationale Muster zu überführen, ja mehr

---

was in der Seele vorgeht und vorgehen soll –, und dann Sakramente, kirchliche Handlungen, Pflichten usf. Religion als *subjektive und Kultus* ist daher *das andere wesentliche Moment* der Betrachtung der Religion überhaupt, *die Grundlage*, wie sich die Bestimmungen von beiden entsprechen – die Form und der Inhalt des Begriffs von Gott und das Verhältnis zu ihm; eins ist ein Ausdruck vom anderen. Aus dem einen das andere verstehen lernen" (Georg Wilhelm Friedrich Hegel: Vorlesungen über die Philosophie der Religion. Teil 1. Einleitung. Der Begriff der Religion. Herausgegeben von Walter Jaeschke. In: Ders.: Vorlesungen. Ausgewählte Nachschriften und Manuskripte. Bd. 3. Hamburg 1983, S. 98 f.; Hervorh. im Orig. gesperrt).
25 Leo Strauss: Die Religionskritik Spinozas als Grundlage seiner Bibelwissenschaft. Untersuchungen zu Spinozas theologisch-politischem Traktat. Mit einem Vorwort zur Neuausgabe von Norbert Altwicker. Darmstadt 1981 (unveränd. reprograf. Nachdr. der Ausg. Berlin [= Veröffentlichung der Akademie für die Wissenschaft des Judentums. Philosophische Sektion 2]), S. 250 u. ö.

Baruch de Spinoza (1632–1677) – Ausschnitt aus einem Ölgemälde unbekannter Herkunft von 1665 in der Herzog August Bibliothek, Wolfenbüttel

noch: sie zu institutionalisieren. So sieht Spinoza mit der (wahren) Philosophie die Möglichkeit gegeben, das (göttliche) Recht in das wissenschaftlich begriffene Gesetz der Natur zu überführen: Der Kausaldeterminismus löse das Gebot ab, *und die Philosophie rücke an die Stelle der Religion,* der bestenfalls noch ‚moralische' Verbindlichkeit eigne. Zumindest aber gilt im Staat die Freiheit zu philosophieren soviel wie das Recht auf seinen jeweiligen Glauben.

Zum Theologumenon einer Engführung von Staat und Religion (Thron und Altar) stellt Spinozas *Tractatus theologico-politicus* also den konträren Gegenentwurf dar: Es sei nicht Aufgabe des Staates, das Seelenheil seiner Bürger zu befördern; vielmehr solle erreicht werden, dass die religiösen Instanzen ihre Anschauungen weniger mit Macht als mit Überzeugung vertreten. Eine Äußerung Spinozas aus dem Jahr 1665 bereitet die letzte und ausgereifteste Form seiner politischen Theorie vor: den *Tractatus politicus,* welcher der Religion keine konstitutive Rolle für die Bewahrung der politischen Einheit der Gesellschaft mehr zuerkennt. Dort heißt es:

> Das nennen wir dann in demselben Sinne vergehen, in dem die Philosophen oder Mediziner von der Natur sagen, sie fehle. In diesem Sinne können wir vom Staat sagen, dass er sich vergeht, wenn er etwas gegen das Gebot der Vernunft tut […].[26]

Worin nun besteht nach Spinoza der wahre Zweck des Staates? Er besteht in der Ermöglichung der ungefährdeten Kultivierung menschlicher Geistes- und Körperkräfte, sodann des Schutzes des Vernunftgebrauchs sowie der allgemeinen Förderung des friedfertigen Umgangs miteinander – mit einem Wort: in der *Freiheit.* Auch hier bereichert Spinozas Freiheitstheorie das Konzept der Autonomie: Individuelle Freiheit und Autonomie bedingen einander dann, wenn sie als adäquate Ursache von Veränderungen firmieren. Dies aber ist nicht ‚restfrei' möglich, da Veränderungen auch äußerlich verursacht werden: Somit sieht Spinoza keine *absolute,* wohl aber eine *relative,* d. h. kraft verständiger Einsicht vermittelte Freiheit gegeben. Unter zwei Bedingungen realisiert sich diese Freiheit: 1. durch die Erkenntnis individueller Besonderheit, und – genauer – 2. vermöge adäquater Erkenntnis, d. h. eines Wissens, das sich der Kenntnis der nächsten, mich jeweils

---

26 „[…] atque tum eandem eo sensu peccare dicimus, quo Philosophi vel Medici Naturam peccare dicunt; et hoc sensu dicere possumus, Civitatem peccare, quando contra Rationis dictamen aliquid agit" (Baruch de Spinoza: Tractatus politicus; in quo demonstratur, quomodo societas, ubi imperium monarchicum locum habet, sicut et ea, ubi optimi imperant, debet institui, ne in tyrannidem labatur, et ut pax libertasque civium inviolata maneat. TP, Caput IV, §. IV).

bestimmenden Ursachen verdankt („causa absolutè proxima"[27]), soll die Beeinträchtigung des Einflusses von den Menschen bestimmenden Leidenschaften gelingen. Das menschliche Streben nach einem Leben ohne Zwang ist daher zu unterscheiden von seinem angeblich ‚freien' Willen. So entspricht Freiheit der Tilgung von Zufälligkeit in dem Sinne, dass lediglich passiv erlittene Leidenschaften in den Erkenntnisbestand Einzug halten sollen. Die Geltung des Freiheitsprinzips, so Spinoza, untersteht dem Attribut des Denkens.

2 Der Spielraum der Toleranz

Der *Tractatus theologico-politicus* hat zwei Teile: Die Kapitel 1–15 behandeln vorwiegend *theologische* Themenkreise in ihrem Verhältnis zur Freiheit, der zweite Teil (das sind die Kap. 16–20) behandelt die *politischen* Anteile dieser Freiheitslehre. Man könnte auch sagen: Der ‚theologische Teil' besteht aus einem *negativen*, der ‚politische Teil' aus einem *positiven Begriff der Freiheit*. Der negative Begriff der Freiheit ist darin zu sehen, dass Spinoza sowohl Argumente als auch Strategien hinsichtlich der Emanzipation theonomer Begründungsstrategien des Rechts ins Feld führt. Seine Hauptargumente seien wie folgt zusammengefasst:

A. Unterschieden wird die natürliche von der prophetisch verbürgten Erkenntnis: Die natürliche Erkenntnis begreift die Religion als Gestalt der Vernunft, wohingegen die Prophetie auf das lebhafte Vorstellungsvermögen ihrer Potentaten reduziert wird, woraus ein defizienter revelatorischer Akkomodismus[28] im Blick auf die Bedürfnisse der jeweiligen Volksgruppen resultiere.
B. Aus der universalen Valenz der Idee von Seligkeit resultiert die Zurückweisung des göttlichen Auserwählungscharakters des jüdischen Volkes.
C. Bezogen auf die Vernunftreligion äußert sich eine gottgefällige Lebensführung in intellektueller *Liebe* zu Gott (Spinozas „amor dei intellectualis"[29] der

---

27 Baruch de Spinoza: Ethica. Ethik. Herausgegeben von Konrad Blumenstock. In: Ders.: Opera. Werke. Lateinisch und Deutsch. Zweiter Band. 4., unveränderte Auflage Darmstadt 1989. I, Prop. XXVIII, Scholium (im Weiteren mit der Sigle: „E").
28 Den Ausdruck „revelatorischer Akkomodismus" habe ich zur Verwendung vorgeschlagen in: Zur Genese autonomer Moral. Eine Problemgeschichte des Verhältnisses von Naturrecht und Religion in der frühen Neuzeit und der Aufklärung. Hamburg ²2012 (Paradeigmata 31), S. 262.
29 E V, Prop. XXXIII; Prop. XLII., Dem. Diese Liebe zu Gott impliziert für Spinoza nicht das Verlangen, dass Gott diese Liebe erwidere. Die Liebe zu Gott ist selbstlos und damit Ausdruck göttlicher Selbstliebe. Ebd., V, Prop. XIX.

Ethica), bezogen auf die Offenbarungsreligion dagegen in *Gehorsam* gegenüber Gott.
D. Die Pervertierung religiöser Zeremonien im Sinne staatsdienlicher, sich den jeweiligen Zeitumständen verdankender Kontrollmaßnahmen diskreditiert Spinoza als eine Form des Aberglaubens; der Wunderglaube wird als Ausdruck eines klerikalen Bedürfnisses nach Autorität sowie als Aberglauben, Gott sei der Naturordnung überlegen, entlarvt. Hieraus extrahiert Spinoza seine Lehre von den Naturgesetzen als Gottes ewige Ratschlüsse; hinzu tritt Spinozas Interesse an einer Rationalisierung des religiösen Liebesgebots um Willen des friedlichen Koexistierens im Staat. So adressiert Spinozas Forderung nach Toleranz die Regierung des Staates, nicht aber den Staatsbürger.
E. Spinoza entwickelt eine neuartige textkritische Hermeneutik, die zentrale Bücher des *Alten Testaments* nicht nur sprachgeschichtlich einholt, sprich durchgängig profanisiert, sondern auch neue Aufschlüsse in Bezug auf die Verfasserfrage des *Pentateuch* sowie die Chronologie seiner Bücher ermöglicht.

Die *positive* Seite der im *Tractatus theologico-politicus* explizierten Freiheitslehre betrifft deren politologische Zweckdienlichkeit, genauer: die Skizzierung einer Staatslehre als gemäßigte Fortsetzung des Naturzustands mit demokratisch normierten Mitteln.[30] In diesem Zusammenhang fällt Spinozas Wankelmütigkeit hinsichtlich der Lehre des Kontraktualismus auf – letztlich hält er jedoch an ihr fest –, der er in der historischen Analyse begegnet in Gestalt des Bundes mit Gott, sprich der hebräischen Theokratie, und die in seiner Zeit auch Thomas Hobbes (1588–1679) einer Kritik unterzieht.[31] So wird die innere Stabilität des Staates erst dann erreicht, wenn alle Menschen von einem gemeinsamen Interesse für

---

[30] Rainer Forst: Toleranz im Konflikt. Geschichte, Gehalt und Gegenwart eines umstrittenen Begriffs. Frankfurt am Main ³2012, S. 267 f.
[31] Zu beachten ist der Unterschied von Staatsreligion und Theokratie: Der Theokratismus erstrebt eine Verwirklichung des Reiches Gottes „auf Erden" und die Durchsetzung der Theokratie als politisches Gestaltungsbild; so wird er politische Religion. Die absolutistische Vorstellung des Gottesgnadentums kommt einer Theokratie recht nahe. Zwar wird Hobbes' politische Philosophie nicht selten zu einer Lehre von der Monarchie simplifiziert, doch steht Hobbes in Wahrheit nichts ferner als eine kritiklose Rechtfertigung eines dynastisch verbürgten *Divine Right*: Im Gegenteil wird Hobbes seit *De Cive* (1642) sogar als Ahasit (oder Antiochianer) gehandelt: als Anhänger des Prinzips, dass die Kirche vollständig der weltlichen Gewalt unterzuordnen und dem Landesfürsten oder der sonstigen Obrigkeit die unumschränkte Gewalt über kirchliche Angelegenheiten (*jus territoriale circa sacra*) einzuräumen sei. Spinoza bemerkt zur hebräischen Theokratie, „daß es dem Reiche Gottes nicht widerstreitet, eine höchste Majestät zu wählen, die das höchste Recht der Regierung innehat". TTP XVIII, S. 208 („[...] quod contra Dei regnum non pugnet summam majestatem eligere, quæ summum imperii jus habeat").

das Staatswesen geleitet werden (diese Forderung darf getrost als Prolepse eines der wichtigsten Grundgedanken der hegelschen Rechtsphilosophie angesehen werden). Dieses gemeinsame Begehren ist nach Spinoza in dem Gebrauch der Vernunft (und somit der Freiheit zu philosophieren) enthalten. Spinoza schwebt also eine – im weiten Sinne – ‚demokratisch' verfasste Lehre vom Staat vor, die bezogen auf die Form, in der er sie im *Tractatus theologico-politicus* vorträgt, allerdings als Utopie zu charakterisieren ist. Für Spinoza indes inkludiert besagte Idee nicht nur Gedanken-, sondern auch öffentliche Meinungsfreiheit, wobei, wie zu betonen ist, Gedankenfreiheit weder für den Souverän noch für den Untertan im Staate Handlungsfreiheit impliziert: Als unverbrüchlicher Maßstab müsse das öffentliche, nicht aber das private Recht gelten. Einzig diese Norm: die Politik – und nicht etwa die Religion –, bilde die wahrhafte Grenze der Freiheit. Gleichwohl einher geht damit die staatsrechtliche Relativierung des Äußerlichen der Religion, sprich deren kultischer Praktiken, zugunsten der staatsrechtlichen Legitimierung einer Sphäre religiöser Innerlichkeit, zu der Spinoza bereits vordringt. Sowohl im *Tractatus theologico-politicus* als auch im späteren *Tractatus politicus* argumentiert Spinoza mit der naturrechtlich begründeten Gedankenfreiheit für die politische Forderung nach dem Recht auf freie Meinungsäußerung.[32] Vor dem Hintergrund von Spinozas bereits in seinem *Tractatus de intellectus emendatione,* gleichsam der Vorbereitungsschrift zur *Ethica* also, entwickelter Erkenntnislehre beträfe das Recht auf *Meinungs*freiheit einen philosophisch gesehen lediglich minderen Wert, rangiert die Meinung, die Kenntnis vom Hörensagen („perceptio ex auditu"[33]) doch lediglich als Vorform wahrhaften Wissens, und d. h. für Spinoza der Praxis, aus dem Mannigfaltigen Allgemeinbegriffe zu bilden („notiones universales formare"). Gleichwohl verbindet Spinoza mit der Forderung nach Freiheit der Meinung keinesfalls eine Diskreditierung im Sinne eines Rechts auf einen Relativismus von Meinung im öffentlichen Raum,[34]

---

32 Gisela Schlüter/Ralf Grötker: [Art.] Toleranz. In: HWPh 10 (1998), Sp. 1251–1262. – „[...] libertas dicendi ea, quae sentit [...]". (TP, Cap. VIII, §. XLVI; TTP XX) Siehe auch Jan den Tex: Locke en Spinoza over de tolerantie. Amsterdam 1926.
33 Baruch de Spinoza: Tractatus de intellectus emendatione. Abhandlung über die Berichtigung des Verstandes. Hg. v. Konrad Blumenstock. In: Ders.: Opera. Werke. Lateinisch und Deutsch. Zweiter Bd. Darmstadt ⁴1989. [19] I. Diese erste von insgesamt vier Erkenntnisarten fasst Spinoza in seiner *Ethica* später gemeinsam mit der zweiten („experientiâ vagâ") zur mit dieser gleichlautenden empirischen Erkenntnis zusammen (E II. Prop. XL. Schol. II).
34 Anders René Descartes (1596–1650), für den zur Wahrheitssuche unbedingt der vollständige Abbau von Vorurteilen aller Art gehört, wie z. B. dem zweiten Abschnitt seines 1637 anonym erschienenen *Discours de la méthode pour bien conduire sa raison et chercher la vérité dans les sciences* zu entnehmen ist.

sondern er versteht Meinung als eine Form des Wissens, von dem es einen *philosophischen Begriff* zu bilden gilt. So verfügt Spinoza über ein kluges Konzept von Öffentlichkeit dahingehend, dass er sich keinen großen Hoffnungen hingibt, irrige Ansichten oder Formen des Aberglaubens mögen kraft einer Kultivierung von Wissenschaft eines Tages versiegen. Ganz im Gegenteil sieht er nüchtern die Verbindung von Volk und Religion und hält es für gefährlich, diesen Konnex nicht anzuerkennen oder gar der politischen Wirklichkeit entziehen zu wollen.

Spinozas Staatslehre ist Ausdruck der Überzeugung, Menschen, die vermöge einer weitgehend leidenschaftslosen Rationalität Freiheit realisieren, seien notwendig wohltätig und tolerant – auch gegenüber den Missetaten Anderer, den *homini carnales*. Der Staat müsse Regeln nicht nur setzen, sondern diese auch durchsetzen, weil die meisten Menschen sich nicht von der Vernunft leiten ließen. Die Stellung des Einzelnen im Staat lässt sich insbesondere vor dem Hintergrund von Spinozas Anti-Teleologie verdeutlichen. Die Verwendung teleologischer Begriffe verbietet sich nach Spinoza nicht nur gemäß den Voraussetzungen, auf denen seine eigene Substanzontologie, die eine Ethik ist, ruht, sondern v. a. auf Grund eines von ihm grundsätzlich attackierten anthropomorphen Gepräges von Metaphysik. In der *Ethica* heißt es:

> Der Grund also oder die Ursache, wesshalb Gott oder die Natur handelt, und wesshalb er da ist, ist ein und dasselbe. Wie er also um keines Zweckes willen da ist, so handelt er auch keines Zweckes wegen; denn wie für sein Daseyn, so hat er auch für sein Handeln keinen Anfangsgrund und keinen Endzweck. Was man aber Zweckursache nennt, ist nichts als der menschliche Trieb selbst, insofern er als Anfangsgrund oder die primäre Ursache irgend eines Dinges betrachtet wird.[35]

Wolfgang Röd führt aus:

> Die teleologische Naturbetrachtung beruht seiner [Spinozas] Ansicht nach auf der ungerechtfertigten Übertragung von Handlungsstrukturen, für die die Zweck-Mittel-Relation wesentlich ist, auf die Wirklichkeit insgesamt bzw. auf Gott als den Grund der Wirklichkeit, dem im Rahmen der kritisierten Denkweise ein Handeln nach Zwecken zugeschrieben wird. Spinozas Analyse der teleologischen Naturkonzeption kann als frühe Form der Ideologiekritik angesehen werden.[36]

---

35 „Ratio igitur, seu causa, cur Deus, seu Natura agit, et cur existit, una, eademque est. Ut ergo nullius finis causâ existit, nullius etiam finis causâ agit; sed ut existendi, sic et agendi principium, vel finem habet nullum. Causa autem, quæ finalis dicitur, nihil est præter ipsum humanum appetitum, quatenus is alicujus rei veluti principium, seu causa primaria consideratur" (E IV, Præfatio).
36 Wolfgang Röd: Benedikt Spinoza. In: Ders. (Hg.): Geschichte der Philosophie. Bd. VII. Die Philosophie der Neuzeit 1. Von Francis Bacon bis Spinoza. Von Wolfgang Röd. München 1978,

Begriffe wie ‚zweckmäßig', ‚schön', ‚geordnet' oder ‚gut' betreffen nach Spinoza kein reales Naturverhältnis, sondern sind Ausdruck eines geistigen Wirklichkeitsbezugs.[37] Die wachsende Einsicht in die Erkenntnis dessen, was Körper und Seele in der Ausübung ihrer natürlichen Fähigkeit hemmt oder fördert, erzeugt eine Dynamik, in deren Folge sämtliche (moral-)theologischen Unterscheidungen von ‚gut' und ‚böse' entfallen. Spinozas Definitionen lauten demgemäß: „1. Unter *gut* verstehe ich das, wovon wir gewiss wissen, dass es uns nützlich sey. 2. Unter *böse* aber das, wovon wir gewiss wissen, dass es uns hindert, irgend eines Guten teilhaftig zu werden."[38] Daraus resultiert Spinozas Tugendkonzept: „Je mehr ein Jeder strebt und vermag, das ihm Nützliche zu suchen, d. h. sein Seyn zu erhalten, um so mehr ist er mit Tugend begabt".[39] Gänzlich unberechtigt wäre hier der Einwurf, Spinoza rede einem hemmungslosen Egoismus das Wort, würde so doch das organologische Prinzip, das Spinozas Philosophie innewohnt, verkannt werden: Was insgesamt als Spinozas Gesellschaftslehre (oder als seine Sozialphilosophie) angesprochen werden könnte, firmiert auch schon innerhalb der *Ethica* als Theorie einer komplexen Form eines ausgezeichneten Individuums, nämlich des Staatskörpers.

Mit Spinozas Tugendkonzept einher geht seine Lehre von den *aktiven* und *passiven Affekten*, d. h. von „Lætitia" und „Tristitia": Erstere regten das Nutzbringende des Seelenlebens und des Körpers an und förderten schrittweise die Einsicht in höhere Vollkommenheitsgrade; dagegen stünden passive Leidenschaft verbunden mit inadäquaten Ideen resp. Vorstellungen jedwedem Vervollkommnungsbestreben entgegen. Steigere die Affektion die psycho-physische Aktivität, sei sie lustvoll (das nennt Spinoza „Amor"); arbeite sie ihr entgegen, sei sie lustverhindernd (hier sagt er „Odium"). Diese Skala impliziert Vollkommenheitsniveaus einer insgesamt als vollkommen begriffenen Realität:[40] Da das Sein oder das Wesen, sprich die Realität Gottes vollkommen und unveränderlich sei, ist in Gott oder der Natur auch die Möglichkeit angelegt, Phänomene als ‚böse', ‚schlecht' oder ‚schädlich' anzusehen. Vollkommenheit wird hier aber

---

S. 196. Vgl. hierzu auch: Stephan Schmid: Finalursachen in der frühen Neuzeit. Eine Untersuchung der Transformation teleologischer Erklärungen. Berlin/Boston 2010 (= Quellen und Studien zur Philosophie 99), S. 229–240.

37 Mit dieser Konzeption hat sich Spinoza mit einem Schlag des Theodizee-Problems entledigt, indem seine Philosophie keine substanzielle Distanz zu Gott zulässt.

38 „I. Per bonum id intelligam, quod certò scimus nobis esse utile. II. Per malum autem id, quod certò scimus impedire, quominùs boni alicujus simus compotes" (E IV, Definitiones; Hervorh. im Orig. gesperrt).

39 „Quò magis unusquisque suum utile quærere, hoc est, suum esse conservare conatur, et potest, eò magis virtute præditus est" (E IV, Prop. XX).

40 E II, Def. 6; zum objektiven, sprich attributiven Realitätsgrad siehe auch E I, Prop. IX.

nicht nur im ethischen, sondern v. a. im ontologischen Sinne verstanden: Es geht um die Vereinigung sämtlicher *realitates* in Gott. So wird der Begriff „vollkommen" wertfrei gebraucht und variiert je nach dem Anteil adäquater Ideen, die der Geist („Mens") bildet. Der adäquat erkennende Geist ist aktiv, der inadäquat erkennende passiv. Der Zustand des Geistes, dem das Zustandekommen seiner Affekte dunkel bleibt, heißt Leidenschaft („Passio"). Der Geist solle erkennen, dass und wie er ‚Subjekt' und ‚Objekt' des Naturgeschehens sei. Demnach werden die Leidenschaften überwunden durch die Substituierung inadäquater Ideen durch adäquate. Nur so lasse sich das natürliche Geschehen, dem der Mensch unterworfen ist, insgesamt erklären. Einsicht in die Komplexität wechselseitiger Bedingungsverhältnisse komme der Überwindung der Knechtschaft gleich.[41]

Doch zurück zum Problem der Teleologie. Spinoza begreift das Faktum der Erkenntnis keinesfalls als Selbstzweck, sondern als einen der Wahrheit oder den Gesetzen der Natur verpflichteten Akt im Interesse des Wohles sittlicher Lebensformen. Überhaupt unterstehen die Wissenschaften einem einzigen Endzweck: der Vervollkommnung des Menschen, d. h. einer an der Vernunftmaxime orientierten Form des Existierens. Dabei bedeutet die ‚fromme' Hingabe an ein unendliches göttliches Wesen das Substanzielle der Lehre Spinozas. In der *einen* Substanz konfundieren Wesen, Intellekt und Notwendigkeit. Die (geistige) Liebe zu Gott bezeugt so die höchste Form von Solidarität.[42] Gewahr werde man ihr intuitiv, mit dem ‚Auge der Seele', der Erkenntnis der Ewigkeit. Solche Glückseligkeit ist kein Lohn der Tugend, sondern die Tugend selbst. Hier findet das begriffliche Wissen eine natürliche Grenze. Spinoza im V. Buch seiner *Ethica:* „[...] und allerdings muss etwas schwierig seyn, was so selten angetroffen wird. Denn wie wäre es möglich, wenn das Heil so leicht zur Hand wäre und ohne grosse Anstrengung gefunden werden

---

41 E IV, Praefatio.
42 Spinozas Affektenlehre beweist nicht nur eine tiefe Vertrautheit mit der menschlichen Natur, sondern stellt darüber hinaus einen *antifeudalistischen* Akt dar. Wer diese Konzeption als ‚anthropologische Utopie' interpretiert, behauptet zugleich, dass Spinoza auf eine politische Realität reagiert, als deren Ziel er die Befreiung des Menschen aus sowohl geistiger als auch gesellschaftlicher Unterwerfung ausgibt. Vor allen Dingen in Folge neuartiger naturwissenschaftlicher Kenntnisse über den Menschen entsteht das Bedürfnis, ja die Einsicht in die Notwendigkeit, sein moralisches Wesen und damit einhergehend die Formen seiner Vergesellschaftung neu zu beschreiben. Auch wenn Spinoza römisch-heidnischen Traditionen (insbesondere der *Stoa*) verpflichtet ist, formuliert seine *Ethica* im Vergleich zu den Entwürfen eines Platon oder Aristoteles – mit denen er im Übrigen kaum vertraut sein dürfte – deutlich bescheidenere Ansprüche. Abseits des Bemühens, die Vielzahl individueller Phänomene, die in der *Ethica* thematisch werden, substanzontologisch zu vermitteln, treibt Spinoza letztlich die Frage um, welche Möglichkeiten dem einzelnen gegeben sind, ein gutes und geglücktes Leben zu führen. Insofern versteht Spinoza unter Ethik recht eigentlich ‚Lebenskunst'.

könnte, dass es fast von Allen vernachlässigt würde? Aber alles Hohe ist ebenso schwer als selten".[43] Spinozas Lösung im Blick auf eine finale Disposition des Seins besteht also in einer anti-teleologisch verfassten Metaphysik: In Geltung ist ein Kausal-Determinismus, der die psycho-physische Charakteristik der menschlichen Realität durchwirkt. Diese Anti-Teleologie Spinozas deute ich als Reaktion eines im Geiste philosophischer Wahrheit frei Gewordenen auf die teleologische Theologie des messianischen Judentums.

Spinozas *Tractatus theologico-politicus* kommt in einer Zeit entscheidender politischer Umbrüche zum Druck: Der liberale niederländische Regent Jan de Witt (1625–1672) wird ermordet und in deren Folge die Oranier-Herrschaft restituiert. Zwar nutzt auch Spinoza den Konflikt zwischen Calvinisten und liberalen de-Witt-Anhängern,[44] um seine Ansichten zur Toleranz in Religion und Politik publik zu machen; dass er indes auf Bitten von Mitgliedern der „Regenten"-Fraktion um Jan de Witt seinen *Tractatus theologico-politicus* verfasst habe – wie auch Rainer Forst insinuiert[45] –, ist nirgends bezeugt. So zeigt sich Spinozas *politische* Autonomie insbesondere an seiner *Neutralität* in Bezug auf politische Fragen. Spinoza nimmt nicht einseitig Partei für den (aristokratisch ausgerichteten) Republikanismus de Witts, sondern als Anwalt der Denk- und Glaubensfreiheit verteidigt er auch die Anmaßungen und „Vorurteile der Theologen" als einer gesellschaftlichen Minorität gegen das geistige Leben überhaupt. Der Autor des *Tractatus theologico-politicus* steht somit *über* den „Parteien", d. h. als Kritiker des Vorurteils übt er gleichermaßen Toleranz. Vorurteilskritik im Sinne Spinozas ist ein anders Wort für Toleranz.

Spinozas *Tractatus theologico-politicus* ist in der Rezeptionsgeschichte ein beinahe ausnahmslos negatives Echo beschieden. Nach Beschwerden sucht der Hof von Holland das Werk bereits im Jahr seines Erscheinens zu verbieten;[46] vier Jahre später schließlich, am 19. Juli 1674,[47] ist der Beschluss rechtskräftig. 1679, zwei Jahre nach Spinozas Tod, wird das Werk auf den *Index librorum prohibitorum* der römisch-katholischen Kirche gesetzt;[48] auch die protestantische Kirche sowie die Universitätskanzleien untersagen seine Verbreitung. Der Statthalter Hollands,

---

43 „Et sanè arduum debet esse, quod adeò rarò reperitur. Quî enim posset fieri, si salus in promptu esset, et sine magno labore reperiri posset, ut ab omnibus ferè negligeretur? Sed omnia præclara tam difficilia, quàm rara sunt" (E V, Prop. XLII, Scholium).
44 Siehe hierzu z. B.: Kazuhiko Yoshida: Vernunft und Affektivität. Untersuchungen zu Spinozas Theorie der Politik. Würzburg 2004 (= Schriftenreihe der Spinoza-Gesellschaft 12), S. 128.
45 Forst: Toleranz im Konflikt (Anm. 30), S. 261.
46 LD Dok. 61. Zur verwickelten Publikations- und Editionsgeschichte des Werks, die dem Verbot vorausgeht, siehe Günter Gawlicks „Einleitung" in: TTP VII–XVII.
47 LD Dok. 68.
48 LD Dok. 83.

Wilhelm III. von Oranien-Nassau (1650–1702), verbietet unter Androhung strengster Bestrafung Druck und Verbreitung der Schrift, weil sie ein „gotteslästerliches und seelenverderbendes" Werk sei, „voll von grundlosen und gefährlichen Ansichten und Greueln"; nicht einmal seine zustimmende Erwähnung wird gewährt. Der mutmaßliche Verleger, der gegen diese Weisung verstoße, solle mit einer hohen Geldbuße belegt sowie zu acht Jahren Zuchthaus verurteilt werden. Eine Fülle von Pamphleten gegen den *Tractatus theologico-politicus* wird publiziert, und ein – wohlgemerkt – *fingiertes* Bücherverzeichnis des Jahres 1672[49] kündigt ihn wie folgt an: „Tractatus Theologico-Politicus. Von dem abtrünnigen Juden zusammen mit dem Teufel in der Hölle geschmiedet und mit Wissen von Herrn Jan de Witt und seinen Spießgesellen herausgegeben".[50] Dies alles verhindert jedoch keineswegs die rasche Verbreitung der Schrift – im Gegenteil mag ihr frühes Verbot diese eher gefördert haben. Noch 1675 warnt der Haager Kirchenrat davor, nach dem *Tractatus theologico-politicus* „irgend eine neue Schrift" Spinozas (damit dürfte insbesondere die *Ethica* gemeint sein) verlegen zu lassen,[51] und noch in Spinozas Todesjahr lässt der Vatikan nach vermeintlichen Spinoza-Manuskripten suchen; dabei ist eine authentische Handschrift der *Ethica* von besonderem Interesse.[52]

Mit Blick auf den vorliegenden Tagungsband sind die zuvor schon genannten *Opera Posthuma* insofern interessant, als ihre Publikation durchaus als eine Beschützergeste um willen des Verschiedenen, mögen seine (nachgelassenen) Schriften doch bitte tolerante Leser finden, gedeutet werden kann, sucht doch der dem Cartesianismus zugetane Jarig Jelles in seiner von Lodewijk Meyer (1629–1681) ins Lateinische übersetzten Vorrede zur gesamten Edition insbesondere durch eine tendenziöse Deutung der *Ethica* die Vereinbarkeit von Spinozanischer Philosophie und christlichem Glauben zu demonstrieren. Seine kurze Auflistung vermeintlicher Kernsätze der *Ethica* beinhaltet z. B. nicht zuletzt die (einem mutmaßlichen Monotheismus das Wort redende) Feststellung „Deus [...] *Unicus sit*".[53]

---

49 „Appendix zu dem Katalog von den Büchern Mr. Jan de Witts, bestehend in einer Anzahl kuriöser und sekreter Manuskripte, welche verkauft werden sollen im Saale zu Haag, Montag den 5. September 1672 und die folgenden Tage" (Meinsma: Spinoza und sein Kreis [Anm. 20], S. 428).
50 Freudenthal: Spinoza (Anm. 19), S. 131.
51 LD Dok. 69.
52 LD Dok. 80.
53 Zum Dogma der Einzigkeit innerhalb der *fides catholica*: 1674 bezeichnet Spinoza die Rede von der Einzigkeit Gottes noch einmal als uneigentlich (so bereits geschehen in seinen *Cogitata Metaphysica*), siehe Baruch de Spinoza: Briefwechsel. Übersetzung und Anmerkungen von Carl Gebhardt. Dritte Auflage. Hg., mit Einleitung, Anhang und erweit. Bibliogr. v. Manfred Walther. In: Ders.: Sämtliche Werke. Bd. 6. Hamburg 1986. Brief Nr. 50, andernorts wiederum verwendet er „unicus" mit Blick auf Gott vorbehaltlos (Brief Nr. 83; ebenso: E I, XV, Schol.).

Dagegen wird der *Tractatus theologico-politicus* seiner religionsphilosophischen Brisanz beraubt, wenn es lediglich heisst: „anno verò C I ɔ I ɔ C LXX *Tractatus Theologico-Politicus, in quo subtilissimæ & res consideratione dignissimæ,* Theologiam, sacram Scripturam, atque vera, solidaque Reipublicæ fundamenta spectantes, tractantur". Zu Spinoza generell heißt es: „Fuit ab ineunte ætate literis innutritus, & in adolescentiâ per multos annos in Theologiâ se exercuit".[54]

Die Philosophie Spinozas besitzt anfänglich nur in Holland einen sehr kleinen Kreis von Anhängern, unter ihnen Gerardus de Vries (1648–1705), Lodewijk Meyer u. a. Schon bald gibt es vorwiegend unter orthodoxen Lutheranern größtenteils irrationale Anti-Spinozisten zu Hauf. In seiner 1987 erschienenen Studie *Spinoza in der deutschen Frühaufklärung* sucht Winfried Schröder[55] den Nachweis zu führen, dass von einem Spinozismus im Sinne einer *beifällig gebündelten Verbreitung* der Philosophie Spinozas streng genommen keine Rede sein könne.[56] Und tatsächlich wendet sich das Blatt erst langsam mit Christian Wolff (1679–1754) und Moses Mendelssohn (1729–1786); die nachfolgende sogenannte Spinoza-Renaissance wiederum führt mit ihrem Namensgeber nicht nur Gutes im Schilde. Ungeachtet der zu Beginn dieser Abhandlung angesprochenen komplizierten Verästelungen der Rezeptions- bzw. Wirkungsgeschichte der Philosophie Spinozas sowie der Frage, wie die Philosophiehistoriker sie jeweils interpretieren, ist Schröders Diagnose schon allein aus einem Grund überzeugend: Wegen ihrer inneren Organisation taugt Spinozas Philosophie beileibe nicht zur Schulbildung wie z. B. Descartes', Hegels, Marx' oder Wittgensteins Philosophien. Darüber hinaus stellt sich die Frage, in welcher Form eine Kritik dieses Denkens und seiner Voraussetzungen (die Definitionen und Axiome der *Ethica*) überhaupt vorgetragen werden könnte.

---

54 B. d. S. Opera posthuma. Quorum series post Præfationem exhibetur. C I ɔ I ɔ C LXXVII. Præfatio, S. 1 ff. Strategisch einschlägig zitiert wird auch aus Spinozas Brief an Oldenburg aus dem Jahr 1675: „Deum omnium rerum causam immanentem, ut ajunt, non verò transeuntem statuo. Omnia, inquam, in Deo esse, & in Deo moveri cum Paulo affirmo, & fortè etiam cum omnibus antiquis Philosophis, licet alio modo; & auderem etiam dicere, cum antiquis omnibus Hebræis, quantum ex quibusdam traditionibus, tametsi multis modis adulteratis, conjicere licet" (ebd., S. 5). Vgl. Act (Acta Apostolorum), 17,28. Gleichwohl wird schon früh versucht, Spinozas Philosophie mit dem „Gesetz Jesu Christi" in Einklang zu bringen. Die Biografie Spinozas von Jean-Maximilien Lucas. In: LD, S. 19–54, hier S. 43.
55 Winfried Schröder: Spinoza in der deutschen Frühaufklärung. Würzburg 1987 (= Epistemata. Würzburger wissenschaftliche Schriften. Reihe Philosophie XXXIV).
56 Zur Bestätigung siehe z. B. Hubertus G. Hubbeling: Zur frühen Spinozarezeption in den Niederlanden. In: Spinoza in der Frühzeit seiner religiösen Wirkung. Hg. v. Karlfried Gründer u. Wilhelm Schmidt-Biggemann. Heidelberg 1984, S. 149–180 (= Wolfenbütteler Studien zur Aufklärung 12).

Hanspeter Marti
Martin Luther im Spiegel theologischer Vorurteilskritik

Von den frühneuzeitlichen Dissertationen deutschsprachiger Länder sind die theologischen bibliografisch bislang am schlechtesten erschlossen und kaum ausgewertet. Sieht man von den ekklesiologischen ab,[1] trifft dies in hohem Maße nach wie vor auch für die Universität Wittenberg, die Kaderschmiede der lutherischen Orthodoxie, zu. Kontroverstheologische Disputationen bildeten einen Schwerpunkt im Unterrichtsbetrieb der im Jahre 1502 gegründeten Leucorea, unterrichteten dort doch vom 16. bis zum 18. Jahrhundert führende Lutheraner, die Generationen von Pfarrern die reine evangelische Lehre verteidigen lehrten.

Im Vorfeld der Feierlichkeiten zum Reformationsjubiläum an der Universität Wittenberg unternahm es am 15. April 1717 Johann Gottfried Lessing, der Vater des berühmten Aufklärers, unter dem Vorsitz des Theologieprofessors Martin Chladenius das von radikalen Pietisten getrübte Bild Martin Luthers und der Reformation in einer innerkonfessionell kontroverstheologischen Disputation zu reinigen. Die dazu einladende Thesenschrift mit dem Titel *Vindiciae reformationis Lutheri a nonnullis novatorum praeiudiciis* ist eine von Hunderten frühneuzeitlicher theologischer Dissertationen, die sich mit einer Anhäufung damals gängiger Topoi zu begnügen und das wiederzugeben scheinen, was man ohnehin weiß. Aus diesem einseitigen und daher falschen Blickwinkel kann diese Disputationsschrift nur für *den* Historiker von Interesse sein, der an der frühneuzeitlichen Universität als dem angeblichen Ort ermüdender Repetition verfestigter Wissensbestände Gefallen findet. Dieses in der Frühneuzeitforschung verbreitete Vorurteil war der wichtigste Beweggrund, die mir von Friedrich Vollhardt freundlich übermittelte und zur genaueren Inspektion empfohlene Druckschrift im Original kennenzulernen und den Versuch einer Kontextualisierung, hier freilich nicht im Hinblick auf Leben und Werk Gotthold Ephraim Lessings, zu wagen.

---

1 Grundlegend Kenneth G. Appold: Orthodoxie als Konsensbildung. Das theologische Disputationswesen an der Universität Wittenberg zwischen 1570 und 1710. Tübingen 2004 (= Beiträge zur historischen Theologie 127). Ferner: Heinrich Kramm: Wittenberg und das Auslandsdeutschtum im Lichte älterer Hochschulschriften. Leipzig 1941 (= Sammlung bibliothekswissenschaftlicher Arbeiten 50). Hanspeter Marti: Gottfried Arnold – Magister der Philosophie in Wittenberg. Seine Dissertation über die Engelsprache: ediert und kommentiert. In: Gottfried Arnold. Radikaler Pietist und Gelehrter. Jubiläumsgabe von und für Dietrich Blaufuß u. Hanspeter Marti. Hg. v. Antje Mißfeldt. Köln/Weimar/Wien 2010, S. 161–189.

Martin Luther (1483–1546) – Ausschnitt aus einem Gemälde von Lucas Cranach, dem Älteren (1528)

Der Wittenberger Thesendruck des Vaters wird in den Biografien zu Gotthold Ephraim Lessing bald übergangen, bald mehr oder weniger ausführlich kommentiert. Zum Beispiel sicherte ihm Karl S. Guthke in seiner Einführung in Leben und Werk Gotthold Ephraim Lessings, zumindest im Blick auf das Œuvre von dessen Vater, Bedeutung zu.[2] Michael Multhammer widmet ihm in seiner grundlegenden Arbeit über die Gattung der ‚Rettungen', in deren Tradition bereits Vater Lessing stand, ein eigenes Kapitel und kann so den Kontrast zwischen dem Werk des orthodoxen Lutheraners und dem des berühmten Aufklärers herausarbeiten.[3]

Martin Chladenius, der Präses, und Johann Gottfried Lessing, der Respondent, sind typische Repräsentanten der lutherischen Orthodoxie. Sie verbanden die seit Christian Thomasius' Vorurteilskritik weit verbreitete Kampfidee[4] des ‚praeiudicium' mit dem in der damaligen Theologie gängigen Schimpfwort des Neuerers,[5] genauer mit dem Heterodoxievorwurf, ohne die Frage zu stellen, inwieweit die Reformation und die von ihren Repräsentanten beanspruchte Wahrheit reiner Lehre aus der Sicht von Kontrahenten ihrerseits der Neuheit verdächtigt und daher abgelehnt werden konnte. Mit der in der Wittenberger Dissertation negativ konnotierten Novität ist ein Komplex von Fakten und Wertungen benannt, von dem noch die heutige Reformationsforschung bisweilen ausgeht, wenn auch konfessionell unaufgeregter als die frühneuzeitliche Kontroverstheologie und mit Hilfe einer Vielfalt von Geschichtsmethoden. Luise Schorn-Schütte schloss ihren Einführungsband zur Reformation mit einem Vierpunkteresümee ab, das die Problemlage der Reformationsgeschichte ausschließlich von der Antwort auf Novitätsfragen abhängig sah: Erstens habe ‚Reformatio' für die Zeitgenossen Rückkehr zum bewährten Alten, Wiederentdeckung evangelischer Glaubensgewissheiten, also keine Revolution im neuzeitlichen Sinn, bedeutet; zweitens seien die Übergänge vom Spätmittelalter zur Frühen Neuzeit zwar fließend geworden,

---

2 Karl S. Guthke: Gotthold Ephraim Lessing. 2., völlig neu bearbeitete Auflage. Stuttgart 1973, S. 17: „Sein wissenschaftliches Hauptwerk ist eine lateinische Verteidigung der Lutherischen Reformation gegen ihre Kritiker (1717)."
3 Michael Multhammer: Lessings *Rettungen*. Geschichte und Genese eines Denkstils. Berlin/Boston 2013 (= Frühe Neuzeit 183), S. 80–86.
4 Zum Begriff der Kampfidee vgl. Norbert Hinske: Die tragenden Grundideen der deutschen Aufklärung. Versuch einer Typologie. In: Die Philosophie der deutschen Aufklärung. Texte und Darstellung. Von Raffaele Ciafardone. Deutsche Bearbeitung von Norbert Hinske und Rainer Specht. Stuttgart 1990, S. 407–458, hier S. 427. Der Terminus wird hier in allgemeinerer Form als von Hinske verwendet, der ihn nur als Kampfbegriff der Aufklärung verstand.
5 Dazu Reimund Sdzuj: Die Figur des Neuerers und die Funktion von Neuheit in den gelehrten Disziplinen des 17. und 18. Jahrhunderts. In: Kultur der Kommunikation. Die europäische Gelehrtenrepublik im Zeitalter von Leibniz und Lessing. Hg. v. Ulrich Johannes Schneider. Wiesbaden 2005 (= Wolfenbütteler Forschungen 109), S. 155–182.

die Kontinuitäten aber noch unbestimmt; drittens sprächen die Kirchenhistoriker vom reformatorischen Systembruch, der sich in Luthers Rechtfertigungslehre vollzogen habe, und den dem Alten durchaus treu gebliebenen Zeitgenossen der Reformation sei dennoch das Neue das Wichtige gewesen; viertens würden im 20. Jahrhundert immer wieder neue Deutungsmuster für die Reformation verwendet.[6] Auch wer diese Akzentuierung von Alt und Neu als aktuellen reformationsgeschichtlichen Parametern ablehnt, wird frühneuzeitlichen Quellen, die ähnliche Deskriptoren verwendeten, allein aus komparatistischen Gründen, die Aufmerksamkeit nicht versagen. Doch die Dissertation Johann Gottfried Lessings verdient nicht nur angesichts des aktuellen Bilds der Reformation Beachtung: Die Geschichte der in der Frühen Neuzeit auf die Theologie, die Jurisprudenz und die Medizin übertragenen Vorurteilskritik ist noch nicht geschrieben, denn zunächst war die Philosophie,[7] neulich das in der zweiten Hälfte des 18. Jahrhunderts in der schönen Literatur facettenreich gestaltete Vorurteils*problem*,[8] Gegenstand verdienstvoller Forschung.

Wir wenden uns nun aber wieder den ersten Jahrzehnten des 18. Jahrhunderts zu und damit einmal mehr der von den Universitätsgelehrten geprägten, nach einer gängigen Auffassung unoriginellen Vorurteilskritik, die weder mit Paradigmenwechseln aufzuwarten habe noch das Potenzial der Moderne enthalte.[9] Vielmehr gilt es hier, die Geschichte des frühneuzeitlichen Unterrichts, und zwar *auch* und vor allem anhand des akademischen Kleinschrifttums, insbesondere der Dissertationen, zu rekonstruieren, um an den sogenannten *courant normal* oder *main stream* kontroverstheologischer Alltagsarbeit heranzukommen. Theologische Thesendrucke dienten oft über die unmittelbaren akademischen Zwecke (Qualifikation, Studienabschluss) hinaus der konfessionellen Selbstbehauptung in außeruniversitären gesellschaftlichen Kontexten.

---

6 Luise Schorn-Schütte: Die Reformation. Vorgeschichte – Verlauf – Wirkung. München 1996, S. 106 f.
7 Werner Schneiders: Aufklärung und Vorurteilskritik. Studien zur Geschichte der Vorurteilstheorie. Stuttgart-Bad Cannstatt 1983 (= Forschungen und Materialien zur deutschen Aufklärung. Abteilung II: Monographien 2).
8 Rainer Godel: Vorurteil – Anthropologie – Literatur. Der Vorurteilsdiskurs als Modus der Selbstaufklärung im 18. Jahrhundert. Tübingen 2007 (= Hallesche Beiträge zur europäischen Aufklärung 33).
9 Ebd., S. 25.

1 Die Protagonisten der Wittenberger Disputation

1.1 Martin Chladenius

Der Präses Martin Chladenius (Chladni, Chladen, Chladenio) wurde am 25. Oktober 1669 als Sohn des lutherischen Pfarrers Georg Chladni (1637–1692) und dessen Frau Katharina in dem damals im Königreich Ungarn, heute in der Slowakei gelegenen Kremnitz geboren, verließ mit seiner Familie wegen der dortigen Glaubenswirren die Heimatstadt und besuchte die Lateinschulen in Görlitz (ab 1675) und Sorau (ab 1681) sowie die Fürstenschulen in Grimma und Meißen.[10] Am 16. Juni 1688 erfolgte die Immatrikulation an der Universität Wittenberg, 1690 verteidigte er dort eine ethische Dissertation über Strafen.[11] Nachdem er am 28. April 1691 den Magistergrad erlangt hatte, respondierte er mit Thesen zur Physik unter dem Präsidium des aus dem ungarischen Oedenburg stammenden Johann Baptist Röschel (1652–1712),[12] in dessen Haus er wohnte, im selben Jahr unter Christian Röhrensee (1641–1706) mit einer Dissertation über Seelenkenntnis.[13] Kurz danach war er als lehrender Magister Vorsitzender einer Disputation über den idealen Fürsten.[14] 1694 begab sich Chladenius nach Dresden, wo er den Kindern Geheimrat Bernhard von Zechs (1649–1720) Privatunterricht erteilte. Zunächst (ab 1695) Pfarrer in Übigau, 1703 in Lausick, wurde er noch im selben Jahr Oberpfarrer und Superintendent in Jessen. 1704 kehrte er an die Leucorea zurück und wurde dort, um die Superintendentur ausüben zu können, Lizentiat der Theologie. Am 28. Februar 1710 trat er in Wittenberg die vierte Professur der Theologie an, von der er später (1719) bis zur

---

10 Die meisten biografischen Angaben aus: http://de.wikipedia.org/wiki/Martin_Chladni [Stand: 30.06.2015]; hinzu kommen eigene Recherchen zu den philosophischen Dissertationen.
11 Christoph Johann Below (Präses), Martin Chladenius (Respondent): Dissertatio moralis de poenis. 26. März 1690. Wittenberg.
12 Johann Baptist Röschel (Präses), Martin Chladenius (Respondent): Positionum physicarum missus primus. 27. Mai 1691. Wittenberg. Zu Röschel vgl. Heinz Kathe: Die Wittenberger philosophische Fakultät 1502–1817. Köln/Weimar/Wien 2002 (= Mitteldeutsche Forschungen 117), S. 332–335, mit dem Hinweis auf den überraschend hohen Anteil theologischer Literatur in Röschels Bibliothek. Zu Röschel als Eklektiker, Michael Albrecht: Eklektik. Eine Begriffsgeschichte mit Hinweisen auf die Philosophie- und Wissenschaftsgeschichte. Stuttgart-Bad Cannstatt 1994 (= Quaestiones 5), S. 370–372.
13 Christian Röhrensee (Präses), Martin Chladenius (Respondent): Positionum moralium octonarium de notatione animorum. 28. Oktober 1691. Wittenberg.
14 Martin Chladenius (Präses), Johann Christian Dressler (Respondent): Dissertatio politica de exemplo principis. 31. Oktober 1691. Wittenberg.

zweiten aufrückte. Diese hatte er bis zu seinem Tod am 12. September 1725 inne. Chladenius war mehrmals Dekan der theologischen Fakultät der Leucorea, von Herbst 1720 bis Ostern 1721 deren Rektor. Ein Jahr vor seinem Ableben erschien von ihm ein Lehrbuch der Homiletik.[15] Chladenius' Hauptwerk waren mehr als hundert theologische Dissertationen und Programmschriften, hauptsächlich exegetischen und kontroverstheologischen Inhalts, vornehmlich gegen den mystischen Spiritualismus, zum Beispiel die Philadelphier und Pierre Poiret.[16] In anderen Thesenschriften wandte er sich gegen die Visionen Brigittas von Schweden und Hildegards von Bingen oder bekämpfte Henry More und den französischen Jansenisten Pasquier Quesnel. Für ungarische Studenten war Chladenius wichtiger Ansprechpartner und Präses bei Disputationen. Als treuer Anhänger der Wittenberger Orthodoxie pries er in mehreren akademischen Kleinschriften Leben und Werk Martin Luthers. Vehement vertrat er die Hauptanliegen der lutherischen Theologie, wiederholt unter dem die Defensivposition hervorhebenden Titel ‚vindiciae'. Zu den ‚Rettungspublikationen' zählen die hier vorzustellenden, unter Chladenius' Präsidium verteidigten, aber vom Respondenten Johann Gottfried Lessing verfassten *Vindiciae reformationis Lutheri a nonnullis novatorum praeiudiciis*.[17] In ihnen werden radikale Pietisten, allen voran Gottfried Arnold und dessen *Kirchen- und Ketzerhistorie*, Arnolds Anhänger Johann Konrad Dippel sowie andere zur selben Gruppierung gezählte Autoren attackiert.

Da die Wittenberger Universität und namentlich deren theologische Fakultät im 18. Jahrhundert mit einem rapiden Niedergang der studentischen Frequenzen in Verbindung gebracht wird, hat es bislang kaum jemanden gelockt, sich auf die Repräsentanten der dort etablierten lutherischen Spätorthodoxie näher einzulassen. Dem Vorurteil, nicht interessant genug zu sein, fiel auch Präses Martin Chladenius zum Opfer.[18]

---

15 Martin Chladenius: Institutiones homileticae. Wittenberg 1724.
16 Um die Bibliografie nicht anschwellen zu lassen, begnüge ich mich hier im Hinblick auf die meisten theologischen Werke mit summarischen Angaben; der erwähnte *Wikipedia*-Artikel (Anm. 10) listet zahlreiche Kleinschriften auf, oft allerdings mit falsch wiedergegebenen Kurztiteln.
17 Die Verfasserschaft des Respondenten legen der beim Respondentennamen stehende Autor-Vermerk auf dem Titelblatt sowie die Gratulationsepistel des Präses im Anhang der Dissertation nahe. Martin Chladenius (Präses), Wenceslaus Sigismund Gerhard (Respondent): Vindiciae baptismi evangelico-Lutherani adversus novatorum conatus. 21. April 1712. Wittenberg, folgt demselben Argumentationsmuster.
18 Walter Friedensburg: Geschichte der Universität Wittenberg. Halle 1917, widmet Chladenius gerade noch sechs Zeilen (S. 551). Auf Leben und Werk von Martin Chladenius, insbesondere die pietismuskritischen Dissertationen, komme ich an anderer Stelle zurück.

1.2 Johann Gottfried Lessing

Mehr als Martin Chladenius wird im Folgenden der Respondent und Autor der Dissertation, Johann Gottfried Lessing, im Mittelpunkt stehen. Ihn charakterisiert der Biograf in der *Neuen Deutschen Biographie* als überzeugten Vertreter eines starr orthodoxen Luthertums, sein Vorgänger in der *Allgemeinen Deutschen Biographie* vorsichtiger als einen dem Pietismus nicht feindlich gesinnten Lutheraner.[19]

Johann Gottfried Lessing wurde am 24. November 1693 als Sohn des Kamenzer Stadtschreibers und späteren Bürgermeisters Theophil Lessing (1647–1735) und der Kamenzer Bürgermeisterstochter Anna Dorothea Hillmann (1671–1719) geboren.[20] Johann Gottfried Lessing besuchte die Lateinschule in seiner Heimatstadt und ab 1707 das Gymnasium Augustum in Görlitz. Am 4. April 1712 immatrikulierte er sich an der Universität Wittenberg. Bereits drei Monate später verteidigte er unter dem Vorsitz des Physikprofessors Johann Andreas Planer (1665–1714) eine gegen die Affektenlehre Descartes', eines Autors „monstrosarum opinionum", wie der Präses schreibt, und gegen den Cartesianer Antoine Le Grand gerichtete Dissertation.[21] Am 11. März 1713 disputierte er unter dem Vorsitz Christian August Hausens des Jüngeren (1693–1743) *De Ierusolymis aureis schab. C. VI. misn. I.*, am 8. April unter demselben Präses über das *Vaticinium Caiaphae Ioh. XI. com. XLIX–LII.* Am 30. April 1713 erwarb Lessing an der Leucorea den

---

19 Biografische Angaben sind entnommen: Wolfgang Milde: [Art.] „Lessing, Gottfried". In: NDB 14 (1985), S. 338 f., online unter www.deutsche-biographie.de/pnd10018541X.html, vor allem aber der drucktechnisch aufwendig gestalteten, informationsreichen und unüberholten Familiengeschichte: Arend Buchholtz: Die Geschichte der Familie Lessing. Hg. v. Carl Robert Lessing. 2 Bde. Berlin 1909, zu Johann Gottfried Lessing, Bd. 1, S. 89–159, Bd. 2, Anmerkungen, S. 526–535, mit Bibliografie, hier S. 530–535, die überprüft, ergänzt und zum großen Teil mit aktuellen Standortnachweisen versehen werden müsste. Siehe auch ADB 18 (1883), S. 448 f. (Autor: Carl Bertheau).
20 Theophil Lessing verteidigte am 24. März 1669 an der philosophischen Fakultät der Universität Leipzig unter dem Vorsitz Valentin Fridericis die ,Disputatio politica de religionum tolerantia', vgl. die Faksimile-Edition mit Übersetzung: Theophil Lessing. De religionum tolerantia – Über die Duldung der Religionen. Hg. und eingeleitet von Günter Gawlick und Wolfgang Milde. Göttingen 1991 (= Kleine Schriften zur Aufklärung 2). Lessing erscheint auf dem Titelblatt als „AUTOR & RESPONDENS"; seine Dissertation wurde bereits 1881 von Pfarrer Karl Heinrich Meusel (1837–1889) ins Deutsche übersetzt, vgl. Buchholtz: Die Geschichte der Familie Lessing (Anm. 19), Bd. 2, S. 517.
21 Johann Andreas Planer (Präses), Johann Gottfried Lessing (Respondent): Dissertatio physica. Nova, veraque de affectibus sententia. 6. Juli 1712. Wittenberg, hier Corollarium XV, S. 28. Die Wittenberger Descartesrezeption ist nach wie vor ein Forschungsdesiderat.

Magistergrad.[22] Von Englisch- und Französischkenntnissen zeugt bereits die im April 1714 unter dem Präsidium Martin Hassens (1677–1750) verteidigte, mit einem reichen Fußnotenapparat ausgestattete Dissertation *De non commutando sexus habitu*.[23] 1715 erhielt Johann Gottfried Lessing in Wittenberg einen der Wolfframsdorffschen Freitische.[24] 1716 bestand er vor dem Oberkonsistorium in Dresden das theologische Kandidatenexamen – einer der Prüfenden war Valentin Ernst Löscher (1673–1749), der ihn am 21. Dezember 1717 für das Predigtamt ordinierte.[25] Anfang 1718 trat Lessing das in Kamenz neu geschaffene Amt eines Katecheten an. Am 16. Januar 1725 heiratete er die älteste Tochter des Kamenzer Primarius Gottfried Feller (1674–1733), Justina Salome (1703–1777). Nach dem Tod Fellers rückte Lessing am 8. Juni 1733 in seiner Heimatstadt zum ersten Pastor auf. Von den geistlichen Vorgesetzten protegiert, verurteilte er in Predigten immer wieder das lasterhafte Leben der Stadtbewohner. Mehrmals geriet er mit der städtischen Obrigkeit in Konflikt. Er wandte sich gegen Graf Nikolaus Ludwig von Zinzendorf und die mährische Brüdergemeine in Herrnhut. In einem Brief an den Weimarer Hofprediger Wilhelm Ernst Bartholomäi († 1752)[26] warf er den Herrnhutern in vielerlei Hinsicht Voreingenommenheit und grobe Irrtümer vor: in den Lehren vom Gesetze, in bezug auf das Predigtamt, das geistliche Priestertum, Standesunterschiede, den allgemeinen Umgang.[27] Auch verfeindete sich Lessing mit dem Rektor der Kamenzer Lateinschule, dem Gottschedianer Johann Gottfried Heinitz (1712–1790), der 1740 in einem Schulprogramm den pädagogischen Nutzen der Schaubühne pries. Johann Gottfried Lessing veröffentlichte Erbauungsliteratur,

---

22 Buchholtz (Die Geschichte der Familie Lessing [Anm. 19]) erwähnt beide Disputationen (mit falschen Abhaltedaten) in Bd. 1, S. 95, doch richtig in Bd. 2, S. 528.
23 Ebd., Bd. 1, S. 95: Hassen, der auch Englischlehrer König Friedrich Wilhelms I. war, verdankte Lessing die Englischkenntnisse.
24 Vgl. das Bittschreiben des Magisters Johann Gottfried Lessing an den sächsischen König und Kurfürsten Friedrich August vom 14. November 1715 und den Hinweis auf die Antwort aus Dresden vom 30. Dezember 1715 (ebd., Bd. 2, S. 527).
25 Valentin Ernst Löscher las in Dresden täglich „paraeneses und Collegia Privata den Candidatis Ministerii", zit. n. Martin Greschat: Zwischen Tradition und neuem Anfang. Valentin Ernst Löscher und der Ausgang der lutherischen Orthodoxie. Witten 1971 (= Untersuchungen zur Kirchengeschichte 5), S. 45.
26 Geburtsjahr unbekannt, Todesjahr nach Buchholtz: Die Geschichte der Familie Lessing (Anm. 19), Bd. 2, S. 529.
27 Zit. n. ebd., Bd. 1, S. 112. Abgesehen von einem Teil des Briefwechsels mit seinem Sohn Gotthold Ephraim (34 Briefe 1760–1770, ebd., Bd. 1, S. 149) und von 31 Briefen an Bartholomäi (Nachlass in der Forschungsbibliothek Gotha), ist von Johann Gottfried Lessing keine überlieferte Korrespondenz bekannt, ebd., Bd. 2, S. 529 f.

Kirchenlieder,[28] eine Schrift über Besessene, Gespenster und Zauberei, beschäftigte sich mit (der Kamenzer) Kirchengeschichte, verfasste Zeitschriftenartikel, setzte sich für Gedächtnisfeiern zur Augsburgischen Konfession ein und übersetzte Predigten John Tillotsons (1640–1694), des Erzbischofs von Canterbury, aus dem Englischen ins Deutsche. Noch im hohen Alter machte sich Lessing an eine Erweiterung seiner Verteidigungsschrift für Luther,[29] und die lessingsche Familiengeschichte fasst die Vita dementsprechend zusammen: „In dem Wandel der Zeit war *er* derselbe geblieben."[30] Am 22. August 1770 starb Johann Gottfried Lessing am Ort seines jahrzehntelangen Wirkens.

Von den Biografen wird denn auch der Gegensatz herausgestrichen, der den treuen Anhänger des orthodoxen Luthertums und des barocken Polyhistorismus von seinem ‚aufgeklärten' Sohn abhebt.[31] Trotzdem hätte Vater Lessing eine ausführliche Monografie verdient.[32]

2 Aufbau und Inhalt von Johann Gottfried Lessings Dissertation

Die *Vindiciae reformationis Lutheri a nonnullis novatorum praeiudiciis* enthalten nach einer Einleitung („Prooemium") 17 mit der Überschrift *praeiudicium* und der entsprechenden römischen Kennzahl versehene Abschnitte, in welchen die

---

28 Johann Gottfried Lessing sah sich mit dem Vorwurf konfrontiert, dass er in das *Kamenzer Gesangbuch* pietistische Kirchenlieder aufgenommen habe (ebd., Bd. 1, S. 129).
29 Johann Friedrich Voigt: Primae lineolae vitae a viro summe reverendo amplissimo doctissimo Iohanne Godofredo Lessingio artium liberalium magistro. Bautzen 1768, S. 10: „scriptaque a Se olim edita descendebat, eaque ruminabatur, neque ita pridem dissertationem illam anno h. s. XVII. Vitebergae publicae ventilationi exhibitam curis velut posterioribus augebat." Bislang konnte kein Exemplar einer erweiterten Fassung von Lessings Wittenberger Dissertation gefunden werden; eine solche ist wohl nicht im Druck erschienen. Vgl. auch Buchholtz: Die Geschichte der Familie Lessing (Anm. 19), Bd. 1, S. 144, der dies bestätigt: „In den letzten drei Jahren kehrte er [Lessing] zu den Wittenberger ‚Vindiciae reformationis Lutheri' zurück und arbeitete an einem Manuskripte, dem er den Titel ‚Meine Gedanken über die vor funfzig Jahren von mir widerlegten siebenzehn Vorurteile, die man nach einem Zeitlaufe von zweihundert Jahren zum Nachteil der Kirchenbesserung auf die Bahn gebracht', geben wollte." Die Handschrift scheint nicht überliefert zu sein.
30 Buchholtz: Die Geschichte der Familie Lessing (Anm. 19), Bd. 1, S. 145.
31 Der biografische Topos bei Milde: [Art.] „Lessing, Gottfried" (Anm. 19).
32 Multhammer (Lessings *Rettungen* [Anm. 3], S. 80, Anm. 88) plädiert für die ausführliche Darstellung „dieses bei Weitem nicht unproduktiven Lebens".

als Untertitel formulierte Kurzthese, das heißt das einzelne *praeiudicium novatoris*, vom Respondenten widerlegt wird.[33] Dem Opponenten blieb hier also die Aufgabe, im Streitgespräch nach ‚Beweisen' zu suchen, dass die in Form von *theses nudae* schriftlich fixierten falschen Behauptungen (eben die *praeiudicia*) richtig seien. Bei den angeführten Vorurteilen handelt es sich um allgemeine Propositionen, genauer um aus der Lektüre inkriminierter Schriften abstrahierte Kondensate, die anschließend mit Zitaten aus den herangezogenen gegnerischen Quellen veranschaulicht und mit Referenzen lutherisch-orthodoxer Gesinnungsgenossen und sogar mit solchen von Kontrahenten widerlegt werden.

Wie Christian Thomasius und dessen Anhänger setzt Lessing ‚Vorurteil' mit ‚falschem Urteil' gleich, verzichtet aber sowohl auf eine explizite Begriffsbestimmung als auch auf eine Typologie und logische Klassifikation der *praeiudicia*. Der Terminus wird als negativ besetztes kontroverstheologisches Schlagwort einfach benutzt, mit der Novität häretischer Inhalte assoziiert und auf Einzelaussagen bezogen, die der für die eigene Position beanspruchten Wahrheit widersprechen. Man kann daher von inflationärer Anwendung eines unreflektierten Vorurteilsbegriffs ausgehen. Lessing rekurrierte schlicht auf das Alter der von Luther erneuerten, das heißt wieder gefundenen Wahrheit, die in die Anfänge des Christentums zurückreiche und daher gegen Verfälschungen und Verunreinigungen zu verteidigen sei. Theologische Vorurteilskritik setzt der Verfasser also mit einer radikalen Ablehnung der von den Neuerern (*novatores*) vertretenen, von ihm als *praeiudicia novitatis* diskreditierten Irrtümer gleich. Der dogmatische Wahrheitsanspruch der Wittenberger Universität in Glaubensfragen wird durch die auf dem Titelblatt von Lessings Disputationsschrift angebrachte Formel „e cathedra ipsius divi Lutheri justis rationibus instituet" unterstrichen.[34]

Die Dissertation wird mit einem Vorwort (*Prooemium*) eröffnet (§§ I–VI), dem der erste Vorurteil-Abschnitt mit dem erwähnten falschen Titel „PRAEIUDICIUM II" (§§ VII–IX) folgt. Mit der richtigen Bezeichnung „PRAEIUDICIUM II" und mit jeweils neu (§ I) einsetzender Paragrafenzählung schließen das folgende Unterkapitel und analog die übrigen *praeiudicia* IV bis XVII mit den amplifikatorisch angelegten Widerlegungen an, in denen (zu Referatzwecken auch von den Gegnern vorgebrachte) Einzelargumente mit römischen und arabischen Zahlen

---

33 Martin Chladenius (Präses), Johann Gottfried Lessing (Respondent): Vindicias reformationis Lutheri a nonnullis novatorum praejudiciis [...] e cathedra ipsius divi Lutheri justis rationibus instituet autor M[agister] Jo. Godofredus Lessingius. 15. April 1717. Wittenberg. Statt mit der Nummer eins beginnt die Zählung der Vorurteile im Originaltext mit der Nummer zwei, die wiederholt wird, und setzt sich richtig mit ‚praeiudicium III' fort.
34 Zur Bedeutung dieser Wendung vgl. Kathe: Die Wittenberger philosophische Fakultät (Anm. 12), S. 271.

oder, um noch feiner zu gliedern („PRAEIUDICIUM XIV"), sogar mit lateinischen und griechischen Buchstaben versehen und kursiv gedruckt sind. Zitate, Literaturnachweise und andere Hervorhebungen sind ebenfalls kursiviert, Autorennamen werden in der Regel mit Kapitälchen wiedergegeben. Quellennähe signalisieren Bibelzitate im griechischen Wortlaut. Der zweitletzte und längste Unterabschnitt („PRAEIUDICIUM XVI") umfasst gut zehn Seiten. Der Schluss des eigentlichen Dissertationstexts wird mit dem Substantiv „FINIS" gekennzeichnet. Den ersten Teil des unpaginierten Anhangs bildet ein „*CONSPECTUS DISSERTATIONIS*", der den Inhalt des Vorworts und die Unterkapitel der Disputationsschrift mit summarischen Reminiszenzen abbildet und die Stofffülle strukturiert, mit der sich Leser und Disputationsteilnehmer konfrontiert sahen. So lautet die Zusammenfassung zur Widerlegung des vierten Vorurteils, Luther sei im Laufe der Zeit vom richtigen Weg der Reformation abgewichen, wie folgt: „Praejudic. [ium] IV. Deflexisse Lutherum in R. [eformatione] a prima via. Fanatici, qui hoc asserunt, in medium afferuntur I. II. defenditur autem ab haeretificandi studio III. a superbiae macula IV. ab offendiculis aliis V."

In einer auf den 13. April, also zwei Tage vor dem Disputationstermin, datierten Glückwunschepistel, die den Anhang abschließt, erweist Präses Chladenius dem Respondenten („RESPONDENTI ET AUTORI") die Ehre und hofft, dass Lessing das unterbreitete *specimen academicum* als Empfehlung („commendationem") diene. Dazu beitragen sollte auch die Anspielung auf das Beziehungsnetz Lessings in der Heimatstadt, auf dessen Herkunft aus der städtischen Elite und auf die Freundschaft des Präses zu Jeremias Freyberg (1657–1724), dem Pfarrer und Superintendenten in Kamenz.[35]

Mit fast 80 Seiten im Quartformat ist Lessings Dissertation auffallend lang, obwohl Thesenschriften dieses Umfangs seit dem letzten Viertel des 17. Jahrhunderts in allen Universitätsfakultäten häufiger als früher vorkamen. Lessing bekämpft folgende, hauptsächlich der radikalpietistischen Lutherkritik zugeschriebene Vorurteile:

- *praeiudicium* II (recte I): Fehlende Notwendigkeit der reformatorischen Lehre
- *praeiudicium* II: Luthers Reformation war von übertriebenem Eifer („immoderato Zelo") bestimmt
- *praeiudicium* III: Luthers Frühwerk ist seinen späteren Schriften vorzuziehen

---

35 Buchholtz: Die Geschichte der Familie Lessing (Anm. 19), zu Freyberg, Bd. 1, S. 99–101, Bd. 2, S. 531 bibliografischer Nachweis zur Abdankungsrede Lessings vom 3. September 1724 für Freyberg (*Das Bild eines evangelischen Lehrers*).

- *praeiudicium* IV: Im Laufe der Zeit kam Luther vom Weg ab, den er eingeschlagen hatte
- *praeiudicium* V: Luthers Reformation wurde durch die Fürsten unterstützt
- *praeiudicium* VI: Luthers Reformation bezog sich allein auf den Glauben, nicht auf ein christliches Leben
- *praeiudicium* VII: Durch den Einfluss Luthers verschlechterten sich die Sitten, auch die der Gelehrten
- *praeiudicium* VIII: Die Reformation trug nicht zur Verbesserung des politischen Lebens bei
- *praeiudicium* IX: Luther hob die in der alten Kirche vorhandene Kirchenzucht und die Exkommunikation auf
- *praeiudicium* X: Die Einrichtung von Stiftungen („piarum causarum usus") ging zurück, und die den kirchlichen Ministerien geschuldete Autorität schwand
- *praeiudicium* XI: Luther schaffte den öffentlichen Gottesdienst und alle Zeremonien ab
- *praeiudicium* XII: Luther bestritt die Notwendigkeit der Sakramente und schmälerte deren Würde und Autorität
- *praeiudicium* XIII: Die Reformation war der Anfang des Libertinismus in Glauben und Lehre
- *praeiudicium* XIV: Die Zahl der Glaubenskontroversen nahm seit der Reformation zu, weil diese neuartige hervorbrachte
- *praeiudicium* XV: Von Zwingli und von Calvin wurde der Fortgang der Reformation nicht beeinträchtigt
- *praeiudicium* XVI: Luthers Reformation war von zahlreichen Einflüssen des Papsttums infiziert („multa pontificio fermento infecta"), die nach wie vor nicht ausgerottet sind
- *praeiudicium* XVII: Luther war nur der Vorbote der kommenden Generalreformation

Vier der von Lessing bekämpften *praeiudicia novatorum* befassen sich mit der allgemeinen Einschätzung der Reformation (I, II, XIV u. XVII), zwei mit der Person und dem Werk Luthers (III u. IV), drei mit einzelnen Aspekten von dessen Lehre (VI, XII u. XIII), namentlich mit der Taufe und dem Abendmahl, zwei mit der Beziehung des Reformators zur Politik (V u. VIII), vier mit der Institution der lutherischen Amtskirche (VII, IX, X u. XI) und zwei mit dem Verhältnis des Luthertums zur römischen Kirche sowie zu der in Zwingli und Calvin verkörperten reformierten Konfession (XV u. XVI). Lessing betrachtet die Reformation zwar oft als Ereignisablauf, bezieht aber die *praeiudicia* seiner Gegner stark auf die

Person Luthers, um dessen Heroengestalt er einen evangelischen Heiligenkult betreibt und den er gegen Anschuldigungen in Schutz nimmt bzw. ‚rettet'.

3 Die historisch-kritische Ausgabe von Lessings Dissertation

Die Aufmerksamkeit, auf die Johann Gottfried Lessings Dissertation bislang stieß, ist nicht ihm, sondern in erster Linie der Berühmtheit seines Sohns Gotthold Ephraim zu verdanken. Der Lessing-Forscher Georges Pons legte vor 50 Jahren eine historisch-kritische, mit französischer Übersetzung und Kommentar versehene Edition der Wittenberger Disputationsschrift vor.[36] Es handelt sich um eine sehr sorgfältige Arbeit, in der die zahlreichen Zitate der Textvorlage samt ihrer kontextuellen Verwendungsweise minutiös nachgewiesen werden und die nach wie vor für einschlägige Forschungen eine unentbehrliche Grundlage darstellt. Dem Herausgeber gelang es, dank einem außergewöhnlichen Rechercheaufwand – elektronische Suchmöglichkeiten gab es zu seiner Zeit noch nicht – die meisten Details zu klären und dem Leser den Inhalt der edierten Schrift besser verständlich zu machen. In der Einleitung werden allgemeine geistes- und konfessionsgeschichtliche Zusammenhänge, Leitaspekte und die Bezugspersonen vorgestellt (S. V–XLIV), gefolgt von einer summarischen Bibliografie (S. XLV f.) und der eigentlichen Edition (S. 1–171). Auf der linken Textseite wird jeweils der mit Anmerkungszeichen versehene lateinische Originaltext, auf der rechten die französischsprachige Übersetzung vermittelt. Kommentare und andere Herausgebervermerke finden sich in den Fußnoten. In alphabetisch angeordneten Kurzbiografien werden die meisten in der Dissertation Lessings erwähnten Autoren (S. 173–197) präsentiert; die Identifikation anonymer oder pseudonymer Verfasser deutschsprachiger Streitschriften ist meistens geglückt. Den Abschluss macht das Inhaltsverzeichnis (*table de matières*), das auch die *praeiudicia*-Titel in französischer Sprache wiedergibt. Um die künftige Benutzung der informationsreichen Edition zu unterstützen, weise ich unter der folgenden Anmerkungsziffer

---

36 J. G. Lessing: Défense de la réforme de Luther contre maints préjugés des novateurs (Vindiciae Reformationis Lutheri a nonnullis novatorum praejudiciis – 1717). Réédition avec introduction, traduction, notes et notices biographiques par Georges Pons [...]. Rouen 1966. Der Franzose verfasste auch eine umfangreiche Monografie zum Aufklärer Lessing: Gotthold Ephraim Lessing et le christianisme. Paris 1964.

auf einen grundsätzlichen Mangel sowie auf einige der ohnehin seltenen kleinen Ungereimtheiten hin.[37]

Die Liste der Referenzautoren sowie die von Pons identifizierten Titel sind wie folgt zu ergänzen (in runden Klammern stehen die Seite und die Anmerkungsziffer in Pons' Edition, auf die sich die hier angegebene bibliografische Identifikation bezieht):[38]

> Theodor Thumm (Präses), Tobias Wagner (Respondent): Lutherus thaumaturgus, hoc est, dissertatio theologica, de admiranda reformatione b. Lutheri; Luthero thaumaturgo, a Laurentio Forero, Jesuwita Dilingano, dira calumniandi libidine consarcinato, opposita. Tübingen 1627 [das genaue Abhaltedatum der Disputation fehlt auf dem Titelblatt der Publikation] (S. 7, Anm. 10).
>
> Lucas Osiander: Theologisches Bedencken/ Und Christliche Treuhertzige Erinnerung/ welcher Gestalt Johann Arndten genandtes Wahres Christenthumb/ nach Anleitung deß H.Worts Gottes/ und der reinen Evangelischen Lehr und Bekandtnussen/ anzusehen // und zuachten seye [...]. Tübingen 1623 (S. 70, Anm. 2).
>
> Jakob Friedrich Ludovici: Einleitung zum Consistorial-Proceß. Halle 1713 (S. 157, Anm. 26).
>
> Justus Henning Böhmer: Ius ecclesiasticum protestantium, usum modernum iuris canonici iuxta seriem decretalium ostendens. Halle 1714 (S. 158, Anm. 28).

Da in Pons' Personenliste Seitenzahlen fehlen, die das öftere Vorkommen der selben Namen im edierten Text nachweisen, ist es schwierig, einen raschen Überblick zur Bedeutung der Gewährsleute anhand der Zahl der Textreferen-

---

[37] Der gewichtigste editionskritische Einwand bezieht sich darauf, dass der Herausgeber die „ß" nicht aus dem Originaltext übernahm, sondern sie kurzerhand durch „ss" ersetzte. Auf den Nachweis der Interpunktionsfehler und einiger anderer geringfügiger Versehen in Pons' Edition wird hier verzichtet, obwohl er, streng philologisch gesehen, erforderlich wäre, zumal der Herausgeber den Anspruch auf Exaktheit in der Wiedergabe der Satzzeichen ausdrücklich hervorhebt (Pons: Défense [Anm. 36], S. XLIII). Die kritische Edition ist nicht mit einer Zeilenzählung versehen, weshalb ich mich im Folgenden mit der Angabe des *praeiudicium*, des einschlägigen Paragraphen und der Seitenzahl im Original (mit der Sigle: „O") und in Pons' Ausgabe (mit der Sigle: „P") begnüge. Folgende Korrekturen sind in der Edition Pons' vorzunehmen: praeiudicium VII, § II, S. 72, P „rechtschaffnen" zu „rechtschaffenen" (O 33); praeiudicium X, § IV, S. 102, P „aucht" zu „auch" (O 46); ebd., P „Churfüstl." zu „Churfürstl." (O 46); praeiudicium XIII, § II, S. 118, P „Aufruhr" zu „Auffruhr" (O 53); praeiudicium XV, § II, S. 136, P „sit periculosa" zu „fit periculosa" (O 63); praeiudicium XVI, § IV, S. 144, P „Scholastiche" zu „Scholastische" (O 67); praeiudicium XVI, § VIII, S. 150, P „prospisciendi" zu „prospiciendi" (O 70). Pons korrigierte den im Original (praeiudicium II, § V [recte § IV], S. 13) falsch mit Heinrich VII. angegebenen Namen im lateinischen Text stillschweigend mit dem richtigen Heinrichs VIII. (P 28 u. 29).

[38] Die Titel neu identifizierter Werke werden in angemessen verkürzter Form aufgelistet; auch wird aus Platzgründen auf unwesentliche bibliografische Korrekturen (z. B. zu P 140, Anm. 1) und auf die Mitteilung von Standortnachweisen frühneuzeitlicher Publikationen, die Pons nicht verfügbar waren (z. B. zu S. 7, Anm. 11, Dannhauers *Antichristosophia*), verzichtet.

zen in Lessings Dissertation zu gewinnen. Zudem werden hier und dort wichtige biografische Angaben vermisst oder falsche mitgeteilt, manchmal ahistorische Wertungen vorgenommen.[39] Schwerwiegender sind grundsätzliche Mängel, die von der edierten Schrift sowie von deren Entstehungs- und Wirkungskontexten ein falsches Bild vermitteln. Das erweiterte Inhaltsverzeichnis, der „Conspectus dissertationis", ein integrierender Bestandteil von Lessings Dissertation, wurde in der ponsschen Ausgabe nicht abgedruckt, ferner wurden Struktur und Primärfunktion der Thesenschrift, die zu einer theologischen Disputation einlud, vom Herausgeber nicht erkannt.[40] Damit bleibt der unterrichtsgeschichtlich-institutionelle Bezug der Publikation im Dunkeln. Martin Chladenius, der Präses, ein Repräsentant der Wittenberger theologischen Fakultät, tritt völlig in den Hintergrund, obwohl er bei der Organisation und Durchführung des Reformationsjubiläums von 1717 sowie im Abwehrkampf gegen den radikalen Pietismus eine führende Rolle innehatte.

Disputationen wie die Lessings wurden in der Frühen Neuzeit häufig für Jubiläumszwecke instrumentalisiert, aber in der sprunghaft anwachsenden Forschungsliteratur zu Jubiläen bislang kaum berücksichtigt. Für den Präses, den Respondenten, die Opponenten und die Institution, an der sie abgehalten wurden, waren sie Leistungsatteste, Indikatoren geistigen, universitären und sozio-kulturellen Potenzials.

Trotz der beschriebenen, zum Teil zeitbedingten Mängel – die Disputationsforschung stand vor 50 Jahren in den Anfängen – liefert die Edition Pons' dem über Johann Gottfried Lessings Dissertation Arbeitenden unverzichtbare Grund-

---

39 Pons: Défense (Anm. 36), S. 177 (von den Söhnen Martin Chladenius' wird der Erlanger Theologe und Geschichtstheoretiker Johann Martin [1710–1759], dem in der Geschichte der Historiografie Bedeutung zukommt, nicht erwähnt); das Porträt von Christian Thomasius fällt blass aus (ebd., S. 195), Johann Gottfried Zeidler (1655–1711), wichtig als im Einzelnen unerforschter Thomasiusrezipient im näheren Umkreis seines Vorbilds, wird als „Personnage bizarre, auteur de livres souvent étranges" charakterisiert (ebd., S. 197), von Johann Konrad Dannhauer (1603–1666) behauptet, dass er „un nombre considérable d'études aux titres parfois bizarres" (ebd., S. 179) publiziert habe. Der Geburtsort Wildhaus des Schweizer Reformators Ulrich Zwingli liegt nicht im Kanton Glarus (ebd., S. 197), sondern im st.gallischen Toggenburg. Zu Martin Seidel vgl. nun Winfried Schröder: Ursprünge des Atheismus. Untersuchungen zur Metaphysik- und Religionskritik des 17. und 18. Jahrhunderts. Stuttgart-Bad Cannstatt 1998 (= Quaestiones 11), S. 397–403.
40 Die Kenntnis der Gattungseigenschaften einer Thesenschrift lässt Pons (Défense [Anm. 36]) an verschiedenen Stellen seines Kommentars vermissen, insbesondere dort, wo er eine Dissertation unbestimmt als „œuvre" (S. XXXVIII, Anm. 144), „ouvrage" (S. 88, Anm. 2), Disputationsschriften als „études" (S. 162, Anm. 1) benennt oder die Bezeichnung ‚Präses' auf dem Titelblatt mit ‚le président du jury' (S. 169) übersetzt. Erörterungen zur literarischen Gattungszugehörigkeit von Lessings Schrift fehlen in Pons' Edition gänzlich.

lagen. Die lateinsprachige Originalfassung ist nun auch digital leicht zugänglich und muss zu Kontrollzwecken, vor allem wegen des in der Neuedition fehlenden ‚Conspectus', herangezogen werden.

4 Leitende Aspekte der Wittenberger Streitschrift Lessings

Wie angedeutet, spiegeln die *Vindiciae* den damals weit fortgeschrittenen, doch nicht linear verlaufenden Verschriftlichungsprozess der *disputatio* wider. Der Wandel vom Kurzthesendruck, neben dem das Streitgespräch dominierte, zur schriftlichen Abhandlung kann am Beispiel kontroverstheologischer Dissertationen gut veranschaulicht werden, da in ihnen mit Vorliebe Geschichtsargumente und ausführliche Zitate beweisstrategisch eingesetzt wurden. Narrative Passagen und andere Formen der *amplificatio* trugen dazu bei, dass historiografisch ausgerichtete Dissertationen tendenziell zu rhetorisch durchkomponierten Fließtexten wurden. In Lessings Thesendruck verstärkt der Jubiläumsbezug den historischen Duktus der Argumentation. Die Disputationsschrift zerfällt zwar in die erwähnten 17 mehr oder weniger in sich geschlossenen Unterkapitel und die ihnen zugeordneten Begründungssequenzen. Um einem stringenten Aufbau einigermaßen Genüge zu tun, werden die *praeiudicia* intern bisweilen noch weiter logisch zergliedert. Doch verfolgen sie ein *historiografisches* Ziel, die vehemente Verteidigung Luthers und der Errungenschaften der Reformation, imaginieren daher bruchstückhaft Erzählzusammenhänge und erweitern die thesaurierten Geschichtsargumente zu einem interessegeleitet einseitig kohärenten Bild der Glaubensreform. Man kann von einer Infiltration der Geschichte in die *disputatio* sprechen, da eine Serie von Quellenbelegen in den Unterabschnitten zu Texteinheiten verwoben werden.

Mit der namentlich durch deutschsprachig-radikalpietistische Streitliteratur herausgeforderten Priorisierung des Argumentationsreservoirs der Geschichte gewann die *Historia ecclesiastica* im letzten Viertel des 17. Jahrhunderts und im beginnenden 18. Jahrhundert im Lektionsplan protestantischer Universitäten generell an Bedeutung.[41] Für die Leucorea sind kaum Vorlesungsverzeich-

---

[41] Generell grundlegend Emil Clemens Scherer: Geschichte und Kirchengeschichte an den deutschen Universitäten. Ihre Anfänge im Zeitalter des Humanismus und ihre Ausbildung zu selbständigen Disziplinen. Freiburg i. Br. 1927, sowie Matthias Pohlig: Zwischen Gelehrsamkeit und konfessioneller Identitätsstiftung. Tübingen 2007 (= Spätmittelalter und Reformation. Neue

nisse überliefert. Daher bleibt nichts anderes übrig, als diesen Aufschwung der Geschichte als Unterrichtsdisziplin anhand einschlägiger Dissertationen, Lehrbücher und Programmschriften nachzuweisen. Auch Johann Gottfried Lessings *Vindiciae* sind ein typisches Beispiel für die auffallende Häufung historisch gefärbter Beweisgänge. Daher werden im Folgenden der Beizug von Geschichtsargumenten als *testimonia veritatis* und die begründungstheoretische Relevanz von Geschichte im Allgemeinen als Mittel kontroverstheologischer Wahrheitsverkündigung exemplarisch veranschaulicht.[42]

Der nur kurze Zeit, von 1707 bis 1709 als Theologieprofessor in Wittenberg tätige Valentin Ernst Löscher,[43] den Johann Gottfried Lessing während seiner beruflichen Ausbildung in Dresden persönlich kennenlernte, hatte einen Studienplan für die (Wittenberger) Theologiestudenten entworfen, in dem, wie zu den anderen theologischen Disziplinen, das Lehrpensum in Kontroverstheologie („Idea collegii polemici") allgemein umrissen wird.[44] Lessing verfasste seine Dis-

---

Reihe 37). Zur Situation an der Universität Leipzig Markus Huttner: Geschichte als akademische Disziplin. Historische Studien und historisches Studium an der Universität Leipzig vom 16. bis zum 19. Jahrhundert. Aus dem Nachlaß herausgegeben von Ulrich von Hehl. Leipzig 2007 (= Beiträge zur Leipziger Universitäts- und Wissenschaftsgeschichte. Reihe A 5), S. 84–95.

42 Aus Platzgründen verzichte ich auf eine Zusammenfassung von Lessings Disputationsschrift und stelle eine Auswahl dort behandelter Hauptaspekte vor, die für die Kontextualisierung der Quelle, zum Teil im Anschluss an Pons, hier und dort mit anderem Akzent, wichtig erscheinen. Zitate werden doppelt, sowohl in der Originalausgabe (O) als auch in der von Pons (P), nachgewiesen (für *praeiudicium* wird in den Anmerkungen im Folgenden die Sigle „pr." verwendet).

43 Vgl. Greschat: Zwischen Tradition und neuem Anfang (Anm. 25). Emil Clemens Scherer (Geschichte und Kirchengeschichte [Anm. 41]) wunderte sich, dass an der Universität Wittenberg, im Gegensatz zur Universität Jena, Kirchengeschichte lange Zeit als Disziplin nicht vertreten war (S. 231) und erst Valentin Ernst Löscher „Interesse für kirchengeschichtliche Studien zeigte" (ebd.). Es gilt jedoch zu berücksichtigen, dass die Relevanz der *Historia ecclesiastica* nicht nur an eigentlich kirchengeschichtlichen Lehrveranstaltungen oder gar nur an der Einrichtung fachspezifischer Dozenturen und Lehrstühle abzulesen ist, sondern Kirchengeschichte auch in einem anderen Fachgebiet (Profangeschichte, *Historia litteraria* und Kontroverstheologie) vermittelt werden konnte. Im Weiteren Kathe: Die Wittenberger philosophische Fakultät (Anm. 12), S. 175 f. (*Tauziehen zwischen Philosophen und Theologen*) u. 287 (*Heinrich Leonhard Schurzfleisch*). Eine detaillierte Untersuchung zu Wittenberger kirchenhistorischen Lehrveranstaltungen und Publikationen ist ein Forschungsdesiderat. Löscher als Vertreter des Elenchus aufgrund deutschsprachiger Publikationen bei Martin Gierl: Pietismus und Aufklärung. Theologische Polemik und die Kommunikationsreform der Wissenschaft am Ende des 17. Jahrhunderts. Göttingen 1997 (= Veröffentlichungen des Max-Planck-Instituts für Geschichte 129), S. 634 (Register).

44 Valentin Ernst Löscher: Tessera fidei et diligentiae in munere docendi publico theologiae studiosis data. In: Initia academica quibus programma et oratio inauguralis, dissertationes quaedam, idea lectionum theologic.[arum] et auctoris conatus theologici continentur. Wittenberg 1707, Bl. L1ʳ–M4ᵛ.

sertation in Löschers Sinn und Geist, sah letzterer unter anderem doch vor, dass im Fach Kontroverstheologie die Geschichte der Häresien samt den mit ihnen verbundenen Vorurteilen erzählt werden solle.[45] Dogmatischen und apologetischen Disputationen schrieb Löscher in der theologischen Ausbildung eine Hauptrolle zu und stellte generell hohe Anforderungen an die Disputanten.[46] Daran und an seiner Dissertation gemessen, zählte Lessing in Wittenberg wohl zur Elite der Theologiestudenten. Fleiß und Studienerfolg wurden von ihm als kurfürstlichem Stipendiaten ohnehin erwartet, doch mit seinen zahlreichen Auftritten anlässlich von Disputationen enttäuschte er seine Förderer wohl nicht.

In den *Vindiciae* übernahm das *testimonium veritatis historiae* nicht nur die entscheidende Beweisfunktion im Rahmen von Reformations- und zeitgenössischer Häresiegeschichte. Mit den bloß die Historie tangierenden Vorurteilen wurde für die theologische Disputation ein Gegenstand ausgewählt, der in den Zuständigkeitsbereich der natürlichen Vernunft fiel. Nach damaligem Verständnis zeichnete den Hauptprotagonisten Lessing Demut aus, nämlich die ethische Qualität, in der Disputation die den menschlichen Verstand überfordernden, unbestreitbaren Offenbarungsinhalte aus dem Spiel gelassen und nur glaubensrelevante *historische* Wahrheiten verteidigt zu haben.

Die Hauptgegner waren die radikalen Pietisten, eine Lessing umtriebig erscheinende Gruppe von Häretikern. Seine kontroverstheologische Attacke richtete sich aber auch gegen die traditionellen Erzfeinde, die katholische Kirche und die Reformierten, in deren beider Abhängigkeit er die zeitgenössischen Enthusiasten verortete.[47] Lessings Dissertation reiht sich ein in die Flut von Reaktionen auf Gottfried Arnolds *Kirchen- und Ketzerhistorie* und auf die von Arnolds Anhänger Johann Konrad Dippel (1673–1734) bekräftigten Ansichten.[48] Den von Dippel

---

45 Ebd., Bl. L3ʳ.
46 Ebd., Bl. M3ʳ.
47 Lessing: Vindiciae (Anm. 33 und 36), pr. II, §1, S. 11 (O), S. 24 f. (P) (Katholiken); pr. XVII, § IV, S. 77 (O), S. 166 f. (P) (Katholiken und Reformierte).
48 Die Arnold-Forschung beschäftigt sich seit Langem mit den Gegnern des radikalen Pietisten; die akademischen Kleinschriften, in denen er angegriffen wurde, sind, von wenigen Ausnahmen abgesehen, bis anhin kaum berücksichtigt. Trotzdem sind die meisten Hohen Schulen bekannt, an denen sich zum Teil früh Widerstand gegen die *Kirchen- und Ketzerhistorie* formierte, doch fehlen die Detailkenntnisse. Siehe dazu Erich Seeberg: Gottfried Arnold, die Wissenschaft und die Mystik seiner Zeit. Studien zur Historiographie und zur Mystik. Meerane i. Sa. 1923, Kap. 6: *Die Nachwirkungen Gottfried Arnolds*, S. 535–611; Gerhard Dünnhaupt: Personalbibliographien zu den Drucken des Barock. Zweite, verbesserte und wesentlich vermehrte Auflage des *Bibliographischen Handbuches der Barockliteratur*. Erster Teil: Abele – Bohse. Stuttgart 1990, [Art.] „Arnold, Gottfried (1666–1714)", S. 314–352, hier S. 315, Gegenschriften: Hans Schneider: Cyprians Auseinandersetzung mit Gottfried Arnolds ‚Kirchen- und Ketzerhistorie'. In: Ernst Salomon

und Bernhard Peter Karl (1672–1723), einem in Ostfriesland wirkenden radikalen Pietisten, an Luther adressierten Grobianismusvorwurf weist Lessing *historice* zurück, da in der Gegenwart nicht dieselben Regeln des *decorum* gälten wie in der Reformationszeit.[49] In der Dissertation fällt der Verfasser mit dieser Kritik an den radikalen Pietisten zweckgerichtet ein auf die Historie abgestütztes Urteil. Dies geschieht mehrmals unter Berufung auf die Autorität Philipp Jakob Speners, der mit zum Teil längeren Textauszügen zustimmend zitiert wird.[50] Lessing baut eine lutherische Einheitsfront gegen alle drei Gruppen konfessioneller Gegner auf, unter denen die radikalen Pietisten die schlimmsten seien, da sie in den eigenen Reihen stünden.[51] Angriffe von radikalpietistischer Seite auf persönliche Schwächen Luthers führt der Autor einmal mehr grundsätzlich auf tendenziöse

---

Cyprian (1673–1745) zwischen Orthodoxie, Pietismus und Frühaufklärung. Vorträge des Internationalen Kolloquiums vom 14. bis 16. September 1995 in der Forschungs- und Landesbibliothek Gotha Schloß Friedenstein. Hg. v. Ernst Koch u. Johannes Wallmann. Gotha 1996 (= Veröffentlichungen der Forschungs- und Landesbibliothek Gotha 34), S. 111–135; Gottfried Arnolds Weg von 1696 bis 1705. Sein Briefwechsel mit Tobias Pfanner und weitere Quellentexte. Eingeleitet und hg. v. Jürgen Büchsel. Halle 2011 (= Hallesche Quellenpublikationen und Repertorien 12) (außer Pfanner, Johann Friedrich Corvinus); Hanspeter Marti: Philosophische Dissertationen deutscher Universitäten 1660–1750. Eine Auswahlbibliographie unter Mitarbeit von Karin Marti. München u. a. 1982, S. 653 (Register: ein Dutzend Titel, bei weitem nicht vollständig, da theologische Dissertationen in der Regel nicht aufgenommen wurden; vertreten sind die Universitäten Greifswald, Jena, Leipzig, Rostock, Straßburg, Wittenberg).

Bemerkenswert in unserem Zusammenhang: Johann Joachim Zentgraf (Präses), Johann Friedrich Herttenstein (Respondent): Vindiciae b.d. Martini Lutheri dn. Gothofredi Arnoldi Kirchen= und Ketzer=Historie Tom II. Lib XVI, cap. V. oppositae. 19. Juli 1702. Straßburg (diese Dissertation scheint Lessing nicht gekannt zu haben); Valentin Ernst Löscher (Präses), Georg Nikolaus Kiessling (Respondent): Th. Munzeri doctrinam et facta ex idoneis monumentis denuo examinata sistit atque G. Arnoldi admissos hac etiam in parte lapsus exponit […]. 12. Juni 1708. Wittenberg (vgl. Greschat: Zwischen Tradition und neuem Anfang [Anm. 25], S. 68 f.).

49 Lessing: Vindiciae (Anm. 33 u. 36), pr. II, §§ 3 u. 4, S. 12 (O), S. 26 f. (P). Bernhard Peter Karl veröffentlichte unter dem Pseudonym Jeremias Heraclitus Christianus den *Lutherus ante Lutheranismum* (o. O. o. J.), aus dem Lessing wiederholt zitiert. Hier und im Folgenden werden generell nur die einschlägigen Stellen in Lessings Dissertation, nicht aber die in sie eingeflossenen Zitate nachgewiesen, die bereits Pons fast ausnahmslos identifizierte.

50 Ebd., pr. II, § VII, S. 15 (O), S. 32 f. (P); pr. VI, § VI, S. 31 (O), S. 68 f. (P); pr. VII, § II, S. 33 (O), S. 72 f. (P); kürzer: pr. XVI, § XIV, S. 75 (O), S. 160 f. (P).

51 Ebd., pr. I, § IV, S. 5 (O), S. 8 f. (P). Gierl: Pietismus und Aufklärung (Anm. 43), S. 196 f., lässt die zweite Phase der Pietismuskontroverse, die die ersten beiden Jahrzehnte des 18. Jahrhunderts dauert, im Jahr 1699 beginnen, führt als neue Beteiligte u. a. Gottfried Arnold, Johann Konrad Dippel, Joachim Lange, Valentin Ernst Löscher und Gottlieb Wernsdorf auf und geht von einer generellen Verlagerung der lutherisch-orthodoxen Abwehr des Hallenser Pietismus auf eine solche des radikalen Pietismus aus. Lessings Dissertation bestätigt diesen Trend.

Aussagen von Katholiken und Reformierten zurück.[52] Fragwürdige Charakterzüge des Reformators rechtfertigt er, nicht zufällig historisch argumentierend, wiederum im Anschluss an Spener, mit den Umständen und Erfordernissen der früheren Zeit.[53] Im Anschluss an das letzte *praeiudicium* wird das allgemeine Urteil der *novatores* über die Reformation zurückgewiesen.[54] Sie behaupteten nämlich, Luthers Glaubenserneuerung sei auf halbem Wege stehen geblieben und gelange erst durch eine Generalreformation an das ihr gesetzte eschatologisch-heilsgeschichtliche Ziel. Als Kronzeugen für die erwartete, vom Heiligen Geist zu erwirkende irdische Utopie führt Lessing einen Zitatnachweis aus Dippels *Christenstaat* sowie als Parallelstelle einmal mehr eine längere Spenerpassage an, von der er sich mit Bedauern und Unverständnis distanziert.[55] Während heute ein wichtiger Zweig der Pietismusforschung die Bindung Speners an die lutherische Amtskirche betont und den ‚Vater des Pietismus' vom mystischen Spiritualismus der radikalen Pietisten scharf abgrenzt,[56] erschien damals dem Wittenberger Theologiestudenten sogar die von Spener geweckte Hoffnung auf irdisch bessere Zeiten häresieverdächtig. Daher verurteilte Lessing vehement entsprechende eschatologische Aussagen im anonym erschienenen *Verdeckten und entdeckten Carneval* des Thomasiusfreunds Johann Gottfried Zeidler.[57]

Hier zeigt sich nun eine zweite Grundtendenz der Kontroversschrift, die Aversion Lessings gegen Hallenser Gelehrte im Allgemeinen, von der weniger die Theologen – Joachim Lange (1670–1744) wird einmal beiläufig erwähnt[58] – als vielmehr die Juristen, an ihrer Spitze Christian Thomasius mit verschiedenen seiner Schriften und mindestens 16 Stellennachweisen, zum Teil mit längeren Zitaten, betroffen waren.[59] Im Brennpunkt der Wittenberger Polemik stehen die *Cautelen*

---

52 Lessing: Vindiciae (Anm. 33 u. 36), pr. XVII, § IV, S. 77 (O), S. 166 f. (P).
53 Ebd., pr. II, § VII, S. 15 (O), S. 32 f. (P).
54 Ebd., pr. XVII, § IV, S. 77 (O), S. 167 (P).
55 Ebd., pr. XVII, § I, S. 75 (O), S. 162 f. (P) (*Spener*), ebd. § II, S. 76 (O), S. 164 f. (P) (*Dippel*).
56 Zur Mystikferne Speners vgl. Johannes Wallmann: VII. Philipp Jakob Spener und die Mystik. In: Ders.: Pietismus und Orthodoxie. Gesammelte Aufsätze III. Tübingen 2010, S. 127–143. Spezifika des gemäßigten Pietismus sind die *ecclesiolae in ecclesiis* und durchaus die eschatologische Hoffnung auf bessere Zeiten, repräsentativ ders.: Reformation, Orthodoxie, Pietismus. In: ebd., S. 1–21. Über Speners Haltung zur Mystik gehen die Meinungen der verschiedenen Fraktionen der Pietismusforscher nach wie vor auseinander.
57 Lessing: Vindiciae (Anm. 33 u. 36), pr. XVII, § II, S. 76 (O), S. 164 f. (P).
58 Ebd., pr. XVI, § II, S. 65 (O), S. 142 f. (P), zusammen mit dem Königsberger Theologen Heinrich Lysius und Johann Wilhelm Zierold, der nur kurze Zeit in Halle weilte, bevor er Pfarrer in Stargard (Pommern) wurde.
59 Ebd., u. a. pr. IX, § I, S. 40 (O), S. 88 f. (P); pr. X, § II, S. 44 f. (O), S. 98–101 (P); pr. XV, § I, S. 62 (O), S. 134–137 (P); pr. XV, § II, S. 62 (O), S. 136 f. (P); pr. XVI, § II, S. 65 (O), S. 142 f. (P); pr. XVI, § IV,

zu Erlernung der Rechts-Gelahrheit (1. Aufl. Halle 1710), die im protestantischen Kirchenrecht Überbleibsel des *ius canonicum* nachweisen und in der lutherischen Amtskirche das Fortbestehen verfehlter weltlich-papistischer Machtansprüche tadeln.[60] Auch auf die *Politische Betrachtung der geistlichen Monarchie des Stuhls zu Rom*, Thomasius' Rezeption einer Pufendorf-Schrift, greift Lessing in kritischer Absicht wiederholt zurück mit dem Ziel, Thomasius' Papismusvorwürfe zu entkräften.[61] Den Einwand, die Dogmatik der römischen Kirche lebe auch in den Systemen der lutherisch-orthodoxen Theologen weiter, weist Lessing ebenfalls mit dem die Geschichte als *testimonium veritatis* aufbietenden Gegenargument zurück, die mittelalterliche Scholastik sei von der nachreformatorischen zu unterscheiden.[62] Damit versucht er das Ansehen der theologischen Kompendien und die in systematischer Gestalt dargebotene Glaubenslehre zu retten und auch in diesem Sektor das Vorhandensein römisch-katholischer Relikte zu bestreiten. Es treffe nicht zu, dass in der lutherischen Kirche die *praxis pietatis* und die Kirchenzucht vernachlässigt würden, dies umso weniger, da die genaue Kenntnis der reinen Lehre ohnehin die zwingende Voraussetzung für eine christliche Lebensführung sei.[63]

An einem historiografischen Fortschrittsideal gemessen, fällt die Bilanz der von den orthodoxen Lutheranern erreichten historisch-kritischen Kompetenz freilich ernüchternd aus. Daher mag es gewagt erscheinen, in der Geschichtsschreibung der Kontroverstheologen eine Geburtsstätte der von konfessionellen Rücksichten freien oder zumindest weniger belasteten wissenschaftlichen Historiografie zu sehen. Trotzdem bestand seit der Reformation ein Zugzwang, sich vermehrt oder sogar vor allem im historischen Feld mit konfessionellen Gegnern zu messen. Dies geschah in der hochgehaltenen Tradition und in der Quasi-Nachahmung der von Luther 1517 veröffentlichten Thesen übungsweise weitaus am häufigsten in Schuldisputationen. In ihnen konnte das Urteilsvermögen der Disputanten für historisch begründete Differenzen, Analogien und Parallelen sensibilisiert und geschärft werden. Mit seiner Dissertation nahm Lessing an diesem

---

S. 67 (O), S. 144 f. (P); pr. XVI, § IX, S. 70 f. (O), S. 150–153 (P); pr. XVI, § XI, S. 72 (O), S. 154 f. (P); pr. XVI, § XIII, S. 73 (O), S. 156 f. (P); pr. XVI, § XIV, S. 74 (O), S. 158–161 (P). Das Fehlen eines Personenverzeichnisses mit Seitenangaben bei Pons kann hier nur punktuell ausgeglichen werden.
60 Ebd., pr. XVI, § IV, S. 67 (O), S. 144 f. (P); pr. XVI, § IX, S. 70 f. (O), S. 150–153 (P); pr. XVI, § XIII, S. 73 (O), S. 156 f. (P).
61 Ebd., pr. XV, § I, S. 62 (O), S. 134–137 (P); pr. XVI, § II, S. 65 (O), S. 142 f. (P); pr. XVI, § XI, S. 72 (O), S. 154 f. (P).
62 Ebd., pr. XVI, § IV, S. 66 f. (O), S. 144 f. (P).
63 Ebd., pr. IX, §§ III, IV, S. 41–43 (O), S. 92–95 (P) (*Kirchenzucht*); pr. VII, § III, S. 34 (O), S. 72–75 (P) (*Unentbehrlichkeit der theologischen Dogmatik für das gottgefällige Leben*).

Prozess historischer Bewusstseinsbildung ebenso teil wie Gottfried Arnold mit der Provokation, welche für die orthodoxen Theologen von der *Unparteiischen Kirchen- und Ketzerhistorie* ausging. Beim Wittenberger Respondenten tritt historisches Unterscheidungsvermögen dort in Erscheinung, wo er die Aussage, Luther habe nicht abrupt mit der römischen Kirche gebrochen, sondern ihr allmählich den Rücken gekehrt, mit einem Nachweis aus Arnolds *Ketzerhistorie* bekräftigt, dadurch seinem stärksten Widersacher historische Kompetenz bescheinigt und gleichzeitig einem allfälligen Vorwurf der Parteilichkeit den Wind aus den Segeln nimmt.[64] Lessing hielt sich an das – freilich von subjektiven Verwertungsabsichten nie freie – Diktum aus dem *Ersten Thessalonicherbrief* („Prüfet aber alles, und das Gute behaltet"), ja, stellte mit seiner ‚Unparteilichkeit' einen geradezu radikalen Eklektizismus zur Schau: Er wie seine Gegner standen zwar in der Tradition der von Christian Thomasius proklamierten Eklektik, ordneten aber die natürliche Vernunft, die das historische Urteil verantwortete, bedenkenlos dem Diktat der von ihnen propagierten Konfessionsideologie unter.

Außer der Gegnerschaft zu Hallenser Gelehrten und zu den radikalen Pietisten Arnold und Dippel gibt es in Lessings Dissertation eine weitere polemische Stoßrichtung, die in ein Zentrum des bayerisch-fränkischen radikalen Pietismus, in die Kleinstadt Thurnau, zu dem dort wirkenden Pfarrer und Konsistorialrat Georg Christoph Brendel (1668–1722) und zu dessen Anhänger Johann Adam Raab (1673–1727), Notar in Erlangen, weist.[65] Raab lebte zeitweise in Thurnau, wo er die dortige Pfarrkirche mit einem radikalpietistisch ausgerichteten Bildprogramm ausstattete.[66] Brendel und Raab wandten sich im Namen des religiösen Friedens in aller Schärfe gegen das orthodoxe Luthertum, ja gegen alle Amtskirchen. Schon vor dem Erscheinen von Lessings Dissertation sahen sie sich mit harschen Reaktionen aus Wittenberg konfrontiert. Die Sorge der Wittenberger Kontroverstheologen um die reine Lehre lag nicht zuletzt in der Wahl der deutschen Sprache durch die Kontrahenten begründet, die den pietistischen Streitschriften potenziell einen weit über das Gelehrtenmilieu hinaus reichenden Einfluss sicherte.[67]

---

64 Ebd., pr. III, § V, S. 19 f. (O), S. 40–43 (P).
65 Zu Brendel und Raab siehe Pons: Défense (Anm. 36), S. 175 (*Brendel*) u. 191 (*Raab*): „Mais on manque de renseignements biographiques"). Weiterführend zu Leben und Werk beider Pietisten und zu Thurnau, hier maßgeblich herangezogen: Horst Weigelt: Geschichte des Pietismus in Bayern. Anfänge – Entwicklung – Bedeutung. Göttingen 2001 (= Arbeiten zur Geschichte des Pietismus 40), S. 141–160.
66 Zum Bildprogramm, das heute nur noch bruchstückhaft erhalten ist, siehe die Beschreibung mit Illustrationen bei Weigelt: Geschichte (Anm. 65), S. 151–154.
67 Zum Elenchus, dessen Überwindung und zur Pietismuskontroverse 1689–1697, zu den geografischen Zentren Leipzig, Halle, Hamburg, zu Wittenberg am Rand, ferner zu den im Mittel-

Bereits 1716 hatte Gottlieb Wernsdorf (1668–1729), der Fakultätskollege von Martin Chladenius, in seiner *Brevis et nervosa de indifferentismo religionum commentatio*, einer Sammlung von sieben Disputationen,[68] die dann auch von Lessing bekämpfte, unter dem Titel *Festgestellte Warheits-Gründe* anonym erschienene Streitschrift attackiert. In ihr ahmte Brendel in kurzen „Thesen" die Form einer Disputationsschrift nach und holte zu einem auf Vernunft und Gewissen abgestützten Rundumschlag gegen sämtliche kirchlichen Einrichtungen aus.[69] Außerdem ließ Wernsdorf von 1716 bis 1719 vier Dissertationen gegen die ebenfalls in Lessings Thesenschrift inkriminierte Postille Brendels *Das Wachsthum im Christenthum* verteidigen.[70] Ohne seinen Vorgänger und Bundesgenossen im Kampf gegen den Radikalpietismus zu erwähnen, führte unser Respondent die von Wernsdorf begonnene Verunglimpfung Brendels fort und bezog kurzerhand die *Wahrheits-Gründe* des Pietisten in seine Invektiven ein. In den *Unschuldigen*

---

punkt stehenden Philipp Jakob Spener und Christian Thomasius Gierl: Pietismus und Aufklärung (Anm. 43). Inskünftig ist die lateinsprachige Kontroversliteratur, sind hauptsächlich die Dissertationen samt ihren konkreten Inhalten in die Erhebungen zum Kommunikationsnetz der Gelehrten einzubeziehen. Noch im 18. Jahrhundert lebte die Elenchtik weiter, was hier am Beispiel einiger Diskursformationen gezeigt und im Interesse eines ganzheitlichen Bilds des oft auf das ‚Zeitalter der Aufklärung' reduzierten 18. Jahrhunderts hervorgehoben wird.
68 Weigelt: Geschichte (Anm. 65), S. 156 f. Der ausführliche Titel dieses weit ausholenden antihäretischen Panoptikums lautet: *Brevis et nervosa de indifferentismo religionum commentatio in qua de illius natura, varietate, auctoribus, causis denique, et argumentis, ex puro dei verbo data opera disputatur. Accessit de auctoritate librorum symbolicorum dissertatio multo, quam ante fuit edita, locupletior* (Wittenberg 1716). Das über 500 Seiten starke Werk vermittelt einen Eindruck von der kontroverstheologisch instrumentalisierten Häresiegeschichte und vom historiologischen Argumentationspotenzial der amplifizierten Dissertationen.
69 Wernsdorf: Brevis commentatio (Anm. 68), erste Dissertation, de indifferentismo religionum in genere, S. 9–124, hier § CIV, S. 85–87, gegen die Streitschrift Brendels: Gratianus Pantophilus [Pseudonym für Brendel]: Festgestellte Warheits=Gründe/ Die einige wahre allgemeine seeligmachende Religion betreffend/ hergenommen aus unbetrüglicher Uberzeugung des guten Gewissens und gesunden Vernunfft/ bewähret mit zwar wenigen doch deutlichen Zeugnüssen der H. Schrifft/ und allen Völckern unter dem Himmel/ denen Christen/ Juden/ Türcken und Heyden zur Uberlegung gegeben. Gedruckt in der grossen Stadt Ninive mit Eudoxischen Schrifften. O. J.
70 Georg Christoph Brendel: Das Wachsthum im Christenthum/ welches aus den ordentlichen Sonn- und Fest-Tags-Evangelien durch Veranlassung der in denen Praeloquiis erklärten Geschichte Josephs/ des Wachsenden in freyen Thematibus Anno 1713. in der Kirche zu Thurnau zu befördern gesuchet [...] Thurnau 1714. Nur die erste Dissertation Wernsdorfs wurde vor der lessingschen verteidigt: Gottlieb Wernsdorf (Präses), Heinrich Gottlieb Schneider (Respondent): Absolutio ministri ecclesiae non esse mere declarativa. September 1716. Wittenberg. Weigelt: Geschichte (Anm. 65), S. 157, erwähnt statt der vier abgehaltenen Disputationen nur drei. Hier nicht verzeichnete Titel in Anm. 86. Lessing: Vindiciae (Anm. 33 und 36) zur Postille, pr. I, § IX, S. 30 (O), S. 18 f. (P).

Nachrichten von 1716 war zudem eine Disputationsschrift vorgestellt worden, in der Martin Chladenius die im selben Jahr aus Brendels Feder stammende *Einfältige Untersuchung der Lehre vom Gewissen* zerfetzen ließ.[71] Im Weiteren wurde Johann Adam Raabs *Kurtze Erörterung/ ob der Pietisten=Gifft schäd= oder nützlich seye?*, die rund 300 Seiten umfasst,[72] von Lessing ins Visier genommen und damit die Kampagne der beiden Wittenberger Theologieprofessoren gegen den fränkischen radikalen Pietismus auf eine noch breitere Textbasis gestellt. Auch eine andere anonyme Streitschrift Raabs war Gegenstand von Lessings Polemik.[73] Ferner wies er in den *Vindiciae* das von Pierre Bayle und John Locke ausgehende Toleranzgebot zurück, das Raab unter Berufung auf Vertreter einer religionsübergreifenden Geistkirche eingefordert hatte.[74]

Lessings Thesenschrift richtet sich, zusammengefasst, wie eben gezeigt, einerseits gegen bestimmte, außerhalb der Universität stehende Personen und von ihnen vertretene angebliche Irrtümer, andererseits gegen Hallenser Gelehrte, insbesondere Christian Thomasius und dessen Anhänger, was auf die Konkurrenz zweier Institutionen hindeutet, die beide das Monopol in Wahrheitsfragen für sich beanspruchten.

5 Rivalität: lutherisch-orthodoxe Leucorea und pietistische Fridericiana

Die herkömmliche Geschichtsschreibung geht zu Recht mehr oder weniger stillschweigend von einer ideologischen Rivalität zwischen den beiden Universitäten aus, ohne dass alle wichtigen Kontroversen detailliert aufgearbeitet wären, ja

---

71 Weigelt: Geschichte (Anm. 65), S. 158, aber ohne den Titel der gemeinten Dissertation: Martin Chladenius (Präses), Friedrich Boltz (Respondent): Dissertatio theologica de conscientia cauteriata [...] et anonymi meditationes de conscientia excutit [...]. 10. September 1716. Wittenberg.
72 [Johann Adam Raab:] Kurtze Erörterung/ ob der Pietisten=Gifft schäd= oder nützlich seye? Von einem/ der so viel Göttlichen Mithridat eingenommen/ daß ihm kein Gifft falscher Lehre mehr schaden kann. O. O. 1704. Siehe auch Weigelt: Geschichte (Anm. 65), S. 146 f.
73 [Johann Adam Raab:] Der durch die gottlose Verführer und Babels-Pfaffen so das Volck von dem wahren lebendigen Wesen in Christo ab- und auf krafftlose Ceremonien und Menschen Gedichte führen in Göttlichen Eyver Entbrannte Elias. Philadelphia 1703. Siehe auch Weigelt: Geschichte (Anm. 65), S. 145 f.
74 Lessing: Vindiciae (Anm. 33 u. 36), pr. XIII, § I, S. 52 f. (O), S. 116 f. (P) (*Raab, Pietisten Gifft*); ebd. § II, S. 53 (O), S. 118 f. (P) (*Bayle, Locke*).

auch nur ein grober Überblick zu den seit der Gründung der *Fridericiana* immer wieder aufflackernden Feindseligkeiten vorläge. Von einem späteren Ausläufer dieses Universitätsstreits ist Lessings Disputationsschrift geprägt. Er bildet den Hauptkontext des Argumentationsszenariums der *Vindiciae* und soll hier umrisshaft und exemplarisch skizziert werden.

Lessing verstand sich als Sprachrohr der von ihm vorbehaltlos unterstützten lutherischen Orthodoxie und von deren Hauptrepräsentanten, die in der Thesenschrift sowohl im Kollektivsingular als auch einzeln als theologische Autoritäten auftreten.[75] Die Universität Wittenberg sah sich nach wie vor als Hochburg und ideelle Kraftquelle wahren reformatorischen Glaubens. Von ihr aus machte sich denn auch bis weit ins 18. Jahrhundert hinein der Einfluss der lutherischen Spätorthodoxie geltend.[76] Zwar erwuchs mit der Gründung der halleschen Fridericiana der Leucorea eine Konkurrenz, welche für das Sinken der Wittenberger Immatrikulationszahlen mit verantwortlich war, doch darf die Bedeutung der Universität Wittenberg für die weitere Verbreitung orthodoxer Rechtgläubigkeit nicht unterschätzt werden. So hatte die Leucorea 1708 immerhin 407, 1712 318 und 1716 431 Immatrikulationen zu verzeichnen; 1721 waren es noch 289.[77]

Die Rivalität zwischen den beiden mitteldeutschen Universitäten erreichte bereits rund 20 Jahre vor der Verteidigung von Johann Gottfried Lessings Dissertation einen Höhepunkt, also noch bevor Arnolds *Kirchen- und Ketzerhistorie*, kaum war sie erschienen, in Wittenberg auf harte Kritik stieß. Der Theologieprofessor und erbitterte Spenergegner Johann Georg Neumann (1661–1709), den Lessing an einer Stelle seiner Dissertation erwähnt, verurteilte den Chiliasmus in mehreren 1696 unter seinem Vorsitz verteidigten Dissertationen.[78] Johann Christoph Wolf,

---

75 Ebd., prooemium, § II, S. 3 f. (O), S. 6 f. (P), § V, S. 5 (O), S. 8 f. (P) („praejudicia Vitembergensia", von Lessing referierte Sicht der Wittenberg-Gegner); pr. VIII, § III, S. 39 (O), S. 86 f. (P) (*Luther und Melanchthon als Duett*).
76 Johannes Wallmann: Die lutherische Orthodoxie zur Zeit Ernst Salomon Cyprians. Stand der Forschung. In: Ernst Salomon Cyprian (Anm. 48), S. 11, der, anders als Theodor Mahlmann, die Lebenszeit der lutherischen Orthodoxie nicht auf das 17. Jahrhundert beschränkt sieht und dessen verlängerter Periodisierung ich aus naheliegenden Gründen folge.
77 Zahlen nach Franz Eulenburg: Die Frequenz der deutschen Universitäten von ihrer Gründung bis zur Gegenwart. Photomechanischer Nachdruck der Ausgabe von 1904. Mit einem Nachwort von Elisabeth Lea und Gerald Wiemers. Berlin 1994, S. 294. Die entsprechenden Immatrikulationsfrequenzen (ebd.) lauten für das Wittenberg zahlenmäßig überlegene Halle: 1708: 558; 1712: 514; 1716: 641; 1721: 708.
78 Johann Georg Neumann: Chiliasmus subtilissimus, qui hodie ecclesiam infestare coepit, disputationibus aliquot excussus et confutatus. Wittenberg 1696. Lessing: Vindiciae (Anm. 33 u. 36), pr. XVII, § I, S. 75 (O), S. 162 f. (P). Zu Neumann vgl. Johannes Wallmann: Pietismus und Orthodoxie (Anm. 56), hier S. 349–368: XV. Wittenberger Orthodoxie gegen pietistischen Chiliasmus.

der nach seinem Wittenberger Studium prekärem Wissen zugewandte Hamburger Theologe (1683–1739),[79] ließ ungefähr ein Jahrzehnt später eine Reihe von ihm an der Leucorea gehaltener Vorlesungen drucken, die gegen die Hallenser Theologen gerichtet waren.[80] Als Gegner der gemäßigten und der radikalen Pietisten profilierte sich, zum Teil gleichzeitig, auch in Vorlesungen, von denen Nachschriften existieren, Theologieprofessor Valentin Ernst Löscher, Lessings Dresdener Lehrer und Förderer.[81] Ein Jahr vor dem Reformationsjubiläum griff Löscher in Kontroverspredigten reformationsgeschichtliche Themen auf.[82] In einer Dissertation, die unter Kaspar Löscher (1636–1718), dem Vater Valentin Ernsts, noch vor dem Auftritt Lessings Moritz Wilhelm Wagner (1685 oder 1686–1740) verteidigte, wurde den Pietisten die Berechtigung rundweg abgesprochen, Luther für ihre Beweiszwecke als Autorität heranzuziehen.[83]

Außer Martin Chladenius haben wir dessen Fakultätskollegen Gottlieb Wernsdorf als harten Wittenberger Pietismusgegner bereits eingeführt.[84] Sein (indirekter) Einfluss auf Wahl und Behandlung des Dissertationsthemas durch Lessing scheint, wie angedeutet, viel größer, als auf den ersten Blick erkennbar, gewesen zu sein.[85]

Johann Georg Neumanns (1661–1709) Auseinandersetzung mit Philipp Jakob Spener.
79 Über Wolfs gelehrte Liebhabereien Martin Mulsow: Prekäres Wissen. Eine andere Ideengeschichte der Frühen Neuzeit. Berlin 2012, Register S. 556.
80 Johann Christoph Wolf: Absurda Hallensia oder die irrigen und ungereimten Meinungen, welche die Herrn Theologi in Halle in ihren Hertzen hegen. O. O. 1707.
81 Greschat: Zwischen Tradition und neuem Anfang (Anm. 25), hier S. 262–317, im Abschnitt über ‚Das Ringen mit dem halleschen Pietismus', zu den pietismusfeindlichen *Lectiones cursoriae* von 1707 und zur Vorlesung *Consideratio Theologiae Hallensis* (1709) samt den Nachschriften, S. 263 f.
82 Wolfgang Flügel: Konfession und Jubiläum. Zur Institutionalisierung der lutherischen Gedenkkultur in Sachsen 1617–1830. Leipzig 2005, S. 132.
83 Kaspar Löscher (Präses), Moritz Wilhelm Wagner (Respondent): Lutherus antipietista. 28. April 1716. Wittenberg, siehe auch den bibliografischen Hinweis bei Paul Grünberg: Philipp Jakob Spener. Dritter Bd. Göttingen 1906, Zweites Kapitel. Systematisches Verzeichnis der Spener betreffenden Literatur, S. 268–338, hier S. 279, Nr. [479] (ohne Kennzeichnung als Disputationsschrift); Grünberg listet zahlreiche weitere, in unserem Zusammenhang einschlägige Antipietistica auf.
84 Theodor Wotschke: Die Nöte der Orthodoxie in Wittenberg. In: Zeitschrift für Kirchengeschichte 52 (1933), S. 286–304. Ders.: Gottlieb Wernsdorf gegen Johann Olearius. In: Zeitschrift für Kirchengeschichte 53 (1934), S. 242–254. Ders.: Gottlieb Wernsdorf wider Joh. Franz Buddeus. In: Zeitschrift für Kirchengeschichte 54 (1935), S. 587–601. Ferner ders.: Hallische Kundschafter und Zuträger in Wittenberg. In: Theologische Studien und Kritiken. Eine Zeitschrift für das gesamte Gebiet der Theologie 101 (1929), S. 313–336.
85 Vgl. auch Anm. 68. Buchholtz: Die Geschichte der Familie Lessing (Anm. 19), Bd. 1, S. 94, behauptet, Lessing habe bei Wernsdorf Vorlesungen gehört, was wahrscheinlich ist, aber nicht mit Quellenaussagen belegt wird.

Nachdem Lessing disputiert hatte, setzte Wernsdorf seine Angriffe gegen den fränkischen Pietismus mit dessen inhaltlicher Parallelisierung zur Lehre der Quäker konsequent, mit unverminderter Schärfe fort.[86] Gottfried Arnold wurde bereits früher in Dissertationen Wernsdorfs attackiert,[87] der die Disputation auch später immer wieder zur Verunglimpfung der radikalen Pietisten, von Arnolds Werk sowie der Hallenser im Allgemeinen einsetzte.[88] Ferner beteiligte sich im zweiten Dezennium des 18. Jahrhunderts Wernsdorfs Professorenkollege Georg Friedrich Schröer mit Dissertationen an der lebhaften Wittenberger Enthusiasmuskritik.[89] Die geschlossene antipietistische Front der Wittenberger, von der Johann Gottfried Lessing beeinflusst und zeitlebens geprägt war, wird in ihren Haupt- und Nebengestalten samt den Ausläufern anderswo eingehender behandelt. Eine Geschichte der Wittenberger theologischen Fakultät, die akademisches Kleinschrifttum und die Außenwirkung der Leucorea einbezieht, bleibt ein Forschungsdesiderat.

Zielscheiben von Lessings antihalleschem Affekt waren aber, wie sich gezeigt hat, nicht die Theologen, sondern fast ausschließlich die Juristen, allen voran

---

86 Der Vollständigkeit halber seien die Titel der drei späteren Anti-Brendel-Dissertationen vermerkt: Gottlieb Wernsdorf (Präses), Christian Friedrich Steche (Respondent): Explorationem spiritus Brendeliani qua doctrinam de principio cognoscendi theologiam [...] instituet. 4. Mai 1717. Wittenberg [das Exemplar der Bibliothek der Franckeschen Stiftungen, Halle, Signatur: 88 F 11 (11), trägt das Abhaltedatum des 29. Juli 1717]. – Gottlieb Wernsdorf (Präses), Johann Rudolph Cademann (Respondent): Explorationem spiritus Brendeliani qua doctrinam de praecipuis theologiae capitibus [...] instituet. 12. Oktober 1717. Wittenberg (nicht bei Weigelt: Geschichte des Pietismus, Anm. 65). – Gottlieb Wernsdorf (Präses), Samuel Hruscowiz (Respondent): Explorationem spiritus Brendeliani qua doctrinam de justificatione, renovatione, myst. unione, sacramentis, ecclesia reliquis [...] instituet. 1. Juni 1719. Wittenberg.
87 Z.B. Gottlieb Wernsdorf (Präses), Johann Paul Dörffel (Respondent): De communione fidelium cum deo et inter sese. 25. Oktober 1709. Wittenberg. – Eine kontroverstheologisch aufschlussreiche Dissertation zur Erfahrungstheologie, in der sich einmal mehr Wittenberger Einfluss auf Straßburger Theologen abzeichnet, fand bis jetzt in der Forschung keine Beachtung: Gottlieb Wernsdorf (Präses), Johann Jakob Ferber (Respondent): Dissertatio academica de theologia experimentali. 4. November 1711. Wittenberg.
88 Gottlieb Wernsdorf (Präses), Friedrich Boltz (Respondent): Osiandrismum in pietismo renatum [...] excutiet. 8. Januar 1717. Wittenberg. Bereits am 12. April 1707 hatte David Meincke unter dem Vorsitz Wernsdorfs unter demselben Titel eine vor allem gegen den Arnoldanhänger Johann Konrad Dippel gerichtete Dissertation verteidigt. Ferner: Gottlieb Wernsdorf (Präses), Georg Friedrich Schmidt (Respondent): Num bona opera in justificatione fidei sint praesentia. 10. Oktober 1717. Wittenberg. Auch an der von Christian Thomasius ausgelösten Polygamiediskussion beteiligte sich Wernsdorf als Präses mit einer Dissertation (Respondent: Johann Christoph Greibziger): Summam sanae doctrinae de polygamia [...] vindicatam dabit. Februar 1716. Wittenberg.
89 Z. B. Georg Friedrich Schröer (Präses), Ludwig Heinrich Müller (Respondent): Disquisitio theologica de gratia dei universali ex Matth. XI, v. 28. potissimum contra fanaticos. 8. Mai 1713. Wittenberg.

Christian Thomasius, der in den organisatorischen Strukturen der lutherischen Amtskirche das Weiterleben des Papsttums und ein politisches Versagen der Reformation erblickte. Der Verfasser der *Vindiciae* bleibt mit seiner Argumentation im Zuständigkeitsbereich der Rechts- und der Kirchenhistorie, verzichtet also durchweg auf heilsgeschichtliche respektive offenbarungstheologische Begründungen, obwohl er die Bibel als Autorität in profanen Fragen oft und gerne heranzog. Er fasste die Dissertation mehr als ein halbes Jahr vor den in Kursachsen auf die Zeit vom 30. Oktober bis zum 2. November 1717 festgelegten Reformationsfeierlichkeiten ab,[90] sodass der Jubiläumsanlass als solcher zwar nicht im Mittelpunkt der Disputation stand, aber durch das Jubeljahr ein aktueller, das heißt im doppelten Sinn historischer Legitimationsgrund zur Behandlung des Themas gegeben war. Die Dissertation Lessings zählte, im weiten Sinn verstanden, zur langen Reihe der Wittenberger Jubiläumsveranstaltungen und zur Fülle der dort 1717 zum Andenken an den Beginn der Reformation erschienenen Druckschriften aller Art.[91] Wegen der Konversion des sächsischen Kurfürsten-Königs August II. (des Starken) zum Katholizismus (1697) und des Glaubensübertritts des Kurprinzen Friedrich August (1696–1763), der erst wenige Tage vor den Reformationsfeierlichkeiten öffentlich bekannt gemacht wurde, war das kurz bevorstehende Reformationsfest von der Furcht vor der Gefährdung des konfessionellen Status quo überschattet, die sich dann aber als unberechtigt erwies.[92] Das Reformationsjubiläum konnte in Wittenberg unter der maßgeblichen Regie Gottlieb Wernsdorfs, vor allem aber unter Dekan Martin Chladenius' Leitung in Universität und Stadt gefeiert werden.[93] Chladenius sah sich aber vom Hallenser Historiker und

---

[90] Flügel: Konfession und Jubiläum (Anm. 82), S. 155: Landesherrliche Verordnung vom 6. September 1717 zur Durchführung des Reformationsjubiläums in Sachsen.
[91] Zur Vorbereitung und zum Ablauf der Feierlichkeiten in Wittenberg Harm Cordes: Hilaria evangelica academica. Das Reformationsjubiläum von 1717 an den deutschen lutherischen Universitäten. Göttingen 2006 (= Forschungen zur Kirchen- und Dogmengeschichte 90), S. 49–61. Annina Ligniez: „[...] BEY IETZIGEN GEFÄHRLICHEN UND BETRÜBTEN ZEITEN [...]." Zeitdiagnosen in Reformationsjubiläumspredigten 1717 in Wittenberg. In: Spurenlese. Reformationsvergegenwärtigung als Standortbestimmung (1717–1983). Hg. v. Klaus Tanner u. Jörg Ulrich, unter Mitarbeit von Wolfgang Flügel. Leipzig 2012 (= Leucorea-Studien zur Geschichte der Reformation und der Lutherischen Orthodoxie 17), S. 37–69. Sebastian Kranich: Der Geist der Zeiten – protestantische Deutungsmuster in universitären Reformationsjubiläen. In: Zeitschrift für Religions- und Geistesgeschichte 65 (2013), H. 1, S. 18–31. In die Jubiläumsgeschichtsforschung einzubeziehen sind Programmschriften, Dissertationen und weitere, bislang zu wenig berücksichtigte Textgenera.
[92] Dazu Ligniez: Zeitdiagnosen (Anm. 91), S. 38–44 (Abschnitt zum politischen Kontext).
[93] Cordes: Hilaria evangelica (Anm. 91), S. 53–61; Chladenius verfasste die Einladungsschreiben, 1716 gab er Luthers Thesen neu heraus; zu seinen Disputationen und Predigten ebd., S. 56. Ligniez: Zeitdiagnosen (Anm. 91), S. 49 f.

Juristen Johann Peter Ludewig (1668–1743), der als Prorektor der Fridericiana die Reformationsfeiern grundsätzlicher Kritik unterwarf, zu einer forschen Entgegnung in einer Programmschrift herausgefordert.[94] In der Demontage des Jubelfests, die Ludewig vorgenommen hatte, schwang in polemisch zugespitzter Form die von August Hermann Francke in milderem Ton geäußerte Absicht mit, das Reformationsjubiläum von Gelehrsamkeit, nämlich von historischem Wissen, zu entlasten und aus ihm einen Anlass zur Förderung individueller Bekehrung, statt zu einem Austragungsort theologischer Querelen zu machen, die von den durch den Sündenfall beschädigten Kräften des natürlichen Verstandes und Willens angetrieben würden.[95] Genau diese Kritik Franckes betraf ex post auch Lessings der natürlichen respektive historiografischen *ratio* vertrauende Disputationsschrift. Radikalpietistische Vorwürfe, historisch untermauert durch Gottfried Arnolds *Kirchen- und Ketzerhistorie*, forderten aber die orthodoxen Kontrahenten und andere Protagonisten zu historisch fundierter Kritik und längerfristig zu einer Grundsatzdebatte über das Unparteilichkeitsdogma der Historiker heraus. Der radikale Pietist Arnold als Autor der *Kirchen- und Ketzerhistorie* und die lutherisch-orthodoxen Theologen standen mithin, insoweit sie sich – mit freilich divergenten Interessen – der *Historie* als eines unentbehrlichen Beweismittels bedienten, einander näher als die lutherische Orthodoxie dem strengen Hallenser Bekehrungstheologen Francke, der das Reformationsjubiläum außerhalb Halles nach eigenem Gutdünken feierte.[96] Über das Verhältnis des Haupts der Hallenser Pietisten zur Geschichte und zur Geschichtsschreibung, über die von ihm anlässlich der Reformationsfeier von 1717 verabscheute Akkumulation historischen Wissens ist weiter nachzudenken, dies umso mehr, als die (Kirchen)-Geschichte sowohl als Unterrichtssparte in der halleschen theologischen Fakultät als auch in der voruniversitären Ausbildung der Waisenhausanstalten einen bedeutenden Platz einnahm.[97]

---

94 Cordes: Hilaria evangelica (Anm. 91), S. 56; S. 330 (bibliografischer Nachweis von Ludewigs *Dica iubilaeorum*).
95 Ebd., S. 264 f.
96 Ebd., S. 265, zu den Festtagspredigten August Hermann Franckes in Ingelfingen.
97 Erste Beobachtungen zum weiten Themenfeld bei Claudia Drese: Der „Faden" der Geschichte. Zur Evaluation der Vergangenheit durch den Halleschen Pietismus. In: Geschichtsbewusstsein und Zukunftserwartung in Pietismus und Erweckungsbewegung. Hg. v. Wolfgang Breul u. Jan Carsten Schnurr. Göttingen 2013 (= Arbeiten zur Geschichte des Pietismus 59), S. 115–128. Zur argumentativen Instrumentalisierung der Geschichte an der Universität Halle bereite ich eine Studie vor, die ausgewählte Themenkreise aufgreift, den thematischen Horizont von der Jurisprudenz auf die philosophische und die theologische Fakultät ausweitet, insbesondere theologische Dissertationen der Präsides Joachim Justus Breithaupt, Joachim Lange und Paul Anton be-

6 Fazit – Ausblick

Angesichts des geschilderten Eifers der lutherischen Orthodoxie für historisch abgesicherte Beweisgänge ist es vielleicht kein Zufall, dass der Sohn von Martin Chladenius, der Erlanger Professor Johann Martin Chladenius (1710–1759), die Vorliebe seines Vaters für die Historie teilte und wir ihm eine Methodenkritik historischer Arbeit verdanken. Seine Lehre von den Sehepunkten bezog wohl aus dem auf das harte Pro und Contra eingeschworenen Geschichtsdenken seines Vaters ein nicht zu unterschätzendes Maß geschichtstheoretischer Kompetenz. Im Abschnitt über den wahren Begriff einer unparteiischen Erzählung hielt Johann Martin Chladenius in seiner *Allgemeinen Geschichtswissenschaft* (Leipzig 1752) fest, dass historiografische Parteilichkeit „am besten aus Zusammenhaltung zweyer Erzelhungen aus entgegen gesetzten Sehepunkten" erkennbar werde.[98] Geschichte unter den Vorzeichen konfessionellen Streits und damit im Sinn und Geist der *disputatio* zu betreiben, wäre in dieser Sicht der Dinge, schlösse sie die genaue Kenntnis und die beherzte Widerlegung des heterodoxen Gegenstandpunkts ein, eine treffliche Vorschule zu den von Chladenius' Sohn propagierten Verfahren historischer Kritik.[99] Ohne explizit auf seinen Vater zu rekurrieren, sah Johann Martin Chladenius in Gottfried Arnolds *Kirchen- und Ketzergeschichte* ein „recht grosses Exempel der Verdrehungskunst [...] worinnen das Verfahren der rechtschaffensten Leute auf das gehäßigste vorgestellet, ihre Fehler vergrössert, hingegen die Bosheiten der Ketzer verkleinert, und dadurch der gantzen Kirchengeschichte eine scheußliche Gestalt gegeben" werde.[100] Übrigens waren Jubiläen für Chladenius iunior der gegebene Anlass, sich mit Geschichte auseinanderzusetzen und deren Identifikationspotenzial zu stärken.[101] Parteinahme für die

---

rücksichtigt und dem Verhältnis der (gemäßigten) Pietisten zur Geschichte sowie deren Funktion als *testimonium veritatis* gewidmet ist.
98 Johann Martin Chladenius: Allgemeine Geschichtswissenschaft. Mit einer Einleitung von Christoph Friederich und einem Vorwort von Reinhart Koselleck. Neudruck der Ausgabe Leipzig 1752. Wien/Köln/Graz 1985 (= Klassische Studien zur sozialwissenschaftlichen Theorie, Weltanschauungslehre und Wissenschaftsforschung 3), *Sechstes Capitel, von der Verwandelung der Geschichte im erzehlen*, S. 115–155, hier § 34: Wahrer Begriff einer unparteyischen Erzehlung, S. 152 f., Zitat S. 152.
99 Ebd., *Zehendes Capitel, von der historischen Wahrscheinlichkeit*, S. 317–352, hier § 20, S. 343; § 26, S. 351: „Und also ist diese *Einleitung* zur historischen Erkenntniß zugleich eine Anleitung in *historischen* Dingen, sowohl *sich* als *andere* zu überzeigen, und in historischen *Streitigkeiten* der Wahrheit nichts zu vergeben." (Hervorh. im Orig. fett)
100 Ebd., *Sechstes Capitel, § 32: Geschichte verdrehen*, S. 149 f., Zitat S. 149.
101 Ebd., *Siebentes Capitel, von der Ausbreitung und Fortpflanzung einer Geschichte*, S. 155–202, § 36, S. 195 f., hier S. 196.

lutherische Orthodoxie, moralische Verurteilung arnoldscher Geschichtsschreibung, Forderung nach Entgegnung und Korrektur sowie geschichtstheoretische Absicherung historischer Erkenntnis gehen bei ihm Hand in Hand. Kein Wunder, dass Johann Martin Chladenius 1752, im Erscheinungsjahr seiner *Geschichtswissenschaft* in den *Erlangischen gelehrten Anzeigen* die Aufrechterhaltung der *disputatio* als Unterrichtsform forderte und mit Pathos behauptete, dass der Frieden, der jetzt in der gelehrten Welt herrsche „keinen andern Männern, als denen Helden in Akademischen Streiten" zu verdanken sei.[102] Es sei keine Verwirrung der Gedanken übrig geblieben, die sie nicht schon durchgefochten hätten. Irrtum und Uneinigkeit gehörten aber zur Beschränktheit menschlichen Erkennens und damit auch die als Streitgespräch definierte *disputatio*.[103] Auch Johann Martin Chladenius krönte seine Apologie der *disputatio* mit dem reformationsgeschichtlichen Topos des Wittenberger Thesenanschlags.[104] Trotz des irenischen Optimismus, den er an der zitierten Stelle zu verbreiten schien, vermochte er nicht an das Heraufkommen eines goldenen Zeitalters des Friedens in der Gelehrtenrepublik zu glauben und markierte Grenzen der Aufklärung, auch und gerade im historischen Fach. Meinungsverschiedenheit und Disput waren für ihn Antriebskraft und Merkmal gelehrter, insbesondere historiografischer Arbeit. Der Elenchus hatte, noch einmal, sowohl am Aufstieg der Geschichte als Argumentationsinstrument als auch an einer verfeinerten Quellenkritik in der Frühen Neuzeit einen unübersehbaren Anteil.

In der *disputatio* sah die Wittenberger Orthodoxie ein allenthalben probates Medium, neu auftauchende Häresien rasch und wirkungsvoll zu bekämpfen. Kontroverstheologische Dissertationen dienten daher nicht nur dazu, tradierte Wissensbestände, insbesondere theologische Wahrheiten, zu verbreiten, sondern entsprachen gleichzeitig, hierin mit den Zeitschriften vergleichbar, dem Bedürfnis nach aktueller Information, die in den Disputationsschriften im Rahmen verlässlicher vorgegebener organisatorisch-institutioneller Strukturen ohne großes finanzielles Privatrisiko in Gelehrtenkreisen verbreitet werden konnte. Im Kampf gegen Heterodoxien aller Art nahm die Universität Wittenberg ihren selbsternannten Wächterauftrag bis weit ins 18. Jahrhundert hinein mit Akribie wahr. Da

---

102 Johann Martin Chladenius: Ob die Erkenntniß der Wahrheit durch die Akademischen Disputationen befördert werde? In: Erlangische gelehrte Anzeigen, N. XXIII. Auf das Jahr 1752, S. 177–184, Zitat hier § 9, S. 183.
103 Ebd.
104 Ebd., § 10, S. 184: „Ja die erste Schrift, womit der Anfang des grossen und herrlichen Werckes der Reformation gemacht worden, ist ja eben eine Akademische Disputation gewesen. Nach der Zeit ist fast kein Jrrthum aufgekommen, der nicht hauptsächlich in Disputationibus Academicis seine Abfertiguug [sic!] erhalten hätte."

sie bisweilen mit dem von den Universitäten Jena, Leipzig und Halle ausgehenden Impetus der sogenannten Frühaufklärung in Beziehung gebracht wird,[105] ergibt sich die Gelegenheit, nach ihrer Rolle in diesem Kontext zu fragen. Die Antwort wird differenziert ausfallen. Vielleicht eröffnet der Vorschlag, Aufklärung im 18. Jahrhundert als Folge eines Selbstverständlichkeitsverlusts bestimmter traditioneller Ordnungen des Handelns, Wissens und Glaubens zu definieren,[106] einen gangbaren Weg, die Geschichte des akademischen Unterrichts inskünftig mit den bisherigen Perspektiven und Ergebnissen der Aufklärungsforschung besser zu vereinbaren.

Kurz bevor Martin Chladenius in Wittenberg über Vorurteile in Theologie-, Kirchen- und Frömmigkeitsgeschichte disputieren ließ, hatte der Tübinger Theologe Christoph Matthäus Pfaff (1686–1760) die Vorurteilskritik von philosophisch-systematischen Aspekten her in einer weit verbreiteten Abhandlung thematisiert.[107] Anders als Lessing, der John Locke und Pierre Bayle eher beiläufig erwähnte, bezog Pfaff diverse Hauptaspekte der westeuropäischen Vorurteilsdebatte intensiv in seine Überlegungen ein, so die Lehre von den positiv konnotierten *praeiudicia*, den *préjugés légitimes*.[108] In der Kirchengeschichte sah Pfaff aber einen Tummelplatz negativ besetzter Vorurteile, und er hielt die meisten Kirchenhistoriker für unfähig, ihren Gegenstand unparteiisch darzustellen.[109] Wer aber,

---

105 Günter Mühlpfordt: Wittenberg und die Aufklärung. Zu seiner Bedeutung für die Kulturgeschichte der Frühneuzeit. In: 700 Jahre Wittenberg. Stadt, Universität, Reformation. Im Auftrag der Lutherstadt Wittenberg hg. v. Stefan Oehmig. Weimar 1995, S. 329–346.
106 Diesen Weg empfiehlt Daniel Fulda: Gab es ‚die Aufklärung'? Einige geschichtstheoretische, begriffsgeschichtliche und schließlich programmatische Überlegungen anlässlich einer neuerlichen Kritik an unseren Epochenbegriffen. In: Das Achtzehnte Jahrhundert 37 (2013), H. 1, S. 11–25, insbesondere S. 22 f. Die konkrete Aufgabe bestünde darin, die allgemeine Epochenbestimmung, die auch auf andere Zeitperioden zutrifft, mit zeittypisch historischen Inhalten zu füllen, was Fulda mit einem ersten Versuch denn auch unternimmt. Dieselben Prämissen können für die Geschichte des akademischen Unterrichts nutzbar gemacht werden.
107 Christoph Matthäus Pfaff: Dissertatio de praejudicatis opinionibus in religione dijudicanda fugiendis, [...] nuperusque etiam de libertate cogitandi libellus modeste examinatur. Den Haag 1716. Von dieser Abhandlung erschienen erweiterte Auflagen, die an anderer Stelle verglichen werden. Zu Pfaffs Schriften über die Vorurteilskritik kurz Schneiders: Aufklärung und Vorurteilskritik (Anm. 7), S. 129, und Kay Zenker: Denkfreiheit. Libertas philosophandi in der deutschen Aufklärung. Hamburg 2012 (= Studien zum achtzehnten Jahrhundert 33), S. 212–215 (*Gemäßigte Freidenkerkritik in Tübingen: Christoph Matthäus Pfaff*).
108 Pfaff: Dissertatio (Anm. 107), § II, S. 7 f.
109 Ebd., § X, S. 23: „Denique, quod Historiam Ecclesiasticam attinet, ii communiter nobis sunt haeretici, qui a nobis dissentiunt, ii testes veritatis, qui nobiscum faciunt, licet etiam saepius in unico saltem articulo eandem nobiscum viam, in caeteris vero aliam ingrediantur. His fidem damus; illis derogamus. Quicquid de his male dictum fuit, rejicimus; quicquid de illis in sinist-

so ist zu folgern, die psychologischen Determinanten seines Schreibens, seines Handelns allgemein, kennt, wird, so die Hoffnung des Tübinger Theologen, in der Historiografie dem Objektivitätsanspruch dank des Einsatzes geeigneter kardiognostischer *remedia* genügen.[110] Überhaupt war Geschichtsskeptizismus in dem in dieser Skizze beackerten literarischen Feld frühneuzeitlicher Konfessionalität nirgends anzutreffen, schon gar nicht bei Johann Gottfried Lessing und seinen radikalpietistischen Kontrahenten.

Noch an weiteren Universitäten, so in Altdorf (Johann Konrad Dürr) und in Straßburg (Johann Heinrich Barth, Johann Leonhard Froereisen), und zum Teil weit früher als in Wittenberg und in Tübingen, wurde über Vorurteile in der Theologie disputiert.[111] Weder diese Debatten noch aus ihnen herzuleitende interuniversitäre Beziehungen oder gar geistige Deszendenzen sind bislang im Einzelnen aufgearbeitet worden. Soweit vorläufig erkennbar, ist aber nicht von einer Abhän-

---

ram partem scriptum, credimus. Hinc paucissimi omnino sunt Scriptores, qui de hoc eruditionis genere bene sint meriti, utpote omnes fere studio partium abrepti." Ferner ebd., § XVIII, S. 45 Anm. e): „Mirabitur quis, nos dicere, Historiae quoque Ecclesiasticae cognitionem ad debellanda Praejudicia Theologica adhibendam esse, cum nulla fere Theologiae pars tot tantisque praejudiciis involuta sit, quam Historia Ecclesiastica."
110 Ebd., § XVIII, S. 45 Anm. e); §§ XIX–XXII, S. 46–61. In Tübingen ließ auch der Theologieprofessor Christian Eberhard Weismann (1677–1747) theologische Vorurteilskritik gegen die von ihm als breite Angriffsfront wahrgenommene frühneuzeitliche Philosophie laut werden (Bayle, Descartes, Leibniz, Malebranche, Spinoza u. a.) in: Schediasmata academica sive dissertationes varii argumenti nostrorum maxime temporum controversiis absque studio partium expendendis accommodatae. Tübingen 1725 (auch von Schneiders: Aufklärung und Vorurteilskritik [Anm. 7], S. 130, Anm. 21, beiläufig erwähnt). Wie die Wittenberger bedarf auch die Tübinger (Spät-)Orthodoxie, nicht zuletzt im Hinblick auf das Verhältnis von Kirchengeschichte und Vorurteilskritik, weiterer Erforschung.
111 Schneiders: Aufklärung und Vorurteilskritik (Anm. 7), S. 77 f. (*Altdorf: Johann Konrad Dürr, 1669*); S. 127 f. (*Straßburg: Johann Heinrich Barth; Johann Leonhard Froereisen*). Unter Barth wurden 1714/15 drei Dissertationen über theologische Vorurteile verteidigt (Respondenten: Philipp Jakob Leonhard, Johann Heinrich Keyser, Johann Friedrich Griesinger), die 1715 in Straßburg unter dem Sammeltitel *Diatribe theologica de praeiudiciis qua sunt veritatis impedimenta aliquot disputationibus*, ein zweites Mal 1720 in Jena erschienen. – Bereits im Januar des Jubiläumsjahrs 1717 bildeten in Altdorf in der *Disquisitio theologica de praeiudiciis practicis christianismo noxiis* die auf das Christentum bezogenen Vorurteile den Gegenstand einer Dissertation (Präses: Johann Wilhelm Baier; Respondent: Johann Michael Ludwig), in der sich der Einfluss der Ethik des im Umkreis Johann Gottfried Lessings verpönten Christian Thomasius geltend machte und die 1731 vom Laubaner Diakon und Katecheten Gottlob Friedrich Gude, mit Anmerkungen versehen, ins Deutsche übersetzt wurde (ebd., S. 129). Einschließlich der Paratexte und der Einleitung des Übersetzers wuchs die Altdorfer Dissertation hier auf rund 270 Seiten an. Bibliografische Nachweise zu *praeiudicia*-Dissertationen bei Schneiders (ebd., S. 324–330) und in meiner Bibliografie *Philosophische Dissertationen deutscher Universitäten* (Anm. 48), Register S. 686 f. (25 Titel).

gigkeit Pfaffs und Lessings von den genannten Vorgängern in Altdorf und Straßburg auszugehen. Nicht einmal die Wittenberger Disputanten Chladenius und Lessing auf der einen und der Tübinger Autor auf der anderen Seite scheinen die *praeiudicia*-Schriften ihrer Gesinnungsfreunde zur Kenntnis genommen haben. Dass dies einem elitären Isolationismus geschuldet ist, auf den sich die selbstbewusste Wittenberger Orthodoxie, gemäß einem allgemein verbreiteten wissenschaftlichen Konsens, zurückzog, erscheint nicht unplausibel: Manchmal treffen historiografische Gemeinplätze die historische Wahrheit. Der Grund kann aber schlicht auch im für frühneuzeitliche Dissertationen nicht untypischen Mangel an bibliografischer Kommunikation liegen. Wie auch immer: man darf auf vielschichtige und neue Erkenntnisse zur Rolle der Geschichte im frühneuzeitlichen Gelehrtendiskurs, insbesondere im Unterricht der theologischen Fakultäten, gespannt sein.

Jedenfalls bildete die Vorurteilskritik, häufig in Verbindung stehend mit der Geschichte als *testimonium veritatis*, seit ihrer festen Etablierung in der akademischen Lehre u. a. durch Christian Thomasius, einen wichtigen Gegenstand auch des von den Hohen Schulen ausgehenden Wissenstransfers aus der lateinischen in die deutsche Sprache. Nutzen aus solchen Translationsprozessen zog auch die Aufklärung, obwohl man sie bislang kaum mit lateinsprachiger Gelehrtenliteratur noch mit dem Unterricht der Hohen Schulen in Beziehung brachte. Ein einziges signifikatives Beispiel möge genügen: Die in den moralischen Wochenschriften und anderen Periodika verkündete Botschaft der Tugend[112] wurde kaum je auf den Unterrichtsstoff der praktischen Disziplinen zurückgeführt, wie sie an Hohen Schulen in lateinsprachigen Lehrbüchern, Dissertationen, Programmschriften, Reden und anderen akademischen Textgenera vermittelt wurden.[113]

Mit der aktuellen Frühneuzeit-Forschung teilen wir das Interesse für Verwandtschaftsverhältnisse unter den Gelehrten, für die Herrschaft und den Einfluss von Familiendynastien an Hohen Schulen und für Vater-Sohn-Beziehungen sowohl innerhalb der damaligen *respublica litteraria* als auch in anderen kulturellen und politischen Kontexten. Wie vorweggenommen, mussten wir auf eine Gegenüberstellung des Werks Johann Gottfried Lessings mit dem seines Sohns

---

112 Wolfgang Martens: Die Botschaft der Tugend. Die Aufklärung im Spiegel der deutschen moralischen Wochenschriften. Stuttgart 1971.
113 Der umgekehrte Vorgang, dass außerhalb der Hohen Schulen stehende Aufklärer den gelehrten Unterricht beeinflussten und antiaufklärerischen Tendenzen mit Reformanregungen begegneten, die in den Schulen zum Teil auch aufgenommen wurden, steht außer Frage. Doch die meisten frühneuzeitlichen Autoren hatten eine Ausbildung an einer Hohen Schule absolviert und kannten lateinsprachige Gelehrtenliteratur aus eigener Erfahrung: Gleichviel, was sie (später) von ihr hielten, waren sie doch von diesem Bildungshorizont geprägt.

Gotthold Ephraim verzichten.[114] Die Aufnahme theologischer und religionsgeschichtlicher Themen, der Geschichte als Instrument von Beweisführung und Argumentation sowie der Habitus des Streitens zeichneten den Vater wie den Sohn aus. Ihre grundlegenden Meinungsdifferenzen, die völlig divergente Ausrichtung der literarischen Tätigkeit und der gesellschaftlichen Aktivitäten waren dagegen nur durch gegenseitigen Respekt zu überbrücken, der oft genug einer harten Bewährungsprobe ausgesetzt wurde.

---

114 Dass bereits Vater Lessing in seiner Dissertation im Zusammenhang mit Luthers Abendmahlslehre Berengar von Tours kurz erwähnt, ist nicht ganz ohne Bedeutung (Lessing: Vindiciae, Anm. 33 u. 36, pr. XIV, § V, S. 59 [O], S. 128 f. [P]). Vgl. Volker Leppin: Ein mittelalterlicher Fund für das aktuelle Gespräch. Lessings *Berengarius Turonensis*. In: Gotthold Ephraim Lessings Religionsphilosophie im Kontext. Hamburger Fragmente und Wolfenbütteler Axiomata. Hg. v. Christoph Bultmann u. Friedrich Vollhardt. Berlin/New York 2011 (= Frühe Neuzeit 159), S. 88–103.

Johann Lorenz von Mosheim (1693–1755) – Kupferstich von Georg Daniel Heumann (um 1750)

Michael Multhammer
Johann Lorenz von Mosheims *Ketzergeschichte* oder der Sündenfall der Reformation

Ein Beitrag zur Toleranzdebatte in der Frühaufklärung

„Einen Menschen töten, heißt niemals, eine Lehre verteidigen, sondern: einen Menschen töten."[1] Dieser bekannt gewordene und zur Sentenz geronnene Satz stammt von Sebastian Castellio. Den Hintergrund dieser Äußerung bildet der

---

1 Sebastian Castellio: Contra Libellum Calvini. [Amsterdam] 1612. So auch in Anlehnung bei Stefan Zweig: Castellio gegen Calvin oder Ein Gewissen gegen die Gewalt. Frankfurt am Main 1987 (= Gesammelte Werke in Einzelbänden XXVII), S. 177 f. Nicht ohne Pathos heißt es da: „Und da Calvin immer und immer wieder darauf beharrt, er sei genötigt gewesen, Servet zu verbrennen, um die Lehre zu verteidigen, um das Wort Gottes zu schützen, da er immer und immer wieder, wie alle Gewalttäter, seine Gewalttat mit einem andern, übergeordneten, überpersönlichen Interesse zu entschuldigen sucht, da fährt ihm – und es ist wie ein erhellender Blitz in der Nacht eines dunklen Jahrhunderts – Castellios unvergängliches Wort entgegen: ‚Einen Menschen töten heißt niemals, eine Lehre verteidigen, sondern: einen Menschen töten. Als die Genfer Servet hinrichteten, haben sie keine Lehre verteidigt, sondern einen Menschen geopfert; aber man bekennt sich nicht zu seinem Glauben, indem man einen andern Menschen verbrennt, sondern nur, indem man sich selbst für diesen Glauben verbrennen läßt.' – ‚Einen Menschen töten heißt niemals, eine Lehre verteidigen, sondern: einen Menschen töten' – herrliches, in seiner Wahrheit und Klarheit unvergängliches und allerhumanstes Wort. Mit diesem einen wie aus hartem Erz gehämmerten Satz hat Sebastian Castellio für alle Zeiten jeder weltanschaulichen Verfolgung das Urteil gesprochen. Was immer für ein logischer, ethischer, nationaler oder religiöser Vorwand vorgetäuscht oder vorgeschoben werde, um die Beiseiteschaffung eines Menschen zu rechtfertigen, keiner dieser Gründe entlastet den Menschen, der die Tat begangen oder befohlen, von seiner persönlichen Verantwortung. Immer ist einer schuldig für Blutschuld, und niemals läßt sich ein Mord durch eine Weltanschauung rechtfertigen. Wahrheiten lassen sich verbreiten, aber sie lassen sich nicht erzwingen. Keine Lehre wird richtiger, keine Wahrheit wahrer, wenn sie schreit und eifert, keine läßt sich durch eine gewalttätige Propaganda über den individuellen Raum ihres Wesens künstlich hinaussteigern. Aber noch weniger wird eine Lehre, eine Weltanschauung wahrer, wenn sie Menschen, die ihr aus innerlicher Gesinnung widerstreben, verfolgt. Überzeugungen sind individuelle Erlebnisse und Ereignisse, niemandem Untertan als dem Individuum, dem sie zugehören; sie lassen sich nicht reglementieren und korporalisieren, und mag sich tausendmal auch eine Wahrheit auf Gott berufen und sich eine heilige nennen, niemals darf sie sich für berechtigt halten, das Heiligtum eines gottgeschaffenen Menschenlebens zu zerstören."

gewaltsame Tod Michel Servets, der am 27. Oktober 1553 nach kurzem Prozess in Genf auf dem Scheiterhaufen verbrannt wurde. Die Faszination, die der ‚Fall' Servet auslöst, scheint nicht anhaltend konstant, sondern sie unterliegt offenbar gewissen Moden. 2013, im ‚Jahr der Toleranz', das von der Evangelischen Kirche in Deutschland (EKD) im Rahmen der Lutherdekade ausgerufen wurde, spielte der tragische Tod des spanischen Antitrinitariers keine sonderlich prominente Rolle. Die tolerante Grundhaltung, die den Reformatoren immer noch unterstellt wird, lässt nur wenig Spielraum dafür, auch die Grenzen der Toleranz näher in den Blick zu nehmen. Explizit wird dies in der Einleitung Thies Gundlachs zu dem von der EKD herausgegebenen Themenheft.[2] Dort steht zu lesen:

> Es hat sich eingebürgert, die Verbrennung Michael Servets anlässlich des sogenannten antitrinitarischen Streites in Genf und die Zustimmung von Johannes Calvin zu dieser Verbrennung als das Zeichen der Intoleranz der Reformation zu nehmen. Aber diese Tat ist das Ende, nicht der Anfang einer intoleranten Dimension der Reformation [...].[3]

Mir steht es nicht zu, dieser Selbsteinschätzung der evangelischen Kirche zu widersprechen, jegliche gegenreformatorische Bestrebungen liegen mir ohnehin fern, aber ich möchte im Verlauf der Untersuchung doch einige Korrekturen bezüglich der historischen Faktenlage anbringen. Denn das Phänomen ist freilich kein neues: ‚L'Enfer c'est les autres', wie nicht erst Jean-Paul Sartre wusste.[4] Bisweilen kommt diese Thematik an die Oberfläche des Bewusstseins. Wird sie überdies artikuliert und öffentlich gemacht, kommt das einer Zumutung gleich – heute in weiten Kreisen nicht anders als in der ersten Hälfte des 18. Jahrhunderts, um das es mir im Folgenden gehen soll. Johann Lorenz von Mosheim (1693–1755) hat sich in seinem *Versuch einer vollständigen und unparteyischen Ketzergeschichte* vielleicht wie kein Zweiter dieser unbequemen

---

2 Schatten der Reformation. Der lange Weg zur Toleranz. Hg. v. Kirchenamt der Evangelischen Kirche in Deutschland (EKD): Thies Gundlach, Michael Grimm (verantwortlich). Frankfurt am Main 2013, online unter www.kirche-im-aufbruch.ekd.de/images/Toleranzmagazin_Endfassung.pdf [Stand: 30.06.2015].
3 Thies Gundlach: Verdunkelter Christus. Mühsam erkämpften Aufklärer Toleranz gegen die verfasste Kirche: Der lange Schatten der Reformation – Überlegungen zum Themenjahr. In: Ebd., S. 4–8, hier S. 5.
4 Jean-Paul Sartre: Bei geschlossenen Türen [*Huis clos*]. In: Ders.: Gesammelte Dramen. Deutsch von Harry Kahn. Reinbeck bei Hamburg 1969, S. 67–97. „Ich sehe diese Statuette hier an und begreife, daß ich in der Hölle bin. [...] Also dies ist die Hölle. Niemals hätte ich geglaubt ... Ihr entsinnt euch: Schwefel, Scheiterhaufen, Bratrost ... Ach, ein Witz! Kein Rost erforderlich, die Hölle, das sind die andern." (S. 95)

Aufgabe gestellt.[5] Sie lehrt nicht nur die Schwierigkeiten im Umgang mit dem eigenen Erbe erkennen, sondern kann ferner als ein systematischer Beitrag zu den Toleranzdiskursen der Frühen Neuzeit verstanden werden.

Ich möchte mich im Folgenden in drei Schritten dem Mosheimschen Projekt einer Ketzergeschichte nähern, indem ich zunächst näher auf die Beschäftigung des Kirchenhistorikers mit dem ‚Fall' Servet eingehe, sodann die Bedingungen einer Häresiegeschichtsschreibung im Kontext frühneuzeitlicher Apologien und Apologetik nachzeichnen, um schließlich die positive Aufnahme durch Lessing – vornehmlich anhand seiner Schrift *Von Adam Neuser, einige authentische Nachrichten* – zu zeigen, die einem historischem Parallelfall gewidmet ist und wohl nicht zufällig den Auftakt zur Veröffentlichung der Reimarus-Fragmente bildet.

1 Der Sündenfall der Reformation

Der Fall des spanischen Arztes und Antitrinitariers Michael Servet[6] wurde Mosheim schon früh zu einer Obsession: über einen Zeitraum von wohl mehr als 30 Jahren, spätestens seit 1727, vielleicht aber auch schon zehn Jahre zuvor, bis zu seinem Tod 1755, widmete er sich diesem Thema. Zunächst war das Interesse an dem eigenwilligen Gelehrten und Theologen noch in einen breiteren Kontext eingebettet. Mosheim war am Beginn seiner Karriere an der Universität Helmstedt und projektierte eine Bibliothek der verbrannten Bücher: eine Zusammenstellung all jener Werke, die im Verlauf der Geschichte ein Opfer der Zensoren und dann auch der Flammen wurden.[7] Michael Servet konnte in dieser Aufstellung natürlich nicht fehlen, seine Werke, allen voran die *Christianismi restitutio* [1553],[8] aber

---

5 Grundlegende Informationen zu Leben und Werk finden sich bei John S. Oyer: [Art.] „Mosheim, Johann Lorenz". In: TRE 23 (1993), S. 365–367. Zu Einzelaspekten siehe ferner den Sammelband: Johann Lorenz Mosheim (1693–1755). Theologie im Spannungsfeld von Philosophie, Philologie und Geschichte. Hg. v. Martin Mulsow u. a. Wiesbaden 1997 (= Wolfenbütteler Forschungen 77). Ferner immer noch unverzichtbar Karl Heussi: Johann Lorenz Mosheim. Ein Beitrag zur Kirchengeschichte des achtzehnten Jahrhunderts. Tübingen 1906.
6 Zur Biografie siehe jetzt Uwe Birnstein: Toleranz und Scheiterhaufen: Das Leben des Michael Servet. Göttingen 2012. Sowie die ältere Darstellung von Roland H. Bainton: Hunted Heretic: The Life and Death of Michael Servetus 1511–1553. Boston 1960.
7 Es handelt sich um ein Projekt, das Mosheim nie zu Ende geführt hat. Stattdessen bemühte sich Johann Heinrich Heubel (1694–1758) um eine *Bibliotheca Vulcani*. Siehe hierzu Martin Mulsow: Prekäres Wissen. Eine andere Ideengeschichte der Frühen Neuzeit. Berlin 2012, S. 142–167. Zu Mosheims Anteil siehe S. 150.
8 Christianismi restitutio: totius ecclesiae apostolicae est ad sua limina vocatio, in integrum

auch *De trinitatis erroribus* [1531],⁹ waren zu unterschiedlichen Zeiten und konfessionsübergreifend zu dieser zweifelhaften Ehre gekommen. Zudem war bereits reichlich Material verfügbar. Das Schicksal Servets wurde in der Gelehrtenrepublik breit und kontrovers diskutiert: explizite Parteinahmen für Servet finden sich ebenso sehr wie Stimmen, die das Urteil über den Ketzer rechtfertigen.¹⁰ Gerade in kontroverstheologischer Hinsicht war der Stoff brisant und eine allzu deutliche Stellungnahme nicht ohne Risiken – Mosheim war sich am Beginn seiner Karriere dessen bewusst. So erschien die erste Auseinandersetzung zum Thema auch nicht unter seinem Namen.

Die *Historia Michaelis Serveti* wurde 1728 in Helmstedt gedruckt. Als ihren Verfasser weist das Titelblatt Heinrich von Allwoerden aus, wohl ein Schüler Mosheims zu damaliger Zeit über den außer seiner Immatrikulation an der Universität Rostock weiter nichts in Erfahrung zu bringen ist: er bleibt weitestgehend ein biobibliografisches Phantom.¹¹ Er selbst tritt nur als Praeses der Dissertation auf. Dass allerdings nicht nur der Entwurf, sondern in größten Teilen auch die Ausarbeitung auf das Konto Mosheims gehen, belegt ein Brief an seinen Freund Christoph August Heumann. Dort heißt es: „ich selbst möchte nicht als Autor erscheinen, aber, wie du leicht merkst, ist nicht nur der ganze Stoff meiner, sondern auch

---

restituta cognitione Dei, fidei Christi, iustificationis nostrae, regenerationis baptismi, et caenae domini manducationis. [...] / [Michael Servetus]. Unveränd. Nachdr. der Ausg. 1553. Frankfurt am Main 1966.

9 De Trinitatis erroribus libri septem/ per Michaelem Serueto. Unveränd. Nachdr. der Ausg. 1531. Frankfurt am Main 1965.

10 Die genauen ideengeschichtlichen Einflusslinien der Schriften Servets im Einzelnen nachzuzeichnen gestaltet sich ausgenommen schwierig. Letztlich hängt der gesamte Komplex antitrinitarischen Gedankenguts der Frühen Neuzeit auch, aber freilich nicht nur, mit an seinem Namen. So berufen sich etwa die Sozinianer explizit auf den spanischen Arzt und verbreiten seine Schriften. Das aber eröffnet ein völlig neues Diskursfeld, auf das hier nicht weiter eingegangen werden kann. Eine erste Orientierung anhand von Einzelstudien bietet nun Friedrich Vollhardt (Hg.): Religiöser Nonkonformismus und frühneuzeitliche Gelehrtenkultur. Berlin 2013 (= Quellen und Darstellungen zur Geschichte des Antitrinitarismus und Sozinianismus in der Frühen Neuzeit 2). Für die Quellenlage immer noch nützlich Friedrich Trechsel: Die Protestantischen Antitrinitarier vor Faustus Socin: Nach Quellen und Urkunden geschichtlich dargestellt. 2 Bde. Heidelberg 1839/1844. Hier insb. Bd. 1: Michael Servet und seine Vorgänger.

11 Historia Michaelis Serveti/ Qvam Praeside Io. Lavr. Moshemio ... A. O. R. MDCCXXVII. D. XIX. Decembris. Placido. Doctorvm. Examini. Pvblice Exponit. Avctor Henricvs. Ab. Allwoerden, Stadensis. Theol. Cvltor. Helmstedt 1728. Mosheim erwähnt gegen Ende der *Historia*, dass Allwoerden in Rostock studiert habe, ein Eintrag im Matrikelverzeichnis der Universität mit Datum „Henricum ab Alvöre Stadensem", 19. April 1723, belegt das [matrikel.uni-rostock.de].

zum großen Teile die Form."¹² Das Wagnis, selbst für die Autorschaft einzustehen, wollte oder konnte Mosheim zu dieser Zeit noch nicht eingehen. Viele Jahre später wird er sich zu dieser *Historia* bekennen, um sich im gleichen Atemzug davon zu distanzieren: nicht aus Furcht vor etwaigen Repressionen, sondern aus der inzwischen erlangten Erkenntnis, dass die Ausarbeitung dem Gegenstand nicht gerecht wurde. Machen wir einen Sprung um gute 20 Jahre. 1748 erschien Mosheims monumentale Studie zu Michael Servet als der *Anderweitige Versuch einer vollständigen und unparteyischen Ketzergeschichte*. Mosheim gesteht in der Vorrede freimütig:

> Endlich ward vor zwanzig Jahren ein schwacher und fehlerhafter Anfang zu einer Arbeit gemacht, die dazumal schon vor nicht weniger, als ebenso vielen Jahren, war beschlossen worden. [...] Diese Arbeit war nichts weniger, als ein Meisterstücke. Es ist des Namens einer Geschichte unwürdig, wenn dieses Wort in seinem eigentlichen und wahren Verstande gesetzt wird. Sie ist nur eine mittelmäßig gerathene Erzählung der vornehmsten Begebenheiten, die Servet bis an sein Ende erlebt hat, die durch allerhand Anmerkungen aus der gelehrten Geschichte hin und wieder ausgeschmücket, durch Urkunden und Zeugnisse bestätigt und mit einem Anhange von den Schriften des Spaniers begleitet wird. Zu einer rechten Geschichte gehöret weit mehr, als dieses.¹³

Was war in der Zwischenzeit geschehen, dass sich Mosheim dieser Unzulänglichkeiten derart deutlich bewusst wurde? Meine These lautet: der mittlerweile an die Universität Göttingen gewechselte Theologe hatte erkannt,¹⁴ dass es hier um mehr, ja um viel mehr ging als ein einzelnes Menschenleben. Mit der Hinrichtung Servets hatte die Reformation ihre Unschuld eingebüßt. Sie wurde, bildlich gesprochen, von ihrer eigenen Macht, d. h. dem Anspruch auf die alleinige Deutungsmacht in Glaubensfragen, verführt. Am 27. Oktober 1553 ereignete sich in den Augen Mosheims der Sündenfall der Reformation. Die Lebens- und Leidensgeschichte des unbelehrbaren Spaniers, der seine Standhaftigkeit oder Verblendung – je nach Sichtweise – mit dem Tod bezahlte, wird zum experimentum

---

12 Mosheim an Heumann, 20. Dezember 1727, Landesbibliothek Hannover Ms. XLII, 1915, fol. 26ᵛ: „Auctor ego videri nolo: at, quod facile sentis, non materia tantum tota mea est, sed etiam magna ex parte forma." Zit. n. Martin Mulsow: Eine ‚Rettung' des Servet und der Ophiten? Der junge Mosheim und die häretische Tradition. In: Ders. u. a. (Hg.): Johann Lorenz Mosheim (Anm. 5), S. 45–92, hier S. 54.
13 Johann Lorenz von Mosheim: Anderweitiger Versuch einer vollständigen und unparteyischen Ketzergeschichte. Helmstedt 1748, S. 6 f.
14 Zu den Begleitumständen, die mit Mosheims Wechsel an die neu gegründete Universität Göttingen einhergingen, siehe Bernd Moeller: Johann Lorenz von Mosheim und die Gründung der Universität Göttingen. In: Theologie in Göttingen. Eine Vorlesungsreihe. Hg. v. B. M. Göttingen 1987 (= Göttinger Universitätsschriften A 1), S. 9–40.

crucis, in dem sich die Kirchengeschichtsschreibung nicht erklärend, sondern in der Erzählung der Ereignisse zu beweisen hatte.

Am deutlichsten wird die neue Herangehensweise Mosheims an diesem in der öffentlichen Wahrnehmung bis *dato* in der Reformationsgeschichte einmaligen Vorfall, wenn man ihn ins zeitgenössische Verhältnis setzt. Gottfried Arnolds Eintrag zu Servet bietet sich hierfür als gute Folie an. Dieser ist, und das überrascht doch, zunächst einmal unglaublich kurz. Arnold gedenkt der Hinrichtung Servets auf gerade einmal eineinhalb Druckseiten in seiner ansonsten ja voluminösen und detailversessenen *Kirchen- und Ketzerhistorie*.[15] Fakten kommen kaum zur Sprache, vielmehr bemüht sich Arnold um eine propagandistische Ausschlachtung der vollstreckten Todesstrafe. Es handelt sich um eine Kleinigkeit, die bei Arnold ins Zentrum rückt: „Calvinus soll ihn haben", schreibt er, „zum todte [!] führen sehen/ und dazu gelachet/ so daß er das angesicht mit dem kleide verdecken müssen."[16] Eine ‚unparteiische' Sichtung der Fakten sähe mit Sicherheit anders aus.

Im Nachgang nennt Arnold lediglich einige Einlassungen, darunter etwa von Grotius, allein auf das intervenierende Sendschreiben David Joris', der versucht hatte, strafmildernd einzugreifen, geht Arnold etwas ausführlicher ein: denn Ketzertötungen, so der Tenor, seien grundsätzlich illegitim – eine Ausweisung aus der Stadt nach Joris das äußerste vertretbare Mittel. Wir wissen, dass dieser Anruf ungehört geblieben ist. Bei Arnold ist Servet einer unter vielen, er ist ein Glied in der langen Kette der von den Amtskirchen verfolgten, und dabei doch vielleicht auch eine Art Wahrheitszeuge, wie sie zuvor Friedrich Breckling in seinem *Catalogus testium veritatis* zusammengestellt hatte. Arnolds Begriff von Vollständigkeit, wie im Titel seiner Ketzerhistorie genannt, zielt in erster Linie auf Quantitäten. Es ist ein Kompendium, das die Vielzahl der Verfolgten dokumentieren will. Mosheims Geschichte rekurriert im Titel ebenfalls auf den Begriff der Vollständigkeit, meint damit aber etwas gänzlich anderes:

> Ich ließ es mir einfallen, in einer Probe zu zeigen, wie nach meiner Einsicht eine vollständige und unparteyische Geschichte der sogenannten Ketzer müsse geschrieben werden. Da ich diesem Einfalle nachdachte, dünkte mich, daß der Versuch, zu dem ich Anstalten

---

15 Gottfried Arnold: Unparteyische Kirchen- und Ketzer-Historie. Vom Anfang des Neuen Testaments Biß auff das Jahr Christi 1688. Bd. 3/4. Frankfurt am Main 1715, S. 711 f.
16 Ebd., S. 711. Diese Darstellung übernimmt Arnold wahrscheinlich aus der Sebastian Castellio zugeschriebenen *Historia de morte Michaelis Serveti*, die am Ende des Traktates *Contra libellum Calvini* mit abgedruckt ist (fol. M ii^r und folgende). Arnold zitiert offenbar mehrmals aus diesem in vielfacher Hinsicht für unseren Zusammenhang wichtigen und konfessionstheologisch bemerkenswerten Text. Für diesen Hinweis danke ich Pablo Toribio.

machete, mehr Nutzen und Vergnügen bringen würde, wenn er mehr Exempel, als ein einziges, wenn er eines aus jedem Hauptheile der Ketzergeschichte, aus der alten, der mittleren und der neueren darstellete. Und mußte mir nicht, da mich meine Überlegungen auf diesen Gedanken geführt hatte, mein so lange verwiesener Servet erscheinen? Konnte ich aus der ganzen neueren Geschichte der Kirche einen merkwürdigeren, unglücklichern und berühmteren Ketzer wählen?[17]

Ich denke auf zwei Punkte dieses Zitates gilt es näher einzugehen. Zum einen stellt Mosheim deutlich heraus, dass es sich in seiner Behandlung des Falles Servet um eine „Probe" handelt, wie eine solche Ketzergeschichte zu schreiben sei. Der Unterschied zu Arnold ist unmittelbar augenfällig: Mosheims Darstellung umfasst gute 250 eng bedruckte Seiten. Ein Anhang gleichen Umfangs, der zuvor schwer greifbare Quellentexte ebenso wie tiefergehende Erläuterungen bereitstellt, ist integraler Bestandteil des Projektes. Ich werde im Folgenden noch näher auf diese quellenintensive Arbeit und ihre Methodik zurückkommen. Zunächst aber noch zum zweiten, meiner Meinung nach, bemerkenswerten Punkt. Servet wird uns im Vorwort als Präzedenzfall präsentiert, von dem aus Traditionslinien gebildet wurden. So ist es gerade der spanische Antitrinitarier, der bei Armand de la Chapelle die notwendigen Voraussetzungen für Spinoza im Speziellen und den neuzeitlichen Pantheismus im Allgemeinen legte: er ist bildlich gesprochen die Wurzel des Übels. „Und was war er weniger, als dieses?" fragt Mosheim. Nach Chapelle wäre Calvin dementsprechend auch nicht zu belangen,[18] war es doch Servet selbst, der „durch seinen gar zu freyen und unbändigen Mund das Feuer, das ihn verzehret, angeblasen habe."[19] Es sind Sätze wie dieser, die Mosheim nicht gewillt ist zu akzeptieren, auch wenn Chapelles Darstellung insgesamt durchaus einem fairen Mittelweg verpflichtet ist. Mosheim aber will mehr, er will zu einem wahrhaft objektiven Urteil gelangen. Dafür kann er keinem Detail gleichgültig gegenüber stehen, denn der französische Historiker „zieht einige Stücke dieser Geschichte aus der Dunkelheit und Ungewißheit heraus, und stürzet einige andere wieder in dieselbe hinein. Er bemerket an mir und andern einige Fehler, und begeht selber eben so viele Fehler, als er bemercket."[20]

---

17 Mosheim: Ketzergeschichte (Anm. 13), S. 15.
18 Siehe hierzu Armand de la Chapelle: Bibliothèque raisonnée des ouvrages des savans de l'Europe H. 4 (1728), S. 366–400. Es handelt sich um eine sehr ausführliche und detailreiche Besprechung der *Historia Michaelis Serveti*. In einer der folgenden Nummern – (H. 1, 1729, S. 88–176), werden Auszüge der *Historia* in französischer Übersetzung gegeben, diese wiederum sind mit kritischen Kommentaren versehen.
19 Mosheim: Ketzergeschichte (Anm. 13), S. 14.
20 Ebd.

Es bedarf daher einer grundsätzlichen Revision, sowohl der positiven als auch der negativen Darstellungen Servets und Calvins. Der Fall verdient völlig neu aufgerollt zu werden – das Urteil wird nach Sichtung der Beweise ein anderes sein. Das bringt mich zu meinem zweiten Punkt.

2 Die Forderung nach Toleranz aus dem Geiste der Geschichtsschreibung

Einer der Hauptkritikpunkte, die Mosheim an seiner eigenen frühen *Historia* bemängelte, war deren allzu eindeutige Parteinahme für Servet. Sie war noch ganz dem Charakter einer Schutzschrift, einer Apologie verpflichtet.[21] Martin Mulsow hat in einem Beitrag zu Mosheims *Ketzergeschichte* zu Recht die Frage aufgeworfen, in wie weit sich ein apologetischer Grundimpetus mit der Forderung nach Toleranz in Einklang bringen lässt.[22] In ihrer frühneuzeitlichen Spielart ist die Apologie, aber auch die *vindicatio* nachgerade darauf ausgerichtet, eine Wahrheit zu verteidigen.[23] Apologetik, aus orthodoxer Feder zumal, will mehr als einen auf gegenseitige Duldung angelegten Minimalkonsens. Es lässt sich vielfach beobachten, dass die lutherische Orthodoxie sich immer so lange tolerant verhielt, bis die eigenen Truppen gesammelt und aufmarschiert waren. Danach konnte der (publizistische) Kampf umso erbitterter aufgenommen werden.[24] Ein

---

21 Zur Gattung siehe Michael Multhammer: Lessings *Rettungen*. Geschichte und Genese eines Denkstils. Berlin/Boston 2013 (= Frühe Neuzeit 183), S. 62–69.
22 Mulsow: Eine ‚Rettung' des Servet (Anm. 12).
23 Multhammer: Lessings *Rettungen* (Anm. 21), insb. S. 55–91.
24 Zu nennen wäre hier die lutherische Tradition des Elenchus, die Martin Gierl treffend zusammenfasst: „Das Officium elenchticum war institutionalisiert und offiziell geregelt in Streitverfahren umgesetzt. Geboten war vollständiges Refutieren, d. h. gegen jeden Text der Gegenseite war ein eigener Text zu setzen. Man widerlegte Paragraph für Paragraph, ja Satz für Satz. Die Gegenschrift frißt gewissermaßen die Ausgangsschrift auf. Die Einheit des Arguments ist also – das ist zu unterstreichen – nicht der Text, sondern der Streitzusammenhang. Vollzogen als Streiten ‚Text gegen Text', also ‚Mann gegen Mann' hieß das, zusammen mit den inkriminierten Irrlehren diejenigen öffentlich zu machen, die sie vertraten." Martin Gierl: Historia literaria. Wissenschaft, Wissensordnung und Polemik im 18. Jahrhundert. In: Historia literaria. Neuordnungen des Wissens im 17. und 18. Jahrhundert. Hg. v. Frank Grunert u. Friedrich Vollhardt. Berlin 2007, S. 113–127, hier S. 117 f.; ders.: Pietismus und Aufklärung. Theologische Polemik und die Kommunikationsreform der Wissenschaft am Ende des 17. Jahrhunderts. Göttingen 1997 (= Veröffentlichungen des Max-Planck-Instituts für Geschichte 129).

genauerer Blick auf das, was hier unter Toleranz verstanden werden kann, ist demnach dringend geboten.

Rainer Forst, dessen Studie *Toleranz im Konflikt* uns hier als theoretisch-methodologisches Rüstzeug dienen soll, unterscheidet vier Arten der Toleranz, oder vielmehr Konkretisierungen der einen Toleranz, die er Konzeptionen nennt.[25] Es handelt sich dabei um die Erlaubnis-Konzeption (ein Beispiel wäre etwa das Edikt von Nantes), eine Koexistenz-Konzeption (sie beschreibt das parallele Vorhandensein gleich starker Gruppen, die dergestalt ein friedliches Zusammenleben gewährleisten), ferner eine Respekt-Konzeption (die wiederum unterschieden ist in formale Gleichheit und/oder qualitative Gleichheit; sie beinhaltet eine moralisch begründete Form der wechselseitigen Achtung), sowie eine Wertschätzungskonzeption (Überzeugungen des anderen sind auch ethisch wertvoll), wobei die letztere aus einer ethischen Perspektive den höchsten Rang einnimmt. Barbara Mahlmann hat in Bezug auf Sebastian Castellios *De haereticis an sint persequendi* den Vorschlag gemacht, dieses Quartett um eine weitere Konzeption zu erweitern: die der Empathie. Gemeint war damit ein fiktiver, nur imaginierter Rollentausch der Beteiligten, der ein tieferes Verständnis für die Position des anderen zuallererst ermöglicht.[26]

Wenngleich Forst auch betont, dass prinzipiell alle vier Typen (und das dürfte wohl auch für die Erweiterung gelten) in Gesellschaften parallel existieren können, so gilt es doch in einer historischen Perspektive einzuschränken. Nicht immer – so könnte man es auf eine kurze Formel bringen – waren alle Konzeptionen umsetzbar. Der historische Kontext wird immer in der ein oder anderen Weise als limitierender Faktor mit zu bedenken sein. Wenn David Joris in seinem Sendschreiben die Todesstrafe für überzogen erachtet und stattdessen für eine Verbannung Servets plädiert, so impliziert das noch keinerlei Anspruch, Servets Position zu respektieren. Respekt – und damit einhergehend Wertschätzung – kann frühestens entstehen, wenn ein Moment der Unparteilichkeit in der Gewichtung der Meinungen zum Tragen kommt. Dies war in der unmittelbaren Situation nicht gegeben, anders verhält es sich in der historischen Betrachtung und Aufarbeitung des Falles: hier ist die Respektierung der beiden antagonistischen Positionen Calvins und Servets zuallererst möglich. Die zeitliche Distanz

---

[25] Rainer Forst: Toleranz im Konflikt. Geschichte, Gehalt, und Gegenwart eines umstrittenen Begriffs. Berlin 2003. Zur Einteilung der verschiedenen Konzeptionen der Toleranz siehe insbes. S. 30–52.
[26] Dieser Punkt ist m. E. nicht zu unterschätzen, bietet er doch die Möglichkeit sich jenseits moralphilosophischer Überlegungen oder politisch-praktischer Klugheit auf einer Ebene der Toleranz zu bewegen, die ein Allgemein-Menschliches in den Mittelpunkt rückt.

wird zum Garant dafür, dass keine unmittelbar handlungsrelevanten Folgen entstehen, d. h. die Betrachtung ist von dem performativen Druck einer Intervention in das tatsächliche Geschehen entlastet. Das ist der unbestreitbare Vorteil der Historiografie.

Mosheims *Ketzergeschichte* verdankt ihre Methodologie in weiten Teilen der vorausgegangenen Studien zur allgemeinen Kirchengeschichte. Eine Grundbedingung für Toleranz ist die Aufgabe eines absoluten Wahrheitsanspruches an die eigene Position in der Pragmatik, ohne dass damit sogleich eine dezidierte Relativierung stattfände. Mosheim hatte in seinen kirchenhistorischen Studien für eine mittige Position zwischen den Extremen Fanatismus und Enthusiasmus gekämpft, eine Position, die allein für die Praxis tauglich war. Pragmatik wird zum zentralen Leitbegriff, die Frage nach der Wahrheit hingegen muss der Zeit anheimgestellt werden, wie Wilhelm Schmidt-Biggemann ganz treffend zusammenfasst: „Das Dogmenverständnis der individuell Frommen sei wie das der Amtskirche selbst nur historisch verständlich und habe keinen allgemeinen Wahrheitsanspruch."[27] Die Offenbarung wird somit zur Sittenlehre.

Den entscheidenden Schritt ging Mosheim in den lange vorbereiteten *Institutiones historiae ecclesiasticae antiquae et recentioris* [1755],[28] die ihm den Titel des Vaters der modernen Kirchengeschichtsschreibung eintrugen.[29] Seine „Einführung eines pragmatischen Interesses an Belehrung und die Zurückdrängung konfessionell-dogmatischer Perspektiven"[30] sind hierfür ausschlaggebend. Kirchengeschichte sollte nicht länger eine elitäre Angelegenheit sein, sondern in die Breite wirken. In diesem Zusammenhang ist der Begriff der ‚Kirche', den Mosheim installiert, entscheidend. Die christliche Kirche ist nicht länger die institutionalisierte Kirche der Orthodoxie, sondern die Gemeinschaft derer, die sich im Namen Christi versammeln. Die großen Konfessionen werden so zu einer

---

27 Wilhelm Schmidt-Biggemann: Apokalypse und Philologie. Wissensgeschichten und Weltentwürfe der Frühen Neuzeit. Göttingen 2007 (= Berliner Mittelalter- und Frühneuzeitforschung 2), S. 131. Im Kapitel I 4 (*Platonismus, Kirchen- und Ketzergeschichte. Mosheims dogmatisch-historische Kategorien*) kommt Schmidt-Biggemann auch auf Mosheims Auseinandersetzung mit dem Fall Servet zu sprechen.
28 Johann Lorenz von Mosheim: Institutiones historiae ecclesiasticae antiquae et rerecentioris, libri IV. Helmstedt 1755.
29 So zuletzt bei John G. A. Pokock der ihn sogar zu *dem* „modern ecclesiastical historian" schlechthin macht – wie die Überschrift für das Kapitel 6 ausweist. Siehe hierzu die ausführliche Analyse bei John G. A. Pokock: Barbarism and Religion. Bd. 5: Religion: The First Triumph. Cambridge 2010, S. 163–212.
30 Ulrich Johannes Schneider: Zum Sektenproblem der Kirchengeschichte. In: Mulsow u. a. (Hg.): Johann Lorenz Mosheim (Anm. 5), S. 147–191, hier S. 149.

‚Sekte' unter anderen. Gerade dieser Punkt ist für den vorliegenden Diskussionszusammenhang – gerade auch in komparatistischer Perspektive – besonders wichtig. Wir gingen ja von der Hypothese aus, dass die Grundbedingungen des Toleranzdiskurses in Deutschland andere waren als in den übrigen europäischen Ländern.[31] Gerade dies wird bei Mosheim explizit, wie Ulrich Johannes Schneider zusammenfasst:

> Die Geschichte dieser Auseinandersetzungen [zwischen den verschiedenen Sekten] bringt bei Mosheim also ein politisch-ideologisches Kampffeld zu Bewußtsein, wo der Sieger zwar in gewissem Sinne feststeht, die Frage nach der Wahrheit aber nicht zugleich mitentschieden wird: sie bleibt offen.[32]

Mosheim hält sich dementsprechend mit Bewertungen zurück: das kennzeichnet auch die Geschichte Servets und Calvins und ihrer Gegnerschaft, ein explizites Urteil fällt Mosheim nicht. Ihm geht es lediglich darum, dem Leser dieses „Trauerspiel" vor Augen zu stellen:

> Zween Männer, die zu den gelehrtesten und scharfsinnigsten ihrer Zeiten gehören, die beyde von Eifer um die Wahrheit und um die Gottseligkeit brennen, übertreten in ihrer Hitze die ersten Regeln der Wahrheit und die vornehmsten Pflichten der Gottseligkeit. Der eine suchet die verlohrne Wahrheit, und wird ein Träumer: der andre streitet für die geschimpfte Wahrheit, und wird ein Todschläger. Welch ein klägliches! welch ein lehrreiches Trauerspiel! Ich wünsche, daß es die Zuschauer nicht weniger unterweisen, als rühren möge.[33]

Unterweisung, Rührung und ja vielleicht auch Mitleid: ich denke es ist kein Zufall, dass Mosheim am Ende seiner Vorrede diese Theatermetaphern bemüht. Die Bezugnahme auf das Dramatische öffnet einen Möglichkeitsraum für die Rezeption, der die Frage nach der Wahrheit in einem ersten Schritt suspendieren kann. Die Katastrophe ereignet sich aufgrund der Ausgangsbegebenheiten folgerichtig – wollte man sie verhindern, darf man nicht die Frage nach gerechter Bestrafung stellen, sondern muss seinen Blick auf die Kontexte richten, die eine Erzählung der Ereignisse erst erlaubt. Die Komplexität wird so zuerst sichtbar, eine einfache und pauschale Beurteilung nachgerade unmöglich.

So verzichtet Mosheim am Ende seiner Darstellung auf eine abschließende Beurteilung und liefert stattdessen zwei komplexe Charakterbilder, der, ja Pro-

---

31 Siehe hierzu die Einleitung zu diesem Band.
32 Schneider: Sektenproblem (Anm. 30), S. 149.
33 Mosheim: Ketzergeschichte (Anm. 13), S. 28. Bernd Moeller sieht in dieser Passage bereits einen Ton angeschlagen, der für Lessing charakteristisch werden wird. Siehe Moeller: Mosheim (Anm. 14), S. 22.

tagonisten dieses Trauerspiels. Die polyperspektivische Schilderung zeitigt zunächst einen, den entscheidenden Effekt: sie lässt es nicht länger zu, dass die Personen auf ein einzelnes Wesensmerkmal festgelegt werden – hier der starrköpfige Antitrinitarier, dort der infame Verfolger. Toleranz wird nicht gefordert oder gar versucht eine solche zu erzwingen, sondern es wird für eine tolerante Haltung geworben. Dass dieser Prozess nicht endgültig abschließbar ist, belegt Mosheims letzte Stellungnahme zum Fall Servet wenige Jahre vor seinem Tod. Nachdem er erneut bisher unzugängliches Quellenmaterial auswerten konnte, sah er sich dazu genötigt 1750 mit einer weiteren Publikation an die Öffentlichkeit zu treten. Die *Neue[n] Nachrichten von dem berühmten spanischen Arzte Michael Serveto, der zu Geneve verbrannt worden* korrigieren wiederum einige der eigenen Einschätzungen, die Servet stärker belasten als dies noch im *Anderweitigen Versuch* der Fall war. Diese Justierung der eigenen Arbeiten bringt eine ernst gemeinte Version von Unparteilichkeit, wie sie im Titel genannt wird, mit sich. Sie ist letztlich die neue Grundlage der Forderung nach Toleranz, die Mosheim mit vorbereitete und die dankbar aufgenommen wurde.

Der Erfolg der Mosheimschen Kirchengeschichtsschreibung lässt sich aber nicht allein durch ihre inhaltliche Grundstruktur erklären. Es gilt weitere Faktoren mit in den Blick zu nehmen. Wir hatten eingangs erwähnt, dass sich das Projekt Mosheims, allen voran seine Beschäftigung mit Servet und Calvin, einem apologetischen Impetus verdankt, der sich allerdings von einer strikt orthodoxen Spielart unterscheidet. Es ging Mosheim nicht mehr darum, dogmatische Wahrheiten zu verteidigen, sondern Glaubensgeheimnisse in ihrer geschichtlichen Abhängigkeit in der Erzählung zu erläutern, um dergestalt ihre Wirksamkeit und Wahrheit zu erweisen. Im Grundprinzip geht es Mosheim um ein praktisches Christentum, das der gelehrten Auseinandersetzung vorgeordnet sein soll. Einem ganz ähnlichen Verfahren verdankt sich Mosheims Ruhm als Prediger, wenngleich er selbst nie Pfarrer und damit einhergehend Seelsorger war. Trotzdem, oder vielleicht auch gerade deshalb, gelingt es ihm in seinen Predigten einen Ton anzuschlagen, der bis *dato* unbekannt war und doch wohlklingend ist. Mosheims homiletische Ausrichtung orientiert sich stark an der Rhetorik, seine überraschenden inhaltlichen Fügungen weiß er geschickt und beredt in Szene zu setzen.[34] So überschreibt Mosheim seine zwischen 1724 und 1739 gesammelten und in sechs dickleibigen Bänden gedruckten Predigten denn auch mit *Heilige*

---

34 Was nun das spezifisch Neue an Mosheims Predigtstil ist, bleibt in der Forschung umstritten. Hatte Anselm Steiger Mosheim noch eine weitestgehend traditionelle Ausrichtung bescheinigt (Anselm Steiger: Johann Lorenz von Mosheims Predigten zwischen reformatorischer Theologie, imitatio-Christi-Frömmigkeit und Gesetzlichkeit. In: Mulsow u. a.: Mosheim (Anm. 5), S. 297–327),

Reden über wichtige Wahrheiten der Lehre Jesu[35] – ein durchaus programmatisch zu verstehender Titel. Denn hier predigt jemand, der eine fundierte rhetorische Ausbildung genossen hat und sich nicht blindlings an homiletischen Lehrbüchern orientieren muss. Das wirkt sich auch auf die stilistische Ausarbeitung und die starke Präsenz argumentativer Momente aus. Ursprünglich dogmatisch besetzte Terminologie gerät so in Bewegung, wie auch schon Karl Heinrich Sack in seiner *Geschichte der Predigt* feststellt:

> Der sehr gesunde Standpunkt Mosheim's zeigt sich in der Behauptung, daß es verkehrt sei, geschichtliche Thatsachen durch allgemeine Begriffe zu bestreiten, wie in den Worten: „Würden wir nicht einem solchen Menschen (der eben dies unternähme) antworten: Es sei lächerlich, Geschichte durch Lehrsätze zu widerlegen. Geschichte müsse durch Zeugnisse, Lehren aber durch Lehren bestritten werden."[36]

---

weist das Andres Straßberger mit Vehemenz zurück. Siehe hierzu Andres Straßberger: Johann Christoph Gottsched und die „philosophische" Predigt. Studien zur aufklärerischen Transformation der protestantischen Homiletik im Spannungsfeld von Theologie, Philosophie, Rhetorik und Politik. Tübingen 2010 (= Beiträge zur historischen Theologie 151), S. 178 f., FN 271. Diese Frage berührt die Argumentation hier nur am Rande, mir geht es nicht um eine Einordnung Mosheims in bestimmte theologische Traditionen, sondern um stilistische Besonderheiten, die für den enormen Erfolg der *Heiligen Reden* – so ja der Titel – verantwortlich gemacht werden können.
35 Johann Lorenz von Mosheim: Heilige Reden über wichtige Wahrheiten der Lehre Jesu. Hamburg 1727–1747. Die *Heiligen Reden* erlebten zahlreiche Auflagen und unterschiedliche Zusammenstellungen der einzelnen Bände in Sammlungen, die einen Überblick über die einzelnen Ausgaben deutlich erschweren. Eines steht in jedem Falle fest: Mosheims Predigten waren ein ungeheurer publizistischer Erfolg, sie erreichten über mehr als ein halbes Jahrhundert hinweg ein breites Publikum.
36 Karl Heinrich Sack: Geschichte der Predigt in der deutschen evangelischen Kirche von Mosheim bis auf die letzten Jahre von Schleiermacher und Menken. Heidelberg 1866. Zu Mosheim siehe S. 23–35, das Zitat S. 26. Sack zitiert hier aus der vierten Predigt/Rede des ersten Bandes. Sie trägt den Titel: *Die Unterschiedene Würckung der Predigt der Apostel von dem Kreutze und der Erlösung Jesu*. Mosheim hatte diese Predigt in der ‚Akademischen Kirche' in Helmstedt, am Palmsonntag 1724 gehalten. Der Predigt liegt 1 Kor 1,23–24 zugrunde: „Wir predigen den gekreuzigten Jesum, den Juden ein Aergerniß und den Griechen eine Thorheit. Denen aber, die beruffen [!] sind, beyde Juden und Griechen, predigen wir Christum Göttliche Krafft und Göttliche Weisheit." Mosheims apologetische Strategie wird in dieser Predigt besonders deutlich. Der erste Schritt ist eine ausführliche historische Kontextualisierung der situativen Gegebenheiten in der griechischen Gemeinde. Das ist der eine Punkt. Zweitens wirbt Mosheim für eine quasi – modern gesprochen – ideengeschichtliche Einordnung der jüdischen Religion einerseits und der griechischen Philosophie andererseits. Erst auf dieser Grundlage kann das Neue und Überraschende an der Lehre Jesu und seiner Jünger verständlich gemacht werden. Es geht Mosheim also um historische Wahrheiten, die immer wieder, ja gerade auch in seinen Zeiten, da alle scheinbar nur auf die Vernunft vertrauen, immer wieder auf den Prüfstand gestellt werden müssen. Im direkten Anschluss an die von Sack zitierte Stelle heißt es dann auch: „Und doch macht mans nicht

Hier findet sich wieder dieses Moment der Eigenständigkeit des Geschichtlichen, dem es Rechnung zu tragen gilt. Es ist eben nicht opportun, historischen Begebenheiten mit dem Instrumentarium der Dogmatik zu begegnen. Für den Bereich der Predigt heißt das, dass die Geschichtlichkeit der biblischen Erzählungen, allen voran der Evangelien, gesondert von ihrem Gehalt exegetisch berücksichtigt werden müssen. Es hat den Anschein, dass Mosheim hier nicht kategorisch differenziert, es einerlei ist, ob es sich dabei um die Geschichtlichkeit der Bibel oder etwa die realhistorischen Ereignisse in Genf des Jahres 1553 handelt. In beiden Fällen lässt sich eine Lehre nur auf einer höheren Ebene zeigen.

Dahinter steht ein umfassendes apologetisches Grundanliegen, das beide Unternehmungen – die Kirchengeschichte und die Tätigkeit als Prediger – eng aneinanderbindet:

> Sein [Mosheims] Verfahren ist weder vorzugsweise ein dogmatisches noch ein moral-ascetisches, es ist ein apologetisches, nämlich in dem Sinne, daß er das gerade seinem Zeitalter, als dem des beginnenden Unglaubens, Angegriffene, Bezweifelte, Ignorierte, Verspottete, die Wirkung der Lehre, den Ursprung der christlichen Sittlichkeit aus Gott, vertheidigt.[37]

Die abwägende Parteinahme, oder aber zumindest die unvoreingenommen Sichtung der historischen Faktenlage, werden zu Mosheims historiografischer Signatur. Ihn als bloßen Anwalt der Unterdrückten zu sehen, greift allerdings zu kurz. Er ist eben kein Gottfried Arnold, der einen Gegenentwurf zur ungeliebten Amtskirche verfolgt. Vielmehr erklärt er die ‚äußere Kirche', als Institution verstanden, für nachrangig relevant gegenüber der Gemeinschaft, die sich im Namen Christi versammelt. Das gibt Mosheim die Gelegenheit auf allzu laute oder gar radikale Positionierungen zu verzichten. Dass in der Steigerung der Komplexität der Stellungnahmen eine durchweg moderate Form von Aufklärung gegeben ist, würde ich indes bezweifeln. Vielleicht wäre es sinnvoll hier von einer moderierenden Form in aufklärerischer Absicht zu sprechen, die in ihren Folgen sowohl progres-

---

anders, ja man machts noch schlimmer bey der Lehre JESU. Die schlechtesten Früchte einer verwegenen Vernunfft und die kahlesten Muthmassungen eines eingebildeten Weisen, der sichs für eine Schande hält, den Weg anderer Menschen zu gehen, diese sind zuweilen die Waffen, in denen man die meiste Stärcke zu finden meynet, Ach! Verirrungen der Menschen, die zur Ewigkeit gebohren sind!" Ich zitiere hier nach der Ausgabe Johann Lorenz Mosheim: Die Unterschiedene Würckung der Predigt der Apostel von dem Kreutze und der Erlösung Jesu. In: Ders.: Heilige Reden über wichtige Wahrheiten der Lehre Jesu. Theile 1–3, Hamburg 1732, S. 227–274, Zitat S. 269.
37 Sack: Geschichte der Predigt (Anm. 36), S. 28. Zum Stellenwert der Predigt in Mosheims Gesamtwerk, sowie deren Rezeption, siehe auch Moeller: Mosheim (Anm. 14), S. 16 f.

sive als auch bewahrende Momente ausweist. Eine stereotype Dichotomie von ‚radikal' einerseits und ‚moderat' andererseits könnte so unterlaufen werden.[38]

Ich breche hier ab – weder Mosheims Beitrag zur Kirchengeschichtsschreibung noch seine Tätigkeit als Prediger können hier in der ihnen gebührenden Ausführlichkeit gewürdigt werden. Stattdessen möchte ich noch einmal auf die beiden wichtigen Grundpfeiler mosheimscher Literatur aufmerksam machen – denn um nichts weniger handelt es sich bei den vorliegenden Werken –, die im weiteren Verlauf des 18. Jahrhunderts anschlussfähig wurden:

1. Mosheims Publikationen zeichnen sich durch eine durchweg gute Lesbarkeit und gepflegten Stil aus. Den üblichen Jargon lutherischer Verteidigungsschriften sucht man vergebens. Es handelt sich weniger um akademisch gelehrte Abhandlungen, vielmehr schreibt Mosheim für eine breite Öffentlichkeit, zu der auch ausdrücklich das Laienpublikum gehört.
2. Mosheims Schriften durchzieht ein apologetischer Grundimpetus. Die Parteinahme für scheinbare Außenseiter oder zu unrecht verleumdete Personen ist ein Baustein in der grundgelegten Absicht, die Wahrheit des Christentums aus seiner ethischen Dimension zu erweisen. Hierin liegt das Potential für eine Form von Toleranz, die sich aus der Anerkennung divergierender Positionen ergeben kann, ohne dabei vorschnell eigene Standpunkte preiszugeben und in einen blinden Relativismus zu verfallen.

In diesen beiden Grundpositionen ist Lessing Mosheim deutlich wesensverwandt. Auch bei Lessing haben wir noch keine Form der Toleranz vor uns, die durchweg der forstschen Anerkennungskonzeption entspricht. Anerkannt wird in jedem Fall der Anspruch auf Wahrheit, eine Entscheidung über die Wahrheit als solche, ist damit nicht zwangsläufig verbunden. Ein abschließendes Beispiel aus Lessings letzter Wirkungsphase – der Zeit des beginnenden Fragmentenstreits – mag dies illustrieren und zeigen, wie sich die ideengeschichtlichen Linien im 18. Jahrhundert fortschreiben lassen.

---

[38] Am deutlichsten und auch ausgeprägtesten findet sich diese scharfe Trennung in den Arbeiten von Jonathan I. Israel, allen voran im ersten Band seiner Trilogie *Radical Enlightenment: Philosophy and the Making of Modernity 1650–1750* (Oxford 2001).

3 Der Heidelberger Theologe Adam Neuser – ein deutscher Servet

> Wenn es scheinen möchte, daß ich mich bei einer alten verlegnen Geschichte viel zu viel aufgehalten habe: den bitte ich zu bedenken, wie vieles über den Servetus geschrieben worden; und von Deutschen geschrieben worden! Oder muss man schlechterdings ein Ausländer sein, um unsere Aufmerksamkeit zu verdienen?

Diese Entschuldigung in eigener Sache findet sich schon beinahe ganz am Ende von Lessing Abhandlung *Von Adam Neusern, einige authentische Nachrichten*.[39] Die ‚authentischen Nachrichten', 1774 als dritter Beitrag Lessings in *Zur Geschichte und Literatur. Aus den Schätzen der herzoglichen Bibliothek in Wolfenbüttel* erschienen, sind eine mühsame Lektüre.

Die diffizile Argumentationskette, die Lessing flicht, die Sichtung abseitiger Quellen und deren ausführliches Referat, vielgestaltige Plausibilitätsprüfungen bisheriger Darstellungen und nicht zuletzt eigene Überlegungen Lessings kennzeichnen den Text. Über weite Strecken ist kein wirklicher Fluchtpunkt der Darstellung erkennbar, was die Lektüre überdies erschwert. Aber es ist gerade diese raumgreifende und detailversessene Aufarbeitung der Lebensgeschichte Adam Neusers, die es Lessing ermöglicht, den Leser mitleidig zu stimmen (es sei an dieser Stelle noch einmal an die Theatermetaphorik in Mosheims *Ketzergeschichte* erinnert). Ihm gelingt es dem Bild vom bloßen Ketzer und Erz-Atheisten, als der Neuser oftmals beschuldigt wurde, ein anderes entgegenzusetzen. Es wird der Respekt vor den Nöten und dem Streben eines Menschen deutlich, dessen Leben ebenfalls tragisch endete.

Die verwickelte und in ihren Einzelheiten komplizierte Lebensgeschichte des Heidelberger Theologen Adam Neuser kann hier nicht in Gänze ausgebreitet werden, sondern es sollen lediglich einige markante Stationen herausgegriffen werden, die Lessing in seiner Rettung stark macht.

Adam Neuser (~1530–1576) war in jungen Jahren innerlich tief zerrissen und von Zweifeln ob dem Dogma der Trinität erfüllt. Schon einmal hatte er die Konfession gewechselt und war der reformierten Seite beigetreten. Ein unsicheres Gefühl blieb dennoch zurück. Nach und nach wurde er zu einem überzeugten Unitarier und entfernte sich dabei immer weiter von der Glaubensgemeinschaft, die ihm bis zu diesem Zeitpunkt Heimat und Arbeitgeber war. Die Beschäftigung

---

[39] Gotthold Ephraim Lessing: Von Adam Neusern, einige authentische Nachrichten. In: Ders.: Werke und Briefe in zwölf Bdn. Hg. v. Wilfried Barner zusammen mit Klaus Bohnen u. a. Frankfurt am Main 1985–2003, hier Bd. 8, S. 55–114, Zitat S. 114.

mit dem Islam, der unitarischen Religion schlechthin, war so nur eine logische, wenn auch gewagte Konsequenz. Der *Koran* lag seit 1543 in einer lateinischen Fassung vor, die der Züricher Gelehrte Theodor Bibliander besorgt hatte, und konnte wohl vergleichsweise leicht über das ebenfalls reformierte Basel, wo die Ausgabe auch erstmals gedruckt wurde,[40] bezogen werden. Und den in einer Glaubenskrise befindlichen Neuser schien zu überzeugen, was er dort zu lesen bekam. Aus der Beschäftigung mit dem Islam resultiert sein Platz in der Theologiegeschichte. Zusammen mit einigen Freunden – Johann Sylvanus, Matthias Vehe und Jacob Suter – hatte sich Neuser immer tiefer in die Zweifel an der Trinitätslehre verstrickt und sah sich zum Handeln genötigt. Nachdem er erfolglos versucht hatte in Siebenbürgen,[41] wo Antitrinitarier immerhin geduldet waren, eine Anstellung zu finden, griff er zu einem weit radikaleren Mittel. Im März 1570 setzte er einen Brief an den türkischen Sultan Selim II. auf und bat ihn, das Reich zu überfallen und von den Ungläubigen zu befreien. Er selbst sei, zusammen mit vielen anderen bereit, die türkischen Truppen zu unterstützen. Nichts weniger als Hochverrat beging Neuser mit diesem lediglich aufgesetzten Brief, schenkt man den Akten der Anklage Glauben. Der Brief wurde abgefangen und Neuser inhaftiert.[42] Nach einer spektakulären Flucht wurde Neuser ein zweites Mal, nachdem er scheinbar freiwillig zurückgekehrt war, in Gewahrsam genommen. Die Familie war nach wie vor in Heidelberg, sodass dieser Entschluss nachvollziehbar wäre. Als aber Johann Sylvanus, der mit Neuser verhaftet worden war, am Tag vor Weihnachten des Jahres 1572 enthauptet wurde, musste Neuser ernsthaft um sein Leben fürchten. Ihm gelang zum zweiten Mal die Flucht. Sie führte Neuser zurück nach Siebenbürgen und nach London, er wurde ebenso in Paris gesehen und kam schließlich nahe an die Grenze des Osmanischen Reiches. Sein Weg führte ihn also nicht geradlinig nach Osten, wie man hätte vermuten können. Auch der Grenzübertritt war mehr ein tragisches Ungeschick denn eine geplante

---

40 Siehe hierzu Martin Steinmann: Johannes Oporinus. Ein Basler Buchdrucker um die Mitte des 16. Jahrhunderts. Basel 1967 (= Basler Beiträge zur Geschichtswissenschaft 105), S. 20–30. Dort auch einiges zu den Bedenken und Schwierigkeiten bis hin zur Zensur, die die Drucklegung begleiteten.
41 Siehe hierzu Antal Pirnát: Die Heidelberger Flüchtlinge (Neuser und Glirius). In: Ders.: Die Ideologie der Siebenbürger Antitrinitarier in den 1570er Jahren. Budapest 1961, S. 117–134.
42 Zu den genauen Umständen, die sich durch mehrere Neufunde von Autografen Neusers in der Forschungsbibliothek Gotha nun besser erhellen lassen, als dies noch zu Lessings Zeiten der Fall war, siehe die ausführliche Rekonstruktion bei Martin Mulsow: Fluchträume und Konversionsräume zwischen Heidelberg und Istanbul: Der Fall Adam Neuser. In: Kriminelle – Freidenker – Alchemisten: Räume des Untergrunds in der Frühen Neuzeit. Hg. v. Martin Muslow u. Michael Multhammer. Köln/Weimar 2014, S. 33–59.

Tat. Neuser wollte einen Text drucken lassen – man kann spekulieren, ob es sich um eine Rechtfertigungsschrift gehandelt haben kann – und musste sich dafür in das Grenzgebiet begeben. Aufgrund eines angeblichen Übertritts wurde er verhaftet und nach Buda überstellt. Als er aussagte, dass er nach Konstantinopel gehen und zum Islam konvertieren wolle, ließ man ihn in Begleitung ziehen. So trat Neuser, in Konstantinopel angekommen, tatsächlich zum Islam über und ließ sich beschneiden. Inwieweit dieser Schritt aus tiefer Überzeugung erfolgte, ist nur schwer zu beurteilen. Es gibt auch Berichte, er sei bis zuletzt im Herzen Christ geblieben. Unzweifelhaft hingegen ist, dass ihm der Übertritt zum Islam soziale und ökonomische Vorteile versprach. Er fand eine Anstellung als Übersetzer und arbeitete am Hof des Sultans. Nach mehreren gescheiterten Versuchen zurück in die Heimat und damit zu seiner Familie zu gelangen, verstarb Neuser, verzweifelt und schwer alkoholkrank, 1576 in Konstantinopel infolge einer Erkrankung an der roten Ruhr. Soweit eine kurze Darstellung von Adam Neusers Leben.

Lessing hebt in seiner Darstellung von Adam Neusers Leben gänzlich andere Aspekte hervor, als dies in den bisherigen Beschreibungen der Fall war. Wesentlich auf neue Quellenfunde gestützt, darunter auch Briefe von Neusers Hand, versteht es Lessing den vermeintlichen Religionsspötter wieder als komplexe Persönlichkeit in den Blick zu nehmen. Bei Lessing wird Neuser wieder zum liebenden Familienvater, der sich um seine Frau und Kinder sorgt. Er ist nicht mehr länger der verstockte Häretiker, sondern ein Mensch, den sein religiöses Gewissen quält und ihn zu seiner Sinnsuche zwingt, wie Lessing am Ende seiner Untersuchung zusammenfasst:

> Ich habe um so vielmehr Mitleiden mit Neusern, da ich finde, daß er noch etwas mehr war als ein Antitrinitarier; daß er auch ein guter mechanischer Kopf gewesen zu sein scheint, indem er an einer Erfindung gearbeitet, die mit der etwas ähnliches haben musste die hundert Jahr hernach selbst Leibnitzen durch den Kopf gieng.[43]

Lessing spielt hier auf die mögliche Erfindung eines Automobils an, von der der lutherische Gesandtschaftsprediger in Konstantinopel Stephan Gerlach berichtet hatte. Die Strategie ist der Mosheims hier deutlich verwandt – auch dieser hatte darauf hingewiesen, dass es Servet war, der als erster den kleinen Blutkreislauf entdeckt und beschrieben hatte: aus scheinbar geistig Umnachteten werden eigenständige Denker mit breit gefächerten Interessen.

Die Aufarbeitung der grausamen Verfolgung eines nicht wie oftmals kolportiert, Ungläubigen, sondern eines Andersgläubigen ist primär Werbung für Toleranz, gerade auch im Hinblick auf aktuelle theologische Diskussionen.

---

43 Lessing: Von Adam Neusern (Anm. 39), S. 114.

Denn der Text, der unmittelbar auf die Neuser-Abhandlung folgt, trägt den Titel: *Von Duldung der Deisten: Fragmente eines Ungenannten*. Zufall dürfte das wohl keiner sein, sondern vielmehr als eine vorausgehende Warnung an alle Eiferer verstanden werden, mit denen Lessing sicherlich gerechnet hatte. Seine Publikation der *Fragmente* war nachgerade auf Reaktionen angelegt – sollte den Horizont des Möglichen und damit des Tolerablen ausloten und im besten Falle ein wenig weiter hinausschieben. Der Fall Adam Neuser konnte hier als ein Beispiel dienen, wohin eine dezidiert intolerante Haltung gegenüber Glaubensinhalten und die daraus resultierende Verfolgung vonseiten des protestantischen Lagers führen konnte: sie zerstörten eine Existenz. Dieses Memento schrieb Lessing der lutherischen Orthodoxie ins Stammbuch, bevor er das erste der Fragmente seines Ungenannten der Öffentlichkeit übergibt:

> Die hauptsächlichste Betrachtung, auf welche *Neusers* Geschichte einen denkenden Leser führt, brauche ich wohl nicht erst lange anzugeben. Sie ist es aber, die mich an Fragmente eines sehr merkwürdigen Werks unter den allerneuesten Handschriften unserer Bibliothek, und besonders an eines derselben so lebhaft erinnert, daß ich mich nicht enthalten kann, von ihnen überhaupt ein Wort hier zu sagen, und dieses als eine Probe daraus mitzuteilen.[44]

Der Fall Adam Neusers dient Lessing nicht nur als Einstieg mit Verweis auf die schrecklichen Konsequenzen einer Verfolgung, sondern er sieht auch inhaltliche Parallelen gegeben. Was wäre das von Lessing hier angenommene *tertium comparationis* zu Adam Neuser und dem ersten Fragment? Die Antwort bleibt schwierig, auch wenn Lessing selbst einen ersten Fingerzeig bezüglich des Inhaltes gibt. Denn Letzteres behandelt den Zusammenhang zwischen „geoffenbarte[r] Religion" und „biblischer Geschichte".[45] Ein Thema, das in den 1770er-Jahren längst vielfach in den Fokus gerückt war, aber immer noch von Seiten der Kirchenwächter tabuisiert und die Beschäftigung damit auch sanktioniert wurde. Vielleicht ist es dieses unverhältnismäßige Festhalten an Traditionen, die sich selbst schon überlebt hatten. So wie Neuser kein ungelehrter Dorfpfarrer war, so war Hermann Samuel Reimarus der Sinnsucher seines Zeitalters, der sich dem Versuch einer Synthese divergierender Positionen unter der Ägide der Vernunft widmete. Beide kamen zu eindeutigen Stellungnahmen, beide lässt Lessing zu Wort kommen, bei beiden sieht er sich dazu veranlasst, in Teilen zu widersprechen. Vielleicht angeregt durch die Schriften Mosheims, hatte auch Lessing gelernt, dass auf die

---

44 Gotthold Ephraim Lessing: Von Duldung der Deisten: Fragment eines Ungenannten. In: Ders.: Werke und Briefe (Anm. 39), Bd. 8, S. 115–134, Zitat S. 115.
45 Ebd.

bloße Vernunft nicht immer Verlass ist und bisweilen andere Lösungsstrategien erforderlich sein können.

4 Coda

Johann Lorenz von Mosheim gelang es mit der detaillierten Aufarbeitung des Falles Servet eine gänzliche neue Diskussionsgrundlage zu schaffen, indem er die strengen Parteinahmen, wie sie die apologetischen Traditionen vorschrieben, unterlief. Quellenakquise, -sichtung und -kritik werden bei ihm zu den systematischen Pfeilern, auf denen eine Forderung nach Toleranz zuerst aufsetzen kann. Dergestalt wird Kirchengeschichtsschreibung zu einem pragmatischen Instrument ethischer Erziehung.

Die Essenz dieser Unternehmung, die auch bei Lessing zu prominenter Gestaltung reift, lautet vielleicht: Urteile sollte man der Zeit anheimstellen, bis die Quellen gesichtet sind und man sich zu einer unparteiischen Beurteilung durchringen kann. Korrekte und um Unparteilichkeit sich bemühende Geschichtsschreibung bürgt nicht für unmittelbare Toleranz, allerdings ermöglicht sie diese erst, indem sie ein differenziertes Bild bereitstellt, dass Einzelaspekte der Person (oder Personengruppe) nicht verabsolutiert, sondern in ihre, durchaus vielleicht auch positiven, Facetten auffächert.

In Lessings Schrift zu Berengar von Tours heißt es – in die gleiche Richtung zielend: „Das Ding, was man Ketzer nennt, hat eine sehr gute Seite. Es ist ein Mensch, der mit seinen eigenen Augen wenigstens sehen wollen. Die Frage ist nur, ob es gute Augen gewesen, mit welchen er sehen wollen."[46] Kurzsichtigkeit aber ist in keinem Falle mit dem Tode zu bestrafen.

---

46 Gotthold Ephraim Lessing: Berengarius Turonensis oder die Ankündigung eines Werkes desselben. In: Ders.: Werke und Briefe (Anm. 39), Bd. 7, S. 9–126, Zitat S. 15.

Monika Fick

„Dem witzigen Wollüstler nehme man die Feder"

Toleranz im Konflikt zwischen Lessing und La Mettrie – vom *Freigeist* bis zu *Miß Sara Sampson*

Anlässlich seiner Schrift *Lettre sur les aveugles* war Diderot im Sommer 1749 verhaftet und für einige Monate eingekerkert worden.[1] Dem 1751 erschienenen *Lettre sur les Sourds et Muets* widmet Lessing in der Juni-Nummer seiner Beilage *Das Neueste aus dem Reiche des Witzes* eine ausführliche Besprechung, nicht ohne das *Schreiben über die Blinden* wohlwollend zu erwähnen. Er schließt mit einem Protest gegen die Unterdrückung, zugleich erläutert er die Gründe für seine Toleranzforderung. Nicht vom Pluralismus der Denkungsarten gehe der Schaden für die Gesellschaft aus, sondern von den ‚kurzsichtigen' Dogmatikern, „welche die Denkungsart aller Menschen unter das Joch der ihrigen bringen wollen." (B 2, S. 135[2]) Im direkt anschließenden Satz deutet Lessing an, in welchem Fall allerdings auch er Zensurmaßnahmen billigen würde. Er fährt fort: „Wenn man einer Art von Schriftstellern das Handwerk legen will, so sei es diejenige, welche uns das Laster angenehm macht. Dem witzigen Wollüstler nehme man die Feder, welcher sich nicht scheuet, die *Mädchenschulen*, unglücklich genug, zu vermehren." (Ebd.)[3] Es ist Julien Offray de La Mettrie (1709–1751), den Lessing im Visier hat. Nicht nur, dass die zitierte Passage die Überleitung zu der Kritik von La Mettries *L'Art de jouir* bildet, sondern mit dem Hinweis auf den pornografi-

---

[1] La Mettrie verteidigt ihn deswegen im *Discours préliminaire*. Vgl. Bernd A. Laska: Kommentar zu: Julien Offrai de La Mettrie: Philosophie und Politik. Nürnberg 1987, S. 83, Anm. 31.
[2] Lessings Werke werden nach der folgenden Ausgabe zitiert: Werke und Briefe in 12 Bdn. Hg. v. Wilfried Barner zusammen mit Klaus Bohnen u. a., Frankfurt am Main 1985–2003 (im Weiteren mit der Sigle „B", Bandangabe und Seitenzahl).
[3] Eine versteckte Drohung enthält auch die Lessing zugeschriebene Rezension in den *Critischen Nachrichten* (27. St., 2. Juli 1751 [B 2, S. 144]), die mit dem Wink endet, auch für den Verfasser von *L'Art de jouir* könne ein Pontus – Ovids Exilort – in der Welt sein (s. u. S. 320). Yong-Mi Quester kommt trotzdem zu dem Gesamturteil, Lessing habe eine „vergleichsweise liberale Haltung" eingenommen. Er versuche nicht, gefährliche Werke den Lesern vorzuenthalten, sondern wolle diese „mit öffentlicher Diskussion" bekämpfen; darin unterscheide er sich von der Strategie des Totschweigens, welche die Kritiker in den folgenden Dezennien eingeschlagen hätten Siehe: Frivoler Import. Die Rezeption freizügiger erotischer Romane in Deutschland (1730 bis 1800). Mit einer kommentierten Bibliographie. Tübingen 2006 (= Frühe Neuzeit 116), hier S. 55.

schen Roman *Die Mädchenschule* (*L'École des filles ou La Philosophie des dames*) spielt Lessing auf einen anderen Klassiker der freizügigen erotischen Literatur an: auf den anonym erschienenen Roman *Thérèse philosophe*, den er in der April-Nummer seiner Beilage (fälschlich) der Feder La Mettries zuschreibt. Wie er Diderots und La Mettries Provokationen unterschiedlich bewertet,[4] so kontrastiert er in der Diskussion der Verfasserschaft von *Thérèse philosophe* La Mettrie und Jean-Baptiste de Boyer, Marquis d'Argens (1704–1771), der heute gemeinhin als Autor angenommen wird. Dabei ist er gut informiert: „Man sagt, daß der Marquis d'A** Verfasser dieses eben so unwitzig als ekel geschriebnen Buchs sei." (B 2, S. 73) Doch der Marquis d'Argens habe sich zwar oft als „einen Feind der Religion" erklärt, niemals jedoch als „einen Feind der Tugend" (ebd.), womit, so kann man Lessing hier ergänzen, er unter die Kategorie des aufgeklärten Philosophen (wie Diderot) fällt, der das Recht auf freie Meinungsäußerung beanspruchen darf. *Thérèse philosophe* hingegen verkörpere den Geist des ‚Feindes der Tugend'. Wenn Lessing hier auch nicht nach der Zensur ruft, so schließt er doch La Mettrie aus dem Kreis der Aufklärer aus: Er diffamiert ihn als ‚unsinnig' (B 2, S. 73) und ‚schamlos' (B 2, S. 74).

Mit dieser Verschränkung von Toleranzforderung und Grenzziehung der Toleranz fügt sich Lessing nahtlos in den Toleranzdiskurs der zeitgenössischen Avantgarde ein. Er bringt eine bedeutende Errungenschaft der Toleranzdebatte in Anschlag, nämlich die Trennung von ‚Spekulation' und tatsächlicher ‚Motivation', das heißt Lebenspraxis.[5] Solange die Tugend gewährleistet bleibt, plädiert er für Meinungs- und Redefreiheit sogar für Atheisten („Feind der Religion"). Die neuralgische Zone ist der Übergang von der Lehre in die Praxis, und genau an dieser Schwelle sorgen La Mettries Thesen für Aufregung und Empörung, nicht nur unter Kirchenmännern, sondern gerade unter den *philosophes*, deren schwarzes Schaf er bekanntlich ist.

---

[4] Das Urteil über die pornografischen Passagen in Diderots *Les Bijoux indiscrets* (1748), das Lessing in der *Hamburgischen Dramaturgie* formuliert, ist ein Musterbeispiel toleranter Dialektik: „Auch ist es gewiß, daß nur ein solcher junger Mann dieses Buch schreiben konnte, der sich einmal schämen würde, es geschrieben zu haben." (84. Stück; B 6, S. 600) Der junge Lessing schweigt sich über die *Bijoux indiscrets* aus.
[5] Es handelt sich um eines der zentralen Argumente, mit denen Pierre Bayle vornehmlich in der sogenannten *Kometenschrift* (Anm. 7, bes. Abschnitte 172, 178, 179 u. 182), aber auch im *Commentaire philosophique* die Toleranzforderung begründet. – Madeleine Claus bringt die Differenzierung „Feind der Tugend" – „Feind der Religion" in Zusammenhang mit der Cramer-Kontroverse der „Literaturbriefe", wo Lessing ebenfalls für die Unabhängigkeit der Tugend von der Religion plädiere: Lessing und die Franzosen. Höflichkeit – Laster – Witz. Rheinfelden 1983 (= Romanistik 34), S. 138 f.

„Dem witzigen Wollüstler nehme man die Feder" —— 295

Julien Offray de La Mettrie (1709–1751) – Kupferstich von Johann Georg Wille (um 1737)

Der Stein des Anstoßes ist La Mettries Leugnung des angeborenen Gewissens, des Sittengesetzes, das unverbrüchlich jedem Menschen ins Herz geschrieben sei – jene Lehre, die er im *Anti-Sénèque ou Le souverain bien* propagiert und die er immer als seinen eigenen und eigentlichen Beitrag zur Aufklärung, zur Befreiung des Menschen aufgefasst hat.[6] Mit ihr reißt er das Fundament ein, auf dem seine – deistischen wie atheistischen – Mitstreiter ihr Modell einer vernünftigen und freien Gesellschaft errichten: die Prämisse nämlich, dass die moralischen Gesetze von jedermann, unabhängig von weltanschaulicher Orientierung und Religionszugehörigkeit, als universelle Wahrheiten bejaht würden. Seit Bayles Kometenschrift, auf die sich auch La Mettrie beruft,[7] bildet das Postulat solchermaßen gemeinsamer, verbindender Normen und Werte, die im Menschen als einem Vernunftwesen verankert und deshalb nicht verhandelbar sind, das entscheidende Argument dafür, das Recht auf freie Meinungsäußerung nicht nur als interreligiöse bzw. -konfessionelle Angelegenheit zu betrachten, sondern auf Freidenker und Atheisten auszuweiten. Indem La Mettrie mit diesem Konsens bricht, gefährdet er zugleich die Position und gesellschaftliche Akzeptanz der aufgeklärten Philosophen.[8]

---

6 Dagegen Birgit Christensen: Ironie und Skepsis. Das offene Wissenschafts- und Weltverständnis bei Julien Offfray de La Mettrie. Würzburg 1996 (= Epistemata. Reihe Philosophie 204): Wenn La Mettrie im *Anti-Sénèque* das Naturgesetz leugne, so sei dies im Zusammenhang mit seiner Auseinandersetzung mit Hobbes ironisch zu verstehen (S. 225, Anm. 274). Die Unterstellung von Ironie mutet hier willkürlich an; Christensen verkennt die Interdependenz von „Schuldgefühl" (innerer Stimme des Gewissens) und (sittlichem) Naturgesetz (als Maßstab für das Gewissen).
7 Pierre Bayle: Pensée diverses ecrites à un Docteur de Sorbonne. In der Übersetzung von 1741: Verschiedene einem Doktor der Sorbonne mitgeteilte Gedanken über den Kometen, der im Monat Dezember 1680 erschienen ist. Aus dem Franz. von Gottsched 1741 herausgegebene Übersetzung von Johann Christoph Faber. Einleitung von Rolf Geissler. Leipzig 1975, Abschnitte Nr. 172, 178, 179 u. ö. – La Mettrie: Discours préliminaire. In: La Mettrie: Œuvres philosophiques. Bd. 1. Texte revu par Francine Markovits. Corpus des Œuvres de philosophie en langue française. Paris 1987, S. 9–49, hier S. 27f. Die *Fayard*-Edition folgt der Ausgabe von 1751.
8 Zu den Angriffen auf La Mettrie seitens der aufgeklärten Intellektuellen, der radikalen wie der gemäßigten, siehe Christensen: Ironie und Skepsis (Anm. 6), S. 213; Jonathan Israel: Enlightenment Contested. Philosophy, Modernity, and the Emancipation of Man 1670–1752. Oxford University Press 2006, S. 803 f.; John Falvey: Introduction. In: Julien Offray de La Mettrie: Discours sur le bonheur. Critical edition by John Falvey. Banbury/Oxfordshire 1975, S. 11–109, hier S. 87–103; Ursula Pia Jauch: Jenseits der Maschine. Philosophie, Ironie und Ästhetik bei Julien Offray de La Mettrie (1709–1751). München 1998, S. 25–59 u. 464–508; Bernd A. Laska: Einleitung zu: Julien Offray de La Mettrie: Über das Glück oder Das Höchste Gut („Anti-Seneca"). Nürnberg 1985, S. VI–XVII; detaillierte Erhellung der Zensurmaßnahmen gegen den *Anti-Sénèque* auf der Grundlage archivalischer Recherchen: Jauch: Jenseits der Maschine, S. 470–485.

Dass La Mettries Materialismus nicht als unschädliche ‚graue Theorie‘, sondern als gefährlicher Übergriff auf die Lebenspraxis wahrgenommen wurde, liegt nun an der Art, wie er die Bestreitung der Schuldgefühle dafür einsetzt, um für ein neues Menschenbild zu werben: für den Menschen, der sein Glück nicht in der Tugend und im ‚Gutsein‘ sucht, sondern in der Lebensfreude, im Genuss, sei er nun sinnlicher oder geistiger Natur. Seine Philosophie hat deutlich performativen Charakter: Nicht nur durch die verlockende Botschaft selbst, sondern auch durch die Art der Darstellung, insbesondere durch Metaphern und Bilder, welche die Imagination der Leser lenken, will er für seine ‚fröhliche Wissenschaft‘ einnehmen.[9] So ergibt die Verbindung von philosophischer Argumentation und Modellierung, ja Verwirklichung eines Menschenbildes ein höchst explosives Amalgam. In der Figur La Mettrie – sie setzt sich zusammen aus seinen Schriften, seinen Masken, seinem Portrait, seinem Lebensschicksal und den Anekdoten, die sich um seinen Tod ranken – scheint die intellektuelle Lehre des Libertins ins Leben getreten zu sein.[10] Die Missachtung geltender Normen um des Genusses willen (‚Wollust‘ nicht nur im sexuellen Sinn) wird bei La Mettrie mit philosophischen Gründen versehen und zur Maxime eines ‚Systems‘ erhoben, wie umgekehrt sich seine Philosophie als ein Anleitung zu dem, wovon sie spricht, präsentiert und so mit ‚Leben‘ füllt – als Schule bzw. ‚Kunst‘ der Wollust.

Zurück zu Lessing: Es ist nicht die intellektuelle Position als solche, zum Beispiel die Erklärung des Seelischen durch das Körperliche oder der Atheismus, sondern die Einflussnahme auf die Praxis, weswegen er in seinen frühen Rezensionen den französischen Arzt-Philosophen anprangert. Dessen Sündenregister umfasst in Lessings Augen neben der Verspottung der Religion und dem unziemlichen Verhalten Albrecht von Haller gegenüber – dazu unten mehr – die Verführung zum „Laster", zu erotischer Freizügigkeit und „Wollust". Unter „lockenden Bildern" werde in Schriften wie *Thérèse philosophe* die „schimpflichste Wollust" ins Herz geflößt (B 2, S. 73). Dabei erfasst er das Strukturprinzip und die Bedeutung des Skandalromans genau, wenn er ihn als Umsetzung von La Mettries Glückslehre in Handlung und ‚anschauende Erkenntnis‘ beschreibt, als ‚angewandte Philosophie‘: „*Therese* verrät allzusehr die Schule eines unsinnigen *Demetrius*. Was ist sie anders als ein Frauenzimmer, welches seine Grundsätze des glücklichen Lebens in Ausübung bringt?" (Ebd.) In einer Studie zu *Thérèse philosophe*,

---

9 Die konstitutive Rolle der Schreibweise für die Philosophie La Mettries betont und analysiert Jauch (ebd.).
10 Kevin F. Hilliard: Freethinkers, Libertines and *Schwärmer*. Heterodoxy in German Literature, 1750–1800. London 2011 (= Institute of Germanic & Romance Studies), bes. S. 56 u. 123–184 (Kap. *Libertines*; zu La Mettrie S. 124 f.).

dem Marquis d'Argens und La Mettrie kommt Ursula Pia Jauch zu dem Ergebnis, dass des letzteren Schriften die „Matrix", den Nähr- und Mutterboden für den Roman gebildet hätten und viele Passagen tatsächlich aus seiner Feder stammen könnten (der Marquis d'Argens und La Mettrie waren zur Zeit seines Erscheinens [1748] noch gut befreundet).[11] Mit seiner Fehlzuschreibung identifiziert Lessing demnach das geistige Milieu des Romans durchaus korrekt. Hinter seiner Insinuation steht der Vorwurf, La Mettrie mache mit seiner Lehre „Schule".

Wir haben bereits angedeutet, dass Lessing die Begrenzung der Toleranz La Mettrie gegenüber auch im Fall der *Thérèse philosophe* mit einer Forderung nach mehr Toleranz verknüpft: Mit der Differenzierung ‚Feind der Religion' – ‚Freund der Tugend' spielt er auf Bayles Argumentationsfigur, auf den Topos des tugendhaften Atheisten an. Noch dichter konkretisiert Lessing den Horizont der Toleranz, wenn er den Marquis d'Argens zugleich als den Verfasser der *Jüdischen Briefe*[12] ins Feld führt (B 2, S.73). Denn die *Jüdischen Briefe* sind insofern ein Toleranzdokument ersten Ranges, als der Marquis hier wenigstens versucht, die Perspektive der verachteten und unterdrückten Minderheit einzunehmen, ihren Vertretern eine Stimme zu geben und von daher so manche christlichen Selbstverständlichkeiten zu erschüttern;[13] auch ist die Anklage gegen religiös motivierte Verfolgung ein Hauptthema der *Briefe*. Dass Lessing sich von der Fiktion der gebildeten reisenden Juden zum Protagonisten seiner Komödie *Die Juden* anregen ließ, ist nicht auszuschließen.[14]

---

11 Ursula Pia Jauch: Wenn Therese philosophiert ... Einige Fußnoten zum Verhältnis von d'Argens und La Mettrie. In: Der Marquis d'Argens. Hg. v. Hans-Ulrich Seifert u. Jean-Loup Seban. Wiesbaden 2004 (= Wolfenbütteler Forschungen 103), S.139–151, zur Freundschaft zwischen d'Argens und La Mettrie und den Gründen ihres Niedergangs: S. 141–143 u. 150 f.; Catia Goretzki: Die Beseitigung des Schuldgefühls. Der Skandal um den Kerngedanken der materialistischen Ethik Julien Offray de La Mettries. In: Denker und Polemik. Hg. v. Holger Glinka. Würzburg 2013, S. 81–101, hier S. 97–99. – Zu *Thérèse philosophe* vgl. auch Hilliard: Freethinkers (Anm. 10): „Similarly, in the clandestine literature, the notorious pornographic best-seller *Thérèse philosophe* of 1748 made philosophy the instrument of seduction and sexual liberation." (S. 26)

12 Lettres juives, ou correspondance philosophique, historique, et critique, entre un juif voyageur à Paris et ses correspondans en divers endroits. Tomb. 1–6. La Haye: Pierre Paupie 1736–1737. Zu den zahlreichen Neuauflagen und Übersetzungen siehe die von Hans-Ulrich Seifert erstellte Bibliografie der Werke des Marquis d'Argens in: Der Marquis d'Argens (Anm. 11), S. 313–332.

13 Ein Beispiel: D'Argens lässt seine korrespondierenden Juden das christliche Argument vom Zorn Gottes, der sich an seinem Volk im Exil manifestiere, spiegelverkehrt auf die von den Religionskriegen heimgesuchten christlichen Nationen anwenden: Lettres juives [...]. Tome premier. Amsterdam 1736, Lettre Huitieme: Aaron Monceca à Jacob Brito, bes. S. 94–97; online unter http://gallica.bnf.fr/ark:/12148/bpt6k106702r.image.langDE.r=Lettres%20juives,%20ou%20Correspondance%20philosophique [Stand: 30.06.2015].

14 Meines Wissens hat noch kein Forscher die *Jüdischen Briefe* als Quelle für Lessings *Die Juden* in Betracht gezogen. Für Gad Freudenthal, der den Kontext der *Juden* am umfassendsten rekonst-

Damit haben wir den Weg für unsere Problemstellung geebnet. Sie lautet: Wie verflechten sich in Lessings Reaktionen auf La Mettrie die Formulierung eines neuen Menschenbildes – die Stichworte lauten: anthropologische Achsendrehung (Wolfgang Riedel[15]) und Emanzipation der Sinnlichkeit (P. Kondylis[16]) – mit der Frage nach der Bedingung der Möglichkeit von intersubjektiver, gesellschaftlicher Toleranz?[17] An welches Menschenbild sieht Lessing die Universalisierung von Toleranz gebunden, auf welche Aporien von La Mettries Ansatz sucht er eine Antwort? Und: Wie zeigt sich bei Lessing die Verschiebung von der Theorie und Spekulation hin zur Praxis und Fokussierung der Motivation, der menschlichen Handlungsantriebe, welche Verlagerung ja auch für sein Verständnis von Toleranz konstitutiv ist?[18]

---

ruierte, ist in den *Lettres juives* die jüdische Perspektive lediglich ein Platzhalter für den Standort ‚von außen', von dem aus die europäische Gesellschaft kritisiert werden soll, womit er einem Werk nicht ganz gerecht wird, das massiv das christliche Selbstbild gegenüber den Juden herausfordert und in Frage stellt: Gad Freudenthal: Aaron Salomon Gumpertz, Gotthold Ephraim Lessing, and the First Call for an Improvement of the Civil Rights of Jews in Germany (1753). In: Association for Jewish Studies Review 29 (2005), S. 299–353, hier S. 311, Anm. 32. Jedenfalls enthalten die *Jüdischen Briefe* zahlreiche Parallelen zu lessingschen Positionen, angefangen von der Aufwertung des Islams über die Differenzierung zwischen Individuum und Nation bzw. Volk bis zu der Betonung der Bedeutung von Erziehung und (europäischer!) Bildung: „On dit, qu'il est surprenant, que trois Juifs Levantins soient aussi bien instruits des Belles-Lettres Françoises, que le sont les Auteurs de cet Ouvrage. [...] Ainsi, le Lecteur ne doit point les regarder comme trois misérables Juifs, tels que sont ceux qu'on voit à Mets, à Avignon, & dans quelques autres Villes de France; mais, les considérer comme beaucoup de ceux qu'on trouve en assez grand Nombre en Hollande & à Venice [...]." (Lettres juives [...]. Tome troisieme. Amsterdam 1737, Preface du traducteur. Elektronische Ausgabe: http://gallica.bnf.fr/ark:/12148/bpt6k106704h.image.langDE. r=Lettres juives, ou Correspondance philosophique [Stand: 30.06.2015]).
15 Wolfgang Riedel: Erkennen und Empfinden. Anthropologische Achsendrehung und Wende zur Ästhetik bei Johann Georg Sulzer. In: Der ganze Mensch. Anthropologie und Literatur im 18. Jahrhundert. Hg. v. Hans-Jürgen Schings. Stuttgart/Weimar 1994 (= Germanistische Symposien-Berichtsbände 15), S. 410–439.
16 Panajotis Kondylis: Die Aufklärung im Rahmen des neuzeitlichen Rationalismus. München 1986 (1. Auflage 1981).
17 Was die Konzeptualisierung von „Toleranz" anbelangt, orientieren wir uns an dem Standardwerk von Rainer Forst: Toleranz im Konflikt. Geschichte, Gehalt und Gegenwart eines umstrittenen Begriffs. Frankfurt am Main 2003 (^{3}2012).
18 Wenn in der Forschungsliteratur zu La Mettrie Lessings überhaupt gedacht wird, so dient er nur als ein weiteres Beispiel für die generelle Ablehnung des Franzosen seitens der Aufklärer: z. B. Goretzki: Die Beseitigung des Schuldgefühls (Anm. 11), S. 96 f.; Jauch: Jenseits der Maschine (Anm. 8), S. 36 u. 510. In der Lessing-Philologie hingegen ist Roman Lach den Gründen für Lessings Ablehnung nachgegangen, die er in der Bewertung des Zufalls, des Selbstmords und den Konsequenzen für die Sinnerfahrung und Ich-Konstitution festmacht: Das Skandalon des

In einem ersten Schritt werden wir La Mettries Abhandlung „über das höchste Gut" als die Folie für die Komödie *Der Freigeist* konturieren, jenem Seitenstück zu den *Juden*, in dem Lessing, wie wir in einem zweiten Schritt herausarbeiten wollen, die ‚Rettung' eines Lamettriesten unternimmt. Während es im *Freigeist* um das Thema der ‚natürlichen Billigkeit' geht, wenden wir uns in einem dritten Schritt derjenigen Provokation La Mettries zu, die Lessing für intolerabel hält, dem Plädoyer für die Wollust. Dabei gerät ein Textensemble in den Blick, dessen innerer Zusammenhang so noch nicht gesehen wurde: Auf die gedankliche Symptomatik von Lessings Polemik gegen die erotische Literatur aus Frankreich in den frühen Rezensionen fällt Licht von La Mettries ironischer Fehldeutung der Hallerschen Ode *An Doris* in *L'Art de jouir*. In den *Rettungen des Horaz* misst Lessing den Toleranzspielraum für erotische Freizügigkeit neu aus; in dem bürgerlichen Trauerspiel *Miß Sara Sampson* schließlich betritt mit Lady Marwood ein weiblicher La Mettrie die Bühne. Nachzuzeichnen ist, ob und wie Lessing die Herausforderungen eines materialistischen Menschenbildes in seine eigene Auffassung von Soziabilität integriert.[19]

Profilieren wir also zunächst La Mettries Ansatz im Horizont der Toleranzfrage so, dass die ungelösten Probleme deutlich werden, auf die, wie wir zeigen wollen, Lessing Bezug nimmt.[20]

Zufalls: Lessing und La Mettrie. In: Lessings Skandale. Hg. v. dems. u. Jürgen Stenzel. Tübingen 2005 (= Wolfenbütteler Studien zur Aufklärung 29), S. 129–144. Die Beleuchtung des Verhältnisses Lessing-La Mettrie im Kontext des Toleranz-Diskurses bedeutet dem gegenüber zunächst die Revision von Lachs These, dass es „nicht wirklich sittliche Entrüstung ist", die Lessing „zum Zetern" gegen La Mettrie gebracht habe (S. 131). Mit dieser Revision rückt nicht nur die Thematik der ‚Wollust' und gesellschaftlichen ‚Tugend' neu ins Blickfeld, sondern auch die Frage, inwiefern Lessings Bestreben, die Grenzen der Toleranz auszudehnen, mit seiner Intoleranz gegen La Mettrie zu tun haben könnte.

19 Ausgeklammert haben wir das Fragment *Aus einem Gedichte über die menschliche Glückseligkeit*, das von Lessings intensiver gedanklicher Auseinandersetzung mit *L'Homme machine* und *Anti-Sénèque* zeugt, mit mehrfachen Resonanzen insbesondere auf die letztere Schrift La Mettries. In diesem Lehrgedicht weist Lessing ausdrücklich den Atheismus zurück. Doch das Thema „Toleranz" wird nicht berührt, Lessing geht es um die inhaltliche Klärung von Fragen der Religion und des Menschenbildes. Zu den Anspielungen auf La Mettrie in diesem Gedicht siehe B. A. Wagner: Lessings Polemik gegen La Mettrie. In: Ders.: Lessing-Forschungen nebst Nachträgen zu Lessings Werken. Berlin 1881, S. 87–103, sowie Lach: Das Skandalon des Zufalls (Anm. 18), S. 135–142. Dazu auch Anm. 100.

20 Während Jonathan Israel (Anm. 8, S. 794–813) noch einmal den Nihilismus- und Immoralismus-Vorwurf der älteren Philosophiegeschichtsschreibung gegenüber La Mettrie wiederholt, ist die aktuelle Forschung zu La Mettrie zumeist von dem Bestreben geprägt, in seinem Werk die Antizipation moderner bzw. gegenwärtiger Positionen zu erkennen. Goretzki: Die Beseitigung des Schuldgefühls (Anm. 11) z. B. versteht La Mettries Anthropologie sozusagen mittels eines

In den unterschiedlichen Fassungen des *Anti-Sénèque ou Le souverain bien*,[21] aber auch im *Discours préliminaire*, in dem er sich gegen den Vorwurf der Volksverhetzung und Anstiftung zum Verbrechen verteidigt,[22] trägt La Mettrie seine Auffassungen von Toleranz und einer ‚toleranten Gesellschaft' vor. Ausgehend von der Forderung, Spekulation und Lebenspraxis strikt zu trennen – dem Argument, das Pierre Bayle zur Geltung brachte[23] –, klagt La Mettrie zunächst das Recht auf Meinungs- und Redefreiheit ein, welches Recht ihm zeitlebens versagt worden ist.[24] „Wer als Bürger korrekt lebt, muß den Materialismus lehren dürfen" (DP 22 f.[25]), lautet die Devise des *Discours préliminaire*. Bereit, für dieses Recht zu kämpfen, ruft er den *philosophes*, seinen zaghaften Kollegen, das *sapere aude* zu. Weil er es gewagt habe, etwas öffentlich bekannt zu machen, was „ängstliche und vorsichtige Philosophen sich nur ins Ohr flüstern", habe er

---

freudianischen Wissens über die Psyche; mit seiner Anerkennung des sinnlichen Menschen und des Unbewussten habe er zugleich eine Harmonisierung mit den Ansprüchen der Gesellschaft erstrebt. Ursula Pia Jauch (Jenseits der Maschine [Anm. 8]) interpretiert den Materialismus La Mettries postmodern: als Angriff auf den Logozentrismus der Aufklärung; Birgit Christensen (Ironie und Skepsis [Anm. 6]) wiederum arbeitet den Vorgriff auf die evolutionäre Naturauffassung und auf kybernetische Modelle (Selbstorganisation der Materie und der Gesellschaft) heraus. Dem gegenüber werden wir die ungelösten Probleme und Aporien in La Mettries Bestimmung des Verhältnisses von Individuum und Gesellschaft beleuchten.
21 Zu den Titel-Varianten und der Entstehung der Fassungen (von 1748, 1750 und 1751) des *Discours sur le bonheur* siehe Falvey: Introduction (Anm. 8), S. 11–18. Hier auch eine einführende ideengeschichtliche Kontextualisierung: S. 19–109.
22 Dazu Ernst Consentius: Der Wahrsager. Zur Charakteristik von Mylius und Lessing. Leipzig 1900, S. 50.
23 Vgl. Bayle: Gedanken über den Kometen (Anm. 7), z. B. Abschnitt Nr. 176. In der Übersetzung Fabers: „Daß der Mensch sein Leben nicht nach seinen Meinungen einrichtet." (S. 377–379): „Denn wenn es wahr ist, daß die allgemeinen Wahrheiten des Verstandes nicht die Triebfedern unserer Handlungen sind, sondern daß das Temperament, die Gewohnheit oder etwa eine besondere Leidenschaft uns in Bewegung setzt, so kann ein ungeheurer Unterschied zwischen demjenigen, was man glaubt, und zwischen demjenigen, was man tut, stattfinden." (S. 378. Ähnlich Abschnitt Nr. 181 u. ö.).
24 Auch der von Friedrich II. gewährte Freiraum war begrenzt und äußerst prekär. Zur Rolle des Königs (mit jeweils unterschiedlicher Bewertung): Jauch: Jenseits der Maschine (Anm. 8), S. 145–151; S. 470–490; Laska (Anm. 8), S. VI–XV; Resümee: Goretzki: Die Beseitigung des Schuldgefühls (Anm. 11), S. 83 f.
25 Aus Gründen der Lesbarkeit zitieren wir im Fließtext die Schriften La Mettries nach der deutschen Übersetzung von Laska; mit der Sigle „DP" für den *Discours préliminaire*: Julien Offray de La Mettrie: Philosophie und Politik. Hg. und eingeleitet v. Bernd A. Laska. Nürnberg 1987. Den französischen Originalwortlaut bringen wir in begleitenden Fußnoten, denjenigen des Discours préliminaire nach der *Fayard*-Ausgabe (Anm. 7): „Qui vit en Citoyen, peut écrire en Philosophe. / Mais écrire en Philosophe, c'est enseigner le Matérialisme! Eh-bien! Quel mal!" (S. 18)

die „Grenzen des Wissens" hinausgeschoben (DP 70[26]); stets werde er den „Mut" haben, „offen zu sagen", was er denke (DP 81[27]): „Seien wir also frei – in unseren Worten ebenso wie in unseren Taten! Zeigen wir die stolze Unabhängigkeit eines Republikaners!" (DP 82[28]). Frei in Worten ebenso wie in Taten: Das, was auch die *philosophes* an La Mettries Materialismus so empörte, die Leugnung der Stimme des Gewissens, impliziert eine Toleranzforderung in einem noch umfassenderen, existenziellen Sinn, als die Redefreiheit abdeckt. Es geht nicht nur um die Aufhebung der (Presse-)Zensur, sondern um die Befreiung von subtileren gesellschaftlichen Kontrollmechanismen. Wenn La Mettrie die Schuldgefühle als Vorurteile begreift, von Kirche und bürgerlicher Gesellschaft via Erziehung indoktriniert, so richtet er sich gegen die innere Zensur.[29] Schuldgefühle, die Reue über das, was wir im Vollzug doch genossen haben, bezeichnet er als die „inneren Feinde" des Menschen, geeignet, die Lebensfreude zu vergiften (z. B. AS 61[30]); sie, die wahren „Übel" und „Qualen" des Lebens (AS 8[31]), beschneiden die Glücksmöglichkeiten und schadeten deshalb der Gesellschaft viel mehr, als sie ihr nützlich seien; davon wolle er die Menschen entlasten. So wirbt La Mettrie für Toleranz nicht nur für Lehren, sondern für die unterschiedlichen Weisen, sein Leben zu führen und glücklich zu werden. Jenseits der moralischen Disziplinierung und ihrer Vorschrift, dass nur ‚der Gute' ein Anrecht auf Glück habe, zeichnet sich das Bild einer ‚offenen' Gesellschaft ab. La Mettrie plädiert für Glückspluralismus („Mannigfaltigkeit" bei der „Glückseligkeit": AS 130[32])

---

26 „[M]ais si j'ai raison, si j'ai prouvé une vérité nouvelle, réfuté une ancienne erreur, approfondi un sujet superficiellement traité, j'aurai étendu les limites de mon savoir et de mon Esprit; j'aurai [...] augmenté les lumières publiques [...] en communiquant mes recherches, et on osant afficher ce que tout Philosophe timide ou prudent se dit à l'oreille." (La Mettrie: Discours préliminaire [Anm. 7], S. 39 f.)
27 „[O]ui, j'oserai dire librement ce que je pense" (ebd., S. 45).
28 „Soions donc libres dans nos Ecrits, comme dans nos actions; montrons y la fiére indépendence d'un Républicain." (Fayard [Anm. 7], S. 45). – Zum *Discours préliminaire* als La Mettries (zunächst gescheitertem) Versuch, sich in den Kreis der *philosophe* einzuschreiben, siehe Kathleen Wellman: La Mettrie. Medicine, Philosophy, and Enlightenment. Durham/London 1992, S. 240–271.
29 Dazu vor allem Goretzki: Die Beseitigung des Schuldgefühls (Anm. 11).
30 Die Sigle „AS" steht für die folgende Ausgabe des *Discours sur le bonheur*: Über das Glück oder Das Höchste Gut („Anti-Seneca"). Hg. und eingeleitet v. Bernd A. Laska. Nürnberg 1985. Den französischen Text zitieren wir nach der von John Falvey besorgten kritischen Edition (Anm. 8), hier S. 156, Abschnitt 102: „ennemies domestiques", „ce cruel poison".
31 „qui [...] sont de vrais maux, que dis-je! de vrais tourments." (La Mettrie: Discours sur le bonheur [Anm. 8], S. 114, Abschnitt 6)
32 „Mais de toutes parts, quelle étonnante variété de Bonheur!" (Ebd., S. 205, Abschnitt 181)

und verteidigt einen radikalen Individualismus: Wie sich keine zwei Gesichter glichen, so gebe es auch keine „zwei Menschen, die auf die gleiche Art und durch die gleichen Mittel glücklich sind" (ebd.[33]), und alle diese Arten seien gleichberechtigt. La Mettrie errichtet keine Hierarchie zwischen geistigem und sinnlichem, selbstlosem und selbstischem Glück: „Arme und Reiche, Wüstlinge, Wollüstige und Enthaltsame, Maßvolle und Schlemmer, Toren und Genies, Tiere und Menschen – sie alle haben Platz in diesem System" (AS 129[34]), denn jeder habe „auf seine Weise" die Fähigkeit zum Glücklichsein (AS 97[35]) und müsse sie, solange niemand anderer dadurch geschädigt werde, verwirklichen dürfen. Einer solchermaßen offenen Gesellschaft, welche die unendliche „Mannigfaltigkeit" im Glücksstreben zulasse, traut La Mettrie sodann eine spezifische Tugend der Toleranz zu, nämlich Milde und Nachsicht gegenüber denjenigen, die das soziale Leben stören, den Verbrechern und Kriminellen. „Vom Materialismus", schreibt er, „sollte zweierlei ausgehen: zum einen eine nachsichtige, großmütige, verzeihende und tolerante Einstellung bzw. Mäßigung bei der Verhängung von Strafen, die stets nur ultima ratio sein sollten; zum anderen die Belohnung der Tugend" (AS 71[36]). Dass La Mettrie die geforderte moralische Großzügigkeit als eine Frage gesellschaftlicher Toleranz begreift, wird besonders daran deutlich, wo er den wahren Feind sieht: im Parteigeist, Sektierergeist und Fanatismus (AS 19 u. 39[37]) sowie im „Haß" der Theologen. Wo immer die eigenen Prinzipien für das rechte Leben verabsolutiert werden, so die Meinung, wird die „Mannigfaltigkeit" bei der „Glückseligkeit" vernichtet (vgl. auch DP 46[38]).

La Mettries Ansatz ist individualistisch: Während der Gesellschaftsbegriff bei ihm abstrakt bleibt und er die vorhandenen Institutionen weder analysiert noch problematisiert,[39] konturiert er recht konkret das Menschenbild, das einer

---

33 „Elle ressemble à celle des esprits et des visages: comme il n'y a pas deux semblables, il n'y a pas deux hommes également heureux, ni par les mêmes moyens" (ebd.).
34 „Enfin pauvres et riches, ignorants, savants, Dévots, impies, débauchés, voluptueux, chastes, sobres, gourmands, sots, gens d'esprit, Animaux, Hommes, tout entre dans ce système" (ebd., S. 204, Abschnitt 179).
35 „[L]a faculté d'être heureux; et de l'être, chacun à sa manière et à sa fantaisie." (Ebd., S. 184, Abschnitt 150)
36 „Ce matérialisme mérite des égards: il doit être la source des indulgences, des excuses, des pardons, des grâces, des éloges, de la modération dans les supplices, qu'on doit ordonner à regret; des récompenses dues à la vertu" (ebd., S. 163 f., Abschnitt 115).
37 Ebd., S. 123, Abschnitt 24 („l'Atmosphère du fanatisme et du préjugé"); S. 139, Abschnitt 64.
38 La Mettrie: Discours préliminaire (Anm. 7), S. 29: „Société de Dévots, toûjours prêts à sonner l'allarme sur le mérite et la vertu des Hommes souvent les plus doux et les plus sages."
39 Vgl. Wellman: La Mettrie (Anm. 28), S. 264 f. Für La Mettries ‚medizinische Philosophie' sei das Fehlen einer genuin politischen Theorie, mittels derer gesellschaftliche Veränderung be-

toleranten Gesellschaft korrelieren würde. Er formuliert eine neue Auffassung von der ‚Bestimmung des Menschen', die eben eine „natürliche" Bestimmung ist (AS 69[40]). Der ‚natürliche' Mensch, der ohne auferlegten moralischen Zwang seine jeweils eigenen, in ihm angelegten Glücksmöglichkeiten verwirklichen darf, ist für La Mettrie zugleich der toleranzfähige Mensch, dessen primäre gesellschaftliche Tugend darin besteht, die gleiche Freiheit den anderen zu lassen. Dieses Verständnis torpediert die hergebrachte Überzeugung, der zufolge Tugend immer mit Selbstkasteiung, zumindest der Bereitschaft dazu, einhergeht. La Mettrie erläutert: Menschen, die ihre „Natur" einem Ideal aufopfern,

> haben gute Chancen, einer Sekte den Namen zu geben, so wie Ikaros dem Meer, in das er stürzte, den seinen gab. Doch je mehr sie sich von der Natur entfernen, [...] desto mehr entfernen sie sich auch von der Tugend. Tugend, die mit Parteigeist, Sektierertum und Fanatismus unverträglich ist, ist keineswegs den Philosophen vorbehalten; zu ihr sind alle Menschen gleichermaßen fähig. Seien wir nur Menschen, so werden wir auch Tugend haben! Nicht in den Tempeln, sondern in unseren Herzen ist sie zu Hause. (AS 39 f.[41])

Zwar destruiert La Mettrie in den unmittelbar anschließenden Passagen die Vorstellung, Tugend und Laster seien absolut und objektiv zu bestimmen – es gebe keine „spezifischen Merkmale", die „das Gute und das Böse" eindeutig charakterisierten (AS 45[42]), womit er nur die logische Konsequenz aus der Leugnung des Gewissens und eines natürlichen Sittengesetzes zieht. Doch koppelt er das Eigeninteresse, dessen Verfolgung die ‚natürliche' Bestimmung des Menschen sei, und das Interesse der Gesellschaft mittels jener Argumentationsfigur, die von jeder utilitaristischen Morallehre in Anschlag gebracht wird, eng aneinander, dass nämlich die Gesellschaft soziales Wohlverhalten mit Anerkennung, Reputation, Ruhm und Ehre belohne und somit Tugend aus eigennützigen Motiven erstrebt werde. So mache die philosophische Relativierung der Tugend, weit davon entfernt, sie aufzuheben, vielmehr die Unfehlbarkeit ihrer Wirkungsmechanismen

---

gründet werden könnte, charakteristisch, so Wellman.

40 „[...] détermination naturelle de l'homme", z. B. La Mettrie: Discours sur le bonheur (Anm. 8), S. 162, Abschnitt 113.

41 „Ils pourront bien donner leur nom à quelque Secte, comme Icare donna le sien aux mers où il tomba; mais plus ils s'éloigneront de la Nature, [...] plus ils s'éloigneront de la vertu. Ce n'est point aux Philosophes qu'elle a été réservée. Tout Esprit de parti, toute secte, tout fanatisme lui tourne le dos. Elle a été donnée, ou plutôt enseignée à tous. Soyons hommes seulement, et nous y trouverons la vertu; ce n'est point dans les Temples, c'est dans notre coeur qu'elle habite." (Ebd., S. 139, Abschnitt 64)

42 „[...] que le bien et le mal n'ont point de signes propres qui puissent absolument les caractériser" (ebd., S. 143, Abschnitt 77).

verständlich. Selbstgenuss im Genuss der anderen ist die Erklärung und Wunschvorstellung in einem. La Mettrie gibt schöne Beispiele für solchermaßen ‚gesellschaftliche Tugenden':

> Der Arzt, der mit seiner Kunst Menschenleben erhält, tut damit mehr, als wenn er neue in die Welt setzte. Der Familienvater, der seine Kinder zu sensiblen und mündigen Menschen erzieht, gibt ihnen damit ein zweites Leben, kostbarer noch als das erste. Der Gatte, der aufmerksam und rücksichtsvoll ist und sich bemüht, das Leben seiner Partnerin zu verschönen, achtet damit sich selbst in ihr. Der Liebende empfindet tiefste Verbundenheit mit seiner Geliebten, die ihm nichts schuldet und doch alles gibt. (AS 51 f.[43])

Die Beschreibung gipfelt in dem visionären Appell an den Fürsten, durch die vorurteilsfreie Förderung von Kunst und Wissenschaft den „Wettstreit" der kühnen Geister (statt der Waffen!) zu beflügeln und so die Glücksmöglichkeiten zu vervielfältigen (AS 52 f.[44]). Der strengen Tugend der Stoiker und Theologen gegenüber setzt er darauf, dass durch die Stärkung der Lebensfreude der einzelnen die Gesellschaft als Ganzes harmonischer und glücklicher, weil weniger repressiv werde. So vergleicht er die asketische Moral mit seiner ‚natürlichen', antiasketischen: „Hört, was die erste sagt: Sie befiehlt in herrischem Ton, euch selbst zu überwinden [...]. Und jetzt leiht euer Ohr der zweiten: Sie lädt euch ein, euren Neigungen zu folgen, euren Leidenschaften und allem, was euch Freude macht – was heißt: ihr folgt ihren Geboten seit eh und jeh. Sie gibt uns Lebensfreude [...]." (DP 10[45]) Sein „System" atmet den Geist göttlicher Großzügigkeit, und zweifelsohne sollte dieser Geist in der von ihm favorisierten gesellschaftlichen Verfassung regieren: „In diesem [meinem] System, das auf die Natur und die Vernunft gegründet ist, gibt es das Glück für die Unwissenden und die Armen ebenso wie

---

43 „[...] un petit tableau des vertus de la société. Chacun a la sienne. Le Médecin, par son art de conserver les hommes, fait plus, que s'il en créait de nouveaux. Le Père de famille élève des enfants tendres et reconnaissants; il leur donne une seconde vie, plus précieuse que la première. L'époux, plein d'attentions et d'égards, se respecte dans sa Compagne, et tâche de lui faire une chaîne de fleurs. L'Amant ne peut jamais trop sentir ce que fait pour lui une Maîtresse charmante, qui ne lui doit rien, et qui lui sacrifie tout." (Ebd., S. 148 f., Abschnitt 87)
44 „Le courage des Ames est autant au-dessus de celui des corps, que la guerre polie des Sciences, est au-dessus de celle des Armes." (Ebd., S. 149, Abschnitt 89)
45 „Ecoutez la première: elle vous ordonnera impérieusement de vous vaincre vous-mêmes; [...] Prêtez l'oreille à la seconde; elle vous invitera à suivre vos penchants, vos Amours, et tout ce qui vous plaît; ou plutôt dès-lors vous les aves déjà suivis. Eh! que le plaisir qu'elle nous inspire" (La Mettrie: Discours préliminaire [Anm. 7], S. 12). Vgl. auch La Mettrie: Discours sur le bonheur [Anm. 8], S. 122, Abschnitt 24: „Que nous serons Anti-Stoiciens! Ces Philosophes sont tristes, sevères, durs; nous serons gais, doux, complaisants."

für die Gelehrten und die Reichen, für alle Stände und – was voreingenommene Gemüter empören wird – für die Bösen ebenso wie für die Guten." (AS 22 f.[46])

„Freude am Leben, innere Ruhe, Zufriedenheit, angenehme Empfindung, Lust usw. – welchen Namen wir auch wählen: sie bilden die geschlossene Reihe der positiven Ideen meiner Philosophie, die durch die negativen nicht zu zersetzen ist." (AS 155[47]) In dieser Passage deutet sich an, dass La Mettries ‚fröhliche Wissenschaft' eine dunkle, ausgeschlossene Kehrseite besitzt. Werfen wir nunmehr die Frage auf, welche Schatten dieser dunkle Grund auf das heitere Bild einer lebensfrohen, milden, nachsichtigen und duldsamen Gesellschaft wirft.

Setzen wir bei der ‚natürlichen Bestimmung' des Menschen an – einem der Angriffspunkte, die Lessing im *Freigeist* satirisch zuspitzt. In den Schriften La Mettries wird, vielleicht zum ersten Mal, die volle Tragweite der ‚anthropozentrischen Wende' erkennbar, denn hier gewinnt das „entbettete Selbst", wie Charles Taylor das neuzeitliche moderne Ich charakterisierte,[48] sozusagen seine vollgültige Kontur. An der Wurzel der Relativierung von Gut und Böse, Tugend und Laster steht bei La Mettrie eine ‚Umwertung der Werte' *avant la lettre*. Er revidiert die traditionelle Höherwertung des Altruismus, erklärt ihn als verfeinerten *amour-propre*, und erhebt die Selbstbezüglichkeit, den Selbsterhaltungstrieb, die Selbstsorge und Selbstliebe, zur primären Quelle der Motivation, handele es sich nun um geselliges oder ungeselliges Verhalten. Bereits die körperliche Organisation lege die konstitutive Egozentrik des Menschen fest: Um uns angenehme Gefühle zu verschaffen, bedürfe es der äußeren Sinne gar nicht (AS 29[49]), nur in den eigenen, selbstbezüglichen, uns „repräsentierenden" Empfindungen

---

46 „Dans ce système fondé sur la Nature et la Raison, le Bonheur sera pour les ignorants et pour les pauvres, comme pour les savants et les riches: il y en aura pour tous les états; et ce qui va révolter les Esprits prévenus, pour les méchants comme pour les bons." (La Mettrie: Discours sur le bonheur [Anm. 8], S. 125, Abschnitt 37)

47 Laskas Übersetzung ist sehr frei; vor allem lässt er das anschließende Gleichnis aus: „Tout ce qui n'est point plaisir, repos, contentement intérieur, sensation agréable, Volupté etc. de quelque nom qu'on veuille se servir, ne peut entrer dans cette chaîne d'idées philosophiques et riantes; Semblable au fer, ques ses crudités empêchent, dit-on, de s'amalgamer avec le vif, Argens" (ebd., S. 214, Abschnitt 206).

48 Charles Taylor: Ein säkulares Zeitalter. Aus dem Engl. v. Joachim Schulte. Frankfurt am Main 2009 (Originalausgabe 2007). Vgl. auch Charles Taylor: Sources of the Self. The Making of the Modern Identity. Cambridge University Press 1989, zu La Mettrie S. 334 f.

49 Vgl. La Mettrie: Discours sur le bonheur (Anm. 8), S. 130, Abschnitt 47.

(AS 31[50]) und Gefühlen realisiere sich Glück oder Unglück – nur das in uns empfundene Glück sei ein reelles Glück, und glücklich sei deshalb jeder nur für sich selbst (AS 42[51]). Wem die Beglückung anderer Freude mache, der genieße nicht selbstlos deren Glück, sondern die eigene Glücksempfindung – auch dies also: *amour-propre*.[52]

Es ist nicht schwer, von dieser Explikation der ‚natürlichen' Bestimmung des Menschen her die Bruchstellen zu La Mettries Konzept einer toleranten Gesellschaft aufzuzeigen. Brüche treten da auf, wo der Interessenausgleich zwischen Individuen oder gesellschaftlichen Gruppen sich nicht ohne weiteres und quasi automatisch einstellt, sondern konflikthaft ist; wo der Anspruch auf Toleranz und gesellschaftliche Teilhabe der einen von den anderen als Bedrohung und Beschneidung ihrer eigenen Interessen wahrgenommen wird.[53] La Mettries philosophische Energie ist gegen die „Verformung" (AS 63[54]) durch Ideale und sittliche Prinzipien gerichtet,

---

50 Vgl. ebd., S. 132, Abschnitt 51: „[...] puisqu'elles [les sensations] nous représentent, et nous font sentir nous-mêmes".
51 Vgl. ebd., S. 140, Abschnitt 67.
52 Im *Anti-Sénèque* bezeichnet La Mettrie die vom Urteil der Welt unabhängig gewordene Selbstachtung als den Gipfel der „Eitelkeit", auf die anderen verzichten zu können (AS 50 f.; La Mettrie: Discours sur le bonheur [Anm. 8], S. 148, Abschnitt 86: „Si c'est-là un raffinement d'amour-propre, et que le mépris même de la vanité, en marque l'excès").
53 Christensen (Ironie und Skepsis [Anm. 6]), Goretzki (Die Beseitigung des Schuldgefühls [Anm. 11]), Jauch (Jenseits der Maschine [Anm. 8]) setzen voraus, dass der konfliktfreie, sich ‚automatisch' (von „Natur" aus) ergebende Ausgleich von Selbstentfaltung und ‚Gesellschaft' erreichbar und das Ziel La Mettries gewesen sei. Christensen: „Aufgabe der Gesellschaft ist es deshalb, den Bürgern ein glückliches, d. h. an den eigenen Interessen orientiertes Leben zu sichern. Diese Gemeinschaft, die immer auf das Wohl der anderen aus ist, kann im Zusammenhang mit dem Gemeinwohl bestimmen, was gut und gerecht ist." (S. 231) Oder: „Dieses ganz normale Individuum ist von Natur aus so veranlagt, dass seine Eigeninteressen mit den Allgemeininteressen, mit den Interessen der Gesellschaft koinzidieren" (S. 229). Unerfindlich bleibt hier, wie der Übergang von den Eigeninteressen der Individuen zur Selbstlosigkeit der „Gemeinschaft" zu denken ist und von welcher „Natur" wohl bei der ‚natürlich' gemeinschaftsorientierten Veranlagung des Individuums die Rede ist. Mit solch friedlichen Theorien hätte La Mettrie seine Philosophen-Kollegen wohl kaum dermaßen provozieren können. Wir sehen die Akzentsetzung bei La Mettrie anders, nämlich als Konsequenz aus der erregenden Entdeckung des ‚entbetteten Selbst': Er reflektiert die konstitutive Unvereinbarkeit der Pole ‚Individuum' und ‚Gesellschaft'. Gegenüber den mächtigen individuellen Antrieben zu Genuss und Lebensfreude bleibt ‚die Gesellschaft' immer ein Abstraktum und das Recht von deren Forderungen chimärisch. – Zum Verhältnis von Individuum und Gesellschaft bei La Mettrie siehe auch Wellman: La Mettrie (Anm. 28), S. 223–228, S. 244 und passim.
54 „[L]'organisation reprent machinalement ce que l'éducation semblait lui avoir dérobé, comme si la perfection et l'art la gênaient." (La Mettrie: Discours sur le bonheur [Anm. 8], S. 158, Abschnitt 105)

gegen die Abspaltung ‚höherer' Werte von dem tatsächlich geführten, empirisch erfahrenen Leben und den ‚wirklichen' Empfindungen. Damit streitet er jede Möglichkeit ab, die jeweiligen Vorstellungen vom ‚guten Leben' nach objektiven Maßstäben zu hierarchisieren, den einen Lebensentwurf als dem anderen überlegen zu betrachten. Insbesondere leugnet er, wie wir gesehen haben, die Berechtigung, den Altruismus objektiv für moralisch besser als die Selbstliebe zu halten – ja, die „Natur" entschädige oftmals denjenigen, der durch gesellige Tugenden nicht glücklich werde, damit, dass er seine Befriedigung darin finde, „sich selbst alles zu sein" (AS 47[55]). So jedoch lassen sich von seiner Glücksphilosophie keine Kriterien ableiten, nach denen im Fall der Interessenkollision zu entscheiden wäre – der Entfaltungstrieb eines jeden Individuums steht gleichberechtigt neben dem aller anderen, hat gleichen Anspruch auf Durchsetzung. Gleichwohl überantwortet La Mettrie die Gesellschaft weder dem Chaos noch der Anarchie, sondern er löst das Problem des Interessenkonflikts mit dem Argument der (politischen) Macht, der Machtstruktur des Staats und seiner Gesetze. Damit aber wird sein Bild der Gesellschaft, das der ‚natürlichen' Bestimmung des Menschen Rechnung tragen soll, zum Kippbild: Das Wunschbild der toleranten Koexistenz (AS S. 117[56]) weicht der Legitimation gesellschaftlichen Zwangs, der, notwendig und naturwidrig zugleich, wider die „Bosheit" und habituelle Niedertracht der Menschen ausgeübt werden müsse.

Unter der Voraussetzung des *amour-propre* kann der Verzicht auf eigene Entfaltungsmöglichkeiten zugunsten des Wohlergehens anderer, sofern das Kosten-Nutzen-Kalkül nicht aufgeht und mit einer Gegenleistung nicht zu rechnen ist, nur als ‚Selbstverleugnung',[57] als eine existenzielle Beraubung und Unterdrückung erfahren werden. La Mettrie sieht deshalb in der ‚natürlichen' Bestimmung des Menschen nicht nur die „Mannigfaltigkeit" bei der Glückseligkeit, sondern auch das ‚Recht des Stärkeren' angelegt: „Ist es nicht bei allen Tieren so, daß das stärkere das schwächere frißt?" (AS 69[58]) Dem Staat weist er die Funktion zu, den Schwächeren vor dem Stärkeren zu schützen (DP 67; wobei er sich, den

---

55 „[...] par la satisfaction qu'ils ont de vivre pour eux seuls, et d'être à eux-mêmes leurs parents, leurs Amis, leur Maîtresse, et tout l'univers." (Ebd., S. 145, Abschnitt 82)
56 Vgl. ebd., S. 201, Abschnitt 175.
57 Discours préliminaire: „car puisque le Particulier renonce sans cesse à lui-même en quelque sorte, pour ne point toucher aux droits du Public; les loix qui les protégent, ceux qui ont l'autorité en main, devroient à leur tour, ce me semble, rabattre de leur rigoureuse sévérité" (La Mettrie: Discours préliminaire [Anm. 7], S. 19; DP 26).
58 „[P]armi tous les animaux, le plus fort ne triomphe-t-il pas d'écraser le plus faible?" (La Mettrie: Discours sur le bonheur [Anm. 8], S. 162, Abschnitt 112)

Verfolgten, in der Position des Schwachen wahrnimmt: DP 51 f.[59]) und die ‚Bosheit' der Menschen in Zaum zu halten. Nicht die Gerechtigkeit sei jedoch das Prinzip staatlichen Handelns (deren normativen Charakter La Mettrie sowieso bestreitet bzw. dem Gemeinwohl untergeordnet: DP 67[60]), sondern Macht und Interesse. Der Staat, verkörpert im Monarchen, hat ein Interesse daran, die Gesellschaft in ihrer vielgliedrigen Ausprägung[61] zu erhalten; diesem Interesse dienen die Gesetze und Strafandrohungen, hinter denen die politische Macht steht (z. B. AS, Abschnitt 66). Gegen seine Neigung, ohne innere Zustimmung muss sich demnach der einzelne der gesellschaftlichen Disziplinierung unterwerfen, und die Belohnungen für soziale Tugenden, nämlich öffentliche Anerkennung und Ehre, erscheinen als Mittel der Manipulation (AS, Abschnitt 81). Auf die Frage, mit welchem Recht ‚die Gesellschaft' das Individuum zum Glücksverzicht anhält und seinen Expansionstrieb beschneidet, hat La Mettrie jedenfalls nur die Antwort parat: es ist kein Recht, es ist Zwang, eine Machtfrage.[62]

Im *Discours préliminaire* begegnet La Mettrie den Vorwürfen, die gegen seine Schrift *Über das Glück oder das höchste Gut* erhoben wurden. Deshalb bündelt und akzentuiert er im *Discours* diejenigen Argumente, welche die Sozialverträglichkeit seines Plädoyers für Sinnengenuss und *amour-propre* herausstellen; deshalb jedoch tritt im *Discours* die restriktive Seite seiner Apologie der ‚Natur' und Austreibung des Ideals in den Vordergrund. Aus der Perspektive des auf Interessenausgleich angelegten gesellschaftlichen Ganzen erscheint das Bestreben der einzelnen nach Glücksmaximierung als ‚böse':

> Da wir nun einmal maschinenmäßig auf unser eigenes Wohl ausgerichtet sind und mit dieser Neigung bzw. unüberwindlichen Disposition geboren werden, ergibt sich zwangs-

---

59 La Mettrie: Discours préliminaire (Anm. 7), S. 38 bzw. S. 31.
60 Ebd., S. 38.
61 „Balance" nach La Mettrie: Discours préliminaire (Anm. 7), S. 38.
62 In der Literatur zu La Mettrie erklärt man dies als eine Despotismus-Kritik La Mettries: Nur der Despotismus brauche Zwang, in einer freien Gesellschaft seien Gemeinwohl und Eigennutz identisch (z. B. Christensen: Ironie und Skepsis [Anm. 6], S. 230 f.). In La Mettries Denken macht es für das Individuum jedoch keinen Unterschied, ob sein *amour-propre* von einem Monarchen, von einem ‚Gemeinwohl', einer demokratisch legitimierten Mehrheit oder schlicht vom Stärkeren beschnitten wird. Auch in der Monarchie bzw. einem Staatswesen mit strengen Gesetzen sieht er übrigens die primäre Aufgabe aller Gemeinschaftsbildung erfüllt, den Schwächeren vor dem Stärkeren zu schützen, denn ohne die Härte des Strafgesetzes wäre der Schwache nie vor dem Starken sicher gewesen: DP 8; La Mettrie: Discours préliminaire (Anm. 7), S. 11.

läufig, daß jedes Individuum, das sich selbst allen anderen vorzieht [...], nichts anderes tut als der natürlichen Ordnung gemäß zu leben [...]. (AS 67[63]; vgl. auch Abschnitt 172 u. ö.)

Ohne eine Theorie der Veränderung liefern zu können, unterwirft La Mettrie die Menschen in dieser ihrer natürlichen ‚Bosheit' der Härte der Politik, den Sanktionen und Strafen, dem „Joch der Gesellschaft" (AS 15[64]). Aufklärung wird zu einem elitären Projekt: Im *Discours préliminaire* legitimiert er die Sonderstellung des Philosophen und des aufgeklärten Regenten, der den Konstruktcharakter von Religion und Moral durchschaue, um desto wirkungsvoller das in seinen Vorurteilen gefangene Volk manipulieren und kontrollieren zu können (z. B. DP 55, 73 f.[65]). So führt ausgerechnet der ‚materialistische Humanismus'[66] zu einem Funktionsmodell von Gesellschaft, das die Repressionen, die es aufdeckt, zugleich billigt. Trotz der Befürwortung des Lebensgenusses ist La Mettries Menschenbild pessimistisch grundiert;[67] und diese pessimistische Anthropologie zeitigt eine irritierende Diskrepanz zwischen Toleranzforderung in der Theorie und Toleranzskepsis in der Praxis. Der Utopie einer duldsamen, verständnisvollen Gesellschaft steht La Mettries Einschätzung der Realität gegenüber: Für ihn sind die Menschen im Konfliktfall der Interessenkollision kaum zur Toleranz disponiert, also nicht toleranzfähig.

Die Komödie *Der Freigeist* ist eine kongeniale Stellungnahme zur Provokation La Mettries.[68] Lessing antwortet dem ‚lachenden Philosophen' (so die Selbst-

---

63 „Mais puisque nous sommes machinalement portés à notre Bien propre, et que nous naissons avec cette pente et cette invincible disposition; il s'ensuit que chaque individu en se préférant à tout autre [...] ne fait en cela que suivre l'ordre de la Nature" (La Mettrie: Discours sur le bonheur [Anm. 8], S. 161, Abschnitt 110).
64 Ebd. (Anm. 8), S. 118, Abschnitt 19. Hier spricht La Mettrie auch vom „juste horreur" für die Kriminellen; ähnlich ebd., S. 114, Abschnitt 10: „le joug des Moeurs".
65 La Mettrie: Discours préliminaire (Anm. 7), S. 33, 41.
66 Als ‚Humanisten' und Champion einer „humanen Aufklärung" (S. 51) stilisiert Jauch (Jenseits der Maschine [Anm. 8]) den französischen Arzt-Philosophen; eine Schlüsselpassage ist für sie La Mettries Anklage gegen den barbarischen Strafvollzug im 18. Jahrhunderts, die in dem Ausruf gipfelt: „o Nature! o Humanité!" (La Mettrie: Discours sur le bonheur [Anm. 8], S. 151, Abschnitt 95): ein „humanes Plädoyer", so Jauch, „für den ‚Maschinen'menschen" (S. 395; ähnlich S. 507 u. 533).
67 Johann Christoph von Zabuesnig: Historische und kritische Nachrichten von dem Leben und den Schriften der Neuphilosophen unserer Zeiten. Bd. 2. Augsburg 1779, erwähnt La Mettries geistliche Erziehung und ursprünglich jansenistische Neigungen: S. 303. Vgl. auch die Zeittafel bei Jauch: Jenseits der Maschine (Anm. 8), S. 571.
68 Lessing muss den Wirbel und die Zensurmaßnahmen gegen den *Anti-Sénèque*, den La Mettrie bei Christian Friedrich Voß verlegen ließ (dazu Jauch: Jenseits der Maschine [Anm. 8], S. 470–485), hautnah miterlebt haben. Den Essay hat er ggf. zweimal gelesen, in der Fassung von

stilisierung La Mettries[69]) mit Lachen, und er unterwirft materialistische Theorie und christliche Theologie gleichermaßen dem Praxistest, indem er auf der Bühne ein ‚Exempel' modelliert und einen leibhaftigen Lamettriesten in einer krisenhaften Lebenssituation einen Konflikt mit einem jungen Geistlichen, seinem Rivalen in der Liebe, austragen lässt.

Der Schüler La Mettries ist Adrast.[70] Wie ein Fanfarenstoß kündigt das Personenregister des ersten Entwurfs an, dass die Satire auf den „Freigeist" in der Tradition der Toleranzforderung für Atheisten steht: Adrast wird charakterisiert als „ohne Religion, aber voll tugendhafter Gesinnungen" (B 1, S. 348). Die gleiche Perspektive wird im Streitgespräch der ersten Szene eröffnet: Adrast spießt das gängige theologische Argument auf, das die Unterdrückung von Atheisten rechtfertigen sollte: „Sie würden mich", hält er Theophan, dem Geistlichen, vor, „gerade weg einen Ruchlosen gescholten haben, der sich der Religion nur deswegen zu entziehen suche, damit er seinen Lüsten desto sicherer nachhängen könne" (B 1, S. 365) – Atheismus als Symptom verbrecherischer Neigungen. Doch über solche „Begriffe" kann Theophan nur ‚erstaunen' („[i]ch erstaune. Was für Begriffe!" [B1, S. 365]) Er attribuiert dem Adrast die besten moralischen Absichten trotz seiner Philosophie; ja, sein Kontrahent habe das Potential, eine „Zierde" der „Menschheit" zu werden (B 1, S. 365). Theophan nennt auch das Stichwort: Er wendet sich nicht gegen die Feinde der Religion, sondern gegen die „Feinde der Tugend" (B 1, S. 364). Was in der Komödie verhandelt wird, ist nicht das theologische oder atheistische Credo bezüglich der Existenz oder Nicht-Existenz Gottes, sondern die Frage nach der Bestimmung des Menschen; nicht auf die metaphysi-

---

1748 und in der zweiten Fassung von 1750: Der Titel des Gedichtfragments *Über die menschliche Glückseligkeit* spielt auf den Titel der Fassung von 1748 an: *Traité de la vie heureuse*; in dem Brief an seinen Vater vom 2. November 1750 zitiert er den Essay mit dem Titel seiner zweiten, 1750 erschienenen Fassung: „Ich habe eine Schrift von ihm gelesen, welche Antiseneque ou le souverain bien heißet, und die nicht mehr als zwölfmal ist gedruckt worden. Sie mögen aber von der Abscheulichkeit derselben daraus urteilen, daß der König selbst zehn Exemplare davon ins Feuer geworfen hat." (B 11/1, 32)

69 Vgl. das bekannte Portrait, das La Mettrie von sich stechen ließ; dazu Jauch: Jenseits der Maschine (Anm. 8), S. 505 f.; zu Lessings ästhetischen, im *Laokoon* artikulierten Vorbehalten diesem Stich gegenüber: Lach: Das Skandalon des Zufalls (Anm. 18), S. 129 f. Zum Kontext siehe auch Kevin Hilliard: „Ein Hogarthisches unsinniges Tollhauslächeln": The Portrait of La Mettrie and the Problem of the Laughing Philosopher in Eighteenth-Century Germany. In: Publications of the English Goethe Society 79 (2010), S. 129–146.

70 Zuerst hat diese These Lach (Das Skandalon des Zufalls [Anm. 18], S. 142–143) formuliert, wobei er die Motive „Zufall" vs. „Vorsehung" fokussiert. Eine ausführlichere Analyse, die auch die Liebeshandlung einbezieht, siehe Monika Fick: Lessing-Handbuch. Leben – Werk – Wirkung. 3. neu bearbeitet und erweiterter Auflage. Stuttgart/Weimar 2010, S. 81–90.

sche Spekulation, sondern auf die lebenspraktische Motivation ist das Interesse gerichtet. In seiner Komödie rückt Lessing präzise den Skandal von La Mettries ‚fröhlicher Wissenschaft' ins Zentrum: die Entlarvung von Tugend und Laster als Konvention und Illusion sowie die Erhebung von Selbstliebe, Macht- und Genussstreben zu den Hauptantriebskräften der Menschen, deren Entfaltung die Gesellschaft zugleich ermöglicht und diszipliniert.

Die Trivialversion der ‚Lehre' La Mettries formuliert Adrasts Diener Johann. Ihr Markenzeichen ist die Negation des Ideals, des ‚höheren' Ziels, die Einebnung jeglicher Differenz zwischen Sein, Wollen und Sollen, sowie das Primat der sinnlichen Lust: „Ei, Mühe! [...] Wir sind geschworne Feinde alles dessen, was Mühe macht. Der Mensch ist in der Welt, vergnügt und lustig zu leben. Die Freude, das Lachen, das Huren, das Saufen sind seine Pflichten." (B 1, S. 390) Sublimierter klingt es aus dem Mund Adrasts: „Wir sollen glücklich in der Welt leben; darzu sind wir erschaffen; darzu sind wir einzig und allein erschaffen." (B 1, S. 416)[71] Er begründet, ganz im Sinne La Mettries, mit dem Gebot der Glücksoptimierung die Notwendigkeit der Religion für den Staat: Um glücklich und zufrieden zu sein, brauche der „Pöbel" die Illusionen der Religion – nur „wenige Geister können in der Wahrheit selbst ihr Glück finden" –, außerdem seien die religiösen und moralischen „Irrtümer" „die Stütze des Staates", da ohne sie das Volk zügellos zu werden drohe; Adrast vergleicht den „Pöbel" einem wilden Pferd, das man auf fetter Weide nicht losbinden dürfe (B 1, S. 416).[72] Eklatant tritt der elitäre Habitus hervor. Aufklärung und Wahrheit gehören in seinen Augen nicht für das Volk, das zwar in „Sicherheit, Überfluß und Freude" leben wolle und solle, dafür aber in kritikloser Blindheit belassen werden müsse. Für die fromme Juliane dagegen muss die „Wahrheit" so „beschaffen" sein, dass sie allen „wenigstens in dem Wesentlichsten, fühlbar werden kann." (B 1, S. 416) Sie formuliert die Gegenthese zum „lustigen Leben" als Daseinszweck. Ihre Auffassung von der „Bestimmung" (B 1, S. 417) des Menschen fußt auf der Prämisse ‚höherer' Ziele. Mit „erhabenen Begriffen" wolle die Seele gefüllt sein (B 1, S. 416), und diese müssten dazu verhelfen, die egoistischen Antriebe des Herzens – Juliane nennt es den „Sammelplatz verderbter, und unruhiger Leidenschaften" (B 1, S. 416) – zu ‚reinigen'. So werde der Mensch zum ‚wahren' Menschen und sozialen Wesen, zum Bürger und Freund. Nicht die Liebe

---

71 Vgl. Anti-Sénèque: „[...] que je vois tant d'ignorants heureux par leur ignorance même [...] Ils mangent, boivent, dorment, végètent avec plaisir." (La Mettrie: Discours sur le bonheur [Anm. 8], S. 125 f., Abschnitt 39; AS S. 23 f.) Oder: „Au contraire un homme que son instinct rend content, l'est toujours sans savoir, ni comment, ni pourquoi, et il l'est à peu de frais." (Ebd., S. 128, Abschnitt 42; AS 27)
72 Der (topische) Vergleich des Volks mit einem zu zügelnden Pferd findet sich auch im *Discours préliminaire*: La Mettrie: Discours préliminaire (Anm. 7), S. 41; DP 73.

zu sich selbst, sondern die Achtung vor allen anderen, denen ebenfalls die „Wahrheit" und ihre erhabenen Begriffe „fühlbar" sind, und die daraus entspringenden „Pflichten" prägen in diesem Modell das gesellschaftliche Beziehungsgeflecht. Die Religion muss für Juliane so geartet sein, dass sie zur Realisierung der Bestimmung des Menschen führt. Wiederum gilt: Nicht das Dogma, sondern die Motivation, die Lebensgestaltung, stehen zur Diskussion. Juliane:

> Was kann unsre Seele mit erhabenern Begriffen füllen, als die Religion? Und worinne kann die Schönheit der Seelen anders bestehen, als in solchen Begriffen? in würdigen Begriffen von Gott, von uns, von unsern Pflichten, von unserer Bestimmung? Was kann unser Herz, diesen Sammelplatz verderbter, und unruhiger Leidenschaften, mehr reinigen, mehr beruhigen, als eben diese Religion? Was kann uns im Elende mehr aufrichten, als sie? Was kann uns zu wahrern Menschen, zu bessern Bürgern, zu aufrichtigern Freunden machen, als sie? (B 1, S. 416 f.)

Es ist nicht die spekulative Bestreitung der Existenz Gottes, der gegenüber in Lessings Komödie die Frage nach der Grenze der Toleranz aufgeworfen würde, sondern die Bestreitung der „Tugend": die Artikulation von – gefährlichen – Lehren, die, wie Adrast selbst sagt, „die ersten Anfänge der Taten" (B 1, S. 414) sind oder sein können. Dabei sieht es nun ganz so aus, als folge Lessing dem *mainstream* der Aufklärung, der atheistischen wie der religiösen, und verbanne den Lamettriesten aus der vernünftigen Gesellschaft. Theophan brandmarkt den Angriff auf die Tugend und erhofft sich die „Umkehr" (B 1, S. 383, Z. 14) Adrasts, die am Ende ja auch erfolgt: „Und Sie, Adrast, den die Natur zu einer Zierde derselben [d. h. der „Menschheit"] bestimmte [...]; Sie, mit einer solchen Anlage zu allem was edel und groß ist, Sie entehren sich vorsetzlich?" (B 1, S. 365) Gleichwohl ist der Praxistest der Komödie mit großer Raffinesse angelegt. Der Disqualifikation der materialistischen Philosophie läuft die ‚Rettung' dessen, der sie vertritt, parallel. Es ist die Pointe des Stücks, dass die „tugendhaften Gesinnungen" gerade demjenigen attribuiert werden, der ihre allgemeine Gültigkeit bestreitet – Lessings Experiment läuft auf die *universelle* Bewährung der angeborenen Rechtschaffenheit und „natürlichen Billigkeit" (B 1, S. 381) hinaus. Adrast *kann* nicht nach den Grundsätzen und Prinzipien seiner Philosophie leben. Wenn sein Diener Johann ihn zu einem Meineid verführen will, mit dem er sich in einer aussichtslos scheinenden Situation salvieren könnte, zeigt seine indignierte Reaktion die Wirksamkeit seines Gewissens, nicht die Nachwirkung kindlicher Vorurteile. Adrast spricht von der Selbstachtung, die ihm den Meineid verbiete, und verficht die Auffassung, man müsse das Gute tun, weil es das Gute ist; kurz: er bestätigt Julianes Charakterisierung (B 1, 381), dass er sich an der „natürlichen Billigkeit" orientiere.[73] Sein Wort, so Adrast zu Johann, müsse einem „ehrlichen Manne heilig sein, und wenn auch weder Gott noch Strafe ist. Ich würde mich ewig schämen, meine Unterschrift geleugnet zu haben, und ohne Verachtung meiner selbst, nie mehr meinen Namen schreiben können." (B 1, S. 377) Die hier vorwaltende Diskrepanz zwischen Theorie und Praxis bringt Johann auf den Punkt, der das Verhalten seines Herrn wie folgt kommentiert: „Da geht er, der barmherzige Schlucker. Das Maul ist groß genug an ihm; aber wenn es dazu kömmt, daß er das, was er glaubt, mit Taten beweisen soll, da zittert das alte Weib! Wohl dem, der nach seiner Überzeugung auch leben kann! So hat er doch noch etwas davon." (B 1, S. 377) Ebenso subtil positioniert Lessing in seinem Stück den Theologen. Die Praxis christlicher Duldung und ‚Feindesliebe', die Theophan Adrast gegenüber übt, ist zugleich als Absage an orthodoxen Glaubenseifer und Fanatismus zu verstehen: als Beispiel dafür, wie man durch die Lebensführung statt durch Dogmatik überzeugt.

Wo La Mettrie die ‚Bosheit' der Menschen konstatiert und damit ihre Bereitschaft zur Toleranz skeptisch beurteilt, erinnert Lessing an das Toleranzpotential christlicher ‚Duldung' und verbindet diese, unorthodox, mit dem Vertrauen in den *guten* Willen: Intersubjektive Toleranz, so die im *Freigeist* implizierte Antwort, ist nur da möglich, wo die Kontrahenten – der Theologe und der Atheist – sich gegenseitig die guten Absichten zugestehen, auch wenn sie den Standpunkt des anderen ablehnen und von dessen Falschheit überzeugt sind. Theophan begegnet seinem Widersacher mit dieser zuversichtlichen und respektvollen Haltung, wenn er nie an dessen „Billigkeit" zweifelt. Adrast verweigert den Respekt zunächst, wenn er als Religionsspötter auftritt und Theophan ausschließlich eigennützige Motive unterschiebt. Dabei richtet sich die Kritik Lessings nicht nur gegen die Intoleranz – in der Cramer-Kontroverse der ‚Literaturbriefe' heißt es „Lieblosigkeit"[74] –, die sich in der Verhöhnung dessen äußert, was anderen „heilig" ist, sondern ebenso gegen den Verfolgungseifer und „Haß" der Theologen auf die Andersgläubigen und Atheisten. Er nimmt, um eine Formulierung Rainer Forsts zu bemühen, die „Toleranz im Konflikt" in den Blick. Seiner Problemlösung liegt ein vorsichtig optimistisches Menschenbild zugrunde, welches

---

73 Hier – wie auch in Adrasts gegen Henriette gerichteten Bemerkung von den Reden als den Keimen des Handelns – wird die Aporie deutlich, die darin besteht, einerseits Lehren als performativ zu betrachten – die Anfänge der Taten – und andererseits auf der Trennung von ‚Spekulation' und ‚Motivation' zu bestehen. Wann ist eine Lehre bloß spekulativ, wann lebenspraktisch motivierend? Und: Das Axiom von der „natürlichen Billigkeit" impliziert, dass die „Begriffe" davon dem Denkenden doch einmal bewusst werden – womit Adrast dann auch intellektuell in einem Selbstwiderspruch gefangen wäre.
74 106. „Literaturbrief"; B 4, S. 730.

im Praxistest der Komödie die Toleranzfähigkeit der Mitglieder der Gesellschaft verbürgen soll.

Doch das optimistische Menschenbild ist fragil und damit auch die Hoffnung auf intersubjektive Toleranz in der Gesellschaft. Lessing hat die Herausforderung La Mettries gut verstanden. Die Verunsicherung macht sich vor allem da bemerkbar, wo die ‚idealistische' Bestimmung des Menschen mit einer realistischen Sichtweise, der Berücksichtigung von Sinnlichkeit, Gefühl, Trieb und Leidenschaft, in Einklang gebracht werden soll. Nicht umsonst ist die zweite skandalöse Provokation La Mettries – neben der Leugnung des Gewissens – die Rehabilitation der sexuellen Lust. Er feiert die ‚Wollust' (*volupté*) als die wahre Glückseligkeit, als irdisches Gegenparadies zum christlichen Jenseits. Doch ist, wie wir seit Panajotis Kondylis' Standardwerk zur Aufklärung wissen,[75] die Aufwertung der Sinnlichkeit gemeinsames Terrain für Vertreter der radikalen wie der gemäßigten Aufklärung – mit dem Unterschied, dass die letzteren die (sinnlichen) Empfindungen für ursprünglich altruistisch, also ‚gut', halten und Sinnlichkeit und Moralität zu vereinigen suchen. Diese Auffassungsweise dient als Argument sowohl gegen die materialistische als auch gegen die orthodox-religiöse ‚Erniedrigung' des Menschen (Lehre vom Verderbnis der Natur, von der natürlichen Bosheit des Herzens[76]). Nun aber kommt der junge Lessing auf dem Gebiet der modernen literarischen Strömungen mit einem entscheidenden Problem der solchermaßen optimistischen Anthropologie, die er teilt, in Berührung: dem Problem der Ambivalenz der Empfindungen. Sinnliche Neigungen, Lustempfinden, Appetit und Begehren, tragen als solche ja keine Merkmale an sich, an

---

75 Kondylis: Die Aufklärung im Rahmen des neuzeitlichen Rationalismus (Anm. 16).
76 Ein überaus sprechendes Symptom dieser Gemengelage ist Spaldings Erfolgsschrift *Betrachtung über die Bestimmung des Menschen* (1748): ein Versuch, ebenfalls von den sinnlichen Empfindungen und ihrer Selbstbezüglichkeit ausgehend, ohne Bruch, ohne Rekurs auf die Erbsünde und das radikal Böse, auf dezidiert antiasketische Weise die auf Gott bezogene Bestimmung des Menschen zu entwickeln. Obgleich die räumliche, zeitliche und thematische Nähe zu den Skandalwerken La Mettries auffallend ist, weist Albrecht Beutel in der Einleitung zur kritischen Ausgabe eine unmittelbare Bezugnahme Spaldings auf *L'Homme machine* (vordatiert 1748) (auch) aus chronologischen Gründen zurück: Zum Erscheinungstermin von La Mettries *Essay* (Ende 1747) sei Spaldings Manuskript bereits weitgehend abgeschlossen gewesen: Johann Joachim Spalding: Die Bestimmung des Menschen. Hg. v. Albrecht Beutel, Daniela Kirschkowski u. Dennis Prause. Tübingen 2006, S. XXI–L, hier S. XXXI, Anm. 65.– Zur „Rehabilitation der Sinnlichkeit" bei Spalding siehe Wolfgang Albrecht: Bestimmung(en) des Menschen. Zu einem Zentralthema des Aufklärungsdiskurses und einigen seiner Facetten im Umkreis Lessings. In: Practicing Progress. The Promise and Limitations of Enlightenment. Festschrift for John A. McCarthy. Hg. v. Richard E. Schade u. Dieter Sevin. Amsterdam/New York 2007 (= Internationale Forschungen zur allgemeinen und vergleichenden Literaturwissenschaft 106), S. 21–34.

denen man ihre Moralität ablesen könnte. Auf literarischem Gebiet zeigt sich ihm diese Ambivalenz insbesondere in der Anakreontik, und es ist La Mettrie, der sie in grelle Beleuchtung rückt.

Bereits mit der Dedikation des *L'Homme machine* an Albrecht von Haller hatte La Mettrie die Aufmerksamkeit auf eine mögliche Analogie zwischen seinem materialistischen Monismus und der Physiologie des (frommen) Schweizer Forschers gelenkt. Die deutsche Übersetzung seines Essays *L'Art de jouir – Die Kunst die Wollust zu empfinden*[77] –, in welchem er seine freizügige Sexualmoral propagiert, widmet er erneut Albrecht von Haller, wobei die Provokation dadurch unterstrichen wird, dass er seinem Gedankengang eine Prosaversion von dessen anakreontischer Ode *An Doris* samt einer Auslegung einflicht: Er versteht das Gedicht wörtlich, als eine unverhüllte Anleitung zum sexuellen Vergnügen.[78]

In *L'Art de jouir* sucht La Mettrie seinen Lesern die christlich-bürgerliche Sexualmoral auszureden. Die Vorstellungen von weiblicher Tugend, Scham und Ehre sowie die Eingrenzung der Liebe auf die Ehe[79] seien Vorurteile und Konventionen, welche die Menschen um ihr irdisches Glück brächten. La Mettrie entwirft die Freuden der freien Liebe, vor den geistigen Augen der Leser lässt er ständig wechselnde Paare sich umschlingen, und er fordert zum Partnertausch auf, sobald die Liebe erloschen ist.[80] Alle Versuche, ‚Wollust' zu vergeistigen bzw. platonisch zu veredeln, werden ironisiert: Sie dienten ‚in Wahrheit' nur dazu, den körperlichen Genuss vorzubereiten und durch Verzögerung zu intensivieren. Das bedeutet nicht, dass er Zärtlichkeit und ‚Beseelung' nicht schätzen würde; doch wo sie von der sinnlichen Befriedigung abgekoppelt werden, sind sie für ihn bloße Chimären. In diesem Rahmen nun treibt La Mettrie ein raffiniertes Spiel mit dem Zentralbegriff der „Unschuld". Was aus bürgerlicher und christlicher Sicht als „Unschuld" erscheint, die Einhegung der Sexualität in den Bezirk der Ehe, ist für La Mettrie die Quelle von Gewissensqual und Schuldgefühlen, welche die Unschuld der Natur pervertiert hätten. Diese „Unschuld" der von moralischen Restriktionen befreiten sinnlichen Lust gelte es wiederzugewinnen – eine „Unschuld" jenseits von Gut und Böse. Ebenso schillernd wird der Begriff der Treue, den La Mettrie seine Liebenden im Mund führen lässt, um die Unschuld

---

[77] Aus dem Französischen des Herrn Alethejus Demetrius übersetzt. Mit einer Französischen Zuschrift von dem Verfasser, an den Herrn Professor Haller in Göttingen. *Et quibus ipsa modis tractetur blanda Voluptas.* Lucr. Cythera, 1751.
[78] Nach der französischen Ausgabe: L'Art de jouir. *Et quibus ipsu modis tractetur blanda Voluptas.* Lucr. A Cythere [Berlin] 1751. Digitalisat der Bayerischen Staatsbibliothek: urn:nbn:de:bvb:12-bsb10780919-3, hier S. 7–12.
[79] Ebd., z. B. S. 51 f.
[80] Ebd., z. B. S. 33 f. u. 54 f.

ihrer Gefühle zu beteuern. Denn wo die bürgerlichen Gesetze und Pflichten nicht mehr gelten, wird der Treueschwur sinnlos. Er kann lediglich die Wahrhaftigkeit der Empfindungen für die Gegenwart meinen, aber kein Versprechen für die Zukunft sein. In Schwierigkeiten allerdings gerät La Mettrie, wenn er die ‚weise Wollust' von den Ausschweifungen des Wüstlings und der Buhlerinnen abzugrenzen sucht oder eine Frau vor der Leichtfertigkeit ihres Liebhabers warnt,[81] liefert doch die propagierte Optimierung der Sinnesfreuden für solche Einschränkungen keine objektiven Kriterien, höchstens diätetisch-medizinische Gründe.

Der Witz von La Mettries Paraphrase der hallerschen Ode liegt darin, dass er die Artikulation der Unschuld aus dem Kontext bürgerlicher Geselligkeit herausnimmt und in seinen eigenen Bezugsrahmen übersetzt – und dass der Genuss der Liebesvereinigung, wie er in der anakreontischen Dichtung umspielt wird, dieser Sinn-Verdrehung des Unschuldsbegriffs keineswegs widerspricht. Das Konzept der ‚moralischen Empfindungen' als Versöhnung von sinnlicher Konstitution und geistiger Zielorientierung ist in Frage gestellt, wenn nicht gar ad absurdum geführt, das Vokabular der empfindsamen Anakreontik ist als schlüpfrig entlarvt bzw. lächerlich gemacht. So bestätigt La Mettrie nicht nur den Verdacht der streng Religiösen gegen diese Art poetisch legitimierter Erotik,[82] sondern rückt auch die optimistische Aufwertung der sinnlichen Liebe als eines privilegierten Wegs zu gesellschaftlicher Tugend ins Zwielicht.

Lessings Reaktionen auf eine solche ‚Aufklärung' sexueller Lust sind ebenso gespalten wie seine eingangs skizzierte Position gegenüber dem Atheismus. La Mettries witzige Umkodierung von Hallers *An Doris* in *L'Art de jouir* kommentiert er empört und macht sie sozusagen wieder rückgängig: „Was für eine Beleidigung für einen tugendhaften Dichter, seine unschuldigen Empfindungen mit priapeischen

---

81 Ebd., z. B. S. 16, 62 f. u. 45 f. – Im Zuge der Aufwertung La Mettries glättet man gemeinhin auch seine Liebeskonzeption: Er habe das Ideal der ganzheitlichen Liebe vertreten und insbesondere ‚protofeministisch' die Gleichberechtigung weiblicher Sexualität gefordert: Christensen: Ironie und Skepsis (Anm. 6), S. 204–209; Jauch: Jenseits der Maschine (Anm. 8), S. 400–420. Dabei blendet La Mettrie grundsätzlich aus, dass die Gefühlsschwankungen, denen die Partner in einer Liebesbeziehung unterworfen sind, in den seltensten Fällen parallel und symmetrisch ablaufen: dass also immer im Trennungsfall der schwächere Teil der Leidtragende sein wird.
82 Zum gezielten Antiklerikalismus der Anakreontik siehe Karl S. Guthke: Freund Hein? Der Tod in der Anakreontik. In: Rituale der Freundschaft. Hg. v. Klaus Manger u. Ute Pott. Heidelberg 2007 (= Ereignis Weimar-Jena 7), S. 9–22; zur theologischen Kritik, namentlich an Gleim, siehe Christoph Perels: Studien zur Aufnahme und Kritik der Rokokolyrik zwischen 1740 und 1760. Göttingen 1974 (= Palaestra 261), S. 92–95; vgl. auch Lessings Verteidigung von Uz wider Wielands „Verfolgungsgeist" im siebten „Literaturbrief" (B 4, S. 469) und den Kommentar: B 4, S. 1136, Anm. zu 469, 5 f.

Ausrufungen vermengt zu sehen!" (B 2, S. 140)[83] Er ordnet La Mettries Schriften über die *volupté* dem Kontext der freizügigen erotischen Literatur aus Frankreich zu (B 2, S. 74), wobei sich erweist, dass ihm die Titel der pornografischen Klassiker wohl vertraut sind – neben *Thérèse philosophe* nennt er die Romane *L'École des filles* und *L'Académies des Dames* (B 2, S. 144). Zu Frérons und Colberts Prosastück *Das wahre Vergnügen, oder die Liebe der Venus und des Adonis* bemerkt er scharfsinnig, dass die Poesie mit ihrer Kunst der Anspielung und Verhüllung bisweilen raffinierter zu verführen vermag als La Mettries krude Direktheit (B 2, S. 74).[84] Diesen ‚frivolen Import' lehnt er kategorisch als unethisch ab; er spricht vom „Gift" (B, S. 74) und wiederholt die gängigen Anklagepunkte: Untergrabung der Religion (B 2, S. 73) und guten Sitten (Einflößung „schimpflichste[r] Wollust" [ebd.]). Zugleich sammelt er Gegenbeispiele, ebenfalls französischer Provenienz,[85] und gerade die Gegenbeispiele sind es, die sich als Symptome dafür lesen lassen, dass Lessing die ‚anthropologische Achsendrehung', die sich in der Rechtfertigung der „Wollust" ausdrückt, ein Stück weit mitgeht – als Symptome mithin für den Zwiespalt, in dem er steckt. Denn auffällig sind die Gegenbeispiele nicht deshalb, weil in ihnen „natürliche Rechtschaffenheit" (B 2, S. 157) und gesellige Tugend propagiert werden. Auffallend und symptomatisch werden sie dadurch, dass auch sie gegen die Unterdrückung der sinnlichen Liebe sprechen; dass in ihnen die Liebe zwischen den Geschlechtern mit ihrer sexuellen Lust als bester Weg zur Tugend und Erfüllung der gesellschaftlichen Pflichten angepriesen wird. Gerade auf dem von Verboten umstellten Diskursfeld der Liebe mit ihrer konstitutiven Ambivalenz wird der Streit über die ‚Bestimmung des Menschen' als Mitglieds, ja Trägers einer toleranten Gesellschaft ausgetragen; und Spuren davon, so unsere Interpretation, ziehen sich bis in Lessings journalistisches Tagesgeschäft hinein. Hier nun die Beispiele:

In der Juli-Nummer der Beilage *Das Neueste aus dem Reiche des Witzes* bringt Lessing die Übersetzung einer französischen Novelle, welche die „Veredelung" durch Liebe zum Gegenstand hat („Die Liebe macht edel. Eine Geschichte" [B 2,

---

[83] Eine eingehende Analyse von Lessings Kritik bietet Lach: Das Skandalon des Zufalls (Anm. 18), S. 130–134.
[84] Claus: Lessing und die Franzosen (Anm. 5, S. 139) hebt hervor, wie ambivalent sich in Lessings Sätzen Kritik und Anpreisung der ästhetischen Qualität des Werks verschränken.
[85] Das Urteil Questers (Frivoler Import [Anm. 3]) ist also zu revidieren, Lessing erkläre die französischen erotischen Schriften polemisch zum „typischen Ausdruck französischer Mentalität" (S. 60). Vielmehr bestätigt sich das Ergebnis von Claus' Analyse der frühen Rezensionen (Lessing und die Franzosen [Anm. 5]): „Lessing benutzt diese simple [...] Gegenüberstellung von deutscher Tugend und welscher Lasterhaftigkeit nie" (S. 140).

S. 157–166][86]). In der Einleitung wird der bildende Einfluss einer geliebten Person mit der „natürlichen Rechtschaffenheit", welche „jeder Mensch in dem innersten seines Herzens eingegraben" trage (B 2, S. 157), verknüpft. Eine so beiläufige wie gewichtige moralphilosophische Anmerkung: Das gleiche Argument, welches die Toleranzforderung für Atheisten begründet, nämlich das Axiom des ‚ins Herz geschriebenen' Naturgesetzes, dient hier der Liebeserlaubnis. Für die Dezember-Nummer übersetzt Lessing eine allegorische Erzählung, in der die „Unschuld" sich mit der Liebe verbündet und zur ‚Treue' führt (B 2, S. 290–296[87]). Die Gegenprobe: In der – Lessing zugeschriebenen – Rezension eines erotischen Orientromans[88] entdeckt der Kritiker just in der Frivolität des Werks ein Moment christlicher Überheblichkeit bzw. Intoleranz. Der französische Romanheld und Abenteurer, den es als Sklaven nach Konstantinopel verschlagen hat, führt in der Fremde ein ausschweifendes Leben, genauer: In seinem Überlegenheitsgefühl der fremden Kultur und Religion gegenüber nimmt er sich jede Freiheit zum Ausleben seiner sexuellen Potenz. Der Rezensent nun versetzt sich in den Standpunkt eines türkischen Lesers und wird sarkastisch: Wenn den Roman „ein frommer Muselmann [...] lesen sollte, er würde auf allen Seiten ausrufen müssen: welche Gotteslästerungen! Und diese Gotteslästerungen sind es gleichwohl, welche manchen ehrlichen Christen ergötzen werden." (B 2, S. 171)

Auf den ‚Grund' von Lessings Zwiespalt verweist schließlich die Paraphrase von François Etienne Gouge de Cessières *Kunst zu lieben* in der Oktober-Nummer des *Neuesten*.[89] Einerseits trifft Lessing eine klare Unterscheidung zwischen der Liebe, dem „Trieb der Natur", der, wenn man ihn nur zu „ordnen" wisse, ein „Führer zur Tugend" sei, und der „Wollust", der „sinnliche[n], die ohne Zärtlichkeit des Herzens vom Genuss zu Genusse schweift und selbst in dem Genusse schmachtet." (B 2, S. 234) Lehrer solcher Wollust und damit „Verleiter zu den

---

86 Nach Auskunft von Jürgen Stenzel handelt es sich um die Übersetzung der anonym erschienenen Erzählung *L'Amant ennobli par l'amour* (B 2, S. 842).
87 Nach Stenzel handelt es sich bei der Vorlage um eine französische allegorische Erzählung „unbekannter Herkunft": B 2, S. 918.
88 Nicolas Fromaget: Le Cousin de Mahomet, et La Folie salutaire. Histoire plus que galante (1743). Quester (Frivoler Import [Anm. 3], S. 112; bibliografische Angaben ebd. S. 268, Nr. 23) bemerkt die Ironie nicht, wenn sie meint, die Rezension kehre die amüsanten und „nützlichen" Momente des Romans hervor.
89 Lessing nennt als Verfasser des anonym erschienenen Gedichts *L'Art d'aimer, nouveau poeme en six chants* irrtümlich Pierre-Joseph Bernard (B 2, S. 235); diese Fehlzuschreibung findet sich korrigiert im Digitalisierungsprojekt der Lessing-Akademie: Lessings Übersetzungen, das auch eine Synopsis mit dem Originaltext bietet: http://diglib.hab.de/content.php?dir=edoc/ed000146&xml=cessieres. Hinter dem Lob, das Lessing Bernard spendet, kann sich dabei ein Seitenhieb auf La Mettrie verstecken: siehe Anm. 92.

unsaubersten Ausschweifungen" (ebd.) ist hier nicht La Mettrie, sondern Ovid, der Verfasser des Musters aller literarischen Liebeskunst, der *Ars amatoria*. Andererseits konzediert Lessing, dass es sehr schwer sei, „dasjenige gut zu machen, was Ovid schlecht" gemacht habe (ebd.), wobei er nunmehr den entgegengesetzten Fehler herausstreicht: Ovids Nachahmer hätten platonische Grillen, metaphysische Grübeleien und „schulmäßige Declamationes" (B 2, S. 235) geboten und von der „feurigen Leidenschaft" (ebd.) dem Leser nichts zu fühlen gegeben. In seinem Auszug aus Cessières *Kunst zu lieben* ist Lessing deshalb weit weniger bemüht, zu zeigen, dass das Gedicht „lehret", „die Liebe dem Wohlstande zu unterwerfen", als vielmehr zu versichern und vorzuführen, dass es dies „lehret", ohne der Liebe „Zwang anzutun, ohne ihr ihre Reize zu nehmen, ohne sie Einschränkungen auszusetzen, die sie vernichten; mit einem Worte, ohne von ihr zu verlangen, daß sie keine Leidenschaft sei" (B 2, S. 235). In den Passagen, die Lessing übersetzt und paraphrasiert, verselbständigt sich denn auch zuweilen das erotische Begehren, sodass eine Spannung zu dem bürgerlichen „Gesetze der Pflichten" (B 2, S. 236) entsteht, dem die „schönen Flammen" (ebd.) der Liebe gleichwohl gehorchen sollen.[90] Dann bedient sich die Sprache der Liebe der gleichen überlieferten Topoi wie auch Ovid, und ihre Imaginationen sind von denjenigen La Mettries schwer zu unterscheiden: „Hierauf beschreibt der Dichter die Sprache der Augen, die erste Sprache der Verliebten, ihre Gewalt und ihre Bequemlichkeit. Wo die Augen antworten, da ist das Herz nicht taub." (B 2, S. 237)[91] Oder:

> Die Zärtlichkeit flimmert in den schmachtenden Augen [...]. Erntet dann den ersten Genuß auf ihrer zitternden Hand ein; ein Kuß redet ans Herz, denn er ist die Sprache des Herzens. Liebe, umsonst flieht man dich! Alles empfindet deine Gewalt, alles weicht deinen Reizen (B 2, S. 240).

„[...] und endlich sind es zwei Körper welche eine Seele belebt." (B 2, S. 243) Vom „gleichen" Recht der Geschlechter auf gegenseitige ungeteilte Liebe ist die Rede (B 2, S. 245), und zuletzt wird die Liebe als das „Gesetz der Welt" besungen (B 2, S. 247).[92] Dass in diesem Programm, „die Natur" nicht „zu ersticken" (B 2,

---

[90] Der Dichter erinnert dann sehnsüchtig an das Goldene Zeitalter: „Allein wie oft widersetzen sich Geiz und Hochmut dem Fortgange der Liebe. Glückliche Zeiten der ersten Welt, da ein König wenn er liebte, nicht seine Krone, sondern die Heftigkeit seiner Liebe pries!" (B 2, S. 237)
[91] Augensprache bei Ovid: Ars amatoria, Liber primus, V. 573 ff.; Liber secundus, V. 691. Zugrunde gelegt wird die folgende Ausgabe: P. Ovidius Naso: Ars amatoria. Liebeskunst. Lateinisch/Deutsch. Übersetzt und hg. v. Michael von Albrecht. Bibliogr. erg. Ausg. Stuttgart 2003, hier S. 42, S. 102.
[92] Vgl. ebd., Liber secundus, V. 467–492 (S. 88/90: „Liebe als Naturmacht und Arznei"). – Die These von der *Zweideutigkeit* dieser Liebeskonzeption wird pointiert bestätigt durch die Tatsa-

S. 235), Zündstoff steckt, scheint Lessing bewusst gewesen zu sein. Wenn er an dem „Entwurf" (B 2, S. 236) des Franzosen die Verbindung der leidenschaftlichen Liebe mit „den Pflichten und den Sitten" (B 2, S. 235) lobt, wendet er sich kritisch nicht nur gegen die Lehrer der Wollust, sondern auch gegen deren Widerpart: Den „schärfsten Sittenrichter", so seine Hoffnung, müsse des Dichters Konzeption „auf das Trockene" setzen (B 2, S. 236).

Die Verbindung Ovids mit der unzüchtigen Wollust kehrt in einem Text aus dem engsten Umkreis von Lessing wieder, in Christlob Mylius' Lehrgedicht *Die Kunst zu lieben*, das Lessing in die Ausgabe der *Vermischten Schriften* (1754) seines Vetters aufgenommen hat.[93] Auch hier wird die Liebesempfindung verteidigt, weil sie zur „Tugend" anfeuere; auch hier geschieht die Verteidigung mittels der Abgrenzung von der Wollust, die den Menschen unter das „Vieh" erniedrige und für seine gesellschaftlichen Pflichten untauglich mache.[94] Dabei deuten die Einwände gegen Ovid als Lehrer der „Wollust" wiederum auf den Provokateur La Mettrie. Denn nicht nur La Mettrie selbst stilisiert sich am Ende des *Discours préliminaire* als einen zweiten Ovid, der die Monarchen davor warnt, ihm gegenüber wie Augustus zu handeln (und sich mit der Schande der Intoleranz zu beflecken: DP 82, 85 u. 90 f.[95]), sondern die gleiche Stilisierung taucht in einer (Lessing zugeschriebenen) Rezension von *L'Art de jouir* auf: „Doch wer von der Kunst zu lieben schreibet, für den kann auch ein Pontus in der Welt sein." (B 2, S. 144)

Vor dem skizzierten Hintergrund gewinnt Lessings Anordnung der „Rettungen" in den *Schrifften* (1754) eine neue Aussagekraft.[96] Bevor er die Spielräume von Toleranz im Streit der Religionen (*Cardanus*) und Konfessionen (*Ineptus Religiosus*; *Cochläus*) untersucht (und neu absteckt), verhandelt er in den *Rettungen*

---

che, dass auch La Mettrie sich auf Bernard, von dem gleichfalls Imitationen der *Ars amatoria* zirkulierten, beruft und ihn als Lehrer der *volupté* feiert, ihn dabei nicht als Gegner, sondern als „Apostel" Ovids apostrophierend: „Voluptueux de toutes les saisons que tu sais embellir, gentil Bernard, apôtre & rival d'Ovide, quand donc veux-tu lui donner en public tes leçons dans l'art d'aimer?" (L'École de la volupté. Dans l'Isle de Calypso […]. 1747 [= Kessinger Legacy Reprints], S. 12). Ausdrückliche Erwähnung finden die von La Mettrie herbeizitierten Vorbilder, also auch Bernard, in der von Wagner abgedruckten Rezension von *L'Art de jouir* aus den *Critischen Nachrichten* ([Anm. 19], S. 95). Zu Lessings irrtümlicher Zuschreibung siehe Anm. 89.
93 Hinweis auch von Stenzel: B 2, S. 885, Anm. zu 234,20.
94 Christlob Mylius: Die Kunst zu lieben. In: Vermischte Schriften, gesammelt von Gotthold Ephraim Lessing (1754). Frankfurt am Main 1971, S. 403–410, hier S. 404.
95 La Mettrie: Discours préliminaire (Anm. 7), S. 45, 46, 49.
96 Den inneren Zusammenhang der „Rettungen", deren Auftakt die Horaz-Rettung bildet, deckt Michael Multhammer in seiner einschlägigen Studie auf: Lessings *Rettungen*. Geschichte und Genese eines Denkstils. Berlin/Boston 2013 (= Frühe Neuzeit 183). Was die ideengeschichtliche Kontextualisierung der *Rettungen des Horaz* anbelangt, sei auf dieses Standardwerk verwiesen.

des Horaz noch einmal ein ‚Fallbeispiel' (anscheinend) libertiner Lebenspraxis. Er spricht den antiken Dichter von den Vorwürfen des Atheismus, der sexuellen Zügellosigkeit und der Feigheit (Ehrlosigkeit) frei – dem kompletten gegen ‚Ungläubige' erhobenen Anklageprogramm.[97] Dabei nimmt die Verteidigung gegen die Beschuldigung der „stinkenden Geilheit und unmäßigen Unzucht" (B 3, S. 161), wie Lessing einen der Ankläger zitiert, eine überraschende Wende: Er reinigt Horaz weniger von dem Verdacht der Wollust, als er vielmehr die Wollust selbst von allem Verdacht reinigt. Die Wollust, *voluptas*: Was er in seiner ‚Rettung' für unschuldig und natürlich erklärt, ist nicht die zärtliche, bürgerlich eingehegte Liebe, sondern die sexuelle Lust, die Begierde, der Genuss – das „Bestreben, sich die Wollust so reizend zu machen, als möglich." (B 3, S. 163) An der Vervielfältigung der wollüstigen Reize durch Spiegel – übrigens ein Standardmotiv pornografischer Romane, auch in der *Thérèse philosophe* taucht es auf[98] – findet Lessing nichts auszusetzen: „Himmel! was für eine empfindliche Seele war die Seele des Horaz! Sie zog die Wollust durch alle Eingänge in sich." (B 3, S. 164) Im entscheidenden Unterschied zu La Mettrie freilich sieht Lessing das ins Herz gegrabene Naturgesetz durch die Empfindungen der Wollust nicht aufgehoben oder unwirksam gemacht; anders ausgedrückt: Er durchkreuzt die Alternative: *entweder* Lebensgenuss *oder* Wirksamkeit des natürlichen Sittengesetzes; erkennt sie nicht an. Horaz habe die ‚heiligen' „Gesetze der Natur" nicht übertreten: „Er kannte sie, diese Natur, und wußte, daß sie unsern Begierden gewisse Grenzen gesetzt habe, welche zu kennen eine der ersten Pflichten sei." (B 3, S. 174) Der Billigung der freizügigen Liebesauffassung folgt denn auch der Nachweis, dass Horaz Gottesfurcht und bürgerliche Ehrenhaftigkeit besessen habe. Michael Multhammer pointiert in seiner Studie zu den „Rettungen" den aufklärerischen Gestus, der sich in dem Respekt vor dem „moralischen Charakter" (B 3, S. 171) des Heiden bekunde.[99]

---

[97] Ebd., S. 141 u. 146–149.
[98] Jean-Baptiste d'Argens: Thérèse philosophe oder Memoiren zu Ehren der Geschichte von Pater Dirrag und Mademoiselle Eradice. Aus dem Franz. von Eva Moldenhauer. In: Denkende Wollust. Frankfurt am Main 1996 (Die Andere Bibliothek 138), S. 227–341, hier S. 316–318; zum Spiegel als fixem Motiv des Voyeurismus: Robert Darnton: Denkende Wollust oder Die sexuelle Aufklärung der Aufklärung. Aus dem Engl. von Jens Hagestedt, ebd. S. 7–44, hier S. 12.
[99] Multhammer: Lessings *Rettungen* (Anm. 96), S. 148 f.; Claus (Lessing und die Franzosen [Anm. 5], S. 133 f.) zieht die Linie von der Horaz-Rettung weiter bis zu den *Zerstreuten Anmerkungen über das Epigramm* (1771), wo Lessing anlässlich der Rettung des Martial, nicht anders als in den frühen Rezensionen, erneut zwischen der Körperlichkeit der Liebe, die er bejaht, und der performativen Rede, die ein ziel- und maßloses Begehren erwecke, unterscheide.

Das zweite Toleranzargument, das Lessing in der Horaz-Rettung entwickelt, bezieht sich auf die Freiheit der Kunst, auf die Differenzierung zwischen Kunst und Leben. Man dürfe von den literarischen Motiven eines freizügigen Lebensgenusses eben nicht auf den Lebensstil des Autors zurückschließen. Mit seinem Plädoyer für Kunstautonomie, mit dem er auch die eigene anakreontische Lyrik verteidigt, nimmt Lessing jedoch nicht die Rechtfertigung von Horazens (hypothetischem) Hedonismus zurück. Er begründet nämlich die Lizenz der poetischen Einbildungskraft mit der realistischen und vorurteilsfreien Anerkennung der Macht, welche die sinnlichen Triebe über die Menschen ausüben. Da die „Wollust" die intensivste und variantenreichste aller Empfindungen sei und der Poet folglich bei ihrer Schilderung die „meiste Stärke" zeigen und sein Publikum beeindrucken könne, müsse man einräumen, „daß der Dichter Wein und Liebe, Ruhe und Lachen, Schlaf und Tanz besingen, und sie als die vornehmsten Güter dieses Lebens anpreisen darf." (B 3, S. 169)

Ethische Indifferenz der Sexualität und „Unschuld" der Wollust: Das Argument gilt für die antike Liebeslyrik und das Gesellschaftsspiel der Anakreontik. Es gilt jedoch nicht für die Figuren in *Miß Sara Sampson*. Denn in der christlichen Neuzeit haben sich, wie Lessing in den *Rettungen des Horaz* vermerkt, Liebeskonzeption und „Sitten" fundamental gewandelt und mit ihnen der soziale Umgang mit sexueller Freizügigkeit. Im bürgerlichen Trauerspiel *Miß Sara Sampson*, das die „Sitten" und die Mentalität der Moderne spiegelt, prägt sich denn auch wieder der gleiche Zwiespalt aus, den wir an Lessings Rezensionen zur französischen erotischen Literatur ablesen konnten: Lessing wendet sich sowohl gegen die strengen Sittenrichter als auch gegen die Propagierung eines hedonistisch-libertinen Lebensstils. Inwiefern vor diesem Hintergrund die Praxis christlicher Duldung, die er in *Miß Sara Sampson* erneut aktualisiert, eine Erweiterung sozialer Toleranz beinhaltet, wird zu fragen sein.

Mellefont rechtfertigt seine Trennung von Lady Marwood mittels eben der Unterscheidung zwischen „Liebe" und „Wollust", an der sich Lessing in seinem Urteil über erotische Literatur orientiert: In „dem Umgange mit einer tugendhaften Freundin", so Mellefont zu Marwood, habe er „die Liebe von der Wollust unterscheiden" gelernt (B 3, S. 453); jetzt brenne sein Herz „von bessern Flammen", beteuert er Sara gegenüber (B 3, S. 446). In der Tat agiert Lady Marwood als Botschafterin der „Wollust" – sie erweist sich als Schülerin La Mettries und Ovids. Markant kontrastiert Lessing die jeweilige Auffassung der Rivalinnen von „Tugend" und „Ehre". Für Marwood ist, echt lamettriestisch, die Tugend ein „albernes Hirngespinst" (B 3, S. 463), das nur durch die gesellschaftliche Ehre, die mit ihr verknüpft ist, „einigen Wert" habe (ebd.),[100] während der Erhalt des „guten Namen[s]" der eigentliche Zweck sei, den man auch „vollkommen ohne" Tugend (ebd.) erreichen könne. Für Sara verhält es sich umgekehrt; sie bestätigt das Axiom vom ins Herz geschriebenen Sittengesetz. Wenn nur die Stimme ihres „Gewissens" (B 3, S. 443) beruhigt wäre, würde sie gerne „Schmach" und Schande ertragen (ebd.). Nicht „um der Welt Willen", sondern um „meiner selbst Willen", wolle sie mit Mellefont ehelich verbunden sein (B 3, S. 442f.). Waitwell sekundiert: „Das Gewissen ist doch mehr, als eine ganze uns verklagende Welt." (B 3, S. 433) Weiter: Marwoods Rede ist erotisch aufgeladen und sexuell erregend, wie Lessing es La Mettries performativer Darstellung vorwirft. Offenkundig gelingt es ihr, wieder Begierde und ‚Wollust' in Mellefont zu entzünden, wenn sie ihn an ihre erste Begegnung und den gemeinsamen Liebesgenuss erinnert:

> [...] an die zärtlichen Blicke, an die feurigen Umarmungen, die darauf folgten; an das beredte Stillschweigen, wenn wir mit beschäftigten Sinnen einer des andern geheimste Regungen errieten und in den schmachtenden Augen die verborgensten Gedanken der Seele lasen; an das zitternde Erwarten der nahenden Wollust; an die Trunkenheit ihrer Freuden; an das süße Erstarren nach der Fülle des Genusses, in welchen [!] sich die ermatteten Geister zu neuen Entzückungen erholten. (B 3, S. 456)[101]

Mellefont lässt sich verführen, er setzt, wie seine Reaktion zeigt, den aufreizenden Bildern kaum Widerstand entgegen und kann sich ihrer Macht nur durch die Flucht entziehen: „Grausame! noch wollte ich selbst mein Leben für Sie hingeben. [...] Ich muß Sie verlassen, Marwood, oder mich zu einem Abscheu der ganzen Natur machen. Ich bin schon strafbar, daß ich nur hier stehe, und Sie anhöre." (B 3, S. 456)[102] Signatur des Lasters ist dabei nicht die Sinnlichkeit und Körperlich-

---

100 Vgl. Anti-Sénèque: „Qu'importe qu'un homme soit vicieux, s'il passe pour vertueux, et que la Société n'en souffre point?" (La Mettrie: Discours sur le bonheur [Anm. 8], S. 146, Abschnitt 84; AS 48) Es folgt (Abschnitt 85) die Personifikation der Tugend als einer „vieille laide" und Hure: jenes Bild, das Lessing in dem Fragment *Aus einem Gedichte über die menschliche Glückseligkeit* aufgreift, wenn er die „Wahrheit" als Dirne personifiziert: „Sie, die der Dirne gleicht, die ihre Schönheit kennt, / Und jeden an sich lockt, und doch vor jedem rennt. / [...] / Ein Zweifler male sich ihr Bild in diesen Zügen!" (B 2, S. 646)
101 Gisbert Ter-Nedden erkennt in dieser Passage den antiken Topos der *quinque lineae amoris* und stellt sie in eine Reihe mit Lessings vorurteilsfreien Äußerungen zur Sexualität: Der Kino-Effekt des Briefromans. Zur Mediengeschichte der Empfindsamkeit am Beispiel von Richardsons *Clarissa* und Lessings *Miss Sara Sampson*. In: Lessing im Kontext des europäischen Theaters. Vortragsreihe vom 8. März bis 19. April 2012. Hg. v. Helmut Berthold. Wolfenbüttel 2012, S. 35–88, hier S. 78–82. Der von uns (erstmals) hergestellte Bezug zu La Mettrie und zu Ovids *Ars amatoria* (s. u.) rückt Marwoods „Wollust" allerdings in einen anderen Kontext. Vgl. auch Anm. 108.
102 Ähnlich bereits B 3, S. 452.

keit der Liebe, sondern die Unersättlichkeit der geweckten Begierde – ganz so, wie Lessing die „Wollust" anlässlich seiner Kritik an Ovid charakterisiert und von der personalen „Liebe" abgrenzt (s.o. S. 318). Nicht nur, dass Marwood auf die zahlreichen Seitensprünge Mellefonts verweist, die der Steigerung des Vergnügens durch Abwechslung dienten, sondern sie legt auch die Beziehung zu Sara nach diesem Muster aus. Sie spricht vom „Paroxysmo", von der Fieberhitze einer neuen Leidenschaft (B 3, S. 454; vgl. auch S. 506), die sich schnell wieder legen werde. Sir William befürchtet das Nämliche:

> Denn wer weiß, ob er seine Marwoods und seine übrigen Creaturen eines Mädchens wegen wird aufgeben wollen, das seinen Begierden nichts mehr zu verlangen übrig gelassen hat, und die fesselnden Künste einer Buhlerin so wenig versteht? (B 3, S. 468)

Zahlreiche Resonanzen zwischen dem Verhalten der Marwood und Ovids *Ars amatoria* bestätigen ihre Konturierung als Verführerin zu derjenigen „Wollust", die Lessing für gefährlich und zerstörerisch hält. Solche Resonanzen sind die aktive Rolle der Frau beim Liebesgenuss,[103] die Bevorzugung der reifen, sexuell erfahrenen Frau bei Ovid,[104] die Ausnutzung der pekuniären Freigebigkeit des Liebhabers seitens der Geliebten,[105] das Einstudieren gefälliger Mienen.[106] Auch den Rat Ovids, parallele Liebesverhältnisse des Partners zu dulden und aus ihnen sogar Kapital zu schlagen, hat Marwood offenbar klug genutzt[107] – bis zu dem Augenblick, in dem ernstliche, gut begründete Eifersucht sie ergreift. Und siehe da: Wie Adrast nicht nach seinen materialistischen Maximen leben kann, so versagt das libertine ‚System' der Marwood vor der Lebenswirklichkeit. Ovid warnt vor der Raserei der Eifersucht, welche die Regeln des Liebesspiels durchbreche, zwei Mal stellt er Medea als abschreckendes Beispiel vor Augen.[108] Doch

---

103 Vgl. Ars amatoria (Anm. 91), Liber secundus, V. 683 ff. (S. 102/104); Liber tertius, V. 769 ff. (S. 160/162).
104 Vgl. ebd., Liber secundus, V. 675 ff. (S. 102/104).
105 Ovids Warnung davor: Ebd., Liber primus, V. 419 ff. (S. 32/34). Mellefont dagegen fällt auf Marwoods nur fingierte Großzügigkeit herein: B 3, S. 454–455; S. 460.
106 Ebd., Liber tertius, V. 499 ff. (S. 142). Vgl. B 3, S. 450 f. (II, 2).
107 Ars amatoria (Anm. 91), Liber secundus, V. 436 ff. (S. 86/88), V. 539 ff. (S. 94). Vgl. B 3, S. 452–454.
108 Ars amatoria (Anm. 91), Liber secundus, V. 101 (S. 64), V. 381 f. (S. 82). – Im Rahmen seiner These, *Miß Sara Sampson* sei eine modernisierte *Medea*, lenkt Ter-Nedden (Lessings Trauerspiele. Der Ursprung des modernen Dramas aus dem Geist der Kritik. Stuttgart 1986 [= Germanistische Abhandlungen 57], S. 20 u. 252, Anm. 35) den Blick auf Ovids *Metamorphosen* und hier auf die *Rache der Prokne*. Die Bezüge zu *Ars amatoria* sieht er nicht; damit entgeht ihm auch die Kritik Lessings an Ovid (und an Marwoods „Wollust").

angesichts der drohenden Gefahr, Mellefont zu verlieren, kann Marwood ihre Eifersucht nicht bezwingen, sie läuft Ovid aus der Schule und verwandelt sich in eine „neue Medea" (B 3, S. 464), wird zur Mörderin ihrer Rivalin. Im Beziehungsgeflecht des bürgerlichen Trauerspiels mit seiner modernen Psychologie, heißt das, führt das Ausleben der „Wollust" zu moralischem und seelischem Bankerott.

„Sie sind eine wollüstige, eigennützige, schändliche Buhlerin" (B 3, S. 462): Und doch ist die Verteufelung der Marwood, die vor allem von Mellefont ausgeht, just die Haltung, die in dem Stück (fast) ebenso kritisiert wird wie die „Wollust" selbst.[109] Genugsam ist in der Forschung herausgearbeitet worden, dass zwar nicht der Gegensatz von „Tugend" und „Laster", wohl aber die starre Opposition von tugend- und lasterhaften Charakteren in dem Stück unterlaufen wird und dass in dieser Suspension eindeutiger Urteile und Verurteilungen die „Zumutung" liegt, die *Miß Sara Sampson* für das zeitgenössische Publikum bedeutet habe.[110] Das in unserem Zusammenhang wichtigste Argument ist dabei dasjenige der Ähnlichkeit zwischen Sara und Marwood (Saras Traum: B 3, S. 442). Der Grund dieser Ähnlichkeit, über den viel geschrieben wurde, ist die Unmöglichkeit, zwischen „Liebe" und „Wollust" trennscharf zu differenzieren, das heißt die Ambivalenz der ‚tugendhaften' Liebesleidenschaft.[111] Dass Mellefont sich selbst betrügt, wenn er seine Liebe zu Sara für anders und „besser" hält als seine früheren Beziehungen, dafür werden in dem Stück zahlreiche Hinweise gegeben.[112] Das solchermaßen Schwankende seines Charakters wirft jedoch auch ein bezeichnendes Licht auf Sara: Sie, die ihren Mellefont nur mit „den Augen der Liebe" betrachtet (B 3, S. 444), liebt an ihm den erotischen Zauber, die Verführungskraft; diesen

---

109 Mellefont hat am wenigstens das Recht zu solchen Beschimpfungen, da er den eigenen Beitrag zu ihrem Liebesverhältnis völlig ableugnet. Marwood erkennt in den Beschimpfungen, mit denen Mellefont sie überhäuft, ganz richtig den „theologischen" Einschlag; den Trennungsbrief mit seinen „theologischen" Beschuldigungen könne nur ein „Quäcker" geschrieben haben, so ihr spöttischer Kommentar (B 3, S. 454).
110 Für Multhammer (Lessings *Rettungen* [Anm. 96], zu *Miß Sara Sampson*, S. 310–326) ist die „Gerechtigkeit", die die Dramaturgie des Stücks beherrsche, religionsphilosophisch ein Novum und rezeptionsästhetisch eine „Zumutung" (S. 326), da sie eine „Unsicherheit, wie man sich die Schicksale der Figuren zu erklären habe" (ebd.), erzeuge. – Eine Übersicht zur Auslegungstradition siehe Fick: Lessing (Anm. 70), S. 148–155; ergänzend Multhammer: Lessings *Rettungen* (Anm. 96), S. 310, Anm. 86.
111 Vgl. Peter Michelsen: Die Problematik der Empfindsamkeit. Zu Lessings *Miß Sara Sampson*. In: Ders.: Der unruhige Bürger. Studien zu Lessing und zur Literatur des 18. Jahrhunderts. Würzburg 1990, S. 163–220 (1. Auflage 1981). – Zur Ähnlichkeit zwischen Sara und Lady Marwood siehe Ter-Nedden: Lessings Trauerspiele (Anm. 108), S. 48 f. u. 98–107; Fick: Lessing (Anm. 70), S. 156.
112 Dazu ausführlicher: Fick: Lessing (Anm. 70), S. 156. – Vgl. Mellefonts Monolog IV, 2 (B 3, S. 489 f.).

Spiegel hält ihr Marwood in dem Rivalinnen-Gespräch vor (IV, 8). Ergänzend rückt Marwood ihr eigenes Bild zurecht, indem sie ihre Treue und ihre Verdienste um Mellefont hervorhebt (B 3, S. 502–505). Ihre Geschichte lässt sich dabei weder beweisen noch widerlegen, sie vervielfältigt für den Zuschauer die Deutungsmöglichkeiten.

Lessing ersetzt in seinem bürgerlichen Trauerspiel die Kontrastierung tugend- und lasterhafter Figuren durch das Konzept der ‚gemischten Charaktere'; Marwood, so die dramatische Analyse, ist nicht ‚von Natur' böse, sondern wird böse gemacht. Gleichzeitig erweist sich erneut, wie weit Lessing die ‚anthropologische Achsendrehung' mitgeht: Die Figurenführung deckt die Schwäche des Willens zum Guten auf, seine Abhängigkeit von Trieben, Affekten, Lebensgewohnheit (Mellefont). Die sterbende Sara konstatiert den Einfluss des körperlichen Zustands auf die Neigung zur Tugend: „Ach, Mellefont, warum sind wir zu gewissen Tugenden bei einem gesunden und seine Kräfte fühlenden Körper weniger, als bei einem siechen und abgematteten aufgelegt?" (B 3, S. 516) Die Zuordnung der Liebe-Wollust-Thematik zum ‚La Mettrie-Komplex' des frühen Lessing erlaubt dabei die Schlussfolgerung: Wenn Lessing in dem Stück die christliche Praxis der Vergebung und Duldung als Antwort auf die Fragilität der *conditio humana* empfiehlt, so lässt sich darin auch eine Antwort auf La Mettries ‚materialistischen Humanismus' erkennen. Duldung: Um Milde selbst für die zur Mörderin gewordene Marwood wird geworben; Sara hintertreibt ihre Auslieferung an die weltlichen Gerichte. Bürgerliche Normen von Sittlichkeit und kindlicher Gehorsamspflicht werden überschritten, wenn Sir William bekennt, er wolle lieber „von einer lasterhaften Tochter, als von keiner, geliebt sein", alle „Verbrechen" wolle er ihr verzeihen (B 3, S. 434). Saras „Sündenfall" (Ter-Nedden) andererseits besteht in der Selbstgerechtigkeit, mit der sie sich über Marwood erhebt – moralischer Rigorismus erscheint als Verhärtung. Der Verweis auf die Barmherzigkeit Gottes (Waitwell: III, 3), an der sich die Menschen orientieren sollen, ist der konsequente Ausweg, der sich bietet, wenn weder das Axiom vom angeborenen Gewissen aufgegeben werden soll noch die Zuversicht besteht, dass der Mensch, affektgesteuert und triebgebunden wie er ist, immer diesem seinem Gewissen gemäß werde handeln (können). Gleichzeitig jedoch verwirft Lessing die orthodoxen Auffassungen vom göttlichen Zorn, Gericht und ewiger Verdammung – jene Auffassungen, die La Mettrie und mit ihm alle Aufklärer als vornehmste Quelle von innerem Zwang und gesellschaftlicher Intoleranz ablehnen. In ihrer Sterbestunde vertraut Sara auf die Vergebung Gottes, *ohne* von ihrer ‚sündigen', sinnlichen Liebe zu Mellefont abzulassen, ohne ihren Eigenwillen aufzugeben und ‚umzukehren'. In allem muss ihr vielmehr der Vater, der irdische wie der himmlische, ‚entgegenkommen' (vgl. B 3, S. 476): „Noch liebe ich Sie, Mellefont, und wenn Sie lieben ein Verbrechen ist, wie schuldig werde ich in jener Welt erscheinen!" (B 3, S. 524)

Und schließlich setzt sich Sir William mit seiner Anordnung, dass ein gemeinsames Grab seine Tochter und ihren Geliebten umschließen solle, deutlich über das kirchliche Verdammungsurteil des Selbstmords hinweg.

Beantworten wir zusammenfassend die eingangs gestellten Fragen nach der Verflechtung von Menschenbild (‚Bestimmung des Menschen') und Grenzziehung der Toleranz bei Lessing. Auf dem Theater, das den zeitgenössischen Sitten Rechnung tragen muss, thematisiert Lessing die „Wollust" nur im christlichen Horizont; und auch die Forderung nach transreligiöser Toleranz wird sich für ihn nicht mehr gegenüber einem atheistischen Außenseiter konkretisieren, sondern gegenüber deistischen Freidenkern (Reimarus) und bezüglich der Minderheit der Juden (*Nathan der Weise*). Nie wieder wird er, wie im *Freigeist*, einen Atheisten auf die Bühne stellen. Ist daraus mit Rainer Forst der Schluss zu ziehen, dass für Lessing ein – wie weit auch immer gefasster – Gottesglaube Voraussetzung für Toleranz ist?[113] Unsere Analysen zeigen etwas anderes: Dass Lessing von Anfang an La Mettrie nicht als Atheisten, sondern als „Wollüstler" und „Feind der Tugend" attackiert,[114] werten wir als Indiz dafür, dass er Toleranz nicht an die Weltanschauung und religiöse Überzeugung bindet, sondern an das Bekenntnis zum Sittengesetz, zur Gültigkeit ethischer Normen. So bejaht er in den „Literaturbriefen" die Frage, ob Atheisten tugendhafte Mitglieder der Gesellschaft sein könnten, mit dem Argument der angeborenen „natürlichen Rechtschaffenheit", die der Religion *voraus*liege.[115] Die in der Erziehungsschrift angemahnte Freiheit der Spekulation (§§ 78–80), die noch nie der bürgerlichen Gesellschaft geschadet habe (sondern nur deren Unterdrückung), dürfte deshalb umfassend gemeint sein. Den Religionsspöttern gegenüber macht sich Lessing allerdings immer wieder zum Anwalt der Gläubigen (z. B. *Von Duldung der Deisten*); hier erfüllt seine Aktualisierung des Toleranzpotentials christlicher Überlieferung ihre in mehrfacher Hinsicht kritische Funktion. Dass die Verpflichtung des Menschen auf die Autonomie der Moral jedoch neue Grenzen der Toleranz erzeugt, wird am ‚Fall' La Mettrie manifest. Ob Lessing sich dessen bewusst geworden ist, muss offenbleiben. Sein Menschenbild jedoch, das skeptisch und optimistisch zugleich ist, zeigt einen Ausweg aus dem Dilemma an. Bei aller ‚realistischen' Einschätzung menschlicher Schwäche lehnt Lessing die Lehre vom radikal Bösen, der ursprünglichen Selbst-Sucht und dem ‚Verderbnis' der menschlichen Natur ab; nie, so sein Argument für den ‚gemischten Charakter', strebe der Mensch nach dem Bösen als solchem (*Hamburgische Dramaturgie*, 30. Stück; B 6, S. 331 f.). Dies gilt, wie Lessing im Komödienexperiment des *Freigeists* zeigt, selbst für denjenigen, der

---

113 Forst (Anm. 17), S. 405–409 (zur Ring-Parabel in *Nathan dem Weisen*).
114 Zum Gedicht „über die menschliche Glückseligkeit" siehe Anm. 19.
115 49. „Literaturbrief"; B 4, S. 602–609, hier S. 606. Vgl. auch den 106. Brief; B 4, S. 725–733.

mit seinem Intellekt gegenteilige Positionen vertritt. Das Zugeständnis der guten Absichten (Motivation) auch bei Irrtümern und Fehlern (Spekulation) wird zu Lessings Prinzip der Toleranzausübung *par excellence*. Noch nie habe ein Mensch aus bösem Willen geirrt; die guten Absichten müssten Lessing seine Kontrahenten zubilligen, so begründet er mehrfach sein Recht auf Toleranz im Fragmentenstreit.[116] Es ist das gleiche Prinzip, das er in den „Rettungen" zur Geltung bringt: In Konstellationen, die zur Verleumdung der einen und Verklärung der anderen Partei geführt haben, deckt er die ‚gemischten' Motive der beteiligten Akteure auf.[117] Die Rettung, Lessings spezifischer, aus dem gelehrten Studium erwachsender „Denkstil" (Multhammer), erweist sich so als ein Propädeutikum für Toleranz.

Der erste Schriftsteller, dem gegenüber Lessing in die Rolle des Verteidigers schlüpft, ist ein Autor, der *auch* als Verfasser erotischer und obszöner Gedichte brillierte, Jean-Baptiste Rousseau (B 2, S. 34, 37 sowie 75 f.).[118] Noch in den *Rettungen des Horaz* erinnert Lessing an den unglücklichen Franzosen, ihn vor dem Vorwurf der Ausschweifung in Schutz nehmend:

> Man soll den *Rousseau* einsmals gefragt haben, wie es möglich sei, dass er eben sowohl die unzüchtigsten Sinnschriften, als die göttlichsten Psalme machen könne? *Rousseau* soll geantwortet haben: er verfertige jene eben sowohl ohne Ruchlosigkeit, als diese ohne Andacht. Seine Antwort ist vielleicht zu aufrichtig gewesen, obgleich dem Genie eines Dichters vollkommen gemäß. (B 3, S. 186)

Schließlich scheint Lessing daran gedacht zu haben, das Toleranzprinzip der „Rettung" gerade auf denjenigen anzuwenden, der den Glauben an ‚das Gute' im Menschen bestritten hatte, auf La Mettrie. Der Nachruf, den (mutmaßlich) Lessing verfasste, lässt bedauern, dass die angekündigte Lebensbeschreibung (B 2, S. 259) nie ausgeführt wurde. Jedenfalls ist der Nachruf bei aller makabren guten Laune voller Respekt vor der Konsequenz des Atheisten, der im Tode nicht

---

116 „Wann *sie* [die ungeschickten Verteidiger der Religion] nicht ihre Absichten schützen sollen, was wird *mich* schützen, wenn ich das Ziel eben so weit verfehle?" (B 8, S. 315; Hervorh. im Orig.); in der *Duplik* streitet Lessing gegen den Vorwurf „mutwilliger Verstockung": „daß es schlechterdings nicht wahr ist, daß jemals ein Mensch wissentlich und vorsätzlich sich selbst verblendet habe" (B 8, S. 509).
117 In seiner umfassenden Analyse und Kontextualisierung der „Rettungen" arbeitet Multhammer (Lessings *Rettungen* [Anm. 96]) als deren Ethos das Bestreben heraus, an die Nachwelt ein *gerechtes* Urteil zu überliefern; Gerechtigkeit und Unparteilichkeit seien das Prinzip ihres Denkstils. Der von uns betonte Aspekt lässt sich dem ohne weiteres zuordnen.
118 Dazu auch Claus: Lessing und die Franzosen (Anm. 5), S. 137–140.

widerruft[119] – womöglich spielt Lessing an auf die viel gelesenen *Betrachtungen über diejenigen Grossen Leute welche im Scherzen gestorben*,[120] eine Schrift, die der Haltung La Mettries wesensverwandt ist –; metaphorisch elegant und zugleich exakt charakterisiert er die materialistischen „Lehrbegriffe", wobei er Überschneidungen mit der eigenen Denkungsart salopp konzediert: „und sie [die Seele La Mettries] hat sich über nichts betrübt, als daß das Uhrwerk ihres Lebens ins Stecken geraten, ehe es noch abgelaufen war. Man sieht wohl, daß wir hier halb nach seinem halb nach unserm Lehrbegriffe reden." (B 2, S. 258) Er verteilt Lob und Tadel: Ein guter Mediziner und gewandter Schriftsteller sei La Mettrie gewesen, auch böse Eigenschaften habe er besessen – doch: *de mortuis nil nisi bene.* Eine umfänglichere Darstellung des Verstorbenen als eines ‚gemischten Charakters' behält er sich für den geplanten biografischen Essay vor – in der Tat wäre der nicht tolerierte Außenseiter der Aufklärung der ideale Gegenstand einer lessingschen „Rettung" gewesen.

---

119 So auch Ursula Goldenbaum: Im Schatten der Tafelrunde: Die Beziehungen der jungen Berliner Zeitungsschreiber Mylius und Lessing zu französischen Aufklärern. In: Berliner Aufklärung. Kulturwissenschaftliche Studien 1 (1999), S. 69–100, hier S. 81–82.
120 André François Boureau Deslandes: Réflexions sur les grands hommes qui sont morts en plaisantant. Amsterdam 1712: vgl. Guthke (Anm. 82), S. 18. Deutsche Übersetzung: Frankfurt und Leipzig 1747.

Gideon Stiening
Toleranz zwischen Geist und Macht

Was Lessing von Voltaire lernte

Neben den kontroversen Formierung von Grundlagentheorien zum Begriff und der Idee der Toleranz sowie deren konkreter Kontur in Bezug auf Religionskonflikte sah sich die europäische Aufklärung mit dem Problem der praktischen Verwirklichung jenes zumeist moralischen Postulats der Duldung abweichender Überzeugungen und deren empirischen Konsequenzen konfrontiert. Wiesen die Antworten auf den ersten, fundamentaltheoretischen Komplex große systematische Diversitäten auf, die von der Toleranz als temporalem ‚Deal‘[1] über deren Verständnis als ‚Überwindung der Intoleranz‘[2] oder einer streng begrenzten Duldung[3] bis hin zur Kritik toleranter Haltung als „hochmütiger" Geste reichte,[4]

---

1 Diese Form des Umgangs mit religiöser Devianz zu gegenseitigem Vorteil in anderer Hinsicht, die mit Toleranz als einer Akzeptanz der Abweichung *als Abweichung* nicht verwechselt werden darf, lässt sich mit der Haltung der theologischen Fakultät des *Trinity College* in Cambridge gegenüber Issac Newtons Antitrinitarismus verbinden; Newton erhielt 1675 eine Dispens von der an sich für seine Professur erforderlichen Verpflichtung, die Weihen als Priester zu empfangen, weil die Fakultät um die wissenschaftliche Ausnahmestellung ihres Mitglieds wusste und um ihren Ruf bangen musste, wenn sie dieses ‚Genie‘ entließ. Newton hingegen, der seine Kollegen für verdammungswürdige Häretiker hielt, akzeptierte einen Umgang mit ihnen, um seinen wissenschaftlichen Interessen nachgehen zu können. Keine der beiden Seiten tolerierte tatsächlich die religiöse Position der anderen, man ging vielmehr einen Handel zu gegenseitigem Nutzen ein; vgl. hierzu u. a. Stephen David Snobelen: Isaac Newton, Socianism and „The one supreme God". In: Socinism and Arminianism. Hg. v. Martin Mulsow u. Jan Rohls. Leiden/Boston 2005 (= Brill's studies in intellectual history 134), S. 241–298.
2 Diese – auf der Prämisse der Geltung einer einheitlichen ‚Religion der Vernunft‘ basierenden – Konzeption wurde prominent von Voltaire vertreten, vgl. hierzu auch meine Ausführungen weiter unten.
3 Das gilt natürlich für John Locke, der in seinem schnell zum Standardtext der Debatte avancierenden *A Letter concerning toleration* (1689) die Grenzen der Toleranz eng absteckte; vgl. John Locke: Ein Brief über die Toleranz. Englisch-deutsch. Übersetzt, eingeleitet und in Anmerkungen erläutert von Julius Ebbinghaus. Hamburg ²1966.
4 So bekanntermaßen Immanuel Kant in *Was ist Aufklärung?* In: Ders.: Was ist Aufklärung? Ausgewählte kleine Schriften. Mit einem Text zur Einführung von Ernst Cassirer hg. v. Horst D. Brandt. Hamburg 1999, S. 26: „Ein Fürst, der es seiner nicht unwürdig findet, zu sagen: daß er es für *Pflicht* halte, in Religionsdingen den Menschen nichts vorzuschreiben, sondern ihnen darin volle Freiheit zu lassen, der also selbst den hochmüthigen Namen der *Toleranz* von sich ablehnt: ist selbst aufgeklärt, und verdient von der dankbaren Welt und Nachwelt als derjenige gepriesen zu werden, der zuerst das menschliche Geschlecht der Unmündigkeit, wenigstens von Seiten der

so zeigte das zweite, religionspolitische Problemfeld, aus dem die allgemeinen Überlegungen zur Toleranz seit der Frühen Neuzeit erwuchsen,[5] dass die Forderung der Duldung religiöser Devianz zumeist eng begrenzt war, bisweilen gar als Instrument in religionspolitischen Kontroversen verwendet wurde.[6] Nicht nur für John Locke verbindet sich mit dem Postulat notwendiger Toleranz ohne größere subjektive Schwierigkeiten deren Ungültigkeit gegenüber dem Atheismus und dem Katholizismus.[7] Waren in den meisten anderen Fällen interkonfessionelle Toleranzpostulate – weil Grund und Zweck der Debatte – noch vorstellbar, so endete die Duldungsfähigkeit und damit der Willen zur Toleranz zumeist an den Grenzen der christlichen Religion: Hier zeigte sich die interkonfessionelle Toleranz als Instrument der interreligiösen Intoleranz.[8]

Regierung, entschlug, und Jedem frei ließ, sich in allem, was Gewissensangelegenheit ist, seiner eigenen Vernunft zu bedienen." Kant unterscheidet also deutlich, was in den Toleranzdebatten vor ihm häufig ununterschieden blieb: Indifferenz gegenüber religiösen Unterschieden einerseits und die Haltung der Toleranz gegenüber einer abweichenden Position andererseits. Der politische Herrscher bedarf der Toleranz nach Kant *nicht*, weil er in seiner Position gegenüber jeder Religion Indifferenz zu beweisen hat. Vgl. hierzu Rainer Forster: Toleranz, Glaube und Vernunft. Bayle und Kant im Vergleich. In: Kant und die Zukunft der europäischen Aufklärung. Hg. v. Heiner F. Klemme. Berlin/New York 2009, S. 183–209. Eine ähnlich kritische Haltung nimmt Goethe ein, wenn er schreibt: „Toleranz sollte eigentlich nur eine vorübergehende Gesinnung sein: sie muß zur Anerkennung führen. Dulden heißt beleidigen." (Johann Wolfgang von Goethe: Maximen und Reflexionen. In: Ders.: Werke. Hamburger Ausgabe. Hg. v. Erich Trunz u. a. München 1988, Bd. XII, S. 385)

5 Dass die Möglichkeiten und Notwendigkeiten der Toleranz weiter greifen – z. B. auf kulturelle, soziale oder politische Unterschiede – und doch vor allem in religionspolitischer Hinsicht seit der frühen Neuzeit reflektiert wurden, zeigt Rainer Forst: Toleranz im Konflikt. Geschichte, Gehalt und Gegenwart eines umstrittenen Begriffs. Frankfurt am Main 2003, S. 153 ff.

6 Vgl. hierzu und zum Folgenden Julius Ebbinghaus: Einleitung. In: Locke: Ein Brief über die Toleranz (Anm. 3), S. XIII–LXIV.

7 Vgl. hierzu auch Dirk Brantl: John Locke über die Gründe und Grenzen der Toleranz. In: Philosophie, Politik und Religion. Klassische Modelle von der Antike bis zur Gegenwart. Hg. v. Dirk Brantl, Rolf Geiger u. Stephan Herzberg. Berlin 2013, S. 145–162. Dass diese Grenze der Toleranz gegenüber dem Atheismus auch solch ansonsten liberale Existenzen wie Mendelssohn vertraten, lässt sich nachlesen in Moses Mendelssohn: Jerusalem oder über religiöse Macht und Judentum. In: Ders.: Ausgewählte Werke. Studienausgabe. Hg. v. Christoph Schulte, Andreas Kennecke u. Grażyna Jurewicz. 2 Bde. Darmstadt 2009, Bd. II, S. 153.

8 Vgl. hierzu auch Horst Dreitzel: Toleranz und Gewissensfreiheit im konfessionellen Zeitalter. Zur Diskussion im Reich zwischen Augsburger Religionsfrieden und Aufklärung. In: Religion und Religiosität im Zeitalter des Barock. Hg. v. Barbara Becker-Cantarino, Heinz Schilling u. Walter Sparn. Wiesbaden 1995 (= Wolfenbütteler Arbeiten zur Barockforschung 25,1), Bd. 1, S. 115–128; Hanspeter Marti: Konfessionalität und Toleranz. Zur historiographischen Topik der

Nahezu allen Facetten des allgemeinen ebenso wie des besonderen, religionspolitischen Toleranzbegriffes ist allerdings gemeinsam, dass ihnen stets ein Moment zukam, das auf die Formen ihrer Verwirklichung abzielte. Als normativer Begriff einer moralisch-praktischen Vernunft drängte ‚die Toleranz' zu Reflexionen über ihre Realisation, die sich hinsichtlich der begrifflichen Grundlagen, aber auch der je empirischen Bedingungen unterschieden und unterscheiden mussten. Eine Praxis, die die Toleranz als Abwesenheit von Intoleranz begreift, sieht anders aus als eine solche, die sich um eine relative Duldung religiöser Alterität bemüht. Doch wie immer differenziert: das Theorie-Praxis-Problem war den aufklärerischen Toleranzdebatten seit Locke *a priori* eingeschrieben.[9] Der Praxisdruck der praktischen Vernunft verschärfte sich in Zeiten der Aufklärung allein deshalb, weil sich diese intellektuelle und soziale ‚Bewegung' die Ordnung der gesellschaftlichen und staatlichen Praxis nach Maßgabe vernünftiger Kriterien in ihr Programm geschrieben hatte – ohne den Übergang von der Theorie zur Praxis durch religiöse Postulate oder Einübungen von Gewohnheiten zu gewährleisten.[10] Nicht erst die Popularphilosophie der Spätaufklärung war davon überzeugt, dass der zwanglose Zwang des besseren Argumentes tatsächlich Wirklichkeit verändern, und d. h. hier verbessern könne, was u. a. voraussetzte, dass die Realität einer vernünftigen Ordnung fähig war.[11] Der praktischen Notwendigkeit religiöser Toleranz, die spätestens seit Jean Bodin und den sogenannten *politiques* als politische Notwendigkeit erkannt worden war, ohne dass sich diese Einsicht hätte durchsetzen können,[12] korrespondierte die theoretische Möglichkeit einer vernünftigen

---

Frühneuzeitforschung. In: Diskurse der Gelehrtenkultur in der frühen Neuzeit. Hg. v. Herbert Jaumann. Berlin/New York 2010, S. 409–439.

9 Dieser Praxisdruck bestand natürlich auch zuvor, und zwar deshalb, weil nahezu jede Debatte über die Möglichkeiten und Grenzen der Toleranz aus empirischen Problemlagen erwuchs, auf die zurück gewirkt werden sollte; so die berühmte Schrift Sebastian Castellios *De haereticis*. In der Aufklärung wuchs jedoch dieser Druck auf und zur Praxis, weil es zum allgemeinen Programm von Aufklärung gehörte, die gesellschaftliche und staatliche Praxis nach Maßgaben der Vernunft zu reorganisieren; Theorie sollte hier nicht nur rekonstruieren oder reflektieren, sie sollte Moment einer Praxis sein.

10 Zu diesem spezifisch aufklärerischen Verständnis des Theorie-Praxis-Verhältnisses vgl. Ernst Cassirer: Die Philosophie der Aufklärung. Tübingen ³1973, S. 1–47; Barbara Stollberg-Rilinger: Europa im Jahrhundert der Aufklärung. Stuttgart 2000, S. 165 ff.; Valérie Kobi (Hg.): De la théorie à l'action. Les savoir et leur mise en œuvre au siècle des Lumières. Paris 2011.

11 Vgl. hierzu Gideon Stiening: Von Despoten und Kriegern. Literarische Reflexion auf den *sensus communis politicus* bei Christoph Martin Wieland und Johann Karl Wezel. In: Denken fürs Volk. Popularphilosophie vor und nach Kant. Hg. v. Christoph Binkelmann u. Nele Schneidereit. Würzburg 2015 (= Kultur – System – Geschichte 6), S. 35–56.

12 Vgl. hierzu Forst: Toleranz im Konflikt (Anm. 5), S. 181–187.

Ordnung der Welt auch in den Fragen dogmatischer Religion. Erschwert wurde die Annahme dieser Voraussetzung nicht nur durch die schiere Pluralität von je für sich den Anspruch auf Alleinvertretung erhebenden Religionen, sondern auch durch die einen hemmungslosen Voluntarismus realisierenden absolutistischen Staatsmodelle, deren herrschaftliche Willkür nicht an die Gesetze und Regeln der Vernunft gebunden sein sollte, gerade um ihre Geltung zu garantieren.[13] Es gehörte zu den bleibenden Einsichten einer Staatstheorie und -räsonlehre, dass der absolutistische Princeps über den vernünftigen Regeln des Rechts, d. h. über den Gesetzen stehen musste, um deren Geltung zu garantieren.[14] Wie also sollte im Rahmen solcherart Staatsgebilde das als vernünftig bzw. als vernunftgemäß erkannte Postulat der Toleranz der Religionen gegeneinander realisiert werden können?

Einer der Wege, den Geist der Vernunft mit der Willkür der Macht – wenn nicht zu versöhnen, so doch – zu vermitteln, bestand seit der Antike in der Unterrichtung des Herrschers (und damit dessen potenzielle Ersetzung) durch einen Philosophen.[15] In der Mitte des 18. Jahrhunderts – gleichsam am Scheitelpunkt der Aufklärung – konnte ganz Europa einen erneuten Versuch dieser Vermittlung von Geist und Macht beobachten: Denn mit dem Eintreffen Voltaires in Berlin[16] traf der König der Philosophen auf den Philosophen unter den Königen und in dieser Konstellation erschien die Bindung der Macht an den Geist tatsächlich realisierbar. Lessing hat diesen Kulminationspunkt der Aufklärung und das jäm-

---

13 Vgl. hierzu Gideon Stiening: Das Recht auf Rechtlosigkeit. Arnold Clapmarius' *De Arcanis rerumpublicarum* zwischen politischer Philosophie und Klugheitslehre. In: Nürnbergs Hochschule in Altdorf. Beiträge zur frühneuzeitlichen Wissenschafts- und Bildungsgeschichte. Hg. v. Hanspeter Marti u. Karin Marti-Weissenbach. Wien/Köln/Weimar 2014, S. 191–211.
14 So treffen sich in dieser Einsicht die ansonsten deutlich divergierenden Staatstheorien des Francisco Suárez und des Thomas Hobbes; vgl. hierzu Francisco Suárez: De legibus ac Deo legislatore. Liber III./Über die Gesetze und Gott den Gesetzgeber. Buch III. Hg., eingeleitet und ins Deutsche übersetzt v. Oliver Bach, Norbert Brieskorn u. Gideon Stiening. 2 Bde. Stuttgart-Bad Cannstatt 2014 (= PPR I,7), Bd. II, S. 322 ff. (DL III. 35); Thomas Hobbes: Leviathan. Ed. by Richard Tuck. Cambridge 1991, S. 121–129 (Kap. 18); vgl. auch Samuel Pufendorf: De officio. Hg. v. Gerald Hartung. Berlin 1997, S. 76 (II. 9. 3).
15 Vgl. hierzu u. a. Robert Spaemann: Die Philosophenkönige. In: Platon: Politeia. Hg. v. Otfried Höffe. Berlin 2011, S. 121–133.
16 Aus der Fülle der Darstellungen dieser berühmten Episode der Aufklärung seien hier nur herausgegriffen: Christiane Mervaud: Voltaire et Frédéric II: une dramaturgie des lunières, 1736–1778. Oxford 1985; Jürgen von Stackelberg: Voltaire und Friedrich der Große. Hannover 2013 (= Aufklärung und Moderne 31).

merliche Scheitern dieses Versuches aus der Nähe miterlebt,[17] und er scheint für seinen *Nathan* einige Schlüsse aus dessen Ergebnissen gezogen zu haben.

1 Geist und Macht I: Politik

Alle Überlegungen zum historischen Thema ‚Voltaire in Berlin' führen unmittelbar zum systematischen Komplex ‚Geist und Macht'.[18] Diese Verbindung enthielt im Falle des Zusammentreffens zwischen Voltaire und Friedrich II. von Preußen eine Komplexität, die diesem an sich mehr politisch attraktiven als wissenschaftlich schwierigen Thema eine interessante Note verschafft, denn die in der Konstellation Voltaire – Friedrich aufgeführte Variante des Themas enthält auf beiden Seiten in je unterschiedlicher Gewichtung die Fähigkeit und Befähigung zu ‚*Macht und* Geist': Denn einerseits gelang es Friedrich, Voltaire an seinen Hof zu ziehen, nur weil er sich geistvoll gab und von Voltaire als geistvoll wahrgenommen wurde. So hält der Philosoph noch in seinen 1759 geschriebenen, erst 1784 veröffentlichten *Denkwürdigkeiten* fest: „Die Tafelrunden waren sehr angenehm. Ich weiß nicht, ob ich mich täusche; aber es scheint mir, dass es sehr geistvoll dabei zuging; *denn der König hatte Geist und regte zu Geist an*; [...]."[19]

Andererseits ließ sich Voltaire an Friedrichs Hof nur ziehen, weil er sich nicht nur zum Geist, sondern auch zur Macht befähigt sah und gerne und tatsächlich kompetent auf Ihrem Felde intrigierte.[20] Geist und Macht gingen also in beiden Protagonisten dieses Aufklärungsversuches um 1750 eine je spezifische Korrelation ein, die ein Aufeinandertreffen, gar eine Kooperation möglich und wünschenswert erscheinen ließen. Die Perspektive auf Voltaire in Berlin und Potsdam ist im Hinblick auf das Thema der Durchsetzung von Toleranz, für deren Begründung und praktische Verwirklichung im 18. Jahrhundert Voltaire bis heute steht,[21]

---

17 Vgl. hierzu Hugh Barr Nisbet: Lessing. Eine Biographie. München 2008, S. 127–133.
18 Vgl. u. a. Brunhilde Wehinger (Hg.): Geist und Macht: Friedrich der Grosse im Kontext der europäischen Kulturgeschichte. Berlin 2005.
19 Voltaire: Denkwürdigkeiten aus dem Leben des Herrn de Voltaire, aufgezeichnet von ihm selbst. In: Ders.: Sämtliche Romane und Erzählungen. Mit einer Einleitung hg. v. Victor Klemperer. Frankfurt am Main 1976, S. 39–116, hier S. 80 (Hervorh. d. Verf.).
20 Vgl. hierzu u. a. Jean Orieux: Das Leben des Voltaire. Aus dem Franz. v. Julia Kirchner. Frankfurt am Main 1994, S. 159 ff. u. ö.
21 Vgl. hierzu von Stackelberg: Voltaire und Friedrich der Große (Anm. 16), S. 12: „Kein Autor hat so viel für die Durchsetzung der Toleranz getan wie Voltaire, auch Lessing nicht. [...] Wer Voltaire sagt, sagt Toleranz." Man mag die plakative Manier solcher Sätze als unpassend empfinden; richtig an ihnen ist die enge sowohl zeitgenössische als auch darüber hinaus gültige Bindung der

also zugleich eine Betrachtung des Verhältnisses von Geist und Macht und wird daher die folgenden Überlegungen zur Toleranzthematik als *basso continuo* begleiten.

Das Zusammentreffen der beiden ‚Könige Europas'[22] im Jahre 1750 ist also nicht nur eine komplexe Verteilung beider rationalen Relata *Geist* und *Macht* in der empirischen Verbindung Voltaire und Friedrich. Voltaires Aufenthalt in Berlin und Potsdam ist auch und gerade deshalb eine Geschichte von großen Hoffnungen und großen Enttäuschungen, und zwar auf beiden Seiten, vor allem aber auf Seiten der interessierten Öffentlichkeit. Denn natürlich gab das Gipfeltreffen zwischen Geist und Macht um die Mitte des Jahrhunderts der Aufklärung Anlass zur Hoffnung auf eine tatsächliche Verwirklichung ihrer Ziele, d. h. auf eine Realisation ihrer politisch-praktischen Postulate in Bezug auf eine Vermittlung von Herrschaft und Geist in moralischer wie religionspraktischer, in sozial- wie in machtpolitischer Hinsicht. Nicht zuletzt richteten sich die Hoffnungen auf einen sozialen und politischen Bedeutungsgewinn der Künste,[23] denn immerhin galt für Voltaire wie für das Gros der deutschsprachigen Aufklärung: „Es gab keine Kunst, die er [Friedrich II.] nicht betrieb".[24]

Auch die beiden Protagonisten der ambitionierten Geschichte, Friedrich und Voltaire, verbanden mit dem Programm ihres gemeinsamen Agierens zunächst große Hoffnungen und erst hernach erhebliche Enttäuschungen. Friedrich hatte nämlich sehr darauf gehofft, durch die Bindung des um die Mitte des Jahrhunderts berühmtesten und bedeutendsten Philosophen Europas zumindest auf der Ebene der Hofkultur in die Riege der europäischen Großmächte aufzurücken.[25] Voltaire dagegen suchte nach einer Reihe von Enttäuschungen in Paris und Versailles neue Betätigungsfelder für seine tatsächlich hochpolitischen Interessen als oberster Berater, ja spiritus rector eines der vernünftigen Argumentation zugängigen souveränen Herrschers.[26]

Man sollte allerdings die Dimensionen bzw. die spezifischen Formen der politischen Beeinflussungskompetenz, die Voltaire vorschwebten, genau bestimmen: Wenn Johannes Kunisch festhält, dass es Voltaire mit seinem Gang nach

---

Toleranzdebatte an die intellektuellen und kulturpolitischen Leistungen Voltaires.
22 Vgl. hierzu die anschaulichen Formulierungen bei Orieux: Das Leben des Voltaire (Anm. 20), S. 429: „Europa hatte zu dieser Zeit zwei Könige, den König von Preußen und König Voltaire."
23 Vgl. hierzu ausführlich Hermann August Korff: Voltaire im literarischen Deutschland des 18. Jahrhunderts. Ein Beitrag zur Geschichte des deutschen Geistes von Gottsched bis Goethe. Heidelberg 1917, S. 170 ff.
24 Voltaire: Denkwürdigkeiten (Anm. 19), S. 68.
25 So Johannes Kunisch: Friedrich der Große. Der König und seine Zeit. München ²2004, S. 317 f.
26 Vgl. hierzu auch Stackelberg: Voltaire und Friedrich der Große (Anm. 16), S. 44 f.

François-Marie Arouet, genannt Voltaire (1694–1778) – Zeichnung aus dem *Dictionnaire philosophique* (Ausgabe 1843)

Berlin neben der fürstlichen Bezahlung auch um „die Möglichkeit" zu tun war, „auf der politischen Bühne die Rolle zu spielen, die ihm am Hofe Ludwigs XV. [...] verwehrt wurde",[27] dann muss man betonen, dass der Philosoph und Dichter keineswegs auf so etwas wie ‚Politberatung' abzielte. Zwar hatte noch Christian Wolff nur wenige Jahre vor Voltaires Eintreffen in Potsdam in seiner *Deutschen Politik* die Aufgaben der politischen Räte und deren Kollegien in ihren zugleich notwendigen Verpflichtungen äußerst zurückhaltend bestimmt, und war damit auf politisch-normativer Ebene den historischen Realien sehr nahe gekommen:

> Da nun nicht möglich ist, dass ein Landesherr so viel Verstand und Weisheit hat, dass er alles für sich zur genüge überlegen kann, oder, wenn er auch diese Gabe hätte, dennoch allein so viel nicht überlegen könnte, aus Mangel der Zeit, die dazu erfordert wird; so hat er andere Personen zu Gehilfen nötig, denen er gewisse Angelegenheiten entweder aus dem ganzen Land oder, wenn dasselbe zu weitläufig ist, nur aus gewissen Provinzen anvertraut, dass sie dieselben wohl überlegen, ihren Rat darüber mitteilen und zur Verordnung vortragen.[28]

Dieses Modell von politischer Beratung, das zudem auf Ressortaufteilung beruhte, begrenzt die willkürliche Macht des Fürsten nicht nur nicht – auch nicht durch Regeln der Vernunft –, es erweitert sie durch Kenntnisse, die ein Mensch allein nicht akkumulieren kann. Wolffs Räte sind weitgehend willenlose Experten, die der uneingeschränkten Entscheidungsgewalt des Princeps Vorschub leisten.

Dagegen basiert Voltaires Vorstellung und damit das einer bestimmten Aufklärung auf einem gänzlich anderen Verständnis der Aufgabenfelder und Kompetenzbereiche des philosophischen Experten. Es zielt auf ein mit dem Souverän gemeinsam nach den Regeln und Gesetzen der Vernunft zu verwirklichendes Gesetzgebungs- und Regierungshandeln ab. Voltaire wollte nicht beraten, er wollte als Königsphilosoph zusammen mit dem Philosophenkönig aus Potsdam Entscheidungen treffen, die als vernünftige – und damit theoretisch notwendige – ihre praktische Notwendigkeit erhielten durch den Willen des Souveräns.[29] In diesem Modell war der Philosoph nicht willenloser Berater, sondern der politische Souverän Ausführungsorgan seines vernünftigen Vordenkers. Sollte sich dieses Modell durchsetzen, dann war die gut begründbare Toleranz in religiöser und jeder anderen Hinsicht leicht und sicher durchzusetzen.

---

[27] Kunisch: Friedrich der Große (Anm. 25), S. 318.
[28] Christian Wolf: Vernünftige Gedanken von dem gesellschaftlichen Leben der Menschen und insonderheit dem gemeinen Wesen. „Deutsche Politik". Bearbeitet, eingeleitet und hg. v. Hasso Hofmann. München 2004, S. 439 f. (§ 492).
[29] Vgl. hierzu auch die Studie von Peter Gay: Voltaire's Politics: The Poet as Realist. New Haven ²1988.

Durch den Bezug auf das Konzept des ‚Philosophenkönigs'[30] sollte erkennbar geworden sein, dass es mit diesen Überlegungen zum Zusammentreffen zwischen Voltaire und Friedrich nicht um eine Psychologisierung der beteiligten Individuen geht. Ersichtlich und allseits bekannt war Voltaire eitel, habgierig und machtversessen; aber das ist für den vorliegenden Zusammenhang unwichtig. Entscheidend ist vielmehr, dass dieser Philosoph von europäischem Rang mit seinem Gang nach Berlin ein Selbstverständnis als politischer Aufklärer auch in religionspolitischer Hinsicht umsetzte, das zuvor nur bestimmten Fraktionen der politischen Theologie zu eigen war: So wollte beispielsweise Francisco de Vitoria 1539 – also gut 200 Jahre vor den Vorgängen in Potsdam – Karl V. im Hinblick auf das theologisch, religionspolitisch und ethisch drängende Problem der Indianerfrage[31] nicht politisch ‚beraten' – hier im Sinne eines Unterbreitens von Vorschlägen, die der Souverän nach willkürlichem Belieben annehmen oder ablehnen konnte.[32] Der Salmantiner Theologe wollte seinem Herrscher theologisch wohlbegründete Entscheidungsvorgaben machen, die der souveräne Wille nurmehr auszuführen hatte. Vitoria wollte Karl nicht ersetzten (das gilt ebenso für Voltaire in Bezug auf Friedrich); es bedurfte nach Auffassung des Theologen durchaus einer eigenständigen und eigenmächtigen politischen Willensinstanz, mithin eines politischen Souveräns; aber seine theologisch begründeten Vorgaben wollte er durchaus nicht debattiert sehen.[33]

Und ebenso Voltaire: Die Hoffnungen auf eine ‚Kooperation' mit dem Potsdamer Philosophenkönig hatten im Hinblick auf das Verhältnis von Geist und Macht ähnliche Konturen. Voltaire sah sich auf Augenhöhe mit dem der Vernunft

---

30 Aus der Fülle der Abhandlungen zu diesen Thema sei herausgegriffen: Wilhelm Schmidt-Biggemann: Souveränität und Recht bei Friedrich II. oder von der Schwierigkeit, in der Neuzeit ein Philosophenkönig zu sein. In: Ders.: Theodizee und Tatsachen. Das philosophische Profil der deutschen Aufklärung. Frankfurt am Main 1988, S. 183–202.
31 Vgl. hierzu Francisco de Vitoria: De Indis/Über die Indianer. In: Ders.: Vorlesungen (Relectiones). Völkerrecht, Politik, Kirche. Hg. v. Ulrich Horst, Heinz-Gerhard Justenhoven u. Joachim Stüben. 2 Bde. Stuttgart/Berlin/Köln 1995 u. 1997 (= Theologie und Frieden 7/8), Bd. I., S. 370–541; dass den Kaiser der mörderische Umgang der spanischen Eroberer mit den indianischen Bevölkerung in Übersee tatsächlich als moralisches und religiöses Problem bedrückte, lässt sich nachlesen bei Alfred Kohler: Karl V. 1500–1558. Eine Biographie, München 1999, S. 271 f.
32 Diese falsche Auffassung von einer frühneuzeitlichen Politikberatung vertritt aber Arndt Brendecke: Imperium und Empirie. Funktionen des Wissens in der spanischen Kolonialherrschaft. Köln/Wien 2009, S. 100 ff.
33 Vgl. hierzu u. a. Gideon Stiening: Nach göttlichen oder menschlichen Gesetzen? Zum Verhältnis von Theologie und Philosophie in De Indis. In: Francisco de Vitorias ‚De Indis' in interdisziplinärer Perspektive. Hg. v. Norbert Brieskorn u. Gideon Stiening. Stuttgart-Bad Cannstatt 2011 (= PPR II,3), S. 123–151.

scheinbar so zugängigen Herrscher – und beging damit einen der bedeutendsten Fehler seiner Zeit in Potsdam und Berlin. Friedrich war von Anfang an keineswegs gewillt, Voltaire auch nur als Berater zu privilegieren; zu politischen Fragen wollte er mit dem Philosophen eigentlich gar nicht verhandeln, sondern nur zu literarischen oder philosophischen Themen.³⁴ Auf dieses Missverständnis weist der König ‚seinen' Philosophen in unterschiedlichen Formen immer wieder hin: In einer in dieser Hinsicht aufschlussreichen Weise stellt Friedrich noch Jahre nach dem Aufenthalt Voltaires an seinem Hofe mit erkennbarem Nachdruck die folgende Forderung:

> Lernen Sie in Ihrem Alter, welcher Stil Ihnen zukommt; wenn Sie mir schreiben. Begreifen Sie, dass es für Literaten und Schöngeister erlaubte Freiheiten und unerlaubte Unverschämtheiten gibt. Werden Sie endlich Philosoph, das heißt: vernünftig. Möge der Himmel, der Ihnen soviel Esprit verliehen hat, Ihnen ebensoviel Urteilsvermögen zuteil werden lassen! Falls dies geschähe, wären Sie der erste Mann des Jahrhunderts und vielleicht der erste dieser Art, den die Welt je gesehen hat. Das ist es, was ich Ihnen wünsche. So sei es!³⁵

‚Vernunft' bedeutet an dieser Stelle allerdings lediglich die Akzeptanz des politisch gegebenen Herrschaftsgefälles sowie deren Berücksichtigung im Stil eines Briefes an den Souverän. Voltaire hatte sich also nicht nur gehörig im Ton seiner epistolaren Kommunikation mit dem König vergriffen, und zwar noch Jahre nach seiner kurzen Episode in Berlin und Potsdam; er hatte sich im Hinblick auf seine Stellung am Hofe auch vollkommen verschätzt. Zu erkennen, dass er eben doch nur einer unter vielerlei Domestiken für den König war,³⁶ bedurfte aber seine Zeit; noch 1759 hatte er diesen Sachverhalt, wie sein Briefstil bezeugt, nicht wirklich verstanden.

Lessing, der in einer ebenso eigentümlichen wie unglücklichen Weise in den Aufenthalt der europäischen Berühmtheit in Berlin eingebunden war,³⁷ wird auf eben dieses Problem einer begrenzten und mittelbaren Macht des Geistes an absolutistischen Höfen – auch im Hinblick auf sein Verständnis der möglichen Umsetzung eines religionspolitischen Toleranzverständnisses – referieren und wichtige

---

34 So auch Stackelberg: Voltaire und Friedrich der Große (Anm. 16), S. 48.
35 Friedrich an Voltaire am 10 Juni 1759. In: Voltaire – Friedrich der Große. Briefwechsel. Ausgewählt, vorgestellt und übersetzt von Hans Pleschinski. München 1994, S. 409 f.
36 Ein anderer dieser begrenzt einflussreichen Geistesdomestiken war der Philosoph und Musiktheoretiker Francesco Algarotti; vgl. hierzu Brunhilde Wehinger: „Mon cher Algarotti". Zur Korrespondenz zwischen Friedrich dem Großen und Francesco Algarotti. In: Francesco Algarotti. Ein philosophischer Hofmann im Zeitalter der Aufklärung. Hg. v. Hans Schumacher u. Brunhilde Wehinger. Hannover 2009, S. 71–97.
37 Vgl. erneut Nisbet: Lessing (Anm. 17), S. 127–133.

Lehren aus seinen Beobachtungen des Spektakels ‚Voltaire in Berlin' zu ziehen wissen. Während noch viele Kollegen und Kombattanten der Spätaufklärung vor allem in der seit den 1760er-Jahren aufblühenden Popularphilosophie Voltaires Träumen vom Königsphilosophen – in der doppelten Bedeutung vom ‚König der Philosophen' und dem ‚Philosophen des Königs' – nachhängen,[38] wird Lessing seinen „Weisen", der ausdrücklich kein *Philosophe* ist,[39] als einen politisch Handelnden vorstellen, der – statt dem Souverän Vorgaben der Vernunft zu machen oder ihn gar ersetzen zu wollen – die politische Hierarchie einhält und seine Weisheit dazu verwendet, den Herrscher durch die Entfaltung unlösbarer Probleme und der Vorstellung eines vernünftigen Umgangs mit ihnen zur – eigenen – Vernunft kommen zu lassen. Lessing setzt der Entmündigungsstrategie Voltaires das Programm der kritischen Begleitung und mittelbaren ‚Erziehung' des Souveräns auch in bisweilen lebensgefährlichen religionspolitischen Fragen durch einen aufgeklärten Weisen entgegen. Sein Nathan ist in doppelter Hinsicht weise: Nicht nur löst er das vom Sultan aufgegebene Problem der Wahrheit der Religionen – also ein Problem der theoretischen Vernunft – auf,[40] indem er zeigt, dass es als theoretisches unlösbar[41] und daher im Kern eines der praktischen Ver-

---

38 Vgl. hierzu u. a. Gideon Stiening: Natürliche Geselligkeit? Die aristotelische Tradition als Herausforderung des neuzeitlichen Naturrechts im Spiegel der europäischen Aufklärungsliteratur: Jonathan Swift – Jean-Jacques Rousseau – Johann Karl Wezel. In: Zumutung Tradition. Hg. v. Peter-André Alt, Andrew Johnston u. Wilhelm Schmidt-Biggemann. Göttingen 2016 [i. Dr.].
39 Siehe hierzu die Definition des französischen „Philosophe" bei Stackelberg: Voltaire und Friedrich der Große (Anm. 16), S. 14: „Es [das Wort *philosophe*] bezeichnet weder den Welterklärer noch den Systemdenker à la Hegel, sondern den Menschen der Gesellschaft, der vernünftig denkt und sich vernünftig benimmt." Ersichtlich ist Lessing diese für Voltaire gültige unmittelbare Identität von Theorie und Praxis im und durch den philosophe zu schlicht; erst der der praktischen wie der pragmatischen Vernunft fähige Weise weiß um die Komplexität und die oft erforderlichen Umwege zur tatsächlichen Verwirklichung der Vernunft. Nur für den philosophe ist der kürzeste Weg zwischen zwei Punkten immer der gerade.
40 Zum Umgang mit philosophischen Problemen, zu denen auch das der Wahrheiten der Religionen zu zählen ist, vgl. Michael Wolff: Das Körper-Seele-Problem. Kommentar zu Hegel, Enzyklopädie (1830), § 389, Frankfurt am Main 1992, S. 103: „Es gibt drei Arten, ein philosophisches Problem zu behandeln: Entweder man versucht es zu lösen (worin die ‚Lösung' auch immer bestehen mag); oder man erklärt es aus angebbaren Gründen für unlösbar; oder man weist es zurück, indem man es, aus anderen angebbaren Gründen, als sinnlos, mehrdeutig, trivial oder in irgendeiner Hinsicht unzulässig hält." Im Hinblick auf das Problem der Wahrheiten der Religion plädiert Lessing eindeutig für den zweiten Umgang mit philosophischen Problemen.
41 Schon in diesem Zusammenhang drängt sich eine Analogie zu kantischen Argumenten auf. Wenn Nathan gegen den Sultan feststellt, dass die Religionen „von Seiten Ihrer Gründe" – d. h. im Rahmen metaphysischer Erörterungen unter dem Satz des Grundes als deren oberstem Prinzip – nicht zu unterscheiden seien, dann entspricht das der kantischen Zurückweisung der Zu-

nunft ist;[42] er bietet zu diesem Problem der moralisch-praktischen Vernunft auch empirisch-praktische Lösungsvorschläge, indem er dem Sultan im Medium der Praxis fingierenden Dichtung dokumentiert, wie eine auf Praxis ausgerichtete Theorie tatsächlich praktisch wird.[43] In dieser doppelt praktischen Ausrichtung ist Nathan ein lebendiges Beispiel für die von Leibniz durch ihren Unterschied zur Philosophie definierte Weisheit: „Weisheit ist nichts anderes als die Wissenschaft der Glückseligkeit, so uns nämlich zur Glückseligkeit zu gelangen lehrt".[44]

Weisheit ist also nicht nur überhaupt auf das höchste Ziel praktischer Vernunft ausgerichtet; sie weiß auch um die Mittel seiner Realisation und ist insofern zweifach praktisch. Weil Nathan in dieser Weise ‚weise' ist, weiß er auch – belehrt durch die Episode ‚Voltaire in Berlin' – um die strenge Mittelbarkeit seines Einflusses auf die politischen Entscheidungen des absoluten Souveräns. Hier Kant näher als Wieland, der noch bis in die 1790er-Jahre auf das Modell des Philosophenkönigs setzt,[45] scheint Lessing durch die Ereignisse um den voltaireschen Aufenthalt in Berlin die folgende Erkenntnis schon frühzeitig erworben zu haben: „Daß Könige philosophieren oder Philosophen Könige würden, ist nicht zu erwarten,

---

ständigkeit dogmatischer Metaphysik in Glaubensfragen; so heißt es hin der KrV: „Ich musste also das Wissen aufheben, um zum Glauben Platz zu bekommen und der Dogmatismus der Metaphysik, d. i. das Vorurteil, in ihr ohne Kritik der reinen Vernunft fortzukommen, ist die wahre Quelle alles der Moralität widerstreitenden Unglaubens, der jederzeit sehr dogmatisch ist." Es sei vor diesem Hintergrund ähnlicher Ziele der Kritik allerdings auch auf die substanziellen Differenzen im Doktrinalen hingewiesen: Geht es Kant um die Vermessung des Wissens innerhalb seiner Grenzen, indem er nachweist, dass alle Erkenntnis an Erfahrung gebunden bleiben muss, um sich nicht in den seeligen Inseln des Scheins zu verlieren; so bleiben erfahrungsgebundenen Tatsachenwahrheiten, zu denen nach Lessing die Religion zu zählen ist, gegenüber den einzig Notwendigkeit mit sich führenden rationalen Urteilen der Metaphysik abkünftig; wie nicht nur die *Erziehung des Menschengeschlechts* zeigt, bleibt Lessing – wenngleich eigenständiger – Vertreter jener dogmatischen Metaphysik in der Nachfolge Christian Wolffs, die Kant verabschieden zu können und zu müssen meinte. Mit diesen Hinweisen auf Gemeinsamkeiten und Unterschiede zwischen Lessing und Kant gehe ich Fingerzeigen nach, die gegeben hat Friedrich Vollhardt: Lessings Toleranzparabel. In: Tolerant mit Lessing. Ein Lesebuch zur Ringparabel. Hg. v. Christoph Bultmann u. Birka Siwczyk. Leipzig 2013, S. 29–38, spez. S. 37.
42 So auch Nisbet: Lessing (Anm. 17), S. 789 sowie Monika Fick: Lessing-Handbuch. Leben – Werk – Wirkung. Stuttgart/Weimar ³2010, S. 504, die zu Recht betont, dass „Lessing nicht von der Unmöglichkeit, die (göttliche) Wahrheit ganz zu erfassen, auf deren Nicht-Existenz schließt."
43 Vgl. erneut Stiening: Von Despoten und Kriegern (Anm. 11).
44 Gottfried Wilhelm Leibniz. Von der Glückseligkeit. In: Ders.: Kleine Schriften zur Metaphysik. Hg. v. Hans Heinz Holz. Darmstadt 1965, S. 391–401, hier S. 391.
45 Vgl. hierzu Gideon Stiening: „Meine Begriffe von der menschlichen Natur". Wielands Epistemologie und Anthropologie in *Was ist Wahrheit?* und in der *Geschichte des Agathon* (1766/67). In: Wieland-Studien 7 (2012), S. 75–104.

aber auch nicht zu wünschen, weil der Besitz der Gewalt das freie Urteil der Vernunft unvermeidlich verdirbt".[46]

Dabei wird der „Besitz der Gewalt" nach Kant – wie auch nach Lessing – keineswegs negativ bewertet, sondern ist schlicht notwendig, um die unvermeidlich auftretenden Interessengegensätze freier Individuen staatlich zu moderieren. Für diese friedliche Ordnung individueller Interessen im Rahmen der jeweiligen Interessen aller anderen – und solcherart Interessen können eben auch weltanschauliche, d. h. religiöse sein – ist staatliche Autorität, nicht aber philosophische Wahrheit erfordert.[47] Wie weiter unten zu zeigen sein wird, unterschieden sich Lessing und Kant hinsichtlich der Bedeutung staatlicher Institutionen für eine Befriedung von Religionskonflikten allerdings nachdrücklich.

Gleichwohl kann und soll, so Kant in seiner Aufklärungsschrift, der philosophische Gelehrte insofern in die Politik hineinwirken, als er mit den Mitteln der öffentlichen Meinungsäußerung uneingeschränkt – also frei von aller Zensur – Kritik übt oder Reform-Anregungen gibt.[48] Und so Nathan: er gibt dem politischen Souverän keine vernünftigen Anweisungen und er macht keinerlei Anstalten, als Weiser politische Aufgaben übernehmen zu wollen. Er ermöglicht dem Sultan aber mittelbar die Erkenntnis, dass die Frage der Wahrheit der Religionen nur unter dem Primat der praktischen Vernunft zu beantworten ist.

Darüber hinaus enthält das Thema ‚Geist und Macht' im *Nathan* für Lessing auch Hinweise zur Beantwortung der Frage, wie die besseren Argumente der Vernunft in Bezug auf eine wirksame Religionstoleranz umzusetzen sein könnten oder gar sollten; wie man mithin „den Gesetzen der reinen praktischen Vernunft *Eingang* in das menschliche Gemüt, *Einfluß* auf die Maximen desselben verschaffen, d. i. die objektiv-praktische Vernunft auch *subjektiv* praktisch machen könne".[49] Voltaires Scheitern in Berlin hatte ihn nämlich auch gelehrt, dass die hochtrabenden Hoffnungen einer bestimmten Vorstellung von Aufklärung, die auf politischen Entscheidungen nach dem Satz des Widerspruchs Einfluss üben wollten, nicht nur als persönliche Hybris zu werten sind, sondern vor allem poli-

---

46 Immanuel Kant: Zum ewigen Frieden. In: Kant's gesammelte Schriften. Hg. v. der Preußischen Akademie der Wissenschaften. Berlin 1900 ff. (im Weiteren mit der Sigle „AA Band, Seitenzahl"), hier VIII, S. 369.
47 Diese Einsicht basiert erkennbar auf der schon von Hobbes prominent festgehaltene Maxime: „Auctoritas non veritas facit legem"; vgl. herzu auch Thomas Hobbes: Leviathan. Hg. v. Richard Tuck. Cambridge 1991, S. 189 (Kapitel 26).
48 Vgl. hierzu Gideon Stiening: Kants Begriff des öffentlichen Amtes oder „Staatsverwaltung" zwischen Aufklärung und Rechtsstaatlichkeit. In: Jahrbuch für Europäische Verwaltungsgeschichte 19 (2007), S. 141–169.
49 AA V, S. 151.

tisch inpraktikabel waren, also genau das nicht, was zu sein sie vorgeben: Garant einer Rationalisierung der Methoden und Ziele von Politik. Auch diese Einsicht scheint ein Grund dafür zu sein, dass er Nathan als zu einer klugen Politik ebenso genötigten wie befähigten Weisen vorsichtig und defensiv agieren lässt und dem Willkürherrscher keine Deduktionen zumutet, sondern eine Geschichte erzählt.

2 Geist und Macht II: Ökonomie und Wissenschaft

Die Geschehnisse um Voltaires Aufenthalt in Berlin führten aber nicht allein zur Enttäuschung der politischen Konzeption des Königsphilosophen am Hofe des Philosophenkönigs. Denn nicht nur Voltaire, auch Friedrich war enttäuscht über das gescheiterte Projekt der außenwirksamen Bindung des größten geistigen Genies des Jahrhunderts an seinen Hof. Wie groß die Enttäuschung war, lässt sich Briefpassagen wie der folgenden entnehmen, die der König am 24. Februar 1751 an Voltaire schickte:

> Ihre Affaire mit dem Juden ist die übelste Geschichte der Welt. In der ganzen Stadt haben Sie schrecklichen Lärm geschlagen. Die Affaire mit den sächsischen Scheinen ist in Sachsen so wohlbekannt, dass mir von dort bittere Klagen zu Ohren kommen. Was mich angeht, so herrschte bis zu Ihrem Eintreffen in meinem Hause, Frieden; und ich lasse Sie wissen, dass Sie bei mir an der falschen Adresse geraten sind, so Sie eine Leidenschaft zum Intrigieren und Ränkeschmieden haben.[50]

Friedrich bezieht sich mit diesen deutlichen Zeilen auf einen Skandal, den Voltaire schon kurz nach seiner Ankunft heraufbeschworen hatte. Voltaire hatte sich nämlich – trotz fürstlicher Bezahlung[51] – nicht nur unbotmäßig und unklug im oben geschilderten Sinne verhalten. Er hatte darüber hinaus – kaum in Berlin angekommen – in kriminelle Finanztransaktionen investiert und dabei hohe Verluste hinnehmen müssen, die er auch noch einzuklagen suchte, was den gesamten Vorgang öffentlich machte.[52] Voltaires subkutaner Anti-Judaismus[53] hatte ihn in diesem

---

50 Voltaire – Friedrich der Große (Anm. 35), S. 350.
51 Vgl. hierzu Nisbet: Lessing (Anm. 17), S. 127 sowie Kunisch: Friedrich der Große (Anm. 25), S. 317.
52 Vgl. hierzu ausführlich vgl. Korff: Voltaire im literarischen Deutschland des 18. Jahrhunderts (Anm. 23), S. 581 ff.; Orieux (Anm. 20), S. 452 ff.
53 Der weder terminologisch noch begrifflich mit einem Antisemitismus zu verwechseln ist, so aber von Stackelberg: Voltaire und Friedrich der Große (Anm. 16), S. 209–214, der den Vorwurf

Zusammenhang zunächst nicht verhindert, mit einem jüdischen Finanzspekulanten jene Geschäfte zu betreiben; er gereichte ihm hernach jedoch zum Argument in der juristischen Auseinandersetzung. Mit dieser, seiner enormen Habsucht zu verdankenden Affäre hatte Voltaire nicht nur in Berlin, sondern weit darüber hinaus als Sprachrohr der Aufklärung lange Zeit verspielt. Das „Ansehen Voltaires in Berlin", so Hermann August Korff, „ward untergraben: nicht nur beim Könige, nicht nur beim Publikum, sondern auch bei der ganzen deutschen Schriftstellerwelt".[54] Sein – wie es hieß – ‚verkommener Charakter' hatte sich sowohl im Hinblick auf das Finanzverbrechen gezeigt, das er mit vollem Bewusstsein beging; auch sein eigentümlicher, mit den üblichen Ressentiments aufgeladener Stil in der Auseinandersetzung mit seinem jüdischen Mittäter warf ein schlechtes Licht auf ihn, das nicht allein Friedrich und Lessing, der Voltaire zuvor verehrt hatte,[55] sondern weite Teile der interessierten Öffentlichkeit enttäuschte. So schreibt Johann Georg Sulzer an Johann Jakob Bodmer am 9. Januar 1751:

> Voltaire dürfte es bald ergehen wie Arnault. Die ersten Lieblinge des Königs sind seine Feinde, und seine Aufführung ist in einem solchen Grade unanständig, dass es leicht ist, ihn verächtlich zu machen. Er hat einen Prozeß mit einem Juden, den er, wie dieser vorgibt, hat betrügen wollen. Man meint, dass dieser Handel seine ganze Blöße aufdecken werde.[56]

Mit diesem durchaus zwielichtigen Element der Geschichte ‚Voltaire in Berlin' wird allerdings das diesen Komplex konstituierende systematische Gerüst von ‚Geist und Macht', auf das Lessing im *Nathan* rekurriert, um ein Moment erweitert, nämlich das der Ökonomie, hier der Finanzökonomie. Tatsächlich hat das Gespräch zwischen dem Sultan und Nathan vor allem den Zweck, einen Staatskredit auszuhandeln, den Nathan dem klammen Souverän nach außerordentlich erfolgreichen Geschäften durchaus gewähren kann. Das Bemerkenswerte ist dabei jedoch, dass Lessing dieses in dem historischen ‚Vorbild' ausschließlich als übles Problem auftauchende Motiv des Finanzökonomischen nicht ausspart, um seinem ‚Weisen' eine Diskreditierung zu ersparen. Er integriert dieses Motiv vielmehr zentral,[57] indem er den Philosophen und den jüdischen Finanzhändler

---

des Antisemitismus zurückweist. Ein Satz aber, wie der Voltaires im Brief an den König vom 27. Februar 1751: „Sire, alles reiflich überlegt, habe ich einen schweren Fehler begangen, gegen einen Juden zu prozessieren", (Voltaire – Friedrich der Große [Anm. 35], S. 350) lässt sich ohne antijudaische Vorurteile, die jene des Königs bedienten, nicht formulieren.
54 Korff: Voltaire im literarischen Deutschland des 18. Jahrhunderts (Anm. 23), S. 585.
55 Siehe hierzu erneut Nisbet: Lessing (Anm. 17), S. 129 ff.
56 Zit. n. Korff: Voltaire im literarischen Deutschland des 18. Jahrhunderts (Anm. 23), S. 583.
57 Vgl. hierzu Jörg Schönert: Der Kaufmann von Jerusalem. Zum Handel mit Kapitalien und Ideen in Lessings *Nathan der Weise*. In: Scientia Poetica 12 (2008), S. 8–113.

amalgamiert. Lessing zeigt in einer gleichsam nachträglichen Rehabilitierung des philosophe – nicht etwa Voltaires –, dass Toleranzphilosophie, Religionspolitik und Ethik konfliktfrei mit der Befähigung zu – allerdings legaler – Finanzökonomie zusammenstimmen können, ohne dass der Affekt hemmungsloser Habsucht die Legitimität des Postulats religiöser Toleranz unterminierte. Lessing zeigt, dass wahre Weisheit nicht nur theoretisch versiert und politpraktisch befähigt, sondern auch finanzökonomisch klug sein kann – und all' dies in einer Verbindung, die jedes mit diesen Fähigkeiten verbundene Interesse zu berücksichtigen vermag. Immerhin geht es Nathan in dem Gespräch, wie angedeutet, vor allem darum, sein freigewordenes Handelskapital neu zu investieren, nunmehr als staatliche Kredite, und dieses Ziel erreicht er unter Berücksichtigung der erforderlichen Trennung nicht nur von Geist und Macht, sondern auch von Politik und Ökonomie. Nathan der Weise am Hofe Saladins ist eben auch ‚Voltaire in Berlin' – allerdings mit gutem Ausgang.

Lessings Amalgamierung des populärphilosophischen Weisen mit dem Handels- und Finanzspezialisten ermöglicht ihm zudem, dieser Figur den entscheidenden Vorschlag für die Ermöglichung eines stabilen und friedvollen Umgangs der Weltreligionen untereinander in den Mund zu legen. Nur weil Nathan ein Weiser *und* ein Händler ist, der nicht allein seine theoretischen Erkenntnisse in die Praxis umzusetzen versteht, sondern auch seine Praxis hinreichend zu reflektieren vermag, wirkt der Vorschlag, die Religionen sollen einen Wettbewerb um die Gunst der Menschen austragen, so überzeugend. Weder der Gelehrte allein noch nur der Händler, eine im 18. Jahrhundert zunehmend positiv besetzte Figur,[58] hätte jenen Vorschlag plausibel vortragen können; erst der weise Händler, der zugleich ein Handel treibender Weiser ist, und der folglich die Prinzipien seines ökonomischen Handelns auf das Feld der Religionspolitik und Moral zu übertragen verstand, konnte diesen Vorschlag überzeugend unterbreiten.[59]

---

[58] Vgl. hierzu Daniel Fulda: Schau-Spiele des Geldes. Die Komödie und die Entstehung der Marktgesellschaft von Shakespeare bis Lessing. Tübingen 2005 (= Frühe Neuzeit 102), S. 73: „Selbst in der Wahrnehmung mancher Theologen wandelt sich der Kaufmann von einem Dieb am Gut seines Nächsten [...] zum nützlichen Glied des Gemeinwesens."

[59] Vgl. hierzu ähnlich Schönert: Der Kaufmann von Jerusalem (Anm. 57), S. 104; bei dieser ‚Vermittlung' von Ökonomie und Politik ist aber weder das Geld noch eine merkantilistische Staatsökonomie leitend, sondern ausschließlich der Gedanke des Frieden voraussetzenden und damit Frieden gewährleistenden Wettbewerbs. Vgl. dazu schon und mit dem Begriff des ‚ethischen Leistungswettbewerbes' durchaus zutreffend: Heinz Schlaffer: Der Bürger als Held. Sozialgeschichtliche Auflösung literarischer Widersprüche. Frankfurt ³1981, S. 109.

Es gibt an der Geschichte ‚Voltaire in Berlin' im Hinblick auf ihre kontextuelle Funktion für Lessings *Nathan* noch eine weitere realgeschichtliche Komponente, die eine enge Korrelation zwischen Geist und Macht dokumentiert, wobei sie die politische Korruption des wissenschaftlichen Geistes selber anzeigt und auf das Motiv der Zensur führt, das für Lessings dramatisches Gedicht in mittelbarer Weise von Bedeutung ist. Gemeint ist hiermit die schon häufig, jedoch erst von Ursula Goldenbaum mustergültig aufgearbeitete Kontroverse um Maupertuis' Entdeckung des Prinzips der kleinsten Wirkung.[60] Pierre-Louis Moreau des Maupertius, kein geringerer als Präsident der Berliner Akademie der Wissenschaften und der schönen Künste und seit seinem Amtsantritt in außergewöhnlicher Weise von Friedrich II. protegiert,[61] ließ im Jahre 1752 ein Jugement von der Akademie beschließen und hernach publizieren, in dem der Schweizer Mathematiker und Philosoph Samuel König – seit 1749 auf Betreiben Maupertuis' selbst Mitglied der Berliner Akademie – der vorsätzlichen Fälschung eines Leibniz-Briefes beschuldigt und verurteilt wird. König hatte in einer Abhandlung in den Leipziger *Acta eruditorum* mithilfe jenes Leibniz-Briefes den Anspruch Leonhard Eulers und Maupertuis' auf erstmalige Formulierung des Prinzips der kleinsten Aktion bestritten, indem er nachzuweisen suchte, dass Leibniz schon 1707 dieses Gesetz aufgestellt habe.[62] Da König das Original des Briefes jedoch nicht vorweisen konnte, betrieben Maupertuis, Euler und Johann Bernhard Merian jene öffentliche Kritik und Verurteilung ihres Kritikers.[63]

Maupertuis griff im Rahmen der sich ausweitenden Kontroverse jedoch frühzeitig auch zu einem anderen Mittel, den durchaus streitbaren Samuel König zum Schweigen zu bringen: Schon Anfang 1752 kontaktierte er die unmittelbaren, mit der Prinzessin von Oranien gar die mittelbaren Vorgesetzten des Kontrahenten mit der dringenden Bitte, Ihrem Untertanen das öffentliche Publizieren

---

60 Ursula Goldenbaum: Das Publikum als Garant der Freiheit der Gelehrtenrepublik. Die öffentliche Debatte über den *Jugement de L'Academie Royale des Sciences et Belles Lettres sur une Lettre prétendue de M. de Leibniz 1752–1753*. In: Appell an das Publikum. Die öffentliche Debatte in der deutschen Aufklärung 1687–1796. Hg. v. Ursula Goldenbaum. Berlin 2004, Teil I, S. 509–651.
61 Vgl. hierzu u. a. Hartmut Hecht (Hg.): Pierre-Louis Moreau des Maupertuis. Eine Bilanz nach 300 Jahren. Berlin 1999 (= Schriftenreihe des Frankreich-Zentrums der Technischen Universität Berlin 3); Mary Terrall: The Man Who flattened the Earth: Maupertuis and the Sciences in the Enlightenment. Cambridge 2002, S. 231 ff.
62 Vgl. hierzu die Dokumentation und Interpretation bei Matthias Schramm: Natur ohne Sinn? Das Ende des teleologischen Weltbildes. Graz/Wien 1985 (= Herkunft und Zukunft 3), S. 106–167.
63 Zu diesem Triumvirat vgl. Goldenbaum: Das Publikum als Garant der Freiheit der Gelehrtenrepublik (Anm. 60), S. 551–570.

in der entsprechenden Angelegenheit zu untersagen.[64] Maupertuis bediente sich der im Europa des mittleren 18. Jahrhunderts durchaus üblichen und scharfen Zensur*politik*,[65] um einen *wissenschaftlichen* Disput zu beenden, der ihm offenbar unangenehm war bzw. unangemessen erschien, was verdeutlicht, dass ihm die formale Qualifikation eines Forschers gewichtiger erschien als dessen materiale Befähigungen. Erst diese – bis in unsere Tage wirksame – Distinktion ließ ihn zum Zensurmittel greifen. Schon im August 1752 werden diese Schreiben jedoch der Öffentlichkeit bekannt gemacht und führen dazu, die Kontroverse zu einer europäischen Peinlichkeit für die Akademie, ihren Präsidenten und Friedrich II. zu machen.

Wenig überraschend griff Voltaire in diese gelehrte Kontroverse, die Maupertuis zur politischen gemacht hatte, lustvoll ein, und zwar nicht allein, um den von ihm aufgrund seiner unterwürfigen Nähe zu Friedrich verachteten Maupertuis zu beschädigen; darüber hinaus wollte er zeigen, dass nicht nur von Seiten der Macht der Geist korrumpiert würde, sondern auch auf Seiten des Geistes selbst ein durch übersteigerten Ehrgeiz und verdeckten Neid beförderter Handeln nachzuzeichnen war, das durch eine Verwendung von in der République des Lettres gänzlich illegitimen Instrumenten von Denk- und Publikationsverboten eine selbsteigene Korrumpiertheit des Geistes dokumentierte.[66]

Vor allem bediente sich Voltaire, hierin eben Vorbild für Lessings Umgang mit den Zensurproblemen im Vorfeld des *Nathan*, der Literatur, speziell der Prosasatire, um die Machenschaften Maupertuis' anschaulich aufzudecken und den ebenso verehrten wie gefürchteten Akademie-Präsidenten dem Hohn und Spott der Öffentlichkeit auszusetzen. In seiner *Diatribe du Docteur Akakia, médicin du Pape* zerlegt Voltaire zunächst genüsslich eine Reihe von wissenschaftlichen und

---

64 So ebd., S. 526.
65 Vgl. hierzu Bodo Plachta: Damnatur – Toleratur – Admittitur. Studien und Dokumente zur literarischen Zensur im 18. Jahrhundert. Tübingen 1994 (= Studien und Texte zur Sozialgeschichte der Literatur 43); zu Preußens, unter Friedrich II. durchaus aktiver politischer Zensur vgl. ebd., S. 84–115.
66 Nicht ganz unwichtig scheint, dass diese Kontroverse, wie viele andere kritischen Debatten der Aufklärung auch ausnehmend parteilich rekonstruiert werden; vgl. hierzu die überdeutlich für König und Voltaire votierende Rekonstruktion bei Goldenbaum: Das Publikum als Garant der Freiheit der Gelehrtenrepublik (Anm. 60), die von einer „diktatorischen Herrschaft des Akademiepräsidenten" spricht (ebd., S. 530) und die ebenso überdeutlich auf Seiten Maupertuis stehende Darstellung der Kontroverse bei Klaus Mainzer: Symmetrien der Natur. Ein Handbuch zur Natur- und Wissenschaftsphilosophie. Berlin 1988, S. 333–338, der davon spricht, dass Voltaire vor allem durch „Neid und Rache gegen den erfolgreicheren Maupertuis getrieben war" (ebd., S. 336). Beide Sichtweisen verfehlen allerdings aufgrund ihrer ebenso eigentümlichen wie unglücklichen Parteilichkeit die Grundzüge der Kontroverse.

wissenschaftspraktischen Vorschlägen Maupertuis', der anhand einer ebenso jungen wie aufgeblasenen Forscherfigur erkennbar vorgeführt wird. Nachdem dieser junge Wissenschaftler zunehmend ‚dekonstruiert' wurde, erfolgt im letzten Teil der *Diatribe*, dem *Jugement des Professeurs Du College de la Sapience*, das den innerfiktionalen Ereignissen gemäß erstellt wurde, um die Leistungen des „jeune Auteur" zu prüfen, eine deutliche Zurechtweisung Maupertuis' in der ganz faktualen Wissenschaftskontroverse:

> Que dans une misérable dispute sur la Dynamique, il ne fasse point sommer par un exploit Académique un Professeur de comparoître dans un mois, qu'il ne le fasse pas condamner par contumace comme ayant attenté à sa gloire, comme forgeur de Lettres & faussaire, sur-tout quand il est évident que les Letters de *Leibnitz* sont de *Leibnitz*, & qu'il est prouvé que les Letteres sous le nom d'un Président, n'ont pas été plus reçues de ses correspondans que lûes du public. Qu'il ne cherche point à interdire à personne la liberté d'une juste défense; qu'il pense qu'un homme qui a tort, & qui veut deshonorer celui qui a raison, se deshonore lui même. Qu'il croie que tous les gens de Lettres sont égaux, & il gagnera à cette égalité.[67]

Bei allen subjektiven Interessen Voltaires an der Konkurrenz zum erfolgreicheren Maupertuis, die viele der beißenden Herablassungen zu wissenschaftlichen Überlegungen des Akademiepräsidenten ersichtlich motivierten:[68] In dieser abschließenden Analyse der unerhörten Politisierung wissenschaftlicher Kontroversen liegt Voltaire völlig richtig und analysiert angemessen kritisch den eigentümlichen Fanatismus jedes schrankenlosen szientifischen Ehrgeizes. Damit fokussiert Voltaire schon relativ früh im Verlaufe der Kontroverse das entscheidende, über den konkreten Fall hinausreichende Problemfeld aufklärerischer Debatten über Toleranz und Moral: Voltaire postuliert nicht einfach „die Freiheit der Wissenschaft, die Meinungsfreiheit schlechthin"[69] als unumstößliche Bedingung der Möglichkeit seriöser Wissenschaft überhaupt; er zeigt darüber hinaus, dass alle Wissenschaft in soziale Kontexte eingebunden ist und daher wissenschaftspolitische und -ethische Dimensionen aufweist, die es zu berücksichtigen gilt und die durch das Prinzip der Publikationsfreiheit zu regulieren sind. Dass er diesen Einsichten im selben Text bisweilen zuwider handelt, weil er Maupertuis

---

67 Diatribe du Docteur Akakia Medicin du pape; Decrte de l'Inquisition et Rappor des professeurs de Rome; au Sujet d'un Prétendu Président. Rome 1753, p. 23.
68 So zu Recht Kunisch: Friedrich der Große (Anm. 25), S. 321 f.
69 So Goldenbaum: Das Publikum als Garant der Freiheit der Gelehrtenrepublik (Anm. 60), S. 514.

erkennbar ungerecht vernichten will, steht dieser gewichtigen Erkenntnis eines aufklärerischen Wissenschaftsverständnisses keineswegs entgegen.[70]

Und dass er Maupertuis' Handeln in der Sache tatsächlich entlarvt hatte, dokumentiert deren weiterer Verlauf: Denn der Präsident der Berliner Akademie versuchte erneut, seinen wissenschaftlichen Gegner und dessen Unterstützer mundtot zu machen durch Aufforderungen an die zuständigen Landesfürsten, den Druck von Gegenschriften zu untersagen, die Samuel König und viele andere zu seiner Verteidigungen anfertigten und in Holland drucken ließen.[71] Voltaire, dessen lustvolle Nähe zur Macht ihm häufig genug Probleme bescherte, zeigt in seiner kraftvollen literarischen Satire, dass die Anwendung von politischen Machtinstrumenten im Felde der Wissenschaften diese selbst zerstören. Zumindest für die Wissenschaften selbst plädierte er für eine klare Trennung der Felder.

Doch das sollte ihm wenig nutzen; denn er hatte die Satire vor deren Veröffentlichung Friedrich II. vorgelesen und diesem – trotz dessen amüsierten Wohlgefallen – versichern müssen, den Text nicht drucken zu lassen; vielmehr musste er ihn vor seinen Augen verbrennen. Voltaire hatte allerdings den Druck im niederländischen Ausland schon längst veranlasst, und so kam noch vor Ende des Jahres 1752 eine Reihe von Exemplaren der *Diatribe* in gedruckter Form per Post nach Preußen. Der König ließ daraufhin alle Exemplare, derer seine Polizei habhaft werden konnte, öffentlich verbrennen, was sich in der Berliner Presse wie folgt nachlesen ließ:

> Am Sonntage des Mittags, wurde eine schändliche Schmähschrift La Diatribe &c betittelt, durch die Hand des Scharfrichters, an verschiedenen orten öffentlich verbrannt. Man sagt, dass der Herr von Voltaire Verfasser davon sey. Sie ist wider den Herrn von Maupertuis, Präsidenten der hiesigen Königl. Akademie der Wissenschaften.[72]

Mit dem illegalen Druck seiner *Diatribe* hatte der Philosoph den Herrscher gezwungen, die Maske des roi philosophe fallen zu lassen, war er doch genötigt, seinen Akademiepräsidenten vor solcherart Spott zu bewahren, um nicht selbst an Autorität zu verlieren. Im despotischen Akt der Bücherverbrennung trennten sich erneut und für lange Zeit Geist und Macht der Aufklärung; denn im Rauch jenes Feuers verdampften viele der Hoffnungen auf die Versuche einer Aufklä-

---

[70] Vgl. hierzu u. a. Rudolf Vierhaus (Hg.): Wissenschaften im Zeitalter der Aufklärung. Göttingen 1985.
[71] Vgl. hierzu Goldenbaum: Das Publikum als Garant der Freiheit der Gelehrtenrepublik (Anm. 60), S. 555 ff.
[72] Vossische Zeitung, 55. Stück; zit. n. Goldenbaum: Das Publikum als Garant der Freiheit der Gelehrtenrepublik (Anm. 60), S. 582.

rung absolutistischer Macht. Nicht allein die Intoleranz Mauspertuis', auch das unkluge Verhalten Voltaires beförderte diesen Erosionsprozess. Lessing wird auch aus dieser Episode seine Lehren ziehen: Zwar weicht er wie Voltaire auf das Feld der Literatur aus, um den wissenschaftlichen Disput fortzusetzen und zu popularisieren. Doch wird er weder den Kontrahenten Goeze der offensichtlichen Lächerlichkeit preisgeben,[73] noch wird er den Druck illegal befördern. Lessing bedient sich der Instrumente einer moderaten, weil durch den Schaden der Voltaire-Geschichte politisch klug gewordenen Aufklärung.

Die vorstehenden Überlegungen zu den Feldern Politik, Ökonomie und Wissenschaft im Spannungsverhältnis von Geist und Macht, das die Geschichte von ‚Voltaire in Berlin' konstituiert, müssen erkennbar vorläufig bleiben im Hinblick auf eine Bearbeitung der äußeren Bedingungsfaktoren des Toleranzdiskurses, den Lessing im *Nathan* mit der europäischen Geistesgeschichte führt. Diese Bedingungen spielten sich jedoch – so war zu zeigen – nicht nur in Texten ab, sondern auch in der politischen Realität. ‚Voltaire in Berlin' ist eben auch – keineswegs nur – der Hinweis darauf, dass es neben ideengeschichtlichen auch realhistorische Kontexte dieses grundlegenden Textes zur Religionstoleranz in Europa zu bedenken gilt.[74]

Lessing muss bei seinem eigenen Verbot einige Jahrzehnte später[75] ein Déjà-vu erlebt haben, entsprachen doch zu viele Elemente der voltaireschen Erlebnisse in Berlin seinen eigenen Wahrnehmungen in Wolfenbüttel und das nicht allein, weil er, wie Voltaire, auf das Feld der Literatur auswich. Schon die Tatsache, dass die Sache der Toleranz stets im Spannungsfeld von Geist und Macht zu verhandeln war, wurde ihm 1751 in Berlin vorbuchstabiert. Doch lassen sich neben der Tatsache, dass sein literarisches Bravourstück nicht nur nicht verbrannt, sondern in Dimensionen verkauft wurde, die dem Bestseller-Erfolg des *Werther* einige Jahre zuvor in Nichts nachstand,[76] weitere grundlegende Differenzen zwischen ihm und Voltaire ausmachen, die auch das theoretische Verständnis von Toleranz wesentlich betreffen.

---

73 Dass „man in dem Patriarchen eine Karikatur des Hamburger Hauptpastors" (Fick: Lessing-Handbuch [Anm. 42], S. 488) entdeckt haben will, tut nichts zur Sache; der Patriarch ist nämlich Furcht erregend und nicht lächerlich.
74 Vgl. hierzu auch ebd., S. 501 f.
75 Vgl. hierzu den anschaulichen kleinen Text: Unterbrechung im theologischen Kampf. In: Gotthold Ephraim Lessing: Werke. Hg. v. Herbert G. Göpfert u. a. München 1970 ff., VIII, S. 349 f.
76 Vgl. hierzu die Angaben bei Nisbet: Lessing (Anm. 17), S. 784.

3 Voltaires Toleranztheorie

Die Anspielungen auf die historischen Faktoren der lessingschen Bezüge auf Voltaire können nur angemessen gewichtet und d. h. in ihrer von Lessing in subtilen Anspielungen in sein Drama aufgenommenen Weise erkannt werden, wenn es gelingt, auch die wuchtige Auseinandersetzung mit Voltaires systematischen Toleranzvorstellungen als konstitutiven Kontext zu fixieren. Deren Grundzüge müssen im Folgenden kurz rekonstruiert werden, um im Anschluss daran den Versuch einer Verbindung der äußeren mit der inneren Geschichte ‚Voltaire in Berlin' zu unternehmen. Denn Voltaires schon weit vor seiner berühmt werdenden Abhandlung zur religiösen Toleranz am Beispiel der Toulouser Vorfälle um Jean Calas[77] entwickelten Vorstellungen weisen signifikante Unterschiede zu Lessings Konzept von Toleranz auf, die der Autor des *Nathan* erkennbar gestaltet.

3.1 Der Theismus als einzig wahre Religion

Der gewichtigste einer Reihe daraus folgender Unterschiede besteht in der spezifischen Stellung und Funktion des Theismus,[78] die Voltaire in seinem *Glaubenbekenntnis des Theisten von Le Comte Da ... an R. D.* entwickelt. Denn dieser Theismus versteht sich zwar als eine Form vernünftiger Religion, mithin als eine solche, die den Regeln und Gesetzen der Vernunft insofern entspricht, als sie

---

[77] Vgl. hierzu die anschauliche neuere Dokumentation in Voltaire: Die Affäre Calas. Hg. und mit einem Nachwort vers. v. Ingrid Gilcher-Holtey. Frankfurt am Main 2010.
[78] Der Theismus erlebte um die Mitte des Jahrhunderts nämlich einen erheblichen Attraktivitätsschub, weil er im Zusammenhang einer anderen gewichtigen Debatte an Überzeugungsleistung gewann. Denn der insbesondere durch La Mettrie beförderte Neo-Epikureismus lieferte in naturphilosophischen Grundlagenfragen nicht die Antworten, die er zu geben versprochen hatte. Die seit dem Jahrhundertbeginn erneut dringend gestellte Frage nach dem Ursprung des Lebendigen war eben nicht durch kontingente Urzeugung zu erklären, weil nach neuesten naturwissenschaftlichen Ergebnissen Organisches nur aus Organischem, nicht aber aus Anorganischem, wie Epikur und Lukrez angenommen hatten, entstehen konnte. La Mettries Neo-Epikureismus war mithin wissenschaftlich widerlegt, und so blieb nur die Schöpfungshypothese als überzeugendste Erklärung übrig. Voltaire reitet mit seinem Theismus also auf einer Mode- und Erfolgswelle, die ihm die Verteidigung dieser Grundlagentheorie auch in praktischer Hinsicht leicht machte. Zu diesem Hintergrund vgl. Winfried Schröder: Naturphilosophische Spekulationen im Dienste einer praktischen Zielsetzung. Neo-Epikureismus in der Aufklärung. In: Der Garten der Moderne. Epikureische Moral und Politik vom Humanismus zur Aufklärung. Hg. v. Gianni Paganini u. Edoardo Tortarolo. Stuttgart-Bad Cannstatt 2004 (= Problemata 151), S. 343–359.

ihnen nicht widerspricht. Sie ist als vernünftige nach Voltaire aber zugleich die einzige göttliche Religion, die alle positiven Religionen übergreifen können soll:

> Unsere Religion ist ohne allen Zweifel göttlich, denn Gott selbst hat sie in unsere Herzen geschrieben, Gott, der Herr der allgemeinen Weltvernunft, der zu dem Christen, dem Inder, dem Tartaren gesagt hat: Bete mich an und sei gerecht. Unsere Religion ist ebenso alt wie die Welt, weil die ersten Menschen gar keinen anderen Glauben haben konnten, [...]. Also ist unsere Religion, o großer Mann, die einzige universelle, so wie sie die älteste und die einzige göttliche ist.[79]

Dieser Theismus ist nach Voltaire die einzig vernünftige und insofern auch die älteste Religion. Als einzig vernünftige und älteste ist sie darüber hinaus auch natürlich, weil einzig sie der „Natur des Menschen" entspricht – eine erkennbar der stoischen Konzeption der *recta ratio* entlehnte Vorstellung.[80] Aufgrund dieser Eigenschaften, vernünftig, gleichsam zeitlos und natürlich zu sein, kommt ihr nach Voltaire zudem notwendig der Status einer positiven Religion zu. Als vernünftige ist sie mithin zugleich positiv und als solche begründbar, d. h. sie ist – um die Formel Nathans aufzugreifen[81] – „von Seiten ihrer Gründe"[82] für Voltaire nicht nur von anderen zu unterscheiden, sondern als einzig wahre allen anderen in religiöser, theologischer und philosophischer Hinsicht überlegen. Dabei enthält sie neben dem Wissen um die Schöpfungsfunktion der Gottesinstanz vor allem moralische Maximen, u. a. die Aufforderung zur Humanität und zur Gerechtigkeit; diese ‚einzig wahre Religion' ist also vor allem eine Ethik. In dieser Formierung ist – so Voltaire mit großem Nachdruck – jene Religion die entscheidende Grundlage für den Begriff und die Idee der Toleranz:

> Ihr, die ihr Philosophie und die Toleranz auf den Thron zu heben vermocht hat, die Ihr Vorurteile mit Euren Füßen zertreten habt, die Ihr die Künste des Friedens wie die des Krieges

---

79 Voltaire: Glaubensbekenntnis des Theisten. In: Ders.: Kritische und Satirische Schriften. Hg. v. Fritz Schalk. München 1970, S. 466–490, hier S. 466 f.
80 Vgl. hierzu u. a. Ernst Wolfgang Böckenförde: Geschichte der Rechts- und Staatsphilosophie. Antike und Mittelalter Tübingen ²2006, S. 161 ff.; Sebastian Kaufmann: Die stoisch-ciceronianische Naturrechtslehre und ihre Rezeption bis Rousseau. In: Stoizismus in der europäischen Philosophie, Literatur, Kunst und Politik. Eine Kulturgeschichte von der Antike bis zur Moderne. 2 Bde. Hg. v. Barbara Neymeyr, Jochen Schmidt u. Bernhard Zimmermann. Berlin/New York 2008, Bd. 1, S. 229–292, bes. S. 267 f.
81 Dass diese Formel, die die rationale Begründbarkeit der wahren Religion gerade zurückweist, Lessings Überzeugungen entspricht, zeigt Nisbet: Lessing (Anm. 17), S. 786.
82 Gotthold Ephraim Lessing: Nathan der Weise. In: Ders.: Werke. (Anm. 75), Bd. II, S. 278 (V. 458).

lehrt! Vereint Eure Stimme mit der unseren, auf daß die Wahrheit den Sieg erringe wie Eure Waffen.[83]

Der Theismus ist für Voltaire also die wesentliche Grundlage für die Wahrheit und die erfolgreiche Praxis der Toleranz. An dieser Stelle aber liegt erkennbar der wesentliche religionsphilosophische Unterschied zwischen Voltaire und Lessing: Für den Autor des *Nathan* kann es keine rationalen Gründe für die Superiorität einer positiven Religion geben – sei sie nun natürlich oder vernünftig oder beides.[84] Als historische Erscheinungen und damit dem Bereich der durch Christian Wolff von den notwendigen Vernunftwahrheiten substanziell unterschiedenen Tatsachenwahrheiten können die positiven Religionen in ihrer Qualität nicht rational bestimmt werden. Dass Lessings Differenzierung auf dem Boden des Rationalismus steht, lässt sich dem Wolffschen *Discursus praeliminaris* entnehmen:

> *Differt cognitio philosophica ab historica.* Haec enim in nuda facti notitia subsistit: illa vero ulterius progressa rationem facti palam facit, ut intelligatur, cur istiusmodi quid fieri possit. Quis vero non videt magnam hic intercredere differentiam? Solius facti notitia & rationis illius facti cognitio nequaquam sunt una.[85]

Anders als Leibniz, der eine sukzessive Transformation von empirischen Tatsachen- in rationale Vernunftwahrheiten als Fortschritt der Menschheit für möglich hielt,[86] markiert Wolff hier jene substanzielle und damit unüberwindliche Differenz, die auch für Nathan die entscheidende Grundlage dafür abgibt, über die Wahrheit der positiven Religionen kein Urteil fällen zu können, weil nämlich auch sie auf historischen Urteilen basieren. Selten näher als an dieser Stelle ist Lessing der Vorstellung seines Freundes Moses Mendelssohn gewesen.[87]

---

83 Voltaire: Glaubensbekenntnis (Anm. 79), S. 466.
84 Vgl. Fick: Lessing-Handbuch (Anm. 42), S. 503 f.
85 Christian Wolff: Discursus Praeliminaris de Philosophia in genere. Einleitende Abhandlung über Philosophie im Allgemeinen. Historisch-kritische Ausgabe. Übersetzt, eingeleitet und hg. v. Günter Gawlick u. Lothar Kreimendahl. Stuttgart-Bad Cannstatt 1996, S. 6; vgl. hierzu u. a. Hans Werner Arndt: Rationalismus und Empirismus in der Erkenntnislehre Christian Wolffs. In: Christian Wolff 1679–1754. Interpretationen zu seiner Philosophie und deren Wirkung. Mit einer Bibliographie der Wolff-Literatur. Hg. v. Werner Schneiders. Hamburg 1983, S. 31–47.
86 Siehe hierzu u. a. Klaus-Erich Kaehler: Leibniz – der methodische Zwiespalt der Metaphysik der Substanz. Hamburg 1979, S. 55 ff.
87 Vgl. hierzu auch Gideon Stiening: Historisierte Religion? Mendelssohn und Lessing über den Anspruch der jüdischen Religion. In: Lessing und die jüdische Aufklärung/Lessing and the Jewish Enlightenment. Lessing Yearbook 39 (2012). Hg. v. Stephan Braese u. Monika Fick, S. 221–239.

Dass Voltaires Verständnis der einen wahren Vernunftreligion ein bestimmtes Verhältnis zu anderen positiven Religionen konstituiert und damit ein spezifisches Verständnis von Toleranz, liegt auf der Hand: Als unteilbare ist die Vernunft und damit die von ihr entworfene Vernunftreligion nicht gegen andere positive Religionen relativierbar. Des Theisten Programm im Umgang mit anderen positiven Religionen kann folglich nicht in der Akzeptanz oder Duldung ihrer Unterschiedenheit münden. Zu Recht hält Rainer Forst daher fest: „Sein [Voltaires] Ziel ist es daher nicht, die Religionen zur Einsicht der Toleranz zu bringen; er will sie in dem Sinne zur Vernunft bringen, dass sie sich in die einzig wahre undogmatische Religion auflösen".[88]

Lessing wittert in dieser Form „undogmatischer Vernunftreligion" ganz zu Recht einen Dogmatismus der Vernunft, weil diese in ihrem Selbstverständnis undogmatische Religion sich dogmatischer Instrumente bedient, insofern sie – mit Kant formuliert – den Bereich der Zuständigkeit der spekulativen Vernunft unzulässig auf das Feld der positiven Religionen ausweitet und so, wie Kant gegen Herder feststellt, „sehr dogmatische" – d. h. hier schlechte – „Metaphysik" produziert.[89] Die handstreichartige Identifikation von vernünftiger, natürlicher und positiver Religion ist eben nicht anders denn als schlechte Metaphysik zu qualifizieren, auch wenn sie sich zu ihrer Durchsetzung ausschließlich des zwanglosen Zwangs des besseren Arguments bedienen kann, nicht der Gewalt. Sie produziert jedoch unter dem Schein eines undogmatischen Habitus einen vernunftreligiösen Dogmatismus. Für den Lessing des *Nathan* ist unübersehbar, dass man diesen theoretischen Fehler mit erheblichen praktischen Folgen bezahlt – Folgen, die schon Voltaire in Berlin auszubaden hatte.

3.2 Voltaires Artikel zu Toleranz und Fanatismus

Solcherart Folgen zeigen sich aber auch auf theoretischer Ebene, nämlich in Voltaires ebenso charakteristischem wie konsequentem Verständnis von Toleranz, das er u. a. in seinem *Philosophischen Wörterbuch* entfaltet. In den korrelativen Artikeln zum *Fanatismus* und zur *Toleranz* wird nämlich ersichtlich,[90] dass er den Fanatismus als eine Haltung interpretiert, die abweichende Überzeugungen – auch religiöser Natur – Voltaire wählt in anderen Texten häufig das Beispiel der

---

88 Forst: Toleranz im Konflikt (Anm. 5), S. 382.
89 So Kant in seiner Rezension der herderschen *Ideen*, vgl. AA VIII, S. 54.
90 Vgl. hierzu Voltaire: [Art.] „Fanatismus". In: Ders.: Kritische und Satirische Schriften. Hg. v. Fritz Schalk. München 1970, S. 603–606; [Art.] „Toleranz". In: Ebd., S. 724–731.

Bartholomäusnacht – nicht nur nicht akzeptiert, sondern mit gleichsam mörderischer Gewalt zu vernichten bestrebt ist: „Wer aber seinen Wahn mit dem Mord verficht, der ist ein Fanatiker".[91]

Voltaire hält diesen äußersten Gegensatz zur Toleranz allerdings für eine pathologische Abweichung von der oben schon aufgerufenen Natur des Menschen, mithin für eine Krankheit:

> Wenn einmal der Fanatismus ein Hirn zerfressen hat, so ist die Krankheit fast unheilbar. [...] Gesetze und Religion sind gegen solche Seelenpest nicht genug; ja die Religion, weit entfernt, eine heilbringende Nahrung zu sein, wandelt sich in den angesteckten Hirnen zu Gift. [...] Auch die Gesetze sind vor diesen Wutanfällen machtlos, genauso als würdet ihr einem Tobsüchtigen ein Gerichtsurteil vorlesen. Solchen Leuten ist nicht auszureden, dass der Heilige Geist, welcher sie ganz durchdringt, über den Gesetzen throne und einzig ihr Enthusiasmus das Gesetz sei, dem sie gehorchen müssten.[92]

Diese psychopathologische Phänomenologie des religiösen Fanatismus hat Lessing sicherlich geteilt, auch er hat solcherart „fromme Raserei"[93] im *Nathan* ebenso anschaulich gestaltet, wenn er den Patriarchen die Strafe für Nathans Erziehung seiner als Christin geborenen Tochter festlegen und dreifach wiederholen lässt: „Tut nichts! der Jude wird verbrannt".[94]

Was Lessing aber sicherlich nicht teilte, sind Voltaires Vorschläge zur „Therapie" dieser mörderischen Krankheit, denn dieser hält ausdrücklich fest:

> Gegen diese ansteckende Krankheit gibt es kein Heilmittel als den philosophischen Geist, der, von einem Nächsten zum andern immer weiter sich ausbreitend, schließlich die Sitten der Menschen glättet und dem Rückfall in das Übel vorbeugt.[95]

Den entscheidenden Grund für diese These entwickelt Voltaire gegen Ende des Artikels zum Fanatismus:

> Die Sekten der Philosophen aber waren nicht nur frei von jener Seuche, sie waren ihr Heilmittel. Denn die Philosophie bringt es zuwege, dass die Seele gelassen wird; Gelassenheit aber ist dem Fanatismus unverträglich.[96]

---

91 Ebd., S. 604.
92 Ebd., S. 604 f.
93 Lessing: Nathan (Anm. 82), S. 253.
94 Ebd., S. 299.
95 Voltaire: [Art.] „Fanatismus" (Anm. 90), S. 605.
96 Ebd., S. 605 f.

Diese These war Lessing *einerseits* sicherlich zu naiv, weil er genügend Philosophen kannte, denen vieles, nur nicht Gelassenheit zur Verfügung stand; *andererseits* – und vor allem – erkannte Lessing nach dem Übergriff der spekulativen Vernunft auf Bereiche der historischen Tatsachenwahrheiten hier einen Übergriff der psychologisierenden – also ebenfalls theoretischen – Vernunft auf das Feld politischer, rechtlicher und moralischer Praxis. Der Appell an die Vernunft – das zeigt nicht nur Lessings *Nathan* – ist gegenüber religiösen oder politischen Weltanschauungen ebenso hilflos wie der an eine anthropologisch fundierte Ethik.

Dass Lessing durchaus zu Recht in Voltaires Vernunftreligion nicht nur Inkohärenzen und Inpraktikabilitäten witterte, sondern ein eher problematisches Toleranzverständnis, zeigt sich letztlich an Voltaires Artikel zur Toleranz im *Philosophischen Wörterbuch*; hier heißt es nämlich zunächst: „Der menschlichen Gattung schlimmstes Übel ist die Zwietracht, und deren alleiniges Heilmittel ist die Toleranz".[97]

Toleranz, zugleich auch als „Menschlichkeit überhaupt" definiert,[98] ist also zunächst und zumeist ein Instrument zur Überwindung der Zwietracht, mithin des inter- und intra-gesellschaftlichen Kriegszustandes. Damit dokumentiert Voltaire, welch hohen Stellenwert er der Toleranz als Haltung zuschreibt, übernimmt sie doch wesentliche Funktionen, die nach Hobbes, Rousseau oder Kant einzig dem zwangsgewaltbewährten Staat zukommen können.[99] Gegenüber dem Staat und seinen gewichtigsten Instrument zur innergesellschaftlichen Befriedung, dem Recht, ist Voltaire gar explizit skeptisch eingestellt: „Gesetze [...] sind gegen solche Seelenpest nicht genug".[100] Voltaire setzt vielmehr auf eine innere Haltung, er setzt auf eine Moral der Vernunft.

Zugleich eröffnet sich das ebenso enge wie strenge Verständnis dieser toleranten Haltung: Toleranz im Sinne der Akzeptanz des kulturellen Unterschieds in seiner Unterschiedenheit – und damit als Zweck im sozialen und politischen Umgang mit Differenzen[101] – ist hier *nicht* gemeint und kann nach den Ausführungen Voltaires zur einzig wahren Vernunftreligion, die dogmatische Züge trägt, nicht gemeint sein. Erneut ist der systematische Kern dieser Toleranzbegründung und -theorie von Rainer Forst präzise erfasst worden, wenn er schreibt:

---

97 Voltaire: [Art.] „Toleranz" (Anm. 90), S. 728.
98 Ebd., S. 724.
99 Vgl. hierzu u. a. Georg Geismann: Kant als Vollender von Hobbes und Rousseau. In: Der Staat 21 (1982), S. 161–189.
100 Voltaire: [Art.] „Fanatismus" (Anm. 90), S. 605.
101 Vgl. hierzu Forst: Toleranz im Konflikt (Anm. 5), S. 42 ff.

> Was die Frage der Toleranzbegründung angeht, so ist zunächst festzuhalten, dass das Aufklärungsprogramm Voltaires in erster Linie eines der Überwindung der Intoleranz durch eine Religion (und Moral) der Vernunft ist und erst in zweiter Linie ein Programm der Toleranz; denn sie ist nur die zweitbeste Lösung gegenüber der Herstellung einer einheitlichen Vernunftreligion.[102]

Diese überzeugende Einsicht kann man noch prägnanter fassen: Toleranz als Form des gewaltlosen Umgangs mit religiöser Devianz gegenüber der einzig wahren Vernunftreligion ist letztlich nur ein Mittel, und zwar das einzig geeignete Mittel zur Herstellung von Bedingungsfaktoren, unter denen der zwanglose Zwang des besseren Arguments wirksam werden kann und muss. Lessing hat an diesem Modell das letztlich dogmatische und intolerante erkannt, er erkannte eben jenen Dogmatismus einer übergriffigen Vernunft, an der „das schönste Genie aller Zeiten", so noch mal Friedrich II.,[103] auch in Berlin scheiterte.

4 Ausblick: ‚Locke in Holland' oder Wettbewerb und Ergebenheit in Gott

Dass Lessing von Voltaire in Aufnahme und Kritik seines Denkens und Handelns vieles lernte, liegt – auch aufgrund des unmittelbaren Kontaktes beider in Berlin zu Beginn der 1750er-Jahre – nahe. Weniger evident scheint dagegen eine produktive Auseinandersetzung Lessings mit der zweiten großen Toleranztheorie, die die Debatten des 18. Jahrhunderts prägte,[104] dem *Letter concerning Toleration* John Lockes, den der Philosoph in den späten 1680er-Jahren im holländischen Exil verfasste.[105] Dieser kontextuelle Bezug zum britischen Meisterphilosophen des 18. Jahrhunderts ist selten hergestellt worden;[106] als ‚Schüler' Christian Wolffs, als Leser Baruch des Spinozas, als Freund Moses Mendelssohns scheinen die Voraussetzungen für eine produktive Aufnahme des Empiristen und Katholikenfressers[107] Locke kaum gegeben.

---

102 Forst: Toleranz im Konflikt (Anm. 5), S. 384.
103 Friedrich an Voltaire am 18. Juli 1759. In: Voltaire – Friedrich der Große (Anm. 35), S. 414.
104 So zu Recht Forst: Toleranz im Konflikt (Anm. 5), S. 276–312.
105 Zur Textgenese vgl. die Hinweise bei Ebbinghaus: Einleitung (Anm.6), S. XXXV–XLVII.
106 Vgl. hierzu als eine der wenigen Ausnahmen Arnold Heidsiek: Lessing, Locke und die anglikanische Theologie. In: Lessing und die Toleranz. Hg. v. Peter Freimark, Franklin Kopitzsch u. Helga Slessarev. Detroit/München 1986, S. 71–79.
107 Zu Lockes Ausschließung der römischen Kirche von der Toleranz vgl. Ebbinghaus: Einleitung (Anm. 6), S. LIX ff.

Dennoch lassen sich einige Argumente in Lockes *Letter* auffinden,[108] zu denen Lessings Toleranzbegründung eine signifikante Nähe aufweist. Dazu gehört *erstens* die These Lockes, dass es einen Wahrheits- und Alleinvertretungsanspruch einer jeden Religion gibt, der zugleich nicht beweisbar ist: „There is only one of these which is the true way to eternal happiness. But, in this great variety of ways that men follows, it is still doubted which is this right one."[109]

Es gibt also nur einen Weg zur Glückseligkeit, die für Locke vor allem die des jenseitigen Heils ist, für Lessing immerhin weltliche und himmlische Seligkeit umfasst. Auch für Lessing aber gilt: „So glaube jeder sicher seinen Ring / den echten".[110] Gleichwohl sind beide Theoretiker, der Empirist und der kritische Rationalist, von der nur abstrakten Allgemeinheit dieser These überzeugt: Dass es nur einen Weg gibt, ist notwendig; aber welcher dies ist, bleibt ebenso notwendig unerkennbar. Aus dieser Gleichursprünglichkeit von Notwendigkeit und Unerkennbarkeit generiert allererst das Postulat der Toleranz.[111]

Ein weiteres Argument, das Lessing *zweitens* mit Locke verbindet und das aus dem ersten gemeinsamen Argument abzuleiten ist, besteht darin, dass es über die Frage von Rechtgläubigkeit und ketzerischer bzw. häretischer Devianz keinerlei innerweltlichen Richter geben kann; über den Anspruch einer jeden Kirche bzw. Glaubensgemeinschaft auf Rechtgläubigkeit und den damit verbundenen Anspruch auf Legitimität der Verurteilung anderer Kirchen heißt es:

> This is, in great and specious words, to say just nothing at all. For every church is orthodox to itself; to others, erroneous or heretical. For whatsoever any church believes, it believes to be true and the contrary unto those things it pronounce; to be error. So that the controversy between these churches about the truth of their doctrines and the purity of their worship is on both sides equal; nor is there any judge, either at Constantinople or elsewhere upon earth, by whose sentence it can be determined.[112]

Auch Lessing inszeniert in aller Deutlichkeit, dass es hinsichtlich der Frage der rechten Religion und damit des rechten Weges zum Heil keine richterliche Instanz auf Erden geben kann; der Richter in Nathans Ring-Parabel weist nämlich die streitenden Söhne „von meinem Stuhle" und gibt ihnen „meinen Rat, statt meines Spruches".[113] Staatliche Rechtsprechung – so beide Toleranztheoretiker –

---

108 Das kann hier nur noch kursorisch geschehen, eine eingehende Korrelation zwischen Lockes und Lessings Toleranzkonzeptionen muss einer eigenständigen Studie vorbehalten bleiben.
109 Locke: Letter (Anm. 3), S. 46.
110 Lessing: Nathan (Anm. 82), S. 280.
111 Vgl. hierzu Ebbinghaus: Einleitung (Anm. 6), S. XXXI.
112 Locke: Letter (Anm. 3), S. 32.
113 Lessing: Nathan (Anm. 82), S. 279.

ist nicht das gebotene Instrument, um die theologischen und religionspraktischen Kontroversen der unterschiedlichen Religionsformen zu schlichten, weil sie weder dazu befähigt noch dazu verpflichtet ist, „Rätsel / Zu Lösen".[114]

Trotz dieser und einiger weiterer Gemeinsamkeiten zwischen Lockes und Lessings Toleranzverständnis – so auch die Auffassung, dass der Atheismus außerhalb der Grenzen der Toleranz liegt, die Überzeugung von einer Gott- und Religionslosigkeit der Welt mithin nicht zu dulden ist,[115] eine Überzeugung also, die sie mit Voltaire teilten[116] – lassen sich auch Unterschiede zwischen den Positionen des britischen und des deutschen Philosophen ausmachen: Dies betrifft insbesondere die Rolle des Staates bei der Befriedung religionspolitischer Konflikte: Ist nämlich Locke davon überzeugt, dass der Staat als Garant der äußeren Freiheit, des Eigentums und der Sicherheit der Individuen dafür zu sorgen hat und auch sorgen kann, dass religiöse Differenzen nicht in gewaltsamer Form ausgetragen werden und damit den Bestand des Gemeinwesens gefährden, so scheint sich Lessing mit Voltaire davon überzeugt zu haben, dass religiöse Differenzen und deren politische, bisweilen gewaltsame Austragungen nicht durch staatliche Mittel zu begrenzen sind. Der Rückzug des Richters der Ring-Parabel bezieht sich nämlich nicht nur auf die Wahrheitsfrage, sondern auch auf das Problem einer Regelung der Koexistenz mehrerer mit Wahrheitsanspruch – legitimer Weise nach Lessing – auftretender Religionen. Deren friedliches Zusammenleben garantiert im *Nathan* eben keineswegs der Staat mit seiner zwangsgewaltbewährten Rechtsordnung, sondern das Gesetz des Wettbewerbes.[117] Bleibt Locke über diese konkreten Mittel zur Umsetzung der Toleranz unklar, so erhebt Lessing jenen Wettbewerb der Religionen um die Gunst der Gläubigen zum Mittel ihrer Realisation. Lessing lässt darüber hinaus keinen Zweifel daran, dass es in diesem Wettbewerb „über tausend und tausend Jahre" einen Gewinner geben wird. Denn schon die Voraussetzung dafür, dass sich die unterschiedlichen Religionen an diesen

---

114 Ebd.
115 Vgl. hierzu Locke: Letter (Anm. 3), S. 94 f.
116 Vgl. hierzu die luzide Darstellung bei Forst: Toleranz im Konflikt (Anm. 5), S. 383 f.
117 An diesem Vorschlag eines Wettbewerbs der Religionen scheint Kant Gefallen gefunden zu haben. In seiner Friedensschrift von 1793 heißt es nämlich: „Aber die Natur will es anders. – Sie bedient sich zweier Mittel, um Völker von der Vermischung abzuhalten und sie abzusondern, der Verschiedenheit der Sprachen und der Religionen, die zwar den Hang zum wechselseitigen Hasse und Vorwand zum Kriege bei sich führt, aber doch bei anwachsender Kultur und der allmählichen Annäherung der Menschen zu größerer Einstimmung in Prinzipien, zum Einverständnis in einem Frieden leitet, der nicht, wie jener Despotism (auf dem Kirchhofe der Freiheit), durch Schwächung aller Kräfte, sondern durch ihr Gleichgewicht im lebhaftesten Wetteifer derselben hervorgebracht und gesichert wird." (AA VIII, 367)

friedlichen Wettbewerb halten, ist einzig die Haltung Nathans im Angesicht der größten Gewalt, die dem Menschen angetan werden kann: die religiös induzierte Ermordung der eigenen Kinder: „ich will! / Willst du nur, dass ich will!"[118]

Zu Recht hat die jüngere Forschung diese Passage in IV. 7 erneut zur Schlüsselszene des Dramas erklärt und mit dem Begriff der uneingeschränkten „Ergebenheit in Gott" näher bestimmt.[119] Erst solche strenge Unterwerfung unter die Entscheidungen des einigen Gottes aber garantiert auch die Einhaltung eines friedfertigen Wettbewerbs der unterschiedlichen Religionen um die Zustimmung des Menschen; sie garantiert, dass am Ende der tausend und tausend Jahre jener weisere Richter seines Amtes walten kann und tatsächlich Recht „sprechen" wird: über den Gewinner nämlich des Wettbewerbs.

Diese Bindung an ein Modell religiöser Demut macht Lessings pragmatischen Toleranzvorschlag jedoch nicht weniger problematisch als die Modelle Voltaires oder Lockes: Hatte der französische philosophe die Haltung der Toleranz zum Mittel der Durchsetzung einer wahren Vernunftreligion herabgesetzt, so produzierte der britische philosopher durch die gleichurspüngliche Geltung von absolutem Recht auf das eigene Heil und von staatlichem Recht auf Freiheit und Sicherheit eine unauflösliche Antinomie zwischen „Kirchenrecht und Staatsrecht".[120] Kant löst diese Antinomie dadurch auf, dass er die Regeln aller nicht staatlichen Gemeinschaften, die er ethische gemeine Wesen nennt, streng den Gesetzen des Staates unterordnet; für ihn kann es kein absolutes Recht, das nicht staatliches wäre, geben;[121] darin unterschiedet er sich nicht nur von Locke, sondern auch von Voltaire und Lessing.

Lessing nämlich umgeht den zur Intoleranz neigenden Dogmatismus Voltaires, indem er mit Locke auf der Unlösbarkeit der Wahrheitsfrage besteht, bleibt aber mit Voltaire gegen Locke – und Kant – im Hinblick auf die Leistungsfähigkeit des Staates skeptisch. Sein Gegenvorschlag ist damit – auch als innovativer Versuch der formalen Einbindung der Marktgesetze und der Berücksichtigung der neuzeitlichen Problemlagen zwischen Geist und Macht – an religiöse Voraussetzungen gebunden, die zwar weder von der Vernunft noch vom Staat zu erzwingen sind, wohl aber als Leistungen einer moralisch-religiösen Gesinnung des Einzelnen jede Garantie vermissen lassen müssen. Lessings Vorschlag einer

---

118 Lessing: Nathan (Anm. 82), S. 316.
119 Vgl. hierzu Fick: Lessing-Handbuch (Anm. 42), S. 508 ff.; Nisbet, Lessing (Anm. 17), S. 794f.; Vollhardt: Lessings Toleranzparabel (Anm. 41).
120 So prägnant Ebbinghaus: Einleitung (Anm. 6), S. XXXII.
121 Vgl. hierzu u. a. Manfred Baum: Das ethische gemeine Wesen in Kants Religionsphilosophie. In: Subjektivität und Autonomie. Praktische Selbstverhältnisse in der klassischen deutschen Philosophie. Hg. v. Stefan Lang u. Lars Ulrich Thadde. Berlin/Boston 2013, S. 81–94.

„Ergebenheit in Gott" verbleibt mithin im Rahmen jener theonomen Toleranzbegründung, die die Neuzeit aus guten Gründen übersteigen wollte und musste.[122]

---

[122] Vgl. hierzu auch Dieter Hüning: Die Grenzen der Toleranz und die Rechtsstellung der Atheisten. Der Streit um die Verbindlichkeit des natürlichen Gesetzes in der neuzeitlichen Naturrechtslehre. In: Säkularisierung in den Wissenschaften seit der Frühen Neuzeit. Bd. 2: Zwischen christlicher Apologetik und methodologischem Atheismus. Wissenschaftsprozesse im Zeitraum von 1500 bis 1800. Hg. v. Lutz Danneberg u. a. Berlin/New York 2002, S. 219–273.

Liliane Weissberg
Toleranzidee und Emanzipationsdebatte: Moses Mendelssohn, Salomon Maimon, Lazarus Bendavid

Der Begriff der Toleranz wurde im 17. und 18. Jahrhundert als Versuch entwickelt, Religionsdispute philosophisch zu reflektieren und ein Nebeneinander verschiedener Glaubensrichtungen zu ermöglichen.[1] Während die Forderung nach einem solchen Nebeneinander gewaltsame Auseinandersetzungen zu vermeiden suchte – der als Religionskrieg begonnene Dreißigjährige Krieg hatte weite Teile Europas verwüstet – schien die Akzeptanz einer Vielfalt des Glaubens aber gerade dem Diktum der drei monotheistischen Religionen zu widersprechen. So konnte sich der Buddhismus etwa leicht in der Gesellschaft anderer Religionen wiedererkennen und sogar eine doppelte Loyalität vertreten, aber mit den sogenannten Offenbarungsreligionen, nämlich dem Judentum, Christentum und Islam, sah es anders aus: Jede dieser monotheistischen Religionen schien zu behaupten, dass nur sie den eigentlichen Zugang zum einzigen Gott ermöglichen konnte. Und damit nicht genug: Juden verstanden sich als ein von Gott erwähltes Volk.

Die Lösung, die die Philosophen der Aufklärung für dieses Dilemma erfanden, schien zunächst schlüssig. So konstatierte Voltaire in seinem *Traité sur la tolérance* (1763) eine minimale Gemeinsamkeit dieser drei Religionen, die von der Vernunft bestimmt sein sollte – seine negative Einstellung Juden gegenüber hielt er nur bedingt zurück.[2] Es gab nach diesem Entwurf nicht nur einen einzigen Gott, sondern auch eine einzige Wahrheit, die allen drei monotheistischen Religionen innewohnen sollte. Somit hatten sie nicht nur eine Wahrheit gemeinsam;

---

[1] Siehe besonders Rainer Forst: Toleranz im Konflikt. Geschichte, Gehalt und Gegenwart eines umstrittenen Begriffs. Frankfurt am Main 2003; aber auch Heinrich Lutz (Hg.): Zur Geschichte der Toleranz und Religionsfreiheit. Darmstadt 1977 (= Wege der Forschung 246); Matthias J. Fritsch: Religiöse Toleranz im Zeitalter der Aufklärung: naturrechtliche Begründung, konfessionelle Differenzen. Hamburg 2004 (= Studien zum achtzehnten Jahrhundert 28).
[2] Hinsichtlich Voltaires *Traité sur la tolérance à l'occasion de la mort de Jean Calas* (1763) siehe etwa Jürgen Siess (Hg.): Qu'est-ce que la tolérance: perspectives sur Voltaire. Ferney-Voltaire: Centre international d'étude du XVIIIe siècle 2002 (= Publications du Centre international d'étude du XVIIIe siècle 12); Sem Dresden u. a. (Hg.): Voltaire, Rousseau et la tolérance. Actes du Colloque Franco-Néerlandais des 16 et 17 novembre 1978 à la Maison Descartes d'Amsterdam. Lille 1980 (= Travaux et mémoires de la Maison Descartes, Amsterdam 2). Zu Voltaires Behandlung von Juden und der jüdischen Religion siehe Harvey Mitchell: Voltaire's Jews and Modern Jewish Identity: Rethinking the Enlightenment. London 2008.

Moses Mendelssohn (1729–1786) – Radierung von Johann Friedrich Bause (1772; Ausschnitt)

sie etablierten auch eine Art Bund zwischen Glauben und Vernunft. Dabei entstand schließlich noch eine mögliche vierte Glaubensrichtung: Die „Vernunftreligion" akzeptierte eine höhere Wahrheit und eine minimale Gemeinsamkeit der drei Offenbarungsreligionen.

In Preußen wurde diese Vernunftreligion als eine Art aufgeklärter Protestantismus verstanden und blieb dort wie auch in Frankreich ein recht abstraktes Konstrukt. Dies musste beispielsweise David Friedländer, Vorstand der jüdischen Gemeinde Berlins, erkennen: Friedländer formulierte 1799 ein Bekehrungsgesuch für seine und andere prominente Familien der sogenannten jüdischen Colonie; er schickte es als offenen Brief, als *Sendschreiben* an den Oberkonsistorialrat Wilhelm Teller.[3] Durch eine solche Bekehrung zum Protestantismus sollte die soziale und politische Marginalität der Berliner Juden endlich aufgehoben werden; sie sollte die politische Emanzipation dieser Juden ermöglichen. Allerdings schlug Friedländer vor, dass diese Juden konvertieren sollten, *ohne* eine besondere Stellung Christi für ihre Religion anerkennen zu müssen – statt einer heutigen *Jews for Jesus*-Bewegung sozusagen ein Vorschlag für *Christians without Christ*. Soviel Vernunft schien Teller nun doch nicht akzeptabel und Friedländers Gesuch wurde abgelehnt.[4]

Welches war denn nun die Wahrheit, auf die sich die drei Religionen einigen konnten? Zum einen die des einzigen Gottes, denn von einer Anerkennung des Atheismus konnte in dieser Zeit nicht die Rede sein. Der Mensch des 17. und 18. Jahrhunderts bestimmte sich durch seine religiöse Zugehörigkeit. Dass aber auch die Konstatierung einer allgemeinen Glaubenswahrheit nur eine scheinbare Lösung offerieren konnte, ergab sich bereits aus der politisch-sozialen Situation. Eine Trennung von Staat und Religion wurde in Europa erst 1789 in Frankreich in Folge der französischen Revolution vollzogen und bewirkte, dass die Religionszugehörigkeit der Bürger zu einer reinen Privatsache geriet.[5] Von einem *citoyen* wurde nur die Loyalität zu seinem Staat verlangt. Konnte die Akzeptanz eines „erwählten Volkes" wie der Juden jedoch mit einer einfachen Glaubensdefinition in Einklang gebracht werden? War in dieser doch wesentlichen Behauptung nicht schon eine Frage politischer Loyalität enthalten?

---

3 [David Friedländer:] Sendschreiben an seine Hochwürden, Herrn Oberconsistorialrath und Probst Teller zu Berlin, von einigen Hausvätern jüdischer Religion. Berlin 1799.
4 Siehe die Diskussion bei Jonathan M. Hess: Germans, Jews, and the Claim of Modernity. New Haven 2002, S. 169–204.
5 Paula E. Hyman: The Jews of Modern France. Berkeley 1998 (= Jewish communities in the modern world 1), S. 17–31.

Salomon Maimon (1753–1800) – Radierung aus *Salomon Maimon's Lebensgeschichte. Von ihm selbst geschrieben und herausgegeben von K. P. Moritz. In zwei Theilen* (Berlin 1792)

Toleranzidee und Emanzipationsdebatte —— 367

Lazarus Bendavid (1762–1832) – Radierung aus Moses Samuel Lowes *Bildnisse jetztlebender Berliner Gelehrten mit ihren Selbstbiographien* (Berlin/Leipzig 1806)

Pierre Bayle, John Locke, Voltaire – diese Autoren hatten trotz ihrer eigenen Formulierungen des Toleranzgedankens nicht nur Präferenzen und artikulierte Vorurteile bestimmten Religionen gegenüber, sie verstanden die Artikulation der Toleranzidee dabei auch als einen politischen Schritt, der weniger das Abkommen von gleichberechtigten Partnern sein sollte, als vielmehr eine Politik der Herrschenden. Gerade solchermaßen wurde sie auch von Goethe verstanden, der Toleranz als eine „eigentlich nur [...] vorübergehende Gesinnung" verstand, als eine Duldung und „Dulden heißt beleidigen."[6] Nach Goethe war die Toleranzidee also keine, die in einer Gruppe von Gleichberechtigten freiwillig artikuliert werden konnte. Sie war selbst einer hierarchischen, politischen Ordnung unterworfen. Jemand konnte Toleranz für sich fordern und jemand konnte Toleranz bewilligen, doch dies waren zwei verschiedene Personen. Politisch verordnete *Toleranz als Duldung* wurde ‚von oben' her erklärt. So nannte sich auch das Dekret, das Juden den Aufenthalt in einem Staat oder einer Stadt ermöglichte: Toleranzedikt; d. h. es musste vom Herrscher unterzeichnet werden. Eine solche Duldung war ein Teil der Machtausübung; der Erhalt der Toleranz wiederum war Privileg. Und so wurde eine philosophische Religionsdebatte vor allem in Staaten, die sich als christlich verstanden, von christlicher Seite aus geführt.

Dabei schrieb sich gerade Gotthold Ephraim Lessing mit seinem dramatischen Gedicht *Nathan der Weise* 1779 in die Debatte um Toleranz ein, indem er sowohl auf die religiöse als auch auf die politische Diskussion Bezug nahm und es scheinbar nicht nur von christlicher Seite her tat.[7] Es geht hier natürlich um die dort wiedergegebene Ring-Parabel. Ein Vater dreier Söhne besitzt einen Ring, will aber alle seiner Söhne beschenken. Er lässt zwei Ringe herstellen, die dem ursprünglichen Ring aufs Haar gleichen und damit kann er allen Söhnen seine Zuneigung beweisen. Aber in Lessings Geschichte geht es nicht nur um die Gleichzeitigkeit des Schenkens; sie besteht auch auf der Existenz eines ursprünglichen Rings und auf – wenngleich perfekt gemachten – Imitaten. Nicht die in den Ringen erhaltene Wahrheit scheint in dieser Parabel von Bedeutung, sondern die Geste des freiwilligen Gebens und die Konsequenz des Tragens eines solchen Ringes. Der Beschenkte wird geliebt, der Träger des Ringes soll geliebt werden. So erzählt Nathan in Lessings Stück von keiner ursprünglichen göttlichen Botschaft, von keiner Erwartung des Jenseits, sondern von dem Effekt des Glaubens auf die Lebenden im Hier und Jetzt. Geht es hier noch eigentlich um Religion, oder nicht

---

[6] Johann Wolfgang von Goethe: Maximen und Reflexionen. In: Ders.: Werke. 6 Bde. Hg. v. Friedmar Apel u. a. Frankfurt am Main 1981, hier Bd. 6, S. 507.
[7] Siehe hierzu: Der Ursprung der arabisch-europäischen Toleranzdebatten. Die Parabel von den Drei Ringen. Hg. v. Achim Aurnhammer u. Friedrich Vollhardt. Berlin/Boston (in Vorb).

vielmehr um einen weltlichen Richterspruch, der auf die Wirkung des Ringes verweist und damit auf die Anweisung, ein Leben so zu führen, dass es den moralischen Vorstellungen des Menschens und der Gesellschaft genügen kann?

Wie immer diese Fragen zu beantworten sind, die politische Situation, die Lessing in seinem Drama zeichnet, ist komplizierter. Denn die Artikulation der Toleranzidee erfolgt nicht von dem Herrschenden und nicht von einem Christen. Der Sultan fragt den *Juden* Nathan nach der wahren Religion, und er ist der Herrscher seines Landes, der als Moslem in Preußen keineswegs so selbstverständlich geduldet wäre. Und der Jude Nathan, der weder in Preußen noch in Jerusalem zu den Herrschenden gehören kann, beantwortet die Frage mit keinem faktischen Beweis, mit keiner klaren philosophischen Herleitung, sondern mit einer Erzählung. Hier wird das Konzept einer möglichen Gleichstellung der Religionen ‚von unten' her behauptet, Nathan steht unter *duress*, unter politischem Druck. Nathan ist zwar reich, er gilt als weise, aber ihm fehlt die politische Macht, die ihn auf eine Ebene mit dem Sultan stellen könnte. Er gibt keine Rechtfertigung des Judentums und keine Darstellung des Christentums, das dem Sultan wie auch Nathan fremd ist. Nathan muss sich der Imagination bedienen, in die Fiktion flüchten, um sein Leben oder zumindest seine fragile soziale Position zu erhalten. Für ihn ist die Erzählung der Ring-Parabel in diesem Sinne nichts anderes als ein Märchen Scheherezades aus *Tausendundeiner Nacht*. Nur als Fiktion und als Parabel kann der Jude Nathan es wagen, die Gleichberechtigung der Religionen zu behaupten – und damit sich und seine eigene zu retten. Mehr noch als die Ring-Parabel beweist vielleicht sein geglücktes Entkommen aus der Lebensgefahr Nathans Weisheit.

Die *duress*, unter der Nathan handeln muss, hat Vorbild. Bereits 1769 hatte der Schweizer Theologe Johann Caspar Lavater ein Exemplar seiner Übersetzung von Charles Bonnets *Palingénésie philosophique* an den jüdischen Seidenfabrikanten und bekannten Philosophen Moses Mendelssohn geschickt und diesen aufgefordert, die Wahrheit der in Bonnets Buch dargestellten christlichen Lehre anzuerkennen und zum Christentum überzutreten.[8] Dies war keine Frage nach der wahren Religion, die Lavater stellte, sondern die Forderung nach ihrer Anerkennung. Mendelssohn, der sich nicht bekehren lassen wollte, musste nun in seiner Antwort eine Beschreibung des Judentums geben, die dessen Existenz *neben* der herrschenden christlichen Religion rechtfertigen konnte. Er musste

---

8 Johann Caspar Lavater: Widmung seiner Übersetzung von Charles Bonnets *Philosophische Untersuchung der Beweise für das Christentum* (1769); der Text der Widmung ist abgedruckt in Moses Mendelssohn: Ausgewählte Werke. 2 Bde. Hg. v. Christoph Schulte, Andreas Kennecke u. Grażyna Jurewicz. Darmstadt 2012, Bd. II, S. 7–55, hier S. 10.

die Wahl einer Religion verteidigen, ohne die Wahl einer anderen abzulehnen zu dürfen.

Mendelssohn schrieb einen offenen Brief an Lavater, der mit dem Geständnis mancher Probleme hinsichtlich der Ausübung der jüdischen Religion begann, diese jedoch als unwesentliche beiseite schob: „Ich werde es nicht läugnen, dass ich bei meiner Religion menschliche Zusätze und Mißbräuche wahrgenommen, die leider! Ihren Glanz nur zu sehr verdunkeln".[9] Dabei etablierte Mendelssohn in diesem Brief eine imaginäre Gruppe von Freunden der Wahrheit im Sinne einer Aufklärungsgesellschaft, welche Lavater und Mendelssohn als „Menschenfreunde" vereinen sollte und damit schon rhetorisch Jude und Christ der Bezeichnung „Menschenfreund" unterstellte:[10]

> Welcher Freund der Warheit kann sich rühmen, seine Religion von schädlichen Menschensatzungen frey gefunden zu haben? Wir erkennen ihn alle, diesen vergiftenden Hauch der Heucheley und des Aberglaubens, so viel unserer sind, die wir die Warheit suchen, und wünschen ihn, ohne Nachtheil des Wahren und Guten, abwischen zu können. Allein von dem *Wesentlichen* meiner Religion bin ich so fest, so unwiderleglich versichert, als Sie, oder Hr. Bonnet nur immer von der Ihrigen seyn können, und ich bezeuge hiermit vor dem Gott der Warheit, Ihrem und meinem Schöpfer und Erhalter, bey dem Sie mich in Ihrer Zuschrift beschworen haben, dass ich bey meinen Grundsätzen bleiben werde, solange meine ganze Seele nicht eine andere Natur annimmt.[11]

Ist eine Bekehrung noch notwendig, wenn beide, Lavater wie Mendelssohn, den Gott der Wahrheit anerkennen wollen? Doch Mendelssohn wendet sich der Forderung der religiösen Bekehrung zu, indem er aber die Rollen des Bekehrung Verlangenden (Lavater) mit derjenigen des zu Bekehrenden (Mendelssohn) vertauscht. Gerade als erwähltes Volk werden die Juden bei Mendelssohn zu traditionellen Vertretern einer religiösen Toleranz *par excellence*, denn sie müssen neben den Vertretern anderer Religionen leben, weil sie selbst nicht bekehren dürfen. Dies ist nun die Einzigartigkeit der Juden, die durch ihr Erwähltsein gegeben ist:

> Nach den Grundsätzen meiner Religion *soll* ich niemand, der nicht nach unserm Gesetze gebohren ist, zu bekehren suchen. Dieser Geist der Bekehrung, dessen Ursprung einige so gern der jüdischen Religion aufbürden möchten, ist derselben gleichwohl schnurstracks zuwider. Alle unsere Rabbinen lehren einmüthig, daß die schriftlichen und mündlichen Gesetze, in welchen unsere geoffenbarte Religion bestehet, nur für unsere Nation verbindlich seyen. *Mose hat uns das Gesetz geboten, es ist ein Erbtheil der Gemeinde Jakobs.* Alle

---

9 Moses Mendelssohn: Schreiben an den Herrn Diaconus Lavater zu Zürich (1770). Die Lavater-Kontroverse (1769–1770). In: Ders.: Ausgewählte Werke (Anm. 8), Bd. II, S. 14.
10 Siehe auch Mendelssohns Anrede: „Verehrungswerther Menschenfreund!" In: Ebd., S. 13.
11 Ebd., S. 14 f.

übrigen Völker der Erde, glauben wir, seyen von Gott angewiesen worden, sich an das Gesetz der Natur und an die Religion der Patriarchen zu halten. Die ihren Lebenswandel nach den Gesetzen dieser Religion der Natur und der Vernunft einrichten, werden *tugendhafte Männer von andern Nationen* genennet, und diese sind Kinder der ewigen Seligkeit.[12]

Verweist Lessing auf die Liebe, so schreibt Mendelssohn hier vom tugendhaften Leben. Und es ist Mendelssohn, nicht Nathan, der hier eigentlich von Wahrheit spricht. Der Träger des Ringes ist bei Mendelssohn für seine Lebensweise selbst verantwortlich und damit auch für eine „ewige Seligkeit" nach dem Tode, nicht der Ring. „Oh, mich dünkt, wer in diesem Leben die Menschen zur Tugend anführet, kann in jenem nicht verdammt werden," erklärt Mendelssohn,[13] aber impliziert auch gleichzeitig, dass die Religion für das seelische Leben des Einzelnen, ein tugendhaftes Leben jedoch für die Gesellschaft entscheidend ist. Und er fasst zusammen:

> Meine Religion, meine Philosophie und mein Stand im bürgerlichen Leben geben mir die wichtigsten Gründe an die Hand, alle Religionsstreitigkeiten zu vermeiden, und in öffentlichen Schriften nur von denen Warheiten zu sprechen, die allen Religionen gleich wichtig seyn müssen [...].[14]

Es ist sein „Stand im bürgerlichen Leben", der Mendelssohns Schreibweise bestimmt, und tatsächlich findet er es nur in seinen in *deutscher* Sprache geschriebenen Schriften, nicht in seinen hebräischen Texten notwendig, auf die Tolerenzdebatte einzugehen. Für den Juden Mendelssohn ist Toleranz eine Forderung nach ‚außen', an die christliche Gesellschaft.

Mendelssohn weist darauf hin, dass gerade ein Volk, das nicht Bekehren möchte, darauf angewiesen ist, neben anderen Völkern und Religionen zu bestehen. Dies nimmt Lessing in seinem später geschriebenen Drama auf seine eigene Weise auf. Niemand wird dort bekehrt, selbst Nathans angenommene Tochter Recha erkennt am Schluss die christliche Religion ihrer biologischen Vorfahren an. So wird Nathan am Ende zwar toleriert, aber zu einer tragischen Figur. Er verliert seine Familie und bleibt einsam auf der Bühne zurück. Ist der Toleranzgedanke demnach fortschrittlich oder nur ein Herrschaftsdiskurs anderer Art? Wie kann sich ein Rechtloser zu Fragen der Toleranz äußern? Wann betrifft sie die Legitimität unterschiedlicher Religionen und wann ganz einfach die eigene Existenz?

---

12 Ebd., S. 15 f.
13 Ebd., S. 17.
14 Ebd., S. 15.

Die jüdischen Philosophen im Berliner Umkreis Lessings beteiligten sich an der Toleranzdebatte mit jenem Bewusstsein ihres besonderen bürgerlichen Standes, von dem schon Mendelssohn schrieb. Im späten 18. Jahrhundert verstärkten sich ihre Forderungen nach einer bürgerlichen Emanzipation, nach jener „Verbesserung" ihrer sozialen Position, die Christian Konrad Wilhelm von Dohm 1781 gerade in Diskussion mit Mendelssohn zu formulieren suchte, denn solche Forderungen schienen aus der Feder eines preußischen Diplomaten, nicht der eines Juden, wirkungsvoll zu sein. Dohms Schrift *Ueber die bürgerliche Verbesserung der Juden* war tatsächlich für die Emanzipation der Juden entscheidend – allerdings nicht für die Preußens, sondern die Frankreichs. Eine französische Übersetzung dieser Schrift wurde Mirabeau vorgelegt und bewirkte das Pariser Emanzipationsedikt von 1791.[15]

Für die Juden Preußens und in Dohms Schrift ging es vor allem um ihr Aufenthaltsrecht, um Steuerabgaben und Heiratsbewilligungen, um eine freiere Berufswahl. Die meisten Juden Preußens waren alles andere als reich. Nathan konnte dem Sultan in Lessings Drama nicht nur eine Parabel schenken, sondern auch Luxusgüter und Geld. Was hatten die Juden Preußens zu bieten? Wie viel kostete die Toleranz, und wie konnte sie erkauft werden?

Mendelssohns zweiter Text, der auf die Frage der Toleranz bezug nimmt, erschien 1782, wenige Monate nach Dohms *Ueber die bürgerliche Verbesserung der Juden*. Es war seine Vorrede zu Menasseh Ben Israels *Rettung der Juden*, einem Buch, das von seinem Freund und Schüler Markus Hertz aus dem Englischen übersetzt wurde und Mendelssohn als eine Art Begleitschrift zu Dohms Pamphlet verstanden wissen wollte; bereits im Titel wies Mendelssohn es als einen „Anhang" dazu aus. Mendelssohn bezog sich implizit jedoch auch auf ein politisches Ereignis: Die Veröffentlichung des Toleranzpatents von 1781 für die böhmischen Juden durch den österreichischen Kaiser Joseph II.

Der Amsterdamer Rabbiner Menasseh hatte seine Schrift nach einer Englandreise 1655 verfasst und als *Vindicae Judaeorum* 1656 veröffentlicht; sie war an Oliver Cromwell gerichtet. 1290 waren die Juden aus England vertrieben worden und Menasseh ben Israel verhandelte über ihre Wiederaufnahme. Die Neuveröffentlichung des Buches in deutscher Sprache sollte nun auch Argumente für bessere Lebensumstände für die Juden in Preußen bieten – und mehr als das. Denn das Vorwort, das Mendelssohn seinem Text beifügte, war besonders durch die Lage der Juden im Elsass beeinflusst. Die Elsässer Gemeinde bat Mendelssohn

---

[15] Leonore Loft: Mirabeau and Brissot Review Christian Wilhelm von Dohm and the Jewish Question. In: History of European Ideas 13 (1991), S. 605–622.

um Hilfe, denn sie befand sich rechtlich und wirtschaftlich in einer prekären Situation, sie war durch ihre hohen Abgaben noch ärmer als die Juden Preußens.

Mendelssohns Vorwort zu Menasseh Ben Israels Buch wird dabei zu einem Pamphlet, das allgemein bürgerliche Rechte für Juden forderte. Wiederum schreibt Mendelssohn von einer gespaltenen Gesellschaft, von einer herrschenden und einer beherrschten Schicht, die um Duldung bemüht ist.[16] Aber gleich zu Beginn benützt Mendelssohn eine Formulierung, die in seinem Brief an Lavater noch abwesend war: „Dank sey es der allgütigen Vorsehung, daß sie mich am Ende meiner Tage noch diesen glücklichen Zeitpunkt hat erleben lassen, in welchem die Rechte der Menschheit in ihrem wahren Umfange beherzigt zu werden anfangen". Mit diesem Hinweis auf eine Diskussion um allgemeine Menschenrechte geht es Mendelssohn hier nicht mehr um ein persönliches Bekenntnis wie in seinem Brief an Lavater, und nicht mehr nur um Religion. Doch auch die Menschenrechte werden von einer Gruppe gefordert, müssen aber von einer anderen gegeben werden: „Ist es Zweck der Vorsehung, daß der Bruder den Bruder lieben soll, so ist es offenbar die Pflicht des Stärkern, den ersten Antrag zu thun, die Arme auszustrecken."[17] Mendelssohn verweist dabei sowohl auf Lessing, den Autor des *Nathans*, wie auf Dohm, den Autor der Schrift *Ueber die bürgerlichen Verbesserung der Juden*, um mit dem „philosophischen Dichter" und dem „philosophischen Staatskundigen" argumentieren zu können.[18]

Es geht Mendelssohn hier um das Zusammenleben der Vertreter verschiedener Religionen. Religion soll vom Staat geschieden werden. Die Religion verpflichtet sich auf den persönlichen Glauben, der Staat auf das gesellschaftliche Handeln. Dies hat auch Konsequenzen für die Behandlung von Differenzen innerhalb einer Kirche. Mendelssohn spricht sich gegen den Ausschluss von Gläubigen aus und gegen den religiösen Bann, dem beispielsweise im Judentum noch ein Baruch Spinoza, der hier allerdings nicht beim Namen genannt wird, zum Opfer gefallen ist. Dieser war aus der jüdischen Gemeinde ausgeschlossen worden, ließ sich allerdings auch nicht zum Christentum bekehren. Der Bann, der einen Menschen aus einer Gemeinschaft ausschließt, sei ein politischer Akt, der nicht von einer religiösen Institution ausgeübt werden soll.

---

16 Menasseh Ben Israel: Rettung der Juden. Nebst einer Vorrede von Moses Mendelssohn. Als ein Anhang zu Herrn Kriegsraths Dohm Abhandlung: Uber die bürgerliche Verbesserung der Juden, übersetzt v. Mendelssohn (1782). In: Mendelssohn: Ausgewählte Werke (Anm. 8), Bd. II, S. 75–128, hier S. 79.
17 Moses Mendelssohn: Vorrede zu ‚Menasseh Ben Israel: Rettung der Juden'. In: Ebd., S. 79.
18 Ebd.

Mendelssohns 1783 erschienene Schrift *Jerusalem oder über religiöse Macht und Judenthum* führt den Gedanken einer Trennung von Kirche und Staat weiter: „Oeffentliche Anstaltung zur Bildung des Menschen, die sich auf Verhältnisse des Menschen zu Gott beziehen, nenne ich *Kirche*; – zum Menschen *Staat*" unterscheidet er dort.[19] Auch diese Schrift ist wie die Veröffentlichung des Buches von Menasseh Ben Israel ein Beitrag zur Emanzipationsdebatte. Wiederum geht es hier nicht um die Wahrheit der jüdischen Lehre, sondern um das Argument, dass auch Juden als Juden Bürger eines Staates werden können und dass der Staat von diesen Bürgern profitieren kann. Die Diskussion um eine Gleichberechtigung des Judentums ist eine der Gleichberechtigung der Juden.

In all diesen Schriften wandte sich Mendelssohn vor allem an ein nicht jüdisches Publikum; er versuchte das Judentum und die Probleme der Juden Nichtjuden verständlich zu machen. Er schrieb Deutsch und Hebräisch und hatte in der hebräischen Sprache wiederum seine eigene Leserschaft. Sein Schüler Lazarus Bendavid, ein Philosoph und Leiter der Jüdischen Freyschule zu Berlin, wandte sich vollständig der deutschen Sprache zu. Er veröffentlichte Erläuterungen zu den kantschen Schriften, aber auch einen kurzen Roman. Die Judenpolitik Josephs II. war für Bendavid kein Thema abstrakter Kontemplation. Im Unterschied zu Mendelssohn reiste er selbst 1791 nach Wien und ersuchte dort um Aufenthaltsrecht. Gerade in Wien erhielt er, wie er in seinen autobiografischen Notizen schrieb, gesellschaftliche Anerkennung und Anerkennung als Philosoph, obwohl er seine Vorlesungen nur in einem privaten Adelshaus anbieten konnte. Als die Aufenthaltsbedingungen für Ausländer sich in Wien änderten, musste er allerdings 1797 nach Berlin zurückkehren.

Noch von Wien aus veröffentlichte Bendavid 1793 seine Schrift *Etwas zur Charackteristick der Juden*, die zunächst Mendelssohns Brief an Lavater zu ähneln scheint. Unter Juden hatte sich das deutschsprachige Lesepublikum um die Wende des 19. Jahrhunderts stark vergrößert. Aber trotz dieser Insistenz auf die deutsche Sprache war er sich der Unterschiede einer jüdischen und einer christlichen Leserschaft sehr bewusst. Verweist Mendelssohn auf den Aberglauben in den Gebräuchen der Juden, so zitiert Bendavid bereits im Motto eine Zeile, die aus Lessings *Nathan* stammt: „Der Aberglauben schlimmster ist, den/Seinen für den erträglichsten zu halten."[20] Doch während Mendelssohn Aberglauben

---

19 Moses Mendelssohn: Jerusalem oder Ueber religiöse Macht und Judentum (1783). In: Ders.: Ausgewählte Werke (Anm. 8), Bd. II, S. 129–206, hier S. 138.
20 Das Motto aus Lessings *Nathan der Weise* erscheint auf der Titelseite von Lazarus Bendavids *Etwas zur Charackteristick der Juden* (Wien 1793). In Lessings Stück spricht dies nicht Nathan, sondern der Tempelherr (IV, 4).

und Missstände in einer Nebenbemerkung beiseite rücken will, stehen sie im Zentrum von Bendavids Buch. Es will auch nicht die Legitimität der jüdischen Religion beweisen, sondern wendet sich rhetorisch an gläubige Juden. Bendavid beschwört sie, von unsinnigen Riten zu lassen und sich auf den Text der Bibel zurückzubesinnen. Er unterscheidet zwischen den Hebräern der Bibel und den zeitgenössischen Juden – eine Unterscheidung, die bereits Theologen wie Johann Gottfried Herder getroffen hatten. Nur sind die Juden seiner Zeit für ihn nicht unbelehrbar, sie sollen sich lediglich auf den wahren Charakter des Judentums besinnen. Durch mündliche Überlieferungen hätten sie die wahre Essenz der *Heiligen Schrift* vergessen. Mit dem Argument, dass die *Thora* als Sammlung der Meinungen von Rabbinern den eigentlichen Glauben verstellt hatte, entspricht Bendavid vielen anderen Autoren der neuen Bewegung der jüdischen Aufklärung oder Haskala. Juden sollten sich dabei, so Bendavid, das Christentum als eine vernünftige Religion zum Beispiel nehmen, denn das Judentum seiner Zeit hätte sich von der ursprünglichen Offenbarungsreligion gelöst:

> Ein anders wäre es nehmlich die Fehler der Juden überhaupt, ein anders ist es, die der heutigen Juden betrachten. Diese sind, eben durch die große Lücke in ihrer Geschichte, von den Juden in Palästina so getrennt, durch ihre Unterjochung und ihre Zerstreuung in alle Länder, von den alten Juden so geschieden, und ihr jetziger Charakter ist von den Sitten ihrer Väter meistens so unabhängig, daß man die jetzigen Juden als ein ganz eigenes Volk betrachten, und, mit nur flüchtigem Rückblicke auf ihre alte Verfassung, den Grund zu ihren jetzigen Fehlern, auch nur in ihrer jetzigen Lage aufzusuchen braucht.[21]

Die Juden im Preußen des 18. Jahrhunderts haben also mit dem eigentlichen Judentum nicht mehr viel gemein. Und indem Bendavid Beispiele jüdischer Riten als neuen Aberglauben aufzählt, stimmt er eigentlich gerade mit jenen Kritikern überein, die Juden Bürgerrechte versagen möchten. Nur ist dies nicht sein letztes Wort. Juden müssen sich ihres eigentlichen Judentums besinnen und damit emanzipationswürdig werden. Sie sollen einem Erziehungsprogramm folgen, das Juden zu vernünftigen Juden macht. Nach einer Reihe von Argumenten, die sogar die Überlegenheit der christlichen Sitten gegenüber dem jüdischen Aberglauben beweisen sollen, fordert Bendavid dennoch keine Konversion, lediglich eine Religion, die sich in manchem das Christentum zum Beispiel nehmen muss. Einen dieser neuen Juden hat es nach Bendavid bereits gegeben. Wie ein *deus ex machina* erscheint dieser in den letzten Seiten seines Buches: „Mendelssohn erschien!"[22] Das aufgeklärte, reformierte Judentum ist damit eine Religion, die

---

21 Ebd., S. 12.
22 Ebd., S. 32.

sich seiner eigentlichen Wurzeln besinnt und dadurch Anerkennung fordern kann und erhalten muss.

Bendavid durchbricht die binäre Struktur von Jude und Christ, indem er die Möglichkeit eines akkulturierten Juden präsentiert, dessen Vernunft und Lebensweise Christen überzeugen soll. Somit wendet sich Bendavids Erziehungsprogramm nur scheinbar an jene Juden, die er von alten Sitten befreien möchte. Er offeriert vielmehr ein Angebot an ein christliches Publikum. Bendavid gesteht den Juden seiner Zeit alle Fehler ein, die der jüdischen Religion und den Juden angerechnet wurden. Er will Juden jedoch nicht durch Bekehrung emanzipationswürdig machen – dies hatte noch Friedländer versucht – sondern durch Erziehung. Ist es jetzt noch nicht möglich, tolerant zu sein, so sieht die hoffentlich nahe Zukunft besser aus. Juden sind bei Bendavid kein auserwähltes Volk, sondern ein Volk, welches auf seinen rechten Pfad zurückgeführt werden musste. Dies war letztendlich ganz im Sinne Dohms, der sich nicht nur der „Verbesserung" der rechtlichen Situation der Juden annahm, sondern auch der moralischen „Verbesserung" der Juden. Dass ausgerechnet Mendelssohn, der an allen jüdischen Riten festhalten wollte, als eine Art zweiter Moses erscheint, der die Juden in das gelobte preußische Land führen könnte, ist die ironische Pointe von Bendavids Text.

So spiegelt die Geste nach außen – Mendelssohn wendet sich an das christliche Publikum – die Geste nach innen; Bendavid wendet sich, wenn auch nur rhetorisch, an die jüdische Leserschaft. Doch noch ein weiterer Versuch soll erwähnt werden, der einen anderen Weg geht. Mendelssohns und Bendavids Texte beschäftigten sich mit der Situation in Preußen und seinen westlichen Nachbarn. Der Philosoph und Mathematiker Salomon Maimon hingegen richtete seinen Blick nach dem Osten.

Maimon veröffentlichte eine erste Skizze seiner Autobiografie 1792 in Karl Philipp Moritz' *Magazin zur Erfahrungsseelenkunde*, und wenige Monate später seine *Lebensgeschichte, von ihm selbst erzählt* als Buch. Maimon bot dabei ein Beispiel des von Bendavid skizzierten Erziehungsprozesses. Forderte Bendavid eine Reform des zeitgenössischen Judentums, das für ihn zu sehr von unsinnigen Riten geprägt ist, so kann Maimon dieses Judentum genauer lokalisieren. Es befindet sich eigentlich nicht in Preußen und Berlin, wie es noch bei Bendavid zu sein scheint, sondern in Polen-Litauen.

Maimon beschreibt seine Kindheit und Jugend als von großer Armut geprägt. Er lernte zwar schon sehr früh Schreiben und Lesen, sprach aber keine Sprache korrekt, sondern ein scheinbares Gemisch aus polnischen, deutschen und hebräischen Worten. Wie Mendelssohn vor ihm, so sah auch Maimon das Jiddische als keine eigenständige Sprache an. Schon früh besuchte er die Yeshiva, an der er die *Thora* und den *Talmud* studierte. Säkulare Texte las er heimlich, und heimlich lernte er auch die deutsche Sprache mithilfe von Büchern, die er sich lieh oder fand. 1778 reiste er als noch junger Mann nach Berlin, um die Werke der Aufklärung studieren zu können, doch konnte keinen offiziellen Aufenthalt in dieser Stadt erlangen. Dies glückte ihm erst drei Jahre später, vor allem durch die Unterstützung der Familie Bendavids. Wenige Jahre darauf entdeckte Maimon das Werk Immanuel Kants und begann eine Reihe von Schriften zu veröffentlichen, die sich mit den Naturwissenschaften, der Logik, und der Philosophie der Aufklärung allgemein beschäftigen.

In seiner *Lebensgeschichte* – der ersten Autobiografie eines jüdischen Autors in deutscher Sprache – beschränkt sich Maimon jedoch nicht auf eine Erzählung seines Schicksals. Er beginnt mit einer Beschreibung Polen-Litauens und der polnischen Verhältnisse, die einem deutschen Leser ebenso fremd sein mussten wie das Judentum.[23] Es ist nicht nur ein weit entferntes Land und das seiner eigenen, persönlichen Vergangenheit. Vieles dort scheint zeitlos und gleichzeitig primitiv. Andererseits gibt es dort nicht nur Negatives. Polen-Litauen ist nicht nur das Land des Aberglaubens und der Vorurteile, sondern auch der Religionsfreiheit. So schreibt er:

> Es gibt vielleicht kein andres Land außer Polen, wo Religionsfreiheit und Religionshaß so im gleichen Grade anzutreffen wären. Die Juden genießen da einer völlig freien Ausübung ihrer Religion und aller übrigen bürgerlichen Freiheiten, haben auch sogar ihre eigne Gerichtsbarkeit. Von der andern Seite aber geht der Religionshaß so weit, daß der Name Jude zum Abscheu wird und die Wirkung dieses zu den Zeiten der Barbarei eingewurzelten Abscheus noch zu meinen Zeiten, ungefähr vor dreizehn Jahren, dauerte.[24]

Die Angabe „vor dreizehn Jahren" ist persönlich gefasst und bezeichnet den Zeitpunkt, zu dem Maimon Polen-Litauen verlassen hatte. Viel war inzwischen geschehen. Die unabhängige Polnisch-Litauische Union hatte 1772 bereits in der Aufteilung durch Österreich, Russland und Preußen fast ein Drittel ihres Landes verloren, und der Landgewinn ermöglichte es Friedrich dem Großen sich nun nicht mehr König in Preußen, sondern König von Preußen zu nennen. 1790 unterzeichnete er ein neues Abkommen mit der Union, aber 1793 folgte eine erneute zweite Teilung des Landes. Preußen war in dieser Region bereits die führende Handelsmacht. Maimon erinnert sich also nicht nur an seine alte Heimat, er erin-

---

23 Vergleiche hier Liliane Weissberg: The Voice of a Native Informer: Salomon Maimon Describes Life in Polish-Lithuania. In: The Paradox of Jewish Ethnography. Hg. v. Gabriella Safran u. Andreas Kilcher. Bloomington (IN): University of Indiana Press (in Vorb.).
24 Salomon Maimon: Lebensgeschichte, von ihm selbst erzählt und hg. v. Karl Philipp Moritz. Hg. v. Zwi Batscha. Frankfurt am Main 1995, S.13.

nert sich an ein Land, das zunehmend unter die Herrschaft seiner neuen Heimat, Preußens, fällt.

Doch er weist auch auf etwas anderes hin. Polen mag tyrannisch regiert sein und ein Ständesystem vertreten. Aber es bot schon früh jüdischen Einwanderern Siedlungsfreiheit an, gewisse Rechte und eine eigene Rechtssprechung. In dieser Hinsicht lebten die Juden Polens freier als in Preußen. Aber gerade die Religionsfreiheit, die ihnen gestattet wird, erlebt ihre Grenzen in dem Verhalten einer nicht jüdischen Bevölkerung, die sich anti-jüdisch zeigt. Gesetze und Sozialverhalten stimmen hier nicht überein.

Und hier zeigt sich auch ein bedeutender Unterschied zwischen Juden und Christen. Auch Juden sind abergläubisch und primitiv. Sie handeln nicht immer zu ihrem Vorteil, aber sie verhalten sich zueinander rücksichtsvoll. Sie sind vielleicht naiv, aber die Polen, die scheinbar Christen sind, sind gefährlich. Bei ihnen zeigt sich eine verbale und physische Gewalt gegen die Juden, die umgekehrt nicht zu finden ist. Für dieses Paradox findet Maimon die folgende Erklärung:

> Dieser anscheinende Widerspruch läßt sich aber sehr gut heben, wenn man bedenkt, daß die in Polen den Juden zugestandene Religions- und bürgerliche Freiheit nicht aus *Achtung für die allgemeinen Rechte der Menschheit* entspringt, so wie auf der andern Seite der Religionshaß und Verfolgung keineswegs die Wirkung einer weisen Politik sind, die dasjenige, was der Moralität und dem Wohlstand des Staats schädlich sein kann, aus dem Wege zu räumen sucht, sondern beide Folgen der in diesem Lande herrschenden politischen Unwissenheit und Trägheit sind. Da nämlich die Juden bei allen ihren Mängeln dennoch in diesem Lande beinahe die einzigen brauchbaren Menschen sind, so sah sich zwar die polnische Nation gezwungen, zur Befriedigung ihrer eigenen Bedürfnisse ihnen alle möglichen Freiheiten zu bewilligen, doch mußte auch ihre moralische Unwissenheit und Trägheit auf der andern Seite notwendig Religionshaß und Verfolgung hervorbringen.[25]

Maimon hebt die Worte „Achtung für die allgemeinen Rechte der Menschheit" im Druck hervor.

Auch Mendelssohn schrieb bereits von den „Rechten der Menschheit". Aber was für ihn in der Folge Rousseaus und anderer noch ein philosophischer Begriff war, wurde im Zuge der französischen Revolution mit der Erklärung der Menschenrechte politische Wirklichkeit. Maimon schrieb nach 1789 und nach der Erklärung der Emanzipation der Juden Frankreichs im Süden und im Osten der Republik. Maimon musste die Emanzipation der Juden Frankreichs im Blick gehabt haben, als er auf diesen Begriff verwies, der zu einem Maßstab seiner Schilderung des religiösen Zusammenlebens in Polen-Litauen wird. Aber der Leser seiner Autobiografie weiß, dass Polen-Litauen nicht das einzige Land ist,

---

25 Ebd.

in dem keine allgemeinen Menschenrechte herrschen; dies ist ebenso in Preußen der Fall. Mit einem einzigen hervorgehobenen Verweis auf diesen Mangel zeichnet er nicht nur ein Bild der Zustände der Union und der instabilen Grenzen zwischen Polen-Litauen und Preußen. Maimon beschreibt Polen-Litauen und verweist gleichzeitig auf seinen neuen Wohnort Berlin. Im Westen findet Maimon nicht nur die Aufklärer, die er suchte, sondern gerade in dieser Hinsicht auch die polnischen Zustände wieder, die er einst zurückließ.

Gotthold Ephraim Lessing (1729–1781)

Friedrich Vollhardt
Gotthold Ephraim Lessing und die Toleranzdebatten der Frühen Neuzeit

1 Aktuelle Perspektiven

Noch vor kurzem erschien es kaum denkbar, dass in der westlichen Welt Konflikte entstehen könnten, die an längst vergangene Religionskriege erinnern. Da es sich bei solchen Spannungsverhältnissen um komplexe Phänomene handelt, wird nach ersten Ursachen, grundsätzlichen Erklärungen und zustimmungsfähigen Lösungen, also einfachen Antworten gesucht. Der längere Zeit aus dem Theoriegespräch verschwundene Begriff der Toleranz hat sich hier als ein Konzept angeboten, mit dem nach einem Ausgleich der kulturellen Gegensätze gesucht werden kann. Der Übergang in eine postsäkulare Gesellschaft scheint bereits vollzogen zu sein, in der wir uns auf die Anliegen von Glaubensgemeinschaften anders einzustellen und ein Gespür für die Aussage- und Ausdruckskraft der tradierten religiösen Rede zu entwickeln haben – im Modus der Übersetzung. Das Ziel einer Verständigung mit Neo-Orthodoxien vor allem der islamischen Welt hat dabei immer größere Bedeutung gewonnen. Damit sind die drei Stichworte genannt, die in den neuesten Debatten um ein humanes Ethos von Toleranz mit einiger Regelmäßigkeit wiederkehren: *Traditionsaneignung*, *Übersetzung* und *Verständigung*. Für welche analytischen Zwecke sie verwendbar sind, bleibt zu prüfen.

Eine Begriffsbestimmung mit größerer historischer Reichweite ist hier vorerst nicht zu erwarten. Die westlichen Demokratien sehen sich mit drängenderen Fragen konfrontiert: Wie lässt sich eine aus religiösen Überzeugungen hervorgehende Auseinandersetzung vermeiden? Offenbar mit konsensbildenden Maßnahmen, bei denen die Verständigung über normative Grundlagen des Zusammenlebens einen wichtigen Integrationsfaktor bilden soll. Doch hier entsteht nicht selten ein asymmetrisches Verhältnis gegenüber der zu tolerierenden Minderheit, wenn sich diese in „einem kulturellen Milieu vager christlicher Herkunft mit äußerst ausgeglichenem Geschichtsbewußtsein"[1] gar nicht als Adressat einer solchen Norm versteht, nach der sie das eigene Handeln auszurichten hätte.

Fraglich ist, ob die Erinnerung an die Ursprünge unserer Toleranzauffassung und bestehende Kontinuitäten (etwa in der Rechtslehre) daran wird etwas

---

[1] Gerhard Kaiser: Toleranz. Der historische und aktuelle Spielraum einer Idee. In: Stimmen der Zeit 228 (2010), S. 541–555, hier S. 549.

ändern können. Eine solche historische Vergewisserung ist dennoch notwendig, da Ansätze zur Lösung der sich gegenwärtig stellenden Probleme noch immer in der auf die Frühe Neuzeit zurückgehenden naturrechtlich-politischen Diskussion und Begriffsgeschichte zu finden sind. Die Kriterien zur Rechtfertigung von Toleranz lassen sich – das hat Rainer Forst gezeigt – aus den Konzeptionen entwickeln und an den Argumenten prüfen, die seit der Reformation die Auseinandersetzung über die Duldung fremder Konfessionen bestimmt haben (*Zwischen Macht und Moral: Der historische Diskurs der Toleranz*[2]). Auch die Grenzen der Toleranz und die mit dem Begriff verbundenen Paradoxien lassen sich vor diesem Hintergrund erörtern, etwa die Frage, „wie es moralisch richtig oder gar geboten sein kann, das moralisch Falsche oder Schlechte zu tolerieren".[3]

Hier entsteht das eigentliche Theorieproblem, nämlich die Begründung der Toleranz im Rahmen einer möglichst umfassenden Ethik, die Formen der wechselseitigen Achtung durch Normen rechtfertigt, welche „reziprok-allgemeine Geltung beanspruchen"[4] können. Da die angeführten Gründe allgemeine Zustimmung verlangen, überzeugt der Ansatz aufgrund seiner Universalität. Doch darin besteht zugleich ein Mangel, da lebensweltliche Traditionen, bewährte Umgangsformen und, vor allem, religiöse Identitäten dem universalistischen Begründungsanspruch widersprechen können. Die Gebote der Neutralität und wechselseitigen Toleranz, wie sie mit der Konfessionsspaltung im Europa der Frühen Neuzeit entstanden sind, werden dabei um eine entscheidende Dimension verkürzt. Eine Vermittlung zwischen konkurrierenden Bekenntnissen herzustellen, war und ist nun einmal der „Ernstfall der Toleranz",[5] deren Grenze „vom Standpunkt der Religion aus gezogen"[6] wird, das heißt: Toleranz ist nicht *gegen*, sondern *aus* den religiösen Selbstdeutungen und Traditionen zu begründen,

---

[2] Rainer Forst: Toleranz im Konflikt. Geschichte, Gehalt und Gegenwart eines umstrittenen Begriffs [2003]. Frankfurt am Main ³2012, Erster Teil.
[3] Ebd., S. 35 (Hervorh. nicht berücksichtigt).
[4] Ebd., S. 46. Ob eine solche „*Respekt-Konzeption der Toleranz*", für die Forst plädiert, auch Konflikte zu lösen vermag, bei denen die vorausgesetzten Normen und damit die Regelungsstrategie nicht geteilt werden, sei dahingestellt; zu dieser offenen Frage der Forstschen Diskurstheorie vgl. Heiner Hastedt: Toleranz. Stuttgart 2012, S. 70 ff.
[5] Christoph Schwöbel: Toleranz im Streit der religiösen Wahrheitsansprüche. Theologische und philosophische Perspektiven zur Begründung und Praxis der Toleranz. In: Toleranz und Identität. Geschichtsschreibung und Geschichtsbewusstsein zwischen religiösem Anspruch und historischer Erfahrung. Hg. v. Kerstin Armborst-Weihs u. Judith Becker. Göttingen 2010 (= Veröffentlichungen des Instituts für Europäische Geschichte Mainz Beih. 79), S. 2–29, hier S. 15.
[6] Gerald Hartung: Das Ende der Toleranz? Ein Versuch über die Geschichte des Toleranzbegriffs. In: Erzählende Vernunft. Hg. v. Günter Frank, Anja Hallacker u. Sebastian Lalla. Berlin 2006, S. 353–366, hier S. 358.

deren Geltungsansprüche bestehen bleiben. Schwierigkeiten entstehen hierbei nicht aus einer Relativierung der eigenen Gewissheiten, „sondern aus der Einschränkung ihrer praktischen Wirksamkeit".[7]

2 Lessings Aktualität

Dass die perspektivenbildenden Standpunkte bei einem Plädoyer für Toleranz zu berücksichtigen sind, hat bereits Gotthold Ephraim Lessing erkannt. Die Hauptfigur seines *Nathan*-Dramas bedient sich eben dieses Arguments, um der Frage des Sultans nach den „Gründen" für die Wahl einer bestimmten Religion (die doch „wohl zu unterscheiden wären") die Grundlage zu entziehen: „Denn gründen alle sich nicht auf Geschichte? / Geschrieben oder überliefert! – Und / Geschichte muß doch wohl allein auf Treu / und Glauben angenommen werden? – Nicht ? – / [...] Wie kann ich meinen Vätern weniger, / Als du den deinen glauben?" (Dritter Akt, V. 459–470) Eine nachvollziehbare Einsicht, aus der sich nicht nur die Forderung nach einem toleranten Umgang, sondern „ein Weg der *kompetitiven Einheit*"[8] ergeben kann (und soll), ein Wettstreit um humane, gleichwohl auf Religion gegründete Lebensformen. Das macht – um eine ausländische Stimme zu zitieren – „Lessings *Nathan der Weise* zur edelsten Allegorie der europäischen Literatur".[9] Weniger pathetisch formuliert: Lessings Toleranzdenken zeigt in einer für das 18. Jahrhundert ungewöhnlichen, äußerst prägnanten und dabei modern anmutenden Form, wie die religiösen Selbstbeschreibungen des Menschen als historisch kontingent und zugleich als ein in kulturelle Traditionen eingebundener, handlungsorientierender und zudem unhintergehbarer Deutungsakt zu betrachten sind.[10] Erst durch diese Reflexionsleistung wird das The-

---

[7] Jürgen Habermas: Wann müssen wir tolerant sein? Über die Konkurrenz von Weltbildern, Werten und Theorien. In: Berlin-Brandenburgische Akademie der Wissenschaften. Jahrbuch 2002. Berlin 2003, S. 167–178, hier S. 174. Diese Einschränkungen akzeptieren zu können, ist – wie Gustav Seibt treffend formuliert – eine dem „identitären Gerede" überlegene, vermutlich „konservative Tugend": mit „Verschiedenheiten leben zu können und zu wissen, dass Integration eine Aufgabe für Ungleiche ist." (Süddeutsche Zeitung vom 31. Januar/1. Februar 2015, S. 15.)
[8] Forst: Toleranz im Konflikt (Anm. 2), S. 104 u. 406.
[9] Terence James Reed: Mehr Licht in Deutschland. Eine kleine Geschichte der Aufklärung. München 2009, S. 91.
[10] Um diesen grundlegenden Wandel im Religionsverständnis der Moderne zu beschreiben, haben sich die von Charles Taylor (*A Secular Age*. Cambridge, Massachusetts 2007) entwickelten Kategorien als hilfreich erwiesen; zu dessen Handlungstheorie und der von mir aufgenommenen These vgl. ausführlicher Christian Danz: Religion als Selbstdeutung. In: Unerfüllte Moderne?

aterstück zu einem ingeniösen Gedankenexperiment, das die Frage nach den Glaubensdifferenzen (und deren destruktiven Folgen) in einer visionären und zudem poetischen Beweisführung zu beantworten versucht.

Bis dahin ist Toleranz als ein vornehmlich staatstheoretisches Problem behandelt und im Rechtsdenken verankert worden. Die Sicherung der Religionsausübung galt als eine Pflicht des Souveräns und als ein Gebot der Staatsräson.[11] Solche aus der Pluralität der Konfessionen erwachsenen politischen Annahmen wurden auch von Theophil Lessing (1647–1735) behandelt, dem Großvater des *Nathan*-Dichters. Als Student der Jurisprudenz hat dieser 1669 in Leipzig eine Disputation drucken lassen, in der untersucht wird, inwieweit die Obrigkeit verschiedene Bekenntnisse dulden könne (*De Religionum Tolerantia*), selbstverständlich beschränkt auf „innerchristliche Verhältnisse"[12] und ohne diese (im Sinne einer *approbatio*[13]) anzuerkennen. Dieses Souveränitätsinteresse tritt in den beiden prominentesten Toleranz-Schriften des Jahrhunderts zwar zurück, doch zeigen sich auch hier signifikante Unterschiede zu dem lessingschen Lehrgedicht:

Während John Lockes *Letter concerning Toleration* durch einen kompromissbereiten Pragmatismus gekennzeichnet ist (die Katholiken bleiben ausgeschlossen, weil der Papst sie vom Gehorsam gegen den König von England entbunden

---

Neue Perspektiven auf das Werk von Charles Taylor. Hg. v. Michael Kühnlein u. Matthias Lutz-Bachmann. Berlin 2011, S. 475–492. – Auf Taylors „anthropozentrische Wende" nimmt auch Monika Fick in der Neuauflage des *Lessing-Handbuchs* Bezug (Stuttgart ³2010, S. 20 ff.).

11 Zu den hier bestimmenden Ideenkomplexen vgl. Horst Dreitzel: Gewissensfreiheit und soziale Ordnung. Religionstoleranz als Problem der politischen Theorie am Ausgang des 17. Jahrhunderts. In: Politische Vierteljahresschrift 36 (1995), S. 3–34; Wolfgang E. J. Weber: Staatsräson und konfessionelle Toleranz. Bemerkungen zum Beitrag des politischen Denkens zur Friedensstiftung 1648. In: Das Augsburger Friedensfest. Hg. v. Johannes Burkhardt u. Stefanie Haberer. Berlin 2000 (= Colloquia Augustana 13), S. 165–205, bes. S. 179 ff. sowie – zeitlich näher – Simone Zurbuchen: Zur Entwicklung von der Toleranz zur Religionsfreiheit im historischen Kontext Brandenburg-Preußens am Beispiel von Pufendorf und Mendelssohn. In: Berliner Aufklärung. Kulturwissenschaftliche Studien. Hg. v. Ursula Goldenbaum u. Alexander Košenina. Bd. 3. Hannover 2007, S. 7–32.

12 Walter Sparn: Nathan der Weise. Lessings Inszenierung religiöser Toleranz. In: Religious Turns – Turning Religions. Veränderte kulturelle Diskurse – Neue religiöse Wissensformen. Hg. v. Andreas Nehring u. Joachim Valentin. Stuttgart 2008 (= ReligionsKulturen 1), S. 220–241, hier S. 224.

13 Zu diesem Text, der Gattung der politischen Dissertation und dem Verwendungszweck vgl. Hanspeter Marti: Konfessionalität und Toleranz. Zur historiographischen Topik der Frühneuzeitforschung. In: Diskurse der Gelehrtenkultur in der Frühen Neuzeit. Hg. v. Herbert Jaumann. Berlin/NewYork 2011, S. 409–439, hier S. 410 f., sowie den Beitrag von Oliver Bach in diesem Band, S. 133–159.

hatte), argumentiert Voltaires *Essai sur la tolérance* in einer betont säkularen Weise für den religiösen Indifferentismus.[14]

Die Geschichte des europäischen Toleranzdenkens bleibt – ungeachtet der angesprochenen Differenzen – eng mit den Namen von Locke, Voltaire und Lessing verknüpft. Es ist die Erzählung vom Aufstieg einer Idee und vom Erbe der Aufklärung („a story of mental progress"), die ihre Akteure benötigt: „Using this metaphor of maturation, Enlightenment ‚philosophes' projected the course of individual human development [...]".[15] Doch wie bei anderen ‚großen Erzählungen' handelt es sich auch hier um eine Konstruktion („the schema is [...] a myth"), die nicht genug Material bietet, um die Komplexität des zur Moderne führenden Prozesses adäquat zu verstehen, da die randständigen oder gegenläufigen Bewegungen, denen eine öffentliche Wirkung versagt blieb, nicht wahrgenommen werden. Doch wie lässt sich die Geschichte der Toleranz rekonzeptualisieren, ohne dass man aus einer Perspektive ex post nur die Genealogie der Leitgedanken (die bekannten Namen) oder deren politische Funktionalisierung (die obrigkeitliche Regelung) verfolgt?

In der Frühneuzeitforschung hat sich hier – wie in anderen Bereichen[16] – die Einsicht durchgesetzt, dass genauer als bisher auf diskursive Phänomene und Ordnungen, aber auch gesellschaftliche Divergenzen und Gepflogenheiten zu achten ist, die zur Vorgeschichte der im 18. Jahrhundert etablierten Denkmodelle gehören: Toleranz war lange Zeit „not just a concept or policy but a form of behavior: [...] a pragmatic move, a grudging acceptance of unpleasant realities, not a positive virtue".[17] Unangefochten blieb dabei der eigene Wahrheitsanspruch, den nicht nur die miteinander rivalisierenden christlichen Konfessionen, sondern auch die nonkonformen religiösen Strömungen zu verteidigen suchten. Vor allem in den seit der Reformation verbreiteten spiritualistischen Zirkeln entwickelte sich eine Laientheologie, die dem kirchlichen Lehramt mit dem Anspruch auf Duldung gegenübertrat. Der folgende Beitrag unternimmt den Versuch, die Voraussetzungen des lessingschen Toleranzdenkens im Geltungsbereich dieser *libertas religionis* zu erkunden. Zu untersuchen sind einige der Denkmotive und

---

14 Vgl. Hugh B. Nisbet: On the Rise of Toleration in Europe: Lessing and the German Contribution. In: The Modern Language Review 105 (2010), S. xxviii–xliv.
15 Benjamin J. Kaplan: Introduction. In: Divided by Faith. Religious Conflict and the Practice of Toleration in Early Modern Europe. Hg. v. B. J. Kaplan. Cambridge/London 2007, S. 1–12, hier S. 4.
16 Vgl. Cornel Zwierlein: Pluralisierung und Autorität. Tentative Überlegungen zur Herkunft des Ansatzes und zum Vergleich mit gängigen Großerzählungen. In: Pluralisierungen. Konzepte zur Erfassung der Frühen Neuzeit. Hg. v. Jan-Dirk Müller, Wulf Oesterreicher u. Friedrich Vollhardt. Berlin/New York 2010 (= Pluralisierung & Autorität 21), S. 3–30, bes. S. 19 u. 24.
17 Kaplan: Introduction (Anm. 15), S. 8.

Argumentationsmuster, die Lessing bereits in seinem Elternhaus kennenlernte und die noch in den Schriften seiner Wolfenbütteler Zeit problemstrukturierende Bedeutung erhielten.

3 Verschollene Quellen?

Das beschriebene Vorhaben trifft auf eine ungünstige Materiallage. In der Sache gibt sich Lessing wenig auskunftsfreudig (der später so geläufige Begriff kommt in seinem Œuvre noch kaum vor), sieht man von einigen seiner Rettungen einmal ab. Toleranz ist hier jedoch weniger Gegenstand der Reflexion als der Anteilnahme, wie exemplarisch an den *Authentischen Nachrichten* von Adam Neuser gezeigt werden könnte. Bei der Lektüre der theologischen Gutachten im Prozess gegen den Antitrinitarier Johannes Sylvanus, der 1572 in Heidelberg hingerichtet wurde, lässt Lessing die Leser an seiner Entrüstung teilhaben: „Die Theologen verlangten Blut, durchaus Blut: die politischen Räte hingegen stimmten größtenteils auf eine gelindere Bestrafung. [...] Nein, so lange als Ketzergerichte in der Welt sind, ist nie aus einem eine sophistischere grausamere Schrift ergangen!"[18]

Bemerkenswert ist, dass Lessing kaum Hinweise auf ältere Entwürfe zum Problem der interreligiösen Verständigung gibt. Selbst die großen Namen und Texte des europäischen Humanismus fehlen, weder der Traktat *De pace fidei* (1453) von Nikolaus von Kues[19] noch das Jean Bodin zugeschriebene *Colloquium*

---

18 Gotthold Ephraim Lessing: Werke und Briefe. Bd. 8: Werke 1774–1778. Hg. v. Arno Schilson. Frankfurt am Main 1989, S. 97 f.; zu diesem Verfahren eine zusammenfassende Darstellung bei Nikolaus Paulus: Protestantismus und Toleranz im 16. Jahrhundert. Freiburg 1911, S. 300 ff., ergänzend Friedrich Thudichum: Lessing gegen die reformierten Heidelberger Ketzerrichter vom Jahre 1570 bis 1572. In: Nord und Süd 352 (1906), S. 97–110; zu der von Lessing nicht begründeten, aber nobilitierten Gattung jetzt umfassend Michael Multhammer: Lessings ›Rettungen‹. Geschichte und Genese eines Denkstils. Berlin, Boston 2013 (= Frühe Neuzeit 183). Speziell zu der Neuser-Schrift auf der Grundlage eines neuen Quellenfundes Martin Mulsow: Fluchträume und Konversionsräume zwischen Heidelberg und Istanbul. Der Fall Adam Neuser. In: Kriminelle – Freidenker – Alchemisten. Räume des Untergrunds in der Frühen Neuzeit. Hg. v. Martin Mulsow unter Mitarbeit von Michael Multhammer. Köln/Weimar 2014, S. 33–59.
19 In einem Brief vom 8. Dezember 1779 erwähnt Konrad Arnold Schmid zwar eine von Lessing verlangte Übersetzung eines Cusanus-Textes („[d]ergleichen Leckerbissen werden Sie mehr zu genießen haben, wenn Sie Appetit haben, sie zu kosten. Aber warum haben Sie niemalen am Kusa angebissen? non circumrodendus sed devorandus est"), doch dürfte es sich hierbei um *De beryllo* und nicht, wie in der Forschung angenommen wurde (Nikolaus von Kues: Philosophisch-theologische Werke. Mit einer Einleitung hg. von Karl Bormann. Bd. I. Hamburg 2002, S. IX), um die Friedensschrift handeln; vgl. Gotthold Ephraim Lessing: Werke und Briefe. Bd. 12: Briefe von

Heptaplomeres[20] finden Erwähnung. Das gilt auch für die Schriften von Locke, Voltaire und selbst Bayle, die Lessing gekannt haben dürfte.[21] Es sind überraschend wenige Stellen, an denen sich in seinem Werk ein expliziter Bezug auf die Toleranzdebatten der Zeit findet.[22] Anders verhält es sich mit den indirekten Verweisen, etwa auf die Verfolgung von Häretikern, die sich in den Schriften der Wolfenbütteler Jahre auffallend häufen. „Das Ding, was man Ketzer nennt, hat eine sehr gute Seite", heißt es in seiner Rettung des Berengarius:

> Es ist ein Mensch, der mit seinen eigenen Augen *wenigstens* sehen *wollen*. Die Frage ist nur, ob es gute Augen gewesen, mit welchen er selbst sehen wollen. Ja, in gewissen Jahrhunderten ist der Name Ketzer die größte Empfehlung, die von einem Gelehrten auf die Nachwelt gebracht werden können [...].[23]

Diese Sätze hätte der greise Vater Lessings sicher mit Unbehagen gelesen, in Erinnerung an seinen – wie sich nun zeigte – verlorenen Kampf mit Gottfried Arnold und dessen zum Bestseller gewordenen *Unpartheyischen Kirchen= und Ketzer=Historie*, die eine Abrechnung mit der lutherischen Reformation enthielt.[24] Das zuerst 1699/1700 publizierte Werk war kein rasch vergessener Beitrag zur Kontroverstheologie, sondern ein Historiengemälde eigener Art, eine Christentumsgeschichte von unten, die neue Maßstäbe („unparteiisch") in die Kirchenge-

---

und an Lessing 1776–1781. Hg. v. Helmuth Kiesel u. a. Frankfurt am Main 1994, S. 293 f. – Markus Schmitz ist der Beziehung zwischen den beiden Denkern dennoch nachgegangen, allerdings ohne den Anspruch, „historisch-philologische Lessing-Forschung" zu betreiben: Die eine Religion in der Mannigfaltigkeit der Riten. Zur Erkenntnistheorie von Cusanus' *De pace fidei* sowie Lessings *Nathan* als Ausgangspunkt einer Konzeption des friedlichen Miteinanders verschiedener Religionen. In: Lessings Grenzen. Hg. v. Ulrike Zeuch. Wiesbaden 2005 (= Wolfenbütteler Forschungen 106), S. 282–195, hier S. 182.
20 Zum Bedauern der philosophiegeschichtlichen Forschung, welche die Rezeptionsspuren des Textes im 18. Jahrhundert eingehend untersucht hat; vgl. Winfried Schröder: Jean Bodins *Colloquium Heptaplomeres* in der deutschen Aufklärung. In: Colloquium Heptaplomeres. Hg. v. Günter Gawlick u. Friedrich Niewöhner. Wiesbaden 1996 (= Wolfenbütteler Forschungen 67), S. 121–137, zu Lessing S. 136.
21 Bei Pierre Bayles *Commentaire philosophique* lassen sich, wie Ingrid Strohschneider-Kohrs gezeigt hat, nur indirekte Bezüge zur Nathan-Thematik herstellen: Vernunft als Weisheit. Studien zum späten Lessing. Tübingen 1991 (= Hermaea 65), S. 119 ff. („Lineamente gleichsam eines epochalen Zusammenhangs"). – Vgl. auch den Beitrag von Yves Bizeul in diesem Band, S. 177–216.
22 Harald Schultze hat diese zusammengestellt (in: Lessings Toleranzbegriff. Eine theologische Studie. Göttingen 1969, S. 24–27).
23 Gotthold Ephraim Lessing: Werke und Briefe. Bd. 7: Werke 1770–1773. Hg. v. Klaus Bohnen. Frankfurt am Main 2000, S. 15.
24 Zu Johann Gottfried Lessings Arnold-Kritik in den *Vindiciae Reformationis Lutheri a nonnullis novatorum praejudiciis* (1717) vgl. den Beitrag von Hanspeter Marti in diesem Band, S. 237–270.

schichtsschreibung einführte: „Quellentreue und Urteilsverzicht rückten – jedenfalls in der Theorie – in den Rang von Wahrheitskriterien".[25] Das entspricht dem von Lessing in den Rettungen angewandten Verfahren, selbst wenn hier gegenüber Arnold ein neutraler, Differenzierungen zulassender Begriff der Ketzerei gefordert[26] und die auch bei religiösen Nonkonformisten vorhandene Fähigkeit zum Irrtum („gute Augen"?) betont wird. Fragt man nach den gemeinsamen Voraussetzungen und Anliegen der beiden Autoren, ist man auf die Herausforderung und Wirkung der radikalen Reformatoren verwiesen, die – hierin ist sich die Forschung einig – „als frühe Vertreter eines neuzeitlichen, individuellen christlichen Denkens"[27] zu betrachten sind, das „für den säkularisierten Individualismus des 18. Jahrhunderts anschlußfähig"[28] war.

Das haben die zeitgenössischen Gegner naturgemäß anders gesehen, vor allem Ernst Salomon Cyprian (1673–1745), der sofort nach der Publikation der *Kirchen= und Ketzer=Historie* Streitschriften gegen den Autor verfasste. Für die Spätorthodoxie wurde Arnold sehr bald zum Repräsentanten aller Dissidenten – gleichgültig ob Schwärmer oder Aufklärer –, gegen die man die Obrigkeit zu mobilisieren versuchte. Die von Cyprian ausgesprochenen Warnungen waren unmissverständlich: Wenn selbst die vom Staat gewährte und kontrollierte Duldung dieser Gruppen schädliche Folgen haben konnte, musste auch darüber

---

25 Wie Bernd Moeller im Kommentar zu seiner (Teil-)Ausgabe der Arnoldschen *Historie* ausführt: Kirchen-Geschichte. Deutsche Texte 1699–1927. Hg. v. B. Moeller. Frankfurt am Main 1994 (= Bibliothek der Geschichte und Politik 22), S. 740.
26 Vgl. die Ausführungen in dem späten „Sendschreiben" an Walch (*Von den Traditoren*), wo es über Arnold heißt: „Wie ein zweiter Rhetorius, dessen sonderbare Ketzerei darin bestund, daß er alle und jede Ketzereien für rechtgläubig erklärte, hob er beinahe den ganzen Begriff der Ketzerei auf" (Gotthold Ephraim Lessing: Werke und Briefe. Bd. 10: Werke 1778–1781. Hg. v. Arno Schilson u. Axel Schmitt. Frankfurt am Main 2001, S. 174).
27 Gustav Adolf Benrath: Die Lehre außerhalb der Konfessionskirchen. In: Handbuch der Dogmen- und Theologiegeschichte. Hg. v. Carl Andresen. Bd. 2: Die Lehrentwicklung im Rahmen der Konfessionalität. Göttingen 1980, S. 560–664, hier S. 564; vgl. auch Thomas Kaufmann: Nahe Fremde – Aspekte der Wahrnehmung der „Schwärmer" im frühneuzeitlichen Luthertum. In: Interkonfessionalität – Transkonfessionalität – binnenkonfessionelle Pluralität. Neue Forschungen zur Konfessionalisierungsthese. Hg. v. Kaspar von Greyerz u. a. Heidelberg 2003 (= Schriften des Vereins für Reformationsgeschichte 201), S. 179–241, bes. S. 181 zur Diskussion der These, ob die Spiritualisten und andere Vertreter der radikalen Reformation als *„die* Träger der alteuropäischen Modernisierung" zu betrachten seien.
28 Rudolf Schlögel: Hermetismus als Sprache der „unsichtbaren Kirche": Luther, Paracelsus und die Neutralisten in der Kirchen- und Ketzerhistorie Gottfried Arnolds. In: Antike Weisheit und kulturelle Praxis. Hermetismus in der Frühen Neuzeit. Hg. v. Anne-Charlott Trepp u. Hartmut Lehmann. Göttingen 2001 (= Veröffentlichungen des Max-Planck-Instituts für Geschichte 171), S. 165–188, hier S. 165.

nachgedacht werden, wie der Gewissensfreiheit der Untertanen Grenzen gezogen werden könnten.[29] Doch der Herausforderung, die das Arnoldsche Kompendium stellte, war weder mit solchen Maßnahmen noch mit schmalen Flugschriften oder Ermahnungen zu begegnen, weshalb Cyprian seinen Schüler Georg Grosch mit einer Widerlegung beauftragte, die – ein Kampf der Folianten – mit ähnlich reichem Quellenmaterial aufwarten sollte. Die fast 1 000 Seiten umfassende *Nothwendige Verthaidigung der evangelischen Kirche wider die Arnoldische Ketzerhistorie* erschien im Todesjahr Cyprians, der das lange erwartete Werk noch mit einer Vorrede versehen konnte, in der er eine Erklärung für den Erfolg des verhassten Geschichtsschreibers lieferte:

> Weil von etwan sechzig Jahren her, [...] durch die ungebundene Verträglichkeit, Freyschreiberey, Einführung des Unglaubens [...] eine unglaubliche Menge Atheisten, Separatisten und Fanatiqven in der Christenheit erwachsen; so hat Arnold seine Ketzerhistorie diesen Leuten zu erwünschter Zeit in die Hände gegeben, und dadurch so wohl dem *evangelischen* Wesen einen unersetzlichen Schaden zugefüget, als dem Reich des Unglaubens einen sehr erspriesslichen Dienst geleistet.[30]

Ausgerechnet die Toleranz („Verträglichkeit") wird als Ursache für den Konflikt angeführt, der auf tieferliegende Ursachen verweist, von denen Arnold nur in opportunistischer Weise profitiert habe. Der Hauptgrund wird mit einem Wort benannt: „Geisttreiberey", die zur „Regul des Glaubens und Lebens gemacht"[31] werden soll. Der mit der Reformation entstandene Spiritualismus hat die seither ständig gewachsene Bedrohung der wahren Glaubenslehre zu verantworten. Die naturalistischen Philosophen der Aufklärung haben die Arnoldsche Kirchengeschichte dagegen aus anderen Gründen, nämlich als „süsse[s] Futter der atheistischen Spötterey"[32] zu nutzen gewusst. Diese fatale Koalition der Kirchengegner[33]

---

29 Vgl. Hans Schneider: Cyprians Auseinandersetzung mit Gottfried Arnolds ‚Kirchen- und Ketzerhistorie'. In: Ernst Salomon Cyprian (1673–1745) zwischen Orthodoxie, Pietismus und Frühaufklärung. Hg. v. Ernst Koch u. Johannes Wallmann. Gotha 1996 (= Veröffentlichungen der Forschungs- und Landesbibliothek Gotha 34), S. 111–135, bes. S. 120 f.
30 Georg Grosch: Nothwendige Verthaidigung der evangelischen Kirche wider die Arnoldische Ketzerhistorie [...]. Nebst vielen Original-Uhrkunden, und einer ausführlichen Vorrede Ern. Sal. Cypriani. Franckfurt am Main/Leipzig 1745, S. XVI (Hervorh. im Orig. gesperrt).
31 Ebd.
32 Ebd., S. [XVIII].
33 Vgl. C. Scott Dixon: Faith and History on the Eve of Enlightenment: Ernst Salomon Cyprian, Gottfried Arnold, and the *History of Heretics*. In: Journal of Ecclesiastical History 57 (2006), S. 33–54, bes. S. 44: „In the last few years of his life he [Cyprian] took stock of the dangers and identified two main challenges to the welfare of the church: on the one hand there were the *fanatici* [...]; on the other, there were the representatives of the early Enlightenment" – namentlich

begründet die Notwendigkeit, den Streit auch nach einem halben Jahrhundert fortzuführen: „Arnold ist tod, aber sein Buch ist gar nicht tod".[34] Seinem Werk kam demnach eine Schlüsselstellung zwischen „prämoderner Religiosität" und einer mit dem aufklärerischen Rationalismus verbundenen Infragestellung kirchlicher Lehrmeinungen zu, „die sich mit einer Akzentuierung historischer Individualität sowie dem Anspruch auf historische Objektivität verband".[35]

Diese keineswegs verborgenen, sondern für die Zeitgenossen markanten Übergangslinien zwischen Frühaufklärung und Spiritualismus verlieren in der Mitte des 18. Jahrhunderts an Kontur. Veränderte Schulbildungen und Problemlagen schaffen neue Konflikte, ein junger Intellektueller hatte sich hier zunächst im Mainstream des Wolffianismus zu positionieren. Lessings auf Wahrheit, Geschichte und Natur (im Sinne von natürlicher Religion) ausgerichtete Argumentation scheint eine solche Umstellung „der Semantik von traditional auf modern"[36] anzuzeigen. Bleibt sie äußerlich? Oder dient die erneute Überschreitung jener Kontaktlinie nur der gezielten Provokation? Diese Fragen sind weniger leicht zu beantworten, als die üblichen Klassifizierungen vermuten lassen. Nimmt man bestimmte Denkstrukturen und Traditionsüberhänge in den Blick, lösen sich die geläufigen Epochengrenzen auf. Das ließe sich exemplarisch am Werk von Christian Thomasius zeigen, dessen Interesse an Gottfried Arnold, Pierre Poiret oder Jakob Böhme keine biographische Episode (oder Unfall) darstellte, über welche die Forschung zur Frühaufklärung rasch hinweggehen könnte.[37] Seine anticartesianische, am neuplatonischen Hermetismus ausgerich-

---

Christian Thomasius, in dem sich beide Tendenzen in gewisser Weise vereinigten (s. u.). Wie gut Cyprian die häretischen Strömungen des vorangegangenen Jahrhunderts kannte, zeigt sein im Jahr 1700 in Helmstedt gedrucktes *Programma de vita et philosophia Thomae Campanellae*, über das er mit Leibniz korrespondierte; vgl. Margerita Palumbo: Ernst Salomon Cyprian, biografo di Tommaso Campanella. In: Laboratorio Campanella. Hg. v. Germana Ernst u. Caterina Fiorani. Rom 2007, S. 137-159.

34 Grosch: Nothwendige Verthaidigung der evangelischen Kirche wider die Arnoldische Ketzerhistorie (Anm. 30), S. XXVII.

35 Sicco Lehmann-Brauns: Weisheit in der Weltgeschichte. Philosophiegeschichte zwischen Barock und Aufklärung. Tübingen 2004 (= Frühe Neuzeit 99), S. 268.

36 Niklas Luhmann: Die Gesellschaft der Gesellschaft. Frankfurt am Main 1997, S. 962.

37 Vgl. Martin Pott: Thomasius' philosophischer Glaube. In: Christian Thomasius 1655–1728. Interpretationen zu Werk und Wirkung. Hg. v. Werner Schneiders. Hamburg 1989 (= Studien zum achtzehnten Jahrhundert 11), S. 223-247, bes. S. 231 ff. (zu Poiret); Stephan Buchholz: Historia Contentionis inter Imperium et Sacerdotium. Kirchengeschichte in der Sicht von Christian Thomasius und Gottfried Arnold. In: Christian Thomasius (1655–1728). Neue Forschungen im Kontext der Frühaufklärung. Hg. v. Friedrich Vollhardt. Tübingen 1997 (= Frühe Neuzeit 37), S. 165-177; Frank Grunert: *De philosophia sutoria* – Die „Böhme-Dissertation" von Christian

tete Naturphilosophie (*Versuch Von Wesen des Geistes Oder Grund=Lehren*, 1699) stellt eine Geschichtsschreibung, die nach geschlossenen Konzeptionen sucht, noch immer vor Rätsel.[38] Und ähnlich verhält es sich bei dem Toleranzdenker Mathurin Veyssière de La Croze, den man aufgrund seiner Boccaccio-Adaptation (*Les trois anneaux*) gern als einen freigeistigen Vorläufer Lessings betrachtet hat, auf dessen Schreibtisch jedoch, wie ein Schüler berichtet, stets ein Exemplar der *Imitatio Christi* von Thomas von Kempen zu finden war.[39] Aber Lessing?

4 Aspekte der Forschungsgeschichte

In den Jahrzehnten um 1900 ist die Frage gestellt worden, ob Lessing überhaupt der Aufklärung zuzurechnen sei, die zu dieser Zeit vornehmlich als ein westeuropäisches Phänomen betrachtet wurde.[40] Man neigte der Ansicht zu, dass es nicht allein die rationalistischen oder historisch-kritischen Tendenzen seien, die den Zugang zu seinem Werk – oder, in der Sprache der Zeit, zu seiner ‚Weltanschauung' – eröffnen würden, sondern die bis dahin unterschätzten irrationalen Züge in seinem Denken.[41] Wie zu erwarten, führte die Suche nach diesen Momenten nicht wenige Literaturwissenschaftler in die Nähe völkischer Ideologeme.[42] In

---

Thomasius und ihr Kontext. In: Dichtung – Gelehrsamkeit – Disputationskultur. Hg. v. Reimund B. Sdzuj u. a. Wien, Köln 2012, S. 621–636.
38 Vgl. das Vorwort von Kay Zenker zur Neuausgabe des Textes: Ausgewählte Werke. Bd. 12. Hildesheim/Zürich 2004, S. V–XLVIII.
39 Vermutlich in einer 1683 zum ersten Mal publizierten Ausgabe von Pierre Poiret (*Kempis commun*); vgl. Martin Mulsow: Die drei Ringe. Toleranz und clandestine Gelehrsamkeit bei Mathurin Veyssière de La Croze (1661–1739). Tübingen 2001 (= Hallesche Beiträge zur Europäischen Aufklärung 16), S. 55.
40 Zur Lessing-Rezeption an der Wende vom 19. zum 20. Jahrhundert ausführlicher Friedrich Vollhardt: Der Musteraufklärer. G. E. Lessing in der Wissenschaft und Publizistik um 1900. In: ‚Aufklärung' um 1900. Die klassische Moderne streitet um ihre Herkunftsgeschichte. Hg. v. Georg Neugebauer, Paolo Panizzo u. Christoph Schmitt-Maaß. Paderborn 2014 (= Laboratorium Aufklärung 26), S. 83–102.
41 Vgl. etwa Ernst Troeltsch: Das Historische in Kants Religionsphilosophie. Zugleich ein Beitrag zu den Untersuchungen über Kants Philosophie der Geschichte. In: Kant-Studien 9 (1904), S. 21–154, bes. S. 132: „Lessings Theorie von der Religion" gebe „mystischen Gefühlen Ausdruck".
42 Ein prominenter Fall, auf den hier nicht näher eingegangen werden kann, wäre Franz Koch: Lessing und der Irrationalismus. In: DVS 6 (1928), S. 114–143. Zur Karriere des NS-Germanisten vgl. Wolfgang Höppner: Franz Koch und die deutsche Literaturwissenschaft in der Nachkriegszeit. Zum Problem von Kontinuität und Diskontinuität in der Wissenschaftsgeschichte der Ger-

der Lessing-Forschung der 1930er-Jahre entstand so eine Kontroverse, in der die Gegner des neuen, zunächst wenig elaborierten Ansatzes darauf hinwiesen, dass von der behaupteten Beziehung Lessings zur Geschichte der Mystik nur dann die Rede sein könne, wenn man den historischen Kontext ignoriere:

> Eine solche Interpretation, die in einem rein systematischen Raum experimentiert und die [...] Verwurzelung des Individuums in einer einmaligen geschichtlichen Situation aus dem Auge verliert, ist nur scheinbar [...] exakt, muß sich vielmehr unausbleiblich über das Gewicht und die Färbung der interpretierten Aussagen täuschen.[43]

Der Empfehlung Alewyns – die nicht auf den sachlichen Zusammenhang, sondern auf das interpretatorische Verfahren zielte[44] – ist die Forschung lange Zeit nicht gefolgt. Erst seit den 1960er-Jahren ist der Versuch unternommen worden, die fraglichen Passagen im Werk Lessings aus den zeitgenössischen Kontexten zu erklären. Hier ist vor allem die Studie des Kirchenhistorikers Harald Schultze zu erwähnen, der bei seinen Lessing-Forschungen auf die unterschiedlichen nationalen Ausprägungen der Toleranzdebatte in der europäischen Aufklärung gestoßen ist und dabei, was den deutschen Sonderweg betrifft, die Bedeutung des Spiritualismus erkannte:

> Denn anders als in England und Frankreich stellen die emanzipierten Schöngeister und die reinen Deisten in Deutschland nur eine kleine Schicht dar, während einerseits spiritualistisch geprägte Denker, andererseits kirchlich gebundene Theologen der Aufklärungszeit von größtem Einfluß sind. Von ihnen wird die Toleranzforderung in höchster Radikalität erhoben, obwohl sie weder die Einzigartigkeit des christlichen Glaubens, noch die Unverwechselbarkeit der einen rationalen Wahrheit in Frage stellen. Wie sich diese doppelte positive Grundhaltung mit der – ursprünglich skeptisch-relativierenden – Toleranzidee vereinbaren läßt, wird so zum inneren Thema der Toleranzdebatte.[45]

---

manistik. In: Atta Troll tanzt noch. Selbstbesichtigungen der literaturwissenschaftlichen Germanistik im 20. Jahrhundert. Hg. v. Petra Boden u. Holger Dainat. Berlin 1997, S. 175–192.

43 Richard Alewyn: Die drei preisgekrönten Lessingbücher. In: Zeitschrift für Deutschkunde 46 (1932), S. 462f. (Kritik der Studie von Hans Leisegang: Lessings Weltanschauung. Leipzig 1931); weitere, analytisch jedoch weniger aufschlussreiche Hinweise zu der Debatte bei Martha Waller: Lessings Erziehung des Menschengeschlechts. Interpretation und Darstellung ihres rationalen und irrationalen Gehaltes. Eine Auseinandersetzung mit der Lessingforschung. Berlin 1935 (= Germanische Studien 160).

44 Auch für Alewyn steht es außer Frage, dass „bisher übersehene oder unterschätzte Ansätze zu pantheistischen oder mystischen Gedankengänge" im Werk Lessings aufzudecken seien.

45 Harald Schultze: Lessings Toleranzbegriff im Zusammenhang der Toleranzdebatte in der deutschen Theologie des 18. Jahrhunderts. Diss. Jena [1964], S. 2. – Zitiert wird die ausführlichere, leider ungedruckt gebliebene Fassung der Dissertation. Die Grundannahme der Studie hat Zustimmung gefunden (u.a. bei Wolfgang Gericke, Martin Kessler, Henning Graf Reventlow und Toshimasa Yasukata), doch bleibt – hierin ist Arno Schilson zuzustimmen – mit und nach

Die nur auf den ersten Blick irritierende Nachbarschaft von spiritualistischer und aufgeklärt-rationaler Toleranzforderung lässt danach fragen, „ob dieser faktischen Gemeinsamkeit auch eine tiefere Beziehung in der theologischen Grundhaltung entspricht" (ebd.).

Eine solche Übereinstimmung haben wiederum die Zeitgenossen erkannt. Der von dem Vater Lessings hochgeschätzte, mit Cyprian befreundete Generalsuperintendent Valentin Ernst Löscher hat in seiner theologischen Propädeutik aus dem Jahr 1708 (^{5}1752) die neuplatonische Natur- und rationalistische Systemphilosophie mit dem kirchenkritischen Spiritualismus – unter den zu widerlegenden „Fanaticis" nehmen Sebastian Franck und Gottfried Arnold Spitzenplätze ein – zusammengefasst, da er in deren Bibelkritik, vor allem aber in dem die ‚Universarier' einigenden Gottesbegriff eine Gefahr für die lutherische Schöpfungstheologie erkannte. Mechanistische und theosophisch-pantheistische Welterklärungen liegen hier nahe beieinander: „Horum primus & capitalis error, ex quo corruptissimum quemvis agnoscas, ille est, omnia esse divina" oder, gegen Spinoza gewandt, „[s]unt tamen etiam ex Naturalistis, qui ita insaniant, ut dicant, omnia esse Deum".[46] Der orthodoxe Theologe entdeckt eine Verwandtschaft zwischen der rationalistischen Naturphilosophie und dem spiritualistischen Subjektivismus, die beide – aus unterschiedlichen Gründen – das „principium cognoscendi divina" verabschiedet haben, was mit einer „Verschiebung des Akzentes vom Inhalt des Glaubens auf seine Intention"[47] einhergeht, durch die sich das religiöse Wissen im Kern verändert. Diesen strukturellen Zusammenhang hat später auch Johan Melchior Goeze an der Argumentation seines Gegners bemerkt – und irritiert zur Kenntnis genommen.

Die Irritation lässt sich auflösen, verfolgt man, wie Lessing die von ihm aus den frühneuzeitlichen Diskursen entlehnten Begriffe „in Ansätze einer historisch-

---

Schultze noch immer nach den letzten „religiösen Wurzeln von Lessings Toleranzverständnis" zu fragen (Arbitrium 7 [1989], S. 312).

46 Valentin Ernst Löscher: Praenotiones Theologicae contra Naturalistarum & Fanaticorum omne genus, Atheos, Deistas, Indifferentistas [...]. Editio Secunda. Wittenberg 1713, S. 81. – Zu Löschers Kontroverstheologie vgl. Martin Greschat: Zwischen Tradition und neuem Anfang. Valentin Ernst Löscher und der Ausgang der lutherischen Orthodoxie. Witten 1971 (= Untersuchungen zur Kirchengeschichte 5), bes. S. 227 ff.

47 Schultze: Lessings Toleranzbegriff (Anm. 45), S. 51 f.; aus dieser Strukturverwandtschaft ergibt sich auch die gemeinsame Forderung der Toleranz: „Gott sieht allein auf den Glauben des Herzens, der bei allen Völkern der gleiche ist und sich in der Liebe bewährt. Die Forderung der sittlichen Bemühung ist allerdings für einen rechten Glauben unerläßlich; damit wird aber der Glaube an die Verwirklichung der Bestimmung des Menschen gebunden, nicht an die Schranken einer Kirche" (S. 53).

kritischen Hermeneutik"[48] transformiert und durch „eine spielerisch anmutende Kombination verschiedenartiger Traditionselemente"[49] einen sowohl hermeneutischen (Buchstabe und Geist, Schrift und Tradition) als auch geschichtstheologischen (Erziehungsschrift) Geistbegriff entwickelt hat, in dem Friedrich Heinrich Jacobi das zentrale Motiv seiner Philosophie zu erkennen glaubte. Das heißt natürlich nicht, dass Lessing sich mit jener „Geistpartei" (Abraham von Franckenberg[50]) identifizierte, die im 17. Jahrhundert einige der Grundpositionen markiert hat, von denen aus er seinen Standpunkt im Streit um die Reimarus-Fragmente verteidigte. Wo er in dieser Tradition intellektuelles Potential entdeckt oder Motive und Anregungen aufgenommen hat, bleibt zu fragen. Doch so viel ist sicher: der Begriff des Geistes wird nicht einfach eskamotiert.

5 Zeichen und Gehalt. Schriftkritik und Toleranz im Spiritualismus

Über die einprägsame Disjunktion von Buchstabe und Geist, die Lessings Kritik an der protestantischen Theologie trägt, schreibt Wilhelm Dilthey in seinem berühmten Dichter-Essay:

> Das Bleibende der Reformation ist die Befreiung von der Knechtschaft der Hierarchie und die Begründung der religiösen Überzeugung aus der inneren Erfahrung. Vergänglich aber ist die neue Knechtschaft unter dem Buchstaben. Ihr gegenüber ist die alte Sektenlehre vom inneren Licht durch Lessing und sein Zeitalter in die Wissenschaft eingeführt worden [...].[51]

---

48 Martin Kessler: „Nicht die Kinder bloß, speist man / Mit Märchen ab." Lessings Verständnis von Toleranz im Dialog der Religionen. In: „Ein jedes Volk wandelt im Namen seines Gottes ..." Begegnungen mit anderen Religionen. Vereinnahmung – Konflikt – Frieden. Wittenberger Sonntagsvorlesungen. Hg. vom Evangelischen Predigerseminar. Wittenberg 2008, S. 97–114, hier S. 114, Anm. 54; zu dieser Auslegungslehre, die erst im Streit mit Goeze Kontur gewonnen hat, vgl. Christoph Bultmann: Lessings Axiomata (1778) als eine hermeneutische Programmschrift. In: Lessings Religionsphilosophie im Kontext. Hamburger Fragmente und Wolfenbütteler Axiomata. Hg. v. dems. u. Friedrich Vollhardt. Berlin/New York 2011 (= Frühe Neuzeit 159), S. 242–260.
49 Hermann Timm: Die Bedeutung der Spinozabriefe Jacobis für die Entwicklung der idealistischen Religionsphilosophie. In: Friedrich Heinrich Jacobi. Philosoph und Literat der Goethezeit. Hg. v. Klaus Hammacher. Frankfurt am Main 1971 (= Studien zur Philosophie und Literatur des neunzehnten Jahrhunderts 11), S. 35–81, hier S. 50 Fn. 39.
50 Zit. n. Joachim Telle: Einleitung. In: Abraham von Franckenberg. Briefwechsel. Hg. v. dems. Stuttgart-Bad Cannstatt 1995, S. 17–57, hier S. 35.
51 Wilhelm Dilthey: Gesammelte Schriften Bd. XXVI: Das Erlebnis und die Dichtung. Lessing – Goethe, Novalis – Hölderlin. Hg. v. Gabriele Malsch. Göttingen 2005, S. 97.

Welches Sektenwesen? Ausgeführt hat Dilthey die kurze Andeutung nicht. Um näheren Aufschluss zu erhalten, ist man auf seine Untersuchung zur *Auffassung und Analyse des Menschen im 15. und 16. Jahrhundert* verwiesen, wo er von den „hundert Rinnsalen" spricht, in denen etwa die Ideen Sebastian Francks, einem Gegner Luthers und Vertreter jener Lehre vom inneren Licht, „der modernen Zeit entgegen[fließen]".[52]

Wir wissen heute kaum mehr als Dilthey über die Aufnahme der Schriften Francks in den zwei Jahrhunderten nach seinem Tod 1542. Wenn hier auf Verbindungen hingewiesen wird, dann nur in einem größeren Denkraum.[53] Was Lessings Zeitgenossen über Franck wissen konnten, findet sich zusammengefasst in dem von Siegmund Jacob Baumgarten – einem Lehrer von Johan Melchior Goeze[54] – herausgegebenen Kompendium zur *Geschichte der Religionspartheyen*: Franck habe „mit seinen Schriften desto mehr Schaden gethan, weil darin eine ziemliche Belesenheit sowol als Witz, doch n[a]ch der damaligen groben Schreibart, anzutreffen ist". In Francks *Paradoxa* sei dagegen eine Art „spinosistische Mystic" enthalten – eine Charakterisierung des Textes, die erneut zeigt, wie schwer für die aufgeklärte Theologie die Grenze zwischen Naturalismus und Spiritualismus zu ziehen war.[55] Ein Hinweis auf die Bedeutung Francks für die Geschichte der Toleranz fehlt.

Dabei lassen bereits die Frühschriften des Autors ein neues, im 16. Jahrhundert einzigartiges Verständnis für fremde Religionen erkennen. Im Zentrum steht die „Überzeugung, dass auch die Türken oder Heiden als Brüder zu achten seien, sofern sie *gott förchten* und Gerechtigkeit wirken, da *vil christen seien, die Christi namen nimmer gehort haben*".[56] Franck sieht sich im Dienst einer weltfernen,

---

52 Wilhelm Dilthey: Gesammelte Schriften Bd. II: Weltanschauung und Analyse des Menschen seit Renaissance und Reformation. 5. Auflage. Göttingen 1957, S. 85.
53 Vgl. etwa Valerio Verra: F. H. Jacobi. Dall'illuminismo all'idealismo. Torino 1963 (= Studi e ricerche di storia della filosofia LII), S. 217: „La posizione di Franck è dunque assai istruttiva perché l'antitesi tra lo spirito e la lettera, tra la parola interiore e quella esteriore appare strettamente connessa con l'idea di una religiosità inerente all'uomo, [...] è sopratutto con Lessing che il problema dello spirito e della lettera nella rivelazione torna alla ribalta e assume anzi una funzione di primo piano. E se nei *Gegensätze des Herausgebers* del 1777 questa distinzione compare piuttosto in forma difensiva, per giustificare la pubblicazione dei *Fragmente* [...]."
54 Zu dessen seit 1736 in Halle fortgesetzten Studium bei Baumgarten vgl. Ernst-Peter Wieckenberg: Johan Melchior Goeze. Hamburg 2007, S. 19 ff.
55 Siegmund Jacob Baumgarten: Geschichte der Religionsparteien. Hg. v. Johann Salomon Semler. Hildesheim 1966 [Reprograf. Nachdr. der Ausg. Halle 1766], S. 1068.
56 Zit. n. Yvonne Häfner: [Art.] „Franck, Sebastian". In: Frühe Neuzeit in Deutschland 1520–1620. Literaturwissenschaftliches Verfasserlexikon [VL 16]. Bd. 2. Hg. v. Wilhelm Kühlmann u. a. Berlin/Boston 2012, Sp. 409–424 (mit Hinweisen zur Forschung), hier Sp. 414.

unsichtbaren Kirche und damit in deutlicher Gegnerschaft zu Luther, dessen reformatorische Lehre er für ein neues Papsttum hält. Seine Kritik begründet er mit der inneren Glaubenserfahrung, Wort und Geist treten auseinander, womit er eine für die Folgezeit wirkungsmächtige Formel etabliert: „Francks Kritik gilt dem *sola-scriptura*-Prinzip der Wittenberger, doch trifft sie zugleich die Privilegierung der Schrift im wissenschaftlichen Diskurs des 16. Jahrhunderts" und steht damit quer „zu einer fundamentalen Denkfigur der Renaissance-Episteme, die Reformation, Humanismus und naturphilosophische Spekulation verbindet".[57] In zahlreichen Beiträgen zum Werk des Spiritualisten ist gezeigt worden, wie Franck seinen Angriff auf die Schrift führt. Seine Technik wirkt modern vor allem dort, wo er, anders als die mittelalterlichen Kompilatoren, in der Zusammenfügung einzelner Zeugnisse keine Traditionen stiftet oder Lehren bestätigt, sondern die zitierten Autoritäten erschüttert[58] und – ein Engagement mit weitreichender Wirkung – für deren Opfer eintritt.

Das historisch-kritische Verfahren deutet auf die Argumentation Arnolds und Lessings voraus. Ähnlich verhält es sich bei dem Begriff der Ketzerei, die es in den Augen Francks zu allen Zeiten gegeben hat, was die Apostel und Propheten bezeugen; als erster Ketzer ist übrigens der Religionsstifter selbst zu betrachten. In seiner *Chronica, Zeytbuch und geschychtbibel* (1531) versucht Franck an zahlreichen Beispielen zu zeigen, wie wahrhaft gläubige Menschen Opfer von Verfolgungen wurden. Mit seiner „doktrinären Toleranz"[59] geht er dabei sehr weit. Da das „Evangelium, Gottes Wort, Christus, das Neue Testament [...] keine Schrift [ist], kein Buchstabe, sondern der Heilige Geist, eine lebendige, wesentliche Kraft",[60] sieht Gott ausschließlich auf die dadurch bewirkte Erneuerung des Menschen, ohne Rücksicht auf Person, Glauben oder Nation. Diese Parteilosigkeit soll uns ein Vorbild für das Zusammenleben und die Offenheit gegenüber anderen Bekenntnissen und deren Wahrheitsansprüchen sein. Hervorzuheben ist, dass Franck diese Toleranzforderung universal auslegt. Im *Verbüthschiert Buch* von 1539 heißt es:

---

57 Jan-Dirk Müller: Buchstabe, Geist, Subjekt: Zu einer frühneuzeitlichen Problemfigur bei Sebastian Franck. In: MLN 106 (1991), S. 648–674, hier S. 653.
58 Ausführlicher hierzu Jan-Dirk Müller: Zur Einführung. Sebastian Franck: der Schreiber als Kompilator. In: Sebastian Franck (1499–1542). Hg. v. Jan-Dirk Müller. Wiesbaden 1993 (= Wolfenbütteler Forschungen 56), S. 13–38, bes. S. 18.
59 Forst: Toleranz im Konflikt (Anm. 2), S. 163.
60 Sebastian Franck: Paradoxa. Hg. v. Siegfried Wollgast. Berlin ²1995, S. 274.

Mir ist ein Papist, Lutheran, Zwinglian, Täuffer, ja ein Türck ein guter Bruder, der mich zu gut hat und neben jm leyden kan, ob wir gleich nit ainerley gesinnt, durchaus eben sind, biss uns Gott ein mal inn seiner schul zusamm hilfft und eins sinns macht [...].[61]

Dass Franck nur „für sich selbs [...] frumm sein"[62] wollte, wie er in der Vorrede der *Chronica* schreibt, machte ihn zu einem Leitbild der Arnoldschen Ketzergeschichte: „Wie er nun sich also an keine gewisse parthey gehalten, so hat er auch nach seiner erklärung bey jeden angenommen, was er vor gut erkannt."[63] Voraussetzung dafür war die „Geist-Unmittelbarkeit",[64] eine Vorstellung, die, durch Arnold vermittelt, in der zweiten Hälfte des 18. Jahrhunderts als ein Moment der Wahrheitsfindung in der subjektiven Erfahrung verstanden werden sollte. Diese christlich-humanistische Position ist nicht – das ist im Blick auf Lessing von Bedeutung – in einem Skeptizismus begründet, sondern in spiritualistischer Religiosität.

Im direkten Anschluss an Sebastian Franck hat Valentin Weigel (1533–1588) diese Anschauungen näher an das 18. Jahrhundert herangeführt. Als der kursächsische Pfarrer starb, war keine einzige seiner Abhandlungen, die er für einen Freundeskreis schrieb, im Druck erschienen. Die Publikationsgeschichte beginnt postum, sie hatte enorme Wirkung, wie das umfangreiche Kontroversschrifttum zeigt: Der ‚Weigelianismus' wurde – nicht nur im Sprachgebrauch der lutherischen Orthodoxie – zum Synonym für den religiösen Nonkonformismus in der Zeit vor und nach dem Dreißigjährigen Krieg. Die erzwungene Unterschrift unter die Konkordienformel hat Weigel in seinem *Dialogus de christianismo* (1584) mit der Berufung auf seine individuelle Glaubensfreiheit gerechtfertigt: „Mein Schatz ligt im Hertzen, den kann mir keine Secte nehmen, es sey Bapst,

---

61 Ders.: Das verbüthschiert mit siben Sigeln verschlossen Buch [...]. [Augsburg] 1539, fol. 429^v. – Zu Francks Toleranzbegriff eingehender Bruno Quast: Sebastian Francks ‚Kriegsbüchlin des Frides'. Studien zum radikalreformatorischen Spiritualismus. Tübingen, Basel 1993 (= Bibliotheca Germanica 31).
62 Sebastian Franck: Chronica, Zeytbuch vnd geschychtbibel von anbegyn biß inn diß gegenwertig MDXXXI jar [...]. Straßburg 1531, fol. aij^v.
63 Gottfried Arnold: Unpartheyische Kirchen= und Ketzer=Historie, Vom Anfang des Neuen Testaments Biß auf das Jahr Christi 1688. Franckfurt am Mayn 1729, S. 749.
64 Susanne Köbele: Metaphysik und Metapher. Spielräume der Argumentation bei Meister Eckhart und Sebastian Franck. In: Medialität, Unmittelbarkeit, Präsenz. Die Nähe des Heils im Verständnis der Reformation. Hg. v. Johanna Haberer u. Berndt Hamm. Tübingen 2012, S. 285–305, hier S. 300. Der Beitrag zeigt in erhellender Weise, wie sich Francks „metaphorische Metaphysik des Widersprüchlichen" von der einheitsmetaphysischen Metaphorik der älteren Dominikanermystik unterscheidet; weitere Untersuchungen haben hier anzuschließen.

Luther, Zwinglius oder wer da wölle."[65] Seine Vorstellung von Toleranz und die Forderung nach Frieden unter den Konfessionen gründet sich auf diesen Individualismus. Die Verfolgung und Bestrafung von Ketzern wird grundsätzlich mit dem Verweis auf das Gleichnis vom Unkraut unter dem Weizen abgelehnt:

> Es pleiben dise zween Samen im Mentschen zur Übung vnd auch in der Welt zur proba, auf dass die Frommen auch geübet werden durch die Bösen, vnd soll sich kein Mentsch vnnderstehen, die Ketzer zu tödten oder außzureuten; man möchte sonst den Waitzen ergreiffen vor das Vnkraut, wie denn allemal geschehen von den hitzigen Ketzermeistern, dass sie die fromen Lehrer für die falschen haben vom Brott gerichtet. Es ist nur den Englen befohlen vnnd nit den Mentschen, die Ketzer außzurotten, darzu am Endte der Weltt.[66]

Die Stelle aus dem Evangelium nach *Matthäus* (13,24–30), ein Exordialtopos in den frühneuzeitlichen Toleranzdebatten, wird sich auch bei Lessing zitiert finden.

6 „Fermentationen". Lessings Hermeneutik

Im Dezember 1780 berichtet Lessing in einem Brief an Elise Reimarus, dass er für den Herzog von Braunschweig an einem Gutachten über die aktuellen Religionsbewegungen in der Evangelischen Kirche arbeite.[67] Offenbar wollte er die Gelegenheit nutzen, um nochmals seinen Standpunkt im aktuellen Streit um den Fragmentisten zu erklären und, das ist sein Hauptanliegen, gegenüber der Neologie abzugrenzen. Es ist bei einem Entwurf geblieben, in dem Lessing bei der Beobachtung ansetzt, dass die jetzigen „Bewegungen in Religionssachen" stets „auch *ehmalige*" sind, die seit langem als „Fermentationen" in den „Sekten der christlichen Religion" wirken, das heißt „zur Aufklärung und zum Wachstum"[68] derselben beitragen sollen. Dieser notwendige Geschichtsverlauf wird – wie Lessing im 5. *Anti-Goeze* polemisch andeutet – durch gewisse Prediger behin-

---

65 Zit. n. Horst Pfefferl: Religiöse Toleranz und Friedensidee bei Valentin Weigel (1533–1588). In: Manuskripte – Thesen – Informationen 25/1 (2007), S. 24–46, hier S. 31; zur Überzeugungskraft dieses Dialogs hat die literarische Gestaltung wesentlich beigetragen, wie Alexandre Koyré gezeigt hat: Mystiques, spirituels, alchimistes du XVIe allemand. Paris 1971, S. 142, Fn. 2: „Composé avec beaucoup d'art, le Dialogue vibre encore de passion." – Vgl. auch Andrew Weeks: Valentin Weigel (1533-1588). German Religious Dissenter, Speculative Theorist, and Advocate of Tolerance. Albany 2000, bes. S. 186ff. (*Weigel's Idea of Tolerance*).
66 Valentin Weigel: Kirchen- oder Hauspostille, zit. n. Pfefferl: Religiöse Toleranz und Friedensidee (Anm. 65), S. 38.
67 Lessing: Werke und Briefe 12 (Anm. 19), S. 368.
68 Ebd. 10 (Anm. 26), S. 220 f.

dert, deren „Grundgesetz" es ist, „auf dem nemlichen Punkte der Moral und Religion immer und ewig stehen zu bleiben, auf welchem ihre Vorfahren vor vielen hundert Jahren standen".[69] Gefährdet wird diese Ruhe allerdings durch kirchenkritische Außenseiter, wie ein Blick auf die realen Bewegungen seit der Reformation lehrt, wobei hier – aus der Sicht der Orthodoxie – an ‚Gärungen' verschiedener Art, vom latenten Unglauben bis zur Schwärmerei, zu denken ist: Dieser „Same der Rebellion", warnt Goeze, habe bereits genug „verderbliche Früchte getragen" und verdiene daher „kurzen Proceß". Größten Abscheu zeigt Goeze vor den radikalen Auswüchsen der Reformation: „Wer waren *Krechting, Knipperdolling, Johan von Leyden?*"[70] Dieses Wortspiel nimmt Lessing genüßlich auf: „Witz und Landessprache sind die Mistbeete, in welchen der Same der Rebellion so gern und so geschwind reifet."[71] Damit wird ein weiter Assoziationsraum eröffnet, der von der Religionsspötterei über den dogmenkritischen Laiendiskurs (in der Volkssprache!) bis zur Anspielung auf das Gleichnis vom Unkraut zwischen dem Weizen reicht (*Mt* 13,30: „Lasset beides miteinander wachsen bis zu der Ernte"), das in den akademischen Toleranzdebatten üblicherweise den Ausgangspunkt zur Erörterung kirchenrechtlicher Problemstellungen bildete.

Die Frage nach dem Umgang mit anderen Konfessionen und Ketzern steht in Lessings späten, oft Fragment gebliebenen religionsphilosophischen Skizzen in einem engen Zusammenhang mit solchen der Schriftkritik und der Tradition, auf die sich das (eigene) religiöse Bekenntnis berufen kann. Zu beantworten sind diese Fragen für ihn nur auf dem Weg der Kritik; es geht um die historisch-philologische Prüfung der immer wieder angeführten Schriftbeweise und die Zurückweisung einer nur angemaßten theologischen Autorität, besonders auf der Seite der „neuen Reformatoren", der Neologen, mit denen er keinesfalls „verwechsel[t]" werden möchte, wie er in dem zitierten Brief an Elise Reimarus schreibt. Diese Abneigung hatte er zuvor bereits in einem Schreiben an seinen Bruder Karl aus dem März 1777 mit der erklärungsbedürftigen Unterscheidung gerechtfertigt, dass er „nur darum die alte orthodoxe (im Grunde *tolerante*) Theologie, der neuern (im Grunde *intoleranten*) vorziehe, weil jene mit dem gesunden Menschenverstande offenbar streitet, und diese ihn lieber bestechen möchte. Ich vertrage mich mit meinen offenbaren Feinden, um gegen meine heimlichen desto besser auf meiner Hut sein zu können."[72] Worin besteht die Intoleranz der Neologie? In den Augen

---

69 Gotthold Ephraim Lessing: Werke und Briefe. Bd. 9: Werke 1778–1780. Hg. v. Klaus Bohnen u. Arno Schilson. Frankfurt am Main 1993, S. 207.
70 Ebd., S. 35.
71 Ebd., S. 201.
72 Lessing: Werke und Briefe 12 (Anm. 19), S. 51 f.

Lessings ging der Versuch, die Theologie nach rationalen Grundsätzen einzurichten – also dem Zeitgeist anzupassen –, mit der Beseitigung einer älteren Tradition einher, bei der sich die Reformpartei in einer überlegenen und unangreifbaren („intoleranten") Position zu wissen glaubte, ohne die Vorläufigkeit des eigenen Standpunktes (als einer Tradition unter anderen) zu reflektieren. Die Vernunft konnte in diesem Verdrängungswettbewerb jedoch nicht das ausschlaggebende Kriterium bilden, da sie selbst – anders als der Rationalismus des 17. und frühen 18. Jahrhunderts bis hin zu Reimarus annahm – einer „Dynamisierung und Temporalisierung"[73] unterworfen war. Die Veröffentlichung der Fragmente sollte die ‚neuen Reformatoren' zu einer Antwort auf diese ins Grundsätzliche führende Frage herausfordern. Lessing zielte auf eine Wechselwirkung zwischen den Traditionen, um das Ergebnis von einem Standpunkt aus zu beobachten, der einen Zweifel in beiden Richtungen zuließ. Da die Antwort der Neologen weitgehend ausblieb, hat er das Streitgespräch in seinen Spätschriften vielfach simuliert, wie an drei Beispielen kurz zu zeigen ist.

Laientheologie und innere Erfahrung. – Seine Antworten formuliert Lessing gern im Namen des ungebildeten, aber frommen Christen, dem die Unmittelbarkeit der Glaubenserfahrung zur religiösen Selbstsorge ausreicht; ganz so, wie die Vertreter der radikalen Reformation dies vorgedacht haben. Dabei nimmt Lessing ein im Humanismus beliebtes literarisches Muster auf, um in einem „Kanzeldialog" dem begriffsstutzigen Hauptpastor Goeze die Grundsätze des ‚gemeinen Mannes' – von dem auch Reimarus wenig hielt – und einfältigen Gläubigen zu erläutern:

> der Theolog soll uns Christen sein gelehrtes Bibelstudium nur nicht für Religion aufdringen wollen. Er soll nur nicht gleich über Unchristen schreien, wenn er auf einen ehrlichen Laien stößt, der [...] diesen Lehrbegriff nicht sowohl deswegen für wahr hält, weil er aus der Bibel gezogen, sondern weil er einsieht, daß er Gott anständiger, und dem menschlichen Geschlechte ersprießlicher ist, als die Lehrbegriffe aller andern Religionen; weil er fühlt, daß ihn dieser christliche Lehrbegriff beruhiget.[74]

Hier fällt auch das Stichwort Hermeneutik („Jeder hat seine eigene Hermenevtik"), die an dieser Stelle jedoch der „Probe der innern Wahrheit",[75] eben dem

---

[73] Yossef Schwartz: Zwischen Pluralismus und Toleranz: Zur Säkularisierung der interreligiösen Problematik im Übergang vom Spätmittelalter zur frühen Neuzeit. In: EinBruch der Wirklichkeit. Die Realität der Moderne zwischen Säkularisierung und Entsäkularisierung. Hg. v. Jens Mattern. Berlin 2002, S. 73–99, hier S. 97.
[74] Lessing: Werke und Briefe 9 (Anm. 69), S. 83 (*Axiomata*).
[75] Ebd., S. 81.

Gefühl, nachgeordnet wird. Auf dieser Linie der Argumentation wird die subjektive Gewissheit zum zentralen Motiv. Diese lässt sich nicht – wie das bei gesetzlichen oder kirchlichen Normen der Fall ist – missbrauchen, sondern zeigt eine geradezu naturgesetzliche Verlässlichkeit:

> Was gehen den Christen des Theologen Hypothesen, und Erklärungen, und Beweise an? Ihm ist es doch einmal da, das Christentum, welches er so wahr, in welchem er sich so selig *fühlet*. Wenn der Paralyticus die wohltätigen Schläge des elektrischen Funkens *erfährt*: was kümmert es ihn, ob *Nollet*, oder ob *Franklin*, oder ob keiner [!] von beiden Recht hat?[76]

Schriftkritik und Erkenntnis des Ursprungs. – Anders verhält es sich in den 1780 entstandenen, ebenfalls Fragment gebliebenen *Briefen an verschiedene Gottesgelehrte*, in denen es um die Hypothesen zur Entstehung des Neuen Testament, die symbolischen Bücher, spätantike Konzilsbeschlüsse, die Erklärung der Regula fidei und, nicht zu vergessen, Ketzerverfolgungen geht. Lessing wechselt hier die Ebene der Beweisführung und argumentiert als gelehrter Nicht-Theologe, um anhand philologischer und historischer Irrtümer vorzuführen, dass weder die Hermeneutik noch die Zeugnisse der alten Kirche jenes „diamantene Schild des Glaubens" (Goeze) bilden, hinter dem die protestantische Geistlichkeit die Schrift als einzige „Erkenntnis-Quelle der christlichen Religionslehren"[77] erfolgreich verteidigen kann: „Ja, wenn man so übersetzen darf! So läßt sich freilich alles in Allem finden!" (S. 205) Angeführt werden auch – ganz auf der Linie von Arnold[78] – institutionenkritische Gründe, wenn etwa der rasche Wandel von Lehrauffassungen zu erklären ist, der am ehesten auf die bei einem Konzil getroffenen dogmatischen Entscheidungen zurückgeführt werden kann: „Dieser Unterschied, sagte ich mir, muß notwendig eine besondere Ursache haben. Er kann nicht bloß die Frucht einer allmählgen Wurzelgewinnung der größern Evidenz sein." (S. 212) Eine bemerkenswerte Formulierung: Um Evidenz zu gewinnen, muss auf den Ursprung, die *Regula fidei*, oder auf das zurückgegangen werden, was bei den Kirchenväter *veritates Traditionem* oder *veterem Traditionem* hieß; davon haben, so Lessing, „unsere Reformatores [...] viel zu viel weggeworfen [...]. Sie hätten schlechterdings wenigstens dem, was Irenäus darunter versteht, das nemliche göttliche Ansehen lassen müssen, was sie so ausschließungsweise der Schrift beizulegen für gut fanden" (S. 191). Die eigentliche Aufklärung besteht in der Rückführung des Christentums auf diesen Ursprung, ein Traditionsargument,

---

76 Ebd., S. 85.
77 Lessing: Werke und Briefe 10 (Anm. 26), S. 204 (die folgenden Seitenverweise im Text beziehen sich auf diese Ausgabe).
78 Vgl. Lehmann-Brauns: Weisheit in der Weltgeschichte (Anm. 35), S. 289.

das sich ähnlich bei Christian Thomasius findet[79] und das in poetischer Form im Nathan-Saladin-Dialog wiederkehrt.

Geistmetaphorik. – Unter Lessings wohl in das Jahr 1777/78 zu datierenden *Selbstbetrachtungen und Einfällen* findet sich ein Fragment, das Hugh B. Nisbet als ein „persönliches Bekenntnis"[80] Lessings gewertet hat. Es handelt sich um eine der wenigen persönlichen Aussagen des Autors über sein Verhältnis zur christlichen Religion; im Zentrum stehen johanneische Motive:

> Ich glaube sie und halte sie für wahr, so gut und so sehr man nur irgend etwas historisches glauben und für wahr halten kann. Denn ich kann sie in ihren historischen Beweisen schlechterdings nicht widerlegen. Ich kann den Zeugnissen, die man für sie anführt, keine andere entgegen setzen: es sey nun, daß es keine andere gegeben, oder daß alle andere vertilgt oder geflissentlich entkräftet worden. [...] Mit dieser Erklärung, sollte ich meynen, könnten doch wenigstens diejenigen Theologen zufrieden seyn, die allen christlichen Glauben auf menschlichen Beyfall herabsetzen, und von keiner übernatürlichen Einwirkung des heiligen Geistes wissen wollen. Zur Beruhigung der andern aber, die eine solche Einwirkung noch annehmen, setze ich hinzu, daß ich diese ihre Meynung allerdings für die in dem christlichen Lehrbegriffe gegründetere und von Anfang des Christenthums hergebrachte Meynung halte, die durch ein bloßes philosophisches Raisonnement schwerlich zu widerlegen steht. Ich kann die Möglichkeit der unmittelbaren Einwirkung des heiligen Geistes nicht leugnen: und thue wissentlich gewiß nichts, was diese Möglichkeit zur Wirklichkeit zu gelangen hindern könnte.
> Freilich muß ich gestehen –[81]

Ob die Rede gewollt abbricht, lässt sich an dieser Stelle nicht mit Sicherheit sagen. Handelt es sich um eine bewusst eingesetzte rhetorische Figur, wäre auf einen skeptischen Kommentar zu schließen. Unzweifelhaft erscheint dagegen Lessings Eintreten für einen ‚Möglichkeitssinn', was den Geist und seine Wirkung betrifft, also jene schriftkritische Spekulation, die bereits bei Sebastian Franck im Zentrum stand. Was sie über Transzendenz zu lehren vermag, sei dahingestellt.

---

79 Vgl. Horst Dreitzel: Christliche Aufklärung durch fürstlichen Absolutismus. Thomasius und die Destruktion des frühneuzeitlichen Konfessionsstaates. In: Christian Thomasius (Anm. 37), S. 17–50, bes. S. 45. Wie Adolf Harnack am Beginn des 20. Jahrhunderts festgestellt hat, wird dieser „zutreffende und befreiende Grundgedanke Lessings (die Glaubensregel ist älter als das Neue Testament; die Kirche hat sich zunächst ohne das N. T. entwickelt)" noch durch die „Nebenfrage" nach dem „privaten Gebrauch der h. Schriften" ergänzt; diese sei in der nachfolgenden Diskussion nicht aufgenommen worden und „seit 130 Jahren liegen geblieben." (Beiträge zur Einleitung in das Neue Testament. V: Über den privaten Gebrauch der heiligen Schriften in der alten Kirche. Leipzig 1912, S. 10 u. 18)
80 Hugh B. Nisbet: Biographische Betrachtungen. Zum Verhältnis von Leben und Werk bei Lessing. In: Lessings Religionsphilosophie im Kontext (Anm. 48), S. 11–24, hier S. 19.
81 Lessing: Werke und Briefe 10 (Anm. 26), S. 241 f.

Das Interesse am einzelnen Menschen und seiner subjektiven Erkenntnis sorgt jedenfalls für eine wichtige Einsicht: Toleranz ist auch gegenüber der fremden Glaubenserfahrung geboten.

Laienpriestertum, vorkonziliare Religion und Geistbegriff: Lessing hat diese Denkfiguren nicht ohne Grund gewählt. Mit der Entscheidung für diese umstrittenen Theologumena werden, wie unter Laborbedingungen, „Orientierungspunkt[e]" im theologischen Streit gesetzt, die Redegewohnheiten und Argumentationsroutinen aufbrechen sollten – darin ist der Forschung[82] Recht zu geben. Wenn dann jedoch der von Lessing eingesetzte Begriff der „‚inneren Wahrheit'" als „Drehpunkt eines Säkularisierungsprozesses" gedeutet wird, „der das Gesetz einer neuen Epoche beschreibt", verstellt der zukunftsgerichtete Blick auf die Weimarer Klassik und deren Humanitätsverständnis den Sinn des von Lessing gewählten Verfahrens, das seine Innovation aus einer Tradition bezieht, die in mehrfacher Hinsicht von Vorurteilen belastet war, gleichwohl aber eine Integration des Wissens aus verschiedenen Bereichen ermöglichen sollte, bei der die Vernunft nicht den alleinigen Maßstab bildete; was Lessing einzuführen versuchte, sollte wenig später als „höhere Aufklärung"[83] bezeichnet werden. Wie haben die Zeitgenossen auf dieses Gesprächsangebot reagiert?

7 Stellungnahmen. Aufgeklärte Theologie und radikaler Deismus

Will man sich die Diskussionslage vergegenwärtigen, die durch die Publikation der Fragmente entstanden war, sollten auch jene Respondenten in die Betrachtung einbezogen werden, auf die Lessing nicht direkt geantwortet hat. Dazu gehört der braunschweigisch-lüneburgische Superintendent Johann Balthasar Lüderwald (1722–1796), dessen Schriften Lessing wohl „aufgrund der lokalen Nachbarschaft"[84] gekannt hat, wie ein Brief aus dem März 1780 bestätigt: „Meine Sache muß doch so schlimm nicht sein, weil der liebe Mann [sc. Lüderwald]

---

[82] Klaus Bohnen: Geist und Buchstabe. Zum Prinzip des kritischen Verfahrens in Lessings literarästhetischen und theologischen Schriften. Köln/Wien 1974 (= Kölner germanistische Studien 10), S. 176.
[83] Friedrich Hölderlin: Fragment philosophischer Briefe. In: Ders.: Sämtliche Werke und Briefe. Hg. von Michael Knaupp. Bd. II. München 1992, S. 55.
[84] Wolfgang Kröger: Das Publikum als Richter. Lessing und die „kleineren Respondenten" im Fragmentenstreit. Nendeln / Liechtenstein 1979 (= Wolfenbütteler Forschungen 5), S. 99.

schon von Vereinigung spricht".[85] In der Tat stimmte Lüderwald in seiner Antwort auf die *Axiomata* einen versöhnlichen Ton an, um zwischen der „Ministerialparthey" – den Anhängern Goezes – und der „Opposition" zu vermitteln, wobei er selbst „in der Ferne und hinter dem Vorhang zu bleiben"[86] behauptete. Die Auseinandersetzungen ließen den Beobachter jedoch keineswegs unbeteiligt, da auch er beklagt, dass der „unerträgliche Verfolgungsgeist" der Oppositionspartei ein Klima der Intoleranz erzeugt habe, in dem „getreue evangelische Theologen" durch Hohn und Spott verfolgt und „oft auf die niederträchtigste Art abgefertiget" würden.[87] Umgekehrt bestimmen rechtliche „Landesstatuta und Specialverfassungen" (S. 64) zwar die Grenzen der öffentlichen Religionskritik, doch da diese unentwegt überschritten werden, erscheint es dem Zeugen dieser Provokationen sinnvoller, sich der Herausforderung zu stellen und die christliche Dogmatik zu reformieren. Seine Anpassung an die freigeistigen Diskurse betreibt der einen „mittlern Weg" (S. 5) suchende Theologe dabei bis zur Selbstaufgabe. Zur Disposition gestellt werden nicht nur der Glaube an Engel und Teufel (S. 84), die Ewigkeit der Höllenstrafen (S. 142), die Lehre von Gnade und Rechtfertigung (S. 106 ff.) sowie die Grundsätze der christlichen Anthropologie (Gottebenbildlichkeit und Sündenlehre, S. 78 ff.), sondern auch der Gottesbegriff selbst. In einem kunstvoll unklar formulierten Zugeständnis macht sich Lüderwald dabei sozinianische Positionen zu eigen:

> Sollte nun gleich in der Praxi die Gottseligkeit bey der Lehre des Unitariers eben so gut bestehen; eben die guten Würkungen zeigen; so giebt dis keine Entschuldigung für die Wahrheit davon, sondern die muß aus anderweitigen Gründen hergenommen werden; und wenn dis geschehen ist, so wird die Lehre von dem Einigen Gott, als Vater, Sohn und heiliger Geist, als Schöpfer, Erlöser und Heiligender, – so doch, daß dis alles von einem Gott kommt, sich auch [!] in ihrem guten Trieben und Wohltätigkeit an den menschlichen Herzen empfehlen. (S. 78)

---

85 Lessing: Werke und Briefe 12 (Anm. 19), S. 317 (Brief an den Faktor Gebler).
86 Johann Balthasar Lüderwald: Freye Anmerkungen über einige die heilige Schrift deren Würde und Nothwendigkeit betreffende so genannte Axiomata. Helmstedt 1780, S. 58 f. Dieser Beitrag hat – im Unterschied zu zwei vorausgegangenen Streitschriften des Autors – in der Forschung keine Beachtung gefunden; eine Ausnahme bildet Christian Tegtmeier: Gotthold Ephraim Lessing und der Braunschweigische Pfarrerstand. Braunschweig 2007 (= Quellen und Beiträge zur Geschichte der Evangelisch-Lutherischen Landeskirche in Braunschweig 16), S. 15–20; darüberhinaus eine Randbemerkung bei Georges Pons: Gotthold Ephraïm Lessing et le Christianisme. Paris 1964 (= Germanica 5), S. 330, Fortsetzung Fn. 89.
87 Lüderwald: Freye Anmerkungen (Anm. 86), S. 61. Die folgenden Seitenverweise im Text beziehen sich auf diese Ausgabe.

Es war eben diese Akkomodation an den Zeitgeist, die Lessing verachtete.[88] Doch ebensowenig wollte er zu der von Lüderwald als „Opposition" bezeichneten Partei gerechnet werden. Die Veröffentlichung der Fragmente sollte ja nicht nur dazu dienen, der Theologie die Folgen der Anpassung an den *Rationalismus vulgaris* (im Unterschied zu dem leibnizschen[89]) zu demonstrieren, sondern zugleich eine philosophische Diskussion über den Privatgebrauch der Religion initiieren, die sich nicht, wie in der Zeit üblich, mit einem mehr oder weniger radikalen Deismus begnügte.

Wie diese Grenzverläufe aussahen, lässt sich im Zusammenhang mit einer späteren Streitschrift Lüderwalds noch einmal genauer zeigen. Mit dem Titel *Anti-Hierocles* spielt Lüderwald offenbar auf ein Pamphlet an, dessen Autor in der Lessing-Forschung jüngst für Aufsehen gesorgt hat. Gemeint ist Christian Ludwig Paalzow (1753–1824), ein Jurist und preußischer Beamter, der seit den 1780er-Jahren anonym eine Reihe von religions- und kirchenkritischen Schriften, Übersetzungen und Montagen publizierte. Martin Mulsow hat den Autor als möglichen Verfasser oder Fortsetzer eines aus dem theologischen Nachlass von Lessing veröffentlichten Fragments zu identifizieren versucht. Tatsächlich war jedoch der Fall einer „Übersetzungs-Fälschung"[90] zu recherchieren, eine „Kriminalgeschichte aus der Lessing-Philologie", zu der Paalzow eine verwirrende Spur gelegt hat: Bei dem unter dem Titel *Historische Einleitung in die Offenbarung Johannis* veröffentlichten Fragment handelt es sich nämlich nicht, wie der Herausgeber Karl Lessing annahm, um eine Skizze seines Bruders, sondern um die Übersetzung eines französischen Textes zur Johannesapokalypse, die Lessing begonnen, aber nicht fortgeführt hat. Paalzow hat die Vorlage ausfindig gemacht und die Übertragung ausgeführt, den Zusammenhang aber nicht aufgeklärt, um den werbewirksamen Namen Lessings für eine Publikation zu nutzen. Wie kurios der Fall auch wirken mag, so scheint sich doch eine gewisse Nähe zwischen

---

88 Die ‚Vereinfachung' der Trinitätslehre, wie sie Lüderwald empfiehlt, hat Lessing bereits am Beispiel des Nordischen Aufsehers im 48. Literaturbrief kritisiert: „Heißt das den geheimnisvollen Begriff eines ewigen Erlösers erleichtern? Es heißt ihn aufheben; [...] es heißt, mit einem Worte, sein Kind so lange zum Socinianer machen, bis es die orthodoxe Lehre fassen kann. Und wenn kann es die fassen?" (Gotthold Ephraim Lessing: Werke und Briefe. Bd. 4: Werke 1758–1759. Hg. v. Gunter E. Grimm. Frankfurt am Main 1997, S. 600)
89 Vgl. Paul Wernle: Lessing und das Christentum. Tübingen 1912, S. 26.
90 Martin Mulsow: Lessing, Paalzow und die „Historische Einleitung in die Offenbarung Johannis". In: Lessings Religionsphilosophie im Kontext (Anm. 48), S. 337–350, hier S. 349. Vgl. auch ders.: Christian Ludwig Paalzow und der clandestine Kulturtransfer von Frankreich nach Deutschland. In: Geheimliteratur und Geheimbuchhandel in Europa im 18. Jahrhundert. Hg. v. Christine Haug, Franziska Mayer und Winfried Schröder. Wiesbaden 2011 (= Wolfenbütteler Schriften zur Geschichte des Buchwesens 47), S. 67–84.

Lessing und Paalzow zu ergeben, zumindest was das gemeinsame Interesse an Fragen der Bibel- und Kanonkritik betrifft.

Genauer besehen, lässt sich von einer Verwandtschaft der beiden Autoren jedoch kaum sprechen. Paalzows *Hierokles oder Prüfung und Vertheidigung der christlichen Religion angestellt von den Herren Michaelis, Semler, Leß und Freret* (1785 bei Johann Jacob Gebauer in Halle gedruckt[91]) beruht auf einer Übersetzung des *Examen critique des apologistes de la religion chrétienne*, das aus dem Umkreis des jungen Voltaire stammt.[92] Das französische Original ließ sich leicht bearbeiten und mit den im Titel genannten Namen prominenter evangelischer Theologen – die sich den anti-apologetischen Angriffen selbstverständlich nicht gewachsen zeigen – den deutschen Verhältnissen anpassen. Der Titel war mit Bedacht gewählt, da Hierokles (Sossianus Hierocles, gest. nach 308) als einer der Urheber der Diokletianischen Christenverfolgung galt; gegen ihn wandte sich Lactantius in seinen *Divinae institutiones* sowie Eusebius in einer Schrift *Contra Hieroclem*. Den Kontroversschriften ist zu entnehmen, dass Hierokles den von Jesus gewirkten Wundern durch einen Vergleich mit dem neupythagoräischen Philosophen und Thaumaturgen Apollonios von Tyana den Anspruch auf Wahrheit entziehen wollte. Bei der ‚Oppositionspartei' gewann der römische Statthalter aus dem frühen vierten Jahrhundert damit eine „Prominenz, die fast der des ›Wolfenbütteler Fragmentisten‹ gleichkam".[93]

---

91 Zur Wahl dieses Verlegers vgl. Manuel Schulz: Das „geheime Buch" im Verlagsnachlass Gebauer-Schwetschke – Korrespondenz zwischen Verleger und anonymem Autor im ausgehenden 18. Jahrhundert. In: Merkur und Minerva. Der Hallesche Verlag Gebauer im Europa der Aufklärung. Hg. v. Daniel Fulda u. Christine Haug. Wiesbaden 2014 (= Buchwissenschaftliche Beiträge 89), S. 61-80; zum Erfolg des Hierokles ebd., S. 66 f. Für die religionsphilosophischen Debatten der 1780er-Jahre ist der Text durchaus signifikant, wie Roberto Bordoli gezeigt hat: L'Illuminismo di Dio: alle origini della *mentalità liberale*. Religione teologia filosofia e storia in Johann Salomo Semler (1725–1791). Contributo per lo studio delle fonti teologiche, cartesiane e spinoziane dell'*Aufklärung*. Florenz 2004, S. 378 f.: „Lo *Hierocles* è significativo perché contrasta la tendenza alla semplificazione culturale tedesca a metà anni Ottanta, pervasa da stimoli molteplici e potenti nonché spesso ambivalenti e contrastanti. [...] Figure come quelle di Semler (o Michaelis) e dei molti altri che nei due tre decenni precedenti aspirano all'equilibrio tra le istanze della scienza e della fede nell'ambito d'una società in via di modernizzazione, non possono allora che diventare obsolete. [...] Le mediazioni ed i compromessi tacciati di ipocrisia vengono spazzati via."
92 Vgl. Martin Mulsow: Deutscher Deismus der Spätaufklärung. Christian Ludwig Paalzow zwischen Übersetzung, Bekenntnis, Montage und Parodie. In: Gestalten des Deismus in Europa. Hg. v. Winfried Schröder. Wiesbaden 2013 (= Wolfenbütteler Forschungen 135), S. 161–201, bes. S. 172 f.
93 Winfried Schröder: Athen und Jerusalem. Die philosophische Kritik am Christentum in Antike und Neuzeit. Stuttgart-Bad Cannstatt 2011 (= Quaestiones 16), S. 39.

Doch nicht allein im Lager der Christentumskritiker fanden die von Laktanz überlieferten Hierokles-Zeugnisse Verwendung. Auch Lessing verweist auf sie im Zusammenhang seiner Quellenstudien zur Abgrenzung von Bibel und Religion[94] und bereits am Ende des 17. Jahrhunderts findet sich in der *Römischen Octavia* des Herzogs Anton Ulrich von Braunschweig eine bemerkenswerte Episode um einen Priester HIEROCLES, der an seinem Heiligtum vollständige Religionstoleranz gewähren kann, da er zwischen zwei Formen des Glaubens unterscheidet: eine Gehorsam verlangende religiöse Unterweisung, die dazu dient, „das gemeine Volck in der Andacht zu erhalten", und eine Religion für jene, „die mehr erleuchtet sind" und sich daher an „solche äußerliche Dinge nicht binden," sondern nur aufgrund ihrer vernünftigen Einsicht ein „höchste[s] Wesen"[95] verehren. Im Raum der Fiktion werden auf diese Weise Grundsätze der natürlichen Religion oder des Deismus diskutiert, und zwar im Verweis auf den antiken Gegner der christlichen Offenbarungsreligion – eine Verwechslung mit dem Neuplatoniker Hierokles von Alexandria kann hier ausgeschlossen werden –, womit auch etwas über die Referenzialisierbarkeit der fiktionalen Rede und deren Bezug zur höfisch-gelehrten Kommunikation im enzyklopädischen Roman um 1700 gesagt ist (Anton Ulrich gehörte zu den Korrespondenzpartnern von Leibniz). Im Lüderwaldschen *Anti-Hierocles* findet sich dagegen keine Spur von einer die Epochen übergreifenden Traditions- und Kritikgeschichte, aus der sich offene Möglichkeiten für die religionsphilosophische Debatten der Zeit ergeben könnten. Für Lüderwald zählt allein die Widerlegung des ‚Apollinismus' mit den bekannten Argumenten der Apologetik; auf Paalzow geht er mit keinem Wort ein.[96] Doch dessen Werk bleibt in der beschriebenen Konstellation und im Blick auf Lessing in einer Hinsicht von besonderem Interesse – es enthält nämlich ein umfangreiches Kapitel („Dreyzehnter Abschnitt") zur Toleranz.

Im Unterschied zu anderen Teilen des Buches findet hier kein fingiertes Gespräch unter Gelehrten statt, wozu Voltaire das literarische Modell geliefert hatte, sondern der stets überlegen argumentierende Freigeist Freret spricht

---

94 Vgl. Lessing: Werke und Briefe 10 (Anm. 26), S. 187 f.
95 Zit. n. Stephan Kraft: Geschlossenheit und Offenheit der „Römischen Octavia" von Herzog Anton Ulrich. Würzburg 2004 (= Epistemata 483), S. 56; vgl. auch Maria Munding: Christentum als absolute Religion und religiöse Toleranz in der späten ‚Octavia' und im Leben Anton Ulrichs zu jener Zeit. In: ‚Monarchus Poeta'. Studien zum Leben und Werk Anton Ulrichs von Braunschweig-Lüneburg. Hg. v. Jean-Marie Valentin. Amsterdam 1985 (= Chloe 4), S. 105–133, bes. S. 118 ff.
96 Johann Balthasar Lüderwald: Anti-Hierocles oder Jesus Christus und Apollonius von Thyana [sic] in ihrer großen Ungleichheit vorgestellt. Halle 1793; an den Streit um den Fragmentisten wird lediglich in einer kurzen „Digreßion" (S. 149 f.) erinnert.

allein. Sein Vortrag über Toleranz geht von einem Grundgedanken aus, der vielfach wiederholt und durch Beispiele aus der Religionsgeschichte illustriert wird: der Glaube an einen „grimmigen und boshaften Gott"[97] erzeugt notwendig religiöse Intoleranz. Vor allem das Gewaltpotential der christlichen Religion und die von den Geistlichen eingesetzten Mittel der Indoktrination dienen dazu, die Kirchengeschichte auf ein Grundmuster zu reduzieren:

> Verfolgung ist Pflicht, und der Schade, den der Staat dadurch leidet, mag so groß seyn wie er will, so wird man doch immer die sicherste Parthey ergreifen, wenn man alle diejenigen ausrottet, welche der Gottheit mißfallen. [...] Nur Indifferentisten, und sich wenig um ihr Interesse bekümmernde Geistliche, können Toleranz vortragen, und geduldig zugeben, den himmlischen Monarchen zu beleidigen. So sehen wir also immer, daß die Religion die Macht hat, Bürger wider einander aufzuhetzen, sie ins Gefängniß zu werfen, Verfolgungen zu erregen und die unerhörtesten Grausamkeiten zu begehen. (S. 346)

Aus der Sicht des Juristen und Beamten erscheint es als besonders bedenklich, dass sich eine Trennung von kirchlichen und staatlichen Interessen nicht ohne weiteres durchsetzen lässt. Die sich daraus ergebende Forderung, dem Klerus die Macht zu nehmen, wird nur indirekt, dadurch aber um so nachdrücklicher ausgesprochen: „Das Interesse des Priesters erfordert, daß jeder Mensch, der nicht an ihn glaubt, als ein unreines und schädliches Thier behandelt werde. [...] Das ist hinreichend die Untauglichkeit der Distinktion zwischen religiöser und politischer Toleranz zu zeigen". (S. 351) Die Folge ist ein zunehmender Kulturverfall („die Vernunft verweiset und die Wissenschaften verscheucht", S. 357), der nur durch obrigkeitliche Maßnahmen aufzuhalten ist; der Freigeist appelliert an den Souverän:

> Der Indifferentismus ist das vernünftigste System, was der Regent in Ansehung der Duldung ergreifen kann, und er darf sich nicht fürchten, daß der geringste Schaden daraus entsteht, wenn er in seinen Staaten Bürger von allen Religionen hat, und allen gleiche Rechte und gleiche Verbindlichkeiten auflegt; vielmehr wird dieses das einzige Mittel seyn, der von der Religion so sehr niedergedruckten Vernunft wieder aufzuhelfen. (S. 382)

Das Plädoyer für den Indifferentismus oder, weitergehend, für die Aufhebung religiöser Wahrheitsansprüche als einer Bedingung für die Durchsetzung staatlicher Toleranz war nicht neu, es wird auch in späteren, auf die Moderne hinführenden Debatten immer wieder begegnen. Dabei handelt es sich um ein eher schlichtes Modell, das mit dem Erklärungsansatz Lessings nicht zu vergleichen ist, der in

---

[97] [Paalzow:] Hierokles, S. 339; die folgenden Seitenverweise im Text beziehen sich auf diese Ausgabe.

seinem Toleranzdenken eine individuelle *religio*-Erfahrung mit der Anerkennung historisch kontingenter, gleichwohl aber prägender religiös-kultureller Traditionen verbunden hat.

8 Die Lösung der Ring-Parabel

Die berühmte Erzählung des weisen Nathan lässt sich in vier Abschnitte gliedern, die durch einen Monolog der Hauptfigur eingeleitet wird. Dieses Vorspiel ist für den Autor offenbar von großer Bedeutung, da er sich kaum Mühe gibt, es schlüssig in den Zusammenhang zu integrieren. Genau in der Mitte des Stücks wird eine Zäsur gesetzt, welche die Parabel ankündigt, die über die dramatische Handlung hinausweist und mit dem ‚Lehrgedicht' in wechselseitige Auslegung treten soll.[98]

Szene III 6 *Nathan allein*: Der Kaufmann zeigt sich informiert, er weiß um die Nöte des Sultans: „Ich bin / Auf Geld gefaßt; und er will – Wahrheit. Wahrheit!" Noch bevor er die Gesprächsstrategie Saladins durchschaut („Ich muß / Behutsam gehen!"), reflektiert er in einem durch das Stichwort hervorgerufenen Bildbereich über den Begriff der Wahrheit, was ihn zu einem ersten Religionsvergleich führt: „als ob / die Wahrheit Münze wäre! – Ja, wenn noch / uralte Münze, die gewogen ward! – / Das ginge noch! Allein so neue Münze, / die nur der Stempel macht, die man aufs Brett / nur zählen darf, das ist sie doch nun nicht!"[99] (V. 352–357).

Mit der alten Münze ist die authentische religiöse Erfahrung gemeint, die innere Wahrheit der Religion, während die späteren Prägungen, die diesen Wert verloren haben, für die verfestigten Dogmen und Lehrmeinungen der positiven Religionen stehen, die miteinander konkurrieren.[100] Die ursprüngliche Münze ist alt, ja sogar ‚uralt', was an mythische Ursprünge oder eine ‚prisca theologia' denken lässt. Doch in dem von Nathan angestellten Vergleich überwiegen deut-

---

98 Einige der folgenden Überlegungen sind bereits an anderer Stelle entwickelt worden: Lessings Toleranzparabel. In: Tolerant mit Lessing. Ein Lesebuch zur Ringparabel. Hg. v. Christoph Bultmann u. Birka Siwczyk. Leipzig 2013, S. 29–38.
99 Zitiert wird nach der Ausgabe von Arno Schilson: Werke und Briefe 9 (Anm. 69).
100 Vgl. Karl Eibl: Gotthold Ephraim Lessing: Nathan der Weise. In: Deutsche Dramen. Interpretationen zu Werken von der Aufklärung bis zur Gegenwart. Bd. 1: Von Lessing bis Grillparzer. Hg. v. Harro Müller-Michaels. Königstein/Ts. 1981, S. 3–30, bes. S. 15; Hugh Barr Nisbet: Lessing. Eine Biographie. Aus dem Engl. übersetzt von Karl S. Guthke. München 2008, S. 791; Christoph Bultmann: „Improbissimae Calumniae" und „Pflichtschuldige Pastoralverhetzung der Obrigkeit" Toleranz und ihre Gegner bei Grotius und Lessing. In: Aufgeklärtes Christentum. Beiträge zur Kirchen- und Theologiegeschichte des 18. Jahrhunderts. Hg. v. Albrecht Beutel u. a. Leipzig 2010, S. 213–231, bes. S. 224 ff.

lich die kritischen Töne, womit zugleich auf das Thema der Ringparabel, die Gleichheit der Offenbarungsreligionen und deren gegenseitige Anerkennung, vorausgewiesen wird.

In Abschnitt (I) der Ringparabel hält sich Lessing zwar eng an seine Vorlage, signifikante Abweichungen von der Novelle Boccaccios zeichnen jedoch bereits die eigenen Argumentationslinien vor. So berichtet Melchisedech von einem großen und reichen Mann, der unter den Preziosen in seinem Schatz einen besonders schönen und wertvollen Ring besaß („intra l'altre gioie piú care che nel suo tesoro avesse, era uno anello bellissimo e prezioso"[101]); von der Verzierung durch einen Edelstein ist nicht die Rede.

In Nathans Version wird hieraus ein „Ring von unschätzbarem Wert' / [...] Der Stein war ein / Opal, der hundert schöne Farben spielte, / Und hatte die geheime Kraft, vor Gott / Und Menschen angenehm zu machen, wer / In dieser Zuversicht ihn trug." Warum ein Opal? Nun, in der alchemistischen Tradition symbolisierte der Halbedelstein die göttliche Gnade; und es gibt noch weitere, ins Spekulative führende Deutungen des Motivs (Stichwort: Kunst-Apotheose[102]), auf die hier nicht einzugehen ist, da es vor allem auf das neue Element ankommt, das Lessing in die Erzählung einführt. Das ist die geheime Energie, die der Ring bei jenem entfaltet, der an eine solche zuversichtlich glaubt. Dabei handelt es sich nicht um ein Zauberrequisit, das – wie in der älteren christlichen Tradition[103] – äußere Wunder bewirkt (Totenerweckung, Krankenheilung etc.) oder, wie bei Boccaccio, Reichtum und Ansehen verleiht sowie Herrschaft legitimiert, sondern die ethische Gesinnung des Trägers zu lebenspraktischer Wirkung bringt. „Ich versteh dich", wirft Saladin hier ein, „Weiter!"

In Abschnitt (II) kommt das Gespräch dann auf den Vater, der sich nicht entscheiden kann, welchem seiner Söhne er den Ring vererbt, da „alle drei ihm gleich gehorsam waren", wie es bei Lessing lakonisch heißt. Boccaccio ist bei der Charakterisierung der Söhne etwas überschwenglicher: „[T]re figliuoli belli e virtuosi e molto al padre loro obedienti, per la qual cosa tutti e tre parimente gli amava."[104] In der italienischen Novelle lässt der Vater daraufhin zwei weitere

---

101 Giovanni Boccaccio: Decameron. Bd. 1. Hg. v. Vittore Branca. Turin 1980, S. 81.
102 Vgl. Rüdiger Zymner: „Der Stein war ein Opal ..." Eine versteckte Kunst-Apotheose in Lessings morgenländischer ‚Ringparabel'? In: Lessing Yearbook 24 (1992), S. 77–96, bes. S. 89: „Der Künstler (wohlgemerkt nicht einfach: Goldschmied, Juwelier o. ä.!) ist eine Figur, die in der Stofftradition der Ringparabel vor der Erzählung Lessings nicht auftaucht."
103 Vgl. Peter Demetz: Lessings „Nathan der Weise": Wirklichkeiten und Wirklichkeit. In: Ders.: Gotthold Ephraim Lessing: Nathan der Weise. Vollständiger Text. Dokumentation. Frankfurt an Main, Berlin 1970, S. 121–158, bes. S. 148.
104 Boccaccio: Decameron (Anm. 101), S. 81.

Ringe anfertigen, die dem ersten so sehr glichen, dass selbst der beauftragte Handwerker kaum einen Unterschied erkennen konnte („[...] appena conosceva qual si fosse il vero"). Zwar nur schwach, aber gleichwohl kann der echte Ringe noch erkannt werden.

Anders Lessing. Bei ihm sendet der Vater „geheim zu einem Künstler, / Bei dem er, nach dem Muster seines Ringes, Zwei andere bestellt [...]". Der Künstler erweist sich als ein Meister seines Faches und als „er ihm die Ringe bringt, / Kann selbst der Vater seinen Musterring / Nicht unterscheiden". Saladin zeigt sich von dieser Wendung der Geschichte betroffen und verlangt zu hören, was nach dem Tod des Vaters geschieht, woraufhin Nathan ihm die Boccaccio-Lösung präsentiert: „Man untersucht, man zankt, / Man klagt. Umsonst; der rechte Ring war nicht / Erweislich; – [*nach einer Pause, in welcher er des Sultans Antwort erwartet:*]", die er dann selbst gibt: „Fast so unerweislich, als / Uns itzt – der rechte Glaube."

Es handelt sich um eine vorläufige Antwort, denn nun beginnt mit dem Ausruf Saladins: „Spiele nicht mit mir! – Ich dächte, / Daß die Religionen [...] doch wohl zu unterscheiden wären", der dritte Abschnitt (III) der Parabel. Es handelt sich eigentlich nur um ein Intermezzo, in dem Nathan „in einer rhetorischen *traductio*"[105] die konkrete Ausgangsfrage, auf der Saladin besteht, ins Abstrakte wendet und damit die von Lessing im Fragmentenstreit entwickelten Argumente aufnimmt. Während der Sultan bei der Eröffnung des Gesprächs in Szene III 5 sein Gegenüber gleich drei Mal nach den „Gründen" für die „Wahl des Besseren" (aus „Einsicht"!) verlangt, verändert Nathan den Begriff konzeptuell:

> Denn gründen alle sich nicht auf Geschichte?
> [...] Und Geschichte muß doch wohl allein auf Treu
> und Glauben angenommen werden? – Nicht ? –
> Nun wessen Treu und Glauben zieht man denn
> Am wenigsten in Zweifel?
> Doch der Seinen? [...] Wie kann ich meinen Vätern weniger,
> Als du den deinen glauben?

Der Sultan ist so begeistert, dass er „verstummen" muss.

(IV) Nathan ergreift nun noch einmal das Wort: „Laß auf unsre Ring' / Uns wieder kommen." Was nun folgt, ist der auslegungsbedürftige Teil der Erzählung, der keine Vorlage in der Tradition hat. Ist der echte Ring verloren? Die drei zerstrittenen Söhne, die ihre Klage vor einen neutralen Richter bringen, sind „Betrogene Betrieger", da die vermeintliche Macht der gefälschten Ringe nicht nach außen

---

[105] Demetz: Lessings „Nathan der Weise" (Anm. 103), S. 149.

wirkt, sondern nur die Selbstsucht ihrer Träger steigert: „Eure Ringe / Sind alle drei nicht echt. Der echte Ring / Vermutlich ging verloren." Später wird noch die Vermutung geäußert, „daß der Vater [...] Die Tyrannei [!] des Einen Rings nicht länger / In seinem Hause [habe] dulden wollen!" Das Zentrum der Parabel ist damit erreicht, was nun folgt, ist wider Erwarten kein Urteil, sondern eine Empfehlung:

> [...] Mein Rat ist aber der: ihr nehmt
> Die Sache völlig wie sie liegt. Hat von
> Euch jeder seinen Ring von seinem Vater:
> So glaube jeder sicher seinen Ring
> Den echten. – [...] Wohlan!
> Es eifre jeder seiner unbestochnen
> Von Vorurteilen freien Liebe nach!
> Es strebe von euch jeder um die Wette,
> Die Kraft des Steins in seinem Ring' an Tag
> Zu legen! komme dieser Kraft mit Sanftmut,
> Mit herzlicher Verträglichkeit, mit Wohltun,
> Mit innigster Ergebenheit in Gott,
> Zu Hülf'! [...].

Hier kommt nun eine Fiktion ins Spiel, da der Richter ausschließt, dass einer der Söhne im Besitz des wahren Erbes sein könnte („Eure Ringe / Sind alle drei nicht echt"); gehandelt werden soll also unter einer „bewußt falschen Annahme zur Erreichung eines praktischen Zwecks".[106] Dieses ‚Als-Ob' bildet eine „Arbeitshypothese"[107] und ein Versprechen auf die Zukunft, in der sich auch nach außen die erfreulichen Folgen eines ethischen Handelns zeigen, das sich an einfachen Regeln ausrichtet, die man als ‚officia humanitatis' bezeichnen könnte und die zudem mit den Grundsätzen der natürlichen, einer – um eine Formulierung Moses Mendelssohns aufzugreifen – „allgemeinen Menschenreligion"[108] übereinstimmen.

Doch genau besehen, handelt es sich bei diesem Rat um eine Zumutung, eine paradoxe Empfehlung: „Wie soll der gerichtsnotorische Sachverhalt einer nicht subsumierbaren Pluralität von Absolutheitsansprüchen hingenommen werden,

---

106 Leisegang: Lessings Weltanschauung (Anm. 43), S. 156.
107 Demetz: Lessings „Nathan der Weise" (Anm. 103), S. 153.
108 Ausführlicher hierzu Jan Assmann: Religio duplex. Ägyptische Mysterien und europäische Aufklärung. Berlin 2010, S. 173–183.

ohne daß die Gewißheit, der eine Einzige zu sein, daran Schaden nimmt?"[109] Die Betrugshypothese könnte dann etwas ganz anderes bewirken als die Ergebenheit in Gott, bestenfalls eine skeptische Indifferenz mit moralisch unwägbaren Folgen. Dem stehen jedoch eine Reihe zusätzlicher Annahmen entgegen. Zunächst: eine Gewissheit teilen die Söhne, dass nämlich – wie der Richter zu verstehen gibt – der Vater „euch alle drei geliebt, und gleich / Geliebt: indem er zwei nicht drücken mögn / Um einen zu begünstigen" (V. 522–524). Die drei Religionen teilen diesen gemeinsamen Ursprung, der zugleich ein moralisches Vermächtnis ist. Obwohl die positiven Religionen unecht und in ihren Lehrmeinungen falsch sein mögen, sind sie doch imstande, etwas für die Lebenspraxis ihrer jeweiligen Anhänger zu leisten. Das ist der Grund, weshalb Nathan den Glauben seiner Väter achtet und dies auch den Muslimen und Christen empfiehlt, wobei erneut die Liebe zu einem Leitbegriff wird: „Nun wessen Treu und Glauben zieht man denn / Am wenigsten in Zweifel? Doch […] deren, die / Von Kindheit an uns Proben ihrer Liebe / Gegeben?" (V. 463–467) Es handelt sich um ein Denken, dass sich nicht – wie bei Reimarus – zu einer deistischen Vernunftreligion bekehrt, sondern die Kontingenz von Lebenswelten akzeptiert.[110]

Am Ende steht nicht die Botschaft von der Indifferenz gegenüber allen Religionen – wie sich der Schluss der Novelle bei Boccaccio deuten ließe –, sondern die Aufforderung zu einem Wettbewerb, aus dem sich die Lösung der nicht verabschiedeten Wahrheitsfrage ergeben wird, nicht argumentativ, sondern ethisch. Der Spruch des Richters fordert von den Söhnen, eine Wendung in mehreren Schritten zu vollziehen, die sich stichwortartig wie folgt benennen lassen: Vom Objekt zum Subjekt, vom Inhalt zur Form der Aneignung, von der Theorie zur Praxis, vom Besitz zum Streben, vom Streit zum Wettstreit der Religionen und vom Ausschließlichkeitsanspruch zur Toleranz.[111] Vorausgesetzt ist dabei stets, erinnert sei an das ‚Als Ob' der Fiktion, dass der Wunsch nach theoretischer Einsicht durch Glauben ersetzt wird: die gesuchte Wahrheit lässt sich nun einmal nicht historisch, „sondern nur eschatologisch erweisen".[112] Wenn der Richter auf den „weisre[n] Mann" verweist, der in „tausend tausend Jahre[n]" das endgültige

---

109 Hermann Timm: Der dreieinige Ring. Lessings parabolischer Gottesbeweis mit der Ringparabel des Nathan. In: Euphorion 77 (1983), S. 113–126, hier S. 120.
110 Karl Eibl: Lauter Bilder und Gleichnisse. Lessings religionsphilosophische Begründung der Poesie. In: DVS 59 (1985), S. 224–252, bes. S. 244 Fn. 101.
111 Vgl. Helmut Fuhrmann: Lessings Nathan der Weise und das Wahrheitsproblem. In: Lessing Yearbook 15 (1983), S. 63–94, bes. S. 69 f.
112 Ernst Feil: Religio. Vierter Band: Die Geschichte eines neuzeitlichen Grundbegriffs im 18. und frühen 19. Jahrhundert. Göttingen 2007 (= Forschungen zur Kirchen- und Dogmengeschichte 91), S. 547.

Urteil sprechen wird, dann öffnet sich die Parabel hin zu jenem dritten Zeitalter, das in der *Erziehung des Menschengeschlechts* als das der Vernunft beschrieben wird.

Ein Unterschied ist jedoch zu vermerken: Es kann nach dem Sinn von Geschichte nur gefragt werden, wenn man ihr Ziel auch dann zu verstehen versucht, wenn sich dieses nicht enthüllt. Es sind die Unsicherheiten eines Zwischenzustands, die Lessing dann an „gewisse Schwärmer des dreizehnten und vierzehnten Jahrhunderts" (*Erziehung des Menschengeschlechts* § 87) denken lassen. Hier ist ein Grund für seine Erwähnung des Joachim von Fiore zu suchen – nicht in den Inhalten von dessen Heilstheologie, sondern in den Irrtümern, die aus Ungeduld erwachsen und der Übereilung, mit der ein neues Zeitalter verkündet wird. Lessing erinnert an eine häretische Bewegung des späten Mittelalters, um sich selbst zur Ordnung zu rufen: „Der Schwärmer tut oft sehr richtige Blicke in die Zukunft: aber er kann diese Zukunft nur nicht erwarten." (§ 90)[113] Das lässt sich auch auf die Ringparabel beziehen, da radikale Ungeduld der geforderten Ergebenheit in Gott widersprechen würde: Nathan und der Richter kennen bereits „das Neue, aber sie empfänden es als [...] Akt wider die Vorsehung, die Formen der traditionellen Religion hemmungslos zu zerstören".[114]

Ergebenheit in Gott: das ist der Schlüsselsatz der Ringparabel. Die dazugehörige Szene ist der siebte Auftritt im vierten Akt, der Dialog zwischen Nathan und dem Klosterbruder, wo der Kaufmann von dem Pogrom berichtet, einer Prüfung Gottes, die ihm fast den Verstand raubt:

> Als
> Ihr kamt, hatt' ich drei Tag' und Nächt' in Asch'
> Und Staub vor Gott gelegen, und geweint. –
> Geweint? Beiher mit Gott auch wohl gerechtet,
> Gezürnt, getobt, mich und die Welt verwünscht;
> Der Christenheit den unversöhnlichsten
> Haß zugeschworen [...].
> Doch nun kam die Vernunft allmählig wieder.
> Sie sprach mit sanfter Stimm': „und doch ist Gott!
> Doch war auch Gottes Ratschluß das! Wohlan!
> Komm! übe, was du längst begriffen hast;
> [...] Ich stand! und rief zu Gott: ich will!
> Willst du nur, daß ich will!

---

113 Vgl. Friedrich Vollhardt: ›Enthusiasmus der Spekulation‹. Zur fehlenden Vorgeschichte von G. E. Lessings Erziehungslehre. In: Lessings Religionsphilosophie im Kontext (Anm. 48), S. 104–125, bes. S. 124 f.
114 Demetz: Lessings „Nathan der Weise" (Anm. 103), S. 153.

Das ist Einsicht in die Vorsehung, von der im selben Zusammenhang die Rede ist; sie bezeichnet Nathans Einstellung, in deren Nähe man auch die Position des Autors vermuten darf, die sich aus einer „Verschiebung vom Gott der Offenbarungsreligionen zu einem Gottesbegriff" ergibt, der, „obwohl Gegenstand der Vernunft, von ihr immer nur vorläufig, immer nur annäherungsweise erfasst werden kann".[115]

Hier wäre nun auszuholen und auf eine Reihe von verstreuten Theodizee-Stellen im Werk Lessings hinzuweisen, besonders auf das 79. Stück der *Hamburgischen Dramaturgie*. Die Hiob-Deutung in der Szene IV 7 von *Nathan dem Weisen* fasst diese religionsphilosophischen Überlegungen in einem Bild von großer Prägnanz zusammen.[116] Wenig später hat Immanuel Kant in seiner Abhandlung *Ueber das Mißlingen aller philosophischen Versuche in der Theodizee* (1791) am Beispiel des Hiob-Buches seine Unterscheidung einer „doktrinalen", das heißt zum Scheitern verurteilten, und einer „authentischen Theodizee" erläutert, deren Elemente im Text des Alten Testaments allegorisch ausgedrückt sind. Es wäre reizvoll, die kantische Verteidigung dieses moralisch-praktischen Vernunftglaubens[117] auf Lessings Hiob-Adaptation und seine ‚authentischen', das heißt poetischen Versuche in der Theodizee zu beziehen – doch das weist über die Interpretation der Ringparabel und Lessings Stellung in und zu den Toleranzdebatten seiner Zeit hinaus.

---

[115] Fick: Lessing-Handbuch (Anm. 10), S. 510.
[116] Vgl. hierzu die Untersuchungen von Ingrid Strohschneider-Kohrs, zuletzt: Lessings Hiob-Deutungen im Kontext des 18. Jahrhunderts. In: Edith-Stein-Jahrbuch 2002, S. 255–268.
[117] Volker Dieringer: Kants Lösung des Theodizeeproblems. Eine Rekonstruktion. Stuttgart-Bad Cannstatt 2009 (= Forschungen und Materialien zur deutschen Aufklärung II/22), S. 121 ff.

Personenregister

Acosta, José de 144 f., 156
Albertus Magnus 192
Albrecht (Herzog von Preußen) 96
Alewyn, Richard 392
Alexander der Große 189
Allwoerden, Heinrich von 276
Anaxagoras 190
Andreae, Johann Valentin 169 f.
Angelus Silesius (→ Scheffler, Johannes)
Anton Ulrich, Herzog von Braunschweig 407
Apian, Philipp 52–54
Arius 70
Aristoteles 120, 199, 233
Arminius, Jacobus 223
Arndt, Johann 113, 162, 166, 250
Arnold, Gottfried 7, 113, 161–176, 242, 254, 258, 261, 263, 265–267, 278 f., 286, 387–390, 393, 396 f., 401
Assmann, Jan 187
August II. (der Starke), Kurfürst von Sachsen 264
Augustinus von Hippo 39, 77, 81, 187, 202
Augustus (Kaiser) 189, 321

Bacon, Francis 194
Balduin, Friedrich 49
Barth, Johann Heinrich 269
Barth, Karl 208
Bartholomäi, Wilhelm Ernst 244
Baumgarten, Siegmund Jacob 395
Bayle, Jacques 202
Bayle, Pierre 7, 123, 158, 177–216, 218 f., 221, 260, 268 f., 294, 296, 298, 301, 368, 387
Beda, Natalis 58
Bellarmin, Robert 167
Bellius, Martin (s. Castellio)
Bendavid, Lazarus 9, 363, 374–377
Berengarius Turonensis 387
Berge, Anna von 97
Bernard, Pierre-Joseph 319
Berner, Ulrich 137 f.
Beza, Theodor 44, 59 f., 72, 192
Biandrata, Giorgio 49
Bibliander, Theodor 289

Blaufuß, Dietrich 169
Bloch, Ernst 222 f.
Boccaccio, Giovanni 391, 410 f., 413
Bodin, Jean 190, 333, 386 f.
Bodmer, Johann Jakob 345
Boecler, Johann Heinrich 154
Böhme, Jacob 163 f., 166, 175, 390
Böhmer, Justus Henning 250
Bonnet, Charles 369 f.
Breckling, Friedrich 165 f., 170 f., 173, 175 f., 278
Breler, Melchior 162
Brendel, Georg Christoph 258–260
Brenz, Johannes 6, 44, 55–57, 59–61, 65, 82, 84
Brigitta von Schweden 242
Brunfels, Otto 55
Bullinger, Heinrich 46 f., 50 f., 53, 58, 65, 67–82, 85 f.

Cäsar, Julius 189
Calas, Jean 352
Calixt, Georg 135
Calov, Abraham 135, 138–141
Calvin, Johannes 3, 6, 8, 25, 43 f., 47, 50, 54 f., 59 f., 67, 71 f., 86, 121, 192 f., 248, 274, 278–281, 283 f.
Campeggio, Lorenzo 40
Cardano, Girolamo 5
Carindoletus, Johannes 38
Cassiodor 65, 70 f., 83 f.
Castellio, Sebastian 5 f., 35, 37, 44, 46, 49–72, 75, 80–86, 203, 273, 281, 333
Cessière, François Etienne Gouge de 319 f.
Chladenius (Chladni), Johann Martin 251, 266 f.
Chladenius (Chladni), Martin 237, 239, 241–243, 247, 251, 259 f., 262, 264–266, 268, 270
Chladenius (Chladni), Georg 241
Chladenius (Chladni), Katharina 241
Christoph von Württemberg (Herzog) 59–61
Chrysostomos (Johannes von Antiochia) 55
Cicero, Marcus Tullius 29, 194, 201

Cochläus, Johannes 321
Colberg, Ehregott Daniel 165
Colbert, Jean-Baptiste 318
Colerus, Johannes 221
Crafftheim, Crato von 97
Cramer, Johann Andreas 294, 314
Cromwell, Oliver 372
Cruz, Juan de la 167 f.
Cunrad, Caspar 97
Curione, Celio Secondo 54 f., 72
Cusanus, Nicolaus → Kues, Nikolaus von
Cyprian, Ernst Salomo 164, 388–390, 393

David, Ferenc 49
Delvolvé, Jean 215
Derodon, David 200
Descartes, René 182–185, 217, 221, 230, 236, 243, 269
Des Maizeau, Pierre 179, 194
de Vries, Gerardus 236
de Witt, Jan 205, 234 f.
Diagoras von Melos 196, 201
Diderot, Denis 293 f.
Dilthey, Wilhelm 209, 294 f.
Diogenes Laertius
Dionysius Areopagita 165
Dippel, Johann Konrad 242, 254–256
Dohm, Christian Konrad Wilhelm von 372 f., 376
Dohna, Friedrich von 210
Dornau, Caspar 105
Dürr, Johann Konrad 269
Dunin-Borkowski, Zbigniew Stanislaus Martin Graf von 222

Epiphanias Scholasticus 83
Erasmus von Rotterdam 5 f., 11–41, 44, 46, 53, 55–59, 66, 84, 203, 206
Erastus, Thomas 192
Euhemeros 197
Euler, Leonhard 347
Eusebius von Caesarea 70, 84, 406
Evelyn, John 179

Feller, Gottfried 244
Ferinarius, Johannes 98
Feuerbach, Ludwig 181, 216

Fiore, Joachim von 414
Flacius Illyricus, Mathias 36, 165
Flamsteed, John 177
Forst, Rainer 1 f., 6, 37, 46 f., 134, 139, 158, 181, 234, 281, 287, 314, 328, 332, 355, 357 f., 382
Foucault, Michel 67
Franck, Sebastian 37, 44, 48 f., 55 f., 58 f., 84, 162–165, 393, 395–397, 402
Francke, August Hermann 175, 265
Franckenberg, Abraham von 394
Franklin, Benjamin 401
Franz von Sales 167
Freudenthal, Jacob 223
Fréron, Élie Catherine 318
Freyberg, Jeremias 247
Friderici, Valentin 142 f., 243
Friedländer, David 365, 376
Friedrich August, Kurprinz von Sachsen 264
Friedrich II. von Preußen [Friedrich der Große] 8, 204, 211, 301, 335 f., 347 f., 350, 358
Friedrich II. (Herzog von Liegnitz und Brieg) 93, 96
Friedrich V. Kurfürst von der Pfalz, I. König von Böhmen 99
Friedrich Wilhelm I. in Preußen 244
Froereisen, Johann Leonhard 269

Gadroys, Claude 182
Gebauer, Johann Jacob 406
Geldenhouwer, Gerald 58, 81
Georg, Herzog von Sachsen 16
Georg II., Herzog von Brieg 114
Gerhard, Johann 135
Gerlach, Stephan 290
Gierl, Martin 211
Goethe, Johann Wolfgang (von) 46, 164, 214, 332, 368
Goeze, Johann Melchior 214, 351, 393–395, 399–401, 404
Gottsched, Johann Christoph 209 f.
Graevius, Johannes 184
Gratius, Ortwinus 17
Gravius, Georg 210
Gros, Jean-Michel 199
Grosch, Georg 389
Grotius, Hugo 151–155, 205, 278

Guthke, Karl S. 239

Hadrian IV. (Papst) 16
Haller, Albrecht von 297, 300, 316 f.
Hamann, Johann Georg 130
Hassens, Martin 244
Hausens, Christian August 243
Hegel, Georg Wilhelm Friedrich 161, 196, 224, 230, 236
Heinitz, Johann Gottfried 244
Heinrich (I.) von Guise (Herzog) 186, 194
Heinrich, Heinrich [Henry Oldenb(o)urg] 217
Hennenfeld, Nikolaus Henel von 97
Henri de la Tour d'Auverne 179
Herder, Johann Gottfried 130, 161, 211 f., 355, 375
Hertz, Markus 372
Heumann, Christoph August 276
Hierokles → Sossianus Hierokles
Hierokles von Alexandria 407
Hilarius von Poitiers 38 f., 41
Hildegard von Bingen 242
Hillmann, Anna Dorothea 243
Hobbes, Thomas 169, 229, 343, 357
Horaz [Horatius Flaccus], Quintus 189, 195, 321–323
Huet, Pierre Daniel 215

Isidor von Sevilla 191

Jacobi, Friedrich Heinrich 215, 394
James, E.D. 205
Jaquelot, Isaac 206
Jaspers, Karl 220
Jauch, Ursula Pia 298, 301, 310
Jelles, Jarig 219, 235
Joachim Friedrich Fürst von Liegnitz und Brieg 96, 114–118
Jöcher, Christian Gottlieb 213
Johann von Sachsen (Herzog) 57
Joly, Philippe-Louis 209 f.
Jordanus, Gregorius 105
Joris, David 49, 54 f., 278, 281
Joseph II. (Kaiser von Österreich) 372
Jurieu, Pierre 180, 188, 203, 206
Justinian I. (Kaiser) 169
Juvenal, Decimus Iunius 188

Kant, Immanuel 187, 204, 207 f., 215, 331 f., 341–343, 355, 357, 360 f., 374, 377, 415
Karl, Bernhard Peter 255
Karl V. (Kaiser) 44, 58, 65, 67, 82, 189, 339
Karlstadt, Andreas 52, 54
Karl Wilhelm Ferdinand, Herzog zu Braunschweig, Fürst von Braunschweig-Wolfenbüttel 398
Kempen, Thomas von 165, 391
Kirch, Gottfried 177
Kleinberg, Georg (David Joris?) 55
Koch, Franz 391
König, Samuel 347 f., 350
Kondylis, Panajotis 299, 315
Konstantin (Kaiser) 70, 73, 76 f., 82, 166
Korthold, Sebastian 210
Kortholt, Christian 221
Kühler, Dethlef 210
Kuhlmann, Quirinus 167, 170, 175
Kues, Nikolaus von 12, 203, 386

Labrousse, Elisabeth 182, 201, 206
La Chapelle, Armand de 279
La Croze, Mathurin Veyssière de 391
Laktanz (Lucius Caecilius Firmianus) 216, 407
Lafond, Jean 198
La Mettrie, Julien Offray de 8, 293–330, 352
La Mothe le Vayer, François de 194, 200, 205
Lange, Samuel Gottlieb 212
Langermann, Daniel 218
La Rochefoucauld, François de 198, 208
Las Casas, Bartolomé de 144
Lavater, Johann Caspar 369 f., 373 f.
Le Clerc, Jean 206
Le Grand, Antoine 182
Leers, Reinier 180
Le Grand, Antoine 182, 243
Leibniz, Gottfried Wilhelm 185, 209–211, 213 f., 342, 347, 354, 390, 405, 407
Lennon, Thomas M. 206
Leo X. (Papst) 14
Lessing, Gotthold Ephraim 1–9, 41, 131, 133, 147 f., 158 f., 161, 166, 169, 211–215, 237, 239, 275, 283, 287–294, 297–300, 306, 310, 312–315, 317–325, 327–331, 334 f., 340–343, 345–348, 351–361, 368 f., 371–374, 381–415

Lessing, Johann Gottfried 237, 239 f., 242–271, 393
Lessing, Karl 405
Lessing, Karl Gotthelf 399, 405
Lessing, Theophil 133–159, 243, 384
Licinius, Licinianus 70
Limborch, Philipp von 205, 224
Locke, John 2, 196, 205, 260, 268, 331–333, 358–361, 368, 384 f., 387
Loriti, Heinrich (Glarean) 52 f.
Löscher, Kaspar
Löscher, Valentin Ernst 211, 244, 253–255, 262, 393
Loyola, Ignatius von 168
Ludewig, Johann Peter 265
Ludovici, Jakob Friedrich 250
Lüderwald, Johann Balthasar 403–405, 407
Luther, Martin 3 f., 6, 8, 11, 14, 16, 20–22, 25, 27, 31–35, 37, 40 f., 44, 46–49, 51–57, 59, 65, 93, 96, 111, 115, 121, 145, 149, 165, 173, 175, 237–271, 395 f., 398

Mahlmann-Bauer, Barbara 6, 192, 281
Maimbourg, Louis 189
Maimon, Salomon 9, 363, 376–379
Makarios I. von Jerusalem 174
Malebranche, Nicolas de 184 f.
Mandeville, Bernard de 198
Mantz, Felix 69
Marquis d'Argens, Jean-Baptiste 294, 298
Marti, Hanspeter 8, 168, 170
Martial, Marcus Valerius 322
Marx, Karl 216, 236
Maupertuis, Pierre-Louis Moreau des 347–350
Melanchthon, Philipp 32, 46, 52, 72, 88, 115 f., 121, 149, 153, 188, 192
Menasseh Ben Israel 372–374
Mendelssohn, Moses 2, 9, 211, 236, 354, 358, 363, 369–376, 378, 412
Merian, Johann Bernhard 347
Meyer, Lodewijk 235 f.
Mirabeau, Honoré Gabriel Victor de Riqueti Marquis de 372
Mirandola, Giovanni Pico della 192
Molina, Luis de 144
Molinos, Miguel de 168

Monau, Jakob 97
Montaigne, Michel de 191, 208
Montfort, Basilius (s. Castellio) 6, 44, 50, 55 f., 58, 60, 65–68, 77–79, 81, 84–86
More, Henry 242
Moréri, Louis 213
Moritz, Karl Philipp 376
Mosheim, Johann Lorenz von 8, 273, 274–280, 282, 283, 284–292
Müller, Adam 98
Mulsow, Martin 280, 405
Multhammer, Michael 8 f., 239, 322, 329
Mylius, Christlob 321

Neuhusius, Edo 188
Neumann, Johann Georg 261
Neuser, Adam 5, 275, 288–291, 386
Newton, Isaac 177
Nicolai, Heinrich 135–140, 142
Nisbet, Hugh Barr 213 f., 402
Nollet, Jean-Antoine 401

Ochino, Bernardino 46
Oekolampad, Johannes 54
Olevianus, Caspar 192
Opitz, Martin 107, 126, 128 f.
Oporin, Johannes 44, 72
Origines 193
Osiander, Lucas 250
Ossius 70
Ovid 189, 320 f., 323, 325 f.

Paalzow, Christian Ludwig 405–407
Pambius, Christophorus 137–139
Pascal, Blaise 180, 190
Pasquier, Etienne 194
Paul, Jean 131, 215
Pauli, Johannes 162, 174
Payrs, Theres 19
Pellican, Conrad 55
Petilantius 77
Peucer, Caspar 188
Peutinger, Konrad 31
Pfaff, Christoph Matthäus 268, 270
Pius II. (Papst) 13
Planer, Johann Andreas 243
Platon 27, 191

Plotin 193
Plutarch 28, 140, 194
Poiret, Pierre 242, 390
Pomponius, Sextus 151
Pons, Georges 249–251
Popper, Karl 47, 193
Protagoras 190
Pufendorf, Samuel von 163, 257
Quesnel, Pasquier 242

Raab, Johann Adam 258, 260
Rabus, Ludwig 54
Reimarus, Elise 398–401
Reimarus, Herman Samuel 214, 291
Reuchlin, Johannes 14, 17
Rhediger, Niklas II. 97
Rhediger, Niklas III. 97
Rhegius, Urbanus 55
Rhenanus, Beatus 83
Rhetius, David Fridericus 135
Riedel, Wolfgang 299
Rieuwertsz sen., Jan 217
Rijn, Rembrandt Hamerszoon 224
Röd, Wolfgang 231
Röhrensee, Christian 241
Röschel, Johann Baptist 241
Rohault, Jacques 182
Rousseau, Jean-Jaques 357, 378
Rousseau, Jean-Baptiste 329
Rudolf II. (Kaiser des Heiligen Römischen Reichs) 98
Ryan, Todd 207

Sack, Karl Heinrich 285
Salome, Justina 244
Sandaeus, Maximilian 168
Sartre, Jean-Paul 274
Savonarola, Girolamo 13
Scheffler, Johannes 168, 175
Schelling, Friedrich Wilhelm Joseph 233
Schilling, Heinz 48
Schlegel, Karl Wilhelm Friedrich 214
Schmid, Konrad Arnold 386
Schmidt-Biggemann, Wilhelm 282
Schneider, Ulrich Johannes 283
Schoenaich, Fabian von 98, 106
Schoenaich, Georg von (Fürst von Beuthen-Carolath) 96–98, 113, 118, 131
Schoenaich, Johannes von (Fürst von Beuthen-Carolath) 97
Schorn-Schütte, Luise 239
Schröder, Winfried 236
Schröer, Georg Friedrich 263
Schütz-Zell, Katharina 52–54
Schultze, Harald 392
Schwenckfeld, Kaspar 53 f., 89, 93, 112
Scultetus, Abraham 104
Scultetus, Tobias 97
Seckendorf, Ludwig von 210
Selim II. (Sultan) 289
Seneca 201
Servet, Michel 8, 43–45, 53, 68, 71 f., 77, 274–281, 283 f., 284, 288, 290
Sévigné, Marie de Rabutin-Chantal, Marquise De 177, 179
Shaftesbury, Anthony Ashley-Cooper, 3. Earl Of 209
Simons, Menno 224
Sixtus V. (Papst) 182
Sloterdijk, Peter 2, 4
Smirziz, Jaroslaus von 105
Smirziz, Siegismund von 105
Socrates Scholasticos 83
Sokrates 70, 83–85, 190
Sossianus Hierokles 406 f.
Sozomenos, Salamanas Hermeios 70, 83–85
Sozzini, Fausto 49
Sozzini, Lelio 72
Spanheim, Ezechiel 210
Spener, Philipp Jakob 175, 255 f., 259
Spinola, Ambrosio 91
Spinoza, Baruch de 169, 197, 217–236, 279, 358, 373, 393
Steiger, Johann Anselm 166
Stöffler, Johannes 192
Straton von Lampsakos 201
Strauss, Leo 206, 225
Sturm, Johann Christoph 218
Suárez, Francisco 334
Sulzer, Johann Georg 345
Suter, Jacob 289
Sylvanus, Johannes 289, 386

Tauler, Johannes 165

Tavernier, Jean-Baptiste 193
Taylor, Charles 306
Teller, Wilhelm 365
Ter-Nedden, Gisbert 327
Terson, André 205
Theodoros von Kyrene 196, 201
Theodosius I. 65, 67, 71 (73 keine Bennenung, ob I. oder II.), 82–84, (85 keine Bennenung, ob I. oder II.)
Theodosius II. 65, 67 (73 keine Bennenung, ob I. oder II.), 82–84, (85 keine Bennenung, ob I. oder II.)
Theresa von Avila 167
Thomasius, Christian 147, 155, 163, 164, 168, 171, 210 f., 239, 246, 256, 258, 260, 264, 270, 390, 402
Thomasius, Jakob 147
Thomas von Aquin 194, 203
Thumm, Theodor 250
Tillotsons, John 245
Tubero, Orasius (→La Mothe le Vayer, François de) 194

Ursinus, Zacharias 193

Valentinian 73, 84
Vanini, Lucilio 197
Vechner, Georg 104
Vehe, Matthias 289
Vergil 126

Vitoria, Francisco de 144 f., 156, 339
Vollhardt, Friedrich 4, 9, 237
Voltaire (Arouet, François-Marie) 2, 8 f., 188, 211, 216, 331, 334–336, 338–358, 360 f., 363, 368, 385, 387, 406 f.
Volz, Paul 25, 40
Wagner, Moritz Wilhelm 262
Wagner, Tobias 250
Walch, Christian Wilhelm Franz 388
Wernsdorf, Gottlieb 259, 262–264
Wick, Johann Joachim 46
Wijffels, Alain 66 f.
Wilhelm III. von Oranien-Nassau 235
Williams, Bernhard 1
Winckelmann, Johann Joachim 211 f.
Witekind, Hermann 192
Władysław IV. Wasa 135
Wolf, Johann Christoph 261
Wolff, Christian 212, 236, 338, 354, 358
Wolfius, Joannes 188

Xylander, Wilhelm 192

Zanchius, Girolamo 192 f.
Zechs, Bernhard von 241
Zell, Matthäus 53 f.
Zinzendorf, Nikolaus Ludwig Graf von 210, 244
Zwingli, Ulrich 25, 46, 51 f., 54, 65, 69, 248

www.ingramcontent.com/pod-product-compliance
Lightning Source LLC
Chambersburg PA
CBHW071809230426
43670CB00013B/2402